Manual de
DIREITO PENAL

RICARDO ANTONIO ANDREUCCI

Manual de DIREITO PENAL

17ª edição 2025

De acordo com as Leis
n. 14.811/2024 (*bullying* e *cyberbullying*);
n. 14.843/2024 (exame criminológico);
n. 14.994/2024 (feminicídio);
n. 15.035/2024 (Cadastro Nacional de
Pedófilos e Predadores Sexuais).

saraiva jur

- O autor deste livro e a editora empenharam seus melhores esforços para assegurar que as informações e os procedimentos apresentados no texto estejam em acordo com os padrões aceitos à época da publicação, *e todos os dados foram atualizados pelo autor até a data de fechamento do livro.* Entretanto, tendo em conta a evolução das ciências, as atualizações legislativas, as mudanças regulamentares governamentais e o constante fluxo de novas informações sobre os temas que constam do livro, recomendamos enfaticamente que os leitores consultem sempre outras fontes fidedignas, de modo a se certificarem de que as informações contidas no texto estão corretas e de que não houve alterações nas recomendações ou na legislação regulamentadora.

- Data do fechamento do livro: 27/01/2025

- O autor e a editora se empenharam para citar adequadamente e dar o devido crédito a todos os detentores de direitos autorais de qualquer material utilizado neste livro, dispondo-se a possíveis acertos posteriores caso, inadvertida e involuntariamente, a identificação de algum deles tenha sido omitida.

- Direitos exclusivos para a língua portuguesa
  Copyright ©2025 by
  Saraiva Jur, um selo da SRV Editora Ltda.
  Uma editora integrante do GEN | Grupo Editorial Nacional
  Travessa do Ouvidor, 11
  Rio de Janeiro – RJ – 20040-040

- **Atendimento ao cliente: https://www.editoradodireito.com.br/contato**

- Reservados todos os direitos. É proibida a duplicação ou reprodução deste volume, no todo ou em parte, em quaisquer formas ou por quaisquer meios (eletrônico, mecânico, gravação, fotocópia, distribuição pela Internet ou outros), sem permissão, por escrito, da **SRV Editora Ltda.**

- Capa: Tiago Fabiano Dela Rosa
  Diagramação: SBNigri Artes e Textos Ltda

- **DADOS INTERNACIONAIS DE CATALOGAÇÃO NA PUBLICAÇÃO (CIP)
  VAGNER RODOLFO DA SILVA – CRB-8/9410**

A561m Andreucci, Ricardo Antonio
Manual de Direito Penal / Ricardo Antonio Andreucci. – 17. ed. – São Paulo: Saraiva
    Jur, 2025.

632 p.

Inclui bibliografia.
ISBN: 978-85-536-2521-5 (Impresso)

1. Direito. 2. Direito penal. I. Título.

	CDD 345
2025-468	CDU 343

Índices para catálogo sistemático:
1.   Direito Penal 345
2.   Direito Penal 343

Dedico esta obra
a DEUS, pela sublime inspiração,
por mais este degrau alcançado,
e à MÁRCIA, companheira de todas as horas,
pelo incentivo e apoio.

ÍNDICE

PREFÁCIO XXXV

NOTA DO AUTOR XXXVII

PARTE GERAL

I – INTRODUÇÃO 3

1   CONCEITO DE DIREITO PENAL 3

2   CARACTERES DO DIREITO PENAL 3

3   CLASSIFICAÇÃO DO DIREITO PENAL 4

    3.1   Direito Penal objetivo e Direito Penal subjetivo 4

    3.2   Direito Penal comum e Direito Penal especial 5

    3.3   Direito Penal adjetivo e Direito Penal substantivo 5

4   CIÊNCIAS PENAIS E AUXILIARES DO DIREITO PENAL 5

5   PRINCÍPIOS FUNDAMENTAIS DO DIREITO PENAL 6

    5.1   Princípio da legalidade 6

    5.2   Princípio da aplicação da lei mais favorável 7

    5.3   Princípio da taxatividade 7

    5.4   Princípio da ofensividade (princípio do fato ou princípio da exclusiva proteção do bem jurídico) 7

    5.5   Princípio da alteridade (princípio da transcendentalidade) ... 7

    5.6   Princípio da adequação social 8

    5.7   Princípio da intervenção mínima (Direito Penal mínimo) e princípio da fragmentariedade 8

    5.8   Princípio da insignificância (bagatela) 9

    5.9   Princípio da continuidade normativo-típica 10

    5.10 Princípio do Direito Penal máximo 11

    5.11 Princípio da proporcionalidade da pena 11

    5.12 Princípio da individualização da pena 12

    5.13 Princípio da humanidade 12

    5.14 Princípio da razoabilidade 12

II – FONTES DO DIREITO PENAL 13

1   FONTES MATERIAIS 13

2   FONTES FORMAIS 13

    2.1   Fonte formal imediata 13

        2.1.1   Lei e norma penal 13

        2.1.2   Norma penal em branco 14

2.1.3	Integração da norma penal	15
2.1.4	Norma penal incompleta	16
2.2	Fontes formais mediatas	16
2.2.1	Costume	16
2.2.2	Princípios gerais de direito	17
2.2.3	Analogia não é fonte do Direito Penal	17

III – INTERPRETAÇÃO DA LEI PENAL — 19

1 INTERPRETAÇÃO DA LEI PENAL QUANTO AO SUJEITO — 19

1.1	Interpretação autêntica	19
1.2	Interpretação doutrinária	19
1.3	Interpretação jurisprudencial	19

2 INTERPRETAÇÃO DA LEI PENAL QUANTO AO MODO — 20

2.1	Interpretação gramatical	20
2.2	Interpretação lógica	20

3 INTERPRETAÇÃO DA LEI PENAL QUANTO AO RESULTADO — 20

3.1	Interpretação declarativa	20
3.2	Interpretação restritiva	20
3.3	Interpretação extensiva	20

IV – APLICAÇÃO DA LEI PENAL — 23

1 PRINCÍPIO DA LEGALIDADE — 23

1.1	Legalidade formal e legalidade material	24

2 EFICÁCIA DA LEI PENAL NO TEMPO — 24

2.1	Vigência e revogação da lei penal	25
2.2	Conflito de leis penais no tempo	25
2.3	Hipóteses de conflitos de leis penais no tempo	25
2.4	Ultra-atividade	26
2.5	Lei intermediária	26
2.6	Conjugação de leis	27
2.7	Eficácia das leis penais temporárias e excepcionais	27
2.8	Tempo do crime	27

3 EFICÁCIA DA LEI PENAL NO ESPAÇO — 28

3.1	Princípios relativos à lei penal no espaço	29
3.2	Princípios adotados pelo Brasil	29
3.3	Território	29
3.3.1	Território brasileiro por equiparação	30
3.3.2	Passagem inocente	30
3.3.3	Zona econômica exclusiva — ZEE	31
3.4	Lugar do crime	31
3.5	Teoria adotada pelo Brasil	31
3.6	Extraterritorialidade	32

	3.6.1 Extradição, deportação e expulsão	33
3.7	Pena cumprida no estrangeiro	33
4	**EFICÁCIA DA LEI PENAL EM RELAÇÃO A DETERMINADAS PESSOAS**	34
4.1	Imunidades diplomáticas	34
4.2	Imunidades parlamentares	34
5	**OUTRAS DISPOSIÇÕES**	36
5.1	Eficácia de sentença estrangeira	36
5.2	Contagem de prazos	36
5.3	Frações não computáveis da pena	36
5.4	Legislação especial	36

V – TEORIA DO CRIME 37

1	**CONCEITO DE CRIME**	37
1.1	Sistema Causal-Naturalista	37
1.2	Sistema Neoclássico	38
1.3	Sistema Finalista	38
	1.3.1 Teoria Finalista Tripartida e Teoria Finalista Bipartida	39
1.4	Sistema Social	40
1.5	Sistema Funcionalista	40
1.6	Estrutura do crime	41
	1.6.1 Sujeito ativo	41
	1.6.2 Sujeito passivo	41
	1.6.3 Capacidade penal	41
	1.6.4 Objeto do crime	42
	1.6.5 Punibilidade	42
	1.6.6 Crime e contravenção penal	42
	1.6.7 Classificação dos crimes	43
2	**FATO TÍPICO**	49
2.1	Teoria do Tipo	50
	2.1.1 Fases da Teoria do Tipo	50
	2.1.2 Conceito de tipo	50
	2.1.3 Características do tipo	51
	2.1.4 Adequação típica	51
	2.1.5 Elementos do tipo	51
	2.1.6 Teoria dos elementos negativos do tipo	52
	2.1.7 Classificação do tipo	52
	2.1.8 Tipicidade conglobante	53
	2.1.9 Conflito aparente de normas	53
2.2	Conduta	55
	2.2.1 Formas de conduta	55
	2.2.2 Crimes omissivos próprios	56
	2.2.3 Crimes omissivos impróprios	56

2.2.4	Crimes omissivos por comissão	56
2.2.5	Caso fortuito e força maior.	56
2.3	Nexo de causalidade	56
2.3.1	Teoria da equivalência dos antecedentes	57
2.3.2	Superveniência causal	58
2.4	Resultado	60
2.4.1	Crime qualificado pelo resultado	60
2.5	Crime consumado e crime tentado	61
2.5.1	Consumação	61
2.5.2	Tentativa.	62
2.5.3	"Iter criminis"	62
2.5.4	Cogitação	62
2.5.5	Atos preparatórios e atos de execução	63
2.5.6	Elementos da tentativa	63
2.5.7	Espécies de tentativa	64
2.5.8	Pena da tentativa	64
2.5.9	Crimes que não admitem tentativa	65
2.5.10	Tentativa e contravenção penal	65
2.6	Desistência voluntária e arrependimento eficaz	65
2.7	Arrependimento posterior.	66
2.7.1	Natureza jurídica da desistência voluntária e do arrependimento eficaz	67
2.8	Crime impossível	68
2.9	Crime doloso	68
2.9.1	Conceito de dolo	68
2.9.2	Teorias sobre o dolo	68
2.9.3	Teorias adotadas pelo Brasil	69
2.9.4	Espécies de dolo	69
2.10	Crime culposo	70
2.10.1	Cuidado objetivo	70
2.10.2	Previsibilidade	71
2.10.3	Elementos do fato típico culposo	71
2.10.4	Imprudência, negligência e imperícia	71
2.10.5	Espécies de culpa.	72
2.10.6	Excepcionalidade do crime culposo	72
2.10.7	Outras questões referentes à culpa	72
2.11	Crime preterdoloso	73
3	ERRO DE TIPO	73
3.1	Conceito de erro de tipo	73
3.2	Espécies de erro de tipo.	74
3.2.1	Erro de tipo essencial	74
3.2.2	Erro de tipo acidental	74
3.2.2.1	Espécies	74
3.2.3	Erro sobre o objeto — "error in objeto"	75

	3.2.4	Erro sobre a pessoa — *"error in persona"*	75
	3.2.5	Erro na execução — *"aberratio ictus"*	75
		3.2.5.1 Desígnios autônomos	77
	3.2.6	Resultado diverso do pretendido — *"aberratio criminis (delicti)"*	78
	3.2.7	Erro determinado por terceiro	78
	3.2.8	Descriminantes putativas	79

4 ANTIJURIDICIDADE 79

4.1	Conceito	79
4.2	Causas de exclusão da antijuridicidade	80
4.3	Estado de necessidade	80
	4.3.1 Conceito	81
	4.3.2 Natureza jurídica	81
	4.3.3 Requisitos	81
	4.3.4 Causa de diminuição da pena	82
	4.3.5 Formas de estado de necessidade	82
	4.3.6 Estado de necessidade justificante e estado de necessidade exculpante	82
4.4	Legítima defesa	83
	4.4.1 Conceito	83
	4.4.2 Natureza jurídica	83
	4.4.3 Requisitos	83
	4.4.4 Formas de legítima defesa	84
	4.4.5 Legítima defesa subjetiva	84
	4.4.6 Legítima defesa sucessiva	84
	4.4.7 Legítima defesa recíproca	85
	4.4.8 Legítima defesa funcional	85
	4.4.9 Provocação e legítima defesa	85
	4.4.10 *"Commodus discessus"*	86
	4.4.11 Ofendículas	86
	4.4.12 Questões interessantes sobre legítima defesa	87
	4.4.13 Legítima defesa da honra e a ADPF 779	88
4.5	Estrito cumprimento do dever legal	89
4.6	Exercício regular de direito	90
4.7	O consentimento do ofendido	90
4.8	Risco permitido	90
4.9	Violência desportiva	90
4.10	Excesso punível	91

5 CULPABILIDADE 91

5.1	Conceito	92
5.2	Elementos da culpabilidade	93
5.3	Imputabilidade	93
	5.3.1 *"Actio libera in causa"*	93
	5.3.2 Causas excludentes da imputabilidade	93

	5.3.3	Semi-imputabilidade	96
5.4		Potencial consciência da ilicitude	97
	5.4.1	Inescusabilidade do desconhecimento da lei	97
	5.4.2	Erro de proibição	97
5.5		Exigibilidade de conduta conforme o Direito	98
	5.5.1	Coação moral irresistível	98
	5.5.2	Obediência hierárquica	99

6 CONCURSO DE PESSOAS 100

6.1	Concurso necessário e eventual	100
6.2	Formas de concurso de agentes	101
6.3	Requisitos do concurso de agentes	101
6.4	Autoria	101
6.5	Participação	102
6.6	Formas de participação	103
6.7	Autoria mediata	103
6.8	Autoria colateral e autoria incerta	103
6.9	Conivência e participação por omissão	104
6.10	Outras modalidades de coautoria e participação	104
6.11	Concurso em crime culposo	104
6.12	Punibilidade no concurso de pessoas	105
6.13	Circunstâncias incomunicáveis	105
6.14	Casos de impunibilidade	106

VI – SANÇÃO PENAL **107**

1 INTRODUÇÃO 107

2 ESPÉCIES DE SANÇÃO PENAL 107

3 PENA 107

3.1	Conceito de pena	107
3.2	Finalidades da pena	108
3.3	Características da pena	108
3.4	Espécies de pena	109
3.5	Regimes prisionais	109

4 PENAS PRIVATIVAS DE LIBERDADE 109

4.1		Espécies de penas privativas de liberdade	110
4.2		Fixação do regime inicial de cumprimento de pena	110
4.3		Forma progressiva de execução da pena	111
	4.3.1	Ausência de laudo psiquiátrico em exame criminológico	115
4.4		Progressão especial	117
4.5		Regras do regime fechado	118
4.6		Regras do regime semiaberto	118
4.7		Regras do regime aberto	118
4.8		Casa do albergado	119

4.9	Prisão-albergue domiciliar	119
4.10	Regime especial	120
4.11	Regime disciplinar diferenciado — RDD	121
4.12	Direitos e trabalho do preso	123
4.13	Remição	124
	4.13.1 Remição pelo estudo	125
	4.13.2 Remição pela leitura	125
4.14	Superveniência de doença mental	126
4.15	Detração penal	127
	4.15.1 Detração em pena restritiva de direitos	127
	4.15.2 Detração em pena de multa	128

5 PENAS RESTRITIVAS DE DIREITOS ... 128

5.1	Espécies de penas restritivas de direitos	128
5.2	Natureza jurídica	128
5.3	Características	129
5.4	Duração das penas restritivas de direitos	129
5.5	Impossibilidade de cumulação	129
5.6	Conversão	130
5.7	Prestação pecuniária	130
5.8	Perda de bens e valores	130
5.9	Prestação de serviços à comunidade ou a entidades públicas	130
5.10	Interdição temporária de direitos	131
5.11	Limitação de fim de semana	132

6 PENA DE MULTA ... 132

6.1	Conceito	132
6.2	Cominação e aplicação	132
6.3	Pagamento da multa	133

7 APLICAÇÃO DA PENA ... 135

7.1	Circunstâncias do crime	135
7.2	Circunstâncias judiciais	136
7.3	Circunstâncias legais	138
7.4	Circunstâncias agravantes	138
	7.4.1 Aplicação obrigatória	139
	7.4.2 Rol taxativo	139
	7.4.3 Análise das circunstâncias agravantes	139
7.5	Reincidência	141
	7.5.1 Conceito	141
	7.5.2 Formas	141
	7.5.3 Pressuposto da reincidência	141
	7.5.4 Réu primário e réu reincidente	142
	7.5.5 Efeitos da reincidência	142
	7.5.6 Crimes que não geram reincidência	143

		7.5.7	Eficácia temporal da condenação anterior	143
	7.6		Circunstâncias agravantes no concurso de pessoas	143
	7.7		Circunstâncias atenuantes	144
		7.7.1	Aplicação obrigatória	144
		7.7.2	Análise das circunstâncias atenuantes	144
		7.7.3	Circunstâncias inominadas	145
8	FIXAÇÃO DA PENA			145
	8.1		Momento judicial de fixação da pena	145
	8.2		Juízo de culpabilidade	146
	8.3		Cálculo da pena	146
	8.4		Concurso de circunstâncias atenuantes e agravantes	147
9	CONCURSO DE CRIMES			148
	9.1		Noções gerais	148
	9.2		Sistemas de aplicação da pena	148
	9.3		Espécies de concurso	149
	9.4		Concurso material	149
		9.4.1	Conceito	149
		9.4.2	Espécies	149
		9.4.3	Aplicação da pena	150
	9.5		Concurso formal	150
		9.5.1	Conceito	150
		9.5.2	Espécies	150
		9.5.3	Aplicação da pena	152
		9.5.4	Cúmulo material benéfico	152
	9.6		Crime continuado	153
		9.6.1	Conceito	153
		9.6.2	Natureza jurídica	153
		9.6.3	Crimes da mesma espécie	153
		9.6.4	Requisitos	154
		9.6.5	Condições objetivas semelhantes	155
		9.6.6	Espécies de crime continuado	155
		9.6.7	Aplicação da pena	155
		9.6.8	Diferença entre crime continuado e outras figuras jurídicas semelhantes	156
		9.6.9	Crime permanente e publicações nas redes sociais	156
	9.7		Aplicação da pena de multa	158
10	LIMITE DAS PENAS			159
11	SUSPENSÃO CONDICIONAL DA PENA			159
	11.1		Conceito	160
	11.2		Sistemas	160
	11.3		Formas	160
	11.4		Requisitos	160

11.5	Período de prova	161
11.6	Condições	161
11.7	Revogação do "sursis"	162
	11.7.1 Cassação do "sursis"	162
	11.7.2 Restabelecimento do "sursis"	162
11.8	Prorrogação do "sursis"	162
11.9	Questões interessantes	163
12	LIVRAMENTO CONDICIONAL	164
12.1	Conceito	164
12.2	Requisitos	165
12.3	Concessão	166
12.4	Condições	166
12.5	Revogação	167
12.6	Restauração do livramento	167
12.7	Prorrogação do livramento	168
12.8	Extinção do livramento	168
13	MEDIDA DE SEGURANÇA	168
13.1	Conceito	169
13.2	Pressupostos de aplicação das medidas de segurança	169
13.3	Espécies de medida de segurança	169
13.4	Aplicação da medida de segurança	170
13.5	Medida de segurança substitutiva	172
13.6	Sistema vicariante	172
13.7	A Política Antimanicomial do Poder Judiciário e a Resolução n. 487/2023 do Conselho Nacional de Justiça — CNJ	173
14	EFEITOS DA CONDENAÇÃO	176
14.1	Conceito de condenação	176
14.2	Efeitos secundários de natureza penal	176
14.3	Efeitos secundários de natureza extrapenal	177
	14.3.1 Efeitos civis	177
	14.3.2 Efeitos administrativos	180
	14.3.3 Efeito político	182
	14.3.4 Efeitos trabalhistas	182
15	REABILITAÇÃO	183
15.1	Conceito	183
15.2	Prazo para requerimento	183
15.3	Condições da reabilitação	183
15.4	Procedimento da reabilitação	184
15.5	Efeitos da reabilitação	184
	15.5.1 Reabilitação e inscrição nos quadros da Ordem dos Advogados do Brasil — OAB	186
15.6	Revogação da reabilitação	186

15.7 A (im)possibilidade de exclusão dos antecedentes criminais dos bancos de dados dos institutos de identificação 187

VII – AÇÃO PENAL 191

1 CONCEITO. 191

2 CLASSIFICAÇÃO. 191

3 AÇÃO PENAL PÚBLICA 191

    3.1 Noções gerais. 191

    3.2 Espécies 192

        3.2.1 Ação penal pública incondicionada 192

        3.2.2 Ação penal pública condicionada 192

    3.3 Ação penal nos crimes complexos. 193

4 AÇÃO PENAL PRIVADA 193

    4.1 Noções gerais. 193

    4.2 Espécies 193

        4.2.1 Ação penal privada exclusiva 194

            4.2.1.1 Ação penal privada personalíssima 194

        4.2.2 Ação penal privada subsidiária 194

5 FORMA DE IDENTIFICAÇÃO DA AÇÃO PENAL 195

VIII – EXTINÇÃO DA PUNIBILIDADE 197

1 CONCEITO DE PUNIBILIDADE. 197

2 CAUSAS DE EXTINÇÃO DA PUNIBILIDADE 197

3 EFEITOS DA EXTINÇÃO DA PUNIBILIDADE 197

4 ROL EXEMPLIFICATIVO 198

5 CAUSAS EXTINTIVAS DA PUNIBILIDADE EM ESPÉCIE 198

    5.1 Morte do agente 198

    5.2 Anistia 199

    5.3 Graça e indulto 200

    5.4 "Abolitio criminis". 201

    5.5 Renúncia do direito de queixa. 201

    5.6 Perdão aceito 201

    5.7 Retratação do agente 202

    5.8 Decadência. 203

    5.9 Perempção 203

    5.10 Perdão judicial 204

6 PRESCRIÇÃO. 204

    6.1 Conceito de prescrição 204

    6.2 Espécies de prescrição 204

    6.3 Prescrição da pretensão punitiva 205

6.4	Início e interrupção do prazo da prescrição da pretensão punitiva	205
6.5	Prescrição da pretensão executória	206
6.6	Início e interrupção do prazo da prescrição da pretensão executória	207
6.7	Prescrição intercorrente	208
6.8	Prescrição retroativa	208
6.9	Prescrição antecipada	209
6.10	Redução dos prazos prescricionais	209
6.11	Prescrição das penas restritivas de direitos	210
6.12	Prescrição da pena de multa	210

PARTE ESPECIAL

I – INTRODUÇÃO	213
II – DOS CRIMES CONTRA A PESSOA	215
1 DOS CRIMES CONTRA A VIDA	215

1.1	Homicídio	215
	1.1.1 Homicídio privilegiado	217
	1.1.2 Homicídio qualificado	219
	1.1.3 Homicídio culposo	222
	1.1.4 Homicídio culposo circunstanciado	222
	1.1.5 Perdão judicial	223
	1.1.6 Milícia privada	223
	1.1.7 Ação penal	223
1.2	Feminicídio	223
	1.2.1 Razões da condição do sexo feminino	225
	1.2.2 Causas de aumento de pena	226
	1.2.3 Coautoria e comunicabilidade das circunstâncias pessoais elementares	228
1.3	Induzimento, instigação ou auxílio a suicídio ou a automutilação	228
	1.3.1 Crime qualificado pelo resultado	230
	1.3.2 Causas de aumento de pena	230
	1.3.3 Resultado morte ou lesão grave ou gravíssima e idade da vítima	231
	1.3.4 Questões interessantes sobre a participação em suicídio	231
1.4	Infanticídio	231
	1.4.1 Questões interessantes sobre o infanticídio	233
1.5	Aborto	234
	1.5.1 Questões interessantes sobre o aborto	236
	1.5.2 Autoaborto	237
	1.5.3 Aborto consentido	237
	1.5.4 Aborto provocado por terceiro sem o consentimento da gestante	237
	1.5.5 Aborto provocado por terceiro com o consentimento da gestante	237
	1.5.6 Aborto qualificado pelo resultado	238

	I.5.7	Aborto legal	238
		I.5.7.1 Aborto necessário ou terapêutico	238
		I.5.7.2 Aborto humanitário, sentimental, ético ou piedoso	240
		I.5.7.3 Aborto em caso de gravidez de feto anencéfalo	241
		I.5.7.4 Aborto legal e objeção de consciência do médico	241

2 DAS LESÕES CORPORAIS 243

2.1 Lesão corporal 243

    2.1.1 Violência doméstica 245

    2.1.2 Lesão corporal funcional 245

    2.1.3 Lesão corporal praticada contra a mulher, por razões da condição do sexo feminino 246

3 DA PERICLITAÇÃO DA VIDA E DA SAÚDE 247

3.1 Generalidades 247

3.2 Perigo de contágio venéreo 247

3.3 Perigo de contágio de moléstia grave 247

3.4 Perigo para a vida ou saúde de outrem 248

    3.4.1 Aumento de pena 249

3.5 Abandono de incapaz 249

    3.5.1 Figuras qualificadas pelo resultado 249

    3.5.2 Causas de aumento de pena 249

3.6 Exposição ou abandono de recém-nascido 250

    3.6.1 Figuras qualificadas pelo resultado 250

3.7 Omissão de socorro 250

    3.7.1 Figuras qualificadas pelo resultado 251

    3.7.2 Omissão de socorro no Estatuto da Pessoa Idosa 251

3.8 Condicionamento de atendimento médico-hospitalar emergencial 251

    3.8.1 Figuras qualificadas pelo resultado 254

3.9 Maus-tratos 254

    3.9.1 Figuras qualificadas pelo resultado 255

    3.9.2 Causa de aumento de pena 255

    3.9.3 Maus-tratos no Estatuto da Pessoa Idosa 256

4 DA RIXA 256

4.1 Rixa 256

    4.1.1 Rixa qualificada 256

5 DOS CRIMES CONTRA A HONRA 257

5.1 Generalidades 257

5.2 Calúnia 257

    5.2.1 Divulgação ou propalação 258

    5.2.2 Calúnia contra os mortos 258

    5.2.3 Exceção da verdade 258

5.3 Difamação 259

    5.3.1 Exceção da verdade 259

5.4	Injúria	260
	5.4.1 Perdão judicial	260
	5.4.2 Injúria real	260
	5.4.3 Injúria por preconceito	261
	5.4.4 Injúria etária	262
	5.4.5 Injúria em razão de deficiência	262
5.5	Causas de aumento de pena	262
5.6	Exclusão do crime	263
5.7	Retratação	265
5.8	Pedido de explicações	265
5.9	Ação penal	265
6	**DOS CRIMES CONTRA A LIBERDADE INDIVIDUAL**	266
6.1	Dos crimes contra a liberdade pessoal	266
	6.1.1 Constrangimento ilegal	266
	6.1.1.1 Figuras típicas qualificadas	267
	6.1.1.2 Concurso material	267
	6.1.1.3 Causas especiais de exclusão do crime	267
	6.1.2 Intimidação sistemática (*bullying*)	268
	6.1.2.1 Intimidação sistemática virtual (*cyberbullying*)	270
	6.1.3 Ameaça	270
	6.1.3.1 Causa de aumento de pena	271
	6.1.4 Perseguição	271
	6.1.4.1 Causa de aumento de pena	273
	6.1.4.2 Cúmulo material	274
	6.1.5 Violência psicológica contra a mulher	274
	6.1.6 Sequestro e cárcere privado	275
	6.1.6.1 Figuras típicas qualificadas	276
	6.1.7 Redução a condição análoga à de escravo	277
	6.1.7.1 Figuras equiparadas	277
	6.1.7.2 Causas especiais de aumento de pena	278
6.2	Tráfico de pessoas	278
	6.2.1 Causas especiais de aumento de pena	279
	6.2.2 Causa especial de diminuição de pena	279
6.3	Dos crimes contra a inviolabilidade do domicílio	279
	6.3.1 Violação de domicílio	279
	6.3.1.1 Figuras típicas qualificadas	280
	6.3.1.2 Causas de aumento de pena	280
	6.3.1.3 Exclusão da antijuridicidade	280
	6.3.1.4 Contornos da expressão "casa"	281
6.4	Dos crimes contra a inviolabilidade de correspondência	281
	6.4.1 Violação de correspondência	281
	6.4.1.1 Generalidades	281
	6.4.1.2 Violação de correspondência	282
	6.4.1.3 Sonegação ou destruição de correspondência	283

	6.4.1.4	Violação de comunicação telegráfica, radioelétrica ou telefônica.	283
	6.4.1.5	Impedimento de telecomunicação	283
	6.4.1.6	Instalação ou utilização ilegais	283
	6.4.1.7	Disposições comuns	283
	6.4.1.8	Ação penal.	284

6.4.2 Correspondência comercial. ... 284

6.5 Dos crimes contra a inviolabilidade dos segredos ... 284

6.5.1 Divulgação de segredo. ... 284

6.5.2 Violação de segredo profissional ... 285

6.5.3 Invasão de dispositivo informático ... 286

    6.5.3.1 Figura equiparada ... 287

    6.5.3.2 Causas de aumento de pena ... 287

    6.5.3.3 Figura qualificada pelo resultado ... 288

III – DOS CRIMES CONTRA O PATRIMÔNIO ... 289

1 DO FURTO ... 289

1.1 Furto ... 289

1.1.1 Vigilância eletrônica, monitoramento do local e crime impossível ... 291

1.1.2 Furto e princípio da insignificância ... 292

1.1.3 Furto noturno ... 295

1.1.4 Furto privilegiado ... 296

1.1.5 Furto de energia. ... 298

1.1.6 Furto qualificado. ... 299

    1.1.6.1 Rompimento de obstáculo ... 300

    1.1.6.2 Abuso de confiança. ... 301

    1.1.6.3 Mediante fraude ... 302

    1.1.6.4 Escalada. ... 303

    1.1.6.5 Destreza. ... 303

    1.1.6.6 Chave falsa. ... 304

    1.1.6.7 Concurso de duas ou mais pessoas. ... 305

1.1.7 Furto com emprego de explosivo ou de artefato análogo que cause perigo comum ... 305

1.1.8 Furto mediante fraude por meio de dispositivo eletrônico ou informático ... 305

1.1.9 Furto de veículo automotor ... 306

1.1.10 Furto de semovente domesticável de produção ... 307

1.1.11 Subtração de substâncias explosivas ou de acessórios ... 308

1.2 Furto de coisa comum. ... 308

2 DO ROUBO E DA EXTORSÃO ... 309

2.1 Roubo. ... 309

2.1.1 Roubo impróprio ... 311

2.1.2 Roubo circunstanciado ... 313

    2.1.2.1 Emprego de arma branca ... 313

	2.1.2.2	Concurso de duas ou mais pessoas	313
	2.1.2.3	Transporte de valores	314
	2.1.2.4	Subtração de veículo automotor	314
	2.1.2.5	Privação de liberdade	314
	2.1.2.6	Substâncias explosivas ou acessórios	314
	2.1.2.7	Emprego de arma de fogo	315
	2.1.2.8	Destruição ou rompimento de obstáculo mediante o emprego de explosivo	317
	2.1.2.9	Emprego de arma de fogo de uso restrito ou proibido	317
	2.1.3	Roubo e lesão corporal grave	318
	2.1.4	Latrocínio	318
	2.1.5	Crime hediondo	320
2.2	Extorsão		320
	2.2.1	Extorsão circunstanciada	322
	2.2.2	Extorsão e lesão grave ou morte	322
	2.2.3	Sequestro relâmpago	322
2.3	Extorsão mediante sequestro		324
	2.3.1	Formas qualificadas	325
	2.3.2	Figuras qualificadas pelo resultado	325
	2.3.3	Delação premiada	325
2.4	Extorsão indireta		326
3	**DA USURPAÇÃO**		326
3.1	Alteração de limites		326
	3.1.1	Usurpação de águas	327
	3.1.2	Esbulho possessório	327
	3.1.3	Concurso material	327
	3.1.4	Ação penal	327
3.2	Supressão ou alteração de marca em animais		328
4	**DO DANO**		328
4.1	Dano		328
	4.1.1	Dano qualificado	329
4.2	Introdução ou abandono de animais em propriedade alheia		329
4.3	Dano em coisa de valor artístico, arqueológico ou histórico		330
4.4	Alteração de local especialmente protegido		330
4.5	Ação penal		331
5	**DA APROPRIAÇÃO INDÉBITA**		331
5.1	Apropriação indébita		331
	5.1.1	Formas circunstanciadas	332
5.2	Apropriação indébita previdenciária		332
	5.2.1	Figuras assemelhadas	335
	5.2.2	Extinção da punibilidade	335
	5.2.3	Perdão judicial	336
	5.2.4	Pagamento integral e parcelamento do débito	336

	5.2.5	Estado de necessidade	338
5.3		Apropriação de coisa havida por erro, caso fortuito ou força da natureza	339
5.4		Apropriação de tesouro	339
5.5		Apropriação de coisa achada	339
5.6		Apropriação privilegiada	340
6	DO ESTELIONATO E OUTRAS FRAUDES		341
6.1		Estelionato	341
	6.1.1	Estelionato privilegiado	342
	6.1.2	Disposição de coisa alheia como própria	342
	6.1.3	Alienação ou oneração fraudulenta de coisa própria	342
	6.1.4	Defraudação de penhor	343
	6.1.5	Fraude na entrega de coisa	343
	6.1.6	Fraude para recebimento de indenização ou valor de seguro	343
	6.1.7	Fraude no pagamento por meio de cheque	343
	6.1.8	Fraude eletrônica	345
	6.1.9	Estelionato circunstanciado	345
	6.1.10	Estelionato contra idoso ou vulnerável	346
	6.1.11	Competência para o processo e julgamento do estelionato	346
6.2		Fraude com a utilização de ativos virtuais, valores mobiliários ou ativos financeiros	346
6.3		Duplicata simulada	349
	6.3.1	Falsificação ou adulteração do registro de duplicatas	349
6.4		Abuso de incapazes	349
6.5		Induzimento à especulação	350
6.6		Fraude no comércio	351
	6.6.1	Fraude no comércio de metais ou pedras preciosas	351
	6.6.2	Fraude no comércio privilegiada	351
6.7		Outras fraudes	352
6.8		Fraudes e abusos na fundação ou administração de sociedade por ações	352
6.9		Emissão irregular de conhecimento de depósito ou "warrant"	352
6.10		Fraude à execução	353
7	DA RECEPTAÇÃO		353
7.1		Receptação	353
	7.1.1	Receptação simples dolosa própria	354
	7.1.2	Receptação simples dolosa imprópria	354
	7.1.3	Receptação no exercício de atividade comercial	354
	7.1.4	Receptação culposa	355
	7.1.5	Receptação privilegiada	355
	7.1.6	Receptação qualificada pelo objeto material	355
	7.1.7	Receptação e favorecimento real	355
	7.1.8	Aspectos controvertidos sobre a receptação	356
7.2		Receptação de animal	357
8	DISPOSIÇÕES GERAIS		358

8.1	Das imunidades penais	358
	8.1.1 Generalidades	358
	8.1.2 Imunidades penais absolutas	358
	8.1.3 Imunidades penais relativas	358
	8.1.4 Exceções às imunidades penais	359
8.2	Crimes cometidos contra as instituições financeiras e os prestadores de serviço de segurança privada	359

IV – DOS CRIMES CONTRA A PROPRIEDADE IMATERIAL 361

1	DOS CRIMES CONTRA A PROPRIEDADE INTELECTUAL	361
	1.1 Violação de direito autoral	361
	1.1.1 Reprodução de obra com violação de direito autoral	362
	1.2 Usurpação de nome ou pseudônimo alheio	362
	1.3 Ação penal	362
2	DOS CRIMES CONTRA O PRIVILÉGIO DE INVENÇÃO	363
3	DOS CRIMES CONTRA AS MARCAS DE INDÚSTRIA E COMÉRCIO	363
4	DOS CRIMES DE CONCORRÊNCIA DESLEAL	363

V – DOS CRIMES CONTRA A ORGANIZAÇÃO DO TRABALHO 365

1	COMPETÊNCIA DA JUSTIÇA FEDERAL OU ESTADUAL	365
2	ATENTADO CONTRA A LIBERDADE DE TRABALHO	366
3	ATENTADO CONTRA A LIBERDADE DE CONTRATO DE TRABALHO E BOICOTAGEM VIOLENTA	366
4	ATENTADO CONTRA A LIBERDADE DE ASSOCIAÇÃO	367
5	PARALISAÇÃO DE TRABALHO, SEGUIDA DE VIOLÊNCIA OU PERTURBAÇÃO DA ORDEM	367
	5.1 A criminalização do "lockout"	368
6	PARALISAÇÃO DE TRABALHO DE INTERESSE COLETIVO	369
7	INVASÃO DE ESTABELECIMENTO INDUSTRIAL, COMERCIAL OU AGRÍCOLA. SABOTAGEM	369
8	FRUSTRAÇÃO DE DIREITO ASSEGURADO POR LEI TRABALHISTA	370
9	FRUSTRAÇÃO DE LEI SOBRE A NACIONALIZAÇÃO DO TRABALHO	371
10	EXERCÍCIO DE ATIVIDADE COM INFRAÇÃO DE DECISÃO ADMINISTRATIVA	372
11	ALICIAMENTO PARA O FIM DE EMIGRAÇÃO	372
12	ALICIAMENTO DE TRABALHADORES DE UM LOCAL PARA OUTRO DO TERRITÓRIO NACIONAL	373

VI – DOS CRIMES CONTRA O SENTIMENTO RELIGIOSO E CONTRA O RESPEITO AOS MORTOS 375

I	DOS CRIMES CONTRA O SENTIMENTO RELIGIOSO	375
	1.1 Ultraje a culto e impedimento ou perturbação de ato a ele relativo	375
	1.1.1 Forma circunstanciada.	376
2	DOS CRIMES CONTRA O RESPEITO AOS MORTOS	376
	2.1 Impedimento ou perturbação de cerimônia funerária	376
	2.1.1 Forma circunstanciada.	377
	2.2 Violação de sepultura	377
	2.3 Destruição, subtração ou ocultação de cadáver.	377
	2.4 Vilipêndio a cadáver	378

VII – DOS CRIMES CONTRA A DIGNIDADE SEXUAL 379

I	DOS CRIMES CONTRA A LIBERDADE SEXUAL	379
	1.1 Estupro.	379
	1.1.1 Tipo misto cumulativo ou tipo misto alternativo	381
	1.1.2 Figuras qualificadas pelo resultado	382
	1.1.3 Causas de aumento de pena	383
	1.1.4 Estupro coletivo.	384
	1.1.5 Estupro corretivo.	384
	1.1.6 Segredo de justiça	385
	1.1.7 Cadastro Nacional de Pessoas Condenadas por Crime de Estupro...	385
	1.2 Violação sexual mediante fraude.	385
	1.2.1 Causas de aumento de pena	386
	1.2.2 Segredo de justiça	387
	1.3 Importunação sexual	387
	1.4 Assédio sexual	388
	1.4.1 Assédio sexual de professor contra aluno(a).	389
2	DA EXPOSIÇÃO DA INTIMIDADE SEXUAL.	390
	2.1 Registro não autorizado da intimidade sexual.	390
	2.1.2 Figuras assemelhadas	391
3	DOS CRIMES SEXUAIS CONTRA VULNERÁVEL	392
	3.1 Definição de vulnerável	392
	3.2 Estupro de vulnerável	392
	3.2.1 Impossibilidade de desclassificação do crime de estupro de vulnerável (art. 217-A, CP) para o crime de importunação sexual (art. 215-A, CP)	393
	3.2.2 Desnecessidade de contato físico entre o agente e a vítima para a caracterização do crime..	395
	3.2.3 Figuras qualificadas pelo resultado	396
	3.2.4 Causas de aumento de pena	396
	3.2.5 Segredo de justiça	396
	3.3 Corrupção de menores	396
	3.3.1 Causas de aumento de pena	397
	3.3.2 Segredo de justiça	397

3.4	Satisfação de lascívia mediante presença de criança ou adolescente	398
	3.4.1 Causas de aumento de pena	398
	3.4.2 Segredo de justiça	398
3.5	Favorecimento da prostituição ou outra forma de exploração sexual de criança ou adolescente ou de vulnerável	399
	3.5.1 Figuras equiparadas	400
	3.5.2 Efeito obrigatório da condenação	401
	3.5.3 Segredo de justiça	401
3.6	Divulgação de cena de estupro ou de cena de estupro de vulnerável, de cena de sexo ou de pornografia	401
	3.6.1 Causas de aumento de pena	402
	3.6.2 Exclusão de ilicitude	402

4 DISPOSIÇÕES GERAIS 403

4.1 Ação penal 403

4.2 Aumento de pena 403

5 DO LENOCÍNIO E DO TRÁFICO DE PESSOA PARA FIM DE PROSTITUI- ÇÃO OU OUTRA FORMA DE EXPLORAÇÃO SEXUAL 404

5.1 Generalidades 404

5.2 Mediação para servir à lascívia de outrem 404

  5.2.1 Figuras típicas qualificadas 404

5.3 Favorecimento da prostituição ou outra forma de exploração sexual 405

  5.3.1 Figuras típicas qualificadas 406

5.4 Casa de prostituição 406

5.5 Rufianismo 407

  5.5.1 Figuras típicas qualificadas 408

5.6 Tráfico internacional de pessoa para fim de exploração sexual 408

5.7 Tráfico interno de pessoa para fim de exploração sexual 408

5.8 Promoção de migração ilegal 408

  5.8.1 Figura equiparada 409

  5.8.2 Causas de aumento de pena 409

  5.8.3 Cúmulo material 409

6 DO ULTRAJE PÚBLICO AO PUDOR 409

6.1 Disposições gerais 409

6.2 Ato obsceno 410

6.3 Escrito ou objeto obsceno 411

7 DISPOSIÇÕES GERAIS 412

VIII – DOS CRIMES CONTRA A FAMÍLIA 415

1 DOS CRIMES CONTRA O CASAMENTO 415

1.1 Bigamia 415

  1.1.1 Bigamia praticada por pessoa não casada 415

  1.1.2 Exclusão do crime 415

1.2 Induzimento a erro essencial e ocultação de impedimento 416

	1.2.1	Ação penal	416
1.3	Conhecimento prévio de impedimento		416
1.4	Simulação de autoridade para a celebração de casamento		417
1.5	Simulação de casamento		417

2 DOS CRIMES CONTRA O ESTADO DE FILIAÇÃO 417

2.1	Registro de nascimento inexistente		417
2.2	Parto suposto. Supressão ou alteração de direito inerente ao estado civil de recém-nascido		418
	2.2.1	Causa de diminuição de pena	419
	2.2.2	Conflito aparente de normas	419
2.3	Sonegação do estado de filiação		419

3 DOS CRIMES CONTRA A ASSISTÊNCIA FAMILIAR 419

3.1	Abandono material		419
	3.1.1	Pagamento de pensão alimentícia	420
3.2	Entrega de filho menor a pessoa inidônea		420
	3.2.1	Promessa ou entrega de filho ou pupilo	421
	3.2.2	Figura qualificada	421
	3.2.3	Participação no crime	421
3.3	Abandono intelectual		422
3.4	Abandono moral		422

4 DOS CRIMES CONTRA O PÁTRIO PODER, TUTELA OU CURATELA ... 423

4.1	Induzimento a fuga, entrega arbitrária ou sonegação de incapazes		423
4.2	Subtração de incapazes		424
	4.2.1	Perdão judicial	424

IX – DOS CRIMES CONTRA A INCOLUMIDADE PÚBLICA 425

1 DOS CRIMES DE PERIGO COMUM 425

1.1	Generalidades		425
1.2	Incêndio		425
	1.2.1	Incêndio circunstanciado	426
	1.2.2	Incêndio culposo	426
1.3	Explosão		426
	1.3.1	Explosão privilegiada	427
	1.3.2	Explosão circunstanciada	427
	1.3.3	Explosão culposa	427
1.4	Uso de gás tóxico ou asfixiante		427
	1.4.1	Modalidade culposa	428
1.5	Fabrico, fornecimento, aquisição, posse ou transporte de explosivos ou gás tóxico, ou asfixiante		428
1.6	Inundação		429
	1.6.1	Inundação culposa	429
1.7	Perigo de inundação		429
1.8	Desabamento ou desmoronamento		430

	1.8.1 Modalidade culposa	431
1.9	Subtração, ocultação ou inutilização de material de salvamento	431
1.10	Formas qualificadas de crime de perigo comum.	431
1.11	Difusão de doença ou praga	432

2 DOS CRIMES CONTRA A SEGURANÇA DOS MEIOS DE COMUNICAÇÃO E TRANSPORTE E OUTROS SERVIÇOS PÚBLICOS. ... 432

2.1	Perigo de desastre ferroviário.	432
	2.1.1 Desastre ferroviário	433
	2.1.2 Desastre culposo	433
	2.1.3 Resultado morte ou lesão corporal.	433
2.2	Atentado contra a segurança de transporte marítimo, fluvial ou aéreo	433
	2.2.1 Sinistro em transporte marítimo, fluvial ou aéreo	434
	2.2.2 Prática do crime com o fim de lucro	434
	2.2.3 Modalidade culposa	434
	2.2.4 Resultado morte ou lesão corporal.	434
2.3	Atentado contra a segurança de outro meio de transporte.	434
	2.3.1 Figura típica qualificada	435
	2.3.2 Modalidade culposa	435
	2.3.3 Resultado morte ou lesão corporal.	435
2.4	Arremesso de projétil.	435
	2.4.1 Resultado morte ou lesão corporal.	436
2.5	Atentado contra a segurança de serviço de utilidade pública.	436
	2.5.1 Crime qualificado	436
2.6	Interrupção ou perturbação de serviço telegráfico, telefônico, informático, telemático ou de informação de utilidade pública.	437
	2.6.1 Figura equiparada	437
	2.6.2 Crime circunstanciado.	437

3 DOS CRIMES CONTRA A SAÚDE PÚBLICA ... 437

3.1	Epidemia	437
	3.1.1 Epidemia qualificada pelo resultado.	438
	3.1.2 Epidemia culposa	438
3.2	Infração de medida sanitária preventiva	438
3.3	Omissão de notificação de doença	439
3.4	Envenenamento de água potável ou de substância alimentícia ou medicinal.	440
	3.4.1 Entrega a consumo ou depósito para distribuição	441
	3.4.2 Envenenamento culposo	441
3.5	Corrupção ou poluição de água potável	441
3.6	Falsificação, corrupção, adulteração ou alteração de substância ou produtos alimentícios	441
	3.6.1 Fabricação, venda, exposição à venda, importação, depósito, distribuição ou entrega a consumo	442
	3.6.2 Modalidade culposa	442
3.7	Falsificação, corrupção, adulteração ou alteração de produto destinado a fins terapêuticos ou medicinais.	442

| | | 3.7.1 | Importação, venda, exposição à venda, depósito, distribuição e entrega do produto destinado a fins terapêuticos ou medicinais | 442 |

3.7.1 Importação, venda, exposição à venda, depósito, distribuição e entrega do produto destinado a fins terapêuticos ou medicinais 442

3.7.2 Modalidade culposa 444

3.8 Emprego de processo proibido ou de substância não permitida 444

3.9 Invólucro ou recipiente com falsa indicação 444

3.10 Produto ou substância nas condições dos dois artigos anteriores 445

3.11 Substância destinada à falsificação 445

3.12 Outras substâncias nocivas à saúde 446

3.12.1 Modalidade culposa 446

3.13 Medicamento em desacordo com receita médica 446

3.13.1 Modalidade culposa 447

3.14 Exercício ilegal da Medicina, arte dentária ou farmacêutica 447

3.14.1 Forma qualificada 448

3.15 Charlatanismo 448

3.16 Curandeirismo 449

3.16.1 Curandeirismo e liberdade de crença e religião (art. 5.º, VI, da CF).. 450

3.16.2 Formas qualificadas pelo resultado 450

3.17 Formas qualificadas pelo resultado 451

X – DOS CRIMES CONTRA A PAZ PÚBLICA 453

1 INCITAÇÃO AO CRIME 453

1.1 Incitação de animosidade 453

2 APOLOGIA DE CRIME OU CRIMINOSO 454

3 ASSOCIAÇÃO CRIMINOSA 454

3.1 Associação criminosa armada 455

3.2 Crime hediondo 455

3.3 Delação premiada 456

4 CONSTITUIÇÃO DE MILÍCIA PRIVADA 456

XI – DOS CRIMES CONTRA A FÉ PÚBLICA 457

1 DA MOEDA FALSA 457

1.1 Moeda falsa 457

1.1.1 Circulação de moeda falsa 459

1.1.2 Figura típica privilegiada 459

1.1.3 Fabricação ou emissão irregular de moeda 459

1.1.4 Desvio e circulação antecipada 459

1.2 Crimes assimilados ao de moeda falsa 459

1.2.1 Figura típica qualificada 460

1.3 Petrechos para falsificação de moeda 460

1.4 Emissão de título ao portador sem permissão legal 461

1.4.1 Recebimento ou utilização de títulos como dinheiro 461

2 DA FALSIDADE DE TÍTULOS E OUTROS PAPÉIS PÚBLICOS 461

2.1	Falsificação de papéis públicos		461
	2.1.1	Uso de papéis falsificados	463
	2.1.2	Supressão de carimbo ou sinal indicativo de inutilização	463
	2.1.3	Utilização de papéis em que foi suprimido carimbo ou sinal	464
	2.1.4	Circulação de papéis recebidos de boa-fé	464
2.2	Petrechos de falsificação		464

3 DA FALSIDADE DOCUMENTAL ... 464

3.1	Falsificação de selo ou sinal público		464
	3.1.1	Uso de selo ou sinal falsificado	465
	3.1.2	Uso indevido de selo ou sinal verdadeiro	465
	3.1.3	Alteração, falsificação e uso indevido de marcas, logotipos, siglas e outros símbolos	466
3.2	Falsificação de documento público		466
	3.2.1	Documento público por equiparação	467
	3.2.2	Falsidade em documentos e papéis relacionados com a Previdência Social	468
	3.2.3	Omissão de dados em documentos relacionados à Previdência Social	468
	3.2.4	Ausência de registro do empregado na Carteira de Trabalho	468
		3.2.4.1 Competência da Justiça Federal ou da Justiça Estadual	469
3.3	Falsificação de documento particular		469
	3.3.1	Documento particular por equiparação	470
3.4	Falsidade ideológica		470
	3.4.1	Abuso de papel em branco assinado	472
	3.4.2	Falsificação ou alteração de assentamento de registro civil	472
		3.4.2.1 Conflito aparente de normas	472
3.5	Falso reconhecimento de firma ou letra		472
3.6	Certidão ou atestado ideologicamente falso		473
	3.6.1	Falsidade material de atestado ou certidão	474
	3.6.2	Forma qualificada	474
3.7	Falsidade de atestado médico		474
	3.7.1	Forma qualificada	475
3.8	Reprodução ou adulteração de selo ou peça filatélica		475
	3.8.1	Uso de selo ou peça filatélica	475
3.9	Uso de documento falso		475
3.10	Supressão de documento		477

4 DE OUTRAS FALSIDADES ... 478

4.1	Falsificação do sinal empregado no contraste de metal precioso ou na fiscalização alfandegária, ou para outros fins		478
4.2	Falsa identidade		479
4.3	Uso de documento de identidade alheia		480
4.4	Fraude de lei sobre estrangeiros		480
	4.4.1	Atribuição de falsa qualidade a estrangeiro	481
4.5	Falsidade em prejuízo da nacionalização de sociedade		481

4.6	Adulteração de sinal identificador de veículo		482
	4.6.1	Causa de aumento de pena	483
	4.6.2	Figuras equiparadas	483
	4.6.3	Exercício de atividade comercial ou industrial	484

5 DAS FRAUDES EM CERTAMES DE INTERESSE PÚBLICO 484

5.1	Fraudes em certames de interesse público		484
	5.1.1	Figura equiparada	486
	5.1.2	Dano à Administração Pública	486
	5.1.3	Causa de aumento de pena	486

XII – DOS CRIMES CONTRA A ADMINISTRAÇÃO PÚBLICA 487

I DOS CRIMES PRATICADOS POR FUNCIONÁRIO PÚBLICO CONTRA A ADMINISTRAÇÃO EM GERAL 487

I.1	Conceito de funcionário público		487
	I.1.1	Funcionário público por equiparação	489
	I.1.2	Casos de aumento de pena	490
	I.1.3	Funcionário público como sujeito passivo de crimes praticados por particular contra a Administração em geral	490
I.2	Peculato		491
	I.2.1	Peculato-furto	492
	I.2.2	Peculato culposo	493
	I.2.3	Reparação do dano no peculato culposo	493
I.3	Peculato mediante erro de outrem		494
I.4	Inserção de dados falsos em sistema de informações		494
I.5	Modificação ou alteração não autorizada de sistema de informações		495
I.6	Extravio, sonegação ou inutilização de livro ou documento		496
I.7	Emprego irregular de verbas ou rendas públicas		496
I.8	Concussão		497
	I.8.1	Excesso de exação	498
	I.8.2	Excesso de exação qualificado	499
I.9	Corrupção passiva		499
	I.9.1	Corrupção passiva circunstanciada	500
	I.9.2	Corrupção passiva privilegiada	500
I.10	Facilitação de contrabando ou descaminho		501
I.11	Prevaricação		501
I.12	Omissão no dever de vedar acesso a aparelho telefônico, de rádio ou similar		502
I.13	Condescendência criminosa		503
I.14	Advocacia administrativa		504
I.15	Violência arbitrária		505
I.16	Abandono de função		506
	I.16.1	Abandono de função qualificado	507
I.17	Exercício funcional ilegalmente antecipado ou prolongado		507
I.18	Violação de sigilo funcional		507
	I.18.1	Figuras assemelhadas	508

	1.18.2 Figuras qualificadas	509
1.19	Violação de sigilo de proposta de concorrência	509
2	**DOS CRIMES PRATICADOS POR PARTICULAR CONTRA A ADMINISTRAÇÃO EM GERAL**	509
2.1	Usurpação de função pública	509
	2.1.1 Usurpação de função pública qualificada	510
2.2	Resistência	510
	2.2.1 Resistência qualificada pelo resultado	511
	2.2.2 Concurso	511
2.3	Desobediência	511
	2.3.1 Desobediência a ordem de parada emitida por policiais ou outros agentes públicos	512
2.4	Desacato	514
2.5	Tráfico de influência	515
	2.5.1 Causa de aumento de pena	516
	2.5.2 Tráfico de influência e exploração de prestígio	516
2.6	Corrupção ativa	517
	2.6.1 Corrupção ativa circunstanciada	518
	2.6.2 Figuras semelhantes à corrupção ativa em outros diplomas legais	518
2.7	Descaminho	519
	2.7.1 Descaminho por assimilação	519
	2.7.2 Descaminho qualificado	520
	2.7.3 Descaminho e princípio da insignificância	521
	2.7.4 Receptação de mercadoria objeto de descaminho	521
2.8	Contrabando	522
	2.8.1 Contrabando por assimilação	522
	2.8.2 Contrabando qualificado	523
	2.8.3 Importação de arma de brinquedo	523
	2.8.4 Contrabando de cigarros e princípio da insignificância	524
2.9	Impedimento, perturbação ou fraude de concorrência	524
2.10	Inutilização de edital ou de sinal	524
2.11	Subtração ou inutilização de livro ou documento	525
2.12	Sonegação de contribuição previdenciária	526
	2.12.1 Extinção da punibilidade	526
	2.12.2 Perdão judicial ou aplicação exclusiva de multa	526
	2.12.3 Sonegação de contribuição previdenciária privilegiada	527
	2.12.4 Pagamento integral e parcelamento do débito	527
	2.12.5 Regime Especial de Regularização Cambial e Tributária — RERCT	529
3	**DOS CRIMES PRATICADOS POR PARTICULAR CONTRA A ADMINISTRAÇÃO PÚBLICA ESTRANGEIRA**	529
3.1	Noções gerais	529
3.2	Corrupção ativa em transação comercial internacional	529
	3.2.1 Causa de aumento de pena	530

3.3	Tráfico de influência em transação comercial internacional.	531
	3.3.1 Causa de aumento de pena	531
3.4	Funcionário público estrangeiro	531
	3.4.1 Funcionário público estrangeiro por equiparação	532

4 DOS CRIMES EM LICITAÇÕES E CONTRATOS ADMINISTRATIVOS . 532

4.1	Novas figuras penais e princípio da continuidade normativo-típica	532
4.2	Contratação direta ilegal	533
4.3	Frustração do caráter competitivo de licitação	535
4.4	Patrocínio de contratação indevida	537
4.5	Modificação ou pagamento irregular em contrato administrativo	537
4.6	Perturbação de processo licitatório	538
4.7	Violação de sigilo em licitação	539
4.8	Afastamento de licitante	540
4.9	Fraude em licitação ou contrato	541
4.10	Contratação inidônea	542
4.11	Impedimento indevido	543
4.12	Omissão grave de dado ou de informação por projetista	544
4.13	Pena de multa	545

5 DOS CRIMES CONTRA A ADMINISTRAÇÃO DA JUSTIÇA 546

5.1	Reingresso de estrangeiro expulso	546
5.2	Denunciação caluniosa	546
	5.2.1 Denunciação caluniosa circunstanciada	549
	5.2.2 Denunciação caluniosa privilegiada	549
	5.2.3 Denunciação caluniosa com finalidade eleitoral	549
5.3	Comunicação falsa de crime ou contravenção	549
5.4	Autoacusação falsa	550
5.5	Falso testemunho ou falsa perícia	550
	5.5.1 Causa de aumento de pena	552
	5.5.2 Retratação	552
5.6	Corrupção ativa de testemunha, perito, contador, tradutor ou intérprete	552
	5.6.1 Causa de aumento de pena	553
5.7	Coação no curso do processo	553
	5.7.1 Causa de aumento de pena	553
5.8	Exercício arbitrário das próprias razões	554
5.9	Subtração, supressão, destruição ou dano de coisa própria em poder de terceiro	555
5.10	Fraude processual	555
	5.10.1 Fraude em processo penal	556
	5.10.2 Fraude processual na Lei de Abuso de Autoridade	556
5.11	Favorecimento pessoal	556
	5.11.1 Favorecimento pessoal privilegiado	557
	5.11.2 Escusa absolutória	557
5.12	Favorecimento real	557

5.13	Ingresso de aparelho de comunicação em estabelecimento prisional........	558
5.14	Exercício arbitrário ou abuso de poder............................	559
5.15	Fuga de pessoa presa ou submetida a medida de segurança..............	559
	5.15.1 Figuras típicas qualificadas	559
	5.15.2 Concurso material...................................	560
	5.15.3 Promoção ou facilitação culposa........................	560
5.16	Evasão mediante violência contra a pessoa........................	560
5.17	Arrebatamento de preso	561
5.18	Motim de presos	561
5.19	Patrocínio infiel...	562
	5.19.1 Patrocínio simultâneo ou tergiversação....................	562
5.20	Sonegação de papel ou objeto de valor probatório...................	563
5.21	Exploração de prestígio.....................................	564
	5.21.1 Exploração de prestígio circunstanciada	564
5.22	Violência ou fraude em arrematação judicial	565
5.23	Desobediência a decisão judicial sobre perda ou suspensão de direito	565

6	**DOS CRIMES CONTRA AS FINANÇAS PÚBLICAS.**...............	**566**
6.1	Generalidades..	566
6.2	Contratação de operação de crédito	566
	6.2.1 Operação de crédito irregular...........................	567
6.3	Inscrição de despesas não empenhadas em restos a pagar	567
6.4	Assunção de obrigação no último ano do mandato ou legislatura.........	568
6.5	Ordenação de despesa não autorizada...........................	569
6.6	Prestação de garantia graciosa................................	569
6.7	Não cancelamento de restos a pagar............................	570
6.8	Aumento de despesa total com pessoal no último ano do mandato ou legislatura..	570
6.9	Oferta pública ou colocação de títulos no mercado..................	571

XIII – DOS CRIMES CONTRA O ESTADO DEMOCRÁTICO DE DIREITO ..	**573**

1	**INTRODUÇÃO**	**573**

2	**DOS CRIMES CONTRA A SOBERANIA NACIONAL**	**574**
2.1	Atentado à soberania......................................	574
	2.1.1 Causa de aumento de pena	574
	2.1.2 Participação em operação bélica.........................	575
2.2	Atentado à integridade nacional	575
2.3	Espionagem	576
	2.3.1 Figura equiparada	577
	2.3.2 Espionagem qualificada..............................	577
	2.3.3 Facilitação da espionagem............................	578
	2.3.4 Excludente de tipicidade	578

3	**DOS CRIMES CONTRA AS INSTITUIÇÕES DEMOCRÁTICAS**	**579**
3.1	Abolição violenta do Estado Democrático de Direito.................	579

3.2	Golpe de Estado	580

4 DOS CRIMES CONTRA O FUNCIONAMENTO DAS INSTITUIÇÕES DE-MOCRÁTICAS NO PROCESSO ELEITORAL ... 582

4.1	Interrupção do processo eleitoral	582
4.2	Violência política	583

5 DOS CRIMES CONTRA O FUNCIONAMENTO DOS SERVIÇOS ESSENCIAIS ... 585

5.1	Sabotagem	585

6 DISPOSIÇÕES COMUNS ... 586

BIBLIOGRAFIA ... 589

PREFÁCIO

Honra-nos o professor doutor Ricardo Antonio Andreucci com a solicitação para que prefaciemos este seu trabalho, agora em nova edição. Trata-se, portanto, de uma obra vencedora no meio jurídico, principalmente entre os cultores do Direito Penal. Dedicada preferentemente aos alunos, alcança seu autor patamares muito mais elevados, já que todos os cultores do Direito Penal encontram nesta obra orientação segura para os problemas que amiúde afligem o profissional da advocacia e das muitas carreiras jurídicas. Os profissionais do Direito deparam aqui com diretriz segura e solução para intrincados problemas que os envolvem no dia a dia.

O professor Ricardo Antonio Andreucci é bacharel em Direito pela tradicional escola do Largo de São Francisco da Universidade de São Paulo, tendo-se tornado depois mestre pela Universidade Paulista — UNIP. Ingressou, por concurso de títulos e provas, no Ministério Público do Estado de São Paulo, exercendo atualmente com brilho suas funções na Capital paulista. Sua carreira docente teve início em 1991, na Faculdade de Direito da Universidade de Guarulhos, onde lecionou Direito Penal, Direito Processual Penal, Direito Processual Civil e Direito Comercial. Quando exercemos a coordenação do curso preparatório para ingresso nas carreiras jurídicas do IPEP — Instituto Paulista de Ensino e Pesquisa, tivemos a oportunidade de contratá-lo para dar aulas de Direito Penal, tarefa que desenvolveu com capacidade e desenvoltura, nascendo ali a nossa amizade. O autor é também palestrante e articulista respeitado.

Ricardo Antonio Andreucci também dirigiu o Instituto Guarulhense de Estudos Jurídicos — Preparatório IUS, onde ministrou aulas de Direito Penal e Direito Processual Penal. Atualmente é professor de Direito Penal na Universidade Paulista — UNIP e de Direito Penal e Direito Processual Penal no Curso Robortella, preparatório para ingresso nas carreiras jurídicas.

Vários são os seus livros publicados, todos de larga aceitação e de enorme utilidade, dentre eles o *Curso de Direito Penal* (em dois volumes); os *Comentários ao Projeto de Código Penal* (parte geral), ambos pela Editora Juarez de Oliveira, e o CD-ROM "Simula Prova-Promotor de Justiça do Estado de São Paulo", pela Editora Verbo Jurídico. O autor desta obra é, ainda, coordenador jurídico do portal <www.apostilasandreucci.com>.

Agora, Ricardo Antonio Andreucci nos brinda com seu *Manual de Direito Penal*, em três valiosos volumes, um contendo a parte geral, e os outros dois, a parte especial. Escrito em linguagem simples, não obstante essa singeleza, e extremamente didático, permite uma visão segura dos princípios e regras informadores da ciência do Direito Penal moderno, apesar de nossa divergência em alguns pontos quanto à teoria do delito. Será, com toda certeza, mais um sucesso da Editora Saraiva. Ganha, pois, a literatura penal brasileira um trabalho de enorme utilidade. Três tomos onde o aluno, o estudioso e o profissional do Direito poderão encontrar soluções para os problemas intrincados que a todos afligem no dia a dia. E em todos os volumes o leitor vai encontrar um Direito Penal de cunho liberal e comprometido com os postulados mais sadios dos direitos humanos. Aqui se vislumbra um Direito Penal garantidor, ou garantista, forjado no respeito à dignidade do ser humano. E só por isso já estaria por merecer nossos encômios.

Parabenizo, pois, o distinto colega e amigo por mais esta nova reedição, produção de alto valor científico, afiançando o seu valor e a sua utilidade. O sucesso editorial advirá prontamente, como nas edições anteriores. Disso temos a mais absoluta certeza.

José Henrique Pierangeli

São Paulo, junho de 2004

Nota do Autor

Alcançar a 17.ª edição de uma obra jurídica é uma realização que nos enche de orgulho e gratidão, especialmente diante da receptividade que este *Manual de Direito Penal* tem conquistado ao longo dos anos na comunidade jurídica.

Fruto de um trabalho contínuo de estudo, atualização e aperfeiçoamento, esta obra reúne a Parte Geral e a Parte Especial do Direito Penal de forma clara, didática e abrangente. Nosso objetivo é proporcionar uma abordagem completa e acessível, contemplando as principais posições doutrinárias e as mais recentes interpretações jurisprudenciais adotadas pelos Tribunais Superiores.

Na Parte Geral, dedicamo-nos a explorar as teorias mais atuais sobre o crime e a sanção penal, sempre com o propósito de oferecer um conteúdo confiável e relevante. A obra foi cuidadosamente estruturada para atender às demandas dos profissionais do Direito, acadêmicos, estudantes e candidatos às carreiras públicas, tornando-se um verdadeiro guia para a prática jurídica e a formação acadêmica.

Já na Parte Especial, cada crime é analisado em profundidade, com comentários que englobam as diversas correntes doutrinárias e jurisprudenciais, incluindo o entendimento consolidado nas súmulas dos Tribunais Superiores. Essa abordagem detalhada assegura que o leitor encontre aqui um panorama completo e atualizado sobre os mais diversos temas do Direito Penal.

O resultado é uma obra que se destaca por sua completude, atualidade e objetividade, aliando rigor técnico à simplicidade necessária para facilitar o estudo e a consulta. Nosso compromisso é oferecer um material que faça a diferença no dia a dia dos operadores do Direito e no processo de formação dos futuros profissionais.

Dirijo-me agora a você, leitor, com meu mais sincero agradecimento. Submeto esta edição à sua análise criteriosa e convido-o a contribuir com críticas e sugestões que serão, como sempre, fundamentais para o contínuo aprimoramento deste *Manual de Direito Penal*.

Com apreço,

O Autor

Parte Geral

ARTIGOS
1.º A 120

I

INTRODUÇÃO

1 CONCEITO DE DIREITO PENAL

O Direito Penal pode ser conceituado como o conjunto de normas jurídicas que estabelecem as infrações penais, fixam sanções e regulam as relações daí derivadas.

A luta pela sobrevivência sempre marcou a existência do homem na face da Terra. Desde as mais remotas épocas, ele se viu diante das agruras da vida primitiva, sendo obrigado a desenvolver formas e mecanismos de defesa que pudessem resguardá-lo das ameaças e dar-lhe um mínimo de tranquilidade para o desempenho das tarefas do quotidiano.

Com o passar do tempo, a evolução da espécie levou-o à conclusão de que deveria estabelecer uma forma de resolução de seus conflitos de interesses interpessoais, optando a sociedade pela criação de um ente, denominado *Estado*, representativo de todos os cidadãos, que passaria a estabelecer regras destinadas a reger o comportamento humano, compondo, na medida do possível, as lides de natureza pública e de natureza privada.

Inevitavelmente, colocou-se o Estado à frente de um fenômeno originado pelo desrespeito de alguns cidadãos aos direitos e garantias individuais de outros, na medida em que bens jurídicos tutelados por escolha da sociedade, através de seus legítimos representantes, eram ofendidos e necessitavam de proteção.

Criou-se, então, uma forma de controle social institucionalizado, tendo como integrante o sistema penal, do qual faz parte o Direito Penal.

Assim, cumpre ao Direito Penal selecionar as condutas humanas consideradas lesivas à coletividade, transformando-as em modelos de comportamento proibido, denominados *crimes*, e estabelecendo punições para quem os infringir, chamadas sanções penais.

2 CARACTERES DO DIREITO PENAL

O Direito Penal tem vários *caracteres*, de acordo com o posicionamento ético que se considere ao analisá-lo, e, para alguns doutrinadores, tem função protetiva do corpo social, na medida em que defende e tutela os valores fundamentais dos cidadãos, tais como a vida, a liberdade, a integridade corporal, o patrimônio, a honra, a liberdade sexual etc. Outros estudiosos consideram que o Direito Penal tem finalidade preventiva, visto que deve tentar motivar o criminoso a não infringir o sistema jurídico-penal, estabelecendo sanções às proibições fixadas. É a chamada *função motivadora da norma penal*, no dizer de Muñoz Conde

(*Derecho penal y control social*, Sevilla: Fondación Universitaria de Jerez, 1995, p. 30-32). Caso essa função motivadora não apresente resultado positivo, impõe-se ao criminoso a sanção penal, que se torna efetiva após o devido processo legal.

Nesse sentido, já estabelecia o mestre Heleno Cláudio Fragoso (*Lições de direito penal*: parte geral, 5. ed., Rio de Janeiro: Forense, 1983, p. 2-3) que a "função básica do Direito Penal é a de defesa social. Ela se realiza através da chamada *tutela jurídica*, mecanismo com o qual se ameaça com uma sanção jurídica (no caso, a pena criminal) a transgressão de um preceito, formulado para evitar dano ou perigo a um valor da vida social (bem jurídico). Procura-se assim uma defesa que opera através de ameaça penal a todos os destinatários da norma, bem como pela efetiva aplicação da *pena* ao transgressor. A justificação da pena liga-se à função do Direito Penal, que é instrumento de política social do Estado. O Estado, como tutor e mantenedor da ordem jurídica, serve-se do Direito Penal, ou seja, da pena e das medidas de segurança, como meios destinados à consecução e preservação do bem comum (controle social). A pena, embora seja por natureza retributiva, não se justifica pela retribuição nem tem qualquer outro fundamento metafísico".

De maneira praticamente uniforme na doutrina pátria, entretanto, tem-se considerado o Direito Penal ramo do Direito Público, valorativo, normativo, finalista e sancionador.

É pertencente ao ramo do Direito Público em razão de prestar-se à regulamentação das relações entre o indivíduo e a sociedade, visando a preservação das condições mínimas de subsistência do grupo social.

É *valorativo*, porque estabelece, por meio de normas, uma escala de valor dos bens jurídicos tutelados, sancionando mais severamente aqueles cuja proteção jurídica considera mais relevante.

É *normativo*, porque se preocupa com o estudo da norma, da lei penal, como conjunto de preceitos indicativos de regras de conduta e de sanções em caso de descumprimento.

É *finalista*, porque tem como escopo, como finalidade, a tutela dos bens jurídicos eleitos pela sociedade como merecedores de maior proteção.

Por fim, é *sancionador*, porque estabelece sanções em caso de agressão a bens jurídicos regidos pela legislação extrapenal (Direito Civil, Direito Comercial, Direito Tributário, Direito Administrativo etc.).

3 CLASSIFICAÇÃO DO DIREITO PENAL

A doutrina costuma estabelecer diferenças entre Direito Penal objetivo e Direito Penal subjetivo, Direito Penal comum e Direito Penal especial e Direito Penal adjetivo e Direito Penal substantivo.

3.1 Direito Penal objetivo e Direito Penal subjetivo

Direito Penal objetivo: é o conjunto de normas que definem as infrações e determinam as sanções penais. É o ordenamento jurídico-penal, também chamado de *Direito Penal positivo*, uma vez que é imposto pela vontade soberana do Estado, independentemente de manifestação de vontade de seus destinatários.

Direito Penal subjetivo: é o poder de punir do Estado. É o *jus puniendi*.

O Direito Penal objetivo e o Direito Penal subjetivo convivem harmonicamente no ordenamento jurídico, pois o *jus puniendi* do Estado somente pode ser exercido após a violação do ordenamento jurídico-penal.

3.2 Direito Penal comum e Direito Penal especial

Direito Penal comum: é aquele que se aplica a todas as pessoas em geral.

Direito Penal especial: é aquele que se aplica a determinada classe de pessoas, em razão de uma qualidade especial.

A distinção entre ambos se encontra, via de regra, no órgão incumbido de aplicar o direito objetivo. É o caso, por exemplo, do Direito Penal Militar, que é aplicado apenas à classe dos militares, tendo como órgão jurisdicional aplicador a Justiça Militar. Outro exemplo seria o Direito Penal Eleitoral, muito embora, sobre essa qualificação, não haja consenso na doutrina pátria.

3.3 Direito Penal adjetivo e Direito Penal substantivo

Direito Penal adjetivo: é o conjunto de normas destinadas à aplicação do Direito Penal substantivo. São regras processuais que se destinam a estabelecer a forma pela qual as normas penais serão aplicadas aos criminosos, ensejando, se caso, a imposição de sanção.

Direito Penal substantivo: é o conjunto de normas que estabelecem as infrações e as sanções penais. É o Direito Penal propriamente dito, encontrado na forma de normas que estabelecem preceitos que devem ser obedecidos e sanções para o caso de descumprimento.

O Direito Penal substantivo seria aplicado pelo Direito Penal adjetivo.

Entretanto, atualmente, essa classificação encontra-se superada, em face da autonomia do Direito Processual Penal, que consolida as regras de aplicação do Direito Penal.

4 CIÊNCIAS PENAIS E AUXILIARES DO DIREITO PENAL

Não constitui o Direito Penal um ramo isolado das ciências jurídicas, relacionando-se com todos os outros ramos do Direito, bem assim com as disciplinas auxiliares (Medicina Forense, Psiquiatria Forense e Criminalística) e com as ciências penais (Criminologia, Sociologia Criminal, Estatística Criminal, Política Criminal, Biotipologia Criminal, Vitimologia, Biologia Criminal, Antropologia Criminal, Psicologia Criminal e Endocrinologia Criminal).

Nesse panorama, destaca-se a *Criminologia*, que, na definição de Heleno Fragoso (op. cit., p. 18), "é a ciência causal-explicativa que estuda o crime como fato social, o delinquente e a delinquência, bem como, em geral, o surgimento das normas de comportamento social e a conduta que as viola ou delas se desvia e o processo de reação social. A Criminologia, como se vê, não se limita ao estudo do crime como realidade fenomênica, cabendo-lhe, de forma mais ampla, o estudo da conduta desviante que constitui o fato antissocial grave (assim, por exemplo, a prostituição, o homossexualismo, o alcoolismo etc.)".

Assim, sendo diversas as disciplinas que se relacionam com o Direito Penal (às quais se tem dado a denominação de *Enciclopédia das Ciências Jurídicas*), deve o estudo criminológico de um ser humano que infringiu as normas sociais, segundo Hilário Veiga de Carvalho (*Compêndio de criminologia*, São Paulo: Bushatsky, 1973, p. 16), "preceder o julgamento, isto é, aquela decisão dramática que definirá o destino específico que caberá a essa pessoa: uma condenação e uma sanção, ou a volta à posse da liberdade e reintegração no convívio social". E conclui o renomado jurista: "Enfim, o julgamento é, pois, dentro do quadro geral da vida do criminoso, o momento em que se decide qual a sua situação em face da sociedade que, defendida pela organização judiciária, vai proferir a sua sentença em face da ação antissocial cometida".

5 PRINCÍPIOS FUNDAMENTAIS DO DIREITO PENAL

5.1 Princípio da legalidade

O *princípio da legalidade* está previsto no art. 5.º, XXXIX, da Constituição Federal, vindo também estampado no art. 1.º do Código Penal.

Segundo esse princípio (*nullum crimen, nulla poena sine lege*), ninguém pode ser punido se não existir uma lei que considere o fato praticado como crime.

O princípio da legalidade é também chamado de *princípio da reserva legal*, pois a definição dos crimes e das respectivas penas deve ser dada somente e com exclusividade pela *lei*, excluindo qualquer outra fonte legislativa.

Inclusive, o princípio da legalidade tem sua complementação no *princípio da anterioridade* (*nullum crimen, nulla poena sine praevia lege*), uma vez que do teor do art. 1.º do Código Penal decorre a inexistência de crime e de pena sem lei *anterior* que os defina. Deve, assim, a lei estabelecer previamente as condutas consideradas criminosas, cominando as penas que julgar adequadas, a fim de que se afaste o arbítrio do julgador e se garanta ao cidadão o direito de conhecer, com antecedência, qual o comportamento considerado ilícito.

Há quem sustente, outrossim, que o princípio da legalidade é o gênero, que tem como espécies os princípios da reserva legal e da anterioridade.

Merece ser ressaltado que, em razão de disposição constitucional expressa (art. 62, § 1.º, I, *b*, da CF), é vedada a edição de medidas provisórias sobre matéria relativa a Direito Penal.

O pleno do Supremo Tribunal Federal, entretanto, em magistral acórdão que teve como relator o eminente Ministro Sepúlveda Pertence (RE 254.818/PR — *DJ*, 19-12-2002 — *RTJ*, 184/301), já entendeu ser possível a edição de medidas provisórias sobre matéria relativa a Direito Penal, desde que tratem de normas penais benéficas, assim entendidas aquelas que abolem crimes ou lhes restringem o alcance, extinguem ou abrandam penas ou ampliam os casos de isenção de penas ou de extinção de punibilidade.

O princípio da legalidade se desdobra em quatro subprincípios: a) anterioridade da lei (*lege praevia*); b) reserva legal, sendo a lei escrita (*lege scripta*); c) proibição do emprego de analogia *in malam partem* (*lege stricta*) e d) taxatividade ou mandato de certeza (*lege certa*).

5.2   Princípio da aplicação da lei mais favorável

Esse princípio tem como essência outros dois princípios penais que o compõem: o *princípio da irretroatividade da lei mais severa* e o *princípio da retroatividade da lei mais benéfica*.

Portanto, a lei penal somente retroage para beneficiar o réu (art. 5.º, XL, da CF), e a lei nova que de qualquer modo favorecê-lo será aplicada aos fatos anteriores, ainda que decididos por sentença condenatória transitada em julgado (art. 2.º, parágrafo único, do CP).

Esse princípio será abordado com mais profundidade quando da análise da aplicação da lei penal.

5.3   Princípio da taxatividade

Esse princípio decorre do princípio da legalidade, exigindo que a lei seja *certa*, acessível a todos, devendo o legislador, quando redige a norma, esclarecer de maneira precisa, taxativamente, o que é penalmente admitido.

Devem ser evitados, portanto, os *tipos penais abertos*, que são aqueles cujas condutas proibidas somente são identificadas em função de elementos exteriores ao tipo penal. Ex.: art. 150 do Código Penal ("contra a vontade expressa ou tácita de quem de direito"); art. 164 do Código Penal ("sem o consentimento de quem de direito").

5.4   Princípio da ofensividade (princípio do fato ou princípio da exclusiva proteção do bem jurídico)

Segundo esse princípio, não há crime quando a conduta não tiver oferecido, ao menos, um perigo concreto, efetivo, comprovado, ao bem jurídico.

Não deve o Direito Penal, de acordo com esse princípio, se preocupar com as intenções e pensamentos das pessoas, enquanto não exteriorizada a conduta delitiva, devendo haver, pelo menos, um perigo real (ataque efetivo e concreto) ao bem jurídico.

Esse princípio tem como principal função limitar a pretensão punitiva do Estado, de modo a não haver proibição penal sem conteúdo ofensivo aos bens jurídicos.

Portanto, segundo esse princípio, não seriam admitidos os crimes de perigo abstrato.

O legislador pátrio, entretanto, tem desconsiderado esse princípio, na medida em que vários crimes de perigo abstrato existem no Código Penal e na legislação extravagante.

5.5   Princípio da alteridade (princípio da transcendentalidade)

De acordo com esse princípio, não devem ser criminalizadas atitudes meramente internas do agente, incapazes de atingir o direito de outro (*altero*), faltando, nesse caso, a lesividade que pode legitimar a intervenção penal.

Portanto, com base nesse princípio, não se deve punir a autolesão ou o suicídio frustrado, uma vez que não se justifica a intervenção penal repressiva a quem está fazendo mal a si mesmo.

Esse princípio tem sido trazido à baila, atualmente, na discussão sobre a descriminalização da posse de drogas para consumo próprio. Argumenta-se que o consumidor de drogas faz mal apenas a si próprio, e não a outrem, tal como acontece com o consumo do tabaco e do álcool. Desconsidera-se, nesse caso, a posição doutrinária e jurisprudencial segundo a qual a posse de drogas para consumo pessoal, como crime, ofenderia a saúde pública, justamente em razão de que existem outras tantas condutas ofensivas desse mesmo bem jurídico que não são consideradas crime pelo legislador.

Nesse sentido, vale lembrar decisão da Suprema Corte de Justiça da Nação Argentina, na causa n. 9.080, de 25 de agosto de 2009, em que, por decisão unânime dos sete ministros, ficou decidido que a posse de pequena quantidade de droga para consumo pessoal não constitui crime, uma vez que a norma do art. 14, § 2.º, da Lei n. 23.737/89 é incompatível com a norma insculpida no art. 19 da Constituição Argentina ("Art. 19 — As ações privadas dos homens que de nenhum modo ofendam a ordem e a moral pública, nem prejudiquem a um terceiro, estão somente reservadas a Deus, e isentas da autoridade dos magistrados. Nenhum habitante da Nação será obrigado a fazer o que não manda a lei, nem privado do que ela não proíbe.").

No mesmo sentido há decisões no México, no Uruguai, na Colômbia, no Peru e na Costa Rica, entre outros países.

5.6 Princípio da adequação social

Importantíssimo princípio que deve orientar o legislador e o julgador, a adequação social desconsidera crime o comportamento que não afronta o sentimento social de justiça, de modo que condutas aceitas socialmente não podem ser consideradas crime, não obstante sua eventual tipificação.

A tipificação de uma conduta criminosa deve ser precedida de uma seleção de comportamentos, não podendo sofrer valoração negativa (criminalização) aquelas aceitas socialmente e consideradas normais.

Pelo princípio da adequação social, determinada conduta deixa de ser criminosa em razão de não ser mais considerada injusta pela sociedade.

Em razão de sua subjetividade, esse princípio deve ser analisado e aplicado com extrema cautela pelo jurista.

Nesse sentido, pode ser colacionada a norma que considera o jogo contravenção penal (art. 50 do Decreto-Lei n. 3.688/41), ou a norma que criminaliza condutas que envolvam escritos ou objetos obscenos (art. 234 do CP).

5.7 Princípio da intervenção mínima (Direito Penal mínimo) e princípio da fragmentariedade

Do embate entre duas importantes ideologias modernas (movimento de lei e de ordem e movimento abolicionista), surge o *princípio da intervenção mínima* pregando não se justificar a intervenção penal quando o ilícito possa ser eficazmente combatido por outros ramos do Direito (Civil, Administrativo, Trabalhista etc.).

Sustenta esse princípio a necessidade de ser o Direito Penal subsidiário, somente atuando quando os demais ramos do Direito falharem (*ultima ratio*).

Do princípio da intervenção mínima deriva o princípio da fragmentariedade, segundo o qual deve o Direito Penal proteger apenas os bens jurídicos de maior relevância para a sociedade, não devendo ele servir para a tutela de todos os bens jurídicos. Daí o seu caráter fragmentário, ocupando-se somente de parte dos bens jurídicos protegidos pela ordem jurídica.

5.8   Princípio da insignificância (bagatela)

O princípio da insignificância, também chamado de princípio da bagatela, deita suas raízes no Direito Romano, em que se aplicava a máxima civilista *de minimis non curat praetor* sustentando a desnecessidade de se tutelar lesões insignificantes aos bens jurídicos (integridade corporal, patrimônio, honra, administração pública, meio ambiente etc.). Aplicado ao Direito Penal, restaria apenas a tutela de lesões de maior monta aos bens jurídicos, deixando ao desabrigo os titulares de bens jurídicos alvo de lesões consideradas insignificantes.

Mais recentemente, esse princípio foi desenvolvido pela doutrina penal alemã, a partir do início do século XX, principalmente por conta das nefastas consequências causadas pelas duas guerras mundiais, que assolaram a Alemanha de maneira peculiar, fazendo proliferar na sociedade da época, devido à miséria de grande parte da população, uma gama de pequenos furtos, no mais das vezes tendo por objeto alimentos e gêneros de primeira necessidade.

Tendo em vista, então, o que se convencionou chamar, à época, de *Bagatelledelikte*, Claus Roxin formula as bases do princípio da insignificância (*das Geringfügigkeitsprinzip*), buscando fundamentar seus postulados em outros princípios penais, como o da lesividade, o da fragmentariedade e o da adequação social, considerando que este último foi desenvolvido com maestria por Hans Welzel em sua consagrada obra *Das Deutsche Strafrecht*.

Na obra *Política Criminal y Sistema del Derecho Penal* (2. ed., Buenos Aires: Ed. Hammurabi, 2000, p. 73-74), Claus Roxin sustenta que "bajo el prisma del principio 'nullum crimen' es precisamente lo contrario lo justo: es decir, una interpretación restrictiva que actualice la función de carta magna del Derecho penal y su 'naturaleza fragmentaria' y que atrape conceptualmente sólo el ámbito de punibilidad que sea indispensable para la protección del bien jurídico. Para ello hacen falta principios como el introducido por Welzel, de la adecuación social, que no es una característica del tipo, pero si un auxiliar interpretativo para restringir el tenor literal que acoge también formas de conductas socialmente admisibles. A esto pertenece además el llamado principio de la insignificancia, que permite en la mayoría de los tipos excluir desde un principio daños de poca importancia: maltrato no es cualquier tipo de daño de la integridad corporal, sino solamente uno relevante; análogamente deshonesto en el sentido del Código Penal es sólo la acción sexual de una cierta importancia, injuriosa en una forma delictiva es sólo la lesión grave a la pretensión social de respeto. Como 'fuerza' debe considerarse únicamente un obstáculo de cierta importancia, igualmente también la amenaza debe ser 'sensible' para pasar el umbral de la criminalidad. Si con estos planteamientos se organizara de nuevo consecuentemente la instrumentación de nuestra interpretación del tipo, se lograría, además de una mejor interpretación, una importante aportación para reducir la criminalidad en nuestro país".

O princípio da insignificância é bastante debatido na atualidade, principalmente ante a ausência de definição do que seria irrelevante penalmente (bagatela), ficando essa valoração, muitas vezes, ao puro arbítrio do julgador. Entretanto, o princípio da insignificância vem tendo larga aplicação nas Cortes Superiores (STJ e STF), não devendo ser considerado apenas em seu aspecto formal (tipicidade formal — subsunção da conduta à norma penal), mas também e fundamentalmente em seu aspecto material (tipicidade material — adequação da conduta à lesividade causada ao bem jurídico protegido).

Assim, acolhido o princípio da insignificância, estaria excluída a própria tipicidade, desde que satisfeitos quatro requisitos estabelecidos em vários precedentes jurisprudenciais pelo Supremo Tribunal Federal: a) mínima ofensividade da conduta do agente; b) ausência de total periculosidade social da ação; c) ínfimo grau de reprovabilidade do comportamento; d) inexpressividade da lesão jurídica ocasionada.

Nos crimes patrimoniais, a jurisprudência consolidada do Superior Tribunal de Justiça, para aferir a relevância do dano patrimonial, leva em consideração o salário mínimo vigente à época dos fatos, considerando irrisório o valor inferior a 10% do salário mínimo, independentemente da condição financeira da vítima, entendendo também que a restituição dos bens subtraídos não conduz, necessariamente, à incidência do princípio da insignificância. (STJ — AgRg no HC 811.618/MS — Rel. Min. Joel Ilan Paciornik — Quinta Turma — *DJe* 4-10-2023).

Vale ressaltar o disposto na Súmula 589 do Superior Tribunal de Justiça: "É inaplicável o princípio da insignificância nos crimes ou contravenções penais praticados contra a mulher no âmbito das relações domésticas".

Dispõe, ainda, a Súmula 599 do Superior Tribunal de Justiça: "O princípio da insignificância é inaplicável aos crimes contra a administração pública".

Também a Súmula 606 do Superior Tribunal de Justiça estabelece que: "Não se aplica o princípio da insignificância a casos de transmissão clandestina de sinal de internet via radiofrequência, que caracteriza o fato típico previsto no art. 183 da Lei n. 9.472/1997".

Parcela da doutrina pátria se refere, outrossim, à existência de uma "bagatela imprópria", baseada no princípio da irrelevância penal do fato e buscando seu fundamento no art. 59 do Código Penal, ao estabelecer que a pena a ser fixada pelo juiz deve se pautar pelos critérios da "necessidade e suficiência". Assim, mesmo que o fato fosse considerado típico material e formalmente, não podendo a lesão ser considerada de bagatela (insignificante) no sentido próprio, a reprimenda se apresentaria desnecessária ao agente, em atenção a aspectos fáticos e comportamentais ocorridos posteriormente ao crime.

5.9   Princípio da continuidade normativo-típica

O princípio da continuidade normativo-típica "ocorre quando uma norma penal é revogada, mas a mesma conduta continua sendo crime no tipo penal revogador, ou seja, a infração penal continua tipificada em outro dispositivo, ainda que topologicamente ou normativamente diverso do originário" (STJ — HC 187.471/AC — Rel. Min. Gilson Dipp — j. 20-10-2011).

O caráter proibitivo da conduta é mantido, ocorrendo o deslocamento do conteúdo criminoso para outro tipo penal.

Esse princípio não se confunde com a *abolitio criminis*, a qual implica a revogação do tipo penal com a consequente supressão formal e material da figura criminosa.

5.10 Princípio do Direito Penal máximo

Influenciado pelo movimento de lei e de ordem e visando ao combate da impunidade abolicionista, foi criado o *princípio do Direito Penal máximo* como forma de defesa social, preconizando a intervenção do Direito Penal até mesmo nas mínimas infrações, como forma de intimidar e conter, na raiz, a progressão criminosa.

Não fosse a grave situação de insegurança que assola o País nesse delicado momento social, revelando a face omissa e até mesmo imprudente das autoridades envolvidas no sistema, o *princípio do Direito Penal mínimo* poderia, de algum modo, apresentar certo grau de razoabilidade frente aos disparates praticados pelos delinquentes, cada vez mais audazes e destemidos.

É inegável que, do ponto de vista estritamente científico, seria desejável e sustentável que o Direito Penal, no contexto dos demais recursos estatais para a contenção das ações antissociais, representasse a *ultima ratio legis*, assumindo sua feição subsidiária e evitando a proliferação de normas penais incriminadoras. Inegável também que o abuso da criminalização e da penalização pode levar ao descrédito do sistema penal, gerando a falência do caráter intimidativo da pena, com a consequente aniquilação de seu escopo de prevenção geral.

Mas, por outro lado, não se pode deixar de ressaltar que o princípio da intervenção mínima do Direito Penal teve sua origem a partir da Revolução Francesa, sendo consagrado pelo Iluminismo, num contexto absolutamente diferente daquele que se apresenta, hoje em dia, em nosso país.

Daí por que o Direito Penal máximo desponta como forma de efetivo controle social da criminalidade, entendido esse como firme e célere resposta legal ao criminoso, através de sanções legítimas e de caráter intimidativo, já que, não obstante alguns posicionamentos em contrário, ainda não foi possível retirar da pena seu cunho retributivo. A função básica do Direito Penal, como se sabe, é a de *defesa social*, que se realiza através da tutela jurídica, pela ameaça penal aos destinatários da norma, aplicando-se efetivamente a pena ao transgressor.

O Direito Penal máximo surge como eficaz resposta social ao crime, na medida em que, através da séria e consciente criminalização das condutas marginais, que representem efetivo perigo para a coletividade, possa preservar e garantir os direitos fundamentais do cidadão de bem. Até porque a criminalização de condutas consideradas *de bagatela*, ou de condutas que, em princípio, possam aparentemente desmerecer a intervenção do Direito Penal, certamente evitará que outras infrações de maior gravidade ocupem seu lugar, já que a realidade social comprovou, por mais de uma vez, que a progressão criminosa pode ser evitada com a penalização das condutas de menor gravidade.

5.11 Princípio da proporcionalidade da pena

De cunho eminentemente constitucional, o princípio em análise preconiza a observância, no sistema penal, de proporcionalidade entre o crime e a sanção.

É certo que o caráter da pena é multifacetário, devendo preservar os interesses da sociedade, através da reprovação e prevenção do crime, sendo também proporcional ao mal causado pelo ilícito praticado.

Nesse aspecto, a justa retribuição ao delito praticado é a ideia central do Direito Penal.

5.12 Princípio da individualização da pena

De raízes constitucionais (art. 5.º, XLVI), o princípio da individualização da pena se assenta na premissa de que o ilícito penal é fruto da conduta humana, individualmente considerada, devendo, pois, a sanção penal recair apenas sobre quem seja o autor do crime, na medida de suas características particulares, físicas e psíquicas.

Inclusive, na Lei de Execução Penal (Lei n. 7.210/84) vêm traçadas normas para individualização da pena, através da classificação do condenado segundo seus antecedentes e personalidade, elaborando-se um programa individualizador da pena privativa de liberdade que lhe for adequada.

5.13 Princípio da humanidade

O *princípio da humanidade* é decorrência lógica dos princípios da proporcionalidade e da individualização da pena.

Segundo ele, a pena e seu cumprimento devem se revestir de caráter humanitário, em respeito e proteção à pessoa do preso.

No Brasil, este princípio vem consagrado na Constituição Federal (art. 5.º, III), que veda a tortura e o tratamento desumano ou degradante a qualquer pessoa, e também na vedação de determinadas penas, como a de morte, de prisão perpétua, de trabalhos forçados, de banimento e outras penas cruéis (art. 5.º, XLVII).

5.14 Princípio da razoabilidade

O *princípio da razoabilidade* congrega todos os demais princípios anteriormente estudados, colocando o homem no lugar da lei, sem ferir a legalidade.

Segundo esse princípio, o razoável, por vezes, se sobrepõe ao legal, fazendo com que a lei seja interpretada e aplicada em harmonia com a realidade, de maneira social e juridicamente razoável, buscando, acima de tudo, aquilo que é justo.

II

FONTES DO DIREITO PENAL

1 FONTES MATERIAIS

As *fontes materiais* são também conhecidas como fontes de produção ou fontes substanciais, pois dizem respeito à gênese, à elaboração, à criação do Direito Penal.

Nesse sentido, a única fonte material do Direito Penal é o Estado, órgão responsável pela sua criação, através da competência legislativa exclusiva atribuída à União pelo art. 22, I, da Constituição Federal. Portanto, somente a União pode legislar sobre Direito Penal. Não podem legislar sobre Direito Penal os Estados-membros, os Municípios e o Distrito Federal. Excepcionalmente, nos termos do disposto no parágrafo único do art. 22 da Constituição Federal, lei complementar poderá autorizar os Estados a legislar sobre questões específicas das matérias relacionadas no citado artigo.

Somente a lei ordinária (lei em sentido estrito) pode criar tipos penais, sendo vedada a edição de medidas provisórias sobre matéria penal (art. 62, § 1.º, I, *b*, da CF).

2 FONTES FORMAIS

As *fontes formais*, igualmente conhecidas como fontes de conhecimento ou fontes de cognição, dizem respeito à exteriorização, à forma pela qual o Direito Penal se faz conhecido. Assim, podem elas ser *mediatas* e *imediatas*.

2.1 Fonte formal imediata

A fonte formal imediata do Direito Penal é a lei penal.

2.1.1 Lei e norma penal

A *norma penal* não se confunde com a *lei penal*.

A primeira traduz comportamento que é aceito socialmente, retirado do senso comum da coletividade e da noção de justiça aceita por todos. Não é regra escrita, mas, antes, regra social proibitiva, tida como normal. A sociedade, geralmente, não aceita e proíbe os atos de matar, estuprar, furtar, constranger etc.

A *lei penal*, por seu turno, é a materialização da norma feita por obra do legislador, que, oriundo do seio do grupo social, deve, em tese, traduzir o senso comum de justiça em leis, elaborando-as de modo a coibir a prática de ações socialmente reprováveis.

Apresenta, a lei penal, duas espécies básicas:

a) lei penal incriminadora, também chamada de *lei penal em sentido estrito*: descreve a infração penal e estabelece a sanção;

b) lei penal não incriminadora, também chamada de *lei penal em sentido lato*: não descreve infrações penais, tampouco estabelece sanções. Pode ser subdividida em *permissiva* (que considera lícitas determinadas condutas ou isenta o agente de pena, como as causas excludentes da antijuridicidade — arts. 23, 24 e 25 do CP, dentre outros — ou as causas excludentes da culpabilidade — arts. 26 e 28, § I.º, do CP, dentre outros) e *explicativa* (também chamada de *complementar* ou *final*, que complementa ou esclarece o conteúdo de outras normas — arts. 59 e 63 do CP, dentre outros).

Além disso, há outras classificações de leis penais: *gerais* (que se aplicam a todo o território nacional); *especiais* (que se aplicam apenas a determinadas regiões); *comuns* (que se aplicam a todas as pessoas); *especiais* (que se aplicam apenas a uma classe de pessoas, de acordo com sua condição, ou a certos tipos de crimes); *ordinárias* (que têm vigência em qualquer época, até a sua revogação); e *excepcionais* (que vigem apenas em determinadas circunstâncias, como guerras, cataclismos, calamidades etc.).

É preciso ressaltar, entretanto, que a doutrina tem utilizado os termos *lei penal* e *norma penal*, muitas vezes, como sinônimos, ignorando a distinção que acima foi estabelecida.

Assim, *lei* ou *norma penal incriminadora* pode ser conceituada como o dispositivo que compõe o Direito Penal por meio de proibições e comandos distribuídos na Parte Especial do Código e em leis extravagantes.

Via de regra, a lei ou a norma penal incriminadora é integrada pelo *preceito*, consistente no comando de fazer ou de não fazer determinada coisa, e pela *sanção*, que é a consequência jurídica coligada ao preceito. Para alguns, a parte dispositiva da norma é o preceito primário, e a parte sancionatória, o preceito secundário.

O *preceito* acha-se subentendido na norma, como pressuposto da *sanção*, e não na forma de mandamentos explícitos do tipo "não matarás".

Preceito e sanção fundem-se, indissoluvelmente, numa unidade lógica, originando as chamadas *normas perfeitas.*

2.1.2 Norma penal em branco

As *normas imperfeitas*, também chamadas de *normas penais em branco*, são aquelas em que a sanção é determinada, sendo indeterminado o seu conteúdo. Para ser executada, portanto, a norma penal em branco depende do complemento de outras normas jurídicas ou de futura expedição de certos atos administrativos.

Existem basicamente duas espécies de normas penais em branco:

a) normas penais em branco em sentido lato, também chamadas de *normas penais em branco incompletas, impróprias ou homogêneas*: são aquelas em que o complemento provém da mesma fonte formal da norma incriminadora, ou seja, o órgão encarregado de formular o complemento é o mesmo órgão elaborador da norma penal em branco. As fontes são as mesmas. Exemplos: arts. 178 e 184 do Código Penal. Podem ser divididas em normas penais em branco em sentido lato homovitelinas, em que o complemento está no mesmo diploma legal da norma incompleta (ex.: crime de peculato — art. 312 do CP, em que o conceito de funcionário público se encontra no art. 327 do mesmo diploma); e norma penal em branco em sentido lato heterovitelina, em que o complemento está em diploma legal diverso do da norma incompleta (ex.: crime de conhecimento prévio de impedimento — art. 237 do CP, em que os impedimentos que causam nulidade absoluta do casamento estão elencados no art. 1.521 do Código Civil);

b) *normas penais em branco em sentido estrito*, também chamadas de *normas penais em branco próprias ou heterogêneas*: são aquelas cujo complemento está contido em outra regra jurídica procedente de outra instância legislativa. As fontes formais são heterogêneas, havendo diversificação quanto ao órgão de elaboração legislativa. Exemplos: arts. 269 do Código Penal e 33 da Lei n. 11.343, de 23 de agosto de 2006.

A doutrina ainda indica outras espécies de normas penais em branco, a saber:

a) *normas penais em branco inversas*, também chamadas de *normas penais em branco às avessas*: que são aquelas nas quais a necessidade de complemento não se encontra no preceito primário da norma penal, mas sim no preceito secundário, na sanção. Ex.: crime de genocídio (art. 1.º da Lei n. 2.889/56), em que as sanções são previstas no Código Penal;

b) *normas penais em branco ao quadrado*: que ocorrem quando o crime exige um complemento normativo para sua compreensão, o qual faz referência a outro ato normativo. É uma norma duplamente em branco. Há necessidade de dupla complementação. Ex.: art. 38 da Lei n. 9.605/98 — Lei dos Crimes Ambientais. Esse crime se refere a "florestas de preservação permanente", cujo conceito se encontra na Lei n. 12.651/2012 — Código Florestal (primeiro complemento), a qual requer que referidas áreas sejam declaradas de interesse social por ato do Chefe do Poder Executivo (segundo complemento);

c) *normas penais em branco de fundo constitucional*: que são aquelas cujo complemento é dado pela Constituição Federal. Ex.: crime de abandono intelectual (art. 246 do CP). A "idade escolar" referida na norma penal vem complementada pelo disposto no art. 208, I, da Constituição Federal (4 a 17 anos).

2.1.3 Integração da norma penal

A questão das *lacunas* da lei penal tem preocupado os juristas, na medida em que os processos de preenchimento da norma não podem contrapor-se aos ditames contidos nos princípios do Direito Penal, principalmente no *princípio da legalidade*.

É certo que não há lacunas no Direito, como um todo, pois o ordenamento jurídico é perfeito e íntegro.

O que existem são lacunas na norma penal, as quais devem ser preenchidas pelos recursos supletivos para o conhecimento do Direito.

Assim, não possuem lacunas as normas penais incriminadoras, em face do princípio da reserva legal, uma vez que não se pode estender-lhes o conteúdo em prejuízo do réu. Se o legislador elaborou a norma penal ou a lei penal incriminadora de maneira lacunosa, não se deve, a pretexto de interpretá-la ou complementá-la, ferir o *princípio da legalidade ou da reserva legal.*

As normas penais não incriminadoras, porém, em relação às quais não vige o *princípio da legalidade ou da reserva legal*, quando apresentam falhas ou omissões, podem ser integradas pelos recursos fornecidos pela ciência jurídica.

Portanto, *ex vi* do disposto no art. 4.º da Lei de Introdução às Normas do Direito Brasileiro — LINDB (Decreto-Lei n. 4.657, de 4-9-1942, antiga Lei de Introdução ao Código Civil — LICC), são aplicáveis ao Direito Penal *a analogia, o costume e os princípios gerais de direito.*

2.1.4 Norma penal incompleta

Denomina-se norma penal incompleta, ou lei penal incompleta, segundo André Estefam (*Direito penal 1*: parte geral. Coleção Curso & Concurso, São Paulo: Saraiva, 2005, p. 19), "ao fenômeno inverso ao da lei penal em branco, ou seja, àquela *lei determinada no preceito e indeterminada na sanção.* A descrição da conduta típica encontra-se perfeita no preceito primário, ao passo que a sanção não consta da lei, que faz remissão a outra (ex.: Lei n. 2.889/56, que pune o crime de genocídio)".

2.2 Fontes formais mediatas

As *fontes formais mediatas* são o *costume* e os *princípios gerais de direito.*

2.2.1 Costume

Nada mais é do que o conjunto de normas de comportamento, a que pessoas obedecem de maneira uniforme e constante, por convicção de sua obrigatoriedade. Não pode o costume criar ou revogar uma lei penal, pois o *princípio da legalidade* reserva à lei a exclusividade de estabelecer o crime e a respectiva pena. Mas o costume pode ser utilizado como forma de interpretação da lei, tendo, muitas vezes, nítida influência na elaboração da lei penal.

Nas leis ou normas penais incriminadoras é comum encontrarmos termos que somente podem ter seu exato significado conhecido mediante a análise do costume de um povo, levando-se em conta as condições sociais em que o crime ocorreu. É o caso das expressões *dignidade* e *decoro* encontradas nos crimes contra a honra (art. 140 do CP); *ato obsceno*, também nos crimes contra a dignidade sexual (art. 233 do CP) etc.

Distingue-se, entretanto, o *costume* do *hábito* pela convicção de sua obrigatoriedade. O costume carrega consigo certa carga de obrigatoriedade, que faz com que as pessoas o pratiquem de modo geral. Já o hábito não traz em si nenhuma obrigatoriedade, tratando-se de meras formas de conduta praticadas pelas pessoas ao acaso.

As espécies de costume são:

— *contra legem*: que é aquele que conflita com a lei, embora não tenha o poder de revogá-la ou modificá-la. Poderia ser citada como exemplo a contravenção penal do *jogo do bicho;*

— *secundum legem*: que é aquele que não conflita com a lei, mas apenas esclarece e auxilia na aplicação de seus dispositivos;

— *praeter legem*: que é aquele que funciona como elemento heterointegrador das normas penais não incriminadoras, quer cobrindo-lhes as lacunas, quer especificando-lhes o conteúdo e a extensão.

2.2.2 Princípios gerais de direito

Previstos no art. 4.º da Lei de Introdução às Normas do Direito Brasileiro, esses princípios descansam em premissas éticas que são extraídas, mediante indução, do material legislativo. Conforme bem esclarece Julio Fabbrini Mirabete (*Manual de direito penal*: parte geral, 16. ed., São Paulo: Atlas, 2000, p. 47), "está o Direito Penal sujeito às influências desses princípios, estabelecidos com a consciência ética do povo em determinada civilização, que podem suprir lacunas e omissões da lei penal. Cita-se como exemplo de aplicação dessa fonte indireta a não punição da mãe que fura as orelhas da filha, que praticaria assim um crime de lesões corporais, quando o faz para colocar-lhe brincos".

2.2.3 Analogia não é fonte do Direito Penal

A *analogia* é o ato de aplicar a uma proposição, não prevista em lei, o regramento relativo a uma hipótese semelhante.

Não consiste a analogia em fonte formal mediata do Direito Penal, mas, antes, em forma de integração da lei. Assim, de acordo com o art. 4.º da Lei de Introdução às Normas do Direito Brasileiro, na presença de uma lacuna do ordenamento jurídico, deve o juiz decidir o caso de acordo com a analogia, os costumes e os princípios gerais de direito.

Segundo Damásio E. de Jesus (*Direito penal*: parte geral, 19. ed., São Paulo: Saraiva, 1995, v. I, p. 43), para que seja permitido o recurso à analogia exige-se a concorrência dos seguintes requisitos:

— que o fato considerado não tenha sido regulado pelo legislador;

— que tenha o legislador regulado situação que oferece relação de coincidência, de identidade com o caso não regulado;

— que o ponto comum entre as duas situações constitua o ponto determinante na implantação do princípio referente à situação considerada pelo julgador.

São espécies de analogia:

— *analogia legal* (ou *analogia legis*): atua quando o caso não previsto é regulado por um preceito legal que rege um semelhante;

— *analogia jurídica* (ou *analogia juris*): ocorre quando se aplica, à espécie não prevista em lei, um preceito consagrado pela doutrina, pela jurisprudência ou pelos princípios gerais de direito.

A analogia pode ser ainda:

— *in bonam partem*: quando o sujeito é beneficiado pela sua aplicação;

— *in malam partem*: quando o sujeito é prejudicado pela sua aplicação.

No nosso sistema penal é admitida apenas a analogia *in bonam partem*, ou seja, somente se pode recorrer à analogia, para suprir a lacuna da lei, quando for para beneficiar o réu; nunca para prejudicá-lo.

Interpretação da Lei Penal

A *interpretação da lei penal* é a atividade consistente em identificar o alcance e significado da norma penal.

Pode ser classificada:

a) *quanto ao sujeito*, levando em consideração aquele que realiza a interpretação;

b) *quanto ao modo*, considerando os meios empregados para a interpretação;

c) *quanto ao resultado*, tendo em conta a conclusão a que chegou o exegeta.

1 INTERPRETAÇÃO DA LEI PENAL QUANTO AO SUJEITO

Quanto ao sujeito, a interpretação pode ser *autêntica*, *doutrinária* ou *jurisprudencial*.

1.1 Interpretação autêntica

Também chamada de *legislativa*, é aquela que emana do próprio órgão encarregado da elaboração do texto legal, podendo ser:

a) *contextual*, quando feita no bojo do próprio texto interpretado (ex.: art. 150 e § 4.º do CP e o conceito de *casa*);

b) *não contextual* ou *posterior*, quando feita por outra lei de edição posterior.

1.2 Interpretação doutrinária

É aquela feita pelos estudiosos do Direito, em livros, artigos, teses, monografias, comentários etc.

A *doutrina* pode ser conceituada como o conjunto de estudos jurídicos de qualquer natureza, feito pelos cultores do Direito. Não se trata de fonte do Direito, mas, antes, de forma de procedimento interpretativo.

1.3 Interpretação jurisprudencial

Também denominada *judicial*, é aquela dada pelos tribunais, mediante a reiteração de seus julgamentos.

Jurisprudência é a reiteração de decisões no mesmo sentido, lançadas em casos idênticos, por meio da interpretação e aplicação do Direito ao caso concreto. Da mesma forma que a doutrina, não se trata de fonte do Direito, mas, antes, de procedimento interpretativo.

2 INTERPRETAÇÃO DA LEI PENAL QUANTO AO MODO

Quanto ao modo, a interpretação pode ser *gramatical* ou *lógica*.

2.1 Interpretação gramatical

Também chamada de *literal* ou *sintática*, é aquela fundada nas regras gramaticais, levando em consideração o sentido literal das palavras.

2.2 Interpretação lógica

Igualmente chamada *teleológica*, é aquela que procura descobrir a vontade do legislador, assim como a finalidade com a qual a lei foi editada.

3 INTERPRETAÇÃO DA LEI PENAL QUANTO AO RESULTADO

Quanto ao resultado, a interpretação pode ser *declarativa, restritiva* e *extensiva*.

3.1 Interpretação declarativa

É aquela que dá à lei o seu sentido literal, sem extensão nem restrição, correspondendo exatamente ao intuito do legislador.

3.2 Interpretação restritiva

É aquela que, concluindo ter a lei dito mais do que queria o legislador, restringe seu sentido aos limites da norma.

3.3 Interpretação extensiva

É aquela que, concluindo ter a lei dito menos do que queria o legislador, estende seu sentido para que corresponda ao da norma.

Duas *espécies* de interpretação extensiva se apresentam: a *interpretação extensiva ampliativa* e a *interpretação extensiva analógica*.

Em regra, o sentido da lei, em matéria penal, não pode ser estendido, ampliado, sob pena de se atentar contra o princípio da reserva legal. Excepcionalmente, entretanto, admite-se a interpretação extensiva, havendo aqueles doutrinadores que defendem a aplicação do princípio *in dubio pro reo* sempre que a interpretação penal não for declarativa.

A interpretação extensiva analógica pode ser classificada em:

a) *intra legem*, quando o próprio texto legal induz à aplicação da analogia em relação a alguma circunstância ou fato (ex.: art. 121, § 2.º, III, do CP — "com emprego de veneno, fogo, explosivo, asfixia, tortura *ou outro meio* insidioso ou cruel ...");

b) *in bonam partem*, quando o texto da lei é estendido de forma a beneficiar o réu (ex.: art. 181, I, do CP — "É isento de pena quem comete qualquer dos crimes previstos neste título, em prejuízo: I — do cônjuge, na constância da sociedade conjugal". Neste caso, também o companheiro ou convivente, em união estável, faz jus à isenção de pena, por analogia).

APLICAÇÃO DA LEI PENAL

1 PRINCÍPIO DA LEGALIDADE

Previsto no art. 5.º, XXXIX, da Constituição Federal, o *princípio da legalidade* vem estampado no art. 1.º do Código Penal, que diz:

Art. 1.º Não há crime sem lei anterior que o defina. Não há pena sem prévia cominação legal.

Por esse princípio (*nullum crimen, nulla poena sine lege*), ninguém pode ser punido se não existir uma lei que considere o fato praticado como crime.

Também é chamado de *princípio da reserva legal*, pois a definição dos crimes e das respectivas penas deve ser dada somente e com exclusividade pela *lei*, excluindo qualquer outra fonte legislativa.

Há quem sustente haver diferença entre os princípios da legalidade e da reserva legal. Nesse sentido, o princípio da legalidade seria o gênero, do qual seriam espécies os princípios da reserva legal e da anterioridade.

Outros, ainda, sustentam que, ao se referir a princípio da legalidade, se estaria permitindo a edição de normas penais por qualquer das espécies legislativas elencadas no art. 59 da Constituição Federal, ao passo que, referindo-se a princípio da reserva legal, haveria limitação apenas a leis ordinárias e complementares, em estrita obediência ao processo legislativo constitucional.

Nesse sentido, conforme já ressaltado quando da análise dos princípios básicos orientadores do poder punitivo estatal, em razão de disposição constitucional expressa (art. 62, § 1.º, I, *b*, da CF), é vedada a edição de medidas provisórias sobre matéria relativa a Direito Penal, valendo ressaltar que o Pleno do Supremo Tribunal Federal, em magistral acórdão que teve como relator o eminente Ministro Sepúlveda Pertence (RE 254818/PR — *DJ*, 19-12-2002 — *RTJ*, 184/301), já entendeu ser possível a edição de medidas provisórias sobre matéria relativa a Direito Penal, desde que tratem de normas penais benéficas, assim entendidas aquelas que abolem crime ou lhes restringem o alcance, extinguem ou abrandam penas ou ampliam os casos de isenção de penas ou de extinção de punibilidade.

Em verdade, o princípio da legalidade tem sua complementação no *princípio da anterioridade* (*nullum crimen, nulla poena sine praevia lege*), uma vez que do teor do art. 1.º do Código Penal decorre a inexistência de crime e de pena sem lei *anterior* que os defina. Deve, assim, a lei estabelecer previamente as condutas consideradas criminosas, cominando as penas que julgar adequadas, a fim de que se afaste o arbítrio do julgador e se garanta ao cidadão o direito de conhecer, com antecedência, qual o comportamento considerado ilícito.

Heleno Cláudio Fragoso (op. cit., p. 91), sobre a origem desse princípio, ensina que "o mais seguro antecedente histórico do princípio da reserva legal, é a *Magna Charta*, imposta pelos barões ingleses ao rei João Sem Terra, em 1215. Em seu art. 39, estabelecia ela que nenhum homem livre poderia ser submetido a pena *nisi per legale judicium parium suorum vel per legem terrae*. Ao que parece, no entanto, esse dispositivo não representava garantia de direito substantivo, mas apenas processual".

A causa próxima do princípio da legalidade, entretanto, como bem ressalta Julio Fabbrini Mirabete (op. cit., p. 55), "está no Iluminismo (século XVIII), tendo sido incluído no art. 8.º da 'Declaração dos Direitos do Homem e do Cidadão', de 26-8-1789, nos seguintes termos: 'Ninguém pode ser punido senão em virtude de uma lei estabelecida e promulgada anteriormente ao delito e legalmente aplicada'. Antes disso, porém, já fora inscrito nas legislações das colônias americanas que se tornavam independentes: Filadélfia (1774), Virgínia (1776) e Maryland (1776), para depois fazer parte do Código Penal Austríaco (1787), do Código Penal Francês (1791) e do Código Napoleônico (1810), irradiando-se para todo o mundo civilizado. No Brasil, foi inscrito na Constituição de 1824 e repetido em todas as cartas constitucionais subsequentes".

René Ariel Dotti (*Curso de direito penal*: parte geral, Rio de Janeiro: Forense, 2003, p. 60) ressalta, outrossim, que, "enquanto o princípio da anterioridade da lei penal se vincula às fontes do Direito Penal, o *princípio da taxatividade* preside a formulação técnica da lei penal e indica o dever imposto ao legislador de proceder, quando redige a norma, de maneira precisa na determinação dos tipos legais, para se saber, *taxativamente*, o que é penalmente ilícito e o que é penalmente admitido. Tal exigência, como é curial, implica em outra: o da necessidade da prévia lei ser escrita". E conclui o referido penalista, afirmando que "o princípio *nullum crimen nulla poena sine lege scripta* veda a incriminação através do costume e proíbe a aplicação analógica de normas incriminadoras".

Por fim, cumpre esclarecer que, embora a lei se refira apenas a "crime" e a "pena", o princípio da legalidade abrange também as contravenções penais e as medidas de segurança.

1.1 Legalidade formal e legalidade material

Legalidade formal significa a obediência às formas e procedimentos estabelecidos pela Constituição Federal para que determinado diploma legal possa fazer parte do ordenamento jurídico.

Legalidade material significa a adequação do novo diploma aos preceitos constitucionais, de modo a garantir os direitos fundamentais previstos pela Constituição Federal.

Legalidade formal e legalidade material são noções que se complementam na chamada legalidade absoluta.

2 EFICÁCIA DA LEI PENAL NO TEMPO

A *eficácia da lei penal no tempo* vem regulada pelo art. 2.º do Código Penal, que diz:

Art. 2.º Ninguém pode ser punido por fato que lei posterior deixa de considerar crime, cessando em virtude dela a execução e os efeitos penais da sentença condenatória.

Parágrafo único. A lei posterior, que de qualquer modo favorecer o agente, aplica-se aos fatos anteriores, ainda que decididos por sentença condenatória transitada em julgado.

2.1 Vigência e revogação da lei penal

A lei penal, como todas as demais leis do ordenamento jurídico, entra em vigor na data nela indicada. Se não houver indicação na própria lei, aplica-se o disposto no art. I.º, *caput*, da Lei de Introdução às normas do Direito Brasileiro, que estabelece o prazo de 45 dias, após a publicação oficial, para que a lei entre em vigor no Brasil.

Denomina-se *vacatio legis* o período compreendido entre a publicação oficial da lei e sua entrada em vigor. Durante o período de *vacatio legis* aplica-se a lei que está em vigor.

Segundo o princípio do *tempus regit actum*, desde que a lei entra em vigor até que cesse sua vigência, rege ela todos os fatos abrangidos pela sua destinação.

Em regra, a lei permanecerá em vigor até que outra a modifique ou revogue, segundo o disposto no art. 2.º da Lei de Introdução às Normas do Direito Brasileiro, a não ser que ela se destine a vigência temporária.

A lei penal também não se aplica a fatos anteriores à sua vigência, conforme já salientamos linhas acima, sendo, portanto, irretroativa.

A regra estampada no art. 2.º, parágrafo único, do Código Penal, entretanto, permite à lei penal retroagir, quando for para beneficiar o réu, postulado que se encontra garantido no art. 5.º, XL, da Constituição Federal.

2.2 Conflito de leis penais no tempo

Como conciliar, pois, a vigência e a revogação sucessivas de leis penais no ordenamento jurídico, cada qual tratando do crime de forma diversa?

Para a solução dessa questão, temos dois princípios que regem os conflitos de direito intertemporal:

— *o princípio da irretroatividade da lei mais severa*, segundo o qual a lei penal mais severa nunca retroage para prejudicar o réu;

— *o princípio da retroatividade da lei mais benigna*, segundo o qual a lei penal mais benigna sempre retroage para beneficiar o réu.

2.3 Hipóteses de conflitos de leis penais no tempo

Existem quatro hipóteses de *conflitos de leis penais no tempo*:

a) *abolitio criminis*, que ocorre quando a nova lei suprime normas incriminadoras anteriormente existentes, ou seja, o fato deixa de ser considerado crime;

b) *novatio legis* incriminadora, que ocorre quando a nova lei incrimina fatos antes considerados lícitos, ou seja, o fato passa a ser considerado crime;

c) *novatio legis in pejus*, que ocorre quando a lei nova modifica o regime penal anterior, agravando a situação do sujeito;

d) *novatio legis in mellius*, que ocorre quando a lei nova modifica o regime anterior, beneficiando o sujeito.

Com relação à aplicação da *novatio legis in mellius* após o trânsito em julgado da sentença condenatória, a competência é do juízo das execuções criminais, conforme dispõe a Súmula 611 do Supremo Tribunal Federal (Súmula 611: "Transitada em julgado a sentença condenatória, compete ao juízo das execuções a aplicação da lei mais benigna"). Nesse sentido, também, o art. 66, I, da Lei n. 7.210/84 (Lei de Execução Penal).

Já no que se refere ao crime continuado e ao crime permanente, a lei penal mais grave a eles se aplica se a sua vigência é anterior à cessação da continuidade ou da permanência, segundo dispõe a Súmula 711 do Supremo Tribunal Federal (Súmula 711: "A lei penal mais grave aplica-se ao crime continuado ou ao crime permanente, se a sua vigência é anterior à cessação da continuidade ou da permanência").

2.4   Ultra-atividade

Denomina-se *ultra-atividade* a aplicação de uma lei mais benéfica que tem eficácia mesmo depois de cessada a sua vigência.

Ocorre quando a lei nova, que revoga a anterior, passa a reger o fato de forma mais severa. A lei nova é mais severa e não pode abranger fato praticado durante a vigência da anterior, mais benigna. Assim, a anterior, mais benigna, mesmo revogada, é aplicada ao caso, ocorrendo a *ultra-atividade*.

Portanto, a lei mais benigna (*lex mitior*) prevalece sobre a mais severa, prolongando sua eficácia além do instante de sua revogação (*ultra-atividade*), ou retroagindo ao tempo em que não tinha vigência (*retroatividade*).

A ultra-atividade e a retroatividade são qualidades que a lei mais benigna possui, qualidades estas que são denominadas *extra-atividade*.

2.5   Lei intermediária

É possível que uma lei seja, ao mesmo tempo, retroativa e ultra-ativa?

Pode ocorrer que, numa sucessão de leis penais no tempo, o fato tenha ocorrido sob a vigência de uma lei, que venha a ser revogada por uma lei posterior mais benéfica, a qual, por sua vez, venha a ser revogada por outra lei mais severa, sob a vigência da qual será o fato julgado. Qual lei seria aplicada pelo julgador? A resposta somente pode ser uma: a lei intermediária.

E isso porque a lei intermediária é mais benéfica que a lei anterior, na vigência da qual foi o fato praticado, sendo, portanto, retroativa em relação a ela. A lei intermediária é também mais benéfica em relação à lei posterior, na vigência da qual o fato vem a ser julgado, sendo ultra-ativa em relação a ela.

Dessa forma, é perfeitamente possível que uma lei seja, ao mesmo tempo, retroativa e ultra-ativa.

2.6 Conjugação de leis

Ocorre a conjugação de leis quando, na busca da lei mais favorável ao agente, são conjugados os aspectos mais favoráveis da lei anterior com os aspectos mais favoráveis da lei posterior.

Essa possibilidade é controvertida na doutrina e na jurisprudência, objetando-se que, nesse caso, estaria o julgador criando uma terceira lei, o que lhe seria vedado.

A conjugação de leis, entretanto, nos parece a melhor solução, que vem sendo aceita, inclusive, pelas cortes superiores (STJ e STF) como forma de se buscar a solução mais benéfica ao acusado.

Nada obstante, vale a pena conferir o disposto na Súmula 501 do Superior Tribunal de Justiça, do seguinte teor:

Súmula 501 — STJ: *É cabível a aplicação retroativa da Lei n. 11.343/2006, desde que o resultado da incidência das suas disposições, na íntegra, seja mais favorável ao réu do que o advindo da aplicação da Lei n. 6.368/1976, sendo vedada a combinação de leis.*

2.7 Eficácia das leis penais temporárias e excepcionais

Determina o art. 3.º do Código Penal:

Art. 3.º A lei excepcional ou temporária, embora decorrido o período de sua duração ou cessadas as circunstâncias que a determinaram, aplica-se ao fato praticado durante sua vigência.

Leis penais temporárias são aquelas que possuem vigência previamente fixada pelo legislador. Este determina que a lei terá vigência até certa data. Ex.: a Lei n. 12.663/2012 (Lei Geral da Copa), que criou crimes nos arts. 30 a 33, com vigência apenas até 31 de dezembro de 2014.

Leis penais excepcionais são aquelas promulgadas em casos de calamidade pública, guerras, revoluções, cataclismos, epidemias etc. Vigem enquanto durar a situação de anormalidade.

As leis penais temporárias e excepcionais, que também são conhecidas como *leis autorrevogáveis ou leis intermitentes*, não derrogam o princípio da reserva legal, pois não se aplicam a fatos ocorridos antes de sua vigência.

São, porém, *ultra-ativas*, no sentido de continuarem a ser aplicadas aos fatos praticados durante sua vigência, mesmo depois de sua autorrevogação. Assim, mesmo que o fato, praticado sob a vigência de uma lei temporária ou excepcional, seja julgado após a autorrevogação destas, já sob a vigência de uma lei comum mais benéfica que tenha recobrado sua eficácia, esta não poderá retroagir, haja vista o mandamento expresso do art. 3.º do Código Penal.

2.8 Tempo do crime

A questão referente ao *tempo do crime* (em que momento se considera praticado o delito) apresenta particular interesse quando, após realizada a atividade executiva e antes de produzido o resultado, entra em vigor nova lei, alterando os dispositivos sobre a conduta punível.

Qual a lei a ser aplicada ao criminoso: a do tempo da atividade ou aquela em vigor por ocasião da produção do resultado?

Existem três teorias a respeito:

a) *teoria da atividade*, segundo a qual se considera praticado o delito no momento da ação ou omissão, aplicando-se ao fato a lei em vigor nessa oportunidade;

b) *teoria do resultado*, segundo a qual se considera praticado o delito no momento da produção do resultado, aplicando-se ao fato a lei em vigor nessa oportunidade;

c) *teoria mista* ou *da ubiquidade*, segundo a qual o tempo do crime é indiferentemente o momento da ação ou omissão, ou do resultado, aplicando-se qualquer uma das leis em vigor nessas oportunidades.

O nosso Código Penal adotou a *teoria da atividade* no art. 4.º, que diz:

Art. 4.º Considera-se praticado o crime no momento da ação ou omissão, ainda que outro seja o momento do resultado.

No caso de agente menor de 18 anos, em se tratando de crime permanente (cuja consumação se prolonga no tempo), caso complete a maioridade durante a permanência do crime, será por ele responsabilizado, aplicando-se-lhe as normas do Código Penal. Já no crime continuado (art. 71 do CP), o agente que completou 18 anos de idade, adquirindo a maioridade penal, somente será responsabilizado pelos fatos praticados após essa data, mesmo que a continuidade tenha se iniciado quando menor.

Não se deve confundir, entretanto, o tempo do crime (momento da ação ou omissão) com a consumação do crime (quando nele se reúnem todos os elementos de sua definição legal).

É certo que existem alguns crimes que se consumam com a mera ocorrência da ação ou omissão (exs.: crimes formais e crimes de mera conduta), oportunidade em que haverá a coincidência entre o tempo e a consumação do crime.

Entretanto, nos crimes materiais, a data da ocorrência do resultado naturalístico pode não coincidir com a data da conduta, situação que apesenta interesse na contagem do prazo prescricional.

Assim é que o art. 111 do Código Penal estabelece, como um dos marcos iniciais da contagem do prazo da prescrição da pretensão punitiva, a data da consumação do crime, que, nos crimes materiais, ocorre no momento da produção do resultado naturalístico.

3   EFICÁCIA DA LEI PENAL NO ESPAÇO

A *eficácia da lei penal no espaço* vem regulada pelo art. 5.º, *caput*, do Código Penal:

Art. 5.º Aplica-se a lei brasileira, sem prejuízo de convenções, tratados e regras de direito internacional, ao crime cometido no território nacional.

A importância da questão relativa à eficácia da lei penal no espaço reside na necessidade de apresentar solução aos casos em que um crime viole interesses de dois ou mais países, ou porque a conduta foi praticada no território nacional e o resultado ocorreu no exterior, ou porque a conduta foi praticada no exterior e o resultado ocorreu no território nacional.

Não se deve confundir, entretanto, eficácia da lei penal no espaço com competência territorial. Esta última, considerando o crime praticado no território nacional, tem seu regramento estabelecido por normas processuais, nos termos dos arts. 69 e seguintes do Código de Processo Penal.

3.1 Princípios relativos à lei penal no espaço

Há cinco princípios mais importantes acerca da matéria:

a) *princípio da territorialidade*, segundo o qual se aplica a lei nacional ao fato praticado no território do próprio país;

b) *princípio da nacionalidade*, também chamado de *princípio da personalidade*, segundo o qual a lei penal de um país é aplicável ao seu cidadão, independentemente de onde se encontre;

c) *princípio da defesa*, também chamado de *princípio real* ou *princípio da proteção*, segundo o qual a lei do país é aplicada em razão do bem jurídico lesado, independentemente do local ou da nacionalidade do agente;

d) *princípio da justiça universal*, também chamado de *princípio da justiça penal universal*, *princípio universal*, *princípio da universalidade da justiça*, *princípio da competência universal*, *princípio da repressão universal*, *princípio da justiça cosmopolita* e *princípio da universalidade do direito de punir*, segundo o qual o agente deve ser punido onde se encontre, segundo a lei do país onde esteja, independentemente de sua nacionalidade, do local ou da nacionalidade do bem jurídico lesado;

e) *princípio da representação*, segundo o qual o crime praticado no estrangeiro deve ser punido por determinado país, quando cometido em embarcações e aeronaves privadas de sua nacionalidade, desde que não tenha sido punido no país onde se encontrava.

3.2 Princípios adotados pelo Brasil

O Brasil adotou o *princípio da territorialidade* como regra e os demais princípios como exceção, da seguinte forma:

— Regra: princípio da territorialidade — art. 5.º do Código Penal;

— 1.ª exceção: princípio da defesa — art. 7.º, I e § 3.º, do Código Penal;

— 2.ª exceção: princípio da justiça universal — art. 7.º, II, *a*, do Código Penal;

— 3.ª exceção: princípio da nacionalidade — art. 7.º, II, *b*, do Código Penal;

— 4.ª exceção: princípio da representação — art. 7.º, II, *c*, do Código Penal.

Assim sendo, o princípio adotado pelo Brasil denomina-se *princípio da territorialidade temperada (ou da territorialidade mitigada ou abrandada)*, uma vez que a regra da territorialidade prevista no art. 5.º do Código Penal não é absoluta, comportando exceções nos casos previstos em lei e em convenções, tratados e regras de direito internacional.

3.3 Território

Território deve ser entendido em seu sentido jurídico. É todo espaço terrestre, fluvial, marítimo e aéreo onde é exercida a soberania nacional.

O *espaço terrestre* é fixado com base nas fronteiras territoriais, abrangendo o solo e o subsolo, dentro dos limites reconhecidos.

O *espaço fluvial* relaciona-se com os rios que pertencem ao território nacional e que o integram dentro dos limites reconhecidos.

O *espaço marítimo* é composto pelo *mar territorial*. Segundo o disposto no art. 1.º, *caput*, da Lei n. 8.617, de 4 de janeiro de 1993, "o mar territorial brasileiro compreende uma faixa de doze milhas marítimas de largura, medidas a partir da linha de baixa-mar do litoral continental e insular brasileiro, tal como indicada nas cartas náuticas de grande escala, reconhecidas oficialmente no Brasil".

Quanto ao *espaço aéreo*, é adotada no Brasil a *teoria da soberania sobre a coluna atmosférica*, prevista, inicialmente, no Decreto-Lei n. 32, de 18 de novembro de 1966 (Código Brasileiro do Ar — revogado), e, atualmente, no art. 11 da Lei n. 7.565, de 19 de dezembro de 1986 (Código Brasileiro de Aeronáutica).

No que pertine ao *espaço cósmico*, como bem salienta Fernando Capez (*Curso de direito penal*: parte geral, São Paulo: Saraiva, 2002, v. I, p. 75), "o Brasil subscreveu o Tratado sobre Exploração e Uso do Espaço Cósmico, negociado e aprovado no âmbito da Assembleia Geral das Nações Unidas, em 1967, devidamente aprovado pelo Decreto Legislativo n. 41/68 e ratificado pelo Decreto n. 64.362/69. De acordo com os arts. 1.º e 2.º do referido tratado, o espaço cósmico poderá ser explorado e utilizado livremente por todos os Estados, em condições de igualdade e sem discriminação, não sendo objeto de apropriação nacional por proclamação de soberania, por uso ou ocupação, nem por qualquer meio".

3.3.1 Território brasileiro por equiparação

Para efeitos penais, segundo dispõe o art. 5.º, § 1.º, do Código Penal, consideram-se como *extensão do território nacional* as embarcações e aeronaves brasileiras, de natureza pública ou a serviço do governo brasileiro onde quer que se encontrem, bem como as aeronaves e as embarcações brasileiras, mercantes ou de propriedade privada, que se achem, respectivamente, no espaço aéreo correspondente ou em alto-mar.

3.3.2 Passagem inocente

A Lei n. 8.617/93, em seu art. 3.º, reconhece aos navios de todas as nacionalidades o direito de passagem inocente no mar territorial brasileiro, considerada esta como a passagem não prejudicial à paz, à boa ordem ou à segurança do Brasil, desde que contínua e rápida.

A lei estabelece, ainda, que a passagem inocente poderá compreender o parar e o fundear, mas apenas à medida que tais procedimentos constituam incidentes comuns de navegação ou sejam impostos por motivos de força ou por dificuldade grave, ou tenham por fim prestar auxílio a pessoas, navios ou aeronaves em perigo ou em dificuldade grave.

No caso de passagem inocente, há entendimentos, com os quais concordamos, no sentido de que, praticado algum delito no interior dos navios, sem reflexos no território pátrio, não seria aplicável a lei brasileira, embora, a rigor, a competência seja nossa.

Merece ser ressaltado que o direito a passagem inocente não se aplica às aeronaves estrangeiras, mas somente às embarcações.

3.3.3 Zona econômica exclusiva — ZEE

Não se deve confundir o mar territorial brasileiro com a Zona Econômica Exclusiva, regulada pelos arts. 6.° e seguintes da Lei n. 8.617/93.

A Zona Econômica Exclusiva brasileira compreende uma faixa que se estende das doze às duzentas milhas marítimas, contadas a partir das linhas de base que servem para medir a largura do mar territorial. Na Zona Econômica Exclusiva, o Brasil tem direitos de soberania para fins de exploração e aproveitamento, conservação e gestão dos recursos naturais, vivos ou não vivos, das águas sobrejacentes ao leito do mar, do leito do mar e seu subsolo, e no que se refere a outras atividades com vistas à exploração e ao aproveitamento da zona para fins econômicos.

Na Zona Econômica Exclusiva, a realização por outros Estados de exercícios ou manobras militares, em particular as que impliquem o uso de armas ou explosivos, somente poderá ocorrer com o consentimento do governo brasileiro.

Outrossim, são reconhecidos a todos os Estados o gozo, na Zona Econômica Exclusiva, das liberdades de navegação e sobrevoo, bem como de outros usos do mar internacionalmente lícitos, relacionados com as referidas liberdades, como os ligados à operação de navios e aeronaves.

3.4 Lugar do crime

A perfeita caracterização do lugar do crime é necessária para a correta aplicação do princípio da territorialidade temperada.

Três teorias procuram solucionar o problema:

a) *teoria da atividade*, segundo a qual o local do crime é aquele onde é praticada a conduta criminosa (ação ou omissão);

b) *teoria do resultado*, segundo a qual o local do crime é aquele onde ocorre o resultado; e

c) *teoria mista* ou *da ubiquidade*, também conhecida por *teoria da unidade*, segundo a qual o local do crime é aquele onde ocorreu tanto a conduta quanto o resultado, ou seja, qualquer etapa do *iter criminis*.

3.5 Teoria adotada pelo Brasil

O Brasil adotou a *teoria mista* ou *da ubiquidade*, conforme o disposto no art. 6.° do Código Penal:

Art. 6.° Considera-se praticado o crime no lugar em que ocorreu a ação ou omissão, no todo ou em parte, bem como onde se produziu ou deveria produzir-se o resultado.

Não se devem entender conflitantes os textos do art. 6.° do Código Penal (teoria mista ou da ubiquidade) e do art. 70 do Código de Processo Penal (teoria do resultado). O art. 6.° do Código Penal refere-se exclusivamente à aplicação da lei penal no espaço em casos de crimes com início de execução ou resultado no Brasil, em relação ao exterior (crimes a distância). Com relação a delitos com conduta e resultado no território brasileiro, aplica-se o art. 70 do Código de Processo Penal.

3.6 Extraterritorialidade

São hipóteses em que a lei brasileira adotou, como exceção, os princípios já mencionados relativos à lei penal no espaço.

Existem na lei hipóteses de *extraterritorialidade incondicionada*, descritas no inciso I do art. 7.º do Código Penal, e hipóteses de *extraterritorialidade condicionada*, descritas no art. 7.º, II e § 3.º, também do Código Penal.

Art. 7.º Ficam sujeitos à lei brasileira, embora cometidos no estrangeiro:

I — os crimes:

a) contra a vida ou a liberdade do Presidente da República;

b) contra o patrimônio ou a fé pública da União, do Distrito Federal, de Estado, de Território, de Município, de empresa pública, sociedade de economia mista, autarquia ou fundação instituída pelo Poder Público;

c) contra a administração pública, por quem está a seu serviço;

d) de genocídio, quando o agente for brasileiro ou domiciliado no Brasil;

II — os crimes:

a) que, por tratado ou convenção, o Brasil se obrigou a reprimir;

b) praticados por brasileiro;

c) praticados em aeronaves ou embarcações brasileiras, mercantes ou de propriedade privada, quando em território estrangeiro e aí não sejam julgados.

(...)

§ 3.º A lei brasileira aplica-se também ao crime cometido por estrangeiro contra brasileiro fora do Brasil, se, reunidas as condições previstas no parágrafo anterior:

a) não foi pedida ou foi negada a extradição;

b) houve requisição do Ministro da Justiça.

Na *extraterritorialidade incondicionada*, a simples prática do delito no exterior já é suficiente para ensejar a aplicação da lei penal brasileira, independentemente de qualquer outro requisito. Como ressalta Flávio Augusto Monteiro de Barros (*Direito penal:* parte geral, São Paulo: Saraiva, 1999, v. I, p. 56), nesse caso, "o julgamento no Brasil não está condicionado ao não julgamento no exterior, nem tampouco ao ingresso do delinquente no território brasileiro. A lei penal não é subsidiária em relação a esses delitos. Ainda que tenha sido aplicada a lei penal estrangeira, impondo condenação ao criminoso, o Brasil dispõe de competência para julgar o agente".

Já na *extraterritorialidade condicionada*, a lei penal brasileira é subsidiária, ou seja, os crimes praticados no estrangeiro e previstos no art. 7.º, II e § 3.º, do Código Penal somente poderão ser punidos pelo Brasil se presentes as seguintes condições:

a) entrar o agente no território nacional;

b) ser o fato punível também no país em que foi praticado;

c) estar o crime incluído entre aqueles pelos quais a lei brasileira autoriza a extradição;

d) não ter sido o agente absolvido no estrangeiro ou não ter aí cumprido a pena;

e) não ter sido o agente perdoado no estrangeiro ou, por outro motivo, não estar extinta a punibilidade, segundo a lei mais favorável.

Atenção: não se deve confundir extraterritorialidade com intraterritorialidade. *Intraterritorialidade* é o oposto de extraterritorialidade. São as hipóteses em que se aplica a lei estrangeira ao crime praticado no território nacional. Essas hipóteses excepcionais, embora não previstas expressamente no art. 5.º do Código Penal, dele podem ser extraídas *a contrario sensu*, ou seja, aos crimes praticados a bordo de aeronaves e embarcações estrangeiras, de natureza pública ou a serviço do governo estrangeiro, em pouso no território brasileiro ou em voo no nosso espaço aéreo, ou ainda em porto ou mar territorial do Brasil, não será aplicada a lei brasileira, mas a lei do país da bandeira da embarcação ou aeronave.

3.6.1 Extradição, deportação e expulsão

Extradição é a medida de cooperação internacional entre o Estado brasileiro e outro Estado pela qual se concede ou solicita a entrega de pessoa sobre quem recaia condenação criminal definitiva ou para fins de instrução de processo penal em curso. A extradição, no Brasil, vem regulada pela Lei n. 13.445/2017 (Lei da Migração), nos arts. 81 a 99.

Deportação pressupõe a entrada do estrangeiro no território brasileiro. Deportação é medida decorrente de procedimento administrativo que consiste na retirada compulsória de pessoa que se encontre em situação migratória irregular em território nacional. A entrada de estrangeiro de modo irregular (clandestinamente) no território nacional, bem como a entrada regular, que se torna irregular, enseja a sua deportação.

Expulsão consiste em medida administrativa de retirada compulsória de migrante ou visitante do território nacional, conjugada com o impedimento de reingresso por prazo determinado. Poderá dar causa à expulsão a condenação com sentença transitada em julgado relativa à prática de: I — crime de genocídio, crime contra a humanidade, crime de guerra ou crime de agressão, nos termos definidos pelo Estatuto de Roma do Tribunal Penal Internacional, de 1998, promulgado pelo Decreto n. 4.388, de 25 de setembro de 2002; ou II — crime comum doloso passível de pena privativa de liberdade, consideradas a gravidade e as possibilidades de ressocialização em território nacional. A expulsão vem prevista nos arts. 54 a 60 da Lei n. 13.445/2017.

3.7 Pena cumprida no estrangeiro

A regra vem estampada no art. 8.º do Código Penal:

Art. 8.º A pena cumprida no estrangeiro atenua a pena imposta no Brasil pelo mesmo crime, quando diversas, ou nela é computada, quando idênticas.

Dessa forma, se o sujeito ativo de um crime já tiver cumprido pena no estrangeiro, esta será descontada na execução da pena eventualmente aplicada no Brasil (quando idênticas), ou servirá para atenuá-la (quando diversas).

4 EFICÁCIA DA LEI PENAL EM RELAÇÃO A DETERMINADAS PESSOAS

O art. 5.º do Código Penal, ao adotar o *princípio da territorialidade temperada*, ressalvou as convenções, os tratados e as regras de direito internacional.

Nesse aspecto, temos as *imunidades diplomáticas*, decorrentes de convenção internacional, e as *imunidades parlamentares*, decorrentes de regras internas previstas na Constituição Federal.

4.1 Imunidades diplomáticas

As *imunidades diplomáticas* têm fundamento na Convenção de Viena sobre Relações Diplomáticas, de 18 de abril de 1961, aprovada no Brasil pelo Decreto Legislativo n. 103, de 1964, promulgada pelo Decreto n. 56.435, de 8 de junho de 1965.

Conforme esclarece Julio Fabbrini Mirabete (op. cit., p. 82), as imunidades diplomáticas referem-se "a qualquer delito e se estendem a todos os agentes diplomáticos (embaixador, secretários da embaixada, pessoal técnico e administrativo das representações), aos componentes da família deles e aos funcionários das organizações internacionais (ONU, OEA etc.) quando em serviço". Essas imunidades, ainda, alcançam o chefe de Estado estrangeiro que visita o país, bem como os membros de sua comitiva.

Nesse sentido, a Convenção de Viena sobre Relações Diplomáticas estabelece que a imunidade alcança os diplomatas de carreira e os membros do quadro administrativo e técnico da sede diplomática, desde que recrutados no Estado de origem. Também alcança os familiares dos diplomatas de carreira (incluídos na lista diplomática) e os familiares dos membros do quadro administrativo e técnico.

Referidas pessoas, entretanto, embora gozem de imunidade, podem ser processadas pelos crimes cometidos em seu país de origem, conforme estabelece a Convenção de Viena.

Estão excluídos da imunidade os empregados particulares dos agentes diplomáticos, ainda que da mesma nacionalidade deles.

Com relação aos cônsules, que são agentes administrativos que representam interesses de pessoas físicas ou jurídicas estrangeiras, as imunidades vêm tratadas pela Convenção de Viena sobre as Relações Consulares, aprovada pelo Decreto Legislativo n. 6/67 e promulgada pelo Decreto n. 61.078, de 26 de julho de 1967.

Assim, estabelece o art. 43 da referida convenção que os funcionários e empregados consulares não estão sujeitos à Jurisdição das autoridades judiciárias e administrativas do Estado receptor pelos atos realizados no exercício das funções consulares. Afora essa hipótese, estabelece o art. 41 que os funcionários consulares não poderão ser detidos ou presos preventivamente, nem submetidos a qualquer outra forma de limitação de sua liberdade pessoal, senão em decorrência de sentença judiciária definitiva, exceto em caso de crime grave e em decorrência de decisão de autoridade judiciária competente.

4.2 Imunidades parlamentares

As *imunidades parlamentares*, por seu turno, dizem respeito a determinadas prerrogativas conferidas por lei ao Poder Legislativo, com a finalidade de assegurar o livre exercício de suas funções de representante da sociedade. As imunidades parlamentares vêm reguladas pelo art. 53 da Constituição Federal e podem ser:

a) imunidades parlamentares absolutas, de natureza material ou substantiva, também chamadas de *inviolabilidade* ou *imunidades penais*, previstas no *caput* do art. 53 da Constituição Federal, que são inerentes ao mandato, irrenunciáveis (o inquérito policial e a ação penal não podem ser iniciados mesmo com a autorização do parlamentar) e se referem aos delitos de opinião. Essas imunidades não se estendem ao corréu do ilícito, que não goze dessa prerrogativa, por força da Súmula 245 do Supremo Tribunal Federal. A partir da Emenda Constitucional n. 35/2001, essas imunidades, além de penais, tornaram-se também civis, impedindo que o parlamentar possa ser processado civilmente (por danos materiais ou morais) por suas opiniões, palavras ou votos no exercício do mandato;

b) imunidades parlamentares relativas, de natureza formal ou processual, previstas nos §§ 1.º a 6.º do art. 53 da Constituição Federal, que se referem:

— à *prerrogativa de foro* (§ 1.º), estabelecendo que "os Deputados e Senadores, desde a expedição do diploma, serão submetidos a julgamento perante o Supremo Tribunal Federal";

— à *prisão* (§ 2.º), estabelecendo que, "desde a expedição do diploma, os membros do Congresso Nacional não poderão ser presos, salvo em flagrante de crime inafiançável. Nesse caso, os autos serão remetidos dentro de vinte e quatro horas à Casa respectiva, para que, pelo voto da maioria de seus membros, resolva sobre a prisão". Assim, nunca poderá o parlamentar ser preso por crime *afiançável*, sendo certo que, para o crime *inafiançável*, somente caberá a prisão em flagrante, descabendo qualquer outro tipo de prisão, cautelar ou civil;

— ao *processo* (§ 3.º), estabelecendo que, "recebida a denúncia contra o Senador ou Deputado, por crime ocorrido após a diplomação, o Supremo Tribunal Federal dará ciência à Casa respectiva, que, por iniciativa de partido político nela representado e pelo voto da maioria de seus membros, poderá, até a decisão final, sustar o andamento da ação". O controle legislativo, portanto, que anteriormente era prévio, pelo instituto da *licença*, com a Emenda Constitucional n. 35/2001, passou a ser posterior, feito após o recebimento da denúncia pelo Supremo Tribunal Federal, por meio da *sustação do processo*. Note-se, entretanto, que, segundo o disposto no § 5.º, "a sustação do processo suspende a prescrição, enquanto durar o mandato";

— à *testemunha* (§ 6.º), estabelecendo que "os Deputados e Senadores não serão obrigados a testemunhar sobre informações recebidas ou prestadas em razão do exercício do mandato, nem sobre as pessoas que lhes confiaram ou deles receberam informações".

Mister ressaltar, ainda, que as imunidades penais, absolutas ou relativas, subsistirão durante o *estado de sítio* (arts. 137 a 141 da CF), só podendo ser suspensas, segundo o disposto no § 8.º do art. 53, "mediante o voto de dois terços dos membros da Casa respectiva, nos casos de atos praticados fora do recinto do Congresso Nacional, que sejam incompatíveis com a execução da medida".

Também aos *deputados estaduais* as imunidades parlamentares são automaticamente deferidas por força do disposto no art. 27, § 1.º, da Constituição Federal.

Com relação aos *vereadores*, está garantida a *imunidade absoluta* ou *inviolabilidade* "por suas opiniões, palavras e votos no exercício do mandato e na circunscrição do Município", conforme o disposto no art. 29, VIII, da Constituição Federal. Não são eles, portanto, detentores da *imunidade relativa* ou *processual*, podendo ser presos em flagrante delito por crimes afiançáveis ou inafiançáveis e não sendo o processo suspenso por deliberação da Câmara dos Vereadores.

5 OUTRAS DISPOSIÇÕES

5.1 Eficácia de sentença estrangeira

A *execução de pena* é ato de soberania de um país, razão pela qual, no Brasil, somente pode ser admitida a sentença estrangeira:

a) quando produza, na espécie, os mesmos efeitos da lei penal nacional;

b) após homologação pelo Superior Tribunal de Justiça (art. 105, I, *i*, da CF), na dependência do cumprimento dos requisitos do parágrafo único do art. 9.º do Código Penal;

c) para obrigar o condenado à reparação do dano, a restituições e a outros efeitos civis;

d) para sujeitar o condenado a medida de segurança.

5.2 Contagem de prazos

Segundo o disposto no art. 10 do Código Penal, o dia do começo inclui-se no cômputo do prazo penal, sendo os dias, os meses e os anos contados pelo calendário comum.

O calendário comum, previsto pela regra penal, é o *calendário gregoriano*, que foi estabelecido por Gregório XIII, reformando o calendário então existente e retirando dele 10 dias que se haviam introduzido a maior no cômputo ordinário.

Assim, como leciona Julio Fabbrini Mirabete (op. cit., p. 92), "o mês é contado não pelo número real de dias (28, 29, 30 ou 31), e sim de determinado dia à véspera do mesmo dia do mês subsequente. Da mesma forma, um ano é contado de certo dia do mês à véspera do dia idêntico daquele mês no ano seguinte. Estará cumprida a pena de um mês de detenção, por exemplo, entre os dias 20 de fevereiro e 19 de março, ou a de um ano entre os dias 20 de fevereiro a 19 de fevereiro do ano seguinte, pouco importando se se trata ou não de ano bissexto".

Já os *prazos processuais* são contados sem a inclusão do dia do começo, segundo o teor do art. 798, § 1.º, do Código de Processo Penal.

5.3 Frações não computáveis da pena

O art. 11 do Código Penal estabelece duas regras básicas referentes às *frações de pena* que derivam da atividade julgadora.

De acordo com a primeira regra, nas *penas privativas de liberdade e restritivas de direitos*, devem ser desprezadas as frações de dia, ou seja, não devem ser computadas as horas.

Nos termos da segunda regra, na *pena de multa* devem ser desprezadas as frações de *cruzeiro* (moeda da época), ou seja, não devem ser computados os centavos. Essa regra aplica-se até os dias atuais, mesmo com as alterações da moeda.

5.4 Legislação especial

Existem outras *infrações penais descritas em leis extravagantes*, as quais integram a chamada legislação penal especial. Caso a lei especial contenha dispositivo próprio a respeito de determinada infração penal, este prevalecerá sobre a regra geral do Código Penal.

V

TEORIA DO CRIME

1 CONCEITO DE CRIME

O *crime* pode ser conceituado sob o aspecto *material* (considerando o conteúdo do fato punível), sob o aspecto *formal* e sob o aspecto *analítico*.

Conceito material de crime: violação de um bem penalmente protegido.

Conceito formal de crime: conduta proibida por lei, com ameaça de pena criminal.

Conceito analítico de crime: fato típico, antijurídico e culpável.

Em verdade, o conceito analítico de crime nada mais é do que o conceito formal dividido em elementos que permitem sua análise mais acurada, ou seja, elementos que compõem a infração penal.

Com relação ao conceito analítico, o crime pode ser definido como fato típico, antijurídico e culpável, ou simplesmente fato típico ou antijurídico, na visão de alguns doutrinadores. Já houve quem sustentasse, como Mezger, que o crime seria fato típico, antijurídico, culpável e punível, posição hoje inaceitável, já que a punibilidade é a consequência do crime e não seu elemento.

Surgiram, pois, vários sistemas teóricos sobre a estratificação do delito, merecendo destaque o Sistema Causal-Naturalista (Teoria Causal ou Causalista), o Sistema Neoclássico (Teoria Neoclássica), o Sistema Finalista (Teoria Finalista), o Sistema Social (Teoria Social) e o Sistema Funcionalista.

1.1 Sistema Causal-Naturalista

Em linhas gerais, o Sistema Causal-Naturalista, predominante no pensamento jurídico-penal no início do século XX, sustentava ser a ação um mero movimento corpóreo voluntário, ou seja, uma inervação muscular, produzida por energias de um impulso cerebral, que provoca modificações do mundo exterior. A vontade é separada de seu conteúdo.

Essa teoria teve em Beling e Von Liszt seus maiores expoentes, influenciados pelo pensamento científico positivista da época.

Ernst Beling, professor da Universidade de Munique, em 1906 escreve sua obra-prima *Die Lehre Verbrechen* (A Teoria do Crime), fazendo referência ao "delito-tipo" (*Tatbestand*), lançando, posteriormente, em 1930 a obra *Die Lehre vom Tatbestand* (A Teoria do Tipo), na qual apresenta a Teoria do Tipo (*gesetzliche tatbestand*), em que o delito-tipo representa um molde, uma estampa, um modelo no qual podem se encaixar os fatos da vida comum. Beling assevera que toda figura delitiva representa um todo composto de distintos elementos. Por muitos e variados que sejam esses elementos, eles se referem a figuras autônomas de delitos, remetendo a um quadro conceitual que se funda na *unidade da figura delitiva*, quadro esse sem o qual os elementos perderiam seu sentido como característicos dessa figura. Esse quadro é justamente o delito-tipo para essa figura delitiva (*La doctrina del delito-tipo*, Buenos Aires: Depalma, 1944, p. 5-6).

Nesse aspecto, fundiu-se a Teoria Causal-Naturalista com a Teoria Psicológica da Culpabilidade, surgindo, assim, a denominada Teoria Clássica, para a qual o crime é fato típico, antijurídico e culpável.

Para a Teoria Psicológica da Culpabilidade, que será estudada em capítulo próprio, a culpabilidade reside numa ligação de natureza psíquica (psicológica, anímica) entre o sujeito e o fato criminoso. Dolo e culpa, assim, seriam as formas da culpabilidade.

Daí por que, para a Teoria Clássica, o dolo e a culpa se situam na culpabilidade.

1.2 Sistema Neoclássico

Teve em Reinhard Frank seu maior expoente, vinculando a culpabilidade à ideia de reprovabilidade, em sua obra *Sobre a estrutura do conceito de culpabilidade.*

No Sistema Neoclássico, a noção de culpabilidade foi reformulada, dando origem à Teoria Psicológico-Normativa da Culpabilidade, ou apenas Teoria Normativa da Culpabilidade. A culpabilidade deixa de ser a relação psicológica entre o agente e o fato e passa a ser um juízo de censura ou reprovação pessoal, com base em elementos psiconormativos. Daí a teoria normativa, ou teoria psicológico-normativa. Conjugam-se os elementos subjetivos, que eram tidos como espécies de culpabilidade, a outros elementos de natureza normativa.

Nesse sentido, a culpabilidade permanece conservando elementos de conteúdo psicológico, quais sejam, o dolo e a culpa, sendo integrada também pela imputabilidade e pela exigibilidade de conduta diversa.

Para essa teoria, o crime segue sendo fato típico, antijurídico e culpável. O dolo e a culpa permanecem na culpabilidade.

1.3 Sistema Finalista

Teve em Hans Welzel seu maior expoente, considerando a ação humana como ponto central da estrutura analítica do delito.

Hans Welzel nasceu em 25 de março de 1904 na cidade de Artern, em Thüringen, Alemanha, e faleceu em 5 de maio de 1977 na cidade de Andernach, Rheinland-Pfalz, Alemanha. Sempre dedicado aos estudos do Direito Penal, Welzel lecionou na Universidade de Göttingen e, posteriormente, em 1952, tornou-se professor da Universidade de Bonn, onde exerceu o cargo de reitor em 1962.

A nosso ver, Welzel foi o penalista mais importante do século XX, marcando uma época que levou o Direito Penal a ter os seus contornos atuais, suscitando fortes polêmicas com suas obras ainda na atualidade.

Para Welzel, a ação humana é considerada exercício de uma atividade finalista, apresentando-se a vontade consciente do fim, diretiva de todo acontecer causal, como elemento fundamental da ação, baseando a estruturação analítica do delito.

Merece destacar, entretanto, que a finalidade da ação não se confunde com o dolo.

No dizer de Fernando A. N. Galvão da Rocha (*Direito penal: curso completo* — parte geral, 2. ed., Belo Horizonte: Del Rey, 2007, p. 141), "a vontade finalista que orienta a ação é verificada no sentido natural, sem a necessária incidência da valoração jurídica. O dolo, por sua vez, é conceito jurídico relacionado com o tipo legal e retrata valoração do legislador sobre a vontade natural".

Para a Teoria Finalista, crime é fato típico, antijurídico e culpável.

Entretanto, ao contrário da Teoria Causal, na Teoria Finalista o dolo e a culpa foram retirados da culpabilidade e passaram a integrar o fato típico. Para a culpabilidade remanesceram a imputabilidade, a potencial consciência da ilicitude e a exigibilidade de conduta conforme o Direito.

1.3.1 Teoria Finalista Tripartida e Teoria Finalista Bipartida

Com base no Sistema Finalista, duas grandes teorias surgiram no Brasil: a primeira delas definindo o crime como *fato típico, antijurídico e culpável* (Teoria Finalista Tripartida); a segunda, sustentando ser o crime *fato típico e antijurídico* (Teoria Finalista Bipartida).

Em verdade, as duas vertentes da Teoria Finalista são sustentáveis, tendo ambas, como defensores, grandes penalistas brasileiros.

Para a Teoria Finalista Bipartida, a culpabilidade não é requisito do crime, mas pressuposto de aplicação da pena.

Foi René Ariel Dotti, em sua obra *O incesto* (Curitiba: Editora Lítero-Técnica, 1976), quem sustentou no Brasil, pela primeira vez, que a culpabilidade deveria ser analisada no quadro da Teoria Geral da Pena, e não mais no campo da Teoria Geral do Delito. Assevera o conceituado penalista, na referida obra, que "a persistência em 'fazer' da culpabilidade um 'elemento' do crime revela o efeito de antiga compreensão quando se procurava separar antijuridicidade e culpabilidade mediante o critério objetivo-subjetivo". Buscando fundamentos nas lições de Welzel, Mezger e Roxin, conclui René Ariel Dotti que a sanção somente será imposta quando for possível e positivo o juízo de reprovação, que é uma decisão sobre o comportamento passado, ou seja, um *posterius* destacado do fato antecedente.

De fato, o pensamento de René Ariel Dotti sobre a culpabilidade influenciou diversos penalistas, dando ao finalismo bipartido uma posição de destaque na doutrina pátria, onde encontrou também acirrada oposição.

Nesse sentido, podemos afirmar que o nosso Código Penal seguiu a orientação da Teoria Finalista Bipartida. Assim, considerando que o juízo de censura (reprovabilidade) recai não apenas sobre o agente, mas também sobre a conduta por ele praticada, é forçoso concluir que deixa de haver reprovação social quando essa conduta é praticada por um inimputável, ou por alguém sob o domínio de coação moral irresistível, oportunidades em que o Código Penal diz estar o agente *isento de pena*, indicando claramente que existe crime, mas não se aplica a pena, por ausência de reprovação social (culpabilidade).

Em conclusão, embora a Teoria Finalista Tripartida seja a mais aceita pelos estudiosos do Direito Penal, inclusive na doutrina pátria, os fundamentos da Teoria Finalista Bipartida são inafastáveis, ainda mais à luz da redação de certos dispositivos do Código Penal, excluindo a culpabilidade através da utilização da expressão *é isento de pena*. Percebe-se claramente que inserir a culpabilidade como elemento do crime faz remontar à teoria clássica, onde o dolo e a culpa, como elementos subjetivos do injusto, integravam a culpabilidade.

1.4   Sistema Social

Para esse sistema, a ação delitiva é vista como fenômeno social, segundo o valor de seus efeitos na realidade.

A ação, nesse sentido, deve ser considerada como conduta humana socialmente relevante, decorrendo seu conceito de solução conciliatória entre a pura consideração ontológica e a normativa.

Nesse sistema, que teve como maior expoente Eberhard Schmidt, a Teoria Social da Ação despontou, na década de 1930, como reação ao conceito causal de ação influenciado pelo naturalismo. Para a Teoria Social da Ação, interessa ao Direito Penal apenas o sentido social da ação.

Conforme ressalta Fernando A. N. Galvão da Rocha (op. cit., p. 145), "na proposição da teoria social da ação, o conceito de delito é composto pelos elementos gerais de tipicidade, ilicitude e culpabilidade. As influências do finalismo fazem que os elementos subjetivos da conduta continuem sendo considerados no tipo, o que possibilita a imediata diferenciação entre os tipos dolosos e culposos".

1.5   Sistema Funcionalista

Em linhas gerais, funcionalismo significa um método de se conhecer o objeto da investigação, buscando-se uma solução justa para o caso concreto, considerando o Direito positivo. No âmbito penal, o funcionalismo sustenta que o Direito Penal deve ser entendido (estruturado, interpretado, aplicado e executado) à luz de sua função num determinado contexto social, ou seja, tendo em vista a função das penas e das medidas alternativas à prisão. Em outras palavras, a análise da Teoria do Crime deve observar a função político-criminal do Direito Penal.

O Sistema Funcionalista surgiu na Alemanha, a partir de 1970, com a obra *Kriminalpolitik und Strafrechtssystem*, de Claus Roxin, sustentando a função do Direito Penal como de proteção subsidiária de bens jurídicos essenciais, já que, como *última ratio*, sua preocupação deve ser com o caso concreto, dentro de uma ótica teleológica-racional. Claus Roxin desenvolveu o funcionalismo moderado, baseado na ideia de reconstruir a teoria do delito com base em critérios político-criminais.

Por seu turno, outro penalista alemão de destaque na atualidade, Gunther Jakobs, a partir do funcionalismo sistêmico de Niklas Luhmann, construiu o funcionalismo radical, baseado no método dedutivo (lógico-formal), sustentando que o recurso à sanção, quando ocorrer a infração penal, é sempre necessário, como forma de fortalecer a autoridade da norma. Assim, para Jakobs, o Direito Penal possui como escopo primordial a reafirmação da norma, buscando fortalecer as expectativas dos seus destinatários.

1.6   Estrutura do crime

1.6.1   Sujeito ativo

Sujeito ativo do crime é aquele que pratica a conduta criminosa. Em regra, o sujeito ativo de um crime pode ser qualquer pessoa. Outras vezes, o tipo penal pode exigir uma qualidade especial do sujeito ativo, configurando-se o crime próprio. Ex.: crime de peculato (art. 312 do CP), que somente pode ser praticado por funcionário público; crime de infanticídio (art. 123 do CP), que somente pode ser praticado pela mãe, sob a influência do estado puerperal, durante o parto ou logo após.

1.6.2   Sujeito passivo

Sujeito passivo do crime é aquele que sofre as consequências da prática criminosa. É o titular do bem jurídico lesado, a vítima.

O sujeito passivo pode ser *geral* (também chamado de *constante, genérico, formal*), que é sempre o Estado, guardião da norma penal violada; e *particular* (também chamado de *eventual, material, acidental*), que pode ser a pessoa física ou jurídica, o Estado e a coletividade, dependendo do crime.

1.6.3   Capacidade penal

Denomina-se *capacidade penal* o conjunto das condições necessárias para que o sujeito seja titular de direitos e obrigações no campo penal. A capacidade penal pode ser ativa (capacidade de praticar infrações penais) e passiva (capacidade de ser vítima de infrações penais).

Com relação à capacidade penal ativa, antigamente os doutrinadores costumavam afirmar que somente o homem (ser humano) poderia ser sujeito ativo de uma infração penal, já que a pessoa jurídica é ficção criada por lei (*societas delinquere non potest*).

Atualmente, porém, a própria Constituição Federal, em seus arts. 173, § 5.º, e 225, § 3.º, admite a possibilidade de *responsabilização penal das pessoas jurídicas*. É o caso específico da Lei n. 9.605, de 12 de fevereiro de 1998, que cuida dos crimes ambientais. Essa posição não é pacífica, havendo doutrinadores pátrios, como Cezar Roberto Bitencourt (*Tratado de Direito Penal* — Parte Geral, 13. ed. atual. São Paulo: Saraiva, 2008, p. 231), que sustentam ser equivocada a afirmação de que teria o Brasil consagrado, na Constituição Federal, a responsabilidade penal da pessoa jurídica. O principal argumento é o de que a responsabilidade penal dos dirigentes não se confunde com a responsabilidade da pessoa jurídica, que não é *penal*, mas condicionada à aplicação de sanções compatíveis com a sua natureza.

Adolf Merkel (*Derecho penal*: parte general, Montevideo-Buenos Aires: Editora B de F, 2004, p. 51-52), analisando o sistema penal alemão, ressalta que, apesar de não haver previsão expressa para a responsabilização da pessoa jurídica, esta não é totalmente estranha ao direito atual, admitindo-se, muitas vezes, uma responsabilidade subsidiária, com sanções que, por sua natureza pública, podem ser consideradas penais. Aduz, outrossim, que a inexistência de responsabilidade penal das pessoas jurídicas não se assenta em fundamentos doutrinários, mas em motivos de índole prática, não sendo impossível que a vontade coletiva se manifeste na conduta de uma corporação, executando algum ato perigoso ou danoso para os interesses protegidos por lei.

Entre nós, cremos ser inafastável a conclusão de que foi adotada a responsabilidade penal da pessoa jurídica, à vista do disposto no art. 3.° da Lei n. 9.605/98: *Art. 3.° As pessoas jurídicas serão responsabilizadas administrativa, civil e penalmente conforme o disposto nesta Lei, nos casos em que a infração seja cometida por decisão de seu representante legal ou contratual, ou de seu órgão colegiado, no interesse ou benefício da sua entidade. Parágrafo único. A responsabilidade das pessoas jurídicas não exclui a das pessoas físicas, autoras, coautoras ou partícipes do mesmo fato.*

No que se refere à *capacidade penal passiva*, tanto a pessoa física quanto a jurídica, o Estado e a coletividade podem ser sujeitos passivos de infrações penais.

1.6.4 Objeto do crime

O objeto do crime pode ser *jurídico* ou *material.*

a) *Objeto jurídico do crime*, também conhecido como *objetividade jurídica*, é o bem ou interesse protegido pela norma penal. Ex.: no crime de furto (art. 155 do CP), o objeto jurídico é o patrimônio.

b) *Objeto material do crime* é o bem jurídico sobre o qual recai a conduta criminosa. Ex.: no crime de furto (art. 155 do CP), o objeto material é a *res furtiva*, podendo consistir em uma carteira, dinheiro, aparelho telefônico celular, um veículo etc.

1.6.5 Punibilidade

A punibilidade é a consequência jurídica do crime. Com a violação da norma penal, surge para o Estado o direito de punir (*jus puniendi*) o sujeito ativo da infração.

A punibilidade não é requisito do crime, mas possibilidade jurídica de aplicação da sanção penal.

1.6.6 Crime e contravenção penal

Crime e contravenção penal são espécies de infração penal.

Nesse aspecto, o Brasil adotou a classificação bipartida das infrações penais, distinguindo crime de contravenção penal.

Não há regra para a caracterização da infração em crime ou contravenção. Conforme a vontade do legislador, um fato pode ser definido como crime ou contravenção, de acordo com as aspirações sociais.

Contravenção penal é uma espécie de infração penal de menor potencial ofensivo. Não há diferença essencial entre crime e contravenção. Entretanto, o art. 1.° do Decreto-

-Lei n. 3.914, de 9 de dezembro de 1941 (Lei de Introdução ao Código Penal e à Lei das Contravenções Penais), estabelece: "Considera-se crime a infração penal a que a lei comina pena de reclusão ou de detenção, quer isoladamente, quer alternativa ou cumulativamente com a pena de multa; contravenção, a infração penal a que a lei comina, isoladamente, pena de prisão simples ou de multa, ou ambas, alternativa ou cumulativamente". O diploma que rege as contravenções penais é o Decreto-Lei n. 3.688, de 3 de outubro de 1941.

Entretanto, a contravenção penal pode se diferenciar do crime em relação ao perigo de ofensa ou lesão ao bem ou interesse jurídico atingido. Nesse sentido esclarece Manoel Pedro Pimentel (*Contravenções penais*, São Paulo: Revista dos Tribunais, p. 3) que "contra a ofensa ou a lesão dos bens e interesses jurídicos do mais alto valor, o legislador coloca duas linhas de defesa: se ocorre o dano ou o perigo próximo do dano, alinham-se os dispositivos que, no Código Penal, protegem os bens e interesses através da incriminação das condutas ofensivas, lesivas, causadoras de dano ou criadoras de perigo próximo, resultando as categorias dos crimes de dano e de perigo; se o perigo de ofensa ou de lesão não é veemente, e se o bem ou interesse ameaçados não são relevantes, alinham-se na Lei das Contravenções Penais os tipos contravencionais de perigo abstrato ou presumido e de perigo concreto. Conclui-se, portanto, que a Lei das Contravenções Penais forma a primeira linha de combate contra o crime, ensejando a inocuização do agente quando ele ainda se encontra no simples estado perigoso. Com sanções de pequena monta, prisão simples ou multa, impostas mediante processo sumaríssimo, alcança-se o principal objetivo que é coartar a conduta perigosa, capaz de ameaçar, no seu desdobramento, o bem ou o interesse tutelados".

1.6.7 Classificação dos crimes

Os crimes podem ser classificados de acordo com diversos critérios, cada qual levando em conta um aspecto da prática delitiva:

— *Crime acessório*: é o que depende da existência de uma infração penal anterior, com referência expressa no tipo penal. Exemplo: receptação (art. 180 do CP — exige que a coisa, objeto material, seja produto de crime anterior).

— *Crime a distância* (ou *de espaço máximo*): é aquele em que a conduta ocorre num país e o resultado em outro. Exemplo: homicídio (art. 121 do CP — agente remete à vítima, que se encontra em outro país, substância alimentícia envenenada).

— *Crime a prazo*: é o que exige, para a ocorrência de uma qualificadora, o decurso de determinado lapso temporal. Exemplos: extorsão mediante sequestro qualificada (art. 159, § 1.º, do CP — se o sequestro dura mais de 24 horas); lesão corporal de natureza grave (art. 129, § 1.º, I, do CP — incapacidade para as ocupações habituais por mais de 30 dias).

— *Crime bilateral* (ou *de encontro*): é o que exige para sua configuração mais de uma pessoa, mesmo que uma delas não seja culpável. Exemplo: bigamia (art. 235 do CP).

— *Crime bipróprio*: é aquele que exige uma relação especial entre os sujeitos ativo e passivo. Exemplo: maus-tratos (art. 136 do CP — o sujeito ativo deve ter o sujeito passivo sob sua autoridade, guarda ou vigilância, para fim de educação, ensino, tratamento ou custódia).

— *Crime coletivo* (ou *crime plurissubjetivo*): é o que tem como elementar o concurso de várias pessoas. Exemplos: associação criminosa (art. 288 do CP); rixa (art. 137 do CP).

— *Crime comissivo*: é o que exige uma atuação positiva do agente, consistente em uma ação. Exemplos: furto (art. 155 do CP — subtrair); constrangimento ilegal (art. 146 do CP — constranger).

— *Crime comissivo por omissão* (ou *omissivo impróprio*): é aquele em que a omissão se caracteriza pela inobservância de um dever jurídico de evitar o resultado, praticando-se o crime (comissivo) pela abstenção. Exemplo: homicídio (art. 121 do CP — a mãe que deixa de alimentar a criança de tenra idade com a finalidade de matá-la por inanição).

— *Crime complexo*: é a fusão de dois ou mais tipos penais. Exemplo: roubo (art. 157 do CP — é a fusão do furto — subtração — com a ameaça — grave ameaça — ou lesão corporal — violência — ou a morte — latrocínio).

— *Crime comum*: é o que pode ser praticado por qualquer pessoa. Exemplo: homicídio (art. 121 do CP).

— *Crime conexo*: é o que guarda relação, nexo com outro(s) delito(s). Exemplos: furto (art. 155 do CP) e homicídio (art. 121 do CP) — agente subtrai coisa da vítima e mata a testemunha que presenciou a ação.

— *Crime consumado*: é aquele onde se reúnem todos os elementos de sua definição legal (art. 14, I, do CP).

— *Crime continuado*: é aquele previsto no art. 71 do Código Penal.

— *Crime culposo*: é aquele em que o agente dá causa ao resultado por imprudência, negligência ou imperícia (art. 18, II, do CP).

— *Crime de ação múltipla* (ou *de conteúdo variado*): é o que se compõe de tipos alternativos ou mistos, com a descrição de duas ou mais condutas. Exemplos: induzimento, instigação ou auxílio a suicídio (art. 122 do CP); petrechos de falsificação (art. 294 do CP).

— *Crime de ação única*: é aquele em que o tipo penal contém apenas uma modalidade de conduta. Exemplo: furto (art. 155 do CP).

— *Crime de atentado* (ou *de empreendimento*): é aquele em que a pena da tentativa é a mesma do crime consumado, sem qualquer redução. Exemplo: evasão mediante violência contra a pessoa (art. 352 do CP).

— *Crime de circulação* (ou *de trânsito*): é aquele praticado na direção de automóvel. Exemplos: homicídio culposo (art. 302 da Lei n. 9.503/97); lesão corporal culposa (art. 303 da Lei n. 9.503/97).

— *Crime de concurso necessário*: é o que exige mais de um sujeito ativo para sua prática. Exemplos: esbulho possessório (art. 161, II, do CP); rixa (art. 137 do CP).

— *Crime de conduta mista*: é o crime omissivo puro que é praticado com uma ação inicial. Exemplo: apropriação de coisa achada (art. 169, II, do CP).

— *Crime de consumação antecipada*: sinônimo de crime formal e de crime de resultado cortado. É aquele que não requer a realização do resultado pretendido pelo agente, embora previsto em lei, consumando-se com a prática da ação ou omissão. Exemplo: ameaça (art. 147 do CP — que se consuma com o conhecimento pelo sujeito passivo, independentemente de sua efetiva intimidação); extorsão mediante sequestro (art. 159 do CP — que se consuma independentemente da efetiva obtenção do resgate); concussão (art. 316 do CP — que se consuma com a mera exigência, independentemente da efetiva obtenção da vantagem indevida).

— *Crime de conteúdo variado*: o mesmo que crime de ação múltipla.

— *Crime de dano*: é o que se consuma com a efetiva lesão do bem jurídico. Exemplos: roubo (art. 157 do CP); lesão corporal (art. 129 do CP).

— *Crime de dupla subjetividade passiva*: é o que, em razão da descrição típica, apresenta dois sujeitos passivos. Exemplo: aborto praticado sem o consentimento da gestante (art. 125 do CP), em que são sujeitos passivos a gestante e o feto.

— *Crime de empreendimento*: o mesmo que crime de atentado.

— *Crime de encontro*: o mesmo que crime bilateral.

— *Crime de ensaio* (ou *de experiência*): é o que ocorre pela atuação de um agente provocador, que instiga ou induz alguém a cometer a infração.

A Súmula 145 do Supremo Tribunal Federal dispõe que "não há crime quando a preparação do flagrante pela polícia torna impossível a sua consumação".

— *Crime de espaço máximo*: o mesmo que crime a distância.

— *Crime de espaço mínimo*: é aquele em que a conduta e o resultado ocorrem no mesmo local.

— *Crime de experiência*: o mesmo que crime de ensaio.

— *Crime de flagrante esperado*: é aquele em que o sujeito passivo, prevendo ou sabendo que será vítima de crime, aguarda o momento de sua consumação para a prisão em flagrante do agente.

— *Crime de flagrante preparado* (ou *provocado*): é aquele em que o agente é levado a praticar o crime por instigação de alguém, sendo preso em flagrante delito no momento da consumação. Exemplo: policial disfarçado que induz o agente a adquirir entorpecente para consumo próprio, prendendo-o em flagrante, logo depois.

— *Crime de forma livre*: é o que pode ser praticado de qualquer forma, por qualquer meio apto a alcançar o resultado. Exemplo: lesão corporal (art. 129 do CP).

— *Crime de forma vinculada*: é o que somente pode ser praticado da forma estabelecida pelo tipo penal. Exemplo: curandeirismo (art. 284 do CP).

— *Crime de ímpeto*: é aquele praticado sem premeditação, impetuosamente, com intenção repentina. Exemplo: homicídio emocional (art. 121, § 1.º, do CP).

— *Crime de mão própria*: é o que deve ser praticado pessoalmente pelo agente. Exemplos: prevaricação (art. 319 do CP); falso testemunho (art. 342 do CP).

— *Crime de mera conduta* (ou *de simples atividade*): é aquele que não tem resultado, em que o legislador somente descreve a conduta do sujeito ativo. Exemplos: desobediência (art. 330 do CP); violação de domicílio (art. 150 do CP).

— *Crime de mera suspeita*: é aquele em que o agente não estaria infringindo concretamente qualquer comando legal de ação ou omissão, mas seria incriminado pela suspeita gerada por essa mesma situação ou posição.

— *Crime de ocasião*: é aquele no qual a conduta criminosa sofre forte influência de circunstâncias ambientais (comoção pública, injusta provocação da vítima etc.). Exemplo: homicídio emocional (art. 121, § 1.º, do CP).

— *Crime de opinião*: é o que se caracteriza pelo abuso da liberdade de pensamento, por qualquer meio.

— *Crime de perigo*: é o que se consuma apenas com a possibilidade de dano, com o simples perigo ao bem jurídico. Exemplos: incêndio (art. 250 do CP); perigo de contágio venéreo (art. 130 do CP).

— *Crime de plástico*: é figura típica criada em um determinado momento histórico para se adequar às peculiaridades de determinada sociedade. Exemplos: os crimes criados pela Lei n. 12.663/2012 (Lei Geral da Copa), a qual teve vigência de 6 de junho de 2012 a 31 de dezembro de 2014. Esse conceito se contrapõe ao de *crime natural*, que é aquele que sempre existiu, independentemente do momento histórico. Exemplo: homicídio (art. 121 do CP).

— *Crime de responsabilidade*: é aquele que viola dever de cargo ou função. Exemplo: crimes de responsabilidade de prefeitos e vereadores (Decreto-Lei n. 201/67).

— *Crime de resultado cortado*: sinônimo de crime formal e de crime de consumação antecipada. É aquele que não requer a realização do resultado pretendido pelo agente, embora previsto em lei, consumando-se com a prática da ação ou omissão. Exemplo: ameaça (art. 147 do CP — que se consuma com o conhecimento pelo sujeito passivo, independentemente de sua efetiva intimidação); extorsão mediante sequestro (art. 159 do CP — que se consuma independentemente da efetiva obtenção do resgate); concussão (art. 316 do CP — que se consuma com a mera exigência, independentemente da efetiva obtenção da vantagem indevida).

— *Crime de simples atividade*: o mesmo que crime de mera conduta.

— *Crime de simples desobediência*: é o crime de perigo abstrato ou presumido. Exemplo: fabricação de substância destinada a falsificação (art. 277 do CP).

— *Crime de tipo aberto*: é o que apresenta descrição típica incompleta do caso concreto, ou seja, o tipo não descreve de forma completa e precisa o comportamento criminoso, requerendo do aplicador a realização de um juízo de valor. Ex.: crime de ato obsceno (art. 133 do CP).

— *Crime de tipo fechado*: é o que apresenta descrição típica completa. Exemplo: lesão corporal (art. 129 do CP).

— *Crime de trânsito*: o mesmo que crime de circulação.

— *Crime doloso*: é aquele em que o agente quer o resultado ou assume o risco de produzi-lo (art. 18, I, do CP).

— *Crime emocional*: é aquele praticado sob a influência da emoção. Ex.: homicídio emocional (art. 121, § 1.º, do CP).

Segundo o disposto no art. 28, I, do Código Penal, a emoção não exclui a imputabilidade penal.

— *Crime exaurido*: é o que depois de consumado atinge suas últimas consequências, mais lesivas ou não. Exemplos: recebimento do resgate na extorsão mediante sequestro (art. 159 do CP); condenação do inocente no falso testemunho (art. 342 do CP).

— *Crime falho*: é o que ocorre na tentativa perfeita ou acabada, quando o agente esgota, em meios de execução, todo o seu potencial ofensivo, mas o resultado não ocorre.

— *Crime formal*: sinônimo de crime de resultado cortado e de crime de consumação antecipada. É aquele que não requer a realização do resultado pretendido pelo agente, embora previsto em lei, consumando-se com a prática da ação ou omissão. Exemplo: ameaça (art. 147 do CP — que se consuma com o conhecimento pelo sujeito passivo, independentemente de sua efetiva intimidação); extorsão mediante sequestro (art. 159 do CP — que se consuma independentemente do efetivo recebimento do resgate); concussão (art. 316 do CP — que se consuma com a mera exigência, independentemente da efetiva obtenção da vantagem indevida).

— *Crime funcional*: é o praticado por funcionário público, relacionado com o cargo ou função pública. Exemplos: concussão (art. 316 do CP); peculato (art. 312 do CP).

— *Crime gratuito*: é aquele praticado sem razão, sem motivo.

— *Crime habitual*: é o que exige habitualidade, ou seja, reiteração de uma conduta. Exemplos: exercício ilegal da medicina (art. 282 do CP); manutenção de estabelecimento em que ocorra exploração sexual (art. 229 do CP).

— *Crime hediondo*: é o que causa maior repulsa, maior reprovação social, causando clamor público (Lei n. 8.072/90). O crime pode ser classificado como hediondo pela simples vontade do legislador. Exemplos: latrocínio (art. 157, § 3.º, II, do CP); provocação de epidemia com resultado morte (art. 267, § 1.º, do CP).

— *Crime impossível*: é aquele que é impossível de ser consumado em razão da ineficácia absoluta do meio ou por absoluta impropriedade do objeto (art. 17 do CP). Exemplo: mulher julgando-se grávida (sem estar) pratica manobras abortivas (art. 124 do CP).

— *Crime infamante*: é o crime que, devido aos meios empregados e às circunstâncias em que se realizou, ocasiona no meio social uma reprovabilidade maior manifestada sobre o autor do crime e que o desonra, rebaixa e avilta, principalmente levando-se em conta os motivos que levaram o agente a delinquir e que causam repulsa.

— *Crime instantâneo*: é aquele cuja consumação não se prolonga no tempo, ou seja, é de consumação imediata. Exemplos: homicídio (art. 121 do CP); lesão corporal (art. 129 do CP); furto (art. 155 do CP).

— *Crime instantâneo de efeitos permanentes*: é aquele cuja consumação ocorre imediatamente. Seus efeitos não podem mais ser desfeitos pelo sujeito ativo. Caracteriza-se pela duração de suas consequências. Exemplos: bigamia (art. 235 do CP); roubo (art. 157 do CP); homicídio (art. 121 do CP).

— *Crime internacional*: é aquele referido no art. 7.º, II, *a*, do Código Penal. Exemplo: tráfico de drogas (art. 33 da Lei n. 11.343/2006).

— *Crime material*: é aquele que requer, para sua consumação, um resultado separado da ação, descrito em lei. Exemplos: homicídio (art. 121 do CP — requer a ação — matar — e o resultado — morte da vítima); estelionato (art. 171 do CP — requer a ação — induzimento ou manutenção em erro — e o resultado — vantagem ilícita em prejuízo alheio).

— *Crime militar*: é aquele previsto no Código Penal Militar.

— *Crime monossubjetivo* (ou *unilateral*, ou *unissubjetivo*): é o que pode ser praticado por uma só pessoa. Exemplos: furto (art. 155 do CP); estupro (art. 213 do CP).

— *Crime multitudinário*: é o praticado por uma multidão, em tumulto, organizada, espontaneamente, no sentido de um comportamento comum. Exemplos: rixa (art. 137 do CP); dano (art. 163 do CP).

— *Crime não transeunte*: é aquele que deixa vestígio. Exemplo: homicídio (art. 121 do CP).

— *Crime omissivo impróprio*: o mesmo que crime comissivo por omissão.

— *Crime omissivo puro (ou próprio)*: é o que exige uma conduta negativa do agente, consistente em omissão. Exemplo: omissão de socorro (art. 135 do CP).

— *Crime organizado*: é aquele praticado por ações de organizações criminosas (art. 288 do CP e Lei n. 12.850/2013).

— *Crime passional*: é aquele praticado sob a influência da paixão. De acordo com o art. 28, I, do Código Penal, a paixão não exclui a imputabilidade penal.

— *Crime permanente*: é aquele cuja consumação se prolonga no tempo, ou seja, enquanto perdurar a conduta do sujeito ativo o crime se estará consumando. Exemplos: sequestro e cárcere privado (art. 148 do CP); violação de domicílio (art. 150 do CP).

— *Crime plurilocal*: é aquele em que a conduta ocorre em um local, dentro do país, e o resultado ocorre em outro local diverso, ainda dentro do país. Exemplo: homicídio (art. 121 do CP — o agente coloca uma bomba no veículo da vítima, a qual explode, matando-a, em local distante).

— *Crime pluriofensivo*: é aquele em que a conduta típica ofende mais de um bem jurídico. Exemplo: roubo (art. 157 do CP).

— *Crime plurissubjetivo*: o mesmo que crime coletivo.

— *Crime plurissubsistente*: é o que se realiza com vários atos. Exemplos: latrocínio (art. 157, § 3.º, II, do CP); estelionato (art. 171 do CP).

— *Crime político*: é aquele que põe em risco a segurança interna ou externa do país. Exemplo: crimes contra a segurança nacional previstos na revogada Lei n. 7.170/83.

— *Crime por tendência*: era figura prevista no Código Penal de 1969 (que não entrou em vigor), cujo art. 64, § 3.º, considerava criminoso por tendência "quem, pela sua periculosidade, motivos determinantes e meios ou modo de execução do crime, revela extraordinária torpeza, perversão ou malvadez".

— *Crime preterdoloso (ou preterintencional)*: é aquele em que a conduta do agente causa um resultado mais grave que o pretendido. Exemplo: lesão corporal seguida de morte (art. 129, § 3.º, do CP).

— *Crime principal*: é o que independe da prática de delito anterior. Exemplo: estupro (art. 213 do CP).

— *Crime privilegiado*: é o que, além do tipo básico, é dotado de outras circunstâncias que o tornam menos grave, diminuindo sua pena. Exemplo: homicídio privilegiado (art. 121, § 1.º, do CP).

— *Crime profissional*: é o praticado por quem exerce determinada profissão, valendo-se dela para a atividade delitiva. Exemplo: aborto praticado por médico (arts. 125 e 126 do CP).

— *Crime progressivo*: é o que exige do agente, para alcançar um resultado mais grave, passar por outro resultado menos grave. Exemplo: homicídio (art. 121 do CP — para matar a vítima, deve o agente antes produzir-lhe as lesões corporais que serão a causa de sua morte).

— *Crime próprio*: é o que somente pode ser praticado por determinada categoria de pessoas. Exemplos: peculato (art. 312 do CP); infanticídio (art. 123 do CP).

— *Crime provocado*: o mesmo que crime de flagrante preparado.

— *Crime putativo*: é aquele em que o agente, por erro, supõe que está praticando um crime quando, na verdade, não está praticando ilícito algum. Exemplo: mulher que, supondo-se grávida, pratica manobras abortivas (art. 124 do CP).

— *Crime qualificado*: é o que, além do tipo básico, é dotado de outras circunstâncias que o tornam mais grave, aumentando sua pena. Exemplos: furto qualificado (art. 155, § 4.º, do CP); homicídio qualificado (art. 121, § 2.º, do CP).

— *Crime qualificado pelo resultado*: é aquele em que a lei, após descrever uma conduta típica com todos os seus elementos (crime acabado), acrescenta a esta um resultado agravador da sanção penal, impondo ao agente punição mais severa. Exemplo: aborto com resultado lesão grave ou morte (art. 127 do CP).

— *Crime simples*: é o que ofende apenas um bem jurídico. Exemplo: homicídio (art. 121 do CP).

— *Crime subsidiário*: é aquele que somente ocorre quando a conduta do agente não configurar um crime mais grave. Exemplo: perigo para a vida ou saúde de outrem (art. 132 do CP).

— *Crime tentado*: é aquele que, iniciada a execução, não se consuma por circunstâncias alheias à vontade do agente (art. 14, II, do CP).

— *Crime transeunte*: é o que não deixa vestígio. Exemplo: injúria verbal (art. 140 do CP).

— *Crime unilateral*: o mesmo que crime monossubjetivo.

— *Crime unissubjetivo*: o mesmo que crime monossubjetivo e crime unilateral.

— *Crime unissubsistente*: é o que se realiza com um só ato. Exemplos: calúnia (art. 138 do CP); injúria (art. 140 do CP).

— *Crime vago*: é aquele cujo sujeito passivo é uma coletividade desprovida de personalidade jurídica. Exemplo: ocultação de cadáver (art. 211 do CP).

2   FATO TÍPICO

É o *comportamento humano, positivo* ou *negativo*, que provoca um resultado e é previsto na lei penal como infração. É aquele que se enquadra perfeitamente nos elementos contidos no tipo penal.

O *fato típico* é composto dos seguintes elementos:

a) conduta humana dolosa ou culposa;

b) resultado;

c) nexo de causalidade entre a conduta e o resultado;

d) enquadramento do fato material a uma norma penal incriminadora.

2.1 Teoria do Tipo

A Teoria do Tipo, como a conhecemos modernamente, tem em Ernst Beling seu maior expoente, que, sob os influxos do pensamento positivista, produziu um modelo interpretativo do fato punível, a partir da noção do *corpus delicti* das antigas leis latinas, revestindo-o de um caráter naturalista, mas conservando-o neutro e desprovido de qualquer ingerência de ordem filosófica ou valorativa.

Ernst Beling, professor da Universidade de Munique, em 1906 escreve sua obra-prima *Die Lehre vom Verbreche* (A Teoria do Crime), fazendo referência ao "delito-tipo" (*Tatbestand*) lançando, posteriormente, em 1930 a obra *Die Lehre vom Tatbestand* (A Teoria do Tipo), na qual apresenta a Teoria do Tipo (*gesetzliche tatbestand*), em que o delito-tipo representa um molde, uma estampa, um modelo no qual podem se encaixar os fatos da vida comum. Beling assevera que toda figura delitiva representa um todo composto de distintos elementos. Por muitos e variados que sejam esses elementos, eles se referem a figuras autônomas de delitos, remetendo a um quadro conceitual que se funda na *unidade da figura delitiva*, quadro esse sem o qual os elementos perderiam seu sentido como característicos dessa figura. Esse quadro é justamente o delito-tipo para essa figura delitiva (*La doctrina del delito-tipo*, Buenos Aires: Depalma, 1944, p. 5-6).

2.1.1 Fases da Teoria do Tipo

A Teoria do Tipo, desde Beling, passou por várias fases. São elas:

a) Fase do tipo avalorado (fase da independência, fase do tipo neutro, ou fase do tipo acromático): nesta fase inexiste qualquer relação entre a tipicidade e a antijuridicidade. Era o tipo penal de Beling, totalmente neutro e desprovido de qualquer conteúdo valorativo, correspondendo unicamente à descrição objetiva da conduta humana.

b) Fase da *ratio cognoscendi* (fase do tipo indiciário): nesta fase, caracterizada pela contribuição de Max Ernest Mayer, a tipicidade é considerada um indício de antijuridicidade. Foi então que Beling, revendo suas posições iniciais, esposadas na obra *Die Lehre vom Verbrechen*, reelaborou o conceito de tipo na obra *Die Lehre vom Tatbestand*, mantendo, entretanto, o tipo essencialmente neutro e meramente descritivo, independente da antijuridicidade.

c) Fase da *ratio essendi*: nesta fase ressalta-se a construção de Edmund Mezger, atribuindo ao tipo a função constitutiva da ilicitude ou antijuridicidade. Nesse sentido, a tipicidade seria a *ratio essendi* da antijuridicidade, ou seja, havendo tipicidade, haverá também antijuridicidade. Derivam dessa concepção do tipo duas importantes teorias:

• Teoria dos Elementos Negativos do Tipo: segundo a qual as causas de justificação excluem também a tipicidade, funcionando como elementos negativos do tipo.

• Teoria do Tipo de Injusto: segundo a qual a tipicidade está contida na antijuridicidade.

2.1.2 Conceito de tipo

Tipo é o conjunto dos elementos descritivos do crime contidos na lei penal. É o modelo, o molde ou a forma de classificação da conduta. Segundo Welzel (*Derecho penal alemán*, Chile: Editora Jurídica de Chile, 1987, p. 75), o tipo penal é figura conceitual que descreve formas possíveis de violação ao bem jurídico e define a matéria de proibição.

2.1.3 Características do tipo

As características mais importantes do tipo são:

a) cria o mandamento proibitivo;

b) concretiza a antijuridicidade;

c) assinala o injusto;

d) limita o injusto;

e) limita o *iter criminis*, marcando o início e o término da conduta;

f) ajusta a culpabilidade ao crime considerado;

g) constitui uma garantia liberal, pois não há crime sem tipicidade.

2.1.4 Adequação típica

Chama-se "adequação típica" a perfeita adaptação do fato à norma penal. Apresenta-se sob duas formas:

a) *adequação típica de subordinação imediata*, em que o fato se enquadra na norma penal, imediatamente, sem necessidade de outra disposição. Há um só dispositivo para fazer a adequação típica. Exemplo: homicídio (matar alguém);

b) *adequação típica de subordinação mediata, ampliada* ou *por extensão*, em que o fato não se enquadra imediatamente na norma penal incriminadora, necessitando, para isso, do concurso de outras disposições. Há necessidade de mais de um dispositivo para fazer a adequação típica. Exemplos: tentativa, coautoria.

2.1.5 Elementos do tipo

A lei penal deve, obrigatoriamente, restringir-se a uma definição típica meramente objetiva, precisa e pormenorizada da conduta, a fim de que fiquem bem delineados o direito de punir abstrato e o *jus libertatis* a ele concernente.

Em função disso, são estabelecidos *elementos do tipo*, que podem ser classificados em:

a) *elementos objetivos do tipo*: são aqueles que descrevem a conduta, o objeto ou o resultado do crime, assim como as circunstâncias externas do fato e aquelas relativas à pessoa do criminoso. Referem-se à materialidade da infração penal, ou à forma de execução, ao tempo, ao lugar, enfim, às circunstâncias externas do fato. Exs.: repouso noturno — art. 155, § 1.º, do CP; lugar ermo — art. 150, § 1.º, do CP;

b) *elementos subjetivos do tipo*: são aqueles que se referem ao estado anímico do sujeito, ao fim especial da conduta ou ao estado de consciência do agente em relação a determinada circunstância constante do tipo penal. O dolo e a culpa são os elementos subjetivos comuns do delito, existindo outros elementos subjetivos específicos que podem integrar o tipo penal. Exs.: se é intenção do agente — art. 130, § 1.º, do CP; a fim de satisfazer lascívia — art. 218-A do CP;

c) *elementos normativos do tipo*: são os componentes da figura típica que exigem, para o perfeito entendimento de seu significado, um juízo de valor. Dividem-se em *elementos normativos jurídicos*, que exigem um juízo de valor eminentemente jurídico (exs.: cheque — art.

171, § 2.º, VI, do CP; *warrant* — art. 178 do CP), e *elementos normativos extrajurídicos, ou empírico-culturais*, que exigem um juízo de valor baseado na experiência, na sociedade ou na cultura (exs.: dignidade e decoro — art. 140 do CP; ato obsceno — art. 233 do CP; indevidamente — art. 151 do CP; sem justa causa — arts. 153, 154 e 244 do CP).

2.1.6 Teoria dos elementos negativos do tipo

Segundo essa teoria, que surgiu a partir da fase da *ratio essendi* do tipo, se a conduta do agente não for ilícita, não haverá fato típico, uma vez que a antijuridicidade faz parte do tipo penal.

Assim, o fato deixará de ser típico se a conduta do agente estiver acobertada por uma causa de justificação, uma vez que o tipo deve ser entendido em conjunto com a ilicitude da conduta. Isso porque a ilicitude está contida na tipicidade.

2.1.7 Classificação do tipo

Existem várias classificações dos tipos penais, cada qual tomando por base determinado aspecto de seus elementos:

a) Tipo fechado: é aquele que possui a descrição completa da conduta proibida, ou seja, possui apenas elementos objetivos descritivos, que não dependem de interpretação. Ex.: homicídio — art. 121 do CP.

b) Tipo aberto: é aquele que possui elementos normativos ou subjetivos, dependentes de interpretação. Ex.: exposição ou abandono de recém-nascido — art. 134 do CP. A expressão "desonra" requer um juízo de valor de quem a interpreta, não sendo o tipo penal constituído apenas de elementos descritivos. Os tipos penais culposos, em regra, são abertos, pois a avaliação da culpa deve ser feita pelo intérprete.

c) Tipo normal: é aquele que contém apenas elementos descritivos (objetivos), não exigindo qualquer valoração por parte do intérprete. Teve sua utilidade na Teoria Causal da ação. Se assemelha ao tipo fechado. Ex.: homicídio — art. 121 do CP.

d) Tipo anormal: é aquele que contém elementos normativos ou subjetivos, passíveis de interpretação e valoração para efetiva aplicação ao caso concreto. Essa classificação também teve sua utilidade na Teoria Causal da ação, assemelhando-se ao tipo aberto.

e) Tipo básico: é a forma mais simples de descrição da conduta proibida. Ex.: homicídio simples — art. 121, *caput*, do CP.

f) Tipo derivado: é composto a partir do tipo básico e contém circunstâncias que podem diminuir ou aumentar a reprimenda do crime. Ex.: homicídio privilegiado — art. 121, § 1.º, CP — e homicídio qualificado — art. 121, § 2.º, do CP.

g) Tipo objetivo: é assim chamada a parte do tipo penal que contém apenas elementos objetivos, que não se relacionam à vontade do agente. Ex.: no crime de furto — art. 155 do CP —, o tipo objetivo é "subtrair coisa alheia móvel".

h) Tipo subjetivo: é assim chamada a parte do tipo penal relacionada à vontade do agente. O tipo subjetivo pode estar implícito em alguns tipos penais, como ocorre com o dolo, ou pode estar explícito. Ex.: no crime de furto — art. 155 do CP —, o tipo subjetivo implícito é o dolo e o explícito é "para si ou para outrem".

i) Tipo total: relaciona-se com a Teoria dos Elementos Negativos do Tipo (*vide* item 2.1.6 supra), englobando também a ilicitude da conduta. Se ocorrer excludente da ilicitude, não haverá tipicidade.

j) Tipo congruente: também chamado de tipo intranscendente, ou tipo congruente simétrico: é aquele em que a parte subjetiva da ação se corresponde com a parte objetiva, ou seja, não exige nenhum elemento subjetivo especial, bastando o dolo. Exs.: tipos dolosos, em que a intenção do agente leva à realização objetiva do tipo; homicídio simples — art. 121, *caput*, do CP.

k) Tipo incongruente: também chamado de tipo transcendente, ou tipo congruente assimétrico: é aquele em que a lei estende o tipo subjetivo para mais além do tipo objetivo, ou seja, exige, além do dolo, um elemento subjetivo especial. Ex.: extorsão mediante sequestro — art. 159 do CP —, em que o agente atua *com o fim especial* de obter resgate.

l) Tipo formal: é a descrição do tipo feita pelo legislador ao criminalizar a conduta. É a mera adequação do fato à norma. Ex.: art. 32, *caput*, da Lei n. 9.605/98 — a descrição típica é: "praticar ato de abuso, maus-tratos, ferir ou mutilar animais silvestres, domésticos ou domesticados, nativos ou exóticos".

m) Tipo material: é o tipo formal adequado à lesividade que a conduta possa causar a bens jurídicos protegidos. Exige-se uma lesão significativa ao bem jurídico tutelado. Ex.: a castração de um animal doméstico com a finalidade de evitar a reprodução desordenada. Formalmente, houve a tipificação do art. 32, *caput*, da Lei n. 9.605/98, citado no exemplo do item anterior. Entretanto, não houve tipicidade material, eis que tal conduta é adequada socialmente.

2.1.8 Tipicidade conglobante

Segundo Zaffaroni e Pierangeli (*Manual de direito penal brasileiro*: parte geral, 8. ed., São Paulo: Revista dos Tribunais, 2009, v. I), a tipicidade penal se divide em legal (adequação do fato à norma penal, segundo uma análise estritamente formal) e conglobante, por meio da qual se deve verificar se o fato, que aparentemente viola uma norma penal proibitiva, não é permitido ou mesmo incentivado por outra norma jurídica. É o exemplo das intervenções médico-cirúrgicas.

A tipicidade conglobante, portanto, nada mais é que a análise conglobada do fato com todas as normas jurídicas, inclusive as extrapenais.

Dessa maneira, as condutas que tradicionalmente são consideradas típicas, mas acobertadas pelas causas excludentes da antijuridicidade do estrito cumprimento do dever legal e do exercício regular de direito, passariam a ser tratadas como atípicas, pela falta de tipicidade conglobante.

2.1.9 Conflito aparente de normas

Ocorre o conflito aparente de normas quando a um mesmo fato podem ser aplicadas, aparentemente, duas ou mais normas penais. Esse conflito é apenas *aparente*, uma vez que é impossível duas ou mais normas incidirem sobre um mesmo fato.

Para que ocorra o conflito aparente de normas são necessários os seguintes *pressupostos*:

a) unidade de fato;

b) pluralidade de normas que, aparentemente, com ele se identificam.

Como solução para o conflito aparente de normas, apresentam-se quatro *princípios*:

a) *Princípio da especialidade*: segundo o qual a norma especial — específica — derroga a norma geral, devendo ser aplicada no lugar desta por conter elementos especializantes. Há uma relação de gênero e espécie entre as normas. Exemplo: infanticídio (art. 123 do CP). O infanticídio é especial em relação ao homicídio, pois que, além da morte da vítima (elemento geral), requer que o autor do crime seja a própria mãe, durante ou logo após o parto, sob a influência do estado puerperal (elementos especializantes). Nesse sentido também as fraudes do art. 176 do Código Penal em relação ao estelionato do art. 171 do mesmo Código.

b) *Princípio da subsidiariedade*: pelo qual a norma subsidiária somente se aplica se não houver tipificação de outro delito geral, mais abrangente, em regra, mais grave. Há uma relação de conteúdo e continente entre as normas. A norma subsidiária é, nas palavras de Nelson Hungria, o *soldado de reserva*. Exemplo: perigo para a vida ou saúde de outrem (art. 132 do CP). Agente que dispara arma de fogo em direção à vítima. O crime do art. 132 do Código Penal somente estará caracterizado se não houver resultado mais grave, ou seja, lesão corporal dolosa ou homicídio tentado. Se o disparo acertar a vítima, haverá crime de lesão corporal ou homicídio tentado, conforme a intenção do agente. No caso da *tentativa branca* de homicídio (em que o agente desfere golpe em direção à vítima, mas não a acerta), a tipificação dependerá da demonstração da intenção do agente.

c) *Princípio da consunção*: em que a norma geral e mais abrangente absorve as normas de âmbito menor. A consunção pode ocorrer por meio do crime progressivo, do crime complexo ou da progressão criminosa.

No *crime progressivo*, o resultado final tipifica uma infração penal que absorve todas as condutas anteriores que, por si só, poderiam configurar infrações independentes. Existe um só fato, e o autor desenvolve o crime em fases sucessivas. Exemplo: furto qualificado por rompimento de obstáculo à subtração da coisa (art. 155, § 4.º, I, do CP). Agente que, para subtrair determinada coisa móvel da vítima, ingressa em sua residência mediante o arrombamento de uma porta. As condutas de violação de domicílio (art. 150 do CP) e dano (art. 163 do CP) estão absorvidas pelo delito mais grave de furto qualificado.

No *crime complexo*, o resultado final tipifica infração penal que resulta da fusão de outras infrações penais autônomas. Exemplo: o crime de roubo (art. 157 do CP) absorve os crimes de furto (art. 155 do CP) e de lesão corporal (art. 129 do CP) ou de ameaça (art. 147 do CP). O roubo, nesse caso, é *crime complexo*, uma vez que atinge dois bens jurídicos diversos, tipificadores, cada qual, separadamente, de infração penal autônoma.

Na *progressão criminosa*, o agente pretende, inicialmente, produzir determinado resultado, e após atingi-lo resolve prosseguir e praticar crime mais grave. Há pluralidade de fatos, e a intenção inicial do agente é praticar um delito menor e, depois, resolve ele praticar um crime mais grave. Exemplo: agente que, inicialmente querendo apenas ofender a integridade corporal de seu desafeto, o que consegue (art. 129, *caput*, do CP), decide matá-lo, praticando atos tendentes a esse resultado mais grave (art. 121 do CP).

d) *Princípio da alternatividade*: segundo o qual o agente praticará apenas uma infração, embora tenha realizado várias condutas previstas pelo mesmo tipo penal. É o caso dos *tipos penais mistos alternativos*, que tipificam os *crimes de ação múltipla*, também chamados de crimes de conteúdo variado. Exemplo 1: tráfico ilícito de entorpecentes (art. 33 da Lei n. 11.343/2006). O agente será punido por um só crime, embora tenha *produzido*, *transportado* e, após, *vendido* a substância entorpecente. Exemplo 2: receptação no exercício da atividade comercial (art. 180, § 1.º, do CP). O agente responderá por um só crime, embora tenha *adquirido*, *desmontado* e, após, *vendido* partes de automóvel objeto de crime anterior.

2.2 Conduta

A conduta é o comportamento humano consistente em uma *ação* ou *omissão*, consciente e voltada a uma finalidade (teoria finalista da ação).

Existem várias teorias a respeito da conduta, podendo ser destacadas:

a) *Teoria naturalista* (também conhecida por *teoria causalista, teoria causal da ação, teoria tradicional* ou *teoria clássica*), segundo a qual a conduta é um comportamento humano voluntário, no mundo exterior (fazer ou não fazer), sem qualquer conteúdo valorativo. A conduta é um mero acontecimento causal.

b) *Teoria social* (também conhecida por *teoria normativa, teoria da adequação social* ou *teoria da ação socialmente adequada*), segundo a qual a ação nada mais é que a realização de uma conduta socialmente relevante. A vontade estaria situada na culpabilidade.

c) *Teoria finalista*, segundo a qual todo comportamento humano é finalista, ou seja, toda conduta é voluntária e dirigida a determinado fim.

2.2.1 Formas de conduta

A conduta apresenta duas *formas*:

a) *ação*, que é a atuação humana positiva voltada a uma finalidade;

b) *omissão*, que é a ausência de comportamento, a inatividade.

A omissão é penalmente relevante quando o omitente *devia* e *podia* agir para evitar o resultado.

No art. 13, § 2.º, do Código Penal estão dispostas as hipóteses em que o omitente tem o *dever* de agir. São elas:

a) quando tenha por lei obrigação de cuidado, proteção ou vigilância (ex.: dever dos pais de cuidar dos filhos);

b) quando, de outra forma, assumiu a responsabilidade de impedir o resultado (é a chamada *situação de garante*, em que o agente se encontra em uma posição que o obriga a garantir o bem jurídico tutelado do sujeito passivo. Exs.: médico que presta serviço em pronto-socorro; enfermeira contratada para cuidar de um doente; tutor em relação ao tutelado etc.);

c) quando, com seu comportamento anterior, criou o risco da ocorrência do resultado (aqui também ocorre a chamada *situação de garante*. Ex.: o instrutor de paraquedismo em relação aos alunos).

2.2.2 Crimes omissivos próprios

São aqueles que ocorrem com a mera conduta negativa do agente, independentemente de qualquer outra consequência. São também chamados de *omissivos puros*. Existe um dever genérico de proteção.

Nesses crimes, a norma penal determina, implicitamente, que o sujeito atue positivamente, incriminando a lei penal o comportamento negativo. Exemplo: art. 135 do CP — omissão de socorro (a conduta incriminada pela lei é "deixar de prestar assistência", já que a norma estabelece esse dever).

2.2.3 Crimes omissivos impróprios

São aqueles em que a conduta é comissiva (ação), mas o agente os pratica mediante a abstenção de atuação. Deve o agente, nesses casos, conforme já foi dito, ter o *dever de agir* para evitar o resultado, segundo as hipóteses elencadas no art. 13, § 2.º, do Código Penal. Exemplo: homicídio (mãe que, desejando matar o filho, priva-o de alimentos). Existe um dever específico de proteção. Esses crimes são também chamados de *comissivos por omissão, omissivos impuros, omissivos promíscuos* ou *omissivos espúrios*.

2.2.4 Crimes omissivos por comissão

São aqueles em que, segundo Fernando Capez (op. cit., p. 129), "há uma ação provocadora da omissão. Exemplo: chefe de uma repartição impede que sua funcionária, que está passando mal, seja socorrida. Se ela morrer, o chefe responderá pela morte por crime comissivo ou omissivo? Seria por crime omissivo por comissão".

2.2.5 Caso fortuito e força maior

Caso fortuito é aquele que ocorre de modo inevitável, imprevisível, sem a vontade do agente, que não age com dolo ou culpa. Exemplo: problema mecânico apresentado pelo veículo, fazendo com que o motorista, sem condições de controlá-lo, atropele e mate um transeunte.

A força maior pode ser caracterizada pela influência inafastável de uma ação externa. Exemplo: coação física irresistível.

Na presença de caso fortuito e força maior inexiste fato típico.

2.3 Nexo de causalidade

Nexo de causalidade, também chamado de *nexo causal* ou *relação de causalidade*, é o elo que existe entre a conduta e o resultado. É a relação de causa e efeito existente entre a ação ou omissão do agente e a modificação produzida no mundo exterior.

O nexo de causalidade integra o fato típico, pois existe a necessidade de se verificar se o resultado é ou não imputável ao agente, ou seja, se foi este que deu causa ao resultado criminoso.

Existem várias teorias que estudam a ação e a omissão como causas do crime, dentre as quais podemos citar:

a) *teoria da causalidade adequada*, segundo a qual a causa é a condição mais adequada a produzir o evento. Baseia-se essa teoria no critério de previsibilidade do que usualmente ocorre na vida humana;

b) *teoria da eficiência*, segundo a qual a causa é a condição mais eficaz na produção do evento;

c) *teoria da relevância jurídica*, segundo a qual a corrente causal não é o simples atuar do agente, mas deve-se ajustar às figuras penais, produzindo os resultados previstos em lei;

d) *teoria da equivalência dos antecedentes* ou *teoria da "conditio sine qua non"*, que foi a adotada pelo nosso sistema penal;

e) *teoria da imputação objetiva*, segundo a qual a causalidade natural, base da teoria da equivalência dos antecedentes, conduz a exageros que precisam ser limitados através da verificação de existência de relação de imputação objetiva entre a conduta e o resultado, de modo que a conduta do agente tenha produzido um risco juridicamente relevante e proibido ao bem jurídico. Essa teoria, que procura limitar a incidência do nexo causal, foi desenvolvida, no Direito Civil, por Karl Larenz, em 1927. Na esfera penal, surgiu com Richard M. Honig, em 1930. Claus Roxin, em 1962 e 1970 publicou duas obras sobre o assunto. De acordo com essa teoria, em síntese, não basta, para que se reconheça o nexo causal, o primeiro filtro, da causalidade física, apurada pelo critério de eliminação hipotética. Também não basta o segundo filtro, da causalidade subjetiva, consubstanciado no dolo e na culpa. A verificação do nexo causal depende ainda de ter a conduta do agente incrementado um risco proibido para o bem jurídico. Caso a conduta do agente tenha incrementado um risco permitido ao bem jurídico (não vedado ou proibido pelo ordenamento jurídico), não haverá crime, por ausência de imputação objetiva.

2.3.1 Teoria da equivalência dos antecedentes

Também chamada de *teoria da "conditio sine qua non"*, foi a adotada pelo nosso Código Penal, no art. 13.

De acordo com essa teoria, tudo quanto concorre para o resultado é causa. Todas as forças concorrentes para o evento, no caso concreto, apreciadas, quer isolada, quer conjuntamente, equivalem-se na causalidade.

Para a solução do problema do nexo causal utiliza-se o chamado *processo de eliminação hipotética*, que consiste no seguinte:

Pergunta-se: quando a ação é causa?

Responde-se: quando eliminada, mentalmente, o resultado em concreto não teria ocorrido.

A teoria da equivalência dos antecedentes situa-se apenas no terreno do elemento físico ou material do delito, sendo mister a consideração da *causalidade subjetiva*, que é a presença do dolo e da culpa, para que se evite o *regressus ad infinitum*, ou seja, o regresso até o primeiro ato do desencadeamento de toda a conduta.

Há quem utilize, atualmente, a Teoria da Imputação Objetiva como terceiro filtro para a limitação do nexo causal físico ou material, através da análise da criação de um risco permitido ou proibido pelo agente.

2.3.2 Superveniência causal

A superveniência causal vem tratada no § 1.º do art. 13 do Código Penal. Funciona como outra restrição à teoria da *conditio sine qua non*.

Existem as *"causas" absolutamente independentes* e as *relativamente independentes.*

As causas absolutamente independentes não podem ser atribuídas ao agente. Elas produzem por si sós o resultado, não tendo qualquer relação com a conduta praticada pelo agente. Nesse caso, o nexo causal é totalmente afastado, uma vez que o resultado ocorreria de qualquer maneira, independentemente da conduta do agente, que não responderá por ele. Dividem-se em preexistentes (*A atira em B, que morre em razão de veneno que havia tomado, e não em razão do tiro*), concomitantes (*A atira em B no exato momento em que este sofre um ataque cardíaco, ocorrendo a morte por força exclusiva deste*) e supervenientes (*A envenena B, que vem a falecer em razão de desabamento, no momento em que ingeria o veneno*).

Já as causas relativamente independentes excluem a imputação, quando por si sós determinarem o resultado. Como assevera Damásio de Jesus (op. cit., p. 256), "causa relativamente independente é a que, funcionando em face da conduta anterior, conduz-se como se por si só tivesse produzido o resultado (estamos tratando da causa superveniente). É o caso clássico do cidadão que, mortalmente ferido por outro, é transportado para um hospital, onde vem a falecer em consequência das queimaduras provocadas por um incêndio". A causa provocadora da morte é relativamente independente em relação à conduta anterior: se a vítima não tivesse sido ferida, não seria levada ao hospital. Dividem-se, também, em preexistentes (*A fere B, hemofílico, que vem a falecer em razão dos ferimentos e também em razão dessa condição fisiológica*), concomitantes (*A atira em B no momento em que este sofre um ataque cardíaco — provando-se que o tiro contribuiu para o evento morte*) e supervenientes (*A colide com um poste de energia elétrica. Seu acompanhante, ileso, desce do veículo para constatar os danos e vem a ser atingido por um dos fios que se desprenderam, vindo a falecer em razão da descarga elétrica*).

Neste último caso, surge outro processo causal que, isoladamente, produz o evento, não obstante a causa seja relativamente independente, pois ela "por si só" causou o resultado (art. 13, § 1.º, do CP).

Como bem observa Cezar Roberto Bitencourt (*Teoria Geral do Delito*, 2. ed., São Paulo: Saraiva, 2004, p. 88), "em se tratando da ocorrência de causa superveniente, teremos que suspeitar da possibilidade de tratar-se de causa superveniente nos termos do § 1.º do art. 13. Por isso, temos de formular uma segunda pergunta: esta causa superveniente se insere no fulcro aberto pela conduta anterior, somando-se a ela para a produção do resultado ou não? Se a resposta for afirmativa, não excluirá o nexo de causalidade da conduta anterior, porque a causa posterior simplesmente somou-se à conduta anterior na produção do resultado. Ao contrário, se respondermos que não, isto é, que a causa superveniente causou isoladamente o evento, estaríamos resolvendo a situação com base no § 1.º, afastando-se a relação de causalidade da conduta anterior. Nesse caso, o autor da conduta anterior responderá pelos atos praticados que, em si mesmos, constituírem crimes, segundo seu elemento subjetivo".

A seguir são dados alguns exemplos polêmicos, retirados da jurisprudência pátria, de causas supervenientes relativamente independentes que, por si sós, NÃO excluem a imputação, sendo o resultado mais grave atribuído ao agente:

a) Morte por infecção hospitalar contraída após internação de vítima de facada. O agente desferiu facada na vítima, ferindo-a. Socorrida ao hospital, a vítima vem a falecer em virtude de infecção hospitalar lá contraída. O agente responde pela morte (TJAP — ACR 175.803 — j. 3-4-2004);

b) Morte em virtude de omissão no atendimento médico após internação de vítima de lesão corporal. O agente lesionou a vítima. Socorrida ao hospital, faleceu em decorrência dos ferimentos sofridos, tendo havido omissão no atendimento médico. O agente responde pela morte (STJ — HC 42559/PE — Rel. Min. Arnaldo Esteves Lima — j. 4-4-2006).

c) Morte em virtude de mau atendimento médico e alta precipitada após internação de vítima de homicídio tentado. O agente responde pela morte da vítima (TJSC — APR 479972 — j. 11-9-2009).

d) Morte em razão de inexperiência e imperícia médica após internação de vítima de disparo de arma de fogo. O agente desferiu tiro na vítima, tentando matá-la. Socorrida ao hospital, veio a falecer em virtude de alegada inexperiência e imperícia médica. O agente responde pela morte da vítima (STJ — HC 85591/GO — Rel. Min. Og Fernandes — j. 21-5-2009).

e) Morte em razão de septicemia ocorrida na vigência de tratamento de trauma abdominal causado por acidente de trânsito. O agente deu causa a lesão corporal culposa na vítima, em razão de acidente de trânsito. Socorrida ao hospital, a vítima faleceu em razão de septicemia. O agente responde pela morte da vítima (TJMG — AC 1.0525.02.007797-6/001 — j. 10-6-2009).

f) Morte em razão de processo inflamatório decorrente de broncopneumonia contraída em internação hospitalar para tratamento de ferimento no pescoço. O agente tentou matar a vítima, ferindo-a no pescoço. Socorrida ao hospital, veio a falecer em virtude de broncopneumonia. O agente responde pela morte da vítima (TJSC — APR 35.050 — j. 4-5-1999).

g) Outras causas: choque anestésico por excesso de éter; imprudência dos médicos operadores; precário atendimento hospitalar etc.

Como exemplos de causas supervenientes relativamente independentes que por si sós excluem a imputação (não podendo o resultado mais grave ser imputado ao agente, uma vez que não estavam elas dentro do desdobramento físico necessário), podemos citar: desabamento do teto do pronto-socorro em que a vítima vem a ser atendida em virtude de lesão corporal praticada pelo agente; incêndio no hospital que provoque a morte da vítima lá internada para tratamento de lesão corporal decorrente de tentativa de homicídio praticada pelo agente; acidente de trânsito envolvendo a ambulância em que a vítima de tentativa de homicídio era socorrida, a qual vem a falecer em razão de traumatismo craniano etc.

2.4 Resultado

O resultado é outro elemento integrante do fato típico.

Duas teorias procuram explicar a sua natureza jurídica:

a) *Teoria naturalística*, segundo a qual resultado é toda modificação do mundo exterior provocada pelo comportamento humano voluntário. Daí decorre a *classificação*, já mencionada em capítulo próprio, dos crimes em materiais, formais e de mera conduta.

b) *Teoria jurídica ou normativa*, segundo a qual o resultado é a lesão ou perigo de lesão de um interesse protegido pela norma penal.

Entendemos que a *teoria naturalística* é a mais adequada.

Resultado, na praxe jurídica, é sinônimo de evento. Alguns autores, entretanto, sustentam que evento é qualquer resultado, independentemente da conduta de alguém (ex.: incêndio provocado por um raio), enquanto resultado é a consequência de uma conduta humana (ex.: morte por disparo de arma de fogo efetuado por alguém).

2.4.1 Crime qualificado pelo resultado

Ocorre o crime qualificado pelo resultado quando a lei, após descrever uma conduta típica com todos os seus elementos (crime acabado), acrescenta a esta um resultado agravador da sanção penal, impondo ao agente punição mais severa.

Existem quatro espécies de crime qualificado pelo resultado, conforme exista culpa ou dolo nas condutas antecedentes e consequentes:

a) *Crime qualificado pelo resultado* com *dolo* na conduta antecedente e *dolo* na conduta consequente: o agente age com dolo tanto na conduta como no resultado agravador. Exemplo: agente que, ao ofender a integridade corporal de seu desafeto, corta-lhe uma das mãos, causando-lhe lesão corporal de natureza gravíssima, consistente em perda de membro (art. 129, § 2.º, III, primeira parte, do CP).

b) *Crime qualificado pelo resultado* com *dolo* na conduta antecedente e *culpa* na conduta consequente: é o chamado *crime preterdoloso* ou *preterintencional*, em que o agente quer praticar um delito mas acaba, por culpa, ocasionando um resultado mais gravoso. Exemplo: aborto provocado com o consentimento da gestante, em que o agente, em razão dos meios empregados para provocá-lo, ocasiona culposamente a morte da gestante (art. 126, *caput*, c/c o art. 127, ambos do CP).

c) *Crime qualificado pelo resultado* com *culpa* na conduta antecedente e *culpa* na conduta consequente: o agente pratica uma conduta culposa e, após, ainda por culpa, acaba ocasionando resultado mais grave. Exemplo: agente que causa epidemia culposa, da qual resulta a morte de alguém (art. 267, § 2.º, do CP).

d) *Crime qualificado pelo resultado* com *culpa* na conduta antecedente e *dolo* na conduta consequente: o agente pratica uma conduta inicial culposa e, em seguida, dolosamente ocasiona o resultado mais gravoso. Exemplo: motorista que atropela culposamente pedestre, lesionando-o, e, em seguida, foge intencionalmente, deixando de prestar-lhe socorro (art. 303, parágrafo único, c/c o art. 302, parágrafo único, III, ambos da Lei n. 9.503/97 — Código de Trânsito Brasileiro).

2.5 Crime consumado e crime tentado

O Código Penal, no art. 14, define o que se entende por *crime consumado* e por *crime tentado*.

Art. 14. Diz-se o crime:

I — consumado, quando nele se reúnem todos os elementos de sua definição legal;

II — tentado, quando, iniciada a execução, não se consuma por circunstâncias alheias à vontade do agente.

(...)

2.5.1 Consumação

Consuma-se o delito quando existe a realização integral do tipo penal.

A *consumação* varia de acordo com o tipo de crime:

a) *crimes materiais*: havendo ação e resultado, somente com a ocorrência deste é que existe consumação. Exemplos: homicídio (art. 121 do CP); estelionato (art. 171 do CP); furto (art. 155 do CP) etc.;

b) *crimes formais*: a consumação ocorre independentemente do resultado naturalístico, que é dispensável. Exemplos: ameaça (art. 147 do CP); concussão (art. 316 do CP); extorsão mediante sequestro (art. 159 do CP);

c) *crimes de mera conduta*: a consumação se dá com a simples conduta do agente, não havendo resultado naturalístico. Exemplos: desobediência (art. 330 do CP); violação de domicílio (art. 150 do CP);

d) *crimes culposos*: a consumação se dá com a ocorrência do resultado naturalístico. Exemplos: homicídio culposo (art. 121, § 3.º, do CP); lesão corporal culposa (art. 129, § 6.º, do CP);

e) *crimes permanentes*: a consumação se prolonga no tempo, perdurando enquanto não cessar a atividade do agente. Exemplo: sequestro e cárcere privado (art. 148 do CP);

f) *crimes omissivos puros* (ou *próprios*): a consumação se dá com o comportamento negativo, independentemente de resultado posterior. Exemplo: omissão de socorro (art. 135 do CP);

g) *crimes omissivos impróprios* (ou *comissivos por omissão*): a consumação se dá com a produção do resultado naturalístico, não bastando a simples conduta negativa. Exemplo: mãe que deixa de alimentar filho com a finalidade de matá-lo (art. 121 do CP);

h) *crimes qualificados pelo resultado*: a consumação ocorre no momento da produção do resultado mais grave. Exemplo: lesão corporal seguida de morte (art. 129, § 3.º, do CP).

Não se confunde *crime consumado* com *crime exaurido*. A consumação ocorre com total conformidade do fato praticado com a previsão abstrata da norma penal incriminadora, percorrendo o agente todas as etapas do *iter criminis*. O exaurimento implica a ocorrência de fatos ou acontecimentos posteriores à consumação, que têm, entretanto, influência na valoração do crime praticado. Exemplo: o crime de extorsão mediante sequestro (art. 159 do CP) se consuma com a privação de liberdade da vítima *com o fim de* obter o resgate. O efetivo recebimento do resgate é fato posterior à consumação, considerado o exaurimento do crime.

2.5.2 Tentativa

O crime é *tentado* quando, iniciada a execução, não se consuma por circunstâncias alheias à vontade do agente. Costuma-se utilizar o termo latino *conatus* como sinônimo de tentativa.

Existem basicamente duas teorias a respeito da tentativa:

a) *Teoria objetiva*, segundo a qual existe tentativa com o início dos atos de execução. Nesse caso, a punição da tentativa se justifica tanto pelo desvalor da ação quanto pelo desvalor do resultado, já que o bem jurídico efetivamente é exposto a perigo. A redução da pena, portanto, é inafastável.

b) *Teoria subjetiva*, segundo a qual basta, para configurar a tentativa, a revelação da intenção delituosa, ainda que em atos preparatórios. Nessa teoria, a punição se justifica pelo desvalor da ação, não importando o desvalor do resultado. Não há diferença entre atos preparatórios e atos de execução, não havendo redução da pena.

O nosso Código Penal adotou a *teoria objetiva*, exigindo, para a ocorrência de tentativa, início de atos de execução (art. 14, II, do CP).

2.5.3 "Iter criminis"

O fato delituoso apresenta uma trajetória, denominada *iter criminis* (termo latino que significa caminho do crime), que se compõe de quatro etapas:

a) cogitação (*cogitatio*);

b) atos preparatórios;

c) atos de execução;

d) consumação.

A tentativa ocorre quando o agente não chega à consumação por circunstâncias alheias à sua vontade.

Alguns penalistas incluem o *exaurimento* como última etapa do *iter criminis*. O *exaurimento* nada mais é que os efeitos ulteriores da conduta criminosa, que não têm qualquer influência sobre a consumação, que já ocorreu. Ex.: no crime de concussão (art. 316 do CP), a consumação ocorre com a exigência, pelo funcionário público, de vantagem indevida. Não importa se o funcionário público efetivamente recebe ou não a vantagem indevida exigida, pois o crime já está consumado. Caso o funcionário público venha a receber a vantagem indevida que exigiu, haverá o *exaurimento* do crime. Pode ocorrer, ainda, que o *exaurimento* venha a ser considerado na dosimetria da pena, como circunstância judicial (art. 59 do CP), ou ainda constituir causa de aumento de pena, como, por exemplo, no caso do § 1.º do art. 317 do Código Penal.

Portanto, o *exaurimento* não constitui etapa do *iter criminis*.

2.5.4 Cogitação

A cogitação não é punida no Direito Penal, pois o que se passa no foro íntimo da pessoa não tem relevância criminal.

Apenas na exteriorização das intenções do agente, em atos que denotem início da execução, é que agirá o Direito Penal.

2.5.5 Atos preparatórios e atos de execução

Atos preparatórios são aqueles que se situam fora da esfera de cogitação do agente, embora ainda não se traduzam em início da execução do crime. Em regra, os atos preparatórios não são puníveis, a não ser que, por si sós, já configurem atos de execução de infrações penais autônomas. Exemplo: art. 25 do Decreto-Lei n. 3.688/41 (Lei das Contravenções Penais).

Como exemplos de atos preparatórios podemos citar, no homicídio, a compra da arma, a direção ao local do crime etc.; no furto, a obtenção dos petrechos necessários à subtração etc.

Atos de execução (ou executórios) são aqueles voltados diretamente à prática do crime, iniciando-se a reunião dos elementos integrantes da definição legal do crime.

Para se distinguir *ato preparatório* de *ato de execução*, existem dois critérios básicos:

a) *critério do ataque ao bem jurídico tutelado*, ou *critério material*, que se funda no perigo corrido pelo bem jurídico tutelado. Se o ato não representar esse perigo, não será ato de execução;

b) *critério do início da realização do tipo, ou critério formal*, também chamado de formal-objetivo, o qual sustenta que o ato executivo deve dirigir-se à realização do tipo, ou seja, deve ser o início de sua realização, amoldando-se a conduta ao núcleo do tipo (verbo).

Como já dissemos, o Brasil adotou a *teoria objetiva*, exigindo a lei o início do ato de execução (critério formal) para a ocorrência da tentativa. Em tese, portanto, o Brasil adotou o critério formal-objetivo.

Entretanto, é voz quase unânime na doutrina que o critério formal-objetivo precisa de complementação em razão da existência de atos muito próximos do início da execução que precisariam ser tipificados. Por exemplo, o agente que é surpreendido no alto de uma escada encostada ao muro de uma casa, preparando-se para lá ingressar e praticar a subtração. Ou então o sujeito surpreendido no telhado de uma residência, afastando algumas telhas para lá ingressar e furtar. Ou ainda o sujeito que é surpreendido no interior do quintal de uma casa, preparando-se para furtar, sem ter, contudo, subtraído qualquer coisa.

Para alguns, a solução seria adotar a complementação proposta por Reinhard Frank, incluindo na tentativa as ações que sejam necessariamente vinculadas à ação típica, sendo consideradas parte integrante dela, como nos exemplos acima citados. Para outros, a solução estaria na adoção da teoria individual-objetiva, de Hans Welzel, segundo a qual a tentativa engloba todos os atos imediatamente anteriores ao início da execução, de acordo com a intenção do agente.

2.5.6 Elementos da tentativa

São três os elementos da tentativa:

a) a *ação*, que se caracteriza por início da execução — atos executórios;

b) a *interrupção da execução* por circunstâncias alheias à vontade do agente, que pode dar-se em *qualquer momento* antes da consumação.

Entretanto, a interrupção não pode vincular-se à vontade do agente, devendo advir em razão de circunstâncias alheias à sua vontade;

c) o *dolo*, que é o elemento subjetivo do crime. Quem consuma o crime age com o mesmo dolo da tentativa, pois a vontade era no sentido de consumar o delito.

2.5.7 Espécies de tentativa

Existem duas espécies de tentativa:

a) *Tentativa perfeita*, ou *tentativa acabada, também chamada de "crime falho"* — é aquela que se verifica quando o agente fez tudo o quanto lhe era possível para alcançar o resultado. Exemplo: agente ministra dose mortal de veneno a seu inimigo, vindo este, porém, após a ingestão, por qualquer circunstância, a se salvar. Não se deve confundir crime falho com tentativa falha. Nesta última, o próprio agente cria o bloqueio a seu intento criminoso, acreditando não poder prosseguir na execução do crime. Ele não desiste de prosseguir na execução, mas, antes, se detém porque acredita não conseguir consumar o crime.

b) *Tentativa imperfeita* ou *tentativa inacabada* — é aquela que ocorre quando a ação não chega a exaurir-se, ou seja, quando o sujeito ativo não esgotou em atos de execução sua intenção delituosa. Exemplo: agente mistura veneno mortal na bebida de seu inimigo, que, entretanto, não a ingere.

Deve ser mencionada, ainda, a *tentativa branca*, ou *incruenta*, que ocorre quando o agente, embora tendo empregado os meios ao seu alcance, não consegue atingir a coisa ou a pessoa. É o caso do agente que, efetuando disparo de arma de fogo em direção à vítima, com o intuito de matá-la (*animus necandi*), não a acerta.

Na *tentativa cruenta*, por alguns também chamada de *tentativa vermelha*, ao contrário, o agente consegue atingir a pessoa ou a coisa que visava.

2.5.8 Pena da tentativa

A pena da tentativa é a do crime consumado, diminuída de um a dois terços, dependendo do *iter criminis* percorrido.

Nesse sentido dispõe o art. 14, parágrafo único, do Código Penal:

Art. 14. (...)

Parágrafo único. Salvo disposição em contrário, pune-se a tentativa com a pena correspondente ao crime consumado, diminuída de um a dois terços.

Entretanto, ao referir-se a "disposição em contrário", o parágrafo único quer indicar que existem crimes em que a consumação é punida da mesma maneira que a tentativa. É o caso dos chamados *crimes de atentado (ou de empreendimento)*, que são aqueles em que a pena da tentativa é a mesma do crime consumado, sem qualquer redução. Ex.: evasão mediante violência contra a pessoa (art. 352 do CP).

2.5.9 Crimes que não admitem tentativa

a) Crimes preterdolosos: são aqueles em que há dolo na conduta antecedente e culpa na conduta consequente. Ex.: lesão corporal seguida de morte (art. 129, § 3.º, do CP). Nesse caso, há a necessidade da ocorrência de um resultado mais grave para a sua consumação, o qual ocorre por culpa, não podendo o agente tê-lo desejado. Daí por que, se não deseja o resultado mais grave, não há como ter tentado alcançá-lo.

b) Crimes habituais: são aqueles que requerem, para sua configuração, a prática reiterada da conduta típica. Ex.: exercício ilegal da medicina (art. 282 do CP). Nesse caso, ou existe a reiteração da conduta, e o crime já está consumado, ou ela não existe e crime não há, sendo um indiferente penal.

c) Crimes unissubsistentes: são os constituídos por um só ato. Ex.: injúria verbal (art. 140 do CP). Nesse caso, ou a ofensa é lançada, consumando o crime, ou não é lançada, não configurando o ilícito.

d) Crimes culposos: nos quais o agente não quis o resultado e nem assumiu o risco de produzi-lo, ocorrendo ele por inobservância do cuidado objetivo necessário. A única exceção é a culpa imprópria, prevista no art. 20, § 1.º, do Código Penal (descriminantes putativas), pois que, embora atuando o agente com dolo, é punido a título de culpa por razões de política criminal.

e) Crimes de atentado: nesses delitos, a tentativa é punida com a mesma pena do crime consumado. Ex.: art. 352 do Código Penal — a pena da tentativa de evasão é a mesma da evasão consumada.

f) Crimes omissivos próprios: nesse caso, o simples "não fazer" aquilo que a lei determina já consuma o delito, não sendo possível a tentativa. Ex.: omissão de socorro (art. 135 do CP) — ou o agente se omite e consuma o delito, ou age e não pratica o crime.

2.5.10 Tentativa e contravenção penal

Dispõe o art. 4.º do Decreto-Lei n. 3.688/41 — Lei das Contravenções Penais — que não se pune a tentativa de contravenção. Tem-se sustentado doutrinariamente que, por ser a contravenção penal infração penal de menor gravidade (delito-anão), a tentativa seria desprezível, em face do mínimo de alarme social e da insignificância do perigo. No direito romano já se dizia: *"de minimis non curat praetor"*. Há que ressaltar, também, que a maioria das contravenções penais constitui infrações de mera conduta, sem resultado naturalístico, perfazendo-se com um só ato e, portanto, não comportando o *iter criminis* fracionamento.

2.6 Desistência voluntária e arrependimento eficaz

O art. 15 do Código Penal cogita das hipóteses em que o agente desiste de prosseguir no *iter criminis* ou, mesmo tendo-o percorrido quase por completo, arrepende-se, impedindo que o fato se consume.

A *desistência voluntária* somente é possível na tentativa imperfeita. Não havendo percorrido, ainda, toda a trajetória do delito, iniciados os atos de execução, o agente pode deter-se, voluntariamente. Exemplo: o agente ministra veneno à bebida da vítima, arrependendo-se depois e impedindo-a de ingeri-la.

A desistência, embora voluntária, não precisa ser, necessariamente, espontânea, ou seja, o desejo de não prosseguir na execução do crime não precisa partir do próprio agente, podendo ele ser convencido a deter-se pela própria vítima ou por terceiros.

No *arrependimento eficaz*, que ocorre somente na tentativa perfeita, o agente esgota todos os meios, ao seu alcance, para a prática do crime. Ele pratica todos os atos de execução. Arrepende-se, porém, e evita, com sucesso, a consumação. Exemplo: o agente ministra veneno à bebida da vítima e a induz a ingeri-la. Após a ingestão da bebida envenenada pela vítima, o agente se arrepende, socorrendo-a ao hospital.

O arrependimento eficaz também é chamado, por alguns estudiosos do Direito Penal, de *resipiscência*, que significa o reconhecimento da falta com o propósito de emenda, ou, ainda, a emenda que tomou o que ia pelo caminho do mal e do pecado. Esse termo tem origem teológica e deriva do latim *resipiscentia*.

No caso de arrependimento, a lei subordina a impunidade da tentativa à sua eficácia. Se, por qualquer motivo, embora arrependido, o agente não conseguir evitar a consumação do delito, não ficará isento de pena.

A responsabilidade, entretanto, perdura mesmo que outra causa concorra para o delito. Exemplo: se a vítima, envenenada, negar-se a tomar o antídoto e morrer, estará consumado o delito, pelo qual responderá o agente.

Do mesmo modo, se a vítima tomar o antídoto e, mesmo assim, morrer, o agente responderá pelo crime.

Desistência voluntária e arrependimento posterior são também denominados tentativa abandonada ou qualificada.

A desistência voluntária e o arrependimento eficaz excluem a tipicidade do fato (o agente não responde pelo crime do qual iniciou a execução, mas apenas pelos atos praticados, que podem configurar uma outra figura típica), comunicando-se, em caso de concurso de agentes, ao coautor ou partícipe (art. 30 do CP — sendo o fato atípico para um dos concorrentes, a todos aproveita).

2.7   Arrependimento posterior

O *arrependimento posterior* é figura nova no nosso ordenamento jurídico e vem tratado no art. 16 do Código Penal. Nele, o agente já consumou o delito, restando-lhe, agora, a reparação do dano ou a restituição da coisa, tudo isso, se possível, até o recebimento da denúncia ou queixa.

O arrependimento posterior é uma causa genérica de diminuição de pena e deve ser considerado na terceira etapa do cálculo da pena (art. 68 do CP), estando subordinado aos seguintes requisitos:

a) crime cometido sem violência ou grave ameaça à pessoa;

b) reparação do dano ou restituição da coisa;

c) ato voluntário do agente;

d) até o recebimento da denúncia ou da queixa.

Caso a reparação do dano ou a restituição da coisa ocorra após o recebimento da denúncia ou queixa, estará configurada apenas uma circunstância atenuante genérica, prevista no art. 65, III, *b*, do Código Penal.

Questão tormentosa é saber se a diminuição de pena pelo arrependimento posterior de um agente aplica-se também ao seu coautor ou partícipe que assim não agiu. Há posição no sentido de que, tratando-se de causa pessoal voluntária de diminuição de pena, não beneficiaria automaticamente o coautor ou partícipe. Outra corrente entende que, em se tratando de causa objetiva de diminuição de pena, a todos os participantes do crime beneficiaria, ainda que executada por apenas um deles. Nossa posição é no sentido de que, por força do disposto no art. 30 do Código Penal, o arrependimento posterior praticado por um dos agentes aproveita aos coautores ou partícipes do crime.

Não se deve confundir, entretanto, o arrependimento eficaz com o arrependimento posterior. Ocorre o *arrependimento eficaz* quando o agente já esgotou os atos de execução, mas ainda não atingiu a consumação, em razão de um ato em sentido reversivo, praticado voluntariamente. O *arrependimento posterior* dá-se quando, já consumado o crime, o agente, por vontade própria, repara o dano ou restitui a coisa.

Neste último caso, a lei restringe sua aplicação aos crimes *cometidos sem violência ou grave ameaça à pessoa*.

2.7.1 Natureza jurídica da desistência voluntária e do arrependimento eficaz

Há, basicamente, três correntes acerca da natureza jurídica desses institutos:

a) Causa de exclusão de tipicidade: para essa corrente, na desistência voluntária e no arrependimento eficaz não ocorrem circunstâncias alheias à vontade do agente, razão pela qual não há tipificação do crime cuja execução se iniciou. São partidários dessa corrente Basileu Garcia, Damásio de Jesus, Frederico Marques e Heleno Fragoso, entre outros. É a nossa posição.

b) Causa de exclusão da culpabilidade: para essa corrente, inexiste reprovação social da conduta do agente que, voluntariamente, desistiu de prosseguir na execução do crime, ou impediu que o resultado se produzisse. São partidários dessa corrente Claus Roxin e Hans Welzel.

c) Causa pessoal de exclusão da punibilidade: segundo essa corrente, não se pode apagar a tipicidade de uma conduta que, inicialmente típica, somente não provocou o resultado pela desistência ou arrependimento do agente. Nesse caso, embora típica a conduta praticada, não é punida como tentativa, respondendo o agente, por razões de política criminal, apenas pelos atos praticados. A punibilidade, então, seria excluída somente em relação ao agente que desistiu ou arrependeu-se, e não em relação a eventual partícipe ou coautor. Ex.: se, num homicídio mediante paga, o autor, embora iniciada a execução, resolve desistir voluntariamente de nela prosseguir, apenas a ele se aplicará a desistência voluntária, e não ao mandante que o pagou.

Merece ser destacada a posição de Nelson Hungria, para quem a desistência voluntária e o arrependimento eficaz são causas de extinção da punibilidade não previstas no art. 107 do Código Penal.

2.8 Crime impossível

O art. 17 do Código Penal não pune a tentativa quando há ineficácia absoluta de meio ou impropriedade absoluta de objeto.

Art. 17. Não se pune a tentativa quando, por ineficácia absoluta do meio ou por absoluta impropriedade do objeto, é impossível consumar-se o crime.

Trata-se do crime impossível, também denominado de quase crime, tentativa inidônea, tentativa inadequada, tentativa impossível e tentativa inútil.

Exemplo de *ineficácia absoluta do meio* é alguém, querendo envenenar seu inimigo, ministrar-lhe açúcar em vez de veneno.

Exemplo de *impropriedade do objeto* é a mulher, julgando-se grávida, praticar manobras abortivas.

No *crime impossível* existe a exclusão da própria tipicidade, e não a causa de isenção de pena.

O nosso Código Penal adotou a *teoria objetiva temperada* com relação à punibilidade do crime impossível, uma vez que, ausentes os elementos objetivos da tentativa, não corre risco o bem jurídico, pouco importando o elemento subjetivo do agente.

Entretanto, a *ineficácia do meio* e a *impropriedade do objeto* devem ser *absolutas*, ou seja, o delito, naquelas circunstâncias, *nunca* poderia se consumar. Se a *ineficácia do meio* e a *impropriedade do objeto* forem *relativas*, aí sim poderia o crime se consumar (teoria objetiva temperada), respondendo o agente, nesse caso, pela tentativa.

Merece ser lembrada a Súmula 145 do STF, que diz: "Não há crime quando a preparação do flagrante pela polícia torna impossível a sua consumação".

Não se deve confundir, outrossim, crime impossível com crime putativo. No crime putativo, o agente supõe que está praticando um delito, quando, na verdade, está praticando um indiferente penal, um fato atípico. No crime impossível, o agente tem consciência e vontade de cometer um crime, que é impossível de se consumar por ineficácia absoluta do meio ou por absoluta impropriedade do objeto.

2.9 Crime doloso

Segundo o disposto no art. 18, I, do Código Penal, *o crime é doloso* "quando o agente quis o resultado ou assumiu o risco de produzi-lo".

2.9.1 Conceito de dolo

Dolo, segundo a teoria finalista da ação, é o elemento subjetivo do tipo; é a vontade consciente de concretizar as características objetivas do tipo.

2.9.2 Teorias sobre o dolo

Existem três teorias a respeito do conteúdo do dolo:

a) *Teoria da vontade*, segundo a qual dolo é a vontade de praticar uma ação consciente, um fato que se sabe contrário à lei.

Exige, para sua configuração, que quem realiza a ação deve ter consciência de sua significação, estando disposto a produzir o resultado.

b) *Teoria da representação*, segundo a qual dolo é a vontade de praticar a conduta, prevendo o agente a possibilidade de o resultado ocorrer. É suficiente que o resultado seja previsto pelo sujeito, mesmo que não o deseje.

c) *Teoria do assentimento* (ou *do consentimento*), segundo a qual basta para o dolo a previsão ou consciência do resultado, não exigindo que o sujeito queira produzi-lo. É suficiente o assentimento do agente ao resultado.

2.9.3 Teorias adotadas pelo Brasil

O Brasil adotou, no art. 18, I, do Código Penal, a *teoria da vontade* (para que exista dolo é preciso a consciência e vontade de produzir o resultado — dolo direto) e a *teoria do assentimento* (existe dolo também quando o agente aceita o risco de produzir o resultado — dolo eventual).

2.9.4 Espécies de dolo

a) *Dolo natural (também chamado de neutro)*: para a teoria finalista da ação, adotada pelo Código Penal, o dolo é natural, ou seja, corresponde à simples vontade de concretizar os elementos objetivos do tipo, não portando a consciência da ilicitude. Assim, o dolo situado na conduta é composto apenas por consciência e vontade. A consciência da ilicitude é requisito da culpabilidade.

b) *Dolo normativo (também chamado de híbrido)*: para a teoria clássica (naturalista ou causal da ação) ou tradicional, o dolo é *normativo*, ou seja, contém a consciência da ilicitude. O dolo situa-se na culpabilidade e não na conduta.

c) *Dolo direto* ou *determinado*: é a vontade de praticar a conduta e produzir o resultado.

O dolo direto pode ser de primeiro grau e de segundo grau.

Dolo direto de primeiro grau relaciona-se com o fim proposto e com os meios escolhidos para alcançá-lo. Dolo direto de segundo grau (também chamado de dolo mediato ou dolo de consequências necessárias) relaciona-se com os efeitos colaterais da conduta, tidos como necessários. Ex.: terrorista que, pretendendo matar determinada pessoa, coloca uma bomba no avião em que esta viajará, a qual vem a explodir, matando-a juntamente com os demais passageiros. Houve dolo direto de primeiro grau em relação à vítima pretendida e dolo direto de segundo grau em relação aos demais passageiros do avião, que acabaram sendo atingidos como efeito colateral da conduta almejada. Outro exemplo interessante é o do agente que, pretendendo matar um gêmeo xifópago, nele desfere disparo de arma de fogo, matando-o (dolo direto de primeiro grau), mas matando também o outro irmão como consequência necessária dessa conduta (dolo direto de segundo grau).

É bom não confundir dolo direto de segundo grau, em que as consequências secundárias são inerentes ao meio escolhido, com dolo eventual, em que as consequências secundárias não são inerentes ao meio escolhido, assumindo o agente o risco de produzir o resultado (que pode ou não ocorrer).

d) *Dolo indireto* ou *indeterminado*: ocorre quando a vontade do sujeito não se dirige a certo e determinado resultado.

O dolo indireto possui duas formas:

— *dolo alternativo*, quando a vontade do sujeito se dirige a um ou outro resultado, indiferentemente. O dolo alternativo se divide em *dolo alternativo objetivo*, em que a alternatividade diz respeito ao resultado (exemplo: o agente desfere golpes de faca na vítima com intenção alternativa: matar ou ferir) e *dolo alternativo subjetivo*, em que a alternatividade diz respeito à pessoa contra a qual o agente dirige sua conduta (exemplo: o agente atira para matar A ou B, que estão lado a lado);

— *dolo eventual*, quando o sujeito assume o risco de produzir o resultado, ou seja, aceita o risco de produzi-lo. O agente não quer o resultado, pois, se assim fosse, ocorreria o dolo direto. O dolo eventual não se dirige ao resultado, mas sim à conduta, percebendo o agente que é possível causar o resultado. Exemplo: motorista dirigindo em velocidade excessiva aceita a possibilidade de atropelar um pedestre.

e) *Dolo de dano*: é a vontade de produzir uma lesão a um bem jurídico.

f) *Dolo de perigo*: é a vontade de expor um bem jurídico a perigo de lesão.

g) *Dolo genérico*: é a vontade de praticar a conduta sem uma finalidade específica.

h) *Dolo específico* (ou *dolo com intenção ulterior*): é a vontade de praticar a conduta visando uma finalidade específica.

Essa classificação de *dolo genérico* e *dolo específico*, a nosso ver, encontra-se superada em face da teoria finalista da ação. Entendemos que o dolo é natural, uno, variando de acordo com a descrição típica de cada delito, não podendo ser confundido com os demais elementos subjetivos do tipo.

i) *Dolo geral* (também chamado de *erro sucessivo* ou *aberratio causae*): ocorre quando o agente, tendo realizado a conduta e supondo ter conseguido o resultado pretendido, pratica nova ação, a qual, aí sim, alcança a consumação do crime. Exemplo clássico largamente difundido na doutrina é o do agente que, tendo esfaqueado a vítima e supondo-a morta, joga o corpo nas águas de um rio. Entretanto, a vítima ainda estava viva, vindo a falecer em virtude de afogamento.

2.10 Crime culposo

Segundo o disposto no art. 18, II, do Código Penal, *o crime é culposo* "quando o agente deu causa ao resultado por imprudência, negligência ou imperícia".

2.10.1 Cuidado objetivo

A *culpa* é elemento subjetivo do tipo penal, pois resulta da inobservância do dever de diligência.

Cuidado objetivo é a obrigação determinada a todos, no convívio social, de realizar condutas de forma a não produzir danos a terceiros.

Assim, a conduta culposa torna-se típica a partir do momento em que não tenha o agente observado o cuidado necessário nas relações com outrem.

2.10.2 Previsibilidade

Para saber se o sujeito ativo do crime deixou de observar o cuidado objetivo necessário, é preciso comparar a sua conduta com o comportamento que teria uma pessoa, dotada de discernimento e de prudência, colocada na mesma situação do agente.

Surge, então, a *previsibilidade objetiva*, que é a possibilidade de antever o resultado produzido, previsível ao homem comum, nas circunstâncias em que o sujeito realizou a conduta.

Até aí se realiza a tipicidade do crime culposo, também antijurídico, se ausente causa excludente.

Já a *culpabilidade* do delito culposo decorre da *previsibilidade subjetiva*, questionando-se a possibilidade de o sujeito, segundo suas aptidões pessoais e na medida de seu poder individual, prever o resultado.

Assim, quando o resultado é previsível *para o sujeito*, temos a reprovabilidade da conduta e a consequente culpabilidade.

2.10.3 Elementos do fato típico culposo

São elementos do fato típico culposo:

a) a conduta humana voluntária, consistente numa ação ou omissão;

b) a inobservância do cuidado objetivo, manifestada pela imprudência, a negligência e a imperícia;

c) a previsibilidade objetiva;

d) a ausência de previsão;

e) o resultado involuntário;

f) o nexo de causalidade;

g) a tipicidade.

2.10.4 Imprudência, negligência e imperícia

A inobservância do cuidado objetivo necessário manifesta-se pelas três modalidades de culpa: imprudência, negligência e imperícia.

A *imprudência* é a prática de um fato perigoso, atuando o agente com precipitação, sem cautelas. Exemplo: desobedecer a sinal semafórico vermelho, indicativo de parada obrigatória.

A *negligência* é a ausência de precaução ou indiferença em relação ao ato realizado. Exemplo: deixar substância tóxica ao alcance de criança.

A *imperícia* é a falta de aptidão, de conhecimentos técnicos, para o exercício de arte ou profissão. Exemplo: médico que se dispõe a realizar cirurgia sem ter conhecimentos adequados sobre a especialidade da moléstia.

2.10.5 Espécies de culpa

a) *Culpa inconsciente*, na qual o resultado não é previsto pelo agente, embora previsível. É a culpa comum, normal, manifestada pela imprudência, negligência ou imperícia.

b) *Culpa consciente (ou culpa com previsão)*, na qual o resultado é previsto pelo agente, que espera inconsideradamente que não ocorra ou que possa evitá-lo. Exemplo difundido na doutrina é o do agente que, numa caçada, percebe que um animal se encontra nas proximidades de seu companheiro, estando ciente de que, disparando a arma, poderá acertá-lo. Confiante em sua perícia com armas de fogo, atira e mata o companheiro.

No *dolo eventual*, o agente tolera a produção do resultado, pois o evento lhe é indiferente; tanto faz que ocorra ou não.

Na *culpa consciente*, o agente não quer o resultado, não assume o risco nem ele lhe é tolerável ou indiferente. O evento lhe é previsto, mas confia em sua não produção.

c) *Culpa própria*, na qual o resultado, embora previsível, não é previsto pelo agente.

d) *Culpa imprópria (culpa por extensão, culpa por assimilação ou culpa por equiparação)*, na qual o agente quer o resultado, estando sua vontade viciada por erro que poderia evitar, observando o cuidado necessário. Ocorre por erro de tipo inescusável, por erro de tipo escusável nas descriminantes putativas ou por excesso nas causas de justificação.

e) *Culpa mediata* ou *indireta*, na qual o agente, dando causa a resultado culposo imediato, vem a determinar, mediata ou indiretamente, outro resultado culposo. Exemplo difundido na doutrina é o da pessoa que, socorrendo ente querido que se encontra atropelado, acaba por ser também atingida por outro veículo, sendo ferida ou morta. O interesse nessa modalidade de culpa está justamente na responsabilidade do primeiro agente com relação ao segundo atropelamento. Deve-se perquirir, nesse caso, se o primeiro atropelador tinha previsibilidade do segundo resultado. Se tinha, responderá por ele. Se não tinha, inexistirá responsabilidade penal pelo segundo fato.

2.10.6 Excepcionalidade do crime culposo

O critério para saber se um crime admite a *modalidade culposa* é a análise da *norma penal incriminadora*. Quando o Código admite a modalidade culposa, faz referência expressa à culpa. Se não fala na modalidade culposa, é porque não a admite (art. 18, parágrafo único, do CP).

Assim, quando o sujeito pratica o fato culposamente, e o tipo penal não faz menção à modalidade culposa, não há crime, pois não se admite a *culpa presumida*.

2.10.7 Outras questões referentes à culpa

A *divisão da culpa em graus* (leve, grave e gravíssima), embora não tenha previsão legal, apresenta interesse na dosimetria da pena do crime culposo. Será questionado pelo julgador se o agente tinha maior ou menor possibilidade de previsão do resultado, observando ou não o cuidado necessário.

Outrossim, no Direito Penal, não se admite a *compensação de culpas*, como acontece no Direito Civil. Assim, a culpa da vítima não exclui a culpa do agente, a não ser que seja exclusiva. No caso de culpa concorrente, em que os agentes, agindo culposamente, deram causa a resultado culposo, do qual ambos são vítimas, aplica-se a cada um a pena correspondente ao delito praticado.

2.11 Crime preterdoloso

O crime preterdoloso ou *preterintencional* é aquele no qual coexistem os dois elementos subjetivos: dolo na conduta antecedente e culpa na conduta consequente.

Existe um crime inicial doloso e um resultado final culposo. Na conduta antecedente, o elemento subjetivo é o dolo, uma vez que o agente quis o resultado. Entretanto, pela falta de previsibilidade, ocorre outro resultado culposo, pelo qual também responde o agente. Exemplo: aborto praticado sem o consentimento da gestante com o resultado morte. O aborto é doloso, querido pelo agente. A morte da gestante é culposa, pois o agente não queria o resultado, embora fosse ele previsível.

Nesse sentido, prescreve o art. 19 do Código Penal:

Art. 19. Pelo resultado que agrava especialmente a pena, só responde o agente que o houver causado ao menos culposamente.

3 ERRO DE TIPO

Dispõe o art. 20 do Código Penal:

Art. 20. O erro sobre elemento constitutivo do tipo legal de crime exclui o dolo, mas permite a punição por crime culposo, se previsto em lei.

3.1 Conceito de erro de tipo

Erro de tipo é o que incide sobre algum dos elementos do tipo penal. Pode recair sobre as elementares ou circunstâncias da figura típica, sobre os pressupostos de fato de uma causa de justificação ou sobre dados secundários da norma penal incriminadora.

Exemplo clássico de erro de tipo é o do caçador que atira em direção ao que supõe ser um animal bravio, matando outro caçador. Ou, ainda, o exemplo do agente que tem conjunção carnal consentida com menor de 14 (catorze) anos, supondo ser a mulher maior de idade, uma vez que a conheceu no interior de casa noturna em que o ingresso somente é permitido para maiores de 18 (dezoito) anos.

No primeiro exemplo citado, a falsa percepção da realidade incidiu sobre um elemento do crime de homicídio, ou seja, sobre a elementar *alguém* contida na descrição do crime do art. 121 do Código Penal. No segundo exemplo, a falsa percepção da realidade recaiu também sobre um elemento do tipo penal do crime de estupro de vulnerável (art. 217-A do CP), abolido crime de sedução (art. 217 do CP), qual seja, a idade da vítima.

Em face do erro de tipo, não há a finalidade típica consistente na vontade de realizar o tipo objetivo. Não há dolo, porque o agente não sabe que está realizando um tipo penal.

3.2 Espécies de erro de tipo

Há duas espécies de erro de tipo:

a) *erro de tipo essencial*, que recai sobre elementares ou circunstâncias do tipo, sem as quais o crime não existiria;

b) *erro de tipo acidental*, que recai sobre circunstâncias acessórias, secundárias, da figura típica.

3.2.1 Erro de tipo essencial

Ocorre o erro de tipo essencial quando a falsa percepção da realidade faz com que o agente desconheça a natureza criminosa do fato. Exemplo: o agente mata uma pessoa supondo tratar-se de animal bravio.

O erro de tipo essencial apresenta duas formas:

a) *Erro de tipo essencial escusável* (ou *invencível*): quando não pode ser evitado pelo cuidado objetivo do agente, ou seja, qualquer pessoa, na situação em que se encontrava o agente, incidiria em erro. Exemplo: caçador que, em selva densa, à noite, avista vulto vindo em sua direção e dispara sua arma em direção ao que supunha ser um animal bravio, matando outro caçador que passava pelo local.

b) *Erro de tipo essencial inescusável* (ou *vencível*): quando pode ser evitado pela observância do cuidado objetivo pelo agente, ocorrendo o resultado por imprudência ou negligência. Exemplo: caçador que, percebendo movimento atrás de um arbusto, dispara sua arma de fogo sem qualquer cautela, não verificando tratar-se de homem ou de fera, matando outro caçador que lá se encontrava. Nesse caso, tivesse o agente empregado ordinária diligência, teria facilmente constatado que, em vez de animal bravio, havia um homem atrás do arbusto.

O erro de tipo essencial escusável exclui o dolo e a culpa do agente.

Já o erro de tipo essencial inescusável exclui apenas o dolo, respondendo o agente por crime culposo, se previsto em lei.

3.2.2 Erro de tipo acidental

É aquele que incide sobre elementos acidentais do delito ou sobre a conduta de sua execução. O agente atua com a consciência do fato, errando a respeito de um dado não essencial de delito ou quanto à maneira de execução.

3.2.2.1 Espécies

São espécies de erro acidental:

a) erro sobre o objeto — *error in objeto*;

b) erro sobre a pessoa — *error in persona*;

c) erro na execução — *aberratio ictus*;

d) resultado diverso do pretendido — *aberratio criminis*.

3.2.3 Erro sobre o objeto — "error in objeto"

Ocorre o erro sobre o objeto quando o agente supõe que sua conduta recai sobre determinada coisa e na realidade recai sobre outra.

Perante o Direito Penal, o erro sobre o objeto é irrelevante, pois de qualquer forma o agente responde pelo crime.

Exemplos: agente que furta o carro de A supondo que pertence a B; agente que furta uma pedra preciosa pensando tratar-se de um diamante raro etc.

3.2.4 Erro sobre a pessoa — "error in persona"

O erro sobre a pessoa vem previsto no art. 20, § 3.º, do Código Penal, que dispõe:

Art. 20. (...)

§ 3.º O erro quanto à pessoa contra a qual o crime é praticado não isenta de pena. Não se consideram, neste caso, as condições ou qualidades da vítima, senão as da pessoa contra quem o agente queria praticar o crime.

Ocorre o erro sobre a pessoa quando há erro de representação. O agente, atuando erroneamente, atinge uma pessoa supondo tratar-se da que pretendia ofender. Exemplo: o agente atira em A pensando tratar-se de B.

Entretanto, o erro sobre a pessoa não exclui o crime (*não isenta de pena*), pois a norma penal não tutela pessoa determinada, mas todas as pessoas. Trata-se de erro de identidade.

O agente responderá penalmente como se tivesse praticado o crime contra a pessoa pretendida, ainda que a vítima efetiva seja outra. Assim, não devem ser considerados os dados subjetivos da vítima efetiva, mas sim esses dados em relação à vítima virtual, que o agente pretendia atingir. Exemplo 1: o agente, pretendendo matar A, atira e mata o próprio irmão. Não incidirá sobre o fato a agravante genérica do art. 61, II, *e*, do Código Penal. Na hipótese inversa, pretendendo o agente matar o próprio irmão e, por erro de representação, matando um terceiro, responderá criminalmente como se tivesse matado o próprio irmão, incidindo sobre o fato, nesse caso, a agravante genérica citada. Exemplo 2: a mãe, logo após o parto, sob a influência do estado puerperal, mata o filho de outrem supondo se tratar de seu próprio filho. Responde por crime de infanticídio (art. 123 do CP), como se tivesse matado o próprio filho.

3.2.5 Erro na execução — "aberratio ictus"

O erro na execução, também conhecido pela expressão latina *aberratio ictus* (que significa aberração no ataque), ou crime aberrante, ocorre no mecanismo da ação, ou seja, na fase de execução do delito, quando o agente, pretendendo atingir uma pessoa, por desvio no golpe, atinge outra não pretendida, ou ambas.

A *aberratio ictus* é uma modalidade de erro acidental, não excluindo a tipicidade do fato. Vem prevista no art. 73 do Código Penal.

Como o próprio nome indica, o erro na execução do crime pode derivar de vários fatores resultantes da inabilidade do agente em executar o delito ou de outro caso fortuito.

Exemplos: erro de pontaria no disparo de arma de fogo, movimento da vítima no momento do tiro, defeito apresentado pela arma de fogo no momento do disparo etc.

Existem *duas formas* de erro na execução:

a) *aberratio ictus* com unidade simples, ou com resultado único, quando outra pessoa que não a visada pelo agente vem a sofrer o resultado morte ou lesão corporal. Exemplo: o agente dispara contra A e erra o alvo, acertando B, que vem a morrer ou sofrer lesão corporal.

Segundo o disposto no art. 73 do Código Penal, existe *um só delito*, doloso, pois a tentativa contra a vítima virtual resta absorvida pelo crime consumado contra a vítima efetiva;

b) *aberratio ictus* com unidade complexa, ou resultado duplo, que ocorre quando o agente vem a atingir a vítima virtual e *também* a vítima efetiva.

Na realidade, nesses casos, existem dois crimes: um homicídio doloso (tentado ou consumado) em relação à vítima que pretendia atingir e um homicídio culposo ou lesão corporal culposa em relação ao terceiro.

Nessa hipótese, o Código Penal adota a *unidade de conduta criminosa*, aplicando a regra do concurso formal — art. 70.

Elencaremos, a seguir, as hipóteses que podem ocorrer à vista de um caso concreto. Assim, se o agente, pretendendo matar o indivíduo A, atinge também a pessoa de B, temos o seguinte quadro:

— o agente mata A e B: na realidade, há um crime de homicídio doloso em relação a A e um crime de homicídio culposo em relação a B. O agente, então, segundo a regra do concurso formal, responde por homicídio doloso (pena mais grave), aumentada a pena de um sexto até metade;

— o agente mata A e fere B: na realidade, há dois crimes, quais sejam, um homicídio doloso em relação a A e uma lesão corporal culposa em relação a B. O agente, entretanto, segundo a regra do concurso formal, responde por homicídio doloso, aumentada a pena de um sexto até metade;

— o agente fere A e B: há também dois crimes, ou seja, uma tentativa de homicídio em relação a A e uma lesão corporal culposa em relação a B. O agente, portanto, responde por tentativa de homicídio, aumentada a pena de um sexto até metade, por força do disposto no art. 70 do Código Penal;

— o agente mata B e fere A: na realidade, também há dois crimes, sendo uma tentativa de homicídio em relação a A e um homicídio culposo em relação a B. Entretanto, matou B (vítima efetiva) como se tivesse matado A (vítima virtual), respondendo, nesse caso, por homicídio doloso. Havendo duplicidade de resultado, a pena será a do homicídio doloso, aumentada de um sexto até metade pelo concurso formal.

A respeito, vale a pena colacionar o entendimento do Superior Tribunal de Justiça:

"RECURSO ESPECIAL. TRIBUNAL DO JÚRI. PRONÚNCIA. HOMICÍDIO DOLOSO. ERRO NA EXECUÇÃO. *ABERRATIO ICTUS* COM DUPLICIDADE DE RESULTADO. DOLO. EXTENSÃO À CONDUTA NÃO INTENCIONAL. INCIDÊNCIA DO ART. 73, ÚLTIMA PARTE, DO CP. APLICAÇÃO DO CONCURSO FORMAL. RECURSO ESPECIAL PROVIDO.

1. Ocorre *aberratio ictus* com resultado duplo, ou unidade complexa, de que dispõe o art. 73, segunda parte, do CP, quando, na execução do crime de homicídio doloso, além do resultado intencional, sobrevém outro não pretendido, decorrente de erro de pontaria, em que, além da vítima originalmente visada, outra é atingida por erro na execução.

2. Pronunciado como incurso nos arts. 121, § 2.º, I e IV, e do art. 121, § 2.º, e IV, c/c o art. 14, II, na forma do 73, do CP, o réu, em apelação, teve desclassificada a conduta, relativa ao resultado danoso não pretendido, para lesão corporal culposa.

3. Alvejada, além da pessoa que se visava atingir, vítima diversa, por imprecisão dos atos executórios, deve ser a ela estendido o elemento subjetivo (dolo), aplicando-se a regra do concurso formal.

4. "A norma prevista no art. 73 do Código Penal afasta a possibilidade de se reconhecer a ocorrência de crime culposo quando decorrente de erro na execução na prática de crime doloso" (HC 210.696/MS, Rel. Min. Joel Ilan Paciornik, Quinta Turma, julgado em 19-9-2017, *DJe* 27-9-2017).

5. "Por se tratar de hipótese de *aberratio ictus* com duplicidade de resultado, e não tendo a defesa momento algum buscando desvincular os resultados do erro na execução, a tese de desclassificação do delito para a forma culposa em relação somente ao resultado não pretendido, só teria sentido se proposta também para o resultado pretendido" (HC 105.305/RS, Rel. Min. Felix Fischer, Quinta Turma, julgado em 27-11-2008, *DJe* 9-2-2009).

6. "Recurso especial provido para restabelecer a sentença de pronúncia" (REsp 1.853.219/RS — Rel. Min. Nefi Cordeiro — Sexta Turma — *DJe* 5-6-2020).

3.2.5.1 Desígnios autônomos

A hipótese de concurso formal com desígnios autônomos, que será estudada oportunamente em capítulo próprio, prevista no art. 70, *caput*, segunda parte, do Código Penal, tem aplicação também nas hipóteses de *aberratio ictus*.

Se o agente, ao pretender atingir a vítima virtual, ofender a vítima efetiva, agindo com intenções autônomas, as penas devem ser somadas, ou seja, aplicadas cumulativamente.

Assim, nesses casos de desígnios autônomos, apresenta-se o seguinte quadro, tomando como exemplo as figuras de A e B:

a) se o agente mata A e B: responde por dois crimes de homicídio doloso, aplicando-se a pena cumulativamente;

b) se o agente mata A e fere B: responde por um crime de homicídio doloso consumado e por uma tentativa de homicídio, cumulativamente;

c) se o agente fere A e B: responde por duas tentativas de homicídio;

d) se o agente fere A e mata B: responde por um crime de homicídio doloso consumado e uma tentativa de homicídio, cumulativamente.

3.2.6 Resultado diverso do pretendido — "aberratio criminis (delicti)"

O resultado diverso do pretendido, conhecido como *aberratio criminis* ou *aberratio delicti*, espécie de crime aberrante, também ocorre no mecanismo de ação, na fase de execução do delito, quando o agente, pretendendo atingir um bem jurídico, atinge outro diverso.

A *aberratio criminis* também é uma modalidade de erro acidental e não exclui a tipicidade do fato. Vem prevista no art. 74 do Código Penal.

Enquanto na *aberratio ictus* o desvio recai sobre a pessoa vítima do crime, na *aberratio criminis* o desvio recai sobre o objeto jurídico do crime, ou seja, na primeira, embora errando no golpe, a ofensa continua a mesma, mudando apenas a gravidade da lesão; na segunda, existe um resultado de natureza diversa do pretendido, com a consequente mudança do título do crime.

A solução é a seguinte: se ocorrer o resultado diverso do que foi querido pelo agente, responderá este por culpa, se o fato for previsto como crime culposo. Se ocorrer também o resultado previsto pelo agente, aplica-se a regra do concurso formal. Nesse caso, o Código Penal admite que se puna o resultado diverso do pretendido a título de culpa.

Podem, então, ocorrer as seguintes hipóteses exemplificativas:

a) o agente quer atingir uma coisa e atinge uma pessoa: responderá pelo resultado homicídio ou lesão corporal a título de culpa, porque essa modalidade de elemento subjetivo é prevista para esses delitos;

b) o agente quer atingir uma pessoa e atinge uma coisa: não existe crime de dano culposo, devido ao princípio da excepcionalidade do delito culposo, daí por que o agente somente responde por tentativa de homicídio ou tentativa de lesão corporal, se cabível;

c) o agente quer atingir uma pessoa, vindo a atingir esta e também uma coisa: responde apenas pelo resultado produzido na pessoa, pois não existe dano culposo devido ao princípio da excepcionalidade do delito culposo;

d) o agente quer atingir uma coisa, vindo a atingir esta e também uma pessoa: responde pelos crimes de dano (doloso) e homicídio ou lesão corporal culposa em concurso formal (art. 70 do CP). Aplica-se a pena do crime mais grave com o acréscimo de um sexto até metade.

3.2.7 Erro determinado por terceiro

Segundo a regra expressa do art. 20, § 2.º, do Código Penal, "responde pelo crime o terceiro que determina o erro".

Essa determinação pode ser:

a) *Dolosa*, quando o terceiro induz o agente a incidir em erro. Exemplo clássico da doutrina é o do terceiro que entrega arma municiada ao agente, fazendo-o crer que se encontrava desmuniciada, induzindo-o a disparà-la em direção à vítima, matando-a. Nesse caso, o agente induzido não responde por crime algum, se o erro for escusável. Se o erro for inescusável, o agente induzido responderá por homicídio culposo. O terceiro provocador do erro responderá criminalmente por homicídio doloso.

b) *Culposa*, quando o terceiro age com culpa, induzindo o agente a incidir em erro por imprudência, negligência ou imperícia. Outro exemplo largamente difundido na doutrina é o do terceiro que, imprudentemente, sem verificar se a arma se encontrava municiada ou não, entrega-a ao agente fazendo-o crer que se encontrava desmuniciada, induzindo-o a dispará-la em direção à vítima, matando-a. Nesse caso, o agente não responde por crime algum, se o erro for escusável. Se o erro for inescusável, o agente induzido responderá por homicídio culposo. O terceiro provocador do erro responderá por homicídio culposo.

3.2.8 Descriminantes putativas

Prescreve o art. 20, § 1.º, do Código Penal:

Art. 20. (...)

§ 1.º É isento de pena quem, por erro plenamente justificado pelas circunstâncias, supõe situação de fato que, se existisse, tornaria a ação legítima. Não há isenção de pena quando o erro deriva de culpa e o fato é punível como crime culposo.

Esse dispositivo trata das chamadas *descriminantes putativas*, também conhecidas por *eximentes putativas* ou *causas putativas de exclusão da antijuridicidade*.

Descriminar significa absolver, inocentar, isentar, exculpar. *Putativo* é um adjetivo aplicável àquilo que aparenta ser verdadeiro, legal e certo, sem o ser. Assim, as descriminantes putativas são aquelas hipóteses que isentam o agente de pena, em razão da suposição, por erro plenamente justificado pelas circunstâncias, da existência de situação de fato que, se presente, tornaria legítima a ação.

Dessa forma, à vista do teor dos arts. 20, § 1.º, e 21 do Código Penal, três modalidades de erro poderão ser apontadas nas descriminantes putativas:

a) o agente supõe a existência de causa de exclusão da antijuridicidade que não existe — essa hipótese é de *erro de proibição* e será apreciada em capítulo próprio;

b) o agente incide em erro sobre os limites da causa de exclusão da antijuridicidade — essa hipótese também é de *erro de proibição* e será apreciada em capítulo próprio;

c) o agente incide em erro sobre situação de fato que, se existisse, tornaria legítima a ação (estado de necessidade putativo, legítima defesa putativa, estrito cumprimento de dever legal putativo e exercício regular de direito putativo). Essa hipótese é de erro de tipo, daí por que é denominada *erro de tipo permissivo* ou *discriminante putativa*.

Cada causa de exclusão da antijuridicidade mencionada no art. 23 do Código Penal apresenta suas características próprias, demandando requisitos específicos para sua ocorrência. Assim, se o agente incide em erro sobre a *situação de fato* que autoriza a legítima defesa, o estado de necessidade, o estrito cumprimento de dever legal e o exercício regular de direito, estará isento de pena, pois se trata de descriminante putativa.

4   ANTIJURIDICIDADE

A antijuridicidade é um dos requisitos do crime, conforme já mencionado, situando-se ao lado do fato típico.

4.1   Conceito

A antijuridicidade é a relação de contrariedade entre o fato e o ordenamento jurídico. Não basta, para a ocorrência de um crime, que o fato seja típico (previsto em lei). É necessário também que seja antijurídico, ou seja, contrário à lei penal, que viole bens jurídicos protegidos pelo ordenamento jurídico.

Há quem distinga antijuridicidade de ilicitude. Sustenta-se que o termo antijuridicidade não poderia ser aplicado ao delito que, como criação do Direito, é essencialmente jurídico. Desse modo, quem pratica o delito não contrariaria a lei (que estabelece tipo proibitivo), mas, antes, a ela se amoldaria, ao realizar exatamente a forma de conduta por ela estabelecida.

Não obstante, adotamos o termo antijuridicidade como sinônimo de ilicitude.

Pode-se distinguir, outrossim, antijuridicidade formal de antijuridicidade material. Antijuridicidade formal é a relação de contrariedade entre o fato e a norma. Antijuridicidade material é a danosidade social, representada pela lesão ou perigo de lesão a que é exposto o bem jurídico.

4.2   Causas de exclusão da antijuridicidade

Já foi mencionado, por ocasião da análise da *teoria do tipo*, que a *tipicidade penal* nada mais é que uma formatação legal das condutas que violam os bens jurídicos que a sociedade visa proteger. A norma penal estabelece um mandamento determinante da não violação do bem jurídico, mandamento este que, ao ser traduzido para a esfera penal, torna-se o chamado *tipo*.

O *tipo penal*, portanto, já traz ínsita em sua essência uma carga de antijuridicidade, na medida em que sua caracterização como padrão de conduta exigido faz com que a ilicitude da conduta já seja excluída, em grande número de casos, pelo juízo de atipicidade do fato.

Dessa forma, é forçoso concluir que um fato típico já carrega consigo uma aparente antijuridicidade, a qual somente será efetivamente constatada no momento da análise da ocorrência ou não das causas de exclusão da antijuridicidade.

As causas de exclusão da antijuridicidade são causas de justificação da prática do fato típico, que o tornam jurídico, ou seja, não vedado nem proibido pelo ordenamento jurídico.

É o caso do agente que, para salvaguardar sua vida, mata uma pessoa, agindo em legítima defesa. Em verdade, o agente praticou um fato típico (definido por lei como crime de homicídio — art. 121 do CP), o qual não será considerado crime por ter ele agido em legítima defesa, que é causa excludente da antijuridicidade, prevista expressamente no art. 23, II, do Código Penal.

As causas de exclusão da antijuridicidade estão previstas no art. 23 do Código Penal e são também encontradas na doutrina com os nomes de *causas de exclusão da ilicitude, descriminantes, causas de exclusão do crime, eximentes* ou *tipos permissivos*.

4.3   Estado de necessidade

O estado de necessidade vem previsto no art. 24, *caput*, do Código Penal:

Art. 24. Considera-se em estado de necessidade quem pratica o fato para salvar de perigo atual, que não provocou por sua vontade, nem podia de outro modo evitar, direito próprio ou alheio, cujo sacrifício, nas circunstâncias, não era razoável exigir-se.

4.3.1 Conceito

Estado de necessidade é uma situação de perigo atual de interesses legítimos e protegidos pelo Direito, em que o agente, para afastá-la e salvar um bem próprio ou de terceiro, não tem outro meio senão o de lesar o interesse de outrem, igualmente legítimo.

São exemplos de estado de necessidade: o agente que, em ocasião de incêndio ou desastre, invade domicílio alheio para salvar as pessoas que lá se encontram em perigo. Também o náufrago que, de posse de apenas um colete salva-vidas, deixa que outros companheiros se afoguem no mar. Ou ainda o agente que, no intuito de socorrer pessoa gravemente enferma, furta um automóvel para transportá-la ao hospital.

4.3.2 Natureza jurídica

Trata-se de *causa excludente da antijuridicidade*. Assim, embora o fato seja considerado típico, não há crime em face da ausência de ilicitude.

4.3.3 Requisitos

O estado de necessidade requer, para sua configuração, a concorrência dos seguintes requisitos:

a) *Existência de um perigo atual*: *perigo atual* é aquele que está acontecendo. Embora o Código Penal não mencione expressamente, parcela da doutrina e a jurisprudência vêm admitindo o estado de necessidade também quando ocorrer *perigo iminente*, que é aquele que está prestes a acontecer, aplicando-se, no caso, analogia *in bonam partem*. Essa posição, entretanto, não é pacífica.

b) *Ameaça a direito próprio ou alheio*: significa que o agente pode agir para evitar lesão a bem jurídico seu (estado de necessidade próprio) ou de terceiro (estado de necessidade de terceiro), não sendo necessário qualquer tipo de relação entre eles.

c) *Inexigibilidade de sacrifício do interesse ameaçado*: significa que a lei não exige do agente que sacrifique o seu bem jurídico para preservar o bem jurídico de terceiro. Ao contrário, admite que, para salvaguardar seu direito, o agente sacrifique o interesse também legítimo do terceiro. Deve também ser ponderada a proporcionalidade entre o interesse ameaçado e o interesse sacrificado.

d) *Situação não causada voluntariamente pelo sujeito*: significa que o agente não pode invocar o estado de necessidade, quando tenha causado a situação de perigo voluntariamente. A expressão *voluntariamente* utilizada pela lei indica dolo, sendo certo que, no caso de ter agido com culpa, o agente não poderá invocar o estado de necessidade.

e) *Inexistência de dever legal de enfrentar o perigo*: significa que o agente não pode invocar o estado de necessidade para a proteção de seu bem jurídico, quando tenha o dever legal de enfrentar a situação de perigo, como é o caso do bombeiro que se recusa a enfrentar o fogo para salvar vítimas de um incêndio, ou do policial que se recusa a perseguir malfeitores sob o pretexto de que pode ser alvejado por arma de fogo (art. 24, § 1.°, do CP).

f) *Conhecimento da situação de fato justificante*: significa que o estado de necessidade requer do agente o conhecimento de que está agindo para salvaguardar um interesse próprio ou de terceiro.

4.3.4 Causa de diminuição da pena

Diz o art. 24, § 2.º, do Código Penal:

Art. 24. (...)

§ 2.º Embora seja razoável exigir-se o sacrifício do direito ameaçado, a pena poderá ser reduzida de um a dois terços.

Assim, embora se reconheça que o sujeito estava obrigado a sacrificar seu bem jurídico ameaçado, oportunidade em que, a rigor, não haveria estado de necessidade, respondendo ele pelo crime que praticou, a pena poderá, a critério do juiz e à vista das peculiaridades do caso concreto, ser reduzida de um a dois terços.

4.3.5 Formas de estado de necessidade

O estado de necessidade pode ser classificado de acordo com os seguintes critérios:

a) *quanto à titularidade do interesse protegido*: dividindo-se em *estado de necessidade próprio* (quando o agente salva direito próprio) ou *estado de necessidade de terceiro* (quando o agente salva direito de outrem);

b) *quanto ao aspecto subjetivo do agente*: dividindo-se em *estado de necessidade real* (em que a situação de perigo efetivamente está ocorrendo) e *estado de necessidade putativo* (em que o agente incide em erro — descriminante putativa);

c) *quanto ao terceiro que sofre a ofensa*: dividindo-se em *estado de necessidade agressivo* (caso em que a conduta do agente atinge direito de terceiro inocente) e *estado de necessidade defensivo* (caso em que o agente atinge direito de terceiro que causou ou contribuiu para a situação de perigo). Essa diferenciação reflete-se no âmbito civil indenizatório, admitindo-se, nos arts. 188, II, e 929 do Código Civil, a reparação do dano apenas no estado de necessidade agressivo.

4.3.6 Estado de necessidade justificante e estado de necessidade exculpante

Existem duas teorias a respeito do estado de necessidade:

a) Teoria unitária: segundo a qual não importa o valor do bem jurídico protegido em relação ao bem jurídico que está sofrendo a ofensa. O bem jurídico protegido pelo estado de necessidade pode até mesmo ser de menor valor que o bem jurídico ofendido pela conduta do agente. Ex.: para salvar sua integridade corporal, o agente acaba suprimindo a vida de outrem. Segundo essa teoria, portanto, não se faz qualquer *ponderação de bens*, ou seja, não se analisa a natureza dos bens jurídicos em conflito. Essa é a teoria adotada pelo nosso Código Penal, que, no art. 24, não estabelece qualquer diferenciação entre o estado de necessidade justificante e o estado de necessidade exculpante. O estado de necessidade é sempre causa excludente de ilicitude.

b) Teoria diferenciadora: segundo a qual é necessário considerar o valor dos bens jurídicos envolvidos na situação de perigo, traçando-se a ponderação de bens. Para essa teoria, de origem alemã, há diferença entre estado de necessidade justificante (excludente de ilicitude) e estado de necessidade exculpante (excludente de culpabilidade). O Brasil não adotou essa teoria, como ressaltado linhas acima, embora possa ela, em princípio, ser mais razoável, na medida em que soa no mínimo estranha a situação do agente que, para a salvaguarda de seu patrimônio, exposto a situação de perigo atual, provoca a morte de terceiro, alegando estado de necessidade. Portanto, em suma, segundo a teoria diferenciadora, há a seguinte divisão:

• Estado de necessidade justificante: que ocorre quando o bem jurídico sacrificado for de menor valor que o bem jurídico salvo da situação de perigo. Ex.: para salvar sua vida, o agente sacrifica o patrimônio alheio. Nesse caso ocorre causa excludente de ilicitude.

• Estado de necessidade exculpante: que ocorre quando o bem jurídico sacrificado for de valor igual ou superior ao do bem jurídico salvo da situação de perigo. Ex.: para salvar seu patrimônio, o agente sacrifica a vida de outrem, provocando-lhe a morte. Nesse caso ocorre uma causa excludente de culpabilidade (inexigibilidade de conduta diversa).

Urge reafirmar que o nosso Código Penal não exige, para o reconhecimento do estado de necessidade, que haja a ponderação de bens jurídicos, não estabelecendo regras em relação à natureza dos bens jurídicos em conflito ou em relação aos seus titulares. O Brasil adotou a Teoria Unitária. Nada impede, entretanto, que haja um juízo de ponderação fundado no critério de *razoabilidade do sacrifício do interesse ameaçado*, conforme previsto no *caput* e no § 2.º do art. 24 do Código Penal.

4.4   Legítima defesa

A legítima defesa vem prevista no art. 25 do Código Penal, que diz:

Art. 25. Entende-se em legítima defesa quem, usando moderadamente dos meios necessários, repele injusta agressão, atual ou iminente, a direito seu ou de outrem.

4.4.1   Conceito

Legítima defesa é a repulsa a injusta agressão, atual ou iminente, a direito próprio ou de outrem, usando moderadamente os meios necessários.

4.4.2   Natureza jurídica

Trata-se de causa excludente da antijuridicidade. Assim, embora seja típico o fato, não há crime em face da ausência de ilicitude.

4.4.3   Requisitos

A legítima defesa requer, para sua configuração, a ocorrência dos seguintes elementos:

a) *Agressão injusta, atual ou iminente*: a agressão pode ser definida como o ato humano que causa lesão ou coloca em perigo um bem jurídico. A *agressão* é *injusta* quando viola a lei, sem justificação (*sine jure*). Agressão atual é aquela que está ocorrendo. Agressão iminente é aquela que está prestes a ocorrer.

b) Direito próprio ou *de terceiro*: significa que o agente pode repelir injusta agressão a direito seu (legítima defesa própria) ou de outrem (legítima defesa de terceiro), não sendo necessária qualquer relação entre eles.

c) Utilização dos meios necessários: significa que o agente somente se encontra em legítima defesa quando utiliza os meios necessários a repelir a agressão, os quais devem ser entendidos como aqueles que se encontrem à sua disposição. Deve o agente sempre optar, se possível, pela escolha do meio menos lesivo.

d) Utilização moderada de tais meios: significa que o agente deve agir sem excesso, ou seja, deve utilizar os meios necessários moderadamente, interrompendo a reação quando cessar a agressão injusta.

e) Conhecimento da situação de fato justificante: significa que a legítima defesa requer do agente o conhecimento da situação de agressão injusta e da necessidade de repulsa (*animus defendendi*).

4.4.4 Formas de legítima defesa

A legítima defesa pode ser classificada de acordo com os seguintes critérios:

a) *quanto à titularidade do interesse protegido*: dividindo-se em *legítima defesa própria* (quando a agressão injusta se voltar contra direito do agente) e *legítima defesa de terceiro* (quando a agressão injusta ocorrer contra direito de terceiro);

b) *quanto ao aspecto subjetivo do agente*: dividindo-se em *legítima defesa real* (quando a agressão injusta efetivamente estiver presente) ou *legítima defesa putativa* (que ocorre por erro — descriminante putativa);

c) *quanto à reação do sujeito agredido*: dividindo-se em *legítima defesa defensiva* (quando o agente se limitar a defender-se da injusta agressão, não constituindo, sua reação, fato típico) e *legítima defesa ofensiva* (quando o agente, além de defender-se da injusta agressão, também atacar o bem jurídico de terceiro, constituindo sua reação fato típico).

4.4.5 Legítima defesa subjetiva

É aquela em que ocorre o excesso por erro de tipo escusável. O agente, inicialmente em legítima defesa, já tendo repelido a injusta agressão, supõe, por erro, que a ofensa ainda não cessou, excedendo-se nos meios necessários. Exemplo largamente difundido na doutrina é o do agente que, em face de injusta agressão, desfere golpe de faca no agressor, que vem a cair. Pretendendo fugir, o agressor tenta levantar-se; pensando o agente que aquele opressor intenta perpetrar-lhe nova agressão, desfere-lhe novas facadas, matando-o. Neste caso, com a queda do agressor em virtude da primeira facada, já havia cessado a agressão injusta. O agente, entretanto, por erro de tipo escusável, supõe que o agressor pretende levantar-se para novamente atacá-lo, razão pela qual, agindo com excesso, mata-o com novas facadas.

O *erro de tipo escusável* exclui o dolo e a culpa, conforme já foi mencionado em capítulo próprio.

4.4.6 Legítima defesa sucessiva

Ocorre a legítima defesa sucessiva na repulsa contra o excesso. A ação de defesa inicial é legítima até que cesse a agressão injusta, configurando-se o excesso a partir daí. No excesso, o agente atua ilegalmente, ensejando ao agressor inicial, agora vítima da exacerbação, repeli-lo em legítima defesa. É o caso, por exemplo, do agente que, para defender-se de injusta agressão, desfere um soco no agressor, que foge. O agente, mesmo cessada a agressão, persegue o agressor com o intento de matá-lo. O agressor, agora vítima do excesso, pode defender-se legitimamente do agente.

4.4.7 Legítima defesa recíproca

É aquela que ocorre quando não há injusta agressão a ser repelida, uma vez que a conduta inicial do agente é ilícita. É a hipótese de *legítima defesa contra legítima defesa*, que não é admitida no nosso ordenamento jurídico.

Se o agente atua em legítima defesa, é porque há injustiça na agressão. O injusto agressor não pode, em seu favor, alegar legítima defesa se repelir o ataque lícito do agente. Exemplo comum é o do agente que, pretendendo matar injustamente seu oponente, e à vista da lícita reação deste, desfere-lhe tiros sob o pretexto de salvaguardar sua vida.

4.4.8 Legítima defesa funcional

A legítima defesa funcional é modalidade de legítima defesa prevista no parágrafo único do art. 25 do Código Penal, tendo sido introduzida pela Lei n. 13.964/2019 (Lei Anticrime).

Assim, atua em legítima defesa funcional o agente de segurança pública que repele agressão ou risco de agressão a vítima mantida refém durante a prática de crimes.

Também nessa modalidade de legítima defesa são necessários os requisitos já explicados acima.

Para os efeitos do dispositivo legal, considera-se agente de segurança pública aquele que se enquadra nas disposições do art. 144 da Constituição Federal (policiais federais, policiais civis, policiais ferroviários federais, policiais militares, policiais penais federais, estaduais e distritais, e guardas municipais), além de integrantes da Força Nacional de Segurança Pública, todos no exercício da função ou em decorrência dela.

A rigor, o dispositivo constante do mencionado parágrafo único se afigura desnecessário, uma vez que o agente de segurança pública que repele agressão ou risco de agressão a vítima mantida refém durante a prática de crimes já está acobertado pela legítima defesa de terceiro. A Lei n. 13.964/2019 (Lei Anticrime), entretanto, quis deixar clara a incidência da excludente de ilicitude nas situações mencionadas, espancando, de vez, alguns entendimentos doutrinários e jurisprudenciais equivocados, que sustentavam a impossibilidade de uso de força letal pelos agentes de segurança pública em caso de ocorrências criminais com reféns.

4.4.9 Provocação e legítima defesa

A provocação não deve ser confundida com agressão. Pode ela consistir ou não em uma agressão.

Consistindo em uma *agressão injusta*, autorizará a legítima defesa. Caso contrário, não haverá legítima defesa, e o agente que eventualmente ceder à provocação responderá criminalmente pelo fato que praticar.

Deve ser lembrado que a legítima defesa *provocada* não constitui causa excludente da antijuridicidade. O agente, voluntariamente e com intento de agredir bem jurídico de terceiro, coloca-se em situação na qual, aparentemente, atuará em legítima defesa. É o caso do amante que, ciente do horário em que o marido traído costuma chegar em casa, coloca-se na cama com a mulher deste, aguardando uma reação para matá-lo sob o pretexto de legítima defesa. Nesse caso não haverá exculpante, mas, antes, homicídio doloso.

4.4.10 "Commodus discessus"

A lei não pode impor a covardia como obrigação jurídica ou moral. Daí por que não se pode exigir daquele que sofre a injusta agressão o *commodus discessus*, ou seja, a saída mais cômoda, a fuga do local, retirando-se ileso do palco dos acontecimentos, evitando empregar a repulsa legítima.

Assim, mesmo que o sujeito, na iminência de ser injustamente agredido, tenha condições de se retirar ileso do local, mas opte por ficar a repelir a injusta agressão, estará acobertado pela legítima defesa.

4.4.11 Ofendículas

São chamadas *ofendículas* ou *ofendículos* as barreiras ou obstáculos para a defesa de bens jurídicos. Geralmente constituem aparatos destinados a impedir a agressão a algum bem jurídico, seja pela utilização de animais (cães ferozes, por exemplo), seja pela utilização de aparelhos ou artefatos feitos pelo homem (arame farpado, cacos de vidro sobre o muro e cerca eletrificada, por exemplo).

Parcela da doutrina distingue ofendícula de defesa mecânica predisposta. As ofendículas são percebidas com facilidade pelas pessoas e não necessitam de aviso quanto à sua existência. Exs.: cacos de vidro sobre o muro, pontas de lança em uma grade, fosso etc. Já as defesas mecânicas predispostas estão ocultas, ignoradas pelo suposto agressor, sendo necessário o aviso quanto à sua existência. Exs.: cerca eletrificada, armadilhas em geral, arma oculta, cão feroz etc.

A Lei n. 13.477/2017 dispõe sobre a instalação de cerca eletrificada ou energizada, em zonas urbana e rural, estabelecendo os cuidados e procedimentos a serem observados.

Não obstante, preferimos tratar ambas as hipóteses como ofendículas.

Constituem as ofendículas hipóteses de *legítima defesa preordenada*, que atuam quando o infrator procura lesionar algum interesse ou bem jurídico protegido.

Há quem sustente, entretanto, constituírem as ofendículas exercício regular de direito.

A nosso ver, a melhor solução é considerar a mera instalação, utilização ou predisposição das ofendículas como exercício regular de direito (direito de autodefender-se); quando efetivamente atuarem essas barreiras ou obstáculos, vulnerando o bem jurídico do injusto agressor, serão consideradas legítima defesa preordenada.

Discute-se na doutrina e na jurisprudência se as ofendículas constituem sempre hipótese de exercício regular de direito ou legítima defesa ou se podem constituir crime em determinadas ocasiões, como no caso de um inocente ser por elas atingido.

Devendo elas respeitar os mesmos requisitos do art. 25 do Código Penal, cremos que o mais acertado é analisar cada hipótese concreta, correndo por conta de quem as utiliza os riscos que apresentam. Caso as ofendículas atinjam o agressor do bem jurídico, estará caracterizada a legítima defesa. Caso atinjam um inocente, estará caracterizada a legítima defesa putativa.

4.4.12 Questões interessantes sobre legítima defesa

Algumas hipóteses, que se apresentam em casos concretos, merecem análise mais detalhada, à luz das causas excludentes da antijuridicidade.

a) *Admite-se legítima defesa* contra agressão de inimputáveis (bêbados habituais, menores, incapazes mentais etc.), pois basta que a ofensa seja injusta.

b) *Não se admite legítima defesa* contra ataque de animais, pois que essa exculpante exige atuação humana. A repulsa a ataque de animais constituirá estado de necessidade.

c) *Admite-se legítima defesa* de todos os direitos da pessoa humana, reconhecidos pela ordem jurídica (vida, liberdade, patrimônio, integridade física etc.).

d) *Admite-se legítima defesa* contra agressão injusta por omissão quando o agressor tinha o dever de atuar (exemplo do carcereiro que, à vista do alvará de soltura, deixa de libertar o preso).

e) *Admite-se legítima defesa* contra agressão injusta praticada por agente não culpável. Na ausência de culpabilidade (coação moral irresistível, obediência hierárquica, embriaguez completa proveniente de caso fortuito ou força maior), persiste a ilicitude da conduta, ensejando a repulsa legítima.

f) *Não se admite legítima defesa contra legítima defesa*. A primeira legítima defesa já se volta contra injusta agressão, sendo, portanto, justa a repulsa, não admitindo nova legítima defesa.

g) *Admite-se legítima defesa putativa contra legítima defesa putativa*. Os agentes, no caso, incidem em erro, tendo uma falsa percepção da realidade, fazendo com que ambos suponham a existência de injusta agressão.

h) *Admite-se legítima defesa real contra legítima defesa putativa*. Na legítima defesa putativa, que exclui a culpabilidade do agente ou a tipicidade do fato, a conduta permanece ilícita, ensejando repulsa legítima.

i) *Admite-se legítima defesa real contra legítima defesa subjetiva*. Já foi dito que na legítima defesa subjetiva há excesso por erro de tipo. Esse excesso admite repulsa legítima.

j) *Admite-se legítima defesa putativa contra legítima defesa real*.

k) *Não se admite legítima defesa contra estado de necessidade*. No estado de necessidade, a conduta está amparada e permitida por lei, não sendo injusta. Daí por que não admite *repulsa legítima*. Pode haver, isso sim, estado de necessidade contra estado de necessidade.

l) *Admite-se legítima defesa contra as outras descriminantes putativas* (estado de necessidade putativo, estrito cumprimento de dever legal putativo e exercício regular de direito putativo).

4.4.13 Legítima defesa da honra e a ADPF 779

A legítima defesa da honra é um conceito que historicamente foi usado para justificar certas ações, principalmente relacionadas a crimes passionais em que tenha havido adultério ou traição, a feminicídios, quando se alega ter sido o crime cometido para o resguardo da própria honra.

Entretanto, o tema da legítima defesa da honra sempre foi motivo de muita celeuma no Direito Penal, com acalorados debates doutrinários e jurisprudenciais, não obstante sua admissibilidade em diversos julgamentos de destaque no âmbito do Tribunal do Júri.

No entanto, é importante ressaltar que esse tema não tem respaldo autônomo no ordenamento jurídico brasileiro, inserindo-se no espectro de abrangência da excludente de ilicitude da legítima defesa, prevista no art. 25 do Código Penal.

A temática ganhou ainda mais vulto com o julgamento da Arguição de Descumprimento de Preceito Fundamental — ADPF 779 pelo Supremo Tribunal Federal, em que ficou estabelecida a inconstitucionalidade da referida tese, excluindo-se a legítima defesa da honra do âmbito do instituto da legítima defesa e proibindo a sua utilização nas fases pré-processual e processual, inclusive durante o julgamento perante o Tribunal do Júri.

Eis a ementa do julgado: "Arguição de descumprimento de preceito fundamental. Interpretação conforme à Constituição. Artigo 23, inciso II, e art. 25, *caput* e parágrafo único, do Código Penal e art. 65 do Código de Processo Penal. 'Legítima defesa da honra'. Não incidência de causa excludente de ilicitude. Recurso argumentativo dissonante da dignidade da pessoa humana (art. I.°, inciso III, da CF), da proteção à vida e da igualdade de gênero (art. 5.°, *caput*, da CF). Procedência parcial da arguição. I. A 'legítima defesa da honra' é recurso argumentativo/retórico odioso, desumano e cruel utilizado pelas defesas de acusados de feminicídio ou agressões contra a mulher para imputar às vítimas a causa de suas próprias mortes ou lesões. Constitui-se em ranço, na retórica de alguns operadores do direito, de institucionalização da desigualdade entre homens e mulheres e de tolerância e naturalização da violência doméstica, as quais não têm guarida na Constituição de 1988. 2. Referido recurso viola a dignidade da pessoa humana e os direitos à vida e à igualdade entre homens e mulheres (art. I.°, inciso III, e art. 5.°, *caput* e inciso I, da CF/88), pilares da ordem constitucional brasileira. A ofensa a esses direitos concretiza-se, sobretudo, no estímulo à perpetuação do feminicídio e da violência contra a mulher. O acolhimento da tese teria o potencial de estimular práticas violentas contra as mulheres ao exonerar seus perpetradores da devida sanção. 3. A 'legítima defesa da honra' não pode ser invocada como argumento inerente à plenitude de defesa própria do tribunal do júri, a qual não pode constituir instrumento de salvaguarda de práticas ilícitas. Devem prevalecer a dignidade da pessoa humana, a vedação de todas as formas de discriminação, o direito à igualdade e o direito à vida, tendo em vista os riscos elevados e sistêmicos decorrentes da naturalização, da tolerância e do incentivo à cultura da violência doméstica e do feminicídio. 4. Na hipótese de a defesa lançar mão, direta ou indiretamente, da tese da 'legítima defesa da honra' (ou de qualquer argumento que a ela induza), seja na fase pré-processual, na fase processual ou no julgamento perante o tribunal do júri, caracterizada estará a nulidade da prova, do ato processual ou, caso não obstada pelo presidente do júri, dos debates por ocasião da sessão do júri, facultando-se ao titular da acusação apelar na forma do art. 593, inciso III, alínea *a*, do Código de Processo Penal. 5. É inaceitável, diante do sublime direito à vida e à dignidade da pessoa humana, que o acusado de feminicídio seja absolvido, na forma do art. 483, inciso III, § 2.º, do Código de Processo Penal, com base na esdrúxula tese da 'legítima defesa da honra'. Há de se exigir um controle mínimo do pronunciamento do tribunal do júri quando a decisão de absolvição se der por quesito genérico, de forma a avaliar, à luz dos atos processuais praticados em juízo, se a conclusão dos jurados se deu a partir de argumentação discriminatória, indigna, esdrúxula e inconstitucional referente ao uso da tese da legítima defesa da honra. 6. Arguição de descumprimento de preceito fundamental julgada parcialmente procedente para (i) firmar o entendimento de que a tese da legítima defesa da honra é inconstitucional, por contrariar os princípios constitucionais da dignidade da pessoa humana (art. 1º, inciso III, da CF), da proteção da vida e da igualdade de gênero (art. 5.º, *caput*, da CF); (ii) conferir interpretação conforme à Constituição ao art. 23, inciso II, ao art. 25, *caput* e parágrafo único, do Código Penal e ao art. 65 do Código de Processo Penal, de modo a excluir a legítima defesa da honra do âmbito do instituto da legítima defesa; (iii) obstar à defesa, à acusação, à autoridade policial e ao juízo que utilizem, direta ou indiretamente, a tese de legítima defesa da honra (ou qualquer argumento que induza à tese) nas fases pré-processual ou processual penais, bem como durante o julgamento perante o tribunal do júri, sob pena de nulidade do ato e do julgamento; e (iv) diante da impossibilidade de o acusado beneficiar-se da própria torpeza, fica vedado o reconhecimento da nulidade referida no item anterior na hipótese de a defesa ter-se utilizado da tese da legítima defesa da honra com essa finalidade. 7. Procedência do pedido sucessivo apresentado pelo requerente, conferindo-se interpretação conforme à Constituição ao art. 483, inciso III, § 2.º, do Código de Processo Penal, para entender que não fere a soberania dos vereditos do tribunal do júri o provimento de apelação que anule a absolvição fundada em quesito genérico, quando, de algum modo, possa implicar a repristinação da odiosa tese da legítima defesa da honra" (STF —Tribunal Pleno — Rel. Min. Dias Toffoli — *DJe* 6-10-2023).

4.5   Estrito cumprimento do dever legal

Ocorre o estrito cumprimento do dever legal quando a lei, em determinados casos, impõe ao agente um comportamento. Nessas hipóteses, amparadas pelo art. 23, III, do Código Penal, embora típica a conduta, não é ilícita.

Exemplos de estrito cumprimento de dever legal, largamente difundidos na doutrina, são o do policial que viola domicílio onde está sendo praticado um delito, ou emprega força indispensável no caso de resistência ou tentativa de fuga do preso (art. 284 do CPP), o do soldado que mata o inimigo no campo de batalha, o do oficial de justiça que viola domicílio para cumprir ordem de despejo, dentre outros.

Somente ocorre a excludente quando existe um dever imposto pelo Direito, seja em regulamento, decreto ou qualquer ato emanado do Poder Público, desde que tenha caráter geral, seja em lei, penal ou extrapenal.

É de destacar que estão excluídas da proteção legal as obrigações morais, sociais, religiosas etc.

4.6 Exercício regular de direito

Essa excludente da antijuridicidade vem amparada pelo art. 23, III, do Código Penal, que emprega a expressão *direito* em sentido amplo. A conduta, nesses casos, embora típica, não será antijurídica, ilícita.

Exemplos de exercício regular de direito largamente difundidos na doutrina são o desforço imediato no esbulho possessório (art. 1.210, § 1.º, do CC), o direito de retenção por benfeitorias, as intervenções médico-cirúrgicas, a correção dos filhos pelos pais etc.

O agente deve obedecer estritamente, rigorosamente, aos limites do direito exercido, sob pena de abuso.

4.7 O consentimento do ofendido

A orientação dominante é a de que o consentimento do ofendido na prática do delito somente é possível tratando-se de direitos disponíveis, de interesse exclusivamente privado. Nesses casos, não obstante a prática de um fato típico, estará afastada a ilicitude pelo consentimento do ofendido na lesão ou ameaça a seu bem jurídico disponível (patrimônio, honra etc.).

Não é possível, entretanto, que o consentimento do ofendido seja causa de exclusão da antijuridicidade, em se tratando de direitos indisponíveis, uma vez que há interesse coletivo na sua preservação, como é o caso do direito à vida, do direito à integridade corporal etc.

4.8 Risco permitido

René Ariel Dotti (op. cit., p. 405) ensina que "o fenômeno social e jurídico do *risco permitido* ou *risco tolerado* constitui uma das manifestações rotineiras dos tempos modernos em determinados setores da vida humana. Existem *atividades de risco* praticadas por certos profissionais (policiais, bombeiros, trapezistas, pilotos de corrida) e *situações de risco* envolvendo a generalidade das pessoas, quando, p. ex., para salvar a vida de um paciente, o médico realiza uma cirurgia de emergência e sem os preparativos usuais".

Portanto, a linha divisória entre o fato culposo punível e o fato impunível causado pelo risco juridicamente permitido estará no grau de imprescindibilidade da modalidade de comportamento humano não sujeito a reprovação jurídica.

4.9 Violência desportiva

Segundo a lição de Fernando Capez (op. cit., p. 261), a violência desportiva "caracteriza exercício regular de direito, desde que preenchidos os seguintes requisitos: a) a agressão se dê dentro dos limites do esporte ou de seus desdobramentos previsíveis; b) haja o consentimento prévio do ofendido, que deve estar ciente dos riscos inerentes ao esporte; c) regulamentação do esporte em lei; d) que a atividade não seja contrária aos bons costumes, conquanto isso seja um conceito ainda um pouco vago, mas passível de delimitação. Preenchidos esses pressupostos, somente haverá crime quando ocorrer excesso do agente, ou seja, quando intencionalmente desobedecer às regras esportivas, causando resultados lesivos".

4.10 Excesso punível

Dispõe o art. 23, parágrafo único, do Código Penal:

Art. 23. (...)

Parágrafo único. O agente, em qualquer das hipóteses deste artigo, responderá pelo excesso doloso ou culposo.

Em cada uma das hipóteses de causas *excludentes da ilicitude* estudadas verifica-se a existência de requisitos, traçados pela própria lei, que devem ser obedecidos pelo agente.

As excludentes da ilicitude são exceção à antijuridicidade contida na descrição típica dos crimes, daí por que devem ter sua ocorrência verificada caso a caso pelo Direito Penal, a fim de que não ocorra o excesso.

O *excesso* ocorre quando o agente extrapola os limites traçados pela lei para as causas excludentes da antijuridicidade. Ocorre, por exemplo, no caso em que o agente, depois de repelida a injusta agressão por legítima defesa, continua a ofender o bem jurídico do terceiro; ou no caso do estado de necessidade, em que o agente continua atuando, ainda depois de afastado o perigo atual, causando lesão desnecessária a bem jurídico de terceiro.

O excesso pode ser:

a) *doloso*: quando o agente, já tendo atuado em conformidade com o direito na conduta inicial da excludente, avança voluntariamente os limites impostos por lei e produz dolosamente resultado antijurídico;

b) *culposo*: quando o agente, já tendo atuado em conformidade com o direito na conduta inicial da excludente, avança os limites impostos por lei, por imperícia, imprudência ou negligência, produzindo culposamente resultado antijurídico.

O excesso, ainda, pode ser:

a) *intensivo*: que se relaciona com os meios utilizados para repelir a agressão ou ao grau de sua utilização;

b) *extensivo*: que se configura quando a conduta para repelir a agressão se prolonga no tempo em período superior ao da própria agressão.

5 CULPABILIDADE

Ao empregar a expressão *é isento de pena*, o Código Penal admite a existência de um crime não punível, pois a culpabilidade liga o agente à punibilidade.

Com relação ao conceito analítico, conforme visto anteriormente, o crime pode ser definido como fato típico, antijurídico e culpável, ou simplesmente fato típico ou antijurídico, na visão de alguns doutrinadores (Teoria Finalista Bipartida). Já houve quem sustentasse, como Mezger, que o crime seria fato típico, antijurídico, culpável e punível, posição hoje inaceitável, já que a punibilidade é a consequência do crime e não seu elemento.

Para a Teoria Finalista Bipartida, a culpabilidade não é requisito do crime, mas, antes, funciona como condição da resposta penal.

Culpabilidade não se confunde com culpa. *Culpa* é elemento subjetivo do crime, encontrando-se situada no fato típico, juntamente com o dolo.

Sobre a evolução do conceito de culpabilidade, ensina André Estefam (op. cit., p. 127) que, "no sistema clássico, a culpabilidade era vista como mero vínculo psicológico entre autor e fato, por meio do dolo e da culpa, que eram suas espécies (teoria psicológica da culpabilidade). No sistema neoclássico, agregou-se a ela a noção de reprovabilidade, resultando no entendimento de que a culpabilidade somente ocorreria se o agente fosse imputável, agisse dolosa ou culposamente e se pudesse dele exigir comportamento diferente (teoria psicológico-normativa ou normativa da culpabilidade). Já se tratava de um grande avanço, mas o aperfeiçoamento definitivo só veio com o sistema finalista, pelo qual ela se compunha de imputabilidade, possibilidade de compreensão da ilicitude da conduta e de exigir do agente comportamento distinto (teoria normativa pura da culpabilidade)".

De fato, a *teoria psicológica* possui fundamento no naturalismo-causalista, baseando-se no positivismo do século XIX, inserida na teoria clássica do delito. Para essa teoria, o dolo e a culpa são as duas únicas espécies de culpabilidade; a imputabilidade seria pressuposto da culpabilidade. A culpabilidade funcionaria como ligação psíquica entre o agente e o fato criminoso. Entretanto, a teoria psicológica não consegue explicar a culpa inconsciente, em que não há relação psíquica entre o agente e o fato. Outra crítica muito comum encontrada na doutrina refere-se ao fato de não ser possível um conceito normativo (culpa) e um conceito psíquico (dolo) serem espécies de um mesmo denominador. Inclusive, assevera-se que a teoria psicológica não consegue definir as causas de exclusão da culpabilidade, em que há dolo e nexo psicológico (emoção, embriaguez etc.).

Já a *teoria psicológico-normativa*, fundada na escola neoclássica e baseada no neokantismo, caracteriza-se por agregar ao conceito de culpabilidade um juízo de reprovação. Dolo e culpa passam a ser elementos da culpabilidade, ao lado da imputabilidade. A exigibilidade de conduta diversa também passa a ser elemento da culpabilidade. O dolo passa a ser um dolo híbrido (psicológico e normativo), em que o *dolus malus* seria igual à vontade (previsão) somada à consciência da ilicitude. A crítica mais comum a essa teoria é a de que, adotando-se o dolo híbrido, se um indivíduo agir com dolo natural (vontade) mas não possuir a consciência da ilicitude, não seria culpável.

Por seu turno, a *teoria normativa pura*, **também chamada de teoria extremada da culpabilidade**, baseada na escola finalista de Hans Welzel, suprimiu todos os elementos subjetivos da culpabilidade. O dolo e a culpa passaram a integrar a tipicidade. Assim, os elementos da culpabilidade passaram a ser:

a) imputabilidade;

b) potencial consciência (conhecimento) da ilicitude;

c) exigibilidade de conduta diversa (conforme o direito).

5.1 Conceito

Culpabilidade é juízo de reprovação social. Para a Teoria Finalista Bipartida, funciona como pressuposto de aplicação da pena. Para a Teoria Finalista Tripartida constitui elemento do crime. Na culpabilidade, existe reprovação pessoal contra o autor devido à realização de um fato contrário ao Direito, embora, nas circunstâncias, tivesse podido atuar de maneira diferente de como o fez.

5.2 Elementos da culpabilidade

A culpabilidade é composta dos seguintes elementos:

a) imputabilidade;

b) potencial consciência da ilicitude;

c) exigibilidade de conduta conforme o Direito.

5.3 Imputabilidade

Chama-se *imputabilidade* a capacidade do agente de entender o caráter ilícito do fato ou de determinar-se de acordo com esse entendimento. Consequentemente, denomina-se *inimputabilidade* a incapacidade do agente de entender o caráter ilícito do fato ou de determinar-se de acordo com esse entendimento, seja em virtude de doença mental ou desenvolvimento mental incompleto (menoridade penal) ou retardado, seja em virtude de embriaguez completa proveniente de caso fortuito ou força maior.

O nosso Código Penal adotou, para aferir a imputabilidade, o *critério biopsicológico*, segundo o qual, num primeiro momento, verifica-se se o agente, na época do fato, era portador de doença mental ou desenvolvimento mental incompleto ou retardado; num segundo momento, verifica-se se era ele capaz de entender o caráter ilícito do fato; e, num terceiro momento, verifica-se se ele tinha capacidade de determinar-se de acordo com esse entendimento.

5.3.1 "Actio libera in causa"

A imputabilidade, como juízo de reprovação social e como pressuposto de aplicação da pena, deve existir ao tempo da prática do fato.

Ocorre a *actio libera in causa* (ou ação livre em sua causa) quando o agente se coloca, propositadamente, em situação de inconsciência para a prática de conduta punível. São casos de conduta livremente desejada, mas cometida no instante em que o sujeito se encontra em estado de inconsciência.

Exemplo largamente difundido na doutrina é o do agente que, para praticar um delito, ingere voluntariamente substância alcoólica, encontrando-se em estado de inimputabilidade (embriaguez) por ocasião da conduta típica.

Nesse caso, o agente responde normalmente pelo delito que praticou, pois se colocou voluntariamente em situação de inconsciência, desejando o resultado ou assumindo o risco de produzi-lo.

5.3.2 Causas excludentes da imputabilidade

Existem quatro causas que excluem a imputabilidade:

a) *Doença mental*

O art. 26, *caput*, do Código Penal tratou da doença mental como um pressuposto biológico da inimputabilidade. Deve ela ser entendida como toda moléstia que cause alteração na saúde mental do agente.

Na presença de doença mental que leve à incapacidade de entendimento do caráter ilícito do fato e à incapacidade de determinação de acordo com esse entendimento, o agente será inimputável e, consequentemente, não terá culpabilidade. O crime persiste (fato típico e antijurídico), faltando ao agente culpabilidade, que é pressuposto de aplicação da pena. A sanção penal aplicável ao agente, portanto, não consistirá em pena, mas, antes, em medida de segurança.

Dispõe o art. 149, *caput*, do Código de Processo Penal que, "quando houver dúvida sobre a integridade mental do acusado, o juiz ordenará, de ofício ou a requerimento do Ministério Público, do defensor, do curador, do ascendente, descendente, irmão ou cônjuge do acusado, seja este submetido a exame médico-legal". Deve ser ressaltado que, a teor do art. 153 do Código de Processo Penal, "o incidente de insanidade mental processar-se-á em auto apartado, que só depois da apresentação do laudo, será apenso ao processo principal".

b) *Desenvolvimento mental incompleto*

Como desenvolvimento mental incompleto deve ser entendido aquele que ocorre nos inimputáveis em razão da idade e também nos silvícolas inadaptados.

Diz o Código Penal no art. 27:

Art. 27. Os menores de 18 (dezoito) anos são penalmente inimputáveis, ficando sujeitos às normas estabelecidas na legislação especial.

Nesse dispositivo, o Código Penal adotou o *critério biológico* para aferição da imputabilidade do menor. Trata-se, em verdade, de uma presunção absoluta de inimputabilidade do menor de 18 anos, fazendo com que ele, por imposição legal, seja considerado incapaz de entender o caráter ilícito do fato ou de determinar-se de acordo com esse entendimento.

O menor de 18 anos, a rigor, pratica crime (fato típico e antijurídico), faltando-lhe apenas a imputabilidade, ou seja, a culpabilidade, que, para a teoria finalista bipartida, é pressuposto de aplicação da pena. Logo, ao menor não se aplica sanção penal.

Atualmente, o menor de 18 anos que infringe a lei penal está sujeito à legislação própria, ou seja, à Lei n. 8.069, de 13 de julho de 1990 (Estatuto da Criança e do Adolescente). Para o referido Estatuto, a terminologia *menor* está superada, chamando-se *criança* a pessoa até 12 anos de idade incompletos, e *adolescente*, a pessoa entre 12 e 18 anos de idade. *Ato infracional*, para o mesmo diploma, é toda conduta descrita como crime ou contravenção penal.

Outrossim, as sanções aplicáveis à *criança infratora* chamam-se *medidas específicas de proteção* e vêm relacionadas no art. 101 do Estatuto, sem prejuízo de outras que pode a autoridade competente determinar. Ao *adolescente infrator* (adolescente em conflito com a lei) aplica-se, como sanção, a *medida socioeducativa*, cujo rol encontra-se no art. 112 do mesmo Estatuto.

Estabelece a Súmula 605 do Superior Tribunal de Justiça: "A superveniência da maioridade penal não interfere na apuração de ato infracional nem na aplicabilidade de medida socioeducativa em curso, inclusive na liberdade assistida, enquanto não atingida a idade de 21 anos".

Com relação ao silvícola, conforme adverte Flávio Augusto Monteiro de Barros (*Direito penal:* parte geral, 3. ed., São Paulo: Saraiva, 2003, v. I, p. 356-366), "nem sempre sofre de desenvolvimento mental incompleto. O critério norteado pelo legislador é a assimilação dos valores da vida civilizada. Assim, podem ocorrer três hipóteses:

a) o silvícola, ao tempo do crime, não tinha possibilidade de conhecer o caráter ilícito do fato ou de determinar-se de acordo com esse entendimento; nesse caso, aplica-se o art. 26, *caput*, do CP;

b) o silvícola, ao tempo do crime, tinha uma reduzida possibilidade de conhecer o caráter ilícito do fato ou de determinar-se de acordo com esse entendimento; nesse caso, aplica-se o parágrafo único do art. 26 do CP;

c) o silvícola, ao tempo do crime, tinha plena possibilidade de conhecer o caráter ilícito do fato e de determinar-se de acordo com esse entendimento; nesse caso, deve ser tratado como imputável, sujeitando-se à pena cabível".

De todo modo, no caso de condenação do indígena por infração penal, conforme dispõe o art. 56 da Lei n. 6.001, de 19 de dezembro de 1973 (Estatuto do Índio), a pena deverá ser atenuada e na sua aplicação o juiz atenderá também ao grau de integração do silvícola. Atualmente vem sendo utilizado o termo "indígena" (ao invés de índio) para se referir aos povos originários.

c) *Desenvolvimento mental retardado*

Segundo leciona o psiquiatra forense Guido Arturo Palomba (*Tratado de Psiquiatria Forense Civil e Penal*, São Paulo: Atheneu, 2003, p. 483), "o retardo mental ou desenvolvimento mental retardado caracteriza-se por déficit de inteligência, que pode ocorrer sem qualquer outro transtorno psíquico, embora indivíduos mentalmente retardados possam apresentar certos transtornos psíquicos, de modo associado".

Acentua o referido médico que "o retardado mental é portador de funcionamento intelectual significativamente inferior à média, o que vem a gerar inabilidades sociais, pessoais, psíquicas, culturais, tanto mais graves quanto maior for o grau de retardamento".

O desenvolvimento mental retardado, portanto, é o estado mental característico dos oligofrênicos, que podem ser classificados em *débeis mentais* (grau leve de retardamento mental — correspondente a uma criança entre 7 e 10 anos de idade), *imbecis* (grau moderado de retardamento mental — correspondente a uma criança entre 3 e 7 anos de idade) e *idiotas* (grau grave de retardamento mental — correspondente a uma criança de no máximo 3 anos de idade). A perfeita caracterização de cada uma dessas anomalias é dada pela medicina forense. No curso do processo penal, a perícia é inafastável (arts. 149 e 156 do CPP).

Também nesse caso, se o agente, em razão do desenvolvimento mental retardado, for incapaz de entender o caráter ilícito do fato ou incapaz de determinar-se de acordo com esse entendimento, será considerado inimputável, faltando-lhe a culpabilidade, que é pressuposto de aplicação da pena. Ausente a pena, aplicar-se-á medida de segurança.

d) *Embriaguez completa proveniente de caso fortuito ou força maior*

Diz o art. 28, § 1.º, do Código Penal:

Art. 28. (...)

§ 1.º É isento de pena o agente que, por embriaguez completa, proveniente de caso fortuito ou força maior, era, ao tempo da ação ou da omissão, inteiramente incapaz de entender o caráter ilícito do fato ou de determinar-se de acordo com esse entendimento.

Embriaguez é a intoxicação aguda e transitória causada pelo álcool ou substância de efeitos análogos. Em virtude da embriaguez, para que haja exclusão da imputabilidade, deve faltar ao agente capacidade de entendimento do caráter ilícito do fato ou capacidade de determinação de acordo com esse entendimento.

A embriaguez pode ser:

a) *completa*, em que há absoluta falta de entendimento por parte do agente, com confusão mental e falta de coordenação motora;

b) *incompleta*, em que resta ao agente ainda alguma capacidade de entendimento, muito embora haja comprometimento relativo da coordenação motora e das funções mentais.

Como foi visto, somente a *embriaguez completa* exclui a imputabilidade.

Tendo em vista o elemento subjetivo do agente em relação à embriaguez, esta pode ser:

a) *voluntária* ou *culposa* (não acidental), quando o agente ingere substância alcoólica ou de efeitos análogos com a intenção de embriagar-se, ou sem a finalidade de embriagar-se, mas com excesso imprudente;

b) *acidental*, quando a ingestão do álcool ou de substância de efeitos análogos não é voluntária nem culposa, podendo ser proveniente de:

— *caso fortuito* (em que o agente desconhece o efeito da substância que ingere ou desconhece alguma condição sua particular de suscetibilidade a ela);

— *força maior* (quando o agente não é responsável pela ingestão da substância alcoólica ou de efeitos análogos, como nos casos de ser forçado a dela fazer uso).

Portanto, no caso de embriaguez acidental *completa* proveniente de caso fortuito ou força maior, o agente é inimputável, faltando-lhe culpabilidade, embora pratique um crime (fato típico e antijurídico). Estará isento de pena e não lhe será aplicada também medida de segurança.

No caso de embriaguez acidental *incompleta* proveniente de caso fortuito ou força maior, deverá ser aplicada a regra estampada no art. 28, § 2.º, do Código Penal se o agente não possuía, ao tempo da ação ou da omissão, plena capacidade de entender o caráter ilícito do fato ou de determinar-se de acordo com esse entendimento. Trata-se de capacidade relativa, em virtude de embriaguez incompleta, sendo o agente apenado com pena reduzida.

5.3.3 Semi-imputabilidade

Cuida-se de hipótese de redução de pena prevista no art. 26, parágrafo único, do Código Penal, que diz:

Art. 26. (...)

Parágrafo único. A pena pode ser reduzida de um a dois terços, se o agente, em virtude de perturbação de saúde mental ou por desenvolvimento mental incompleto ou retardado não era inteiramente capaz de entender o caráter ilícito do fato ou de determinar-se de acordo com esse entendimento.

Nesse caso, o agente tem parcialmente diminuída sua capacidade de entendimento e de determinação, o que enseja a redução da pena de um a dois terços.

Não há exclusão da imputabilidade, persistindo a culpabilidade do agente e a consequente aplicação de pena, ainda que reduzida. Excepcionalmente, de acordo com o disposto no art. 98 do Código Penal, pode o juiz optar pela imposição ao semi-imputável de medida de segurança, conforme será explicado no capítulo pertinente às medidas de segurança, aplicando-se o chamado sistema vicariante.

5.4 Potencial consciência da ilicitude

A potencial consciência da ilicitude é outro elemento da culpabilidade.

Para que exista a culpabilidade, que é pressuposto de aplicação da pena, é necessário que o agente tenha a possibilidade de conhecer a antijuridicidade do fato, ou seja, que potencialmente saiba que o fato é ilícito e que a conduta que está praticando é vedada por lei.

A potencial consciência da ilicitude deve ser tomada sob o aspecto cultural. Deve-se analisar se o conjunto de informações recebidas pelo agente no decorrer de sua vida, de seu desenvolvimento em sociedade, até o momento em que praticou a conduta, lhe conferia condições de entender que o ato praticado era socialmente reprovável.

5.4.1 Inescusabilidade do desconhecimento da lei

O Código Penal, no art. 21, *caput*, primeira parte, diz:

Art. 21. O desconhecimento da lei é inescusável. (...)

Nesse dispositivo, o legislador consagrou o *princípio da inescusabilidade do desconhecimento da lei* (em latim, *ignorantia legis neminen excusat*), segundo o qual ninguém pode alegar que desconhece a lei.

A *lei*, uma vez em vigor, a todos alcança, devendo ser do *conhecimento da sociedade* que as condutas nela tipificadas são proibidas e constituem infrações penais.

Entretanto, o desconhecimento da lei não se confunde com a falta de consciência da ilicitude do fato. No desconhecimento da lei, o agente ignora completamente que existe punição para o fato praticado, embora possa intuí-lo injusto, em face do ordenamento jurídico. Na falta de consciência da ilicitude, o agente ignora que o fato praticado seja injusto, supondo-o lícito e permitido.

5.4.2 Erro de proibição

O erro de proibição é aquele que recai sobre a ilicitude do fato, excluindo a culpabilidade do agente. O agente supõe que inexiste a regra de proibição.

O erro de proibição não exclui o dolo. Exclui a culpabilidade, quando o erro for escusável; quando inescusável, a culpabilidade fica atenuada, reduzindo-se a pena de um sexto a um terço.

O art. 21, parágrafo único, do Código Penal estabelece:

Art. 21. (...)

Parágrafo único. Considera-se evitável o erro se o agente atua ou se omite sem a consciência da ilicitude do fato, quando lhe era possível, nas circunstâncias, ter ou atingir essa consciência.

Assim, podemos destacar duas espécies de erro de proibição:

a) *erro de proibição escusável*, também chamado de *inevitável*, em que incidiria toda pessoa prudente e dotada de discernimento. Qualquer agente, nas circunstâncias do fato, não teria possibilidade de ter ou alcançar a consciência da ilicitude;

b) erro de proibição inescusável, também chamado de *evitável*, em que incide o agente, tendo ou podendo ter, nas circunstâncias, consciência da ilicitude de sua conduta, agindo com leviandade, imprudência etc.

Apenas o erro de proibição escusável afasta a culpabilidade da conduta do agente. Já o erro de proibição inescusável enseja apenas diminuição da pena.

Também no erro de proibição ocorrem as chamadas *descriminantes putativas*, estudadas no capítulo referente ao erro de tipo.

Conforme foi dito, nas descriminantes putativas o agente, por erro (que pode ser de tipo ou de proibição), supõe situação de fato que, se existisse, tornaria legítima a ação.

Assim, à vista do teor dos arts. 20, § 2.º, e 21 do Código Penal, três modalidades de erro poderão ser apontadas nas descriminantes putativas:

a) o agente supõe a existência de causa de exclusão da antijuridicidade que não existe. Essa hipótese é de erro de proibição indireto;

b) o agente incide em erro sobre os limites da causa de exclusão da antijuridicidade. Essa hipótese também é de erro de proibição indireto;

c) o agente incide em erro sobre situação de fato que, se existisse, tornaria legítima a ação (estado de necessidade putativo, legítima defesa putativa, estrito cumprimento de dever legal putativo e exercício regular de direito putativo). Esse caso é de erro de tipo, daí por que é denominado *erro de tipo permissivo* ou *descriminante putativa*.

5.5 Exigibilidade de conduta conforme o Direito

A exigibilidade de conduta conforme o Direito — também conhecida como exigibilidade de conduta diversa — é o terceiro e último elemento da culpabilidade. Seu fundamento encontra-se na possibilidade de serem punidas somente as condutas que poderiam ter sido evitadas pelo agente. Exige-se do agente que, nas circunstâncias do fato, tenha possibilidade de realizar, em vez do comportamento criminoso, um comportamento de acordo com o ordenamento jurídico.

Não é culpável o agente, portanto, por inexigibilidade de conduta diversa, quando não havia possibilidade de se lhe reclamar conduta diferente da que praticou.

No nosso ordenamento jurídico, existem duas causas de exclusão da culpabilidade por inexigibilidade de conduta diversa:

a) coação moral irresistível;

b) obediência hierárquica.

Nesse sentido, dispõe o art. 22 do Código Penal:

Art. 22. Se o fato é cometido sob coação irresistível ou em estrita obediência a ordem, não manifestamente ilegal, de superior hierárquico, só é punível o autor da coação ou da ordem.

5.5.1 Coação moral irresistível

A coação apresenta duas espécies básicas:

a) coação física, também conhecida pelo termo latino *vis absoluta*, em que há emprego de força física;

b) coação moral, também conhecida pelo termo latino *vis compulsiva*, em que há emprego de grave ameaça.

A coação moral, por seu turno, pode ser:

a) resistível, quando é possível ao coacto a ela se opor;

b) irresistível, quando não é possível ao coacto a ela se opor.

A única coação que exclui a culpabilidade é a *coação moral irresistível*, já que na *coação física*, na verdade, falta ao agente vontade de praticar o crime, inexistindo tipicidade. Na coação moral irresistível, o coacto está isento de pena, respondendo o coator pelo delito.

Se a coação moral for *resistível*, o agente responderá criminalmente pelo fato que praticou, militando em seu favor uma circunstância atenuante genérica prevista no art. 65, III, *c*, primeira figura, do Código Penal ("cometido o crime sob coação a que podia resistir").

5.5.2   Obediência hierárquica

A obediência hierárquica é causa de inexigibilidade de conduta diversa, em que o agente tem sua culpabilidade afastada, não respondendo pelo crime, que é imputável ao superior.

Segundo Damásio E. de Jesus (*Direito penal*, cit., p. 437), a obediência hierárquica pressupõe cinco requisitos básicos:

a) que haja relação de direito público entre superior e subordinado;

b) que a ordem não seja manifestamente ilegal;

c) que a ordem preencha os requisitos formais;

d) que a ordem seja dada dentro da competência funcional do superior;

e) que o fato seja cumprido dentro da estrita obediência à ordem do superior.

Caso o subordinado cumpra ordem manifestamente ilegal, responderá pelo delito juntamente com o superior, militando em seu favor apenas uma circunstância atenuante genérica prevista no art. 65, III, *c*, segunda figura, do Código Penal ("em cumprimento de ordem de autoridade superior").

Deve ser ressaltado que o Código Penal Militar (Decreto-lei n. 1.001/69) dá tratamento diferente à obediência hierárquica. Diz o art. 38 do CPM:

"Art. 38. Não é culpado quem comete o crime:

Coação irresistível

a) sob coação irresistível ou que lhe suprima a faculdade de agir segundo a própria vontade;

Obediência hierárquica

b) em estrita obediência a ordem direta de superior hierárquico, em matéria de serviços.

§ 1.º Responde pelo crime o autor da coação ou da ordem.

§ 2.º Se a ordem do superior tem por objeto a prática de ato manifestamente criminoso, ou há excesso nos atos ou na forma da execução, é punível também o inferior".

Assim, ao militar subordinado não é dado discutir a legalidade da ordem, pois tem o dever legal de obediência (sob pena de insubordinação — art. 163 do CPM). Deve cumpri-la, mesmo que seja ilegal, respondendo por ela o autor da ordem. Entretanto, o subordinado militar não está obrigado a cumprir ordem manifestamente criminosa. Caso a cumpra, responderá juntamente com o autor da ordem.

6 CONCURSO DE PESSOAS

Em regra, a forma mais simples de conduta delituosa consiste na intervenção de uma só pessoa por meio de uma conduta positiva ou negativa.

Entretanto, o crime pode ser praticado por duas ou mais pessoas, todas concorrendo para a consecução do resultado.

Existem basicamente três teorias sobre o concurso de pessoas:

a) Teoria pluralista: segundo a qual existem tantos crimes quantos forem os participantes do fato criminoso, ou seja, a cada participante do crime corresponde uma conduta individual.

b) Teoria dualista: segundo a qual o crime praticado pelo autor difere daquele praticado pelo partícipe. Há um crime único para o autor, ou autores, e um crime único para os partícipes.

c) Teoria unitária: também chamada de *teoria monista* ou *teoria igualitária*, segundo a qual, no concurso, existe um só crime, em que todos os participantes respondem por ele. Essa foi a teoria adotada pelo nosso Código Penal, que, no art. 29, *caput*, diz:

Art. 29. Quem, de qualquer modo, concorre para o crime incide nas penas a este cominadas, na medida de sua culpabilidade.

Não obstante tenha o Brasil adotado, como regra, a Teoria Unitária, o nosso ordenamento jurídico prevê, em alguns casos, exceções pluralistas a esta teoria. São exemplos: arts. 124 e 126 do CP; arts. 317 e 333 do CP, dentre outros. Assim, no aborto provocado por terceiro com o consentimento da gestante, a gestante que consentiu no aborto incide no art. 124 do Código Penal, enquanto o terceiro que provocou o aborto com o consentimento dela incide no art. 126 do mesmo diploma. Mesmo tendo ambos participado do mesmo fato criminoso (aborto), cada qual responde por um crime diferente. No segundo exemplo, tomando a corrupção como um fato criminoso, dela participando um funcionário público e um particular, o particular que oferece ou promete vantagem indevida ao funcionário público incide no crime de corrupção ativa — art. 333 do CP, enquanto o funcionário público que recebe ou aceita promessa da referida vantagem incide no art. 317 do mesmo diploma. São exceções pluralistas à Teoria Unitária, monista ou igualitária.

6.1 Concurso necessário e eventual

Quanto ao número de pessoas, os *crimes* podem ser classificados em:

a) *monossubjetivos*, que podem ser cometidos por um só sujeito;

b) *plurissubjetivos*, que exigem pluralidade de agentes para a sua prática. Exemplo: rixa (art. 137 do CP).

Em face do modo de execução, segundo Damásio E. de Jesus (*Direito penal*, cit., p. 354), os crimes plurissubjetivos podem ser classificados em:

a) de *condutas paralelas*, quando há condutas de auxílio mútuo, tendo os agentes a intenção de produzir o mesmo evento. Exemplo: associação criminosa (art. 288 do CP);

b) de *condutas convergentes*, quando as condutas se manifestam na mesma direção e no mesmo plano, mas tendem a encontrar-se, com o que se constitui a figura típica. Exemplo: bigamia (art. 235 do CP);

c) de *condutas contrapostas*, quando os agentes cometem condutas contra a pessoa, que, por sua vez, comporta-se da mesma maneira e é também sujeito ativo do delito. Exemplo: rixa (art. 137 do CP).

Assim, existem duas espécies de concurso:

a) *concurso necessário*, no caso dos crimes plurissubjetivos;

b) *concurso eventual*, no caso dos crimes monossubjetivos.

6.2 Formas de concurso de agentes

As formas de concurso de agentes são:

a) *coautoria*;

b) *participação*.

6.3 Requisitos do concurso de agentes

Para que haja concurso de agentes, são necessários os seguintes requisitos:

a) pluralidade de condutas;

b) relevância causal de cada uma;

c) liame subjetivo entre os agentes;

d) identidade de infração para todos os participantes.

Com relação ao liame subjetivo (vínculo psicológico) entre os agentes, deve haver homogeneidade de elemento subjetivo, ou seja, os concorrentes devem agir com identidade de desígnios, previamente ajustados. Somente se admite participação dolosa em crime doloso. Assim, não se admite participação dolosa em crime culposo nem participação culposa em crime doloso. Nesses casos, cada qual será responsável por sua conduta, individualmente considerada, a título de dolo ou de culpa.

6.4 Autoria

O Código Penal não traçou a diferença entre autor e partícipe, daí por que coube à doutrina essa missão, apresentando-se três vertentes:

a) Teoria restritiva: segundo a qual somente pode ser considerado autor aquele que realiza a conduta descrita no núcleo do tipo penal (verbo). Exs.: subtrair, matar, constranger, ofender etc. Partícipe é aquele que pratica qualquer outro ato tendente ao resultado. Essa teoria teve em Hans-Heinrich Jescheck, um dos maiores penalistas alemães, nascido em 10 de janeiro de 1915, seu principal expoente, que sustentava a necessidade de complementá-la através de uma *teoria objetiva de participação*, eis que autoria e participação devem ser distinguidas através de critérios objetivos. Surgem, então, dois aspectos distintos da teoria objetiva:

• Teoria objetivo-formal: segundo a qual autor é aquele que pratica o núcleo da conduta prevista pelo tipo penal (verbo) e partícipe é aquele que concorre de qualquer outro modo para o resultado delitivo.

• Teoria objetivo-material: segundo a qual a distinção entre autor e partícipe cinge-se à maior contribuição do autor na prática delitiva, na causação do resultado. Essa teoria, embora procurando suprir as falhas da teoria objetivo-formal, foi abandonada pela doutrina alemã, justamente pela dificuldade em traçar a distinção entre causa e condição do resultado.

b) Teoria extensiva: segundo a qual não há diferença entre autor e partícipe, ou seja, todo aquele que, de qualquer modo, concorrer para o crime, será considerado autor, desconsiderando-se a importância da contribuição causal de cada qual. Em razão de não se poder traçar a diferenciação entre autor e partícipe em critérios puramente objetivos, essa teoria buscou suporte no aspecto subjetivo da participação, surgindo a *teoria subjetiva da participação:*

• Teoria subjetiva: segundo a qual o autor, na prática delitiva, atua com "ânimo de autor" (*animus auctoris*), ou seja, vontade de ser o autor do crime, querendo o fato como próprio, enquanto o partícipe atua com "ânimo de partícipe" (*animus socii*), ou seja, vontade de ser mero partícipe, querendo o fato como alheio.

c) Teoria do domínio do fato (teoria objetivo-subjetiva): segundo a qual autor é aquele que tem domínio final sobre o fato. É aquele que tem o poder de decisão sobre a realização do fato, ou seja, é "o senhor do fato", nas palavras do ilustre penalista alemão Hans Welzel. A teoria do domínio do fato tem sua origem em Hans Welzel, que, em 1939, ao idealizar o finalismo, introduziu a ideia do domínio do fato no concurso de pessoas. Essa teoria é dominante na doutrina, tendo, além do próprio Welzel, entre seus adeptos Roxin e Wessels. O grande mérito da teoria do domínio do fato é conseguir satisfatoriamente a autoria mediata, que ocorre quando o agente (autor mediato) realiza a conduta típica através de outra pessoa (autor imediato), o qual atua sem responsabilidade.

Merece ser destacado que o Código Penal brasileiro se perfilha à *teoria restritiva da autoria*, atrelada à *teoria objetivo-formal*, distinguindo autor de partícipe. Nada obstante, a teoria do domínio do fato vem angariando a preferência da doutrina e de parcela da jurisprudência pátria, não sendo incomum encontrar seus postulados acolhidos em diversas decisões dos nossos tribunais.

6.5 Participação

Considerando que o Código Penal pátrio se perfilhou à Teoria Restritiva da Autoria, amparada na *teoria objetivo-formal*, ocorre a participação quando o sujeito concorre de qualquer modo para a prática da conduta típica, não realizando atos executórios do crime. O sujeito, chamado partícipe, realiza atos diversos daqueles praticados pelo autor, não cometendo a conduta descrita pelo preceito primário da norma. Pratica, entretanto, atividade que contribui para a realização do delito.

Buscando equacionar a punição do partícipe, que exerce atividade secundária e acessória no delito praticado pelo autor, existem quatro teorias:

a) Teoria da acessoriedade mínima: segundo a qual basta, para configurar a participação, que a conduta do partícipe aceda a um comportamento principal que constitua fato típico.

b) Teoria da acessoriedade limitada: segundo a qual a conduta principal (do autor) à qual acede a ação do partícipe deve ser típica e antijurídica.

c) Teoria da acessoriedade extrema (ou máxima): segundo a qual o comportamento principal (do autor), ao qual acede a conduta do partícipe, deve ser típico, antijurídico e culpável.

d) Teoria da hiperacessoriedade: segundo a qual o comportamento principal (do autor), ao qual acede a conduta do partícipe, deve ser típico, antijurídico, culpável e punível.

No Brasil, adota-se a *teoria da acessoriedade limitada*. Vale dizer que a responsabilização da participação depende da tipicidade e da antijuridicidade da conduta principal, sendo a culpabilidade individual, de cada concorrente.

6.6   Formas de participação

A participação pode ser:

a) *moral*, quando o agente infunde na mente do autor principal o propósito criminoso (*induzimento* ou *determinação*) ou reforça o propósito preexistente (*instigação*);

b) *material*, quando o agente auxilia fisicamente na prática do crime (*auxílio* ou *cumplicidade*).

6.7   Autoria mediata

Ocorre a autoria mediata quando o agente executa o crime valendo-se de pessoa que atua sem responsabilidade. O agente utiliza uma pessoa que atua como instrumento para a prática da infração penal.

Exemplo largamente difundido na doutrina é o do dono do armazém que, com o intuito de matar determinadas pessoas de uma família, induz em erro empregada doméstica, vendendo-lhe arsênico em vez de açúcar. Também o caso da enfermeira que aplica veneno no paciente induzida em erro pelo médico que afirmou tratar-se de medicamento.

Nesse caso, não há concurso de agentes entre o autor mediato, responsável pelo crime, e o executor material do fato. Responde pelo crime apenas o autor mediato.

6.8   Autoria colateral e autoria incerta

Ocorre a autoria colateral quando mais de um agente realiza a conduta, sem que exista liame subjetivo (acordo de vontades) entre eles. Exemplo: A e B, sem ajuste prévio, colocam-se de tocaia para matar C, disparando suas armas contra ele simultaneamente, matando-o. Nesse caso, cada qual responderá pelo crime praticado individualmente, sem a figura do concurso de pessoas, já que inexistente vínculo subjetivo entre eles.

A autoria incerta, por seu turno, ocorre quando, em face de uma situação de autoria colateral, é impossível determinar quem deu causa ao resultado. Exemplo: A e B, sem ajuste prévio, atiram contra a vítima C, matando-a. Não se conseguindo precisar qual dos disparos foi a causa da morte de C, os agentes A e B responderão por homicídio tentado.

6.9 Conivência e participação por omissão

Ocorre a conivência quando o agente, sem ter o dever jurídico de agir, omite-se durante a execução do crime, tendo condições de impedi-lo. Nesse caso, a inexistência do dever jurídico de agir por parte do agente não torna a conivência uma participação por omissão, não sendo ela punida. Assim, não constitui participação punível a mera presença do agente no ato da consumação do crime ou a não denúncia de um fato delituoso de que tem conhecimento a autoridade competente.

Na participação por omissão, o agente tem o dever jurídico de agir para evitar o resultado (art. 13, § 2.º, do CP), omitindo-se intencionalmente e pretendendo que ocorra a consumação do crime. Exemplo: empregado que, ao sair do estabelecimento comercial onde trabalha, deixa de trancar a porta, não o fazendo para que terceiro, com quem está previamente ajustado, possa lá ingressar e praticar furto.

6.10 Outras modalidades de coautoria e participação

Há outras modalidades de coautoria ou participação que podem ser encontradas na doutrina pátria, embora com menor incidência:

a) *coautoria sucessiva*: ocorre quando o acordo de vontade vier a surgir após o início da execução e antes do exaurimento do crime. A outra pessoa adere à prática criminosa, unindo-se aos demais concorrentes pelo vínculo psicológico;

b) *autoria de escritório*: é tratada como modalidade de autoria mediata e pressupõe uma organização ou máquina de poder, tal como uma organização criminosa;

c) *autoria por convicção*: ocorre quando o autor tem plena consciência da ilicitude de sua conduta (tem consciência de que está praticando um crime), mas atua mesmo assim movido por convicção religiosa, política, filosófica, social etc.

d) *participação em cadeia*: também chamada de participação de participação. Ocorre quando uma pessoa induz outra a praticar o crime, a qual, por sua vez, induz outra. Ex.: A induz B, que induz C, que induz D;

e) *participação sucessiva*: ocorre quando o autor já foi induzido ou estimulado por partícipe a praticar o crime e, novamente, por outro partícipe é estimulado, induzido ou auxiliado materialmente.

6.11 Concurso em crime culposo

Embora possa parecer difícil imaginar uma hipótese concreta, é admitido o concurso de pessoas em crime culposo.

Podemos citar como exemplo, já bastante difundido na doutrina, o do acompanhante que instiga o motorista a empreender velocidade excessiva em seu veículo, atropelando e matando um pedestre. Também o caso dos obreiros que, do alto de um edifício em construção, arremessam uma tábua que cai e mata um transeunte.

Entretanto, nas hipóteses de crime culposo, somente é admitida a coautoria, em que todos os concorrentes, à vista da previsibilidade da ocorrência do resultado, respondem pelo delito, deixando de observar o dever objetivo de cuidado.

Ao não observar o dever de cuidado, os concorrentes realizaram o núcleo da conduta típica culposa, daí por que não há falar em participação em sentido estrito.

6.12 Punibilidade no concurso de pessoas

Todos os participantes do crime responderão igualmente, na medida de sua culpabilidade, segundo o disposto no art. 29, *caput*, do Código Penal.

O § 1.º do art. 29 se refere à *participação de menor importância*, que deve ser entendida como aquela secundária, dispensável, que, embora tenha contribuído para a realização do núcleo do tipo penal, não foi imprescindível para a prática do crime. Nesse caso, o partícipe terá a pena diminuída de um sexto a um terço.

O § 2.º do art. 29 trata da chamada *cooperação dolosamente distinta*, onde um dos concorrentes "quis participar de crime menos grave". Nesse caso, a pena será a do crime que idealizou. Se for previsível ao participante o resultado mais grave, a pena que lhe será aplicada consistirá naquela cominada ao crime menos grave que idealizou, aumentada até a metade.

6.13 Circunstâncias incomunicáveis

Diz o art. 30 do Código Penal:

Art. 30. Não se comunicam as circunstâncias e as condições de caráter pessoal, salvo quando elementares do crime.

Esse dispositivo traça clara distinção entre *circunstâncias* (elementos que se integram à infração penal apenas para aumentar ou diminuir a pena, embora não imprescindíveis, como, por exemplo, as atenuantes do art. 65 do CP) e *condições pessoais* (relação do agente com o mundo exterior — pessoas e coisas —, como, por exemplo, as relações de parentesco).

A regra é a *incomunicabilidade das circunstâncias e condições de caráter pessoal*. A exceção é a *comunicabilidade das circunstâncias e condições de caráter pessoal elementares do crime*.

Essas *elementares* do crime são quaisquer componentes que integrem a figura típica fundamental. Exemplo: no crime de peculato (art. 312 do CP), a elementar é a condição de funcionário público do agente; no crime de infanticídio (art. 123 do CP), a elementar é a qualidade de mãe do agente.

A propósito, vale mencionar a regra estampada no § 3.º do art. 121-A do Código Penal, que trata do crime de feminicídio. Dispõe o § 3.º: "§ 3.º Comunicam-se ao coautor ou partícipe as circunstâncias pessoais elementares do crime previstas no § 1.º deste artigo". O § 1.º estabelece que há razões da condição do sexo feminino quando o crime envolve violência doméstica e familiar, e menosprezo ou discriminação à condição de mulher.

É bom esclarecer, entretanto, que as circunstâncias ou condições de caráter pessoal, para que haja comunicabilidade, devem ser *conhecidas* pelo participante. Assim, por exemplo, o participante de um crime de peculato deve conhecer a condição pessoal de funcionário público do coautor.

6.14 Casos de impunibilidade

Dispõe o art. 31 do Código Penal:

Art. 31. O ajuste, a determinação ou instigação e o auxílio, salvo disposição expressa em contrário, não são puníveis, se o crime não chega, pelo menos, a ser tentado.

Em regra, são impuníveis as formas de concurso nominadas quando o crime não chega à fase de execução. Conforme já vimos em capítulo próprio, o *iter criminis* é composto de cogitação, atos preparatórios, atos executórios e consumação. A tentativa ocorre quando o agente inicia atos de execução, não atingindo a consumação por circunstâncias alheias à sua vontade.

Nesses casos, a participação é impunível, salvo nos casos em que o mero ajuste, determinação ou instigação e auxílio, por si só, já sejam puníveis como delitos autônomos. É o caso, por exemplo, do crime de associação criminosa previsto no art. 288 do Código Penal.

VI

Sanção Penal

1 INTRODUÇÃO

Conforme já foi assinalado em capítulo próprio, a *norma penal* é composta de *preceito* e *sanção*. No preceito está estabelecido o *comando proibitório caracterizador da infração penal*, estudado na teoria do crime.

Na sanção (também chamada de *preceito secundário da norma*) vem estabelecida a consequência jurídica da infração penal, consistindo inafastavelmente em efeito da soberania do Estado, que impõe o respeito aos bens jurídicos tutelados e pune a violação aos comandos proibitórios.

2 ESPÉCIES DE SANÇÃO PENAL

Existem duas espécies de sanção penal:

a) *pena*, aplicada aos agentes imputáveis;

b) *medida de segurança*, aplicada aos agentes inimputáveis por doença mental ou desenvolvimento mental incompleto ou retardado.

Com relação aos semi-imputáveis, conforme anotado em capítulo próprio, poderão receber pena reduzida ou medida de segurança (sistema vicariante).

Merecem ser lembradas as medidas socioeducativas, previstas pelo Estatuto da Criança e do Adolescente (Lei n. 8.069/90), que não constituem sanção penal, mas, antes, iniciativas visando a ressocialização do menor e sua reinserção no meio social.

3 PENA

A pena é a sanção penal aplicável aos agentes imputáveis.

3.1 Conceito de pena

Segundo Sebastian Soler (*Derecho penal argentino*, Buenos Aires: TEA, 1978, v. 2, p. 342), a pena é uma sanção aflitiva imposta pelo Estado, por meio de ação penal, ao autor de infração (penal), como retribuição de seu ato ilícito, consistente na diminuição de um bem jurídico, cujo fim é evitar novos delitos.

3.2 Finalidades da pena

Apesar do acirrado debate que a questão dos fins da pena suscita, variando seu enfoque de acordo com posicionamentos históricos, morais, sociológicos, filosóficos, religiosos, políticos e institucionais, pode-se estabelecer, com base em dispositivo legal vigente (art. 59 do CP), que a pena apresenta finalidade mista: *retribuição* e *prevenção* (*quia peccatum est et ut ne peccetur*).

Retribuição, porque estabelece uma punição, consistente em um *mal* (diminuição de um bem jurídico) imposto ao autor da infração penal.

Prevenção, porque visa evitar a prática de novas infrações penais. A prevenção é *geral*, destinando-se a todos os membros da sociedade — para que, por meio da pena aplicada ao agente, não pratiquem infrações —, e *especial*, destinando-se especificamente ao autor do delito — para que se corrija e não pratique mais infrações penais.

Existem basicamente três tipos de teorias da pena:

a) Teorias absolutas (ou retributivas): segundo as quais a pena se apresenta como um fim em si mesmo, ou seja, o autor do crime deverá ser punido pelo mal cometido, objetivando a realização da justiça. A pena é uma retribuição (*punitur quia peccatum est*).

b) Teorias relativas (ou finalistas): segundo as quais a pena tem finalidade de prevenção geral (punindo o criminoso como um exemplo para toda a sociedade) e prevenção especial (punindo o criminoso para que se ressocialize). A pena visa a prevenção do delito (*punitur ne peccetur*).

c) Teorias mistas (ou unitárias): em princípio, são a junção das principais ideias das teorias absolutas com as relativas, embora possuindo aspectos distintos de cada uma delas. Segundo essas teorias, as penas possuem várias funções, tanto de retribuição quanto de prevenção. São também denominadas teorias unitárias porque visam alcançar um conceito único de pena (*punitur quia peccatum est et ut ne peccetur*). Basicamente há duas espécies de teorias mistas ou unitárias: a teoria dialética unificadora de Claus Roxin e o garantismo de Luigi Ferrajoli. Segundo a teoria dialética unificadora de Claus Roxin, as funções da pena variam de acordo com o momento em que é analisada. No momento da cominação da pena, pelo legislador, sua função é de proteção aos bens jurídicos. No momento da fixação da pena, pelo juiz, sua função é de punição ao criminoso. No momento da execução da pena, sua função é de reinserção e reeducação do criminoso. Já o garantismo de Luigi Ferrajoli defende a função da pena como prevenção geral negativa, evitando que a sociedade faça justiça com as próprias mãos e que o Estado aplique sanções injustas e excessivas, incompatíveis com os princípios constitucionais. Assim, além de proteger a sociedade, a pena tem como função a proteção do criminoso contra os excessos do Estado.

3.3 Características da pena

Basicamente, a pena apresenta as seguintes características:

a) é personalíssima, só atingindo o autor do crime;

b) sua aplicação é disciplinada pela lei;

c) é inderrogável, no sentido da certeza de sua aplicação;

d) é proporcional ao crime.

3.4 Espécies de pena

São três as espécies de pena previstas pelo art. 32 do Código Penal:

a) privativas de liberdade;

b) restritivas de direitos;

c) multa.

O art. 5.º, XLVI, da Constituição Federal, por seu turno, estabelece as seguintes penas admitidas no Brasil:

a) privação ou restrição de liberdade;

b) perda de bens;

c) multa;

d) prestação social alternativa;

e) suspensão ou interdição de direitos.

O mesmo artigo, no inciso XLVII, estabelece que, no Brasil, não haverá penas:

a) de morte, salvo em caso de guerra declarada, nos termos do art. 84, XIX;

b) de caráter perpétuo;

c) de trabalhos forçados;

d) de banimento;

e) cruéis.

3.5 Regimes prisionais

O Código Penal, no art. 33, estabelece três espécies de regimes prisionais:

a) *regime fechado*, no qual a pena privativa de liberdade é executada em estabelecimento de segurança máxima ou média;

b) *regime semiaberto*, no qual a pena privativa de liberdade é executada em colônia agrícola, industrial ou em estabelecimento similar;

c) *regime aberto*, no qual a pena privativa de liberdade é executada em casa de albergado ou estabelecimento adequado.

A respeito da transferência e inclusão de presos em estabelecimentos penais federais de segurança máxima, *vide* Lei n. 11.671/2008.

4 PENAS PRIVATIVAS DE LIBERDADE

A pena, para que possa atingir suas finalidades de retribuição e prevenção, deve implicar a diminuição de um bem jurídico do criminoso.

Assim, nas penas privativas de liberdade há diminuição do direito à liberdade do criminoso, fazendo com que seja ele recolhido a estabelecimento prisional adequado, de acordo com a espécie e a quantidade de pena fixada.

4.1 Espécies de penas privativas de liberdade

As penas privativas de liberdade, de acordo com o disposto no art. 33 do Código Penal, são de duas espécies:

a) reclusão;

b) detenção.

A pena de *reclusão* deve ser cumprida em regime fechado, semiaberto ou aberto. O estabelecimento prisional deve ser de segurança máxima ou média.

A pena de *detenção* deve ser cumprida em regime semiaberto ou aberto (excepcionalmente em fechado — por transferência). O estabelecimento prisional deverá ser colônia agrícola, industrial ou estabelecimento similar, ou ainda casa de albergado ou estabelecimento adequado.

A pena de *prisão simples*, prevista apenas para as contravenções penais, consiste em privação de liberdade que deve ser cumprida, sem rigor penitenciário, em estabelecimento especial ou seção especial de prisão comum, em regime semiaberto ou aberto (art. 6.º do Decreto-Lei n. 3.688/41 — Lei das Contravenções Penais).

4.2 Fixação do regime inicial de cumprimento de pena

Ao final do processo penal, quando for o réu condenado, deverá o juiz fixar, nos termos do art. 59 do Código Penal, o regime inicial de cumprimento de pena, na seguinte escala:

a) *regime inicial fechado*: obrigatório para condenado a pena superior a 8 anos;

b) *regime inicial semiaberto*: condenado não reincidente a pena superior a 4 anos e não excedente a 8 anos;

c) *regime inicial aberto*: condenado não reincidente a pena igual ou inferior a 4 anos.

Deve ser salientado que nada impede a imposição do *regime fechado* a condenados a pena privativa de liberdade inferior a 8 anos e a imposição do *regime semiaberto* a condenados não reincidentes a pena igual ou inferior a 4 anos.

Outrossim, de acordo com o disposto na Súmula 440 do Superior Tribunal de Justiça, "fixada a pena-base no mínimo legal, é vedado o estabelecimento de regime prisional mais gravoso que o cabível em razão da sanção imposta, com base apenas na gravidade abstrata do delito".

Nada impede, pois, que o juiz fixe regime inicial mais gravoso, não observando estritamente as disposições estabelecidas pelo art. 33, § 2.º, até porque o § 3.º do mesmo artigo prevê que a determinação do regime inicial de cumprimento de pena far-se-á com observância dos critérios previstos no art. 59 do Código Penal. O que a Súmula 440 do STJ determina, no mesmo sentido das Súmulas 718 e 719 do STF, é que o juiz pondere, por ocasião da fixação do regime inicial de pena, a gravidade em concreto do crime, com todas as suas circunstâncias, apresentando motivação idônea para sua decisão, não baseada exclusivamente em sua opinião sobre a gravidade em abstrato do crime.

O Supremo Tribunal Federal, por meio da Súmula Vinculante n. 56, estipulou que "a falta de estabelecimento penal adequado não autoriza a manutenção do condenado em regime prisional mais gravoso, devendo-se observar, nessa hipótese, os parâmetros fixados no RE 641.320/RS".

Com relação aos crimes hediondos e assemelhados, a Lei n. 8.072/90 prevê expressamente, no § 1.º do art. 2.º, que "a pena por crime previsto neste artigo será cumprida inicialmente em regime fechado". Entretanto, referida obrigatoriedade já foi mitigada pelas cortes superiores em diversos precedentes jurisprudenciais, permitindo que o condenado por crimes hediondos ou assemelhados inicie o cumprimento de pena em regime semiaberto e até mesmo em regime aberto.

Em sede de repercussão geral, com reafirmação de jurisprudência, o Supremo Tribunal Federal, por maioria, no julgamento do Recurso Extraordinário com Agravo 1.052.700/MG, da relatoria do Min. Edson Fachin, fixou a seguinte tese: "É inconstitucional a fixação *ex lege*, com base no art. 2.º, § 1.º, da Lei n. 8.072/90, do regime inicial fechado, devendo o julgador, quando da condenação, ater-se aos parâmetros previstos no art. 33 do Código Penal" (Tese de Repercussão Geral fixada no Tema 972/STF).

Portanto, em crimes hediondos e assemelhados a fixação do regime inicial de cumprimento de pena deve seguir os parâmetros comuns do art. 33 do Código Penal, sem nenhuma diferença em relação aos crimes comuns.

Outrossim, de acordo com o disposto no § 8.º do art. 2.º da Lei n. 12.850/2013, acrescentado pela Lei n. 13.964/2019, as lideranças de organizações criminosas armadas ou que tenham armas à disposição deverão iniciar o cumprimento da pena em estabelecimentos penais de segurança máxima.

4.3   Forma progressiva de execução da pena

Todo o sistema de execução da pena traçado pelo Código Penal e pela Lei de Execução Penal (Lei n. 7.210/84) é baseado na forma progressiva de execução, indo do regime mais rígido para o mais brando.

Depende unicamente do mérito do condenado, de acordo com o art. 33, § 2.º, do Código Penal.

A progressão de regime vem tratada pelo art. 112 da Lei n. 7.210/84 (Lei de Execução Penal), com a redação dada pela Lei n. 13.964/2019.

Basicamente, para obter a progressão de regime, o sentenciado deve cumprir dois requisitos:

a) requisito objetivo-temporal: cumprimento do tempo mínimo estabelecido em lei no regime anterior;

b) requisito subjetivo: mérito para a progressão, que é aferido pelo bom comportamento carcerário e, quando necessário, pela conclusão do exame criminológico.

Cumpre ressaltar, ainda, que, de acordo com o art. 33, § 4.º, do Código Penal, introduzido pela Lei n. 10.763/2003, o condenado por crime contra a Administração Pública terá a progressão de regime do cumprimento da pena condicionada à reparação do dano que causou, ou à devolução do produto do ilícito praticado, com os acréscimos legais.

No que se refere ao requisito objetivo-temporal, o art. 112 da Lei de Execução Penal estabelece que a pena privativa de liberdade deve ser executada em forma progressiva com a transferência para regime menos rigoroso, a ser determinada pelo juiz, quando o preso tiver cumprido ao menos:

I — 16% (dezesseis por cento) da pena, se o apenado for primário e o crime tiver sido cometido sem violência à pessoa ou grave ameaça;

II — 20% (vinte por cento) da pena, se o apenado for reincidente em crime cometido sem violência à pessoa ou grave ameaça;

III — 25% (vinte e cinco por cento) da pena, se o apenado for primário e o crime tiver sido cometido com violência à pessoa ou grave ameaça;

IV — 30% (trinta por cento) da pena, se o apenado for reincidente em crime cometido com violência à pessoa ou grave ameaça;

V — 40% (quarenta por cento) da pena, se o apenado for condenado pela prática de crime hediondo ou equiparado, se for primário;

VI — 50% (cinquenta por cento) da pena, se o apenado for:

a) condenado pela prática de crime hediondo ou equiparado, com resultado morte, se for primário, vedado o livramento condicional;

b) condenado por exercer o comando, individual ou coletivo, de organização criminosa estruturada para a prática de crime hediondo ou equiparado; ou

c) condenado pela prática do crime de constituição de milícia privada;

VI-A — 55% (cinquenta e cinco por cento) da pena, se o apenado for condenado pela prática de feminicídio, se for primário, vedado o livramento condicional;

VII — 60% (sessenta por cento) da pena, se o apenado for reincidente na prática de crime hediondo ou equiparado;

VIII — 70% (setenta por cento) da pena, se o apenado for reincidente em crime hediondo ou equiparado com resultado morte, vedado o livramento condicional.

O inciso VI-A foi acrescentado pela Lei n. 14.994/2024, que transformou o feminicídio em crime autônomo (art. 121-A do CP).

Vale ressaltar que tanto a Quinta quanto a Sexta Turma do Superior Tribunal de Justiça, em diversos julgados, pacificaram o entendimento no sentido de que a "reincidência" mencionada nos incisos VII e VIII do art. 112 da Lei de Execução Penal é a específica. Portanto, os patamares de 60% (sessenta por cento) e de 70% (setenta por cento) previstos no dispositivo somente se aplicam aos reincidentes específicos (AgRg no HC 630.623/SC — Rel. Min. Sebastião Reis Junior — Sexta Turma — *DJe* 18-2-2021; HC 617.922/SP — Rel. Min. Reynaldo Soares da Fonseca — Quinta Turma — *DJe* 11-2-2021; HC 613.268/SP — Rel. Min. Reynaldo Soares da Fonseca — Quinta Turma — *DJe* 15-12-2020).

Inclusive, o Supremo Tribunal Federal, no julgamento do Recurso Extraordinário com Agravo (ARE) 1.327.963, que teve repercussão geral reconhecida (Tema 1169), fixou a seguinte tese: "Tendo em vista a legalidade e a taxatividade da norma penal (art. 5.º, XXXIX, CF), a alteração promovida pela Lei n. 13.964/2019 no art. 112 da LEP não autoriza a incidência do percentual de 60% (inciso VII) aos condenados reincidentes não específicos para o fim de progressão de regime. Diante da omissão legislativa, impõe-se a analogia *in bonam partem*, para aplicação, inclusive retroativa, do inciso V do art. 112 da LEP (lapso temporal de 40%) ao condenado por crime hediondo ou equiparado sem resultado morte reincidente não específico".

Com relação ao requisito subjetivo, estabelece o art. 112 da Lei de Execução Penal, ainda, que, em todos os casos, o apenado somente terá direito à progressão de regime se ostentar boa conduta carcerária, comprovada pelo diretor do estabelecimento, e pelos resultados do exame criminológico, respeitadas as normas que vedam a progressão.

Na redação originária da Lei n. 7.210/84 (Lei de Execução Penal), o exame criminológico era um dos requisitos subjetivos (mérito) para a progressão de regime. A exigência do exame criminológico para a progressão de regime, entretanto, foi abolida em 2003, pela Lei n. 10.792. Mesmo assim, tanto o Superior Tribunal de Justiça, na Súmula 439 ("Admite-se o exame criminológico pelas peculiaridades do caso, desde que em decisão motivada"), como o Supremo Tribunal Federal, na Súmula Vinculante 26, admitiam o exame criminológico como facultativo, podendo o juiz determiná-lo, desde que em decisão motivada e fundamentada.

Esse panorama foi alterado com a vigência da Lei n. 14.843/2024, que deu nova redação ao § 1.º do art. 112 da Lei de Execução Penal e reinseriu o exame criminológico como um dos requisitos obrigatórios para a progressão de regime de cumprimento de pena.

O Conselho Nacional de Política Criminal e Penitenciária, por meio da Resolução n. 36, de 4 de novembro de 2024, instituiu regras para a realização do exame criminológico para fins de progressão de regime prisional no âmbito de execução penal no país.

O Superior Tribunal de Justiça, entretanto, vem entendendo que a exigência de realização de exame criminológico para toda e qualquer progressão de regime, nos termos da Lei n. 14.843/2024, constitui *novatio legis in pejus*, pois incrementa requisito, tornando mais difícil alcançar regimes prisionais menos gravosos à liberdade. Por essa razão, a retroatividade dessa norma se mostra inconstitucional, diante do art. 5.º, XL, da Constituição Federal, e ilegal, nos termos do art. 2.º do Código Penal. Para situações anteriores à edição da Lei n. 14.843/2024 permanece a possibilidade de exigência da realização do exame criminológico, desde que devidamente motivada, nos termos da Súmula 439 (RHC 200.670/GO — Rel. Min. Sebastião Reis Júnior — Sexta Turma, por unanimidade — *DJe* 23-8-2024 — Informativo 824).

No que pertine ao prazo, é pacífico o entendimento do Superior Tribunal de Justiça no sentido de que "a data-base para a concessão de nova progressão de regime é o dia em que o último requisito (objetivo ou subjetivo) do art. 112 da Lei n. 7.210/84 estiver preenchido, pois o dispositivo legal exige a concomitância de ambos para o deferimento do benefício" (AgRg no HC 625.374/SP — Rel. Min. Laurita Vaz — Sexta Turma — *DJe* 17-2-2021).

A decisão do juiz que determinar a progressão de regime será sempre motivada e precedida de manifestação do Ministério Público e do defensor, procedimento que também será adotado na concessão de livramento condicional, indulto e comutação de penas, respeitados os prazos previstos nas normas vigentes.

Com relação às faltas graves, o seu cometimento durante a execução da pena privativa de liberdade interrompe o prazo para a obtenção da progressão no regime de cumprimento da pena, caso em que o reinício da contagem do requisito objetivo terá como base a pena remanescente.

O bom comportamento é readquirido após 1 (um) ano da ocorrência do fato, ou antes, após o cumprimento do requisito temporal exigível para a obtenção do direito.

Vale ressaltar que o § 9.º do art. 2.º da Lei n. 12.850/2013, acrescentado pela Lei n. 13.964/2019, dispõe que o condenado expressamente em sentença por integrar organização criminosa ou por crime praticado por meio de organização criminosa não poderá progredir de regime de cumprimento de pena ou obter livramento condicional ou outros benefícios prisionais se houver elementos probatórios que indiquem a manutenção do vínculo associativo.

Não se admite a progressão por salto, que ocorre quando o condenado não passa pelo regime intermediário. Na progressão por salto, o condenado passaria diretamente do regime fechado para o aberto ou diretamente do semiaberto para a liberdade, o que é inadmissível. A propósito, dispõe a Súmula 491 do Superior Tribunal de Justiça: "É inadmissível a chamada progressão *per saltum* de regime prisional".

Com relação aos crimes hediondos ou assemelhados, vale mencionar o teor da Súmula 471 do Superior Tribunal de Justiça: "Os condenados por crimes hediondos ou assemelhados cometidos antes da vigência da Lei n. 11.464/2007 sujeitam-se ao disposto no art. 112 da Lei n. 7.210/1984 (Lei de Execução Penal) para a progressão de regime prisional". Como a referida súmula é anterior à Lei n. 13.964/2019, deve ser entendido que os condenados por crimes hediondos ou assemelhados cometidos antes da vigência da Lei n. 11.464/2007 devem obedecer ao requisito objetivo-temporal de cumprimento de, no mínimo, 1/6 (um sexto) da pena no regime anterior.

A execução das penas deve ser submetida ao Poder Jurisdicional e aos princípios da legalidade, da ampla defesa, do contraditório e do duplo grau de jurisdição, dentre outros, e, nos termos do art. 66, III, *b*, da LEP, a progressão de regime prisional deverá ser apreciada pelo Juízo das Execuções, sendo proibido ao Tribunal suprimir essa Instância.

Primeiramente, o pedido de progressão de regime prisional deverá ser dirigido ao juízo das execuções criminais competente, sendo certo que, em caso de inconformismo com o que for decidido em primeira instância, a matéria poderá ser submetida ao juízo de segundo grau, por meio do recurso de agravo em execução (art. 197 da Lei n. 7.210/84 — Lei de Execução Penal).

Adotado o sistema progressivo, o juiz da execução da pena será competente para examinar o pedido de progressão do regime fechado para o semiaberto, e do semiaberto para o aberto, conforme a Lei de Execução Penal.

Nesse caso, a oitiva do Ministério Público também é imprescindível. Será considerada nula a progressão de regime deferida sem a oitiva do Ministério Público, haja vista o interesse desse órgão em manifestar-se sobre o pedido, já que, na qualidade de *custos legis*, também lhe compete a fiscalização dos rumos da execução.

Ao contrário, também é possível a *regressão*, por demérito do próprio condenado, como previsto no art. 118 da Lei de Execução Penal.

Para que haja regressão, deve o condenado:

a) praticar fato definido como crime; ou

b) praticar falta grave; ou

c) sofrer condenação, por crime anterior, cuja pena, somada ao restante da pena em execução, torne incabível o regime em que está.

Caso o condenado se encontre cumprindo pena em regime aberto, será dele transferido para regime mais rigoroso se, além das hipóteses acima mencionadas, frustrar os fins da execução ou não pagar, podendo, a multa cumulativamente imposta.

A Lei de Execução Penal não proíbe a regressão por salto (*per saltum*), já que o art. 118 menciona a "transferência *para qualquer* dos regimes mais rigorosos" (grifo nosso).

Os princípios da ampla defesa e do contraditório devem ser estritamente observados na regressão, não podendo o juiz da execução decidir sobre a regressão prisional do condenado sem sua prévia oitiva, conforme disciplina o art. 118, § 2.º, da LEP. Qualquer decisão que determinar a regressão para o regime prisional fechado, sem observar esse dispositivo, será nula.

4.3.1 Ausência de laudo psiquiátrico em exame criminológico

Muito se tem discutido, em sede de execução penal, sobre a necessidade de elaboração de exame criminológico no sentenciado como ferramenta à disposição do magistrado para a análise dos requisitos necessários para a obtenção de diversos benefícios durante o cumprimento de pena, dentre eles a progressão de regime. Como foi dito no item anterior, com a vigência da Lei n. 14.843/2024, que deu nova redação ao § 1.º do art. 112 da Lei de Execução Penal, foi reinserido o exame criminológico como um dos requisitos obrigatórios para a progressão de regime de cumprimento de pena.

Tem-se discutido, ainda, se o exame criminológico vincularia a decisão do magistrado e, até mesmo, se o referido exame poderia ser elaborado apenas por psicólogos, sem a participação de médico psiquiatra. Alguns sustentam, inclusive, que o exame criminológico somente poderia ser feito por psiquiatras, que teriam melhores condições de aferir a viabilidade subjetiva de concessão de benefícios ao condenado em sede de execução penal.

Uma das modalidades de exame criminológico vem referida na Lei n. 7.210/84 — Lei de Execução Penal —, que, em seu art. 8.º, dispõe que "o condenado ao cumprimento de pena privativa de liberdade, em regime fechado, será submetido a exame criminológico para a obtenção dos elementos necessários a uma adequada classificação e com vistas à individualização da execução". Esse é o chamado Exame Criminológico de Classificação.

A partir da sistemática instituída pela Lei de Execução Penal, visando ao atendimento do direito constitucional à individualização da pena (art. 5.º, XLVI, CF) e lastreada no paradigma ressocializatório, os condenados devem ser classificados, segundo os seus antecedentes e personalidade, para orientar a individualização da execução penal.

Essa classificação deve ser feita por Comissão Técnica de Classificação, incumbida de elaborar o programa individualizador da pena privativa de liberdade adequada ao condenado ou preso provisório. A Comissão Técnica de Classificação, existente em cada estabelecimento, deve ser presidida pelo diretor e composta, no mínimo, por dois chefes de serviço, um psiquiatra, um psicólogo e um assistente social, quando se tratar de condenado à pena privativa de liberdade. A Comissão, no exame para a obtenção de dados reveladores da personalidade, observando a ética profissional e tendo sempre presentes peças ou informações do processo, poderá entrevistar pessoas, requisitar, de repartições ou estabelecimentos privados, dados e informações a respeito do condenado e realizar outras diligências e exames necessários.

Outra referência ao exame criminológico é feita, atualmente, no § 1.º do art. 112 da Lei de Execução Penal, estabelecendo que o apenado somente terá direito à progressão de regime se ostentar boa conduta carcerária, comprovada pelo diretor do estabelecimento, e pelos resultados do exame criminológico, respeitadas as normas que vedam a progressão.

Assim, do ponto de vista estritamente legal, para a progressão de regime prisional, ante a atual redação do art. 112, deve ter o condenado cumprido o percentual mínimo da pena no regime anterior e ostentar boa conduta carcerária, comprovada pelo diretor do estabelecimento, e pelos resultados do exame criminológico.

Vale mencionar, entretanto, a resistência de parcela significativa dos psicólogos em realizar o exame criminológico nos condenados, bastando, para tanto, verificar toda a polêmica que envolveu a edição e posterior suspensão, inclusive por decisão judicial, das Resoluções n. 9/2010 e 12/2011 do Conselho Federal de Psicologia.

Nesse sentido, como bem pontuam Jefferson Cruz Reishoffer e Pedro Paulo Gastalho de Bicalho, em primoroso trabalho intitulado "Exame criminológico e psicologia: crise e manutenção da disciplina carcerária" (in *Revista de Psicologia*, v. 29, n. 1, p. 34-44, jan.-abr. 2017), "Os magistrados, no exato momento em que solicitam a realização de um exame criminológico com intenção de obter subsídios para suas decisões, ou depositam uma crença hipócrita na eficácia da prisão como instrumento de ressocialização ou apostam em seu total fracasso e inutilidade aguardando que o sujeito tenha se regenerado a despeito das condições impostas pelo Estado. Ao juiz importa estar amparado por alguma técnica ou ciência específica que possa assegurar que o preso realmente 'ressocializou-se', que as situações que o levaram a delinquir foram circunstanciais ou que sua personalidade possa ter sido modificada com a experiência do cárcere (pela reflexão, pelo sofrimento, pela intimidação, pela disciplina — e, quem sabe, pelas práticas de tortura). Bem como, no caso de um parecer negativo, que estejam comprovadas por um olhar especializado que o sentenciado não apresentou o mérito de progredir para um regime mais brando, seja por atos de indisciplina institucional, seja por seus antecedentes de reincidência, seja pela manutenção de certo *status* criminoso ou por sua suposta periculosidade".

Mas o questionamento primordial diz respeito à validade do exame criminológico elaborado apenas por psicólogos, havendo inúmeras decisões de tribunais do País infirmado a validade de exames feitos sem a participação de um médico psiquiatra.

O Superior Tribunal de Justiça, em diversos precedentes, pacificou a questão, entendendo ser plenamente válido o exame criminológico elaborado apenas por psicólogos, inexistindo qualquer vício pela ausência de médico psiquiatra na elaboração do laudo.

A propósito, no AgRg no HC 440.208, relator Min. Reynaldo Soares da Fonseca, Quinta Turma, publicado no *DJe* em 11-10-2018, assim ficou decidido: "é cediço nesta Corte Superior de Justiça a possibilidade de que psicólogo nomeado pelo Juízo ateste a ausência do requisito subjetivo do reeducando, pois o exame criminológico é dispensável e, quando elaborado, ainda que por referido profissional, representa um elemento no conjunto probatório apto a formar a convicção do Juízo. Portanto inexiste qualquer vício pela ausência de médico psiquiatra a atestar o exame criminológico".

Também no AgRg no HC 451.804, relator Min. Nefi Cordeiro, Sexta Turma, publicado no *DJe* em 25-9-2018, foi decidido que "a elaboração do laudo criminológico por psiquiatra, psicólogo ou assistente psicossocial não traz qualquer mácula ou ilegalidade à decisão que indeferiu a progressão de regime com base em tal documento, mormente porque qualquer destes profissionais está habilitado a realizar perícia técnica compatível com o que se busca saber para a concessão do benefício de progressão de regime".

No mesmo diapasão a decisão proferida no HC 429.590/MS, relator Min. Ribeiro Dantas, Quinta Turma, publicado no *DJe* em 23-6-2018, no sentido de que "é cediço nesta Corte Superior de Justiça a possibilidade de que psicólogo nomeado pelo Juízo ateste a ausência do requisito subjetivo do reeducando, pois o exame criminológico é dispensável e, quando elaborado, ainda que por psicólogo, representa um elemento do conjunto probatório apto a formar a convicção do Juízo. Portanto inexiste qualquer vício pela ausência de médico psiquiatra a atestar o exame criminológico".

Portanto, é plenamente válido o exame criminológico elaborado apenas por psicólogos, tendo o Superior Tribunal de Justiça entendido que a ausência de laudo psiquiátrico em exame criminológico não é causa de nulidade da perícia e da decisão que indeferiu benefício em sede de execução, sendo o bastante para subsidiar a decisão do juiz singular quanto ao mérito do sentenciado as avaliações psicológicas e os laudos de assistente social porventura existentes, que também são consideradas perícias oficiais. Exige-se, entretanto, que a manifestação do juiz de execução esteja devidamente fundamentada em elementos concretos constantes dos autos.

4.4 Progressão especial

A progressão especial foi introduzida pela Lei n. 13.769/2018, que estabeleceu a substituição da prisão preventiva por prisão domiciliar da mulher gestante ou que for mãe ou responsável por crianças ou pessoas com deficiência, e disciplinou o regime de cumprimento de pena privativa de liberdade de condenadas na mesma situação.

Referida lei acrescentou os §§ 3.° e 4.° ao art. 112 da LEP, que trata da progressão de regime.

De acordo com os referidos parágrafos, no caso de mulher gestante ou que for mãe ou responsável por crianças ou pessoas com deficiência, os requisitos para progressão de regime são, cumulativamente:

I — não ter cometido crime com violência ou grave ameaça a pessoa;

II — não ter cometido o crime contra seu filho ou dependente;

III — ter cumprido ao menos 1/8 (um oitavo) da pena no regime anterior;

IV — ser primária e ter bom comportamento carcerário, comprovado pelo diretor do estabelecimento;

V — não ter integrado organização criminosa.

Entretanto, o cometimento de novo crime doloso ou falta grave implicará a revogação do benefício de progressão especial.

Merece destacar que a Lei n. 13.769/2018 deu outra redação ao § 2.° do art. 2.° da Lei n. 8.072/90, do seguinte teor: "§ 2.° A progressão de regime, no caso dos condenados pelos crimes previstos neste artigo, dar-se-á após o cumprimento de 2/5 (dois quintos) da pena, se o apenado for primário, e de 3/5 (três quintos), se reincidente, observado o disposto nos §§ 3.° e 4.° do art. 112 da Lei n. 7.210, de 11 de julho de 1984 (Lei de Execução Penal)".

Esse § 2.º, entretanto, foi revogado expressamente pela Lei n. 13.964/2019 (Lei Anticrime), que fixou novos parâmetros objetivos para a progressão de regime, cuidando, inclusive, dos crimes hediondos e assemelhados.

Mesmo com a vigência da Lei n. 13.964/2019 (Lei Anticrime), que alterou parte da redação do art. 112 da Lei de Execução Penal, não houve alteração dos §§ 3.º e 4.º desse dispositivo, que permaneceram íntegros.

Portanto, ainda que a mulher gestante ou que for mãe ou responsável por crianças ou pessoas com deficiência pratique crime hediondo ou assemelhado, estará sujeita à progressão especial, desde que atendidos os requisitos do § 3.º do art. 112 da LEP. Assim, mesmo em caso de crime hediondo ou assemelhado, a progressão se dará após o cumprimento de, no mínimo, 1/8 da pena no regime anterior.

4.5 Regras do regime fechado

Quando iniciar o cumprimento de pena em regime fechado, o condenado será submetido a *exame criminológico* de classificação para que se possa individualizar a execução (arts. 34, *caput*, do CP e 8.º, *caput*, da LEP).

O condenado ficará sujeito a trabalho no período diurno e isolamento durante o repouso noturno. O trabalho será em comum, dentro das aptidões do condenado, podendo haver trabalho externo em serviços e obras públicas (arts. 34 e 39 do CP e 28 a 37 da LEP).

4.6 Regras do regime semiaberto

Ao iniciar o cumprimento de pena, o sentenciado pode ser submetido a exame criminológico de classificação (arts. 35 do CP e 8.º, parágrafo único, da LEP), ficando sujeito a trabalho em comum durante o período diurno em colônia agrícola, industrial ou estabelecimento similar.

É admissível o trabalho externo, assim como a frequência a cursos supletivos profissionalizantes, de instrução de segundo grau ou superior (arts. 39 do CP e 28 a 37 da LEP).

4.7 Regras do regime aberto

Segundo o art. 36, *caput*, do Código Penal, o regime aberto baseia-se na autodisciplina e no senso de responsabilidade do condenado.

Nesse regime o condenado deverá, fora do estabelecimento prisional e sem vigilância, trabalhar, frequentar curso ou exercer outra atividade autorizada, permanecendo recolhido durante o período noturno e nos dias de folga (art. 36, § 1.º, do CP).

Estabelece a Súmula 493 do Superior Tribunal de Justiça: "É inadmissível a fixação de pena substitutiva (art. 44 do CP) como condição especial ao regime aberto".

Entretanto, se o condenado praticar fato definido como crime doloso, se frustrar os fins da execução ou se não pagar a multa cumulativa eventualmente aplicada, se solvente, será transferido do regime aberto para o semiaberto (art. 36, § 2.º, do CP).

A respeito do mesmo assunto, ver arts. 113 a 116 da Lei de Execução Penal.

4.8 Casa do albergado

Conforme já foi salientado, a pena privativa de liberdade em regime aberto deve ser cumprida em casa do albergado ou estabelecimento adequado.

Segundo o disposto no art. 93 da Lei de Execução Penal, a casa do albergado destina-se ao cumprimento de pena privativa de liberdade, em regime aberto, e da pena de limitação de fim de semana.

O prédio da casa do albergado deverá situar-se em centro urbano, separado dos demais estabelecimentos, e caracterizar-se pela ausência de obstáculos físicos contra a fuga.

Determina, ainda, a Lei de Execução Penal que em cada região haverá, pelo menos, uma casa do albergado, a qual deverá conter, além dos aposentos para acomodar os presos, local adequado para cursos e palestras e também instalações para os serviços de fiscalização e orientação dos condenados.

4.9 Prisão-albergue domiciliar

A Lei de Execução Penal fixa, como regra, o cumprimento da pena privativa de liberdade em regime aberto na casa do albergado, e como exceção, o cumprimento em prisão- -albergue domiciliar.

Assim é que, de acordo com o art. 117 da Lei de Execução Penal, somente se admitirá o recolhimento do beneficiário de *regime aberto* em residência particular quando se tratar de:

a) condenado maior de 70 anos;

b) condenado acometido de doença grave;

c) condenada com filho menor ou deficiente físico ou mental;

d) condenada gestante.

De acordo com o disposto no art. 146-B, II, da Lei n. 7.210/84 — Lei de Execução Penal, inserido pela Lei n. 12.258/2010, o juiz poderá definir a fiscalização por meio de monitoração eletrônica quando determinar a prisão domiciliar.

Discute-se se caberia a prisão-albergue domiciliar fora dos casos acima mencionados, quando inexistisse na comarca casa do albergado. Os Tribunais Superiores vêm se manifestando pela possibilidade do recolhimento domiciliar mesmo fora das hipóteses do art. 117 da Lei de Execução Penal.

Nesse aspecto: "Cumprindo o condenado a pena em regime mais gravoso do que o fixado na sentença ou concedido pela progressão, em razão de inexistência de vagas em estabelecimento penal adequado casa do albergado, cabível a concessão de prisão-albergue domiciliar, em razão da impossibilidade de o condenado ser prejudicado pela inércia do Estado em propiciar o cumprimento da reprimenda em local adequado. Nesse sentido: AgRg no HC 286.440/SP, minha relatoria, Sexta Turma, *DJe* 6/5/2014; HC 286.405/ SP, Ministro Marco Aurélio Bellizze, Quinta Turma, *DJe* 2/5/2014" (STJ — HC 303.867-RS — Rel. Min. Sebastião Reis Júnior — *DJ* 30-10-2014).

O Supremo Tribunal Federal, por meio da Súmula Vinculante 56, estipulou que "a falta de estabelecimento penal adequado não autoriza a manutenção do condenado em regime prisional mais gravoso, devendo-se observar, nessa hipótese, os parâmetros fixados no RE 641.320/RS".

Nesse sentido, em sede de repercussão geral (Tema 0423), o pleno do Supremo Tribunal Federal, no julgamento do RE 641.320/RS, em 11-5-2016, sob a relatoria do Ministro Gilmar Mendes, fixou a seguinte Tese: "I — A falta de estabelecimento penal adequado não autoriza a manutenção do condenado em regime prisional mais gravoso; II — Os juízes da execução penal poderão avaliar os estabelecimentos destinados aos regimes semiaberto e aberto, para qualificação como adequados a tais regimes. São aceitáveis estabelecimentos que não se qualifiquem como 'colônia agrícola, industrial' (regime semiaberto) ou 'casa de albergado ou estabelecimento adequado' (regime aberto) (art. 33, § 1.º, alíneas 'b' e 'c'); III — Havendo déficit de vagas, deverá determinar-se: (i) a saída antecipada de sentenciado no regime com falta de vagas; (ii) a liberdade eletronicamente monitorada ao sentenciado que sai antecipadamente ou é posto em prisão domiciliar por falta de vagas; (iii) o cumprimento de penas restritivas de direito e/ou estudo ao sentenciado que progride ao regime aberto. Até que sejam estruturadas as medidas alternativas propostas, poderá ser deferida a prisão domiciliar ao sentenciado".

4.10 Regime especial

Segundo o disposto no § 1.º do art. 82 da Lei de Execução Penal, alterado pela Lei n. 9.460/97, "a mulher e o maior de 60 (sessenta) anos, separadamente, serão recolhidos a estabelecimento próprio e adequado à sua condição pessoal". No mesmo sentido o art. 37 do Código Penal.

A propósito, vale consultar a Resolução n. 252, de 4-9-2018, do Conselho Nacional de Justiça, que estabelece princípios e diretrizes para o acompanhamento das mulheres mães e gestantes privadas de liberdade e dá outras providências.

Em seu art. 7.º, referida resolução estabelece que todos os direitos das mulheres privadas de liberdade com filhos serão garantidos, conforme disposto na Lei de Execução Penal, por meio da efetivação dos direitos fundamentais constitucionais nos estabelecimentos prisionais, respeitadas as especificidades de gênero, cor ou etnia, orientação sexual, idade, maternidade, nacionalidade, religiosidade e de deficiências física e mental. No art. 8.º, dispõe que a convivência entre mães e filhos em unidades prisionais ou de detenção deverá ser garantida, visando apoiar o desenvolvimento da criança e preservar os vínculos entre mãe e filhos, resguardando-se sempre o interesse superior destes, conforme disposto no Estatuto da Criança e do Adolescente.

A Lei n. 14.326/2022 acrescentou o § 4.º ao art. 14 da Lei n. 7.210/84 — Lei de Execução Penal, estabelecendo que "será assegurado tratamento humanitário à mulher grávida durante os atos médico-hospitalares preparatórios para a realização do parto e durante o trabalho de parto, bem como à mulher no período de puerpério, cabendo ao poder público promover a assistência integral à sua saúde e à do recém-nascido". Outrossim, a Lei n. 13.869/2019 (Lei de Abuso de Autoridade) tipificou a conduta de manter presos de ambos os sexos em uma mesma cela ou espaço de confinamento, nos seguintes termos:

"Art. 21. Manter presos de ambos os sexos na mesma cela ou espaço de confinamento:

Pena — detenção, de 1 (um) a 4 (quatro) anos, e multa.

Parágrafo único. Incorre na mesma pena quem mantém, na mesma cela, criança ou adolescente na companhia de maior de idade ou em ambiente inadequado, observado o disposto na Lei n. 8.069, de 13 de julho de 1990 (Estatuto da Criança e do Adolescente)".

4.11 Regime disciplinar diferenciado — RDD

Ensina Júlio Fabbrini Mirabete (*Execução Penal:* comentários à Lei n. 7.210, de 11-7-84, 11. ed., São Paulo: Atlas, 2004, p. 149) que "o regime disciplinar diferenciado foi concebido para atender às necessidades de maior segurança nos estabelecimentos penais e de defesa da ordem pública contra criminosos que, por serem líderes ou integrantes de facções criminosas, são responsáveis por constantes rebeliões e fugas ou permanecem, mesmo encarcerados, comandando ou participando de quadrilhas ou organizações criminosas atuantes no interior do sistema prisional e no meio social".

O regime disciplinar diferenciado — RDD vem previsto no art. 52 da Lei n. 7.210/84 e foi introduzido, inicialmente, pela Lei n. 10.792/2003, consistindo num regime de disciplina carcerária especial caracterizado por maior grau de isolamento do preso e restrições ao contato com o mundo exterior. Deve ser aplicado como sanção disciplinar ou como medida de caráter cautelar, nas hipóteses previstas em lei, tanto ao condenado como ao preso provisório, nacional ou estrangeiro.

O art. 52 da Lei de Execução Penal recebeu outra redação dada pela Lei n. 13.964/2019, apresentando o regime disciplinar diferenciado as seguintes características:

a) duração máxima de até 2 (dois) anos, sem prejuízo da repetição da sanção por nova falta grave da mesma espécie;

b) recolhimento em cela individual;

c) visitas quinzenais, de 2 (duas) pessoas por vez, a serem realizadas em instalações equipadas para impedir o contato físico e a passagem de objetos, por pessoa da família ou, no caso de terceiro, autorizado judicialmente, com duração de 2 (duas) horas. Essa visita será gravada em sistema de áudio ou de áudio e vídeo e, com autorização judicial, fiscalizada por agente penitenciário;

d) direito do preso à saída da cela por 2 (duas) horas diárias para banho de sol, em grupos de até 4 (quatro) presos, desde que não haja contato com presos do mesmo grupo criminoso;

e) entrevistas sempre monitoradas, exceto aquelas com seu defensor, em instalações equipadas para impedir o contato físico e a passagem de objetos, salvo expressa autorização judicial em contrário;

f) fiscalização do conteúdo da correspondência;

g) participação em audiências judiciais preferencialmente por videoconferência, garantindo-se a participação do defensor no mesmo ambiente do preso.

O regime disciplinar diferenciado também será aplicado aos presos provisórios ou condenados, nacionais ou estrangeiros que apresentem alto risco para a ordem e a segurança do estabelecimento penal ou da sociedade, ou sob os quais recaiam fundadas suspeitas de envolvimento ou participação, a qualquer título, em organização criminosa, associação criminosa ou milícia privada, independentemente da prática de falta grave.

Existindo indícios de que o preso exerce liderança em organização criminosa, associação criminosa ou milícia privada, ou que tenha atuação criminosa em 2 (dois) ou mais Estados da Federação, o regime disciplinar diferenciado será obrigatoriamente cumprido em estabelecimento prisional federal. Nessa hipótese, o regime disciplinar diferenciado deverá contar com alta segurança interna e externa, principalmente no que diz respeito à necessidade de se evitar contato do preso com membros de sua organização criminosa, associação criminosa ou milícia privada, ou de grupos rivais.

Nos casos acima mencionados, o regime disciplinar diferenciado poderá ser prorrogado sucessivamente, por períodos de 1 (um) ano, existindo indícios de que o preso continua apresentando alto risco para a ordem e a segurança do estabelecimento penal de origem ou da sociedade, ou mantém os vínculos com organização criminosa, associação criminosa ou milícia privada, considerados também o perfil criminal e a função desempenhada por ele no grupo criminoso, a operação duradoura do grupo, a superveniência de novos processos criminais e os resultados do tratamento penitenciário.

Por fim, após os primeiros 6 (seis) meses de regime disciplinar diferenciado, o preso que não receber a visita poderá, após prévio agendamento, ter contato telefônico, que será gravado, com uma pessoa da família, 2 (duas) vezes por mês e por 10 (dez) minutos.

A respeito do regime disciplinar diferenciado na jurisprudência:

"PENAL. PROCESSO PENAL. AGRAVO REGIMENTAL NO *HABEAS CORPUS*. EXECUÇÃO PENAL. INCLUSÃO NO REGIME DISCIPLINAR DIFERENCIADO. FUNDAMENTAÇÃO IDÔNEA DO ACÓRDÃO RECORRIDO. ANÁLISE DA PRETENSÃO À LUZ DO PROCEDIMENTO DISCIPLINAR. IMPOSSIBILIDADE, SOB PENA DE INDEVIDA SUPRESSÃO DE INSTÂNCIA. NÃO ENFRENTAMENTO DOS FUNDAMENTOS DA DECISÃO AGRAVADA. ENUNCIADO SUMULAR N. 182/STJ. AGRAVO DESPROVIDO. (...) II — Afere-se dos autos que a Corte de origem logrou êxito em fundamentar de forma idônea a inclusão do paciente, ora agravante, no regime disciplinar diferenciado, com fundamento no art. 52, *caput* e § 1.º, II, da LEP, haja vista a existência de indícios suficientes quanto à participação do apenado na prática de homicídio qualificado contra companheiro de cela. Precedentes. III — Ainda que tenha havido a superveniente conclusão do procedimento administrativo disciplinar que afastou a responsabilidade do agravante pela prática do delito de homicídio contra companheiro de cela, em função da distribuição constitucional de competências fixadas na Constituição Federal, não se mostra possível a análise originária por este Tribunal, sob pena, como dito, de atuar em indevida, e dupla, supressão de instância jurisdicional sendo caso, por conseguinte, da defesa buscar a revogação, junto ao Juízo da execução criminal, da decisão de inclusão no RDD à luz da conclusão do referido procedimento disciplinar" (STJ — AgRg no HC 737.876/AL — Rel. Min. Jesuíno Rissato — Des. Convocado do TJDFT — Quinta Turma — *DJe* 30-5-2022).

"*HABEAS CORPUS*. REGIME DISCIPLINAR DIFERENCIADO. ART. 52 DA LEP. CONSTITUCIONALIDADE. APLICAÇÃO DO PRINCÍPIO DA PROPORCIONALIDADE. NULIDADE DO PROCEDIMENTO ESPECIAL. REEXAME DE PROVAS. IMPROPRIEDADE DO *WRIT*. NULIDADE DA SENTENÇA CONDENATÓRIA NÃO RECONHECIDA. 1. Considerando-se que os princípios fundamentais consagrados na Carta Magna não são ilimitados (princípio da relatividade ou convivência das liberdades públicas), vislumbra-se que o legislador, ao instituir o *Regime Disciplinar Diferenciado*, atendeu ao princípio da proporcionalidade. 2. Legitima a atuação estatal, tendo em vista que a Lei n. 10.792/2003, que alterou a redação do art. 52 da LEP, busca dar efetividade à crescente necessidade de segurança nos estabelecimentos penais, bem como resguardar a ordem pública, que vem sendo ameaçada por criminosos que, mesmo encarcerados, continuam comandando ou integrando facções criminosas que atuam no interior do sistema prisional — liderando rebeliões que não raro culminam com fugas e mortes de reféns, agentes penitenciários e/ou outros detentos — e, também, no meio social. 3. Aferir a nulidade do procedimento especial, em razão dos vícios apontados, demandaria o revolvimento do conjunto fático-probatório apurado, o que, como cediço, é inviável na estreita via do *habeas corpus*. Precedentes. 4. A sentença monocrática encontra-se devidamente fundamentada, visto que o magistrado, ainda que sucintamente, apreciou todas as teses da defesa, bem como motivou adequadamente, pelo exame percuciente das provas produzidas no procedimento *disciplinar*, a inclusão do paciente no *Regime Disciplinar Diferenciado*, atendendo, assim, ao comando do art. 54 da Lei de Execução Penal. 5. Ordem denegada" (STJ — HC 40300/RJ — Rel. Min. Arnaldo Esteves Lima — *DJ* 22-8-2005 — *RT* 845/549).

Também: "RECURSO ORDINÁRIO EM *HABEAS CORPUS*. CONSTRANGIMENTO ILEGAL. EXECUÇÃO DA PENA. REGIME DISCIPLINAR DIFERENCIADO. PRORROGAÇÃO DA PERMANÊNCIA EM PRESÍDIO FEDERAL. FUNDAMENTAÇÃO IDÔNEA. GARANTIA DA SEGURANÇA PÚBLICA. 1. Muito embora a Lei de Execução Penal assegure ao preso o direito de cumprir sua reprimenda em local que lhe permita contato com seus familiares e amigos, tal garantia não é absoluta, podendo o Juízo das Execuções, de maneira fundamentada, indeferir o pleito se constatar ausência de condições para o novo acolhimento. 2. Na hipótese dos autos, a prorrogação da permanência do condenado em *regime disciplinar diferenciado* foi justificada por sua alta periculosidade e influência em organizações criminosas, motivos suficientes para justificar a medida excepcional e descaracterizar o constrangimento ilegal aduzido. 4. Recurso a que se nega provimento" (STJ — RHC 44.417 — Rel. Min. Moura Ribeiro — *DJ* 7-3-2014).

4.12 Direitos e trabalho do preso

Dispõe o art. 38 do Código Penal:

O preso conserva todos os direitos não atingidos pela perda da liberdade, impondo-se a todas as autoridades o respeito à sua integridade física e moral.

Os direitos do preso estão relacionados nos arts. 40 a 43 da Lei de Execução Penal.

O art. 19, § 4.º, da Lei n. 8.069/90 (Estatuto da Criança e do Adolescente), acrescentado pela Lei n. 12.962/2014, dispõe que "será garantida a convivência da criança e do adolescente com a mãe ou o pai privado de liberdade, por meio de visitas periódicas promovidas pelo responsável ou, nas hipóteses de acolhimento institucional, pela entidade responsável, independentemente de autorização judicial".

E acrescenta o § 2.º do art. 23 do mesmo diploma, também acrescentado pela Lei n. 12.962/2014, que "a condenação criminal do pai ou da mãe não implicará a destituição do poder familiar, exceto na hipótese de condenação por crime doloso, sujeito à pena de reclusão, contra o próprio filho ou filha".

Com relação ao trabalho, o art. 39 do Código Penal estabelece:

O trabalho do preso será sempre remunerado, sendo-lhe garantidos os benefícios da Previdência Social.

Incumbe ao serviço de assistência social (art. 23, VI, da Lei n. 7.210/84 — Lei de Execução Penal) providenciar os benefícios da Previdência Social ao preso.

As demais regras sobre o trabalho do preso estão dispostas nos arts. 28 a 37 da Lei de Execução Penal.

4.13 Remição

A remição é um direito do condenado, e consiste no desconto do tempo de pena privativa de liberdade, cumprido nos regimes fechado e semiaberto, pelo trabalho ou pelo estudo.

Constitui um meio de abreviar ou extinguir parte da pena, funcionando, ainda, como estímulo para o preso corrigir-se, abreviando o tempo de cumprimento da pena que tinha que cumprir, de modo a passar ao regime de liberdade condicional ou à liberdade definitiva.

Dispõe o art. 126 da Lei de Execução Penal, com a redação que lhe foi dada pela Lei n. 12.433/2011: "O condenado que cumpre a pena em regime fechado ou semiaberto poderá remir, por trabalho ou estudo, parte do tempo de execução da pena".

No caso de trabalho, a contagem do tempo para o fim de remição será feita à razão de um dia de pena por três de trabalho.

Se o trabalho for esporádico e eventual, ou ainda sem qualquer tipo de controle, não servirá para remição.

O trabalho deverá ser regular e submetido a controle efetivo, até porque, para o deferimento do pedido de remição de pena, é necessário fazer o cômputo exato dos dias em que o preso realmente trabalhou, excluídos os dias de descanso, que são obrigatórios, e aqueles dias em que o trabalho foi inferior a seis horas, vedadas as compensações. Todas essas exigências objetivam evitar a ocorrência de fraudes.

O condenado que está submetido à medida de segurança de internação em hospital de custódia e tratamento psiquiátrico não tem direito à remição, mesmo que essa internação possa ser objeto de detração penal, porque o sentenciado não estará cumprindo a pena segundo as regras do regime fechado ou semiaberto.

Para ser eficaz, a remição deverá ser deferida por sentença judicial, sendo que a competência é, em primeiro grau, do juízo das execuções penais, que deverá previamente ouvir o Ministério Público.

Perderá o direito a até 1/3 (um terço) do tempo remido o condenado que for punido por falta grave, começando novo período para a contagem, de acordo com o art. 127 da LEP, com a redação que lhe foi dada pela Lei n. 12.433/2011.

Acerca da falta disciplinar, dispõe a Súmula 533 do Superior Tribunal de Justiça: "Para o reconhecimento da prática de falta disciplinar no âmbito da execução penal, é imprescindível a instauração de procedimento administrativo pelo diretor do estabelecimento prisional, assegurado o direito de defesa, a ser realizado por advogado constituído ou defensor público nomeado".

Ressalte-se que, de acordo com a redação dada ao art. 128 pela Lei n. 12.433/2011, o tempo remido será computado como pena cumprida, para todos os efeitos.

Vale lembrar, ainda, o disposto na Súmula 562 do Superior Tribunal de Justiça: "É possível a remição de parte do tempo de execução da pena quando o condenado, em regime fechado ou semiaberto, desempenha atividade laborativa, ainda que extramuros".

4.13.1 Remição pelo estudo

Mesmo antes da alteração do art. 126 da Lei de Execução Penal pela Lei n. 12.433/2011, a remição da pena por estudo vinha sendo admitida pela jurisprudência (*RT*, 798/688 e 803/609). Isso em razão dos benefícios trazidos pelo estudo ao processo de recuperação e ressocialização do condenado.

Inclusive, a Súmula 341 do Superior Tribunal de Justiça estabelece: "A frequência a curso de ensino formal é causa de remição de parte do tempo de execução de pena sob regime fechado ou semiaberto".

O art. 83, § 4.º, da LEP, com a redação dada pela Lei n. 12.245/2010, estabelece que os estabelecimentos penais deverão contar com salas de aulas destinadas a cursos do ensino básico e profissionalizante.

A remição por estudo, prevista no art. 126 da Lei de Execução Penal, é contada à razão de 1 (um) dia de pena a cada 12 (doze) horas de frequência escolar — atividade de ensino fundamental, médio, inclusive profissionalizante, ou superior, ou ainda de requalificação profissional —, divididas, no mínimo, em 3 (três) dias.

As atividades de estudo referidas poderão ser desenvolvidas de forma presencial ou por metodologia de ensino a distância, e deverão ser certificadas pelas autoridades educacionais competentes dos cursos frequentados. Inclusive, o tempo a remir em função das horas de estudo será acrescido de 1/3 (um terço) no caso de conclusão do ensino fundamental, médio ou superior durante o cumprimento da pena, desde que certificada pelo órgão competente do sistema de educação.

Com relação à remição pelo estudo em caso de ensino à distância: "Conforme a jurisprudência desta Corte Superior, é possível a remição de pena por estudo realizado na modalidade à distância, desde que cumpridos os requisitos estabelecidos no art. 126, § 2º da Lei de Execução Penal e pela Resolução n. 391/2021, do Conselho Nacional de Justiça" (STJ — AgRg no HC 882.805/RJ — Rel. Min. Otávio de Almeida Toledo — Des. Convocado do TJSP — Sexta Turma — *DJe* 28-10-2024).

Por fim, dispôs a Lei n. 12.433/2011 que o condenado que cumpre pena em regime aberto ou semiaberto e o que usufrui liberdade condicional poderão remir, pela frequência a curso de ensino regular ou de educação profissional, parte do tempo de execução da pena ou do período de prova.

4.13.2 Remição pela leitura

Muito se tem discutido acerca da admissibilidade de remição de pena pela leitura, hipótese não prevista expressamente pelo art. 126 da Lei n. 7.210/84 — Lei de Execução Penal.

Em vários precedentes jurisprudenciais, o Superior Tribunal de Justiça tem admitido o alargamento das hipóteses de remição previstas na Lei de Execução Penal (que se restringem ao trabalho e ao estudo), em verdadeira analogia *in bonam partem*, tudo visando ao "aprimoramento do reeducando" e "propiciar condições para a harmônica integração social do condenado".

Até mesmo a atividade musical realizada em coral foi admitida para a remição de pena. No REsp 1.666.637-ES, que teve como relator o Ministro Sebastião Reis Júnior, julgado em 26-9-2017 (*DJe* 9-10-2017), a Sexta Turma, por unanimidade, decidiu o seguinte: "O ponto nodal da discussão consiste em analisar se o canto em coral pode ser considerado como trabalho ou estudo para fins de remição da pena. Inicialmente, consigna-se que a jurisprudência do Superior Tribunal de Justiça, como resultado de uma interpretação analógica 'in bonam partem' da norma prevista no art. 126 da LEP, firmou o entendimento de que é possível remir a pena com base em atividades que não estejam expressas no texto legal. Concluiu-se, portanto, que o rol do art. 126 da Lei de Execução Penal não é taxativo, pois não descreve todas as atividades que poderão auxiliar no abreviamento da reprimenda. Aliás, o *caput* do citado artigo possui uma redação aberta, referindo-se apenas ao estudo e ao trabalho, ficando a cargo do inciso I do primeiro parágrafo a regulação somente no que se refere ao estudo — atividade de ensino fundamental, médio, inclusive profissionalizante, ou superior, ou ainda de requalificação profissional. Na mesma linha, consigna-se que a intenção do legislador ao permitir a remição pelo trabalho ou pelo estudo é incentivar o aprimoramento do reeducando, afastando-o, assim, do ócio e da prática de novos delitos, e, por outro lado, proporcionar condições para a harmônica integração social do condenado (art. 1.º da LEP). Ao fomentar o estudo e o trabalho, pretende-se a inserção do reeducando ao mercado de trabalho, a fim de que ele obtenha o seu próprio sustento, de forma lícita, após o cumprimento de sua pena. Nessa toada, observa-se que o meio musical satisfaz todos esses requisitos, uma vez que, além do aprimoramento cultural proporcionado ao apenado, ele promove sua formação profissional nos âmbitos cultural e artístico. A atividade musical realizada pelo reeducando profissionaliza, qualifica e capacita o réu, afastando-o do crime e reintegrando-o na sociedade. No mais, apesar de se encaixar perfeitamente à hipótese de estudo, vê-se, também, que a música já foi regulamentada como profissão pela Lei n. 3.857/60".

A remição pela leitura é hipótese não prevista no art. 126 da Lei de Execução Penal, mas vem tratada na Resolução n. 391, de 10 de maio de 2021, do Conselho Nacional de Justiça — CNJ, que estabelece procedimentos e diretrizes a serem observados pelo Poder Judiciário para o reconhecimento do direito à remição de pena por meio de práticas sociais educativas em unidades de privação de liberdade.

O Departamento Penitenciário Nacional (Depen) publicou nota técnica de remição de pena pela leitura. A Nota Técnica n. 1/2020 tem o objetivo de orientar os Estados na institucionalização e padronização das atividades de remição de pena pela leitura e resenhas de livros no sistema prisional brasileiro. A iniciativa se dá como marco inicial para a criação do Programa Nacional de Remição de Pena pela Leitura no Brasil.

Embora não prevista em lei, a remição pela leitura é uma realidade que vem sendo admitida pelos Tribunais Superiores e por muitos Juízos de Execução Penal pelo país afora, em louvável preocupação com a ressocialização dos condenados, fazendo com que o Poder Público adquira livros e obras literárias diversas para guarnecer as bibliotecas dos estabelecimentos prisionais.

4.14 Superveniência de doença mental

Prescreve o art. 41 do Código Penal:

O condenado a quem sobrevém doença mental deve ser recolhido a hospital de custódia e tratamento psiquiátrico ou, à falta, a outro estabelecimento adequado.

Tem-se entendido que esse recolhimento previsto no art. 41 do Código Penal se aplica à doença mental transitória suportada pelo condenado. Neste caso, bastaria o *recolhimento* do condenado a hospital de custódia e tratamento psiquiátrico ou a outro estabelecimento adequado. No mesmo sentido o disposto no art. 108 da Lei de Execução Penal.

Caso a doença mental superveniente não seja transitória, mas duradoura, impõe-se a *substituição* da pena por medida de segurança (internação em hospital de custódia e tratamento psiquiátrico ou tratamento ambulatorial).

Assim, nos termos do art. 183 da Lei de Execução Penal, quando, no curso da execução da pena privativa de liberdade, sobrevier doença mental ou perturbação da saúde mental, o juiz, de ofício, a requerimento do Ministério Público ou da autoridade administrativa, poderá determinar a substituição da pena por medida de segurança.

4.15 Detração penal

Detração penal é o cômputo, na pena privativa de liberdade e na medida de segurança, do tempo de prisão provisória ou administrativa e o de internação em hospital ou manicômio. A propósito, *vide* Lei n. 12.736/2012.

Vem regulada pelo art. 42 do Código Penal.

O termo *prisão provisória* refere-se a:

a) prisão em flagrante;

b) prisão preventiva;

c) prisão temporária.

A detração deverá ser considerada pelo juiz que proferir a sentença condenatória, de acordo com o disposto no art. 1.º da Lei n. 12.736/2012.

Inclusive, nesse sentido, o art. 387, § 2.º, do Código de Processo Penal, acrescentado pela citada lei, dispõe que "o tempo de prisão provisória, de prisão administrativa ou de internação, no Brasil ou no estrangeiro, será computado para fins de determinação do regime inicial de pena privativa de liberdade".

Portanto, quem opera a detração é o próprio juiz da condenação. Ao condenar e fixar a pena, o juiz faz o cálculo da detração e utiliza o saldo de pena como base para a determinação do regime inicial de cumprimento.

Nada impede, entretanto, que o Juízo das Execuções decida sobre a detração, nos termos do art. 66 da Lei n. 7.210/84, sempre que o magistrado sentenciante não houver adotado tal providência (STJ — HC 625.511/SP — Rel. Min. Felix Fischer — Quinta Turma — *DJe* 17-2-2021).

O Superior Tribunal de Justiça, outrossim, entende ser possível a detração em caso de prisão cautelar domiciliar (AgRg no HC 491.160/CE — Rel. Min. Sebastião Reis Júnior — Sexta Turma — *DJe* 5-11-2019; HC 631.554/DF — Rel. Min. Felix Fischer — Quinta Turma — *DJe* 12-2-2021).

4.15.1 Detração em pena restritiva de direitos

A rigor, a detração deveria ocorrer apenas em penas privativas de liberdade. Entretanto, dado o caráter substitutivo das penas restritivas de direitos, que substituem as penas privativas de liberdade, desde que satisfeitas as exigências do art. 44 do Código Penal, nada impede o desconto do tempo de prisão provisória no montante àquelas fixado.

4.15.2 Detração em pena de multa

Antes do advento da Lei n. 9.268/96, que deu outra redação ao art. 51 do Código Penal, estabelecia esse dispositivo que a multa não paga poderia ser convertida em pena privativa de liberdade, à razão de 1 dia de detenção para cada dia-multa. Havia, então, entendimentos doutrinários e jurisprudenciais para a possibilidade de detração da prisão provisória na pena de multa fixada, já que, se não paga esta, seria convertida em privativa de liberdade.

Entretanto, com a atual redação do art. 51 do Código Penal, a multa não paga converte-se em dívida de valor, vedada sua substituição por pena privativa de liberdade. Dessa forma, passou a ser absolutamente inviável a chamada *detração analógica*, uma vez que desapareceu o argumento que justificava a possibilidade de conversão da pena de multa não paga em privação de liberdade.

5 PENAS RESTRITIVAS DE DIREITOS

As penas restritivas de direitos, tal como acontece com as *penas privativas de liberdade*, implicam a diminuição de um bem jurídico do criminoso.

Assim, as penas restritivas de direitos são autônomas e substituem as penas privativas de liberdade, por força de disposição legal, implicando certas restrições e obrigações ao condenado.

Sobre a fixação de penas restritivas de direitos nos casos de violência doméstica e familiar contra a mulher, assim dispõe a Súmula 588 do STJ: "A prática de crime ou contravenção penal contra a mulher com violência ou grave ameaça no ambiente doméstico impossibilita a substituição da pena privativa de liberdade por restritiva de direitos".

5.1 Espécies de penas restritivas de direitos

Segundo o disposto no art. 43 do Código Penal, com redação dada pela Lei n. 9.714/98, são cinco as espécies de penas restritivas de direitos:

a) prestação pecuniária;

b) perda de bens e valores;

c) prestação de serviços à comunidade ou a entidades públicas;

d) interdição temporária de direitos;

e) limitação de fim de semana.

5.2 Natureza jurídica

A pena restritiva de direitos consiste na inabilitação temporária de um ou mais direitos do condenado, na prestação pecuniária ou perda de bens ou valores, imposta em substituição à pena privativa de liberdade, cuja espécie escolhida tem relação direta com a infração cometida.

Essa pena foi instituída para substituir a pena privativa de liberdade, não perdendo o caráter de castigo, porém evitando os malefícios da pena carcerária de curta duração.

5.3 Características

As características das penas restritivas de direitos são as seguintes:

a) são substitutivas, pois visam afastar as privativas de liberdade de curta duração;

b) gozam de autonomia, pois têm características e forma de execução próprias;

c) a pena substituída deve ser não superior a 4 anos ou resultante de crime culposo;

d) o crime não pode ter sido cometido com violência ou grave ameaça à pessoa;

e) exige como condição objetiva que o réu não seja reincidente em crime doloso;

f) para a substituição também devem ser analisados os elementos subjetivos do condenado, pois somente são aplicadas se a culpabilidade, os antecedentes, a conduta social e a sua personalidade, bem como os motivos e as circunstâncias do crime, indicarem que a transformação operada seja suficiente.

Com relação à reincidência, o art. 44, § 3.º, do Código Penal estabelece que, se o condenado for reincidente, o juiz poderá aplicar a substituição, desde que, em face de condenação anterior, a medida seja socialmente recomendável e a reincidência não se tenha operado em virtude da prática do mesmo crime.

Nesse sentido, o Superior Tribunal de Justiça tem entendido que a reincidência específica tratada no art. 44, § 3.º, do Código Penal, somente se aplica quando forem idênticos, e não apenas de mesma espécie, os crimes praticados. Assim, o condenado reincidente pode ter sua pena privativa de liberdade substituída por restritiva de direitos, se a medida for socialmente recomendável e a reincidência não se operar no mesmo crime (AREsp 1.716.664-SP, Rel. Min. Ribeiro Dantas, Terceira Seção, julgado em 25-8-2021).

5.4 Duração das penas restritivas de direitos

As penas restritivas de direitos, consistentes em prestação de serviços à comunidade ou a entidades públicas, interdição temporária de direitos e limitação de fim de semana, têm a mesma duração das penas privativas de liberdade a que substituem, ressalvado o disposto no art. 46, § 4.º, do Código Penal (art. 55 do CP).

5.5 Impossibilidade de cumulação

Dada a sua característica de substitutivas, as penas restritivas de direitos não podem ser aplicadas cumulativamente com as penas privativas de liberdade. Ao definir a espécie e duração da pena à luz do caso concreto, deve o juiz aplicar a pena privativa de liberdade ou substituí-la pela pena restritiva de direitos.

Entretanto, na condenação igual ou inferior a 1 ano, a substituição pode ser feita por multa ou por uma pena restritiva de direitos. Na condenação superior a 1 ano, a pena privativa de liberdade pode ser substituída por uma pena restritiva de direitos e multa ou por duas penas restritivas de direitos (art. 44, § 2.º, do CP).

5.6 Conversão

Obrigatoriamente, a pena restritiva de direitos converte-se em privativa de liberdade quando ocorrer o descumprimento injustificado da restrição imposta.

Do cálculo da *pena privativa de liberdade* a executar será deduzido o tempo cumprido da pena restritiva de direitos, respeitado o saldo mínimo de 30 dias de detenção ou reclusão.

Sobrevindo condenação à pena privativa de liberdade, por outro crime, o juiz da execução penal decidirá sobre a conversão, podendo deixar de aplicá-la se for possível ao condenado cumprir a pena substitutiva anterior.

A Lei de Execução Penal traz outras causas de conversão no art. 181.

5.7 Prestação pecuniária

A prestação pecuniária, de acordo com o disposto no art. 45, § 1.º, do Código Penal, consiste no pagamento em dinheiro à vítima, a seus dependentes ou a entidade pública ou privada com destinação social, de importância fixada pelo juiz não inferior a 1 salário mínimo nem superior a 360 salários mínimos.

O valor pago será deduzido do montante de eventual condenação em ação de reparação civil, se coincidentes os beneficiários.

Se houver aceitação do beneficiário, a prestação pecuniária pode consistir em prestação de outra natureza, tal como fornecimento de cestas básicas, medicamentos etc.

5.8 Perda de bens e valores

A perda de bens e valores pertencentes ao condenado dar-se-á, ressalvada a legislação especial, em favor do Fundo Penitenciário Nacional (FUNPEN) (criado pela LC n. 79, de 7-1-1994, que foi regulamentada pelo Decreto n. 193, de 23-3-1994), e seu valor terá como teto — o que for maior — o montante do prejuízo causado ou do provento obtido pelo agente ou por terceiro em consequência da prática do crime.

5.9 Prestação de serviços à comunidade ou a entidades públicas

A prestação de serviços à comunidade ou a entidades públicas consiste na atribuição ao condenado, de maneira compatível e de acordo com a sua aptidão, de tarefas gratuitas junto a entidades assistenciais, hospitais, escolas, orfanatos ou outros estabelecimentos congêneres. O serviço prestado é gratuito e realizado aos sábados, domingos e feriados, ou em dias úteis, de modo a não prejudicar a jornada normal de trabalho do condenado, à razão de uma hora de tarefa por dia de condenação.

Essa modalidade de pena restritiva de direitos é aplicável às condenações superiores a 6 meses de privação de liberdade.

Se a pena substituída for superior a um ano, é facultado ao condenado cumprir a pena substitutiva em menor tempo, nunca inferior à metade da pena privativa de liberdade fixada.

Nesse sentido, transitada em julgado a sentença, o juiz da execução designará a entidade ou programa comunitário ou estatal, devidamente credenciado ou convencionado, junto ao qual o condenado deverá trabalhar gratuitamente, de acordo com as suas aptidões, intimando-o e cientificando-o do local, dias e horário em que deverá cumprir a pena.

A execução, nesses casos, terá início a partir da data do primeiro comparecimento.

Caberá à entidade beneficiada com a prestação de serviços à comunidade encaminhar, mensalmente, ao juiz da execução, relatório circunstanciado das atividades do condenado, bem como, a qualquer tempo, comunicação sobre a ausência ou falta disciplinar.

A prestação de serviços à comunidade será convertida em pena privativa de liberdade quando, além das causas já mencionadas e elencadas no art. 45 do Código Penal, o condenado:

a) não for encontrado por estar em lugar incerto e não sabido, ou desatender a intimação por edital;

b) não comparecer, injustificadamente, à entidade ou programa em que deva prestar serviço;

c) recusar-se, injustificadamente, a prestar o serviço que lhe foi imposto;

d) praticar falta grave.

5.10 Interdição temporária de direitos

A interdição temporária de direitos apresenta cinco espécies:

a) *proibição do exercício de cargo*, função ou atividade pública, bem como de mandato eletivo;

b) *proibição do exercício de profissão*, atividade ou ofício que dependam de habilitação especial, de licença ou autorização do Poder Público;

c) *suspensão de autorização ou de habilitação para dirigir veículos*;

d) *proibição de frequentar determinados lugares*;

e) *proibição de inscrever-se em concurso, avaliação ou exames públicos*.

O juiz, aplicando qualquer das modalidades de interdição temporária de direitos, determinará a intimação do condenado e comunicará à autoridade competente a pena aplicada, quando for o caso.

Tratando-se de *proibição de exercício de cargo, função* ou *atividade pública*, bem como de *mandato eletivo*, a autoridade deverá, em 24 horas, contadas do recebimento do ofício do juiz da execução, baixar ato, a partir do qual a execução terá seu início.

Tratando-se de *proibição do exercício de profissão, atividade* ou *ofício* que dependam de habilitação especial, de licença ou autorização do Poder Público, ou ainda de suspensão de autorização ou de habilitação para dirigir veículo, o juiz da execução determinará a apreensão dos documentos que autorizam o exercício do direito interditado.

Caso haja o descumprimento da pena, a autoridade deverá comunicar e qualquer prejudicado poderá fazê-lo, imediatamente, ao juiz da execução, que promoverá a conversão da restrição de direitos em pena privativa de liberdade.

5.11 Limitação de fim de semana

Consiste na obrigação de permanecer o condenado, aos sábados e domingos, por 5 horas, em casa do albergado ou congênere, aproveitando o tempo em tarefas educativas ou palestras, tudo com o escopo de reeducar e ressocializar o condenado.

Após o trânsito em julgado da sentença, o juiz da execução determinará a intimação do condenado, cientificando-o do local, dias e horário em que deverá cumprir a pena, tendo início a execução a partir da data do primeiro comparecimento.

O estabelecimento designado encaminhará, mensalmente, ao juiz da execução, relatório, comunicando-lhe, a qualquer tempo, a ausência ou falta disciplinar do condenado.

Se o condenado não comparecer ao estabelecimento designado para o cumprimento da pena ou recusar-se a exercer a atividade determinada pelo juiz, a limitação de fim de semana será convertida em pena privativa de liberdade.

6   PENA DE MULTA

Como acontece com as outras espécies de pena, a multa implica a diminuição de um bem jurídico do condenado, que, no caso, reveste-se de caráter patrimonial.

A pena de multa, embora sendo pecuniária, não se confunde com a pena de *prestação pecuniária*, que é restritiva de direitos. Além de os critérios de fixação serem diferentes, a multa pode consistir em sanção principal, alternativa ou cumulativa, ao contrário da prestação pecuniária, que é sempre substitutiva da pena privativa de liberdade; é recolhida ao Fundo Penitenciário Nacional, enquanto a prestação pecuniária consiste no pagamento em dinheiro à vítima, a seus dependentes ou a entidade pública ou privada com destinação social; é fixada em dias-multa, enquanto a prestação pecuniária é fixada em salários mínimos; não pode ser deduzida do montante de eventual condenação em ação de reparação civil, o que ocorre com a prestação pecuniária.

6.1   Conceito

A pena de multa consiste, nos termos do art. 49 do Código Penal, no pagamento ao Fundo Penitenciário da quantia fixada na sentença e calculada em dias-multa, sendo, no mínimo, de 10 e, no máximo, de 360 dias-multa.

O *valor do dia-multa* é fixado por ocasião da condenação, não podendo ser inferior a um trigésimo do maior salário mínimo mensal vigente ao tempo do fato, nem superior a cinco vezes esse salário.

Assim, a *pena de multa mínima aplicada* a um indivíduo será de um terço do salário mínimo, e a *pena máxima* será de 1.800 salários mínimos, vigentes à data do fato. De acordo com o disposto no art. 60, § 1.º, do Código Penal, a multa pode ser aumentada até o triplo, se o juiz considerar que, em virtude da situação econômica do réu, é ineficaz, embora aplicada no máximo.

6.2   Cominação e aplicação

A pena de multa pode ser aplicada como:

a) *sanção principal*, quando cominada abstratamente ao delito, como única pena;

b) sanção alternativa, quando cominada conjuntamente com a pena privativa de liberdade, deixando ao julgador a possibilidade de aplicar uma ou outra;

c) sanção cumulativa, quando cominada conjuntamente com a pena privativa de liberdade, devendo o julgador aplicar as duas juntas.

Em casos excepcionais, o juiz pode impor a pena de multa como pena substitutiva, quando a pena privativa de liberdade (detenção ou reclusão) for igual ou inferior a um ano (art. 44, § 2.°, do CP) e o sentenciado preencher os demais requisitos da lei.

O juiz deverá atender, na fixação da pena de multa, principalmente, à situação econômica do réu, podendo ser aumentada, nos termos do art. 60, § 1.°, do Código Penal, até o triplo (1.800 salários mínimos X 3 = 5.400 salários mínimos) se for considerada ineficaz, embora aplicada no máximo.

6.3 Pagamento da multa

A multa deve ser paga dentro de 10 dias, depois do trânsito em julgado da sentença condenatória.

A Lei n. 9.268/96 deu outra redação ao art. 51 do Código Penal e revogou o art. 182 da Lei de Execução Penal. Posteriormente, a Lei n. 13.964/2019 alterou novamente a redação do referido art. 51.

Assim, a multa aplicada em sentença condenatória transitada em julgado não perde o caráter de sanção criminal. A Lei n. 9.268/96, ao considerar a multa penal como dívida de valor, não retirou dela o caráter de sanção criminal, que lhe é inerente por força do art. 5°, XLVI, *c*, da Constituição Federal.

Em caso de não pagamento da multa pelo condenado, não poderá ela ser convertida em pena privativa de liberdade.

Sendo considerada dívida de valor, determina o art. 51 do Código Penal que a ela sejam aplicadas as normas da legislação relativa à dívida ativa da Fazenda Pública, inclusive no que concerne às causas interruptivas e suspensivas da prescrição.

Com relação à prescrição, considerando que a nova redação do art. 51 do Código Penal não retirou o caráter penal da multa, embora se apliquem as causas suspensivas previstas na Lei n. 6.830/80 e as causas interruptivas disciplinadas no art. 174 do Código Tributário Nacional, o prazo prescricional continua sendo regido pelo art. 114, II, do Código Penal. Essa é a posição que prevalece no Superior Tribunal de Justiça (AgRg no REsp 1998804/TO — Rel. Min. Joel Ilan Paciornik — Quinta Turma — *DJe* 20-9-2023; AgRg no AREsp 2033955/SC — Rel. Min. Messod Azulay — Quinta Turma — *DJe* 16-8-2023).

Com relação à execução da pena de multa não paga, a atual redação do art. 51 do Código Penal dada pela Lei n. 13.964/2019 prevê expressamente que deverá ela ser "executada perante o juiz da execução penal". A execução da pena de multa deve seguir os parâmetros da Lei n. 6.830/80.

Em virtude dessa redação atual, não remanesce mais a dúvida acerca da legitimidade para a execução da multa não paga: é exclusiva do Ministério Público.

Portanto, não se aplica mais a Súmula 521 do Superior Tribunal de Justiça ("A legitimidade para a execução fiscal de multa pendente de pagamento imposta em sentença condenatória é exclusiva da Procuradoria da Fazenda Pública") nem sequer havendo competência subsidiária da Procuradoria da Fazenda Pública, como havia decidido, por maioria de votos, o Plenário do Supremo Tribunal Federal, no julgamento conjunto da 12.ª Questão de Ordem apresentada na Ação Penal n. 470 ("mensalão") e da Ação Direta de Inconstitucionalidade n. 3.150.

Excepcionalmente, o pagamento da multa pode ser feito pelo condenado em parcelas mensais, admitindo-se também o desconto em vencimento ou salário.

A multa é recolhida mediante guia ao Fundo Penitenciário Nacional. No Estado de São Paulo, a multa é recolhida ao Fundo Penitenciário Estadual (FUNPESP), criado pela Lei estadual n. 9.171/95.

Por fim, o não pagamento da multa impede, em regra, o reconhecimento da extinção da punibilidade do réu que já cumpriu a pena privativa de liberdade.

Seguindo a posição já assentada no Supremo Tribunal Federal, a questão restou pacificada na 3.ª Seção do Superior Tribunal de Justiça, no julgamento da proposta de afetação no recurso especial ProAfR no REsp 1.785.861/SP, tendo como relator o Ministro Rogério Schietti Cruz, julgada no dia 20-10-2020 e publicada no *DJe* em 2-12-2020, com a seguinte ementa:

"RECURSO ESPECIAL REPRESENTATIVO DE CONTROVÉRSIA. EXECUÇÃO PENAL. REVISÃO DE TESE. TEMA 931. CUMPRIMENTO DA SANÇÃO CORPORAL. PENDÊNCIA DA PENA DE MULTA. CUMPRIMENTO DA PENA PRIVATIVA DE LIBERDADE OU DE RESTRITIVA DE DIREITOS SUBSTITUTIVA. INADIMPLEMENTO DA PENA DE MULTA. EXTINÇÃO DA PUNIBILIDADE. IMPOSSIBILIDADE. COMPREENSÃO FIRMADA PELO SUPREMO TRIBUNAL FEDERAL NO JULGAMENTO DA ADI N. 3.150/DF. MANUTENÇÃO DO CARÁTER DE SANÇÃO CRIMINAL DA PENA DE MULTA. PRIMAZIA DO MINISTÉRIO PÚBLICO NA EXECUÇÃO DA SANÇÃO PECUNIÁRIA. ALTERAÇÃO LEGISLATIVA DO ART. 51 DO CÓDIGO PENAL. RECURSO NÃO PROVIDO.

1. A Terceira Seção do Superior Tribunal de Justiça, na ocasião do julgamento do Recurso Especial Representativo da Controvérsia n. 1.519.777/SP (REsp n. 1.519.777/SP, Rel. Ministro Rogerio Schietti, 3.ª S., *DJe* 10/9/2015), assentou a tese de que "[n]os casos em que haja condenação a pena privativa de liberdade e multa, cumprida a primeira (ou a restritiva de direitos que eventualmente a tenha substituído), o inadimplemento da sanção pecuniária não obsta o reconhecimento da extinção da punibilidade".

2. Entretanto, ao apreciar a Ação Direta de Inconstitucionalidade n. 3.150 (Rel. Ministro Marco Aurélio, Rel. p/ Acórdão Ministro Roberto Barroso, Tribunal Pleno, *DJe*-170 divulg. 5/8/2019 public. 6/8/2019), o Pretório Excelso firmou o entendimento de que a alteração do art. 51 do Código Penal, promovida Lei n. 9.268/96, não retirou o caráter de sanção criminal da pena de multa, de modo que a primazia para sua execução incumbe ao Ministério Público e o seu inadimplemento obsta a extinção da punibilidade do apenado. Tal compreensão foi posteriormente sintetizada em nova alteração do referido dispositivo legal, levada a cabo pela Lei n. 13.964/2019.

3. Recurso especial não provido para manter os efeitos do acórdão que reconheceu a necessidade do integral pagamento da pena de multa para fins de reconhecimento da extinção da punibilidade, e acolher a tese segundo a qual, na hipótese de condenação concomitante a pena privativa de liberdade e multa, o inadimplemento da sanção pecuniária obsta o reconhecimento da extinção da punibilidade".

Na mesma oportunidade (em 20-10-2020), além do processo acima mencionado, foi julgado o REsp 1.785.383/SP, também afetado, derivando desse julgamento a Tese de Recurso Especial Repetitivo fixada no Tema 931, no seguinte teor: "Na hipótese de condenação concomitante a pena privativa de liberdade e multa, o inadimplemento da sanção pecuniária obsta o reconhecimento da extinção da punibilidade".

Posteriormente, em 21-9-2021, o Superior Tribunal de Justiça houve por bem rever a tese firmada no Tema 931, acrescentando um "distinguishing" aos acórdãos acima citados para considerar a situação dos condenados hipossuficientes que demonstrem a impossibilidade de pagamento da pena pecuniária.

Dessa revisão resultou nova redação da Tese de Recurso Especial Repetitivo fixada no Tema 931: "Na hipótese de condenação concomitante a pena privativa de liberdade e multa, o inadimplemento da sanção pecuniária, pelo condenado que comprovar impossibilidade de fazê-lo, não obsta o reconhecimento da extinção da punibilidade".

Mais recentemente, em virtude de nova afetação, a tese foi novamente revista, resultando, no início do ano de 2024, a nova redação da tese firmada no Tema 931: "O inadimplemento da pena de multa, após cumprida a pena privativa de liberdade ou restritiva de direitos, não obsta a extinção da punibilidade, ante a alegada hipossuficiência do condenado, salvo se diversamente entender o juiz competente, em decisão suficientemente motivada, que indique concretamente a possibilidade de pagamento da sanção pecuniária."

7   APLICAÇÃO DA PENA

Na atual sistemática do Código Penal, foi dado ao juiz certo arbítrio em relação à aplicação da pena, não somente no que se refere à quantidade, mas também no que pertine à escolha entre as penas alternativamente cominadas e à faculdade de aplicar cumulativamente as penas de espécies diversas.

Como bem assinala Magalhães Noronha (*Direito penal*, 32. ed., São Paulo: Saraiva, 1997, v. I, p. 248), o julgador não pode limitar-se à apreciação exclusiva do caso, mas tem de considerar também a pessoa do criminoso, para individualizar a pena.

A pena, portanto, não tem mais em vista somente o delito. Ao lado da apreciação dos aspectos objetivos que ele apresenta, deve o juiz considerar a pessoa de quem o praticou, suas qualidades e defeitos, sem esquecer a periculosidade e a possibilidade de tornar a delinquir.

7.1   Circunstâncias do crime

O termo *circunstância* deriva do latim *circum* + *stare*, significando estar ao redor, circundar. São as condições e os elementos que cercam um fato.

Segundo Mirabete (op. cit., p. 286), circunstâncias do crime são dados subjetivos ou objetivos que fazem parte do fato natural, agravando ou diminuindo a gravidade do crime sem modificar-lhe a essência. Exemplos: repouso noturno no furto, emprego de arma na extorsão, reincidência etc.

Não se confundem as circunstâncias com as elementares do delito, que nada mais são que expressão concreta dos elementos genéricos do tipo penal. Exemplos: *matar* no homicídio, *subtrair* no furto, *violência ou grave ameaça* no roubo etc.

As circunstâncias podem ser divididas em:

a) *judiciais*, que auxiliam o juiz na verificação da culpabilidade do agente;

b) *legais*, expressamente previstas na Parte Geral ou na Parte Especial do Código Penal.

7.2 Circunstâncias judiciais

Tem a aplicação da pena, conforme ressalta Magalhães Noronha (op. cit., p. 249), sede principal no art. 59 do Código Penal, que impõe ao juiz a necessidade de determinar a pena justa, dentre as cominadas alternativamente, e fixar, dentro dos limites legais, a quantidade desta.

Assim, primeiro deve o juiz escolher a pena cabível dentre as alternativamente cominadas e, depois, fixar a sua quantidade dentro dos parâmetros estabelecidos pelo preceito secundário da norma.

Para isso, deverá o juiz considerar a culpabilidade, os antecedentes, a conduta social, a personalidade do agente, os motivos, as circunstâncias e consequências do crime, bem como o comportamento da vítima.

No que se refere à *culpabilidade*, deve ser analisado o grau de censurabilidade da conduta, pois, quanto mais reprovável o crime, maior deverá ser a pena. Culpabilidade é juízo de reprovação.

Antecedentes são os fatos da vida pregressa do agente, sejam bons ou maus, como, por exemplo, condenações ou absolvições anteriores, inquéritos arquivados, inquéritos em andamento, ações penais extintas ou em andamento etc. Entretanto, a Súmula 444 do Superior Tribunal de Justiça vedou expressamente a utilização de inquéritos policiais e ações penais em curso para a majoração da pena-base. Nesse sentido: "Súmula 444: É vedada a utilização de inquéritos policiais e ações penais em curso para agravar a pena-base".

Com relação à comprovação dos maus antecedentes, dispõe a Súmula 636 do Superior Tribunal de Justiça: "Súmula 636: 'A folha de antecedentes criminais é documento suficiente a comprovar os maus antecedentes e a reincidência'".

Ainda com relação aos antecedentes criminais do agente, tanto o Supremo Tribunal Federal quanto o Superior Tribunal de Justiça têm adotado o Sistema da Perpetuidade. Nesse sentido: "A jurisprudência desta Corte é firme no sentido de que as condenações criminais alcançadas pelo período depurador de 5 anos, previsto no art. 64, I, do Código Penal, afastam os efeitos da reincidência, contudo, não impedem a configuração de maus antecedentes. O Supremo Tribunal Federal, no julgamento do RE n. 593.818/SC (Rel. Min. Roberto Barroso, Tribunal Pleno, *DJe* 31-8-2020), em regime de repercussão geral, firmou tese no sentido de que 'não se aplica para o reconhecimento dos maus antecedentes o prazo quinquenal de prescrição da reincidência, previsto no art. 64, I, do Código Penal'. Nesse contexto, não há falar em flagrante ilegalidade no desvalor atribuído aos antecedentes criminais do agravante e, em consequência, encontra-se suficientemente motivada a exasperação da pena-base" (STJ — AgRg no HC 655.793/SP — Rel. Min. Reynaldo Soares da Fonseca — Quinta Turma — *DJe* 19-4-2021).

Nesse sentido também a tese firmada no Tema Repetitivo 1.077, do Superior Tribunal de Justiça, do seguinte teor: "Condenações criminais transitadas em julgado, não consideradas para caracterizar a reincidência, somente podem ser valoradas, na primeira fase da dosimetria, a título de antecedentes criminais, não se admitindo sua utilização para desabonar a personalidade ou a conduta social do agente".

Por *conduta social* entende-se o comportamento do sujeito no meio familiar, no ambiente de trabalho e na convivência com os outros indivíduos.

A expressão *personalidade* é empregada pelo Código Penal como conjunto de qualidades morais do agente. É o retrato psíquico do delinquente, incluindo a periculosidade.

Motivos do crime são as razões que ensejaram a prática delitiva, tais como revolta, sentimento de honra ferido, amor à família ou à pátria, gratidão, cobiça, amor, vingança, luxúria etc.

As *circunstâncias do crime* são os elementos que servem de meios diretivos e que demonstram aspectos da conduta não previstos necessariamente em lei.

Consequências do crime referem-se à maior ou menor intensidade da lesão jurídica causada pela infração penal na vítima ou em terceiros.

Por fim, existe menção no art. 59 do Código Penal ao *comportamento da vítima*. Em alguns crimes, como os de natureza patrimonial ou sexual, a conduta do sujeito passivo pode provocar ou facilitar a prática delituosa, circunstância a ser considerada pelo juiz na dosagem concreta da pena.

Outrossim, o Superior Tribunal de Justiça entende que, diante do silêncio do legislador, a jurisprudência e a doutrina passaram a reconhecer como critério ideal para individualização da reprimenda-base o aumento na fração de 1/8 (um oitavo) por cada circunstância judicial negativamente valorada, a incidir sobre o intervalo de pena abstratamente estabelecido no preceito secundário do tipo penal incriminador. Nesse sentido:

"PENAL. AGRAVO REGIMENTAL EM *HABEAS CORPUS*. ESTELIONATO. DOSIMETRIA. PENA-BASE ACIMA DO MÍNIMO LEGAL. DESPROPORCIONA-LIDADE DO AUMENTO NA PRIMEIRA FASE DA DOSIMETRIA. FLAGRANTE ILEGALIDADE NÃO EVIDENCIADA. AGRAVO REGIMENTAL NÃO PROVI-DO. 1. A individualização da pena é submetida aos elementos de convicção judiciais acerca das circunstâncias do crime, cabendo às Cortes Superiores apenas o controle da legalidade e da constitucionalidade dos critérios empregados, a fim de evitar eventuais arbitrariedades. Assim, salvo flagrante ilegalidade, o reexame das circunstâncias judiciais e dos critérios concretos de individualização da pena mostram-se inadequados à estreita via do *habeas corpus*, por exigirem revolvimento probatório. 2. Diante do silêncio do legislador, a jurisprudência e a doutrina passaram a reconhecer como critério ideal para individualização da reprimenda-base o aumento na fração de 1/8 por cada circunstância judicial negativamente valorada, a incidir sobre o intervalo de pena abstratamente estabelecido no preceito secundário do tipo penal incriminador. 3. Tratando-se de patamar meramente norteador, que busca apenas garantir a segurança jurídica e a proporcionalidade do aumento da pena, é facultado ao juiz, no exercício de sua discricionariedade motivada, adotar *quantum* de incremento diverso diante das peculiaridades do caso concreto e do maior desvalor do agir do réu. 4. Considerando as penas mínima e máxima abstratamente cominadas ao delito do art. 171, *caput*, do Código Penal (1 a 5 anos de reclusão), chega-se ao incremento de cerca de 6 meses por cada vetorial desabonadora. Na hipótese, tendo sido reconhecida uma circunstância judicial como desfavorável, tem-se que a pena-base, majorada em 6 meses acima do mínimo legal, foi fixada de acordo com o princípio da legalidade e pautada por critérios de proporcionalidade e razoabilidade, não merecendo, portanto, qualquer reparo, porquanto foi obedecido o critério de 1/8. 5. Agravo regimental não provido" (AgRg no HC 660.056/SC, Rel. Min. Ribeiro Dantas, Quinta Turma, *DJe* 4-10-2021).

7.3   Circunstâncias legais

Além das *circunstâncias* do art. 59, o Código Penal menciona outras denominadas *legais*.

As circunstâncias legais podem ser:

a) *gerais*, *comuns* ou *genéricas*, sempre previstas na Parte Geral do Código Penal, que são:

— circunstâncias agravantes;

— circunstâncias atenuantes;

— causas de diminuição e de aumento de pena (minorantes e majorantes).

As circunstâncias previstas nos arts. 61 a 64 do Código Penal sempre agravam a pena, sendo denominadas *circunstâncias agravantes*.

As circunstâncias previstas no art. 65, também do Código Penal, atenuam a pena, sendo denominadas *circunstâncias atenuantes*.

Além destas, temos outras *circunstâncias genéricas*, que são chamadas de causas de aumento ou de diminuição da pena, como, por exemplo, aquelas previstas nos arts. 26, parágrafo único, 28, § 2.°, e 60, § 1.°, todos do Código Penal;

b) *especiais* ou *específicas*, sempre previstas na Parte Especial do Código Penal, que podem ser:

— qualificadoras;

— causas de diminuição e de aumento de pena.

As *qualificadoras* estão mencionadas, por exemplo, nos arts. 121, § 2.°, 155, § 4.°, e 157, § 3.°, do Código Penal.

Como exemplos de *causas de diminuição e de aumento de pena*, temos os arts. 121, § 4.°, 129, § 4.°, 141, III, e 155, § 1.°, do Código Penal.

7.4   Circunstâncias agravantes

As circunstâncias agravantes são espécie de circunstâncias legais genéricas e vêm previstas nos arts. 61 e 62 do Código Penal.

7.4.1 Aplicação obrigatória

O art. 61, *caput*, do Código Penal emprega o advérbio *sempre*, deixando claro que a aplicação das circunstâncias agravantes é obrigatória, ou seja, não pode o juiz deixar de aplicá-las, podendo apenas dosar o acréscimo da pena, conforme as características do caso concreto e do agente.

Existe apenas um caso em que as circunstâncias agravantes não têm aplicação obrigatória: quando a pena-base foi fixada no máximo legal.

Outrossim, para que incidam as circunstâncias do art. 61, II, do Código Penal, é necessário que o agente conheça os fatos ou elementos que as constituem.

7.4.2 Rol taxativo

O rol das agravantes é taxativo e não admite ampliação.

Isso é decorrência direta do princípio da legalidade, porque as circunstâncias fazem parte do crime e não têm relevância se não previstas em lei.

7.4.3 Análise das circunstâncias agravantes

As circunstâncias agravantes elencadas no art. 61 do Código Penal são as seguintes:

I — *reincidência* — será objeto de estudo em separado;

II — ter o agente cometido o crime:

a) *por motivo fútil* — é o motivo insignificante, sem importância; significa a desproporção entre o motivo e a prática do crime (exemplos: bater na mulher porque esta não preparou o jantar; matar alguém que acidentalmente derrubou seu copo de bebida alcoólica); *por motivo torpe* — é o repugnante, abjeto, ignóbil, que contrasta com a moralidade média (exemplos: agredir a mulher porque esta não quer prostituir-se; matar os pais para ficar com a herança);

b) *para facilitar ou assegurar a execução, a ocultação, a impunidade ou vantagem de outro crime* — esse requisito relaciona-se à conexão de crimes, que pode ser teleológica (quando o crime é praticado para assegurar a execução de outro) ou consequencial (quando o crime é praticado em consequência do outro, para assegurar-lhe a ocultação, impunidade ou vantagem);

c) *à traição* — é a deslealdade, a falsidade com que é cometido o fato criminoso (a traição pode ser *material*, quando, por exemplo, o agente atinge a vítima pelas costas, e *moral*, como no caso, por exemplo, de o agente enganar a vítima, atraindo-a a determinado local para praticar o delito); *de emboscada* — é a tocaia, o esconderijo, consistente no fato de o agente esperar dissimuladamente a vítima em local de passagem para o cometimento do crime; *mediante dissimulação* — é a ocultação da vontade ilícita, visando pegar o ofendido desprevenido (exemplo: agente que finge ser amigo da vítima com o intuito de apanhá-la desprevenida na prática do crime); ou *por outro recurso* — deve ser apto a dificultar ou tornar impossível a defesa da vítima (exemplo: surpresa);

d) *com o emprego de veneno, fogo, explosão, tortura ou outro meio insidioso ou cruel* — essas circunstâncias têm relação com os meios pelos quais o delito é cometido. *Meio insidioso* é o dissimulado em sua eficiência maléfica, que se inicia e progride sem que a vítima possa percebê-lo a tempo. *Meio cruel* é o que aumenta o sofrimento do ofendido, ou revela brutalidade acentuada;

e) *contra ascendente, descendente, irmão ou cônjuge* — essas circunstâncias se referem às relações entre o agente e a vítima. Com relação ao cônjuge, a agravante persiste ainda em caso de separação judicial, pois ainda não se dissolveu o vínculo conjugal. No caso de divórcio, entretanto, deixa de incidir a agravante. No caso de concubinato, ou outra forma de relação estável, não há a incidência da agravante;

f) *com abuso de autoridade ou prevalecendo-se de relações domésticas, de coabitação ou de hospitalidade, ou com violência contra a mulher na forma da lei específica* — abuso de autoridade indica o exercício ilegítimo da autoridade no campo privado, como relação de tutela, curatela etc. *Relações domésticas* indicam as ligações entre membros da família, entre patrões e empregados, amigos da família etc. *Relação de coabitação* indica a ligação de convivência entre pessoas sob o mesmo teto. *Relação de hospitalidade* indica a estada de alguém na casa alheia, sem que seja caso de coabitação, como, por exemplo, convite para refeição, visitas etc. *A violência contra a mulher* vem prevista na Lei n. 11.340/2006, que criou mecanismos para coibir a violência doméstica e familiar contra a mulher. A propósito, o Superior Tribunal de Justiça entende que "a aplicação da agravante prevista no art. 61, II, *f*, do Código Penal, de modo conjunto com outras disposições da Lei n. 11.340/2006 não acarreta *bis in idem*, pois a Lei Maria da Penha visou recrudescer o tratamento dado para a violência doméstica e familiar contra a mulher". Nesse sentido: STJ — AgRg no HC n. 463.520/SC, Rel. Min. Sebastião Reis Júnior — Sexta Turma — *DJe* 10-10-2018; e STJ — AgRg no AREsp 1.363.157/SP — Rel. Min. Reynaldo Soares da Fonseca — Quinta Turma — *DJe* 17-12-2019;

g) *com abuso de poder ou violação de dever inerente a cargo, ofício, ministério ou profissão* — o agente deve exercer cargo ou ofício público. O termo *ministério* refere-se à natureza religiosa;

h) *contra criança, maior de 60 anos, enfermo ou mulher grávida* — *criança* é o sujeito passivo que não ultrapassou o período de infância, que se estende até os 7 anos, mais ou menos. Entretanto, o juiz deve observar o critério biológico e não o puramente cronológico, pois nem sempre a simples idade expõe a vítima à condição de inferioridade. Atualmente vem crescendo o entendimento de que deve ser considerada criança a pessoa com até 12 anos incompletos, nos termos do que dispõe o art. 2.º da Lei n. 8.069/90 (Estatuto da Criança e do Adolescente). O termo *velho*, constante da redação anterior, foi substituído pela expressão "maior de 60 (sessenta) anos", graças ao bom senso do legislador, pelo art. 110 da Lei n. 10.741, de 1.º de outubro de 2003 (Estatuto da Pessoa Idosa). A ideia é a de que a idade avançada do ofendido o coloca em situação de inferioridade em face do sujeito ativo do crime. *Enfermidade* é o estado em que o indivíduo, acometido de moléstia física, não exerce determinada função ou a exerce de modo imperfeito ou irregular;

i) *quando o ofendido estava sob a imediata proteção da autoridade* — agrava-se a pena pela situação de inferioridade do agente, que se encontra impossibilitado de reagir ou de impedir o crime;

j) *em ocasião de incêndio, naufrágio, inundação ou qualquer calamidade pública, ou de desgraça particular do ofendido* — agrava-se a pena nesses casos em virtude da ausência de solidariedade humana do criminoso;

k) *em estado de embriaguez preordenada* — já foi visto em capítulo próprio, ao cuidar da imputabilidade penal.

7.5 Reincidência

A reincidência é uma circunstância legal genérica agravante prevista nos arts. 63 e 64 do Código Penal.

7.5.1 Conceito

Reincidência é a repetição da prática de um crime pelo sujeito, gerando, nos termos da lei penal, a exacerbação da pena, e tendo como fundamento a insuficiência da sanção anterior para intimidá-lo ou recuperá-lo.

Com relação à comprovação da reincidência, dispõe a Súmula 636 do Superior Tribunal de Justiça: "Súmula 636: 'A folha de antecedentes criminais é documento suficiente a comprovar os maus antecedentes e a reincidência'".

7.5.2 Formas

A reincidência apresenta duas formas:

a) *reincidência real* — que ocorre quando o sujeito pratica a nova infração após cumprir, total ou parcialmente, a pena imposta em face do crime anterior;

b) *reincidência ficta* — que ocorre quando o sujeito comete novo crime após haver transitado em julgado sentença que o tenha condenado por delito anterior.

O Código Penal adotou a *reincidência ficta* no art. 63.

7.5.3 Pressuposto da reincidência

Para ocorrer a reincidência é necessário que haja uma sentença condenatória transitada em julgado por prática de crime. Somente quando novo crime é praticado após a sentença condenatória de que não cabe mais recurso é que há reincidência.

Pelo Código Penal, no art. 63, a condenação irrecorrível anterior deve ter fundamento na prática de um crime e não contravenção, embora exista exceção no art. 7.º da Lei das Contravenções Penais.

Assim, temos as seguintes hipóteses:

a) se o agente é condenado irrecorrivelmente pela prática de um crime e vem a praticar outro crime: é reincidente;

b) se o agente é condenado irrecorrivelmente pela prática de um crime e vem a cometer uma contravenção: é reincidente;

c) se o agente é condenado irrecorrivelmente pela prática de uma contravenção e vem a cometer outra contravenção: é reincidente;

d) se o agente é condenado irrecorrivelmente pela prática de uma contravenção e vem a cometer um crime: *não* é reincidente.

7.5.4 Réu primário e réu reincidente

Réu primário é não somente o que foi condenado pela primeira vez, como também o que foi condenado várias vezes, sem ser reincidente (réu tecnicamente primário).

Réu reincidente é aquele que pratica novo crime depois de transitar em julgado a sentença que o tenha condenado por crime anterior.

7.5.5 Efeitos da reincidência

Da análise dos diversos dispositivos relativos à reincidência no Código Penal podem ser mencionados, dentre outros, os seguintes efeitos da reincidência:

a) impõe ao agente o regime fechado para início de cumprimento da pena de reclusão (art. 33, § 2.º, *b* e *c*, do CP);

b) impõe ao agente o regime semiaberto para início de cumprimento da pena de detenção (art. 33, § 2.º, *c*, do CP);

c) funciona como circunstância agravante da pena privativa de liberdade (art. 61, I, do CP);

d) funciona como circunstância predominante no concurso de circunstâncias agravantes e atenuantes (art. 67 do CP);

e) a reincidência em crime doloso impede a substituição da pena privativa de liberdade pela restritiva de direitos (art. 44, II, do CP);

f) a reincidência em crime doloso impede a substituição da pena privativa de liberdade pela de multa (art. 60, § 2.º, do CP);

g) a reincidência em crime doloso impede a concessão de *sursis* (art. 77, I, do CP);

h) a reincidência em crime doloso revoga obrigatoriamente o *sursis* (art. 81, I, do CP);

i) a reincidência em crime culposo ou contravenção penal revoga facultativamente o *sursis* (art. 81, § 1.º, do CP);

j) a reincidência em crime doloso aumenta o prazo de cumprimento de pena para obtenção do livramento condicional (art. 83, II, do CP);

k) a reincidência específica em crime hediondo, prática de tortura, tráfico ilícito de entorpecentes e drogas afins e terrorismo impede a concessão de livramento condicional (art. 83, V, do CP);

l) revoga obrigatoriamente o livramento condicional em caso de condenação a pena privativa de liberdade (art. 86 do CP);

m) revoga facultativamente o livramento condicional em caso de condenação por crime ou contravenção a pena que não seja privativa de liberdade (art. 87 do CP);

n) revoga a reabilitação quando o agente for condenado a pena que não seja de multa (art. 95 do CP);

o) aumenta o prazo da prescrição da pretensão executória (art. 110, *caput*, do CP);

p) interrompe o curso da prescrição da pretensão executória (art. 117, VI, do CP).

7.5.6 Crimes que não geram reincidência

Segundo o disposto no art. 64, II, do Código Penal, não são considerados para efeito de reincidência:

a) os *crimes militares próprios* (art. 9.º do CPM);

b) os *crimes políticos* (crimes de motivação política e crimes que ofendem a estrutura política do Estado e os direitos políticos individuais).

7.5.7 Eficácia temporal da condenação anterior

Nos termos do disposto no art. 64, I, do Código Penal, não prevalece para efeito de reincidência a condenação anterior se, entre a data do cumprimento ou extinção da pena e a infração posterior, tiver decorrido período de tempo superior a cinco anos (período depurador).

A Parte Geral do Código Penal adotou o *sistema da temporariedade* com relação à caracterização da reincidência.

Assim, se o agente vier a cometer novo crime depois de cinco anos da extinção da primeira pena, a anterior sentença condenatória não terá força de gerar a agravação da pena, uma vez que o réu não será considerado reincidente. Nada impede, entretanto, que as condenações com trânsito em julgado alcançadas pelo período depurador sejam consideradas como maus antecedentes.

7.6 Circunstâncias agravantes no concurso de pessoas

Trata o Código Penal, no art. 62, de causas de exacerbação da pena que se aplicam especificamente às hipóteses de concurso de agentes.

a) *Promoção ou organização da cooperação no crime ou direção da atividade dos demais agentes.*

Trata-se de punir mais severamente o organizador, o chefe, o líder do delito, mais perigoso por ter tomado iniciativa do fato e coordenado a atividade criminosa.

b) *Coação ou indução de outrem à execução material do crime.*

Induzir significa criar a ideia em outrem da prática do crime, referindo-se a lei ao idealizador do ilícito penal.

A coação, por si só, já é infração penal, por tolher a liberdade individual (art. 146 do CP), motivo pelo qual a lei trata mais severamente aquele que obriga outrem, mediante violência ou ameaça, a praticar o delito.

c) *Instigação ou determinação à prática do crime de alguém sujeito à sua autoridade ou não punível em virtude de condição ou qualidade pessoal.*

Como bem observa Mirabete (op. cit., p. 300), reserva a lei maior severidade na pena ao que usa da autoridade (pública ou privada) que mantém com relação ao executor para levar este à prática do delito. No caso de não punibilidade do executor haverá também a chamada autoria mediata.

d) *Execução ou participação no crime mediante paga ou promessa de recompensa.*

A razão da necessidade de maior repressão penal está na periculosidade, insensibilidade e baixa condição moral do agente.

Não é necessário o recebimento da recompensa, punindo o Código Penal também a simples promessa de recebê-la.

7.7 Circunstâncias atenuantes

As circunstâncias atenuantes são espécie de circunstâncias legais genéricas e vêm previstas nos arts. 65 e 66 do Código Penal.

7.7.1 Aplicação obrigatória

O art. 65, *caput*, do Código Penal emprega o advérbio *sempre*, deixando claro que a *aplicação das circunstâncias atenuantes* é obrigatória, ou seja, não pode o juiz deixar de aplicá-las, podendo apenas dosar o decréscimo da pena, conforme as características do caso concreto e do agente.

Existe apenas um caso em que as circunstâncias atenuantes não têm aplicação obrigatória: quando a pena-base foi fixada no mínimo legal (*RT*, 746/522, 740/647, 737/551, 707/354). Nesse sentido, estabelece a Súmula 231 do Superior Tribunal de Justiça: "A incidência da circunstância atenuante não pode conduzir à redução da pena abaixo do mínimo legal".

7.7.2 Análise das circunstâncias atenuantes

São circunstâncias que sempre atenuam a pena (art. 65):

a) *ser o agente menor de 21 (vinte e um), na data do fato, ou maior de 70 (setenta) anos, na data da sentença.*

A primeira parte do dispositivo refere-se à data da prática do fato, sendo que a segunda parte se refere à data da prolação da sentença.

Nesse aspecto, não houve modificação na primeira parte desse dispositivo em virtude da cessação da menoridade civil aos 18 anos, segundo o contido no art. 5.º do Código Civil (Lei n. 10.406/2002), uma vez que a lei penal estabeleceu uma presunção absoluta fundada apenas na idade cronológica do agente (STF, *RT*, 556/400);

b) *o desconhecimento da lei.*

Essa matéria já foi estudada em capítulo próprio. Como foi dito naquela oportunidade, a simples alegação de desconhecimento da lei não isenta o agente de pena, funcionando, entretanto, como circunstância atenuante;

c) *ter o agente cometido o crime por motivo de relevante valor social ou moral.*

O *valor social* diz respeito ao interesse coletivo e a outros bens juridicamente relevantes. Exemplo: ofender a integridade corporal de um traidor da pátria.

O *valor moral* diz respeito ao interesse subjetivo, particular do agente. Exemplo: o agente ofende a integridade corporal do estuprador de sua filha;

d) ter o agente procurado, por sua espontânea vontade e com eficiência, logo após o crime, evitar-lhe ou minorar-lhe as consequências, ou ter, antes do julgamento, reparado o dano.

São casos de arrependimento do agente que ocorrem após a consumação do crime;

e) ter o agente cometido o crime sob coação a que podia resistir, ou em cumprimento de ordem de autoridade superior, ou sob a influência de violenta emoção, provocada por ato injusto da vítima.

As hipóteses de coação moral resistível e cumprimento de ordem de autoridade superior já foram estudadas nas causas excludentes da culpabilidade.

Na hipótese de violenta emoção provocada por ato injusto da vítima, é imprescindível que se comprove ter o agente sofrido perturbação do equilíbrio psíquico;

f) ter o agente confessado espontaneamente, perante a autoridade, a autoria do crime.

A confissão deve ser espontânea e completa, feita em qualquer momento do inquérito policial ou da ação penal, desde que não tenha ocorrido o julgamento. Vale mencionar o disposto na Súmula 545 do STJ, do seguinte teor: "Quando a confissão for utilizada para a formação do convencimento do julgador, o réu fará jus à atenuante prevista no art. 65, III, *d*, do Código Penal".

g) ter o agente cometido o crime sob a influência de multidão em tumulto, se não o provocou.

Desde que o agente não tenha dado início ao tumulto, beneficia-se da atenuante em razão da modificação de comportamento que ocorre normalmente em pessoas que participam de balbúrdia.

7.7.3 Circunstâncias inominadas

Vêm previstas no art. 66 do Código Penal.

Essas circunstâncias não estão restritas à especificação legal, servindo de elemento orientador para a flexível aplicação da pena. Exemplos: roubo a banco para dar o dinheiro aos pobres; agressão a um pichador de monumentos públicos etc.

8 FIXAÇÃO DA PENA

É norma constitucional no Direito brasileiro que a "lei regulará a individualização da pena..." (art. 5.º, XLVI, da CF).

Conforme assinalado por Mirabete (op. cit., p. 304), a *individualização da pena* é uma das chamadas garantias criminais repressivas, constituindo postulado básico da Justiça.

No plano legislativo, a individualização da pena já se faz por meio da discriminação das sanções cabíveis a cada tipo penal.

Já na esfera judicial, a individualização da pena se consagra no emprego do prudente arbítrio e discrição do juiz, assim como durante a execução da pena, abrangendo medidas judiciais e administrativas ligadas ao regime penitenciário, à suspensão da pena, ao livramento condicional etc.

8.1 Momento judicial de fixação da pena

Deve ser a pena fixada inicialmente entre os limites mínimo e máximo estabelecidos para o ilícito penal. Nos termos do art. 59 do Código Penal, o juiz, atendendo às *circuns-*

tâncias judiciais, deve não somente determinar a pena aplicável entre as cominadas alternativamente, como também fixar, dentro dos limites legais, a quantidade de sanção. Estabelecerá, ainda, o juiz, na sentença, o regime inicial de cumprimento da pena privativa de liberdade e sua substituição por outra espécie de pena, se cabível.

Devem, outrossim, ser consideradas, para a individualização da pena, as circunstâncias atenuantes e agravantes, as causas de diminuição e de aumento de pena.

8.2 Juízo de culpabilidade

A imposição da pena depende da *culpabilidade*, conforme já foi analisado anteriormente na teoria do crime, e não da periculosidade.

Na *fixação* da *sanção penal*, sua qualidade e quantidade estão presas ao grau de censurabilidade da conduta.

8.3 Cálculo da pena

A lei determina, no art. 68 do Código Penal, que o *cálculo da pena* se faça em três etapas (sistema trifásico):

a) a *pena-base* será fixada atendendo-se ao critério do art. 59 do Código Penal;

b) em seguida serão consideradas as circunstâncias atenuantes e agravantes;

c) por último, serão levadas em conta as causas de diminuição e de aumento de pena.

O processo adotado pela lei é o mais adequado, pois impede a apreciação simultânea de muitas circunstâncias de espécies diversas, possibilitando às partes melhor verificação a respeito da obediência aos princípios de aplicação da pena.

Vale ressaltar que, de acordo com o disposto na Súmula 241 do Superior Tribunal de Justiça, "a reincidência penal não pode ser considerada como circunstância agravante e, simultaneamente, como circunstância judicial".

Outrossim, há vários precedentes no Superior Tribunal de Justiça entendendo que, havendo diversas condenações anteriores com trânsito em julgado, não há *bis in idem* se uma for considerada como maus antecedentes e a outra como reincidência.

É indispensável, sob pena de nulidade, a fundamentação da quantidade de pena, devendo o magistrado esclarecer, expressamente, quais as circunstâncias que levou em consideração na dosimetria da pena.

Acerca do Sistema Trifásico: "*HABEAS CORPUS.* ROUBO DUPLAMENTE MAJORADO. *WRIT* SUBSTITUTIVO DE RECURSO PRÓPRIO. DESVIRTUAMENTO. DOSIMETRIA. PENA-BASE. MAUS ANTECEDENTES. DOCUMENTAÇÃO INSUFICIENTE. CIRCUNSTÂNCIAS DO CRIME. FUNDAMENTAÇÃO CONCRETA E IDÔNEA. CONCURSO DE AGENTES. CAUSA ESPECIAL DE AUMENTO DE PENA. VALORAÇÃO NA PRIMEIRA FASE. IMPOSSIBILIDADE. OFENSA AO SISTEMA TRIFÁSICO. MANIFESTO CONSTRANGIMENTO ILEGAL EVIDENCIADO. SANÇÃO REDIMENSIONADA. I. O Superior Tribunal de Justiça, alinhando--se à nova jurisprudência da Corte Suprema, também passou a restringir as hipóteses de cabimento do *habeas corpus*, não admitindo que o remédio constitucional seja utilizado em substituição ao recurso ou ação cabível, salvo nas hipóteses de flagrante ilegalidade, abuso de poder ou teratologia jurídica, em que a ordem possa ser concedida de ofício. 2. Não há como afastar a valoração negativa da circunstância judicial dos antecedentes, quando não é trazida à colação a folha de antecedentes penais do paciente, pois inviável aferir se, quando do cometimento do delito em espécie, efetivamente não havia condenação anterior transitada em julgado geradora de maus antecedentes. 3. Tendo sido apontados argumentos idôneos e diversos do tipo penal violado que evidenciam a desfavorabilidade das circunstâncias do crime, não há constrangimento ilegal na valoração negativa dessa circunstância judicial. 4. Nos crimes com mais de uma causa de aumento de pena, uma delas pode atuar como majorante da terceira fase da dosimetria e as demais como agravantes genéricas, se previstas no artigo 61 e 62 do CP, ou como circunstâncias judiciais da primeira fase, desde que observado o princípio do *ne bis in idem* e o percentual legal máximo previsto pela incidência das causas de aumento. 5. Todavia, na hipótese, a valoração da causa de aumento atinente ao concurso de agentes não pode ensejar o aumento da pena-base, visto que as circunstâncias do crime já haviam sido consideradas desfavoráveis, tendo em vista que a vítima recebeu facada do denunciado, causa de lesão corporal. 6. Ordem não conhecida. *Habeas corpus* concedido, de ofício, para reduzir em parte a pena-base do paciente, tornando a sua reprimenda definitiva em 8 anos, 3 meses e 16 dias de reclusão, e pagamento de 42 dias-multa" (STJ — HC 86409 — Rel. Min. Rogério Schietti Cruz — *Dje* 23-10-2014).

8.4 Concurso de circunstâncias atenuantes e agravantes

Segundo o disposto no art. 67 do Código Penal, no concurso de agravantes e atenuantes a pena deve aproximar-se do limite indicado pelas *circunstâncias preponderantes*, entendendo-se como tais as que resultam dos *motivos determinantes do crime*, da *personalidade do agente* e da *reincidência*.

O juiz, portanto, deve dar preponderância às circunstâncias de natureza subjetiva, calcadas na personalidade do agente e nos motivos determinantes da prática da infração. Se as circunstâncias se equivalem, uma neutraliza o efeito agravador ou atenuador da outra.

A *menoridade* prepondera sobre todas as outras circunstâncias, inclusive sobre a reincidência.

Com relação à compensação da agravante da reincidência com a atenuante da confissão espontânea, o Superior Tribunal de Justiça reviu o entendimento firmado em tese repetitiva pela Terceira Seção relativa ao Tema 585/STJ, para fins de adequar a redação à hipótese de multirreincidência, com delimitação dos efeitos da compensação para ambas as espécies de reincidência (genérica e específica).

Nesse sentido, em 2012, diante da divergência entre as turmas de direito penal, a Terceira Seção do Superior Tribunal de Justiça, no julgamento dos EREsp 1.154.752, da relatoria do Ministro Sebastião Reis Junior, pacificou o entendimento no sentido de ser possível, na segunda fase do cálculo da pena, a compensação da agravante da reincidência com a atenuante da confissão espontânea, por serem igualmente preponderantes, de acordo com o art. 67 do Código Penal. Na ocasião, foi decidido que a incidência da atenuante prevista no art. 65, III, *d*, do Código Penal independe de a confissão ter sido integral ou parcial, especialmente quando utilizada para fundamentar a condenação. Em 2013, a Terceira Seção, sob a sistemática dos recursos repetitivos, firmou o mesmo entendimento ao julgar o Tema 585 (REsp 1.341.370/MT, acórdão publicado no *DJe* de 17-4-2013).

Ocorre que a questão voltou novamente à baila no julgamento do REsp 1.931.145/SP (acórdão publicado no *DJe* de 24-6-2022), em que a tese do Tema 585 foi readequada pela Terceira Seção, resultando na seguinte redação:

"É possível, na segunda fase da dosimetria da pena, a compensação integral da atenuante da confissão espontânea com a agravante da reincidência, seja ela específica ou não. Todavia, nos casos de multirreincidência, deve ser reconhecida a preponderância da agravante prevista no art. 61, I, do Código Penal, sendo admissível a sua compensação proporcional com a atenuante da confissão espontânea, em estrito atendimento aos princípios da individualização da pena e da proporcionalidade".

Na oportunidade, o relator, Ministro Sebastião Reis Junior, destacou que "Deveras, a condição de multirreincidência exige maior reprovação do que a conduta de um acusado que tenha a condição de reincidente em razão de um evento único e isolado em sua vida. Ora, se a simples reincidência é, por lei, reprovada com maior intensidade, porque demonstra um presumível desprezo às solenes advertências da lei e da pena, reveladora de especial tendência antissocial, por questão de lógica e de proporcionalidade, e em atendimento ao princípio da individualização da pena, há a necessidade de se conferir um maior agravamento na situação penal do réu nos casos de multirreincidência, em função da frequência da atividade criminosa, a qual evidencia uma maior reprovabilidade da conduta, devendo, assim, prevalecer sobre a confissão. Assim, a recidiva prepondera nas hipóteses em que o acusado possui várias condenações por crimes anteriores, transitadas em julgado, reclamando repressão estatal mais robusta".

9   CONCURSO DE CRIMES

O concurso de crimes vem previsto nos arts. 69 a 72 do Código Penal.

9.1   Noções gerais

A regra geral, que atinge a maioria das infrações penais praticadas, é a de que um agente pratique um crime. Pode ocorrer a hipótese de mais de um agente concorrer para a prática deste, oportunidade em que teremos o *concurso de pessoas* ou *concurso de agentes*.

Com relação ao crime, também pode ocorrer que, em uma mesma oportunidade ou em ocasiões diversas, uma mesma pessoa cometa duas ou mais infrações penais, as quais estejam ligadas de algum modo.

Ocorrendo esse fenômeno, estaremos diante do *concurso de crimes*, que origina o chamado *concurso de penas*.

9.2   Sistemas de aplicação da pena

Em face do *concurso de crimes*, a doutrina penal elaborou alguns sistemas para a aplicação das penas:

a) *sistema do cúmulo material*: em que se determina a soma das penas de cada um dos delitos componentes do concurso;

b) sistema do cúmulo jurídico: em que a pena a ser aplicada deve ser mais grave do que a cominada para cada um dos delitos, sem se chegar à soma delas;

c) sistema da absorção: em que a pena a ser aplicada é a do delito mais grave, desprezando-se os demais;

d) sistema da exasperação: em que a pena a ser aplicada deve ser a do delito mais grave, entre os concorrentes, aumentada a sanção em certa quantidade, em decorrência dos demais crimes.

O Código Penal brasileiro adotou o *sistema do cúmulo material* no concurso material (art. 69 do CP), no concurso formal imperfeito (art. 70, *caput*, segunda parte, do CP) e no concurso das penas de multa (art. 72 do CP). Adotou ainda o *sistema da exasperação* no concurso formal perfeito (art. 70, *caput*, primeira parte, do CP) e no crime continuado (art. 71 do CP).

9.3 Espécies de concurso

Existem três espécies de concurso de crimes (ou de penas):

a) *concurso material* (também chamado *concurso real*);

b) *concurso formal* (também chamado *concurso ideal*);

c) *crime continuado*.

Cabe destacar que todas as espécies de concurso podem ocorrer entre crimes dolosos e culposos, consumados ou tentados, comissivos ou omissivos.

9.4 Concurso material

O concurso material vem previsto no art. 69 do Código Penal, que diz:

Art. 69. Quando o agente, mediante mais de uma ação ou omissão, pratica dois ou mais crimes, idênticos ou não, aplicam-se cumulativamente as penas privativas de liberdade em que haja incorrido. No caso de aplicação cumulativa de penas de reclusão e de detenção, executa-se primeiro aquela.

9.4.1 Conceito

Ocorre o concurso material (ou real) quando o agente, mediante mais de uma ação ou omissão, pratica dois ou mais crimes, idênticos ou não.

Vale lembrar que os termos *ação* ou *omissão* mencionados pelo Código Penal devem ser tomados no sentido de *conduta*, fazendo com que somente ocorra concurso material quando haja duas ou mais condutas.

9.4.2 Espécies

O concurso material pode ser:

a) *homogêneo*, quando os crimes praticados pelo agente são idênticos, ou seja, previstos na mesma figura típica (exemplo: o agente mata A, por vingança, e B por ter presenciado o fato);

b) *heterogêneo*, quando os crimes praticados pelo agente não são idênticos, ou seja, previstos em figuras típicas diversas (exemplo: agente estupra e mata A, ou furta e mata A).

9.4.3 Aplicação da pena

Segundo a regra imposta pelo art. 69 do Código Penal, no concurso material as *penas são aplicadas cumulativamente*, ou seja, somam-se as penas aplicadas a todos os delitos praticados pelo agente.

Entretanto, prevalece a regra do art. 75 do Código Penal, impondo 30 anos como o prazo máximo de cumprimento das *penas privativas de liberdade* no Brasil.

Executam-se primeiro as *penas de reclusão* e, depois, as de *detenção*.

É possível a aplicação de *pena privativa de liberdade* cumulada com *pena restritiva de direitos*, desde que, com relação à primeira, tenha sido concedida suspensão condicional da pena (*sursis*).

Se as *penas privativas de liberdade* comportarem substituição por *penas restritivas de direitos*, as compatíveis entre si serão cumpridas simultaneamente e as que não forem compatíveis serão cumpridas sucessivamente.

9.5 Concurso formal

O concurso formal vem previsto no art. 70 do Código Penal, que diz:

Art. 70. Quando o agente, mediante uma só ação ou omissão, pratica dois ou mais crimes, idênticos ou não, aplica-se-lhe a mais grave das penas cabíveis ou, se iguais, somente uma delas, mas aumentada, em qualquer caso, de um sexto até metade. As penas aplicam-se, entretanto, cumulativamente, se a ação ou omissão é dolosa e os crimes concorrentes resultam de desígnios autônomos, consoante o disposto no artigo anterior.

9.5.1 Conceito

Ocorre o concurso formal (ou ideal) quando o agente, mediante uma só ação ou omissão, pratica dois ou mais crimes, idênticos ou não.

Vale lembrar, também nesse passo, que os termos *ação* ou *omissão* mencionados pelo Código Penal devem ser tomados no sentido de *conduta*, fazendo com que somente ocorra concurso formal quando haja uma só conduta.

Difere, portanto, o concurso formal do concurso material pela unidade de *conduta*.

9.5.2 Espécies

O concurso formal pode ser:

a) *homogêneo*, quando os crimes praticados pelo agente são idênticos, ou seja, previstos na mesma figura típica, havendo diversidade de sujeitos passivos (ex.: o agente mata A e B em atropelamento);

b) *heterogêneo*, quando os crimes praticados pelo agente não são idênticos, ou seja, previstos em figuras típicas diversas (ex.: agente atropela A, matando-o, e, na mesma oportunidade, fere B);

c) *perfeito*, quando há unidade de desígnios, ou seja, o agente deve ter em mente um só fim, embora sejam múltiplos os efeitos antijurídicos (ex.: agente que coloca uma bomba em um prédio — deseja explodir o prédio, independentemente de quantas pessoas venham a morrer ou se ferir e dos danos que possa causar);

d) *imperfeito*, quando há autonomia de desígnios, ou seja, o agente deseja praticar vários crimes, tendo consciência e vontade em relação a cada um deles, considerados isoladamente (ex.: agente que envenena sopa em recipiente, com o intuito de matar todos os integrantes de uma família — a vontade direciona-se à morte de cada um dos integrantes da família, perfeitamente identificados, embora o meio utilizado se apresente como conduta única).

A respeito: *"HABEAS CORPUS.* HOMICÍDIO DUPLAMENTE QUALIFICADO. CONDENAÇÃO. DOSIMETRIA. CONCURSO FORMAL IMPERFEITO. CÚMULO MATERIAL DE PENAS. CONTINUIDADE DELITIVA. PRETENDIDO RECONHECIMENTO. IMPOSSIBILIDADE. DESÍGNIOS AUTÔNOMOS. CONSTRANGIMENTO ILEGAL NÃO EVIDENCIADO. ORDEM DENEGADA. 1. Para a caracterização da continuidade delitiva, é imprescindível o preenchimento de requisitos de ordem objetiva — mesmas condições de tempo, lugar e forma de execução — e subjetiva — unidade de desígnios ou vínculo subjetivo entre os eventos (art. 71 do CP) (Teoria Mista ou Objetivo-subjetiva). 2. Hipótese de concurso formal imperfeito de crimes, pois, embora tenha sido única a conduta, atuou o agente com desígnios autônomos, ou seja, sua ação criminosa foi dirigida finalisticamente (dolosamente) à produção de todos os resultados, voltada individual e autonomamente contra cada vítima. 3. Caracterizado o concurso formal imperfeito de crimes, a regra será a do cúmulo material, de sorte que, embora o paciente tenha praticado uma única conduta, como os diversos resultados foram por ele queridos inicialmente, suas penas deverão ser cumuladas materialmente. 4. A via estreita do *habeas corpus* é inadequada para um maior aprofundamento na apreciação dos fatos e provas constantes nos processos de conhecimento para a verificação do preenchimento das circunstâncias exigidas para o reconhecimento da ficção jurídica do crime continuado. Precedentes desta Corte Superior. 5. Ordem denegada" (STJ — HC 139529/RJ — Rel. Min. Jorge Mussi — *Dje* 28-4-2011).

No mesmo sentido: *"HABEAS CORPUS* SUBSTITUTIVO DE RECURSO PRÓPRIO. DESCABIMENTO. LESÃO CORPORAL GRAVE COM ADIANTAMENTO DE PARTO. HOMICÍDIO DUPLAMENTE QUALIFICADO. TRANCAMENTO. AGRESSÕES A GRÁVIDA COM MORTE DE NEONATO. ALEGAÇÃO DE *BIS IN IDEM.* NÃO CONFIGURAÇÃO. CONCURSO FORMAL IMPERFEITO. DESÍGNIOS AUTÔNOMOS. CONSTRANGIMENTO ILEGAL NÃO EVIDENCIADO. ORDEM NÃO CONHECIDA. Este Superior Tribunal de Justiça, na esteira do entendimento firmado pelo Supremo Tribunal Federal, tem amoldado o cabimento do remédio heroico, adotando orientação no sentido de não mais admitir *habeas corpus* substitutivo de recurso ordinário/especial. Contudo, à luz dos princípios constitucionais, sobretudo o do devido processo legal e da ampla defesa, tem-se analisado as questões suscitadas na exordial a fim de se verificar a existência de constrangimento ilegal para, se for o caso, deferir-se a ordem de ofício. Esta Corte possui entendimento no sentido de que o trancamento de ação penal é medida excepcional que se mostra possível apenas nos casos em que se puder verificar, de plano, a total ausência de provas sobre autoria e materialidade, a atipicidade da conduta, ou diante da ocorrência de uma causa de extinção da punibilidade, o que não se verifica nos autos. Não ocorre *bis in idem* na imputação de lesão corporal com adiantamento de parto e homicídio no caso em que o paciente, com intuito de matar seu filho, golpeia a barriga da mãe 'justamente no lado esquerdo onde, segundo o exame de ultrassom realizado, era o local onde encontrava-se a cabeça do feto'. Hipótese de concurso formal imperfeito, ou seja, aquele pelo qual se praticam, com desígnios autônomos, dois ou mais crimes mediante uma só ação ou omissão. Na ação descrita como praticada pelo paciente é possível se identificar o suposto dolo de matar, resultado possível tanto no delito de aborto, quanto no de homicídio — ambos crimes contra a vida — Devido ao fato de a criança ter nascido com vida — condição que, caso se mantivesse, resultaria no delito de tentativa de aborto — mas falecido em seguida em decorrência das agressões, deve-se adequar o tipo para o crime de homicídio consumado. Não se verifica falha patente na tipificação da conduta do paciente, apta a ensejar o trancamento da ação penal, de modo que a questão deve ser submetida ao veredicto do Tribunal do Júri. Ordem não conhecida." (STJ — HC 85.298/MG — Rel. Min. Marilza Maynard (Desembargadora Convocada do TJ/ SE) — *DJe* 27-2-2014).

9.5.3 Aplicação da pena

O Código Penal determina duas regras:

a) *no concurso formal perfeito*: se for homogêneo, sendo as penas idênticas, aplica-se uma só delas, aumentada de um sexto até metade; se for heterogêneo, não sendo as penas idênticas, aplica-se a mais grave delas, aumentada de um sexto até metade;

b) *no concurso formal imperfeito*: havendo designios autônomos na conduta do agente, as penas devem ser somadas, de acordo com a regra do concurso material.

9.5.4 Cúmulo material benéfico

Há casos em que a regra de aplicação de pena para o concurso formal conduz a uma situação injusta em face da regra do concurso material, fazendo com que a reprimenda no primeiro caso (concurso formal) se torne mais gravosa ao agente do que no segundo (concurso material).

Exemplo: agente que pratica homicídio simples e lesão corporal em concurso formal. Pela regra estampada no *caput* do art. 70, a pena aplicada seria a do homicídio, aumentada de um sexto, perfazendo, em tese, 7 anos. Se o mesmo homicídio e lesão corporal fossem praticados em concurso material, a pena resultaria menor, pois seria, em tese, de 6 anos pelo homicídio e, em tese, de 3 meses pela lesão corporal.

Assim, visando sanar essa injustiça, o legislador estabeleceu que, pela regra do art. 70, parágrafo único, do Código Penal, a pena deve ser a menor. A isso se dá o nome de *cúmulo material benéfico*.

Vale a pena conferir: "*HABEAS CORPUS*. IMPETRAÇÃO SUBSTITUTIVA DE RECURSO ESPECIAL. IMPROPRIEDADE DA VIA ELEITA. ROUBOS CIRCUNSTANCIADOS. CONDENAÇÃO. MAJORANTE. ARMA DE FOGO. DESNECESSIDADE DE APREENSÃO. *QUANTUM* DE ACRÉSCIMO PELAS CAUSAS DE AUMENTO. CONCRETA FUNDAMENTAÇÃO. CONTINUIDADE DELITIVA ESPECÍFICA. MOTIVAÇÃO ADEQUADA. AUMENTO QUE SUPERA O CONCURSO MATERIAL. IMPOSSIBILIDADE. FLAGRANTE ILEGALIDADE. NÃO CONHECIMENTO. ORDEM DE OFÍCIO. 1. É imperiosa a necessidade de racionalização do emprego do *habeas corpus*, em prestígio ao âmbito de cognição da garantia constitucional, e em louvor à lógica do sistema recursal. *In casu*, foi impetrada indevidamente a ordem como substitutiva de recurso especial. 2. A Terceira Seção pacificou o entendimento no sentido da desnecessidade de apreensão e perícia da arma de fogo para que seja configurada a causa de aumento prevista no art. 157, § 2.º, I, do Código Penal, desde que os demais elementos probatórios demonstrem sua utilização na prática do delito. Ressalva de entendimento da relatora. 3. Não há violação à Súmula 443 desta Corte se o *quantum* de acréscimo pelas majorantes decorreu não apenas do número de causas de aumento. O magistrado asseverou que 'o acréscimo deve dar-se levando em conta a efetiva personalidade perigosa do réu, tendo agido com grande número de comparsas, todos armados, a incutir maior temor nas vítimas, e, ainda, ter privado, desnecessariamente, de sua liberdade de locomoção, mesmo após consumado o roubo'. 4. Hipótese em que a Corte estadual fundamentou adequadamente a incidência da continuidade delitiva específica, prevista no parágrafo único do art. 71 do Código Penal. Levou em conta, para o aumento em dobro, as circunstâncias do crime, a personalidade, a conduta e a periculosidade do agente. 5. Se da aplicação do instituto da continuidade delitiva específica resultou uma pena superior à que decorreria da incidência do concurso material, é evidente o constrangimento ilegal, por expressa disposição legal, nos termos dos artigos 70, parágrafo único, e 71, parágrafo único, ambos do Código Penal. 6. *Writ* não conhecido. Ordem concedida de ofício para reduzir a sanção imposta ao paciente" (STJ —HC 196.381/SP — Rel. Min. Maria Thereza de Assis Moura, j. 5-11-2013).

9.6 Crime continuado

O crime continuado vem previsto no art. 71 do Código Penal, que diz:

Art. 71. Quando o agente, mediante mais de uma ação ou omissão, pratica dois ou mais crimes da mesma espécie e, pelas condições de tempo, lugar, maneira de execução e outras semelhantes, devem os subsequentes ser havidos como continuação do primeiro, aplica-se-lhe a pena de um só dos crimes, se idênticas, ou a mais grave, se diversas, aumentada, em qualquer caso, de um sexto a dois terços.

9.6.1 Conceito

Ocorre o crime continuado quando o agente, mediante mais de uma ação ou omissão, pratica dois ou mais crimes da mesma espécie e, pelas condições de tempo, lugar, maneira de execução e outras semelhantes, devem os subsequentes ser havidos como continuação do primeiro.

9.6.2 Natureza jurídica

O nosso Código Penal adotou a *teoria da ficção jurídica* em relação ao crime continuado. Isto porque, na realidade, existem vários crimes, sendo que a lei, por uma ficção, presume a existência de um único delito para efeito de pena.

9.6.3 Crimes da mesma espécie

Crimes da mesma espécie, segundo Damásio E. de Jesus (*Direito penal*, cit., p. 526), são os previstos no mesmo tipo penal, ou seja, aqueles que possuem os mesmos elementos descritivos, abrangendo as formas simples, privilegiadas e qualificadas, tentadas ou consumadas.

9.6.4 Requisitos

São requisitos do crime continuado:

a) pluralidade de condutas;

b) pluralidade de crimes da mesma espécie;

c) condições objetivas semelhantes;

d) unidade de desígnio. Esse requisito, de índole subjetiva, embora não previsto em lei, vem sendo exigido por significativa parcela da jurisprudência pátria, representando unidade de ideação (unidade de dolo, unidade de resolução, unidade de desígnio). Nesse sentido, merece ser citado o item 59 da Exposição de Motivos da Parte Geral do Código Penal — Lei n. 7.209/84: "O critério da teoria puramente objetiva não revelou na prática maiores inconvenientes, a despeito das objeções formuladas pelos partidários da teoria objetivo-subjetiva. O Projeto optou pelo critério que mais adequadamente se opõe ao crescimento da criminalidade profissional, organizada e violenta, cujas ações se repetem contra vítimas diferentes, em condições de tempo, lugar, modos de execução e circunstâncias outras, marcadas por evidente semelhança. Estender-lhe o conceito de crime continuado importa em beneficiá-la, pois o delinquente profissional tornar-se-ia passível de tratamento penal menos grave que o dispensado a criminosos ocasionais".

Nesse sentido: "AGRAVO REGIMENTAL EM RECURSO ESPECIAL. PENAL. CRIME CONTINUADO. TEORIA OBJETIVA-SUBJETIVA. ANÁLISE NECESSÁRIA DA UNIDADE DE DESÍGNIOS. AGRAVO NÃO PROVIDO. 1. A decisão recorrida não valorou as circunstâncias dos crimes de roubo para afastar ou manter a unificação das penas, mas apenas se limitou em determinar que o Tribunal de origem proceda à nova análise da incidência do crime continuado, à luz da teoria objetiva-subjetiva, adotada por este Tribunal Superior. 2. Para a caracterização da continuidade delitiva (art. 71 do Código Penal), é necessário que estejam preenchidos, cumulativamente, os requisitos de ordem objetiva (pluralidade de ações, mesmas condições de tempo, lugar e modo de execução) e o de ordem subjetiva, assim entendido como a unidade de desígnios ou o vínculo subjetivo havido entre os eventos delituosos. 3. Agravo regimental não provido" (STJ — AgRg no REsp 1.258.206/SP — Rel. Min. Rogerio Schietti Cruz — *DJe* 16-4-2015).

Portanto, nos termos da jurisprudência do Superior Tribunal de Justiça, "o crime continuado é benefício penal, modalidade de concurso de crimes, que, por ficção legal, consagra unidade incindível entre os crimes parcelares que o formam, para fins específicos de aplicação da pena. Para a sua aplicação, a norma extraída do art. 71, *caput*, do Código Penal exige, concomitantemente, três requisitos objetivos: I) pluralidade de condutas; II) pluralidade de crime da mesma espécie; III) condições semelhantes de tempo, lugar, maneira de execução e outras semelhantes (conexão temporal, espacial, modal e ocasional); IV) e, por fim, adotando a teoria objetivo-subjetiva ou mista, a doutrina e jurisprudência inferiram implicitamente da norma um requisito da unidade de desígnios na prática dos crimes em continuidade delitiva, exigindo-se, pois, que haja um liame entre os crimes, apto a evidenciar de imediato terem sido esses delitos subsequentes continuação do primeiro, isto é, os crimes parcelares devem resultar de um plano previamente elaborado pelo agente" (AgRg no HC 730671/SC —Rel. Min. Ribeiro Dantas — Quinta Turma — julgado em 23-8-2022 — *DJe* 30-8-2022).

9.6.5 Condições objetivas semelhantes

Para que se configure o crime continuado deve haver semelhança entre as circunstâncias de tempo, lugar, maneira de execução e outras, todas chamadas de circunstâncias objetivas.

Para o reconhecimento da *continuidade*, também, é necessário que os crimes tenham sido praticados aproveitando-se das mesmas relações e oportunidades ou com a utilização de ocasiões originadas da situação inicial.

O infrator tem de agir num único contexto ou em situações que se repetem ao longo de uma relação que se prolongue no tempo. Exemplos: empregado que furta várias vezes do mesmo patrão; agente que furta, numa só noite, vários escritórios de um mesmo edifício.

Com relação às *condições de tempo*, a jurisprudência admite continuidade delitiva até o espaço máximo de 30 dias entre os crimes praticados (*RT*, 750/658, 747/689 e 696/371). Entretanto, esse critério não pode ser observado sem reservas, uma vez que nada impede se reconheçam intervalos regulares maiores que 30 dias, o que não irá descaracterizar o crime continuado.

No que se refere às *condições de espaço*, a jurisprudência admite continuidade entre crimes praticados em bairros vizinhos ou em bairros diversos de uma mesma cidade, e cidades vizinhas ou próximas territorialmente.

Com relação ao *modo de execução*, deve o julgador levar em conta os métodos utilizados pelo agente na prática dos crimes, estabelecendo-se um *padrão*. Já se decidiu, em nossos Tribunais, que a variação de comparsas impede o reconhecimento da continuidade, assim como a variação de meios utilizados para a prática do crime, como uso de arma, emprego de violência ou grave ameaça etc.

9.6.6 Espécies de crime continuado

O Código Penal prevê duas espécies de crime continuado:

a) *crime continuado simples* ou *comum*, previsto no *caput* do art. 71 do Código Penal, em que o agente, mediante mais de uma ação ou omissão, pratica dois ou mais crimes da mesma espécie em continuação, sem violência ou grave ameaça à pessoa;

b) *crime continuado qualificado* ou *específico*, previsto no parágrafo único do art. 71 do Código Penal, em que o agente pratica crimes dolosos contra vítimas diferentes, empregando violência ou grave ameaça à pessoa.

9.6.7 Aplicação da pena

No crime continuado simples ou comum, o *caput* do art. 71 do Código Penal adota duas regras:

a) se as penas são idênticas, aplica-se uma só, com o aumento de um sexto a dois terços;

b) se as penas são diversas, aplica-se a mais grave, aumentada de um sexto a dois terços.

Sobre o aumento de um sexto a dois terços na continuidade delitiva, "o entendimento pacificado neste Superior Tribunal de Justiça é firme no sentido de que "aplica-se a fração de aumento de 1/6 pela prática de 2 infrações; 1/5, para 3 infrações; 1/4 para 4 infrações; 1/3 para 5 infrações; 1/2 para 6 infrações e 2/3 para 7 ou mais infrações" (REsp 1.699.051/RS, Rel. Min. Rogerio Schietti Cruz, Sexta Turma, julgado em 24-10-2017, *DJe* 6-11-2017).

No mesmo sentido: STJ — AgRg no AREsp 2.217.808/SP — Rel. Min. Joel Ilan — Quinta Turma — *DJe* 18-9-2023.

No crime continuado qualificado ou específico também adotou o parágrafo único do art. 71 do Código Penal duas regras:

a) se as penas são idênticas, aplica-se uma só, aumentada até o triplo;

b) se as penas são diversas, aplica-se a mais grave, aumentada até o triplo.

Neste último caso, a pena nunca poderá ser superior àquela que seria aplicável em caso de concurso material e nunca poderá exceder 40 anos, prazo previsto pelo art. 75 do Código Penal.

9.6.8 Diferença entre crime continuado e outras figuras jurídicas semelhantes

a) Não se deve confundir o crime continuado com o *crime habitual*. No crime continuado, há diversas *condutas* que, separadas, constituem *crimes autônomos*, mas que são reunidas por uma ficção jurídica dentro dos parâmetros do art. 71 do Código Penal. O crime habitual é, normalmente, constituído de uma reiteração de atos, penalmente indiferentes de per si, que constituem um todo, um delito apenas, traduzindo geralmente um modo ou estilo de vida. Exemplos: exercer ilegalmente a Medicina (art. 282 do CP); estabelecimento em que ocorra exploração sexual (art. 229 do CP); participar dos lucros da prostituta (art. 230 do CP) ou se fazer sustentar por ela.

b) Não se deve confundir o crime continuado com o *crime permanente*. No crime continuado, há diversas condutas que, separadas, constituem crimes autônomos, mas que são reunidas por uma ficção jurídica dentro dos parâmetros do art. 71 do Código Penal. No crime permanente há apenas uma conduta, que se prolonga no tempo. Exemplo: sequestro ou cárcere privado (art. 148 do CP).

c) Não se deve confundir o crime continuado com a *habitualidade criminosa (perseveratio in crimine)*. No crime continuado, há diversas condutas que, separadas, constituem crimes autônomos, mas que são reunidas por uma ficção jurídica dentro dos parâmetros do art. 71 do Código Penal. O delinquente habitual faz do crime uma profissão e pode infringir a lei várias vezes, do mesmo modo, mas não comete crime continuado com a reiteração das práticas delituosas.

9.6.9 Crime permanente e publicações nas redes sociais

De início, cumpre ressaltar que o crime permanente carece de uma definição legal, representando uma criação jurisprudencial, encontrada nas situações em que a ofensa ao bem jurídico protegido pela lei perdura ao longo do tempo em virtude de uma conduta persistente e voluntária do agente. Trata-se de uma figura delituosa em que a conduta se prolonga no tempo por determinação e obra do agente.

Embora haja vários exemplos de crimes permanentes (art. 159 do CP — extorsão mediante sequestro; art. 148 do CP — cárcere privado; art. 149 do CP — redução a condição análoga à de escravo, dentre outros), não há uma definição clara do que seja esse tipo de crime nem tampouco de seus elementos estruturais. É possível dizer que se trata de um crime que persiste ao longo do tempo, tem duração. Deve, portanto, em razão disso, recair sobre um bem jurídico que não seja suscetível de destruição definitiva, mas passível de uma "compressão temporal", como ocorre com a liberdade pessoal no crime de sequestro.

Essa carência de delineamento legal do crime permanente fez com que a doutrina e a jurisprudência passassem a vinculá-lo a tipos penais abstratos, com ideia de conduta que se protrai no tempo, sem, contudo, traçar claras balizas que pusessem limites ao subjetivismo judicial.

Como bem acentuado por Alberto Silva Franco (*Crime permanente, um conceito errante à procura de seu significado.* Disponível em: <www.conjur.com.br>. Acesso em: 23 fev. 2021), "a carência de uma definição legal e o agravo representado para o acusado, em face do reconhecimento do crime permanente, devem conduzir a um exame mais aprofundado do seu conceito. E, sob esse enfoque, afirma-se, na dogmática penal, que, a respeito do crime permanente, há duas posições doutrinárias: a teoria bifásica e a teoria unitária. Sem descer a uma avaliação crítica mais demorada de cada uma delas, vale, em síntese, afirmar que, pela primeira teoria, o crime permanente deverá ser decomposto em duas fases distintas, as quais teriam direta e imediata relação com a violação de dois preceitos: a) a primeira fase poderia provocar, de modo indiferente, uma conduta comissiva ou omissiva no que tange à concretização do fato típico; e b) a segunda fase, de obrigatória característica omissiva — e constitutiva da permanência —, resultaria da falta de remoção do estado antijurídico por parte de quem realizou a primeira fase, descumprindo, por isso, a obrigação jurídica de contra-agir a fim de pôr termo à permanência. Já, pela segunda teoria, a unitária, o crime permanente seria um conceito de realidade que, por si mesmo, não é objeto de incriminação: tal período, de fato, indica a duração da violação da norma ou somente o caráter eventual do crime e isso porque a figura criminosa descreve apenas o fato típico, dele delineia os elementos constitutivos, mas a duração dele, não é tomada em consideração e tampouco descrita".

Necessário frisar que, não obstante grande parte da doutrina e da jurisprudência brasileira adote a teoria bifásica, o mesmo não ocorre em países europeus como Itália, onde essa teoria já se encontra superada, dando lugar à adoção da teoria unitária.

Assim, ressalta Francesco Carrelli Palombi (*Reato Permanente.* Giuffrè Francis Lefebvre. Disponível em: <www.ilpenalista.it>. Acesso em: 23 fev. 2021) que "la concezione unitaria, adottata dalla giurisprudenza contemporanea, considera invece la punibilità del reato permanente basata su un'unica norma incriminatrice e provvista di peculiarità strutturale. Infatti, il dovere di contro-agire di cui sopra, secondo tale orientamento, sussisterebbe in ogni fattispecie ad evento di danno e, inoltre, a superamento dell'orientamento precedente, la incriminazione di una omessa condotta si porrebbe in aperto contrasto sia con il principio di tassatività che con quello di tipicità della norma penale. Nei reati permanenti, invece, l'azione delittuosa comprime il bene giuridico (es. libertà personale nel sequestro di persona); quindi l'agente, non solo ha il potere di instaurare la situazione delittuosa, ma ha anche la facoltà di rimuoverla riespandendo, in tal modo, il bene giuridico compresso; il protrarsi dell'offesa dipende dalla volontà dell'agente".

Com base nisso, o crime permanente, para ser assim definido, requer a concorrência dos seguintes requisitos: a) uma conduta típica que seja suscetível de ser prolongada por um tempo juridicamente relevante; b) um bem jurídico tutelado que não seja destrutível, mas passível de compressão temporal; c) a conduta do sujeito ativo deve ser voluntária e persistente; d) a ofensa ao bem jurídico deve ser contínua e não se esgotar em um único instante.

É bem de ver, portanto, que ofensas verbais ou escritas veiculadas pelas redes sociais, caracterizadoras de infrações penais, não podem ser consideradas crime permanente, sob pena de total subversão e descaracterização deste instituto penal.

Nesse sentido, não é porque o ataque ao bem jurídico tem como veículo um vídeo, um áudio ou um escrito tornado público por meio de imprensa (jornais, revistas, sítios de internet, televisão, rádio), ou ainda publicado em redes sociais (*Instagram, Facebook, YouTube, WhatsApp* etc.), que, automaticamente, se torna um crime permanente ao alvedrio da autoridade policial, do Ministério Público ou do juiz de Direito, num perigoso subjetivismo que, a final, conduz inexoravelmente a perigosíssima supressão da liberdade em suas múltiplas facetas, ao arrepio do basilar princípio da legalidade ou reserva legal.

Efetivamente, não é o meio pelo qual o crime é praticado que o torna permanente, mas sim a sua própria característica de conduta que se prolonga no tempo, persistindo a consumação enquanto não cessada a ofensa.

Figuras típicas como calúnia, difamação, injúria, ameaça, apologia de crime e outras semelhantes, principalmente quando praticadas por palavra, não são e nunca foram consideradas crimes permanentes, sob pena de se criar a nefasta figura de um crime eterno, estando o agente em constante e infindável estado de flagrância.

Outrossim, aqueles que se batem pela ocorrência de crime permanente nestas situações, confundem, a nosso ver, essa figura com o crime instantâneo de efeitos permanentes, em que a consumação ocorre em momento determinado (por exemplo, a publicação do vídeo ofensivo nas redes sociais), sendo indeléveis os efeitos dela decorrentes, que, aí sim, se perpetuam no tempo, possibilitando punição criminal ulterior — mas nunca prisão em flagrante, além de reparação civil e outras consequências porventura daí advindas.

Em suma, publicações em redes sociais, ainda que carreguem crimes contra a honra e outros delitos de opinião, não são crimes permanentes, tendo seu momento consumativo no instante da publicação ou veiculação (a depender da espécie delitiva), vinculando-se eventual situação de flagrância estritamente às hipóteses previstas no art. 302 do Código de Processo Penal, que não permite interpretação extensiva nem ruptura com as demais regras interpretativas da lei penal e processual penal em detrimento daquele ao qual se imputa a prática criminosa.

9.7 Aplicação da pena de multa

A aplicação da pena de multa vem regulada pelo art. 72 do Código Penal, que diz:

Art. 72. No concurso de crimes, as penas de multa são aplicadas distinta e integralmente.

Isso significa que, na aplicação da pena de multa, não se admitem as regras do concurso formal e do crime continuado.

Assim, embora possa o agente ter praticado crimes em *concurso formal* ou *em continuidade*, se a eles forem aplicadas penas de multa, a regra será a do *concurso material*.

10 LIMITE DAS PENAS

O limite das penas vem estabelecido no art. 75, *caput*, do Código Penal, com a redação dada pela Lei n. 13.964/2019, que diz:

Art. 75. O tempo de cumprimento das penas privativas de liberdade não pode ser superior a 40 (quarenta) anos.

Anteriormente à Lei n. 13.964/2019, o limite era de 30 (trinta) anos, considerado baixo por significativa parcela da comunidade jurídica e da população em geral. Esse limite passou a ser, então, de 40 (quarenta) anos, considerado suficiente e adequado não somente em vista de garantia constitucional da inadmissibilidade de penas de caráter perpétuo no Brasil (art. 5.º, XLVII, *b*, da CF), como também em vista do tempo mais que suficiente para o Estado promover a recuperação e a ressocialização do condenado.

Certamente que a *pena* aplicada ao criminoso pode extrapolar o limite de 40 (quarenta) anos. O *cumprimento* dela é que deve guardar o limite máximo fixado.

Inclusive, os §§ 1.º e 2.º do art. 75 do Código Penal estabelecem que, se o agente for condenado a penas privativas de liberdade cuja soma seja superior a 40 (quarenta) anos, devem elas *ser unificadas* para atender ao limite máximo mencionado.

Sobrevindo *condenação por fato posterior* ao início do cumprimento da pena, far-se-á nova unificação, desprezando-se, para esse fim, o período de pena já cumprido. Nesse caso, o montante obtido servirá como baliza para a determinação do regime de cumprimento de pena (art. 111, parágrafo único, da LEP).

Todos os benefícios na fase de execução penal serão calculados sobre o montante total da pena aplicada ao agente, e não sobre o limite de 40 (quarenta) anos. Nesse sentido, é perfeitamente possível a aplicação do disposto na Súmula 715 do STF, com a devida adaptação para o novo patamar máximo: *"A pena unificada para atender ao limite de trinta anos de cumprimento, determinado pelo art. 75 do Código Penal, não é considerada para a concessão de outros benefícios, como o livramento condicional ou regime mais favorável de execução".*

11 SUSPENSÃO CONDICIONAL DA PENA

A suspensão condicional da pena é também conhecida nos meios jurídicos pelo nome de *sursis*, que significa *suspensão*, permitindo que o condenado não se sujeite à execução de pena privativa de liberdade de pequena duração.

Segundo as disposições do Código Penal, nos arts. 77 a 82, o juiz, ao condenar o réu, pode suspender a execução da pena privativa de liberdade, de 2 a 4 anos.

Essa *pena privativa de liberdade* não pode ser superior a 2 anos.

O réu é notificado pessoalmente a comparecer à audiência de advertência, também chamada de admonitória, onde o juiz lerá a sentença, advertindo-o das consequências da nova infração penal e da transgressão das obrigações impostas.

O réu, então, não inicia o cumprimento de pena, ficando em liberdade condicional por um período chamado de prova, durante o qual ficará em observação.

11.1 Conceito

A suspensão condicional da pena, ou *sursis*, é uma medida jurisdicional que determina o sobrestamento da pena, preenchidos que sejam certos pressupostos legais e mediante determinadas condições impostas pelo juiz.

11.2 Sistemas

Existem dois sistemas a respeito do *sursis*:

a) sistema anglo-americano, em que o juiz suspende a ação penal e o período de prova é cumprido sem que haja sentença condenatória, que não é proferida, devendo o agente ser fiscalizado por funcionários da Justiça, que têm a incumbência de realizar o seu reajustamento social. Esse sistema é adotado na Lei n. 9.099/95, no instituto da suspensão condicional do processo (art. 89);

b) sistema belga-francês, adotado pelo Brasil nos arts. 77 e seguintes do Código Penal, no qual o juiz condena o réu, determinando a suspensão condicional da execução da pena privativa de liberdade.

11.3 Formas

O *sursis* apresenta quatro formas:

a) *suspensão simples*, prevista no art. 78, § 1.°, do Código Penal, em que o condenado, no primeiro ano do período de prova, deverá prestar serviços à comunidade, ou submeter-se à limitação de fim de semana;

b) *suspensão especial*, prevista no art. 78, § 2.°, do Código Penal, em que o condenado, se houver *reparado o dano* e as circunstâncias judiciais do art. 59 lhe forem favoráveis, poderá ter substituídas a prestação de serviços à comunidade e a limitação de fim de semana por outras circunstâncias enumeradas por lei;

c) *suspensão etária*, ou *"sursis" etário*, prevista no art. 77, § 2.°, do Código Penal, em que o condenado é maior de 70 anos à data da sentença concessiva. O *sursis*, nesse caso, pode ser concedido desde que a pena privativa de liberdade não seja superior a 4 anos, sendo o período de prova de 4 a 6 anos;

d) *suspensão humanitária*, ou *"sursis" humanitário*, prevista no art. 77, § 2.°, *in fine*, do Código Penal, em que as razões de saúde do condenado justificam a suspensão. O *sursis*, também nesse caso, pode ser concedido desde que a pena privativa de liberdade não seja superior a 4 anos, sendo o período de prova de 4 a 6 anos.

11.4 Requisitos

Existem dois tipos de requisitos do *sursis*:

a) *requisitos de natureza objetiva*, que dizem respeito à qualidade e quantidade da pena;

— quanto à qualidade da pena, somente a *pena privativa de liberdade* admite a suspensão;

— quanto à quantidade da pena, esta não pode ser superior a 2 anos, ainda que resulte do concurso de crimes;

b) *requisitos de natureza subjetiva*, que dizem respeito aos *antecedentes judiciais* do condenado e às *circunstâncias judiciais* do fato;

— com relação aos antecedentes judiciais do condenado, é necessário que não seja reincidente em crime doloso;

— com relação às *circunstâncias judiciais*, é necessário que a culpabilidade, os antecedentes, a conduta social e a personalidade do agente, bem como os motivos e as circunstâncias do crime, autorizem a concessão do *sursis*.

Outrossim, para que se conceda o *sursis* ao condenado, não pode ser cabível a substituição da *pena privativa de liberdade* pela *restritiva de direitos*.

11.5 Período de prova

Período de prova é o nome que se dá ao lapso de tempo fixado pelo juiz durante o qual fica *suspensa a execução da pena*.

Esse período de prova é de 2 a 4 anos.

Se o condenado for maior de 70 anos de idade, ou razões de saúde justificarem a suspensão, o período de prova poderá variar de 4 a 6 anos. Nesse caso, a pena suspensa não poderá ser superior a 4 anos. São os chamados *sursis* etário e humanitário.

Tratando-se de *contravenção penal*, o período de prova será de 1 a 3 anos, de acordo com o art. 11 da Lei das Contravenções Penais.

11.6 Condições

Durante o período de prova, o condenado deverá cumprir determinadas condições. Se não as obedecer, terá o *sursis* revogado e deverá cumprir a pena privativa de liberdade a que foi condenado.

Essas condições podem ser de duas espécies:

a) *condições legais*, impostas pela lei, conforme previsão do art. 78, § 1.º, do Código Penal;

b) *condições judiciais*, impostas pelo juiz na sentença, de acordo com o disposto no art. 79 do Código Penal.

Essas condições serão diversas conforme a espécie de *sursis*.

Se o *sursis* for *simples*, deverá o condenado, no primeiro ano do período de prova, prestar serviços à comunidade ou submeter-se a limitação de fim de semana.

Se o *sursis* for *especial*, a prestação de serviços à comunidade e a limitação de fim de semana serão substituídas por:

— proibição de frequentar determinados lugares;

— proibição de ausentar-se o condenado da comarca onde reside, sem autorização judicial;

— comparecimento pessoal e obrigatório a juízo, mensalmente, para informar e justificar suas atividades.

11.7 Revogação do "sursis"

Se o condenado, durante o período de prova, não cumpre as condições estabelecidas, o *sursis* é revogado, tendo ele de cumprir integralmente a pena que lhe foi imposta. As causas de revogação são também chamadas de *condições legais indiretas*.

Existem duas espécies de causas de revogação:

a) *causas de revogação obrigatória*, previstas no art. 81, I a III, do Código Penal;

b) *causas de revogação facultativa*, previstas no art. 81, § 1.º, do Código Penal.

11.7.1 Cassação do "sursis"

Há duas hipóteses legais em que pode ocorrer a chamada cassação do *sursis*.

A primeira delas vem prevista no art. 161 da Lei de Execução Penal (Lei n. 7.210/84), ocorrendo quando o réu, intimado pessoalmente ou por edital com prazo de 20 dias, não comparecer à audiência admonitória. Nesse caso, a suspensão ficará sem efeito e será executada imediatamente a pena.

A segunda hipótese de cassação do *sursis* vem prevista no art. 706 do Código de Processo Penal, ocorrendo quando, em virtude de recurso, for aumentada a pena, de modo que exclua a concessão do benefício.

11.7.2 Restabelecimento do "sursis"

O restabelecimento do *sursis* não é previsto por lei, quando tornado sem efeito pelo não comparecimento do réu à audiência admonitória. Entretanto, uma vez que a lei prevê expressamente a possibilidade de o condenado justificar sua ausência, e no intuito de evitar que ele não receba o benefício a que faz jus, tem a jurisprudência entendido que o juiz poderá, nessa hipótese, restabelecer o *sursis*.

11.8 Prorrogação do "sursis"

Ocorre a prorrogação do *sursis* quando o condenado pratica outra infração penal durante o período de prova.

A prorrogação se dá em consequência da prática de nova infração penal, pois que somente a condenação com trânsito em julgado é causa de revogação.

Assim, se o condenado pratica *infração* penal durante o *período de prova*, o prazo da suspensão fica prorrogado até o julgamento definitivo.

A prorrogação se dá em face de novo *processo*, e não em face de mera prática, em tese, de infração penal ou pela instauração de inquérito policial.

11.9 Questões interessantes

Existem várias questões interessantes a respeito do *sursis*, que são mencionadas por Damásio E. de Jesus (*Direito penal*, cit., p. 535-542), dentre as quais podemos destacar as seguintes:

a) O instituto do *sursis* não constitui incidente da execução nem direito público subjetivo de liberdade do condenado. É medida penal de natureza restritiva da liberdade, de cunho repressivo e preventivo. Não é um benefício.

b) O juiz não tem a faculdade de aplicar ou não o *sursis*: se presentes os seus pressupostos, a aplicação é obrigatória.

c) Exige-se a reincidência para que o réu não obtenha o *sursis*? O reincidente pode obter o *sursis*? Depende. A simples reincidência não impede o *sursis*, uma vez que a lei exige, para que este não seja concedido, que o sujeito seja reincidente em crime doloso. Logo, o reincidente em crime culposo pode obtê-lo, como também aquele que, embora reincidente, cometeu um crime doloso e outro posterior culposo, ou vice-versa. Além disso, é possível que o reincidente tenha sofrido anterior pena de multa, caso em que não fica impedido o *sursis*, ainda que dolosos os dois crimes.

d) A condenação anterior irrecorrível por delito militar próprio ou político impede o *sursis*? Não, uma vez que não ensejam a reincidência (art. 64, II, do CP).

e) A suspensão compreende os efeitos secundários da condenação? Não. Tanto que o não cumprimento de um dos efeitos secundários da condenação, qual seja, a reparação do dano, causa revogação obrigatória do *sursis*, desde que o condenado, embora solvente, frustre a reparação.

f) E se houve extinção da punibilidade em relação ao crime anterior? Depende. Se a extinção da punibilidade ocorreu antes da sentença final, não havendo sentença condenatória anterior com trânsito em julgado, em relação ao crime posterior, o réu pode obter o *sursis*, se presentes os outros requisitos. Se, porém, a extinção da punibilidade ocorreu após a sentença condenatória irrecorrível, esta permanece para efeito de impedir o *sursis*, sendo dolosos os dois delitos, salvo nos casos de *abolitio criminis* e anistia, que rescindem a condenação irrecorrível anterior do art. 64, I, do Código Penal, e da multa antecedente.

g) A extinção da punibilidade pela prescrição retroativa em relação ao delito anterior impede o *sursis*? Não há impedimento à concessão. Isso porque se trata de forma de prescrição da pretensão punitiva, pelo que a sentença condenatória deixa de produzir efeitos (só tem relevância em relação ao *quantum* da pena, regulador do prazo prescricional).

h) E se a sentença anterior, por prática de crime, concedeu ao agente o perdão judicial? Pode ser aplicado o *sursis*, tendo em vista que a sentença que o impõe, embora condenatória, não gera a reincidência (art. 120 do CP).

i) E se o condenado cumpriu integralmente as condições do *sursis*? Vindo a praticar outro crime, poderá obter a medida penal? Depende. O término do período de prova, sem revogação, opera a extinção da punibilidade (art. 82), mas não exclui a condenação anterior irrecorrível, salvo a hipótese do art. 64, I, do Código Penal.

j) No sistema atual, em face do art. 64, I, do Código Penal, nada obsta que, ao sujeito, sejam concedidos dois *sursis* sucessivos, desde que passados mais de cinco anos do início do período de prova do *sursis* anterior.

k) E se o condenado, mediante graça ou indulto parcial, obtém a redução ou comutação da pena? Preenchido o requisito quanto à qualidade e quantidade da pena, pode ser concedido o *sursis*? Pode, desde que se encontrem presentes as condições de ordem subjetiva. Suponha-se que o réu tenha sido condenado a 3 anos de detenção. Não pode obter o *sursis*. Por meio de indulto parcial, a pena é diminuída para 2 anos de detenção. A ele pode ser concedida a medida.

l) A condenação irrecorrível proferida no estrangeiro por prática de crime, para impedir a concessão do *sursis*, precisa ser homologada pelo Superior Tribunal de Justiça? Não. A homologação só é exigida quando se trata de execução de julgado proferido no estrangeiro (art. 9.º do CP).

m) A imposição de pena restritiva de direitos não é incompatível com o *sursis*. Condenado o réu a pena privativa de liberdade e restritiva de direitos, nada impede que ele obtenha o benefício em relação à primeira.

n) O juiz pode impor como condição do *sursis* o pagamento de custas processuais? Não, pois se trata de circunstância resultante da própria sentença condenatória, obrigação, portanto, autônoma que, não satisfeita, é exigível pela via normal, adequada à cobrança.

o) O juiz pode impor como condição resolutória do *sursis* o pagamento da multa? Não pode subsistir a condição imposta no *sursis* de pagar o réu a multa, por isso seu pagamento dependerá do estado de insolvência daquele.

p) A sentença a respeito do *sursis* faz coisa julgada? Não. A sentença que o concede, denega ou revoga não faz coisa julgada, podendo ser restabelecido ou revogado.

12 LIVRAMENTO CONDICIONAL

O livramento condicional vem previsto nos arts. 83 a 90 do Código Penal e 131 a 146 da Lei de Execução Penal.

O art. 83, *caput*, do Código Penal diz:

Art. 83. O juiz poderá conceder livramento condicional ao condenado a pena privativa de liberdade igual ou superior a 2 (dois) anos, desde que:

(...)

12.1 Conceito

Segundo Magalhães Noronha (op. cit., p. 289), livramento condicional é a concessão, pelo poder jurisdicional, da liberdade antecipada ao condenado, mediante a existência de pressupostos, e condicionada a determinadas exigências durante o restante da pena que deveria cumprir o preso.

O livramento condicional pressupõe, essencialmente, o reajustamento social do criminoso, porque seu comportamento carcerário e suas condições revelam que os fins reeducativos da pena foram atingidos.

12.2 Requisitos

A concessão do livramento condicional está subordinada ao cumprimento de requisitos de ordem objetiva e subjetiva.

a) *Requisitos de ordem objetiva:*

— o primeiro requisito de ordem objetiva diz respeito à qualidade e quantidade da pena. A pena tem de ser privativa de liberdade e aplicada por período igual ou superior a 2 anos. Esse requisito encontra-se no art. 83, *caput*, do Código Penal;

— o segundo requisito de ordem objetiva é ter o condenado cumprido mais de um terço da pena, se não for reincidente em crime doloso. Esse requisito encontra-se no art. 83, I, do Código Penal;

— o terceiro requisito de ordem objetiva é ter o condenado cumprido mais de metade da pena, se for reincidente em crime doloso. Esse requisito encontra-se no art. 83, II, do Código Penal;

— o quarto requisito de ordem objetiva é ter o condenado cumprido mais de dois terços da pena, se não for reincidente específico, em caso de crimes hediondos elencados no art. I.º da Lei n. 8.072/90, além da prática de tortura, tráfico ilícito de entorpecentes e drogas afins, tráfico de pessoas e terrorismo. Esse requisito encontra-se no art. 83, V, do Código Penal;

— o quinto requisito de ordem objetiva é ter o condenado reparado, salvo efetiva impossibilidade de fazê-lo, o dano causado pela infração. Esse requisito encontra-se no art. 83, IV, do Código Penal.

b) *Requisitos de ordem subjetiva:*

— o primeiro requisito de ordem subjetiva é ter o sentenciado bons antecedentes, o que significa não ser ele criminoso habitual, não ter sofrido outras condenações, não ter se envolvido em outros inquéritos policiais etc. Esse requisito encontra-se no art. 83, I, segunda parte, do Código Penal;

— o segundo requisito de ordem subjetiva é comprovar o sentenciado bom comportamento durante a execução da pena. Esse comportamento deve ser aferido através de atos positivos do sentenciado, não bastando a simples abstenção de faltas disciplinares. Não tem bom comportamento o sentenciado que já empreendeu fuga, que burlou a vigilância e afastou-se do presídio, que se envolveu com tóxicos etc. Esse requisito encontra-se no art. 83, III, do Código Penal. O Superior Tribunal de Justiça, no julgamento do REsp I.970.217/MG e do REsp I.974.104/RS, fixou a seguinte tese (Tema I.161): "A valoração do requisito subjetivo para concessão do livramento condicional — bom comportamento durante da execução da pena (art. 83, III, alínea 'a', do Código Penal) — deve considerar todo o histórico prisional, não se limitando ao período de I2 meses referido na alínea 'b' do mesmo inciso III do art. 83 do Código Penal".

— o terceiro requisito de ordem subjetiva é não ter o sentenciado cometido falta grave nos últimos I2 (doze) meses. Esse requisito foi acrescentado ao inciso II do art. 83 do Código Penal pela Lei n. 13.964/2019. O rol das faltas graves vem previsto nos arts. 50 e 52 da Lei n. 7.210/84 — Lei de Execução Penal. À vista desse dispositivo legal, encontra-se prejudicada a Súmula 441 do STJ, que diz: "A falta grave não interrompe o prazo para obtenção de livramento condicional";

— o quarto requisito de ordem subjetiva é ter o sentenciado bom desempenho no trabalho que lhe foi atribuído. Esse requisito também se encontra no art. 83, III, do Código Penal;

— o quinto requisito de ordem subjetiva é comprovar o sentenciado aptidão para prover a própria subsistência, mediante trabalho honesto. A prática tem indicado que a promessa de emprego já preenche esse requisito, que se encontra no art. 83, III, do Código Penal;

— o sexto requisito de ordem subjetiva é a constatação de condições pessoais que façam presumir que o liberado não voltará a delinquir. Esse requisito é exigido apenas para condenados por crime doloso, cometido com violência ou grave ameaça à pessoa, e encontra-se no art. 83, parágrafo único, do Código Penal.

12.3 Concessão

Uma vez preenchidos os pressupostos objetivos e subjetivos, o livramento condicional é concedido mediante *requerimento* do sentenciado, de seu cônjuge ou de parente em linha reta, ou por proposta do diretor do estabelecimento penal, ou por iniciativa do Conselho Penitenciário, conforme estabelece o art. 712 do Código de Processo Penal.

Ao *pedido* serão anexados o cálculo do tempo já cumprido e o atestado de antecedentes carcerários.

Em seguida, o pedido é submetido à apreciação do Conselho Penitenciário, que dará parecer a respeito da admissibilidade, conveniência e oportunidade do benefício, ouvindo-se, em seguida, o diretor do estabelecimento penitenciário (arts. 713 e 714 do CPP).

Também será o pedido submetido à apreciação do promotor de justiça, que se manifestará por meio de parecer (art. 716, § 2.º, do CPP).

Concedido o benefício e expedida a carta de livramento, com cópia integral da sentença em duas vias (remetendo-se uma à autoridade administrativa incumbida da execução e outra ao Conselho Penitenciário), realiza-se uma cerimônia solene, sendo entregue ao liberado *caderneta* ou *salvo-conduto* (arts. 136, 137 e 138 da LEP).

12.4 Condições

No momento da concessão do livramento condicional, o juiz deve especificar as condições a que fica subordinado o benefício.

Existem dois tipos de condições:

a) *Condições legais* — obrigatórias, que, não cumpridas, podem ensejar a revogação do livramento. São elas:

— não ser o beneficiário do livramento condenado, por sentença irrecorrível, a pena privativa de liberdade por crime cometido durante a vigência do benefício (art. 86, I, do CP);

— não ser o beneficiário do livramento condenado, por sentença irrecorrível, à pena privativa de liberdade por crime cometido anteriormente ao que ensejou o livramento (art. 86, II, do CP);

— obter o beneficiário do livramento ocupação lícita, dentro de prazo razoável, se for apto ao trabalho (art. 132, § 1.º, *a*, da LEP);

— comunicar periodicamente ao juiz sua ocupação (art. 132, § 1.º, *b*, da LEP);

— não mudar do território da comarca do Juízo da Execução sem prévia autorização deste (art. 132, § 1.º, *c*, da LEP).

b) *Condições judiciais* — facultativas, que podem ser impostas ao liberado, a critério do juiz, e que podem ser modificadas no transcorrer da execução. São elas:

— não ser o beneficiário do livramento condenado, por sentença irrecorrível, por crime ou contravenção penal, a pena que não seja privativa de liberdade (art. 87 do CP);

— não mudar o beneficiário de residência sem comunicação ao juiz e à autoridade incumbida de observação cautelar e de proteção (art. 132, § 2.º, *a*, da LEP);

— recolher-se o beneficiário à habitação em hora fixada (art. 132, § 2.º, *b*, da LEP);

— não frequentar o beneficiário determinados lugares (art. 132, § 2.º, *c*, da LEP);

— utilizar equipamento de monitoração eletrônica (art. 132, § 2.º, *e*, da LEP).

12.5 Revogação

Existem causas de revogação obrigatórias e facultativas do livramento condicional:

a) *Causas de revogação obrigatória*

— a condenação a pena privativa de liberdade, em sentença irrecorrível por crime cometido durante a vigência do benefício. Nesse caso, não se desconta da pena o tempo em que esteve solto o condenado (art. 142 da LEP);

— a condenação a pena privativa de liberdade, em sentença irrecorrível por crime anterior ao benefício. Nesse caso, computar-se-á como tempo de cumprimento da pena o período de prova (art. 141 da LEP).

No caso de crime cometido anteriormente à concessão do livramento, a pena imposta será somada à anterior e poderá subsistir o benefício se, feita a unificação, resultar que o beneficiado preenche o pressuposto temporal do livramento.

b) *Causas de revogação facultativa*

— quando o liberado deixar de cumprir qualquer das obrigações constantes da sentença;

— quando o liberado for condenado, irrecorrivelmente, por crime ou contravenção, a pena que não seja privativa de liberdade.

12.6 Restauração do livramento

Embora o art. 88 do Código Penal disponha que, uma vez revogado, não poderá o livramento ser novamente concedido, deve esse dispositivo harmonizar-se com o disposto no art. 141 da Lei de Execução Penal.

Assim, se o liberado for condenado pela prática de crime anterior à concessão do livramento, será computado como tempo de cumprimento de pena o período de prova, podendo as duas penas ser unificadas para a concessão de outro livramento, preenchido o pressuposto temporal.

12.7 Prorrogação do livramento

O prazo do livramento condicional será prorrogado enquanto não transitar em julgado a sentença no processo a que responde o condenado por crime cometido durante a vigência do benefício. A regra vem estampada no art. 89 do Código Penal.

12.8 Extinção do livramento

Se o livramento não for revogado até o término do prazo total da pena, considera-se extinta a pena privativa de liberdade, conforme o disposto no art. 90 do Código Penal.

Segundo o art. 146 da Lei de Execução Penal, a extinção é declarada pelo juiz, de ofício, a requerimento do interessado, do Ministério Público ou mediante representação do Conselho Penitenciário.

A propósito, vale citar o disposto na Súmula 617 do Superior Tribunal de Justiça: "A ausência de suspensão ou revogação do livramento condicional antes do término do período de prova enseja a extinção da punibilidade pelo integral cumprimento da pena".

O Superior Tribunal de Justiça estabeleceu que o prazo de livramento condicional deve ser computado para a extinção da pena, observado o tempo máximo de cumprimento previsto no art. 75 do Código Penal, independentemente de a condenação ter sido menor ou maior do que esse limite. Nesse sentido:

"Com o norte dos princípios da isonomia e da razoabilidade, pode-se afirmar que o instituto do livramento condicional deve produzir os mesmos efeitos para quaisquer dos apenados que nele ingressem e tais efeitos ao apenado não devem ser alterados no decorrer do período de prova, ressalvado o regramento legal a respeito da revogação, devendo o término do prazo do livramento condicional coincidir com o alcance do limite do art. 75 do CP. Um dia em livramento condicional corresponde a um dia em cumprimento de pena privativa de liberdade, exceto em hipótese de revogação, observado o disposto no art. 88 do CP e 141 da LEP. Uma análise topográfica da LEP ampara uma interpretação no sentido de que o livramento condicional configura forma de cumprimento das penas privativas de liberdade, embora as condicionantes sejam restritivas de liberdade. Cumpre ressaltar que a consideração do período de prova para alcance do limite do art. 75 do CP não se confunde com o requisito objetivo para obtenção do direito ao livramento condicional. Em termos práticos, o Juiz da Execução Penal, para conceder o livramento condicional, observará a pena privativa de liberdade resultante de sentença(s) condenatória(s) (Súmula n. 715 do Supremo Tribunal Federal). Alcançado o requisito objetivo para fins de concessão do livramento condicional, a duração dele (o período de prova) será correspondente ao restante de pena privativa de liberdade a cumprir, limitada ao disposto no art. 75 do CP. 3. Recurso especial desprovido" (REsp 1.922.012/RS — Rel. Min. Joel Ilan Paciornik — Quinta Turma — *DJe* 8-10-2021).

13   MEDIDA DE SEGURANÇA

Como regra, ao agente dotado de *culpabilidade* (imputável em razão de entender o caráter ilícito do fato ou de determinar-se de acordo com esse entendimento) aplica-se a pena, já estudada nos capítulos anteriores.

Ao *agente não culpável* (inimputável por doença mental ou desenvolvimento mental incompleto ou retardado, que era, ao tempo da ação ou omissão, inteiramente incapaz de entender o caráter ilícito do fato ou de determinar-se de acordo com esse entendimento) não se aplica pena, mas medida de segurança.

Ao *agente semi-imputável*, que, em virtude de perturbação de saúde mental ou por desenvolvimento mental incompleto ou retardado, não era inteiramente capaz de entender o caráter ilícito do fato ou de determinar-se de acordo com esse entendimento (agente fronteiriço), aplica-se pena reduzida, a qual, entretanto, pode ser substituída por medida de segurança, de acordo com o disposto no art. 98 do Código Penal.

Assim, temos o seguinte quadro relativo à *sanção penal*:

a) para os imputáveis: pena;

b) para os inimputáveis: medida de segurança;

c) para os semi-imputáveis: pena reduzida ou medida de segurança.

13.1 Conceito

A medida de segurança é uma espécie de sanção penal imposta pelo Estado aos inimputáveis (art. 26, *caput*, do CP) visando a prevenção do delito, com a finalidade de evitar que o criminoso que apresente periculosidade volte a delinquir.

Enquanto o fundamento da aplicação da pena reside na *culpabilidade*, o fundamento da medida de segurança reside na *periculosidade.*

13.2 Pressupostos de aplicação das medidas de segurança

São três:

a) prática de fato descrito como crime;

b) periculosidade do sujeito;

c) ausência de imputabilidade plena.

Periculosidade é a potencialidade de praticar ações lesivas.

A periculosidade pode ser *real* (quando precisa ser comprovada) ou *presumida* (quando não precisa ser comprovada).

No caso dos inimputáveis, a periculosidade é presumida, pois a lei determina a aplicação da medida de segurança, pressupondo que sejam eles dotados de potencialidade criminosa. No caso dos semi-imputáveis, a periculosidade é real, pois deve ser verificada pelo juiz à luz do caso concreto, ensejando a escolha entre a aplicação de pena reduzida ou a imposição de medida de segurança.

13.3 Espécies de medida de segurança

Há duas espécies de medidas de segurança:

a) medida de segurança detentiva, que consiste na internação em hospital de custódia e tratamento psiquiátrico (art. 96, I, do CP);

b) medida de segurança restritiva, que consiste na sujeição a tratamento ambulatorial (art. 96, II, do CP).

13.4 Aplicação da medida de segurança

Para a aplicação da medida de segurança, deverá o réu ser submetido a processo regular, sendo-lhe observadas todas as garantias constitucionais.

No final do processo, em fase de sentença, o juiz deverá, tratando-se de inimputável, *absolver* o réu, impondo-lhe medida de segurança.

Essa medida de segurança poderá consistir em:

a) *internação*, quando ao crime forem previstas pena de reclusão ou de detenção;

b) *tratamento ambulatorial*, quando ao crime for prevista pena de detenção.

Portanto, a natureza jurídica da sentença que impõe ao réu inimputável medida de segurança é *absolutória imprópria* (art. 386, parágrafo único, III, do CPP).

Nesse sentido, a Súmula 422 do Supremo Tribunal Federal: "A absolvição criminal não prejudica a medida de segurança, quando couber, ainda que importe em privação de liberdade".

Merece ser ressaltado que nos crimes apenados tanto com reclusão como com detenção a espécie de medida de segurança adequada será a de *internação*. A lei faculta ao juiz, entretanto, no art. 97, *caput*, segunda parte, do Código Penal que submeta o agente a *tratamento ambulatorial*, no caso de ser o fato previsto como crime apenado com detenção, sempre em atenção à gravidade do delito, às circunstâncias do fato e à periculosidade apresentada. Em qualquer fase do tratamento ambulatorial, poderá o juiz determinar a internação do agente, se essa providência for necessária para fins curativos.

O *prazo da internação* ou do *tratamento ambulatorial* será indeterminado, de acordo com o disposto no art. 97, § 1.º, do Código Penal, perdurando enquanto não for averiguada, mediante perícia médica, a cessação da periculosidade. Entretanto, o Supremo Tribunal Federal e o Superior Tribunal de Justiça, em inúmeros precedentes, já vinham firmando o entendimento de que o limite máximo de 30 anos previsto pelo art. 75 do Código Penal (atualmente 40 anos) se aplicaria também às medidas de segurança. A orientação prevalente é a de que a duração da medida de segurança não deve ultrapassar o limite máximo da pena abstratamente cominada ao delito cometido.

Nesse sentido, no Supremo Tribunal Federal:

"Penal e processual penal. Agravo regimental em *habeas corpus*. Crime de roubo. Prorrogação de medida de segurança. Jurisprudência do Supremo Tribunal Federal (STF). I. O entendimento do STF é no sentido de que 'a medida de segurança deve perdurar enquanto não haja cessado a periculosidade do agente, limitada, contudo, ao período máximo de trinta anos' (HC 97.621, Rel. Min. Cezar Peluso)" (STF — HC 201120 Agr — Rel. Min. Roberto Barroso — *DJe* 26-8-2021).

No Superior Tribunal de Justiça: "EXECUÇÃO PENAL. *HABEAS CORPUS*. IMPETRAÇÃO SUBSTITUTIVA. IMPROPRIEDADE DA VIA ELEITA. EXECUÇÃO. MEDIDA DE SEGURANÇA. LIMITE DE DURAÇÃO DA MEDIDA. PENA MÁXIMA COMINADA *IN ABSTRATO* AO DELITO COMETIDO. INSTRUÇÃO DEFICIENTE. ILEGALIDADE MANIFESTA. INEXISTÊNCIA. *WRIT* NÃO CONHECIDO. 1. É imperiosa a necessidade de racionalização do emprego do *habeas corpus*, em prestígio ao âmbito de cognição da garantia constitucional, e em louvor à lógica do sistema recursal. *In casu*, foi impetrada indevidamente a ordem como substitutiva de recurso ordinário. 2. O prazo de duração da medida de segurança não deve ultrapassar o limite máximo da pena abstratamente cominada ao delito cometido. No caso, entretanto, não se pode concluir, a partir dos documentos acostados aos autos, que o paciente atingiu esse termo. 3. *Writ* não conhecido" (STJ — HC 251.296/SP — Rel. Min. Maria Thereza de Assis Moura — *DJe* 11-4-2014).

A questão restou pacificada no Superior Tribunal de Justiça com a edição da **Súmula 527**: "O tempo de duração da medida de segurança não deve ultrapassar o limite máximo da pena abstratamente cominada ao delito praticado".

O prazo mínimo de internação será de 1 a 3 anos, findos os quais será o agente submetido a perícia médica, que se repetirá de ano em ano ou a qualquer tempo, por determinação judicial (art. 97, § 2.º, do CP).

Para que alguém seja internado em hospital de custódia e tratamento psiquiátrico, ou seja submetido a tratamento ambulatorial, há a necessidade de expedição da respectiva guia pela autoridade judiciária (art. 172 da LEP). Essa guia será extraída pelo escrivão, que a rubricará em todas as folhas e a subscreverá com o juiz, e será remetida à autoridade administrativa incumbida da execução (art. 173 da LEP).

A *cessação de periculosidade* é procedimento regulado pelos arts. 175 a 179 da Lei de Execução Penal.

A *desinternação* ou a liberação do agente será sempre condicional. Isso significa que deverá ser restabelecida a situação anterior se o agente, antes do decurso de um ano, pratica fato indicativo de persistência de sua periculosidade.

Merece ser ressaltado que a desinternação progressiva não é prevista em lei. Trata-se de aplicar a medida de segurança de forma progressiva, por meio de saídas terapêuticas, evoluindo para regime de hospital-dia ou hospital-noite e outros serviços de atenção diária tão logo o quadro clínico do paciente assim o indique. Essa possibilidade vem sendo admitida pelos tribunais superiores, assim como a progressão de internação para tratamento ambulatorial.

Em razão da vigência da Lei n. 10.216/2001, o Conselho Nacional de Política Criminal e Penitenciária editou a Resolução n. 5, de 4 de maio de 2004, que dispõe a respeito das diretrizes para o cumprimento das Medidas de Segurança, adequando-as às previsões legais: "3. *O internado deverá ter acesso ao melhor tratamento consentâneo às suas necessidades, da mesma qualidade e padrão dos oferecidos ao restante da população. (...) 5. A medida de segurança deverá ser cumprida em hospital estruturado de modo a oferecer assistência integral à pessoa portadora de transtornos mentais, incluindo serviços médicos, de assistência social, psicológicos, ocupacionais, de lazer etc. (...) 8. Nos Estados onde não houver Hospitais de Custódia e Tratamento Psiquiátrico os pacientes deverão ser tratados na rede SUS*".

Sobre a desinternação progressiva: *"HABEAS CORPUS.* MEDIDA DE SEGU-RANÇA. EXTINÇÃO DA PUNIBILIDADE. PRESCRIÇÃO. NÃO OCORRÊN-CIA. DESINTERNAÇÃO PROGRESSIVA. ORDEM PARCIALMENTE CONCE-DIDA. 1. As medidas de segurança se submetem ao regime ordinariamente normado da prescrição penal. Prescrição a ser calculada com base na pena máxima cominada ao tipo penal debitado ao agente (no caso da prescrição da pretensão punitiva) ou com base na duração máxima da medida de segurança, trinta anos (no caso da prescrição da pretensão executória). Prazos prescricionais, esses, aos quais se aplicam, por lógico, os termos iniciais e marcos interruptivos e suspensivos dispostos no Código Penal. 2. Não se pode falar em transcurso do prazo prescricional durante o período de cumprimento da medida de segurança. Prazo, a toda evidência, interrompido com o início da submissão do paciente ao 'tratamento' psiquiátrico forense (inciso V do art. 117 do Código Penal). 3. No julgamento do HC 97.621, da relatoria do ministro Cezar Peluso, a Segunda Turma do Supremo Tribunal Federal entendeu cabível a adoção da desinternação progressiva de que trata a Lei 10.216/2001. Mesmo equacionamento jurídico dado pela Primeira Turma, ao julgar o HC 98.360, da relatoria do ministro Ricardo Lewandowski, e, mais recentemente, o RHC 100.383, da relatoria do ministro Luiz Fux. 4. No caso, o paciente está submetido ao controle penal estatal desde 1984 (data da internação no Instituto Psiquiátrico Forense) e se acha no gozo da alta progressiva desde 1986. Pelo que não se pode desqualificar a ponderação do Juízo mais próximo à realidade da causa. 5. Ordem parcialmente concedida para assegurar ao paciente a desinternação progressiva, determinada pelo Juízo das Execuções Penais" (STF — HC 107.777/RS — Rel. Min. Ayres Britto — *Dje* 16-4-2012).

13.5 Medida de segurança substitutiva

Estabelece o art. 183 da Lei n. 7.210/84 (Lei de Execução Penal) que, "quando, no curso da execução da pena privativa de liberdade, sobrevier doença mental, o juiz, de ofício, a requerimento do Ministério Público ou da autoridade administrativa, poderá determinar a substituição da pena por medida de segurança".

A dúvida que se estabelece é saber se o prazo de duração dessa medida de segurança substitutiva será indeterminado ou se estará limitado ao restante da pena privativa de liberdade aplicada. O mais lógico é que tal medida tenha seu limite fixado no restante da pena privativa de liberdade que o condenado tinha ainda por cumprir. E isso porque a imputabilidade, no caso, foi verificada no momento do crime, quando o agente era inteiramente capaz de entender o caráter ilícito do fato ou de determinar-se de acordo com esse entendimento, recebendo, em contrapartida, a justa punição. Se, no curso da execução, tornou-se doente mental, merece tratamento, mas não por tempo indeterminado. Vencido o prazo inicialmente fixado para a pena privativa de liberdade e persistindo a doença mental, deverá o agente ser desinternado e colocado à disposição do juízo cível competente, para que se lhe promova a interdição ou outra medida adequada. Restabelecendo-se o agente, voltará para o cárcere.

13.6 Sistema vicariante

Significa a possibilidade de aplicação de *pena reduzida* ou *medida de segurança* ao semi-imputável.

Diz o art. 98 do Código Penal:

Art. 98. Na hipótese do parágrafo único do art. 26 deste Código e necessitando o condenado de especial tratamento curativo, a pena privativa de liberdade pode ser substituída pela internação, ou tratamento ambulatorial, pelo prazo mínimo de 1 (um) a 3 (três) anos, nos termos do artigo anterior e respectivos §§ 1.º a 4.º.

Assim, se o semi-imputável pratica um crime, poderá ser-lhe aplicada uma pena reduzida ou uma medida de segurança.

O que irá determinar uma ou outra sanção será a periculosidade do agente, que deverá ser constatada pericialmente, já que, no curso do processo, deverá ser iniciado um incidente de insanidade mental.

Anteriormente à reforma de 1984, estabelecia a Parte Geral do Código Penal o chamado *sistema do duplo binário*, permitindo a aplicação cumulativa de pena e medida de segurança ao semi-imputável.

13.7 A Política Antimanicomial do Poder Judiciário e a Resolução n. 487/2023 do Conselho Nacional de Justiça — CNJ

De acordo com Resolução n. 487, de 15 de fevereiro de 2023, o Conselho Nacional de Justiça — CNJ instituiu a Política Antimanicomial do Poder Judiciário, por meio de procedimentos para o tratamento das pessoas com transtorno mental ou qualquer forma de deficiência psicossocial que estejam custodiadas, sejam investigadas, acusadas, rés ou privadas de liberdade, em cumprimento de pena ou de medida de segurança, em prisão domiciliar, em cumprimento de alternativas penais, monitoração eletrônica ou outras medidas em meio aberto, e conferiu diretrizes para assegurar os direitos dessa população.

A Resolução estabeleceu uma mudança profunda no sistema de tratamento das pessoas com transtornos mentais ou com qualquer forma de deficiência psicossocial, adequando o arcabouço normativo brasileiro, no âmbito penal e processual penal, às convenções internacionais das quais o Brasil se tornou signatário, às disposições da Lei n. 10.216/2001 (que dispõe sobre a proteção e os direitos das pessoas portadoras de transtornos mentais e redireciona o modelo assistencial em saúde mental), à Lei n. 13.146/2015 (Estatuto da Pessoa com Deficiência) e à Política Nacional de Atenção Integral à Saúde das Pessoas Privadas de Liberdade no Sistema Prisional (PNAISP) no âmbito do Sistema Único de Saúde (SUS), instituída por meio da Portaria Interministerial n. 1/2014, dos Ministérios da Saúde e da Justiça, bem como a Portaria n. 94/2014, do Ministério da Saúde, que instituiu o serviço de avaliação e acompanhamento de medidas terapêuticas aplicáveis à pessoa com transtorno mental em conflito com a lei, no âmbito do Sistema Único de Saúde (SUS).

Embora a Resolução cuide de diversos aspectos relacionados ao tratamento das pessoas com transtorno mental ou qualquer forma de deficiência psicossocial que estejam inseridas no âmbito da Justiça Criminal, a extinção dos Hospitais de Custódia e Tratamento Psiquiátrico (HCTP) e a abolição da medida de segurança de internação, como prevista nos moldes atuais, foi o que mais chamou a atenção.

Ao tratar da medida de segurança, no art. 11, a Resolução dispõe que, na sentença criminal que imponha medida de segurança, a autoridade judicial determinará a modalidade mais indicada ao tratamento de saúde da pessoa acusada, considerados a avaliação biopsicossocial, outros exames eventualmente realizados na fase instrutória e os cuidados a serem prestados em meio aberto. A autoridade judicial levará em conta, nas decisões que envolvam imposição ou alteração do cumprimento de medida de segurança, os pareceres das equipes multiprofissionais que atendem o paciente na Raps (Rede de Atenção Psicossocial), da EAP (Equipe de Avaliação e Acompanhamento das Medidas Terapêuticas Aplicáveis à Pessoa com Transtorno Mental em Conflito com a Lei) ou outra equipe conectora (equipe vinculada ao Sistema Único de Saúde que exerça função análoga à da EAP).

Ainda de acordo com a Resolução, a medida de tratamento ambulatorial será priorizada em detrimento da medida de internação e será acompanhada pela autoridade judicial a partir de fluxos estabelecidos entre o Poder Judiciário e a Raps, com o auxílio da equipe multidisciplinar do juízo, evitando-se a imposição do ônus de comprovação do tratamento à pessoa com transtorno mental ou qualquer forma de deficiência psicossocial. O acompanhamento da medida levará em conta o desenvolvimento do PTS (Projeto Terapêutico Singular) e demais elementos trazidos aos autos pela equipe de atenção psicossocial, a existência e as condições de acessibilidade ao serviço, a atuação das equipes de saúde, a vinculação e adesão da pessoa ao tratamento.

Já a imposição de medida de segurança de internação ou de internação provisória ocorrerá em hipóteses **absolutamente excepcionais**, quando não cabíveis ou suficientes outras medidas cautelares diversas da prisão e quando compreendidas como recurso terapêutico momentaneamente adequado no âmbito do PTS, enquanto necessárias ao restabelecimento da saúde da pessoa, desde que prescritas por equipe de saúde da Raps. Nesses casos, a internação será cumprida em leito de saúde mental em Hospital Geral ou outro equipamento de saúde referenciado pelo Caps da Raps, cabendo ao Poder Judiciário atuar para que nenhuma pessoa com transtorno mental seja colocada ou mantida em unidade prisional, ainda que em enfermaria, ou seja submetida à internação em instituições com características asilares, como os Hospitais de Custódia e Tratamento Psiquiátrico ou equipamentos congêneres, assim entendidas aquelas sem condições de proporcionar assistência integral à saúde da pessoa ou de possibilitar o exercício dos direitos previstos no art. 2.º da Lei n. 10.216/2001.

Ressalte-se que, de acordo com a Resolução, o criminoso com transtorno mental não poderá ser internado em Hospital de Custódia e Tratamento Psiquiátrico.

E mais, de acordo com a Resolução, deverão ser proporcionadas ao paciente em internação, sem obstrução administrativa, oportunidades de reencontro com sua comunidade, sua família e seu círculo social, com atividades em meio aberto, sempre que possível, evitando-se ainda sua exclusão do mundo do trabalho, nos termos do PTS (Projeto Terapêutico Singular).

A Resolução ainda determinou que, no prazo de até 6 (seis) meses, contados a partir da sua entrada em vigor, a autoridade judicial competente deve revisar os processos a fim de avaliar a possibilidade de extinção da medida em curso (internação), progressão para tratamento ambulatorial em meio aberto ou transferência para estabelecimento de saúde adequado.

E, acabando de vez com os Hospitais de Custódia e Tratamento Psiquiátrico, a Resolução estabeleceu que a autoridade judicial competente determinasse, de início, a **interdição parcial** de estabelecimentos, alas ou instituições congêneres de custódia e tratamento psiquiátrico **no Brasil**, com proibição de novas internações em suas dependências e, posteriormente, a **interdição total** e o **fechamento** dessas instituições.

Não obstante os nobres e defensáveis propósitos que orientaram o Conselho Nacional de Justiça, constatou-se que as providências impostas pela Resolução n. 487/2023 foram de difícil aplicação em curto prazo no Brasil, ainda mais considerando as características e deficiências regionais de cada parte do nosso extenso território, aliadas à situação lamentável do combalido sistema de saúde pública.

Interditar totalmente e fechar os Hospitais de Custódia e Tratamento Psiquiátrico, portanto, não é a melhor solução, pelo menos da forma determinada pela Resolução.

Atento a essas dificuldades mencionadas, o Conselho Nacional de Justiça, por meio da Resolução n. 572, de 26 de agosto de 2024, trouxe modificações importantes ao texto original da Resolução n. 487/2023, ajustando os prazos e permitindo maior flexibilidade na implementação dessa nova política. A nova resolução veio como resposta a desafios práticos que surgiram durante a tentativa de aplicação imediata das diretrizes propostas pela resolução anterior, especialmente devido às desigualdades regionais e às condições do sistema de saúde pública.

A nova Resolução n. 572/2024 reconheceu as dificuldades enfrentadas para cumprir esses prazos em sua totalidade. Agora, a revisão dos processos de medida de segurança deverá ocorrer no prazo de até 9 meses, e a interdição parcial de Hospitais de Custódia e Tratamento Psiquiátrico ou instituições similares foi estendida para esse mesmo período. A interdição total e o fechamento dessas instituições, anteriormente previstos para ocorrer em 12 meses, foram prorrogados para 15 meses. Além disso, a nova resolução introduziu o art. 18-A, que permite a prorrogação desses prazos a pedido dos Tribunais, desde que devidamente fundamentados, com base na realidade específica de cada unidade da Federação.

Essa prorrogação não implica, de modo algum, a descontinuidade da implementação da política antimanicomial. Pelo contrário, busca garantir que a transição seja feita de maneira estruturada, respeitando as peculiaridades locais e assegurando que as medidas estabelecidas possam ser realmente efetivadas. Para tanto, foi estabelecido que os Tribunais, ao solicitarem a prorrogação dos prazos, apresentem um plano de ação detalhado, indicando as etapas já concluídas e o cronograma das ações pendentes, de forma a permitir uma análise criteriosa por parte do CNJ.

Outra inovação trazida pela Resolução n. 572 é a previsão de alta planejada e reabilitação psicossocial assistida para todos os pacientes ainda internados em HCTPs ou instituições congêneres. Agora, o prazo para a elaboração de Projetos Terapêuticos Singulares (PTS) e a consequente transição para o meio aberto foi estendido para 15 meses, com a obrigatoriedade de apresentação desses planos nos processos judiciais, assegurando a participação de todos os atores institucionais envolvidos.

Vale ressaltar que, ainda que as novas diretrizes tenham aumentado os prazos para a extinção dos HCTPs, o compromisso do Poder Judiciário em erradicar práticas asilares continua firme. A proibição de novas internações em instituições com características asilares permanece, e o CNJ mantém seu papel de fiscalizar a execução dessa política, garantindo que os direitos previstos no art. 2.º da Lei n. 10.216/2001 sejam respeitados.

Entretanto, a implementação da política antimanicomial não se resume a uma mera revisão de prazos. Ela envolve um esforço contínuo de articulação entre diferentes órgãos e instituições. A Resolução n. 572/2024 reforça a importância da cooperação interinstitucional, destacando a necessidade de criação de comitês estaduais e grupos de trabalho dedicados ao monitoramento da política. Esses comitês deverão acompanhar a desinstitucionalização das pessoas em medida de segurança, propondo fluxos de articulação entre o Judiciário, a Saúde e a Assistência Social, especialmente no contexto das audiências de custódia.

Outro aspecto central da Resolução n. 572/2024 é a importância atribuída à formação dos profissionais envolvidos na implementação da política antimanicomial. Nesse sentido, a nova norma exige a elaboração de programas de capacitação, visando preparar os profissionais da Justiça, da Saúde e da Segurança Pública para lidar com as complexidades inerentes à nova abordagem de tratamento das pessoas com transtornos mentais em conflito com a lei.

Portanto, as alterações promovidas pela Resolução n. 572/2024 não apenas ajustam os prazos, mas também reforçam a necessidade de planejamento cuidadoso e cooperação interinstitucional para garantir que as mudanças propostas sejam implementadas de maneira eficaz. A política antimanicomial do Poder Judiciário segue seu curso, agora com maior flexibilidade, mas sem abdicar de seus objetivos principais: a erradicação de práticas asilares e a promoção de um tratamento digno e inclusivo para as pessoas com transtornos mentais e deficiências psicossociais.

Essa ampliação de prazos e a introdução de mecanismos de flexibilização, longe de representar um retrocesso, constituem uma adaptação necessária diante das dificuldades práticas que se impõem. A política antimanicomial, tal como delineada pela Resolução n. 487/2023 e complementada pela Resolução n. 572/2024, continua a ser um marco na proteção dos direitos humanos, sendo um instrumento vital para assegurar que as pessoas com transtornos mentais tenham acesso a um tratamento humanizado, pautado no respeito à sua dignidade e autonomia.

14 EFEITOS DA CONDENAÇÃO

Os efeitos da condenação vêm relacionados nos arts. 91, 91-A e 92 do Código Penal.

14.1 Conceito de condenação

Segundo Damásio E. de Jesus (*Direito penal*, cit., p. 555), condenação é o ato do juiz por meio do qual se impõe uma sanção penal ao sujeito ativo da infração.

A condenação produz um efeito *principal*, que é a imposição de pena aos imputáveis e de medida de segurança, se for o caso (art. 98 do CP), aos semi-imputáveis. Como já foi mencionado, aos inimputáveis não se impõe pena, mas medida de segurança, não havendo condenação, mas absolvição.

Produz também a condenação efeitos *secundários*, de natureza penal e extrapenal.

14.2 Efeitos secundários de natureza penal

Vários são os efeitos secundários de natureza penal da sentença condenatória. Segundo a lição de Mirabete (op. cit., p. 339-340), podem ser destacados os seguintes:

a) a revogação facultativa ou obrigatória do *sursis* anteriormente concedido;

b) a revogação facultativa ou obrigatória do livramento condicional;

c) a caracterização da reincidência pelo crime posterior;

d) o aumento do prazo da prescrição da pretensão executória quando caracterizar a reincidência;

e) a interrupção da prescrição da pretensão executória, quando caracterizar a reincidência;

f) a revogação da reabilitação, quando se tratar de reincidente;

g) a possibilidade de arguição de *exceção da verdade* nas hipóteses de calúnia e difamação;

h) o impedimento de vários benefícios;

i) a fixação do pressuposto da reincidência como crime antecedente;

j) a caracterização da contravenção de posse não justificada de instrumento de emprego usual na prática de furto, como circunstância elementar da infração;

k) a inscrição do nome do condenado no rol dos culpados.

14.3 Efeitos secundários de natureza extrapenal

Dentre os efeitos extrapenais da condenação, podemos destacar os efeitos civis, os efeitos administrativos e o efeito político.

14.3.1 Efeitos civis

São, entre outros, a obrigação de indenizar o dano (art. 91, I, do CP), o confisco (art. 91, II, e 91-A do CP) e a incapacidade para o exercício do poder familiar, tutela ou curatela (art. 92, II, do CP), nos seguintes termos:

a) Reparação do dano

Com relação à *reparação do dano*, constitui efeito automático da condenação, não precisando ser expressamente reconhecido pelo juiz na sentença condenatória. Uma vez transitada em julgado a sentença condenatória, poderão promover-lhe a execução, no juízo cível, para efeito da reparação do dano, o ofendido, seu representante legal ou seus herdeiros (art. 63 do CPP). Urge destacar que a sentença absolutória do crime não impede a indenização cível. Nesse caso, aplicam-se as regras dos arts. 67 e 68 do Código de Processo Penal.

Com relação às excludentes de ilicitude, faz coisa julgada no cível a sentença penal que reconhecer ter sido o ato praticado em estado de necessidade, em legítima defesa, em estrito cumprimento de dever legal ou no exercício regular de direito (art. 65 do CPP). No caso do estado de necessidade, não obstante a regra do art. 65 do Código de Processo Penal, mesmo tendo o juiz penal absolvido criminalmente o acusado em virtude do estado de necessidade agressivo, ocorreu prejuízo à vítima, que deve ser indenizada na esfera cível, nos termos dos arts. 929 e 930 do Código Civil.

Já a ocorrência da prescrição da pretensão punitiva impede a execução de eventual condenação penal não transitada em julgado. Nesse caso, aplica-se a regra do art. 64 do Código de Processo Penal. No caso de prescrição da pretensão executória, a sentença penal transitada em julgado mantém sua força de título executivo, podendo ser aplicado o art. 63 do Código de Processo Penal.

Ocorrendo anistia (art. 107, II, do CP), permanece o dever de indenizar no cível. A graça e o indulto (art. 107, II, do CP), que pressupõem sentença condenatória transitada em julgado, não atingem os efeitos secundários da condenação, permanecendo, portanto, a obrigação de reparar o dano.

b) Confisco

Com relação ao *confisco*, pode ser denominado como a perda em favor da União dos instrumentos do crime, desde que consistam em coisas cujo fabrico, alienação, uso, porte ou detenção constituam fato ilícito, e do produto do crime ou de qualquer bem ou valor que constitua proveito auferido pelo agente com a prática do fato criminoso. No caso do art. 91, II, do Código Penal, trata-se de efeito automático da condenação, que não precisa ser expressamente reconhecido pelo juiz na sentença condenatória. Embora o Código Penal se refira apenas a crime, é pacífico na jurisprudência que o confisco se aplica também aos casos de contravenção penal.

No caso de instrumentos do crime, consistentes em coisas cujo fabrico, alienação, uso, porte ou detenção constituam fato ilícito, somente os instrumentos ilícitos do crime é que podem se confiscados pela União. Não aqueles de uso e porte lícitos (exs.: automóvel, embarcação, aeronave etc.). Confira-se o disposto no art. 119 do Código de Processo Penal. Outrossim, nos termos do que dispõe o art. 124 do Código de Processo Penal, os instrumentos do crime, cuja perda em favor da União for decretada, e as coisas confiscadas serão inutilizados ou recolhidos a museu criminal, se houver interesse na sua conservação. Vale ainda ressaltar o disposto no art. 91-A, § 5.º, do Código Penal, introduzido pela Lei n. 13.964/2019, prevendo que os instrumentos utilizados para a prática de crimes por organizações criminosas e milícias deverão ser declarados perdidos em favor da União ou do Estado, dependendo da Justiça onde tramita a ação penal, ainda que não ponham em perigo a segurança das pessoas, a moral ou a ordem pública, nem ofereçam sério risco de ser utilizados para o cometimento de novos crimes.

Nas hipóteses de arquivamento do inquérito ou absolvição, as coisas apreendidas que forem de fabrico, alienação, uso, porte ou detenção proibida serão confiscadas pela União, não havendo necessidade de menção expressa na decisão ou sentença.

O Código Penal menciona ainda o confisco do produto do crime, objeto da apreensão, ou seja, o objeto material do crime. Ex.: dinheiro roubado de um banco; veículo furtado pelo agente. Considera-se proveito do crime a coisa obtida pelo criminoso por meio da conversão do produto do crime. Ex.: veículo ou imóvel adquirido com dinheiro roubado.

A Lei n. 13.964/2019 introduziu o art. 91-A, criando a figura do perdimento alargado, prevendo que, na hipótese de condenação por infrações às quais a lei comine pena máxima superior a 6 (seis) anos de reclusão, poderá ser decretada a perda, como produto ou proveito do crime, dos bens correspondentes à diferença entre o valor do patrimônio do condenado e aquele que seja compatível com o seu rendimento lícito. Nesse sentido, o próprio dispositivo estabelece que, para efeito da perda prevista, entende-se por patrimônio do condenado todos os bens de sua titularidade, ou em relação aos quais ele tenha o domínio e o benefício direto ou indireto, na data da infração penal ou recebidos posteriormente, e também os bens transferidos a terceiros a título gratuito ou mediante contraprestação irrisória, a partir do início da atividade criminal.

Nesse caso, a perda prevista neste artigo deverá ser requerida expressamente pelo Ministério Público, por ocasião do oferecimento da denúncia, com indicação da diferença apurada. Na sentença condenatória, o juiz deve declarar o valor da diferença apurada e especificar os bens cuja perda for decretada.

Vale ressaltar que o dispositivo mencionado ainda prevê que o condenado poderá demonstrar a inexistência da incompatibilidade ou a procedência lícita do patrimônio.

O Código de Processo Penal, por seu turno, nos arts. 125 a 132, cuida das chamadas medidas assecuratórias, que são medidas cautelares (processos incidentes) destinadas a evitar o prejuízo que adviria da demora na conclusão da ação penal (sequestro, arresto e hipoteca legal).

O confisco previsto na Lei de Drogas (arts. 60 a 63-F da Lei n. 11.343/2006) alcança veículos, embarcações, aeronaves e quaisquer outros meios de transporte, maquinários, utensílios, instrumentos e objetos de qualquer natureza utilizados para a prática de crimes de entorpecentes, além de bens, direitos e valores auferidos com a prática criminosa. Nesse sentido também o art. 243, parágrafo único, da Constituição Federal. O confisco na Lei de Drogas precisa ser expressamente declarado pelo juiz na sentença condenatória, não constituindo efeito automático da condenação.

Dispõe o art. 243 da Constituição Federal, ainda, que "as propriedades rurais e urbanas de qualquer região do País onde forem localizadas culturas ilegais de plantas psicotrópicas ou a exploração de trabalho escravo na forma da lei serão expropriadas e destinadas à reforma agrária e a programas de habitação popular, sem qualquer indenização ao proprietário e sem prejuízo de outras sanções previstas em lei, observado, no que couber, o disposto no art. 5.º", estabelecendo, ainda, o parágrafo único que "todo e qualquer bem de valor econômico apreendido em decorrência do tráfico ilícito de entorpecentes e drogas afins e da exploração de trabalho escravo será confiscado e reverterá a fundo especial com destinação específica, na forma da lei". *Vide* também Lei n. 8.259/91, que trata da expropriação das glebas nas quais se localizem culturas ilegais de plantas psicotrópicas.

No Estatuto do Desarmamento — Lei n. 10.826/2003, o art. 25 determina que as armas de fogo apreendidas, após a elaboração do laudo pericial e sua juntada aos autos, quando não mais interessarem à persecução penal serão encaminhadas pelo juiz competente ao Comando do Exército, no prazo de até 48 (quarenta e oito) horas, para destruição ou doação aos órgãos de segurança pública ou às Forças Armadas, na forma do regulamento desta Lei.

Na Lei dos Crimes Ambientais — Lei n. 9.605/98, dispõe o art. 25 que, verificada a infração ambiental, serão apreendidos seus produtos e instrumentos, lavrando-se os respectivos autos. O § 5.º desse dispositivo determina que os instrumentos utilizados na prática da infração serão vendidos, garantida a sua descaracterização por meio da reciclagem.

c) Incapacidade para o exercício do poder familiar, tutela e curatela

Com relação à *incapacidade para o exercício do poder familiar* (Código Civil — arts. 1.630 a 1.638), da tutela (arts. 1.728 a 1.766 do CC) e da curatela (arts. 1.767 a 1.782 do CC), constitui efeito secundário de natureza extrapenal civil da condenação. Para que ocorra essa incapacidade, o crime deve necessariamente ser doloso, não se verificando o efeito mencionado em caso de crime culposo. Ao crime doloso cometido contra filho, filha ou outro descendente, tutelado ou curatelado, deve ser prevista, em abstrato, pena de reclusão, ocorrendo o referido efeito ainda que o juiz tenha, a final, na sentença condenatória, substituído a reclusão por outra modalidade de pena (detenção, multa, penas restritivas de direitos). Em relação à vítima (filho, filha ou outro descendente, tutelado ou curatelado), a incapacidade ora tratada é permanente, não sendo alcançada pela reabilitação (art. 93, parágrafo único, do CP). Nada impede, porém, que o agente volte a exercer o poder familiar (CC, arts. 1.630 a 1.638) sobre os demais filhos, filhas ou outros descendentes, ou a tutela ou curatela em relação a outras pessoas. O inciso II do art. 92 teve sua redação alterada pela Lei n. 13.715/2018, prevendo, ainda, a incapacidade para o exercício do poder familiar, da tutela ou da curatela nos crimes dolosos sujeitos à pena de reclusão cometidos contra outrem igualmente titular do mesmo poder familiar (cônjuge, companheiro etc.). Nesse sentido, merece ser ressaltado o disposto no parágrafo único do art. 1.638 do Código Civil.

Nesse sentido, o § 2.º do art. 23 da Lei n. 8.069/90 (Estatuto da Criança e do Adolescente), com a redação dada pela Lei n. 13.715/2018, dispõe que "a condenação criminal do pai ou da mãe não implicará a destituição do poder familiar, exceto na hipótese de condenação por crime doloso sujeito à pena de reclusão contra outrem igualmente titular do mesmo poder familiar ou contra filho, filha ou outro descendente."

Sofrendo nova alteração em sua redação pela Lei n. 14.994/2024, o inciso II do art. 92 passou a prever, também, a incapacidade para o exercício do poder familiar, da tutela ou da curatela nos crimes cometidos contra a mulher por razões da condição do sexo feminino, nos termos do § 1.º do art. 121-A do Código Penal.

A referida lei acrescentou, ainda, o § 1.º ao art. 92, prevendo que esses efeitos não são automáticos, devendo ser motivadamente declarados na sentença pelo juiz, mas independem de pedido expresso da acusação, observado o disposto no inciso III do § 2.º. Esse inciso III do § 2.º, estabelece serem automáticos os efeitos dos incisos I e II do *caput* e do inciso II do § 2.º do art. 92, ao condenado por crime praticado contra a mulher por razões da condição do sexo feminino, nos termos do § 1.º do art. 121-A do Código Penal.

14.3.2 Efeitos administrativos

São a perda do cargo ou função pública (art. 92, I, do CP) e a inabilitação para dirigir veículo (art. 92, III, do CP).

Com relação à *perda do cargo ou função pública*, em condenações a pena privativa de liberdade (reclusão ou detenção) por tempo igual ou superior a um ano, ela somente ocorre se o funcionário público (art. 327 do CP) agir com abuso de poder ou com violação de dever para com a Administração Pública, incluídos aí, portanto, os crimes funcionais próprios e impróprios (arts. 312 a 326 do CP). Merece destacar que, no âmbito interno da Administração, nada impede que se instaure o competente procedimento administrativo para a aplicação de penalidades disciplinares ao funcionário público faltoso, independentemente do tipo de crime praticado e da pena a ele cominada. Isso porque, em princípio, as instâncias administrativas e penais são independentes.

No Superior Tribunal de Justiça:

"A possibilidade de perda do cargo público não precisa vir prevista na denúncia, posto que decorre de previsão legal expressa, como efeito da condenação, nos termos do art. 92 do Código Penal" (STJ — AgRg no AREsp 1354005/ES — Rel. Min. Ribeiro Dantas — Quinta Turma — *DJe* 14-5-21).

"Nos termos da jurisprudência vigente neste Superior Tribunal de Justiça, em que pese a perda da função pública não ser decorrência automática da condenação, há a possibilidade de aplicação da referida penalidade pelo juiz sentenciante como efeito da reprimenda fixada, devendo o magistrado apenas fundamentar suas conclusões em critérios objetivos e subjetivos inseridos nos autos, que demonstrem a incompatibilidade do ato criminoso com o cargo ocupado pelo acusado. Precedentes" (STJ — AgRg no AgRg no AREsp 1.277.816/SP — 5.ª T. — Rel. Min. Jorge Mussi — *DJe* 26-9-2018).

Como dito acima, a Lei n. 14.994/2024 acrescentou o § 1.º ao art. 92, prevendo que esses efeitos não são automáticos, devendo ser motivadamente declarados na sentença pelo juiz, mas independem de pedido expresso da acusação, observado o disposto no inciso III do § 2.º deste artigo. Esse inciso III do § 2.º estabelece serem automáticos os efeitos dos incisos I e II do *caput* e do inciso II do § 2.º do art. 92 ao condenado por crime praticado contra a mulher por razões da condição do sexo feminino, nos termos do § 1.º do art. 121-A do Código Penal.

No mesmo sentido, o inciso II do § 2.º do art. 92, acrescentado pela Lei n. 14.994/2024, trouxe ao condenado por crime praticado contra a mulher por razões da condição do sexo feminino, a vedação, nomeação, designação ou diplomação em qualquer cargo, função pública ou mandato eletivo entre o trânsito em julgado da condenação até o efetivo cumprimento da pena, sendo este um efeito automático.

Dispõe, outrossim, o art. 1.º, § 5.º, da Lei de Tortura — Lei n. 9.455/97, que a condenação por crime de tortura acarretará a perda do cargo, função ou emprego público e a interdição para seu exercício pelo dobro do prazo da pena aplicada. Nesse caso, o efeito mencionado é automático.

A Lei de Abuso de Autoridade — Lei n. 13.869/2019 —, no art. 4.º, cuida dos efeitos da condenação aplicáveis ao agente público, servidor ou não, da administração direta, indireta ou fundacional de qualquer dos Poderes da União, dos Estados, do Distrito Federal, dos Municípios e de Território. Assim, o agente condenado em um dos crimes de abuso de autoridade tipificados na referida lei terá, como efeito da condenação, certa a obrigação de indenizar o dano causado pelo crime, devendo o juiz, a requerimento do ofendido, fixar na sentença o valor mínimo para reparação dos danos causados pela infração, considerando os prejuízos por ele sofridos. Também a inabilitação para o exercício de cargo, mandato ou função pública, pelo período de 1 (um) a 5 (cinco) anos e a perda do cargo, do mandato ou da função pública. Esses dois últimos efeitos, entretanto, de acordo com o parágrafo único do art. 4.º, são condicionados à ocorrência de reincidência em crime de abuso de autoridade e não são automáticos, devendo ser declarados motivadamente na sentença.

Nos crimes resultantes de discriminação ou preconceito de raça, cor, etnia, religião ou procedência nacional, previstos na Lei n. 7.716/89, constitui efeito da condenação a perda do cargo ou função pública, para o servidor público (art. 16). No caso, esse efeito não é automático, devendo ser motivadamente declarado na sentença.

Com relação à *inabilitação para dirigir veículo*, esse efeito secundário de natureza extrapenal administrativo da condenação somente alcança as hipóteses em que o veículo for utilizado pelo agente como instrumento de crime doloso. Em caso de crime culposo, não ocorre o efeito ora analisado. Entretanto, o Código de Trânsito Brasileiro — Lei n. 9.503/97, prevê, nos arts. 292 a 296, a suspensão ou proibição de se obter a permissão ou a habilitação para dirigir veículo automotor.

14.3.3 Efeito político

É a perda do mandato eletivo (art. 92, I, do CP).

A Constituição Federal, no art. 15, estabelece que é vedada a cassação de direitos políticos, admitindo, entretanto, a suspensão em caso de condenação criminal transitada em julgado, enquanto durarem seus efeitos (inciso III).

O art. 55, VI, da referida Carta, outrossim, estabelece que o deputado ou senador perderá o mandato quando sofrer condenação criminal em sentença transitada em julgado. Nesse caso, dispõe o § 2.º, de acordo com a redação dada pela EC n. 76/2013, a perda do mandato será decidida pela Câmara dos Deputados ou pelo Senado Federal, por maioria absoluta, mediante provocação da respectiva mesa ou de partido político representado no Congresso Nacional, assegurada ampla defesa.

Acerca dos casos de inelegibilidade, prazos de cessação e outras providências, vale consultar a Lei Complementar n. 64/90, com as alterações da Lei Complementar n. 135/2010 (Lei da Ficha Limpa).

Aqui também vale ressaltar que a Lei n. 14.994/2024 acrescentou o § 1.º ao art. 92, prevendo que esses efeitos não são automáticos, devendo ser motivadamente declarados na sentença pelo juiz, mas independem de pedido expresso da acusação, observado o disposto no inciso III do § 2.º deste artigo. Esse inciso III do § 2.º estabelece serem automáticos os efeitos dos incisos I e II do *caput* e do inciso II do § 2.º do art. 92 ao condenado por crime praticado contra a mulher por razões da condição do sexo feminino, nos termos do § 1.º do art. 121-A do Código Penal.

No mesmo sentido, o inciso II do § 2º do art. 92, acrescentado pela Lei n. 14.994/2024, trouxe ao condenado por crime praticado contra a mulher por razões da condição do sexo feminino, a vedação, nomeação, designação ou diplomação em qualquer cargo, função pública ou mandato eletivo entre o trânsito em julgado da condenação até o efetivo cumprimento da pena, sendo este um efeito automático.

14.3.4 Efeitos trabalhistas

Não devem ser esquecidos, ainda, os efeitos trabalhistas, embora não previstos no Código Penal. Vários são os efeitos da coisa julgada criminal no processo trabalhista. Wagner D. Giglio (*Direito processual do trabalho*, 10. ed., São Paulo: Saraiva, 1997), com muita propriedade, esclarece os vários aspectos do problema:

"Lembremos que sempre que houver processo-crime em andamento, a respeito dos mesmos fatos discutidos no processo trabalhista, é de boa técnica aguardar-se o trânsito em julgado da decisão criminal. Não há a obrigação legal de assim proceder, entretanto: o Juízo Trabalhista poderá sentenciar, pendente a ação penal. Não convém, contudo, que o faça, pois tal fato poderia vir a desprestigiar o conceito social do Poder Judiciário, caso as decisões trabalhista e criminal venham a ser divergentes.

Se se optar pelo sobrestamento do processo trabalhista, até o trânsito em julgado da sentença criminal, é de toda conveniência fazê-lo somente após proceder-se à instrução completa do processo, suspendendo-se apenas o julgamento. E isso porque o tempo dilui a prova. Se o sobrestamento ocorrer antes da instrução, a demora no pronunciamento da

Justiça Criminal dificultará muito a colheita das provas no processo trabalhista, principalmente no que diz respeito à prova testemunhal".

E prossegue o referido autor:

"Se o empregado for condenado no crime, estará sempre configurada justa causa, pelos mesmos fatos. Ainda que tenha havido suspensão da execução da pena, e o caso não se enquadre na letra *d* do art. 482 da CLT, enquadrar-se-á sempre em outra alínea: improbidade (letra *a*), incontinência de conduta ou mau procedimento (letra *b*), ofensas físicas ou lesão à honra ou à boa fama (letras *j* e *k*) etc.

Se houver absolvição por ter sido reconhecido, no crime, que o empregado não foi o autor do ato criminoso, ou se a absolvição for fundamentada na inexistência dos fatos que configurariam crime, se existissem, não poderá haver justa causa. Mais do que isso, nessas hipóteses (do art. 1.525 do CC) não haverá nem mesmo ato faltoso.

Também não haverá justa causa se o empregado houver praticado o ato em estado de necessidade, legítima defesa, estrito cumprimento de dever legal ou exercício regular de direito, quando for reconhecida uma dessas circunstâncias no processo-crime (art. 65 do CPP).

Em todos os demais casos, a sentença criminal não obriga o Juízo Trabalhista a qualquer pronunciamento harmônico".

15 REABILITAÇÃO

A reabilitação vem tratada nos arts. 93 a 95 do Código Penal.

15.1 Conceito

Reabilitação é a declaração judicial de que estão cumpridas ou extintas as penas impostas ao sentenciado, que assegura o sigilo dos registros sobre o processo e atinge os efeitos da condenação.

O intuito da reabilitação é facilitar a readaptação do condenado, concedendo-se certidões dos livros do juízo ou folha de antecedentes, sem menção da condenação e permitindo-se o desempenho de certas atividades administrativas, políticas e civis das quais foi privado em decorrência da condenação.

15.2 Prazo para requerimento

A reabilitação poderá ser *requerida*, decorridos 2 anos do dia em que for extinta, de qualquer modo, a pena principal ou terminar sua execução, computando-se o período de prova do *sursis* e do livramento condicional, sem revogação.

15.3 Condições da reabilitação

Segundo o disposto no art. 94 do Código Penal, para requerer a reabilitação, o condenado deve satisfazer as seguintes condições:

a) ter tido domicílio no País pelo prazo referido no *caput* do art. 94 do Código Penal;

b) ter tido, durante esse tempo, demonstração efetiva e constante de bom comportamento público e privado;

c) ter ressarcido o dano causado pelo delito, ou demonstrado a absoluta impossibilidade de o fazer até o dia do pedido, ou exibido documento que comprove a renúncia da vítima ou novação da dívida.

15.4 Procedimento da reabilitação

O procedimento referente ao pedido de reabilitação e a menção aos elementos comprobatórios dos requisitos exigidos estão previstos nos arts. 743 e seguintes do Código de Processo Penal.

Assim, deverá o condenado, devidamente representado por quem tenha habilitação para postular em juízo, formular o pedido de reabilitação ao juiz da condenação, instruindo o requerimento com:

a) certidões comprobatórias de não ter respondido, nem estar respondendo, a processo penal, em qualquer das comarcas em que houver residido durante o prazo necessário para a reabilitação;

b) atestados de autoridades policiais ou outros documentos que comprovem ter residido nas comarcas indicadas e mantido, efetivamente, bom comportamento pelo prazo necessário para a reabilitação;

c) atestados de bom comportamento fornecidos por pessoas em cujo serviço tenha estado;

d) quaisquer outros documentos que sirvam como prova de sua regeneração;

e) prova de haver ressarcido o dano causado pelo crime ou persistir a impossibilidade de fazê-lo.

O processo de reabilitação não tem rito próprio nem está sujeito a formalidades, podendo ser processado nos próprios autos da execução. Daí por que o juiz poderá ordenar as diligências necessárias para a apreciação do pedido, cercando-as do sigilo possível e ouvindo-se sempre o Ministério Público.

15.5 Efeitos da reabilitação

A reabilitação assegura o sigilo dos registros sobre o processo e a condenação.

Esse sigilo, entretanto, é relativo, pois, conforme o disposto no art. 748 do Código de Processo Penal, pode ser quebrado quando se tratar de informações solicitadas por juiz criminal.

No Estado de São Paulo, as Normas Judiciais da Corregedoria Geral da Justiça, Tomo I, Capítulo V, Seção V, art. 927, dispõem sobre a anotação "nada consta" nas certidões criminais:

"Art. 927. As certidões criminais serão expedidas com a anotação NADA CONSTA, nos casos a seguir enumerados:

I — inexistência de distribuição de feitos;

II — inquéritos arquivados;

III — indiciados não denunciados por expressa manifestação do Ministério Público;

IV — não recebimento de denúncia ou queixa-crime;

V — declaração da extinção de punibilidade;

VI — trancamento da ação penal;

VII — absolvição;

VIII — impronúncia;

IX — pena privativa de liberdade cumprida, julgada extinta, ou que tenha sua execução suspensa;

X — condenação à pena de multa isoladamente;

XI — condenação à pena restritiva de direitos, não convertida em privativa de liberdade;

XII — reabilitação não revogada;

XIII — pedido de explicação em juízo, interpelação e justificação;

XIV — imposição de medida de segurança, consistente em tratamento ambulatorial;

XV — suspensão do processo prevista no art. 89 da Lei n. 9.099/95;

XVI — feitos relativos aos juizados especiais criminais em que não haja aplicação de pena privativa de liberdade;

XVII — condenação às penas do art. 28 da Lei n. 11.343/2006;

XVIII — representação criminal rejeitada ou arquivada.

XIX — homologação de acordo de não persecução penal (art. 28-A do Código de Processo Penal).

Parágrafo único. A certidão com a anotação NADA CONSTA não trará qualquer apontamento de feitos".

Outro efeito da reabilitação é o de excluir os efeitos da condenação previstos no art. 92, vedada a reintegração na situação anterior quanto aos incisos I e II.

Assim, poderá o condenado, após a reabilitação, passar a exercer cargo, função ou mandato eletivo, não sendo possível, entretanto, a sua reintegração na situação anterior.

Quanto ao exercício do poder familiar, tutela e curatela, recupera o condenado tais direitos, exceção feita ao filho, tutelado ou curatelado contra quem praticou o delito.

Pode o condenado, também, após a reabilitação, habilitar-se normalmente a dirigir veículo.

A propósito: "RECURSO ORDINÁRIO EM MANDADO DE SEGURANÇA. PROCESSUAL PENAL. REGISTROS DE INSTITUTO DE IDENTIFICAÇÃO CRIMINAL. PEDIDO DE EXCLUSÃO DE DADOS RELATIVOS À AÇÃO PENAL TRANCADA POR FALTA DE JUSTA CAUSA. DIREITO LÍQUIDO E CERTO EVIDENCIADO. APLICAÇÃO ANALÓGICA DO ART. 748 DO CÓDIGO DE PRO-

CESSO PENAL. RECURSO PARCIALMENTE PROVIDO PARA RESTRINGIR O ACESSO DOS DADOS ACERCA DA VIDA PREGRESSA DO RECORRENTE AO PODER JUDICIÁRIO. I. Recorrente que possui registros relativos à ação criminal trancada por determinação do Tribunal de Justiça do Estado de São Paulo, que concedeu a ordem de *habeas corpus* em outubro de 1990. 2. Esta Corte Superior já pacificou o entendimento segundo o qual, por analogia à regra inserta no art. 748 do Código de Processo Penal, as anotações referentes a processos penais devem ser excluídas da Folha de Antecedentes Criminais nas hipóteses em que tais procedimentos resultarem na extinção da punibilidade estatal pela prescrição da pretensão punitiva, arquivamento do inquérito, absolvição do acusado ou reabilitação do condenado. Portanto, com mais razão deve haver a exclusão dos mencionados dados, uma vez que a ação penal foi trancada por falta de justa causa. 3. Recurso conhecido e parcialmente provido para, nos termos da orientação sedimentada nesta Quinta Turma, conceder em parte a segurança e determinar a vedação de acesso aos registros constantes dos bancos de dados Identificação Ricardo Gumbleton Daunt — IIRGD, salvo pelo Poder Judiciário para efeito de consulta fundamentada de Juízes Criminais" (STJ — RMS 43508/SP — Rel. Min. Laurita Vaz — *DJe* 25-11-2013).

15.5.1 Reabilitação e inscrição nos quadros da Ordem dos Advogados do Brasil — OAB

Questão que merece ser destacada é a que se refere à possibilidade de uma pessoa condenada criminalmente pleitear a sua inscrição nos quadros da Ordem dos Advogados do Brasil. O art. 8.º da Lei n. 8.906/94 (Estatuto da Advocacia e da OAB) estabelece os requisitos para a inscrição nos quadros da OAB, seja como advogado, seja como estagiário. Dentre esses requisitos, o inciso VI se refere a "idoneidade moral". Nesse sentido, o art. 20, § 2.º, do Regulamento Geral do Estatuto da Advocacia e da OAB dispõe expressamente que "a conduta incompatível com a advocacia, comprovadamente imputável ao requerente, impede a inscrição no quadro de advogados".

De acordo com o disposto no § 4.º do art. 8.º do Estatuto, "não atende ao requisito de idoneidade moral aquele que tiver sido condenado por crime infamante, salvo reabilitação judicial". Crime infamante é aquele que traz ao sujeito má fama, má reputação, desonra, repercutindo, ainda, negativamente na dignidade da advocacia.

Entretanto, se o condenado por crime infamante tiver requerido e obtido judicialmente a reabilitação, readquirirá sua idoneidade moral e poderá pleitear a inscrição nos quadros da OAB.

15.6 Revogação da reabilitação

A revogação da reabilitação vem tratada no art. 95 do Código Penal.

São dois os requisitos para a revogação da reabilitação:

a) condenação do reabilitado como reincidente, por sentença transitada em julgado;

b) condenação do reabilitado à pena privativa de liberdade.

Segundo o disposto no art. 750 do Código de Processo Penal, a revogação da reabilitação será decretada pelo juiz, de ofício ou a requerimento do Ministério Público.

Merece ser destacado que, revogada a reabilitação, os efeitos suspensos da condenação voltam a ter eficácia.

15.7 A (im)possibilidade de exclusão dos antecedentes criminais dos bancos de dados dos institutos de identificação

A questão relativa à possibilidade de exclusão de antecedentes criminais dos arquivos e bancos de dados dos institutos de identificação, geralmente vinculados à polícia civil, vem sendo debatida, há muito tempo, pela doutrina e jurisprudência pátria, sem que uma solução definitiva seja dada ao grave problema da utilização indevida dos dados referentes às pessoas protegidas pelo manto da reabilitação, da absolvição ou da extinção da punibilidade pela prescrição.

Não se ignora o fato de que a manutenção de um ou mais bancos de dados de antecedentes criminais pelos institutos de identificação dos diversos Estados da federação é necessária para a comprovação de fatos e situações jurídicas de interesse público e particular, já que os registros dizem respeito à prática de delitos e correspondentes decisões judiciais, contribuindo, muitas vezes, para a investigação e para o esclarecimento da autoria de crimes.

Mas é verdade, também, que a utilização imprópria das informações compiladas, seja por meio da divulgação indevida dos antecedentes criminais arquivados, seja por meio do vazamento criminoso dos dados para pessoas ou entidades não autorizadas ao acesso, seja por meio da violação de sigilo funcional por parte de agentes públicos que mal utilizam as informações restritas, causa incontáveis transtornos à pessoa que se viu envolvida, em algum momento de sua vida, em uma ocorrência policial, mas que já acertou as contas com a Justiça, vindo a ser tratada precipitadamente como portadora de maus antecedentes criminais e classificada negativamente em abordagens policiais e investigações da mesma natureza.

Essa problemática tem levado a inúmeros pedidos, por meio de mandado de segurança, de *habeas corpus*, de reabilitação criminal ou simples requerimento, para a exclusão dos antecedentes criminais e respectivas anotações da mesma natureza dos bancos de dados dos institutos de identificação.

Especificamente sobre o tema concernente à possibilidade de exclusão dos registros criminais do interessado junto aos institutos de identificação dos Estados, o tratamento conferido pelos Tribunais Superiores e pelas Cortes Estaduais é titubeante. Há inúmeros julgados, embora mais antigos, admitindo e deferindo a exclusão dos antecedentes criminais dos bancos de dados dos institutos de identificação e outros inúmeros julgados, mais recentes, vedando essa exclusão, sob o argumento da necessidade de preservação de fatos e situações jurídicas relevantes sobre a vida pregressa do envolvido.

Nesse sentido, é induvidoso o direito à preservação da privacidade e da intimidade, no que toca à divulgação de informações daquele sobre o qual recai o peso de uma condenação ou tão somente da obrigação de comparecer perante o Estado para responder a um processo criminal, mormente nos casos de extinção da punibilidade pela prescrição da pretensão punitiva, arquivamento, absolvição ou reabilitação, não podendo nem a autoridade policial nem os serventuários da Justiça fornecer certidão ou atestado senão por força de requisição judicial.

Por consequência, é vedado e constitui patente ilegalidade o livre acesso aos terminais de identificação por agentes públicos que não o juiz criminal, visto que a Lei de Execução Penal, bem como o Código de Processo Penal, atentos à disciplina do Código Penal, fixaram o caráter sigiloso das informações penais acerca do reabilitado e daquele em favor de quem se tenha operado a extinção da punibilidade. Somente o juiz criminal, e para certos e determinados fins, é a autoridade habilitada a determinar o acesso aos antecedentes penais daqueles protegidos pelo manto da reabilitação, da absolvição ou da extinção da punibilidade pela prescrição (STJ — RMS 38.920/SP — Rel. Min. Rogério Schietti Cruz — Sexta Turma — *DJe* 26-11-2013).

O Superior Tribunal de Justiça, entretanto, vem indeferindo peremptoriamente a exclusão dos registros criminais dos assentamentos dos institutos de identificação. A conferir: "O Superior Tribunal de Justiça já enfatizou, em sucessivas decisões, que as anotações referentes a inquéritos e ações penais, em que houve absolvição ou extinção da punibilidade, conquanto não possam ser mencionadas na folha de antecedentes criminais, nem mesmo em certidão extraída dos livros em juízo, não podem ser excluídas do banco de dados do Instituto de Identificação, porque tais registros comprovam fatos e situações jurídicas e, por essa razão, não devem ser apagados ou excluídos, observando-se que essas informações estão protegidas pelo sigilo" (AgRg no REsp 1751708/SP — Rel. Min. Sebastião Reis Junior — Sexta Turma — *DJe* 22-2-2019).

No mesmo sentido: "Sem perder de vista o disposto no art. 202 da Lei de Execuções Penais, a manutenção, no banco de dados do IIRGD, de informações relativas a processos criminais cujas punibilidades foram extintas é de rigor, posto que, como o Tribunal de Justiça do Estado de São Paulo não possui sistema de armazenamento de dados próprio e centralizado, nos moldes do IIRGD, do qual constem informações oriundas de todo o Estado acerca de todos os processos em trâmite relacionados a determinada pessoa, a exclusão das informações implicaria na impossibilidade de sua recuperação nas hipóteses em que a lei o permite. Precedentes. O acesso a tais dados é condicionado a requerimento fundamentado dirigido ao juiz criminal, única autoridade habilitada a autorizar o acesso aos antecedentes penais daqueles protegidos pelo manto da reabilitação, da absolvição ou da extinção da punibilidade pela prescrição. Isso porque, operada a reabilitação, aparenta vício de ilegalidade o livre acesso aos terminais de identificação por agentes públicos que não o juiz criminal, visto que a Lei de Execuções Penais, bem como o Código de Processo Penal, atentos à disciplina do Código Penal, fixaram o caráter sigiloso das informações penais acerca do reabilitado e daquele em favor de quem se tenha operado a extinção da punibilidade" (STJ — RMS 52.714/SP — Rel. Min. Reynaldo Soares da Fonseca — Quinta Turma — *DJe* 10-3-2017).

Entende o Superior Tribunal de Justiça que "as informações relativas a inquérito e processo criminal (em que houve absolvição ou extinção da punibilidade) não podem ser excluídas do banco de dados do Instituto de Identificação. Isso porque tais registros comprovam fatos e situações jurídicas e, por essa razão, não devem ser apagados ou excluídos, observando-se, evidentemente, que essas informações estão protegidas pelo sigilo" (STJ, 48.053/SP, Rel. Min. Benedito Gonçalves, Primeira Turma, *DJe* 1.º-9-2015, AgRg no RMS 45.604/SP, Assusete Magalhães, Segunda Turma, *DJe* 3-6-2015, RMS 47.812/SP, Rel. Min. Herman benjamin, *DJe* 5-8-2015, RMS 38.951/SP, Rel. Min. Og Fernandes, Segunda Turma, *DJe* de 16-3-2015, AgRg no RMS 44.413/SP, Rel. Min. Humberto Martins, Segunda Turma, *DJe* 27-2-2014 e AgRg no RMS 41.626/SP, Rel. Min. Herman Benjamin, Segunda Turma, *DJe* 12-6-2013).

A orientação, portanto, prestigiando o texto de lei, é a de que os referidos dados de antecedentes criminais não deverão ser excluídos dos arquivos dos institutos de identificação, tendo em vista a possibilidade de acesso, desde que fundamentado, pelo juiz criminal, única autoridade legitimada sobre a qual não recai o sigilo.

Caso haja vazamento indevido das informações sigilosas, em quaisquer circunstâncias (como, por exemplo, checagem de antecedentes durante abordagem policial) é imprescindível a apuração dos responsáveis e a aplicação das penalidades criminais, administrativas e cíveis que o caso ensejar, mormente pela violação do sigilo funcional, crime previsto no art. 325 do Código Penal.

O registro criminal não pode se revestir de um caráter discriminatório, devendo ser utilizado como necessária ferramenta à persecução criminal e à administração da Justiça, mas sem estigmatizar a pessoa que, no mais das vezes, se viu envolvida em isolado episódio criminal, mas que se encontra, pelo resto da vida, atormentada pelo risco do impedimento ao exercício de direitos constitucionalmente garantidos, tais como o trabalho e a livre participação em certame público de provas e títulos.

O ideal é que haja uma completa reestruturação legal do tratamento dos antecedentes criminais no Brasil, preservando-se o sigilo, exceção feita apenas e tão somente às requisições judiciais, investigações já instauradas e em andamento e vedando-se expressamente qualquer outro tipo de acesso, inclusive por parte de agentes públicos, sob qualquer pretexto, inclusive abordagens policiais, aos bancos de dados sigilosos.

Dessa forma, pelo menos em algum aspecto, se compatibiliza a necessidade de preservação e perpetuidade dos antecedentes criminais, como preciosa ferramenta para utilização em investigações criminais e processos judiciais, com o respeito ao direito à intimidade da pessoa, previsto no art. 5.º, X, da Constituição Federal, resguardando-a de indevida estigmatização e preconceito, nocivos à sua ressocialização e reintegração ao convívio social.

VII

Ação Penal

Ação penal é matéria de Direito Processual Penal, razão pela qual vem pormenorizadamente tratada nos arts. 24 a 62 do Código de Processo Penal.

No Código Penal, entretanto, estão contidas algumas regras fundamentais acerca do seu exercício nos arts. 100 a 106.

1 CONCEITO

Ação penal, segundo José Frederico Marques (*Tratado de direito penal*, São Paulo: Saraiva, 1966, p. 324), é o direito de invocar-se o Poder Judiciário, no sentido de aplicar o Direito Penal objetivo.

O direito de punir do Estado, denominado *jus puniendi*, somente pode ser realizado por meio do direito de ação, que é, nesse caso, o *jus persequendi*.

O exercício do direito de ação (*jus accusationis*), entretanto, é que será deferido por lei ao Ministério Público, nas ações penais públicas, ou ao ofendido, nas ações penais privadas.

2 CLASSIFICAÇÃO

A ação penal tem como critério de classificação, basicamente, o objeto jurídico do delito e o interesse da vítima na persecução criminal.

Assim, determinadas objetividades jurídicas de delitos fazem com que o Estado reserve para si a iniciativa da ação penal, tal a importância que apresentam. Nesse caso, estamos diante da *ação penal pública*.

Em outros casos, o Estado reserva ao ofendido a iniciativa do procedimento policial e da ação penal. Nesse caso, estamos diante da *ação penal privada*.

3 AÇÃO PENAL PÚBLICA

3.1 Noções gerais

Na ação penal pública, a conduta do sujeito lesa um interesse jurídico de acentuada importância, fazendo com que caiba ao Estado a titularidade da ação, que deve ser iniciada sem a manifestação de vontade de qualquer pessoa.

Assim, ocorrido o delito, deve a autoridade policial proceder de ofício, tomando as medidas cabíveis. Em juízo, a ação penal pública deve ser exercida *privativamente* pelo Ministério Público (art. 129, I, da CF).

3.2 Espécies

A ação penal pública apresenta duas espécies:

a) *ação penal pública incondicionada*, quando o seu exercício não se subordina a qualquer requisito, podendo ser iniciada sem manifestação de vontade de qualquer pessoa;

b) *ação penal pública condicionada*, quando o seu exercício depende do preenchimento de condições, que podem ser:

— representação do ofendido;

— requisição do Ministro da Justiça.

Assim, temos a *ação penal pública condicionada à representação do ofendido* e a *ação penal pública condicionada à requisição do Ministro da Justiça*.

3.2.1 Ação penal pública incondicionada

Conforme já salientamos, a ação penal pública incondicionada não se subordina a qualquer requisito nem depende da manifestação de vontade de qualquer pessoa.

A peça que inicia essa ação chama-se *denúncia*, sendo privativamente oferecida por membro do Ministério Público (promotor de justiça, procurador de justiça ou procurador da República, conforme o caso), devendo conter a exposição do fato criminoso, com todas as suas circunstâncias, a qualificação do acusado ou esclarecimentos pelos quais se possa identificá-lo, a classificação do crime e, quando necessário, o rol de testemunhas (art. 41 do CPP).

O prazo para oferecimento da denúncia, estando o réu preso, será de 5 dias, contado da data em que o órgão do Ministério Público receber os autos do inquérito policial. Se o réu estiver solto ou afiançado, o prazo para oferecimento da denúncia passa a ser de 15 dias (art. 46 do CPP). Essa é a regra geral, havendo outros prazos fixados na legislação especial.

3.2.2 Ação penal pública condicionada

Há oportunidades em que o interesse do ofendido se sobrepõe ao interesse público na repressão do crime. Geralmente, nesses casos, o processo pode acarretar maiores danos ao ofendido do que aqueles resultantes do crime.

Confere o Estado, assim, à vítima do crime, ou a seu representante legal, a faculdade de expressar seu desejo, ou não, de ver iniciada a ação penal contra o criminoso.

Esse desejo da vítima é manifestado através da *representação*, autorizando o Ministério Público a iniciar a persecução penal.

Representação, portanto, é o ato pelo qual o ofendido ou seu representante legal expressam a vontade de que a ação penal seja instaurada.

O *direito de representação* poderá ser exercido, pessoalmente ou por procurador com poderes especiais, mediante declaração, escrita ou oral, feita ao juiz, ao órgão do Ministério Público ou à autoridade policial (art. 39 do CPP), dentro do prazo de 6 meses, contado da data em que vier a saber quem é o autor do crime, sob pena de decadência (art. 38 do CPP).

No caso de *ação penal pública condicionada à requisição do Ministro da Justiça*, não obstante o crime atingir um bem de natureza pública, por motivos políticos, a lei confere a ele a análise da conveniência de se iniciar a ação penal. Existem apenas dois casos no Código Penal em que a ação penal pública é condicionada à requisição do Ministro da Justiça: arts. 7.°, § 3.°, *b*, e 145, parágrafo único.

3.3 Ação penal nos crimes complexos

Dispõe o art. 101 do Código Penal:

Art. 101. Quando a lei considera como elemento ou circunstâncias do tipo legal fatos que, por si mesmos, constituem crimes, cabe ação pública em relação àquele, desde que, em relação a qualquer destes, se deva proceder por iniciativa do Ministério Público.

Crime complexo é aquele que resulta da fusão de dois ou mais tipos penais. Exemplo: roubo (art. 157 do CP), que resulta da fusão do furto (art. 155 do CP) com a lesão corporal (art. 129 do CP — violência) ou ameaça (art. 147 do CP — grave ameaça).

Nesse caso, estabelece o Código Penal que a titularidade da ação penal é do Ministério Público se, em qualquer dos crimes que compõe o crime complexo, se proceder mediante ação penal pública.

4 AÇÃO PENAL PRIVADA

4.1 Noções gerais

A ação penal privada tem lugar quando o Estado transfere ao particular o direito de acusar (*jus accusationis*), preservando para si o direito de punir (*jus puniendi*). Nesse caso, o interesse do particular, ofendido pelo crime, sobrepõe-se ao interesse público, que também existe.

Ocorre, assim, verdadeira hipótese de substituição processual, em que o particular defende interesse alheio (interesse público na repressão dos delitos) em nome próprio.

4.2 Espécies

A ação penal privada apresenta duas espécies:

a) *ação penal privada exclusiva*, que somente pode ser proposta pelo ofendido;

b) *ação penal privada subsidiária*, que tem lugar nos crimes de ação penal pública, quando o Ministério Público não oferece denúncia no prazo legal.

4.2.1 Ação penal privada exclusiva

A ação penal privada exclusiva somente pode ser proposta pelo ofendido ou por quem tenha qualidade para representá-lo (art. 30 do CPP).

Denomina-se *queixa-crime* a peça pela qual se inicia a ação penal privada. Não se confunde a *queixa-crime*, é bom lembrar, com a *notitia criminis*, que é o ato por meio do qual qualquer pessoa noticia a ocorrência de uma infração penal, seja à autoridade policial ou judiciária, seja ao Ministério Público.

Em caso de morte do ofendido, ou quando declarado ausente por decisão judicial, o direito de oferecer queixa ou prosseguir na ação passará ao cônjuge, ascendente, descendente ou irmão (art. 31 do CPP).

A *queixa-crime* deverá revestir-se sempre da forma escrita, devendo ser elaborada e subscrita por advogado. Deverá também conter a exposição do fato criminoso, com todas as suas circunstâncias, a qualificação do acusado ou esclarecimentos pelos quais se possa identificá-lo, a classificação do crime e, quando necessário, o rol das testemunhas (art. 41 do CPP). Se a parte for pobre, na acepção jurídica do termo (não puder prover às despesas processuais sem privar-se dos recursos indispensáveis à manutenção própria ou da família), o juiz nomeará advogado para promover a ação penal (art. 32 do CPP).

O *prazo* para o exercício do *direito de queixa* é de 6 meses, contado da data em que vier o ofendido a saber quem é o autor do crime, sob pena de *decadência* (art. 38 do CPP).

O Ministério Público poderá aditar a queixa-crime, intervindo em todos os termos subsequentes do processo (art. 45 do CPP).

4.2.1.1 Ação penal privada personalíssima

Nessa ação, a titularidade do direito de ação é conferida por lei apenas e exclusivamente ao ofendido, sendo vedado seu exercício ao representante legal, não havendo sucessão por morte ou ausência. No Código Penal, apenas um caso se apresenta: induzimento a erro essencial e ocultação de impedimento (art. 236, parágrafo único).

4.2.2 Ação penal privada subsidiária

O Ministério Público, conforme já foi anotado, deve oferecer *denúncia*, estando o réu preso, em 5 dias, e estando o réu solto, em 15 dias. Esses prazos, conforme já mencionado, constituem a regra, havendo exceções na legislação extravagante.

Assim sendo, se o Ministério Público não observar esses prazos para *oferecimento da denúncia*, para requerer alguma diligência ou para requerer arquivamento, não obstante a ação penal ser de iniciativa pública incondicionada, poderá o ofendido ou seu representante legal intentar a ação penal privada subsidiária por meio de *queixa-crime* (art. 5.º, LIX, da CF, art. 100, § 3.º, do CP e art. 29 do CPP).

O *prazo para oferecimento da queixa-crime*, nesse caso, de acordo com o art. 38 do Código de Processo Penal, será de 6 meses, contado da data em que se esgotar o prazo para manifestação do Ministério Público (denúncia, arquivamento ou diligência).

O Ministério Público, então, poderá aditar a queixa, repudiá-la e oferecer denúncia substitutiva, intervir em todos os termos do processo, fornecer elementos de prova, interpor recurso e, a todo tempo, no caso de negligência do querelante, retomar a ação como parte principal (art. 29 do CPP).

5   FORMA DE IDENTIFICAÇÃO DA AÇÃO PENAL

Para se poder identificar a *natureza* da ação penal, basta atentar para as seguintes regras:

a) Se o Código Penal, na Parte Especial, ou a legislação extravagante, após descrever o delito, silenciar a respeito da ação penal, esta será uma *ação penal pública incondicionada*.

b) Se o Código Penal, na Parte Especial, ou a legislação extravagante, após descrever o delito, fizer menção expressa à necessidade de condição por meio da expressão *somente se procede mediante representação*, esta será uma *ação penal pública condicionada à representação do ofendido*.

c) No caso de *ação penal pública condicionada à requisição do Ministro da Justiça*, há somente duas hipóteses previstas no Código Penal: a do art. 7.º, § 3.º, *b*, e a do art. 145, parágrafo único.

d) Se o Código Penal, na Parte Especial, ou a legislação extravagante, após descrever o delito, fizer referência à titularidade exclusiva do ofendido, ou seu representante legal, empregando a expressão *somente se procede mediante queixa*, a hipótese será de *ação penal exclusivamente privada*.

e) No caso de *ação penal privada subsidiária da pública*, em tese, poderá ter lugar em todos os casos de ação penal pública, quando seu titular, o Ministério Público, não a propuser no prazo legal.

EXTINÇÃO DA PUNIBILIDADE

1 CONCEITO DE PUNIBILIDADE

Punibilidade é a possibilidade jurídica de o Estado impor a sanção penal.

Como vimos no início desta obra, o crime, sob o aspecto analítico, é um fato típico e antijurídico e culpável. Para a corrente bipartida, a culpabilidade é pressuposto de aplicação da pena.

Logo, se o sujeito culpável pratica um fato típico e antijurídico, surge para o Estado o poder de punir (*jus puniendi*), que é a consequência jurídica do crime.

2 CAUSAS DE EXTINÇÃO DA PUNIBILIDADE

Com a prática do crime, concretizando-se o *jus puniendi* do Estado, podem ocorrer causas que impeçam a aplicação da sanção penal. São as chamadas *causas de extinção da punibilidade*.

Essas causas de extinção da punibilidade podem ser:

a) *gerais*, ou *comuns*, que podem ocorrer em todos os delitos, tais como a morte do agente, a prescrição etc.;

b) *especiais*, ou *particulares*, que apenas ocorrem em determinados delitos, tais como a retratação do agente nos crimes contra a honra e o perdão judicial, nos casos expressamente previstos em lei.

Outrossim, se houver *concurso de agentes*, as causas de extinção da punibilidade podem ser:

a) *comunicáveis*, que aproveitam a todos os autores, coautores e partícipes, como nos casos de perdão nos crimes contra a honra e renúncia ao direito de queixa;

b) *incomunicáveis*, que valem para cada um, não se comunicando e não atingindo os demais, como nos casos de morte ou retratação do agente nos crimes contra a honra.

3 EFEITOS DA EXTINÇÃO DA PUNIBILIDADE

As causas extintivas da punibilidade podem ocorrer *antes* ou *depois* do trânsito em julgado da sentença condenatória.

Se ocorrerem *antes*, atingirão o próprio *jus puniendi*, o poder de punir do Estado, não persistindo qualquer efeito do processo ou da sentença condenatória.

Se ocorrerem *depois*, atingirão apenas o título penal executório ou alguns de seus efeitos, como a pena. Há casos, entretanto, em que atingem todos os efeitos da condenação (ex.: anistia e *abolitio criminis*).

4 ROL EXEMPLIFICATIVO

O rol do art. 107 do Código Penal não é taxativo, mas exemplificativo.

Assim, o Código Penal prevê outras causas extintivas da punibilidade fora do rol do dispositivo mencionado. São elas: arts. 7.º, § 2.º, *d*, 82, 90, 312, § 3.º.

5 CAUSAS EXTINTIVAS DA PUNIBILIDADE EM ESPÉCIE

5.1 Morte do agente

A *responsabilidade penal é personalíssima*, referindo-se apenas ao agente do crime, entendido este como indiciado, réu, sentenciado, detento ou beneficiário.

Morrendo o agente, perde o Estado o *jus puniendi*, não podendo a obrigação penal ser transmitida aos herdeiros.

A morte deve ser comprovada, inequivocamente, por meio de certidão de óbito (art. 62 do CPP), devendo o Ministério Público e o Poder Judiciário velar pela veracidade dos fatos nela contidos, encetando diligências, em caso de dúvida, para verificar a autenticidade do documento público.

Caso a extinção da punibilidade pela morte do agente se baseie em certidão de óbito falsa, parcela majoritária da doutrina brasileira posicionava-se no sentido da impossibilidade da revisão da decisão, uma vez que inexistente em nosso sistema a revisão *pro societate*. Nesse sentido, inclusive: *RT*, 580/349.

Entretanto, o Supremo Tribunal Federal já decidiu ser possível o desfazimento da decisão que admitiu por equívoco a morte do agente (STF — HC 60.095-6/RJ — Rel. Rafael Mayer — *DJU*, 17-12-1982, p. 13203). Nesse sentido, também: *RT*, 691/323 e *JTACrim*, 33/59.

Também:

"*Habeas corpus*. Processual penal. Extinção da punibilidade amparada em certidão de óbito falsa. Decisão que reconhece a nulidade absoluta do decreto e determina o prosseguimento da ação penal. Inocorrência de revisão *pro societate* e de ofensa à coisa julgada. Pronúncia. Alegada inexistência de provas ou indícios suficientes de autoria em relação a corréu. Inviabilidade de reexame de fatos e provas na via estreita do *writ* constitucional. Constrangimento ilegal inexistente. Ordem denegada. 1. A decisão que, com base em certidão de óbito falsa, julga extinta a punibilidade do réu pode ser revogada, dado que não gera coisa julgada em sentido estrito. 2. Não é o *habeas corpus* meio idôneo para o reexame aprofundado dos fatos e da prova, necessário, no caso, para a verificação da existência ou não de provas ou indícios suficientes à pronúncia do paciente por crimes de homicídios que lhe são imputados na denúncia. 3. *Habeas corpus* denegado" (HC 104.998/SP — Rel. Min. Dias Toffoli — 1.ª T. — *DJe* 9-5-2011).

5.2 Anistia

Segundo Damásio E. de Jesus (*Direito penal*, cit., p. 603), citando Aurelino Leal, anistia é o esquecimento jurídico de uma ou mais infrações penais. Pode, ainda, a anistia ser considerada uma declaração pelo Poder Público de que determinados fatos se tornaram impuníveis por motivo de utilidade ou relevância social.

Quando se aplica a crimes políticos, é chamada de *anistia especial*, e, quando aplicada a crimes comuns, é chamada de *anistia comum.*

Segundo o disposto nos arts. 5.º, XLIII, da Constituição Federal e 2.º, I, da Lei n. 8.072/90 (Lei dos Crimes Hediondos), não se aplica anistia aos delitos referentes à prática de tortura, tráfico ilícito de entorpecentes e drogas afins, ao terrorismo e aos definidos como crimes hediondos. Com relação à tortura, a Lei n. 9.455, de 7 de abril de 1997, em seu art. 1.º, § 6.º, veda a concessão de anistia e graça ao condenado.

Conforme o disposto no art. 48, VIII, da Constituição Federal, a concessão de anistia é atribuição do Congresso Nacional, através de lei penal de efeito retroativo.

A anistia pode alcançar várias pessoas, pois se refere a fatos, extinguindo a punibilidade do crime, que deixa de existir, assim como os demais efeitos de natureza penal. Assim, a anistia opera efeitos *ex tunc*, ou seja, para o passado, extinguindo todos os efeitos penais da sentença condenatória. Não extingue, entretanto, os efeitos civis da sentença penal, tais como a obrigação de indenizar, de reparar o dano etc.

Nesse sentido, pode-se citar como exemplo a Lei n. 12.505/2011, alterada pela Lei n. 12.848/2013, que, no seu art. 1.º, concedeu anistia aos policiais e bombeiros militares que participaram de movimentos reivindicatórios por melhorias de vencimentos e condições de trabalho ocorridos: I — entre o dia 1.º de janeiro de 1997 e a publicação desta Lei nos Estados de Alagoas, de Goiás, do Maranhão, de Minas Gerais, da Paraíba, do Piauí, do Rio de Janeiro, de Rondônia e de Sergipe; II — entre a data de publicação da Lei n. 12.191, de 13 de janeiro de 2010, e a data de publicação desta Lei nos Estados da Bahia, do Ceará, de Mato Grosso, de Pernambuco, do Rio Grande do Norte, de Roraima, de Santa Catarina, do Tocantins e do Distrito Federal.

Anistiado o crime, o sujeito, se cometer novo delito, não será considerado reincidente.

As formas de anistia são as seguintes:

a) *anistia própria*: quando concedida antes da condenação;

b) *anistia imprópria*: quando concedida depois da condenação irrecorrível;

c) *anistia geral*: também chamada de *plena*, quando menciona fatos e atinge todos os criminosos que os praticaram;

d) *anistia parcial*: também chamada de *restrita*, quando menciona fatos e exige uma condição pessoal do criminoso (ex.: se primário);

e) *anistia incondicionada*: quando a lei não impõe qualquer requisito para a sua concessão;

f) *anistia condicionada*: quando a lei exige o preenchimento de uma condição para a sua concessão (exemplo de Damásio E. de Jesus: que os criminosos deponham suas armas).

5.3 Graça e indulto

Conforme assinala Julio Fabbrini Mirabete (op. cit., p. 382), a graça, *forma de clemência soberana*, destina-se a pessoa determinada e não a fato, sendo semelhante a indulto individual.

A graça é a *concessão de clemência*, de perdão ao criminoso pelo Presidente da República, nos termos do art. 84, XII, da Constituição Federal, por meio de decreto. Pode o Presidente da República, entretanto, delegar essa atribuição aos Ministros de Estado, ao Procurador-Geral da República ou ao Advogado-Geral da União (art. 84, parágrafo único, da CF).

A graça é *sempre individual*, ou seja, concedida a um sujeito determinado, e deve, nos termos do art. 188 da Lei de Execução Penal, ser solicitada por petição do condenado, por iniciativa do Ministério Público, do Conselho Penitenciário ou da autoridade administrativa.

O *pedido de graça* será sempre submetido à apreciação do Conselho Penitenciário, por exigência do art. 189 da Lei de Execução Penal.

Graça é sinônimo de *indulto individual*.

Indulto (ou *indulto coletivo*) também representa uma clemência, um perdão concedido pelo Presidente da República por meio de decreto.

O indulto tem caráter de generalidade, ou seja, abrange várias pessoas, referindo-se a fatos, e pode ser concedido sem qualquer requerimento.

Tanto o indulto quanto a graça podem ser:

a) *plenos ou totais*: quando extinguem totalmente a punibilidade;

b) *parciais*: quando concedem diminuição da pena ou sua comutação (substituição da pena por outra de menor gravidade). Indulto ou graça parciais são denominados *comutação*.

A graça e o indulto extinguem somente as sanções mencionadas nos respectivos decretos, permanecendo os demais efeitos da sentença condenatória, sejam penais ou extrapenais. Assim, vindo o sujeito agraciado ou indultado a cometer novo crime, será considerado reincidente.

Nesse sentido, o teor da Súmula 631 do Superior Tribunal de Justiça: "O indulto extingue os efeitos primários da condenação (pretensão executória), mas não atinge os efeitos secundários, penais ou extrapenais".

Em geral, o indulto e a graça não podem ser recusados, a não ser que se trate de comutação de pena (art. 739 do CPP) ou de indulto ou graça condicionados. *Indulto condicionado* é aquele que se submete ao preenchimento de condições por parte do indultado, condições estas estampadas no próprio decreto de concessão.

Fernando Capez (op. cit., p. 492), citando Aloysio de Carvalho Filho, indica a existência também do *indulto condicional*, como sendo o que é "submetido ao preenchimento de condição ou exigência futura, por parte do indultado, tal como boa conduta social, obtenção de ocupação lícita, exercício de atividade benéfica à comunidade durante certo prazo etc. Caso a condição seja descumprida, deixa de subsistir o favor, devendo o juiz determinar o reinício da execução da pena".

Segundo Guilherme de Souza Nucci (op. cit., p. 350), "chama-se *indulto incidente* o referente a uma só das penas sofridas pelo condenado, em vias de cumprimento".

Vale ressaltar que a Lei n. 8.072/90 (Lei dos Crimes Hediondos), regulamentando o art. 5.º, XLIII, da Constituição Federal, diz que os crimes de tortura, tráfico ilícito de entorpecentes e drogas afins, o terrorismo e os crimes definidos como hediondos, consumados ou tentados, são insuscetíveis de graça ou indulto.

Por fim, de acordo com o que dispõe a Súmula 535 do Superior Tribunal de Justiça, "a prática de falta grave não interrompe o prazo para fim de comutação de pena ou indulto".

5.4 "Abolitio criminis"

Extingue-se a punibilidade pela retroatividade da lei que não mais considera o fato como criminoso.

Deixando a lei nova de considerar como ilícito penal o fato praticado pelo agente, por revogação expressa ou tácita, extingue-se o próprio crime, e nenhum efeito penal subsiste.

5.5 Renúncia do direito de queixa

Renúncia do direito de queixa é a abdicação do ofendido ou de seu representante legal do direito de promover a ação penal privada.

Somente é possível a renúncia antes do início da ação penal privada, ou seja, dentro do prazo de 6 meses previstos para o exercício da ação penal privada.

A renúncia pode ser de duas espécies:

a) *renúncia expressa*: quando consta de declaração assinada pelo ofendido, por seu representante legal ou por procurador, com poderes especiais (art. 50 do CPP);

b) *renúncia tácita*: quando ocorre a prática de ato incompatível com a vontade do ofendido ou de seu representante legal de iniciar a ação penal privada. Exemplo: praticado o crime de injúria, o ofendido convida o ofensor para ser padrinho de batismo de seu filho.

Em geral, o recebimento da indenização pelo dano causado pelo crime não importa em renúncia tácita (art. 104, parágrafo único, segunda parte, do CP). Entretanto, tratando-se de *infração penal de menor potencial ofensivo*, segundo o disposto no art. 74, parágrafo único, da Lei n. 9.099/95 (Juizados Especiais Cíveis e Criminais), "tratando-se de ação penal de iniciativa privada ou de ação penal pública condicionada à representação, o acordo homologado acarreta a renúncia do direito de queixa ou representação".

5.6 Perdão aceito

Perdão é o ato pelo qual, iniciada a ação penal privada, o ofendido ou seu representante legal desiste de seu prosseguimento.

Essa desistência pode ocorrer até o trânsito em julgado da sentença penal condenatória.

O perdão apresenta quatro espécies:

a) *perdão processual*: é aquele concedido nos autos da ação penal privada;

b) *perdão extraprocessual*: é aquele concedido fora dos autos da ação penal privada;

c) *perdão expresso*: é aquele concedido por meio de declaração assinada pelo ofendido, por seu representante legal ou por procurador com poderes especiais;

d) *perdão tácito*: é aquele que resulta da prática de ato incompatível com a vontade de prosseguir na ação.

Anote-se que o *perdão processual* deve ser sempre expresso, sendo que o *perdão extraprocessual* pode ser expresso ou tácito.

Quanto à titularidade da concessão do perdão, segundo o disposto no art. 52 do Código de Processo Penal, temos as seguintes hipóteses:

a) *se o ofendido é menor de 18 anos*: nesse caso a concessão do perdão cabe a seu representante legal;

b) *se o ofendido é maior de 18 e menor de 21 anos*: nesse caso a concessão do perdão cabe a ele *ou* a seu representante legal, visto que o perdão de um somente produz efeito com a anuência do outro;

c) *se o ofendido é maior de 21 anos*: nesse caso cabe somente a ele a concessão do perdão.

Em todas as hipóteses acima, o perdão pode ser concedido por procurador com poderes especiais e, havendo mais de um ofendido, o perdão concedido por um não atinge o direito dos outros.

Entretanto, com a entrada em vigor do Código Civil de 2002, que reduziu para 18 anos a maioridade civil, a norma acima citada perdeu sua aplicabilidade. O maior de 18 anos pode, portanto, exercer plena e exclusivamente seu direito de conceder perdão.

Quanto à *aceitação*, merece ser destacado que o perdão não produz efeito quando recusado pelo ofensor, pois é *ato bilateral*, uma vez que o réu pode ter interesse em provar sua inocência.

A aceitação pode ser de quatro espécies:

a) *processual*: é aquela realizada nos autos da ação penal;

b) *extraprocessual*: é aquela feita fora dos autos da ação penal;

c) *expressa*: ocorre quando o querelado (réu), nos autos da ação penal, ou por declaração particular assinada, manifesta aceitação do perdão;

d) *tácita*: ocorre quando o querelado (réu), nos autos da ação penal, é notificado pelo juiz para aceitar o perdão em 3 dias e não se manifesta, ou com a prática de ato incompatível com a vontade de não aceitar o perdão.

5.7　Retratação do agente

Retratar-se significa retirar o que foi dito, confessar que errou.

No Direito Penal, a retratação do agente, via de regra, funciona apenas como circunstância judicial para balizar a aplicação da pena.

Entretanto, em algumas hipóteses, a lei penal confere à retratação do agente o caráter de causa extintiva da punibilidade do delito.

No art. 107, VI, o Código Penal estabelece que a punibilidade é extinta pela retratação do agente "nos casos em que a lei a admite".

Os casos em que a retratação é admitida como *causa extintiva da punibilidade* são apenas dois, previstos nos seguintes dispositivos legais:

a) art. 143 do Código Penal *(crimes contra a honra, de calúnia e difamação);*

b) art. 342, § 2.º, do Código Penal *(crime de falso testemunho).*

5.8 Decadência

A decadência é a perda do direito de ação penal privada ou de representação, em decorrência de não ter sido exercido no prazo previsto em lei.

Atinge a decadência o próprio direito de punir do Estado (*jus puniendi*), seja pela perda do direito de queixa, seja pela impossibilidade de o Ministério Público oferecer denúncia no caso de ausência de representação do ofendido.

Vem ela tratada no art. 103 do Código Penal.

O *prazo comum* é de 6 meses para o oferecimento da queixa-crime ou da representação, podendo o Código Penal ou a legislação extravagante estabelecer outros prazos, menores ou maiores.

O *prazo decadencial* é condicionado à circunstância de saber o ofendido, ou seu representante legal, quem é o autor do crime, pois o prazo somente começa a fluir dessa data. É contado nos termos do art. 10 do Código Penal, sendo fatal e improrrogável, não se interrompendo pela instauração de inquérito policial, ou pela remessa dos autos a juízo.

5.9 Perempção

A perempção é a perda do direito de prosseguir na ação penal privada, ou seja, a sanção jurídica cominada ao querelante, em decorrência de sua inércia.

O Código de Processo Penal, no art. 60, estabelece as hipóteses em que se considera perempta a ação penal:

a) quando, iniciada a ação penal, o querelante deixar de promover o andamento do processo durante 30 dias seguidos;

b) quando, falecendo o querelante, ou sobrevindo sua incapacidade, não comparecer em juízo, para prosseguir no processo, no prazo de 60 dias, qualquer das pessoas a quem couber fazê-lo;

c) quando o querelante deixar de comparecer, sem motivo justificado, a qualquer ato do processo a que deva estar presente, ou deixar de formular o pedido de condenação nas alegações finais;

d) quando, sendo o querelante pessoa jurídica, esta se extinguir sem deixar sucessor.

A perempção somente se aplica aos casos de ação penal *exclusivamente* privada. No caso de ação penal privada *subsidiária da pública*, a negligência do querelante não causa a perempção, devendo o Ministério Público retomar a ação como parte principal.

Havendo dois ou mais querelantes, a penalidade de perempção somente incide contra aquele que abandona a ação.

5.10 Perdão judicial

Perdão judicial é o instituto pelo qual o juiz, mesmo estando comprovada a prática da infração penal pelo sujeito culpado, deixa de aplicar a pena em face da ocorrência de circunstâncias que tornam a sanção desnecessária.

O perdão judicial é causa de extinção da punibilidade de aplicação restrita, ou seja, não se aplica a todas as infrações penais, mas tão somente àquelas especialmente indicadas pelo legislador.

A sentença que concede o perdão judicial é *condenatória*, conforme entendimento do Supremo Tribunal Federal (*RT*, 632/396 e 601/438) e de nossos Tribunais Estaduais (*RT*, 647/317, 640/321 e 620/310). O Superior Tribunal de Justiça, entretanto, tem posição sumulada em contrário (Súmula 18), entendendo que "a sentença concessiva do perdão judicial é declaratória da extinção da punibilidade, não subsistindo qualquer efeito condenatório".

Entretanto, o perdão judicial extingue apenas o efeito principal da condenação (pena), subsistindo os efeitos secundários.

O perdão judicial, concedido em sentença condenatória, exclui o efeito da reincidência, nos termos do art. 120 do Código Penal, subsistindo a condenação para efeitos de antecedentes.

6   PRESCRIÇÃO

A prescrição vem prevista nos arts. 109 a 118 do Código Penal.

6.1   Conceito de prescrição

Prescrição é a perda do direito de punir do Estado pelo decurso do tempo.

Esse instituto tem sua justificativa no desaparecimento do interesse estatal na repressão ao crime, em razão do tempo decorrido, já não havendo mais sentido na punição tardia.

Isso porque o Estado deve ter um tempo determinado para exercer o *jus puniendi*, tempo este que varia de acordo com a pena fixada para o delito.

6.2   Espécies de prescrição

Existem cinco espécies de prescrição:

a) prescrição da pretensão punitiva;

b) prescrição da pretensão executória;

c) prescrição intercorrente;

d) prescrição retroativa;

e) prescrição antecipada ou virtual.

6.3 Prescrição da pretensão punitiva

Nesse tipo de prescrição, o decurso do tempo faz com que o Estado perca o *jus puniendi* (direito de punir), consubstanciado no direito de invocar o Poder Judiciário para aplicar a sanção ao autor do crime pelo fato cometido.

O art. 109 do Código Penal estabelece os prazos em que ocorre a prescrição, tomando em conta as penas privativas de liberdade, abstratamente cominadas ao delito, em seu limite máximo.

Assim:

— se o máximo da pena é superior a 12 anos, a prescrição se dá em 20 anos;

— se o máximo da pena é superior a 8 e não excede a 12 anos, a prescrição se dá em 16 anos;

— se o máximo da pena é superior a 4 e não excede a 8 anos, a prescrição se dá em 12 anos;

— se o máximo da pena é superior a 2 e não excede a 4 anos, a prescrição se dá em 8 anos;

— se o máximo da pena é igual ou superior a 1 ano, não excedendo a 2, a prescrição se dá em 4 anos;

— se o máximo da pena é inferior a 1 ano, a prescrição se dá em 3 anos.

De acordo com esse regramento, para saber qual o prazo da prescrição da pretensão punitiva de um delito, deve-se verificar o *quantum* máximo de pena cominada em abstrato no preceito secundário da norma.

Merece ser destacado que, no *concurso de crimes*, seja material, seja formal, seja crime continuado, a prescrição incide sobre cada infração, isoladamente, nos termos do que dispõe o art. 119 do Código Penal.

Outrossim, segundo o disposto no art. 115 do Código Penal, os *prazos prescricionais* são reduzidos de metade quando o criminoso era, ao tempo do crime, menor de 21 anos, ou, na data da sentença, maior de 70 anos.

Com o *reconhecimento da prescrição*, o juiz decreta extinta a punibilidade do delito, não devendo o réu pagar as custas do processo e devendo a ele ser restituído o valor da fiança, não podendo mais ser processado pelo mesmo fato.

6.4 Início e interrupção do prazo da prescrição da pretensão punitiva

O início do prazo da prescrição da pretensão punitiva vem estabelecido no art. 111 do Código Penal, devendo-se levar em consideração que, por tratar-se de matéria de Direito Penal, prevalece a regra do art. 10 do Código Penal, incluindo-se na contagem do prazo o dia do começo.

A interrupção do prazo da prescrição da pretensão punitiva dá-se de acordo com o disposto no art. 117, I a IV, do Código Penal.

No que se refere ao *recebimento da denúncia* ou *da queixa*, deve ser considerada a data do despacho do juiz como o dia da interrupção.

Quanto à *pronúncia*, nos crimes de competência do Tribunal do Júri deverá ser considerada a data de sua publicação, salvo se prejudicar o réu, oportunidade em que deverá ser considerada a data efetiva constante da decisão. O mesmo se diga a respeito da decisão confirmatória da pronúncia em grau de recurso.

A publicação da sentença ou acórdão condenatórios recorríveis também é causa interruptiva da prescrição da pretensão punitiva, de acordo com a redação dada ao inciso IV do art. 117, pela Lei n. 11.596/2007. Entende-se que a data da interrupção é aquela em que a sentença ou acórdão são publicados oficialmente. Se a sentença for prolatada em audiência, nesta data é que se torna pública, ocorrendo a interrupção da prescrição. Sendo o acórdão publicado na seção de julgamento, será esta a data da interrupção da prescrição.

A Lei n. 12.650/2012 já havia incluído o inciso V ao art. 111 do Código Penal, estabelecendo que nos crimes contra a dignidade sexual de crianças e adolescentes, a prescrição, antes de transitar em julgado a sentença final, começa a correr da data em que a vítima completar 18 (dezoito) anos, salvo se a esse tempo já houver sido proposta a ação penal. A Lei n. 14.344/2022 (Lei Henry Borel), que cria mecanismos para a prevenção e o enfrentamento da violência doméstica e familiar contra criança e adolescente, modificou a redação do referido inciso V. Na atual redação, foram acrescentados os crimes que envolvem violência contra criança e adolescente.

Assim, estabelece o inciso V: "nos crimes contra a dignidade sexual ou que envolvam violência contra a criança e o adolescente, previstos neste Código ou em legislação especial, da data em que a vítima completar 18 (dezoito) anos, salvo se a esse tempo já houver sido proposta a ação penal".

Trata-se de regra instituída para a proteção à infância e juventude, impedindo a prescrição dos mencionados crimes antes de a vítima completar 18 (dezoito) anos, considerando que somente a partir daí é que passa a correr o prazo.

6.5 Prescrição da pretensão executória

Na prescrição da pretensão executória, o decurso do tempo sem o exercício do *jus puniendi* faz com que o Estado perca o direito de executar a sanção imposta pela sentença condenatória.

Essa modalidade de prescrição ocorre após o trânsito em julgado da sentença condenatória. Regula-se pela pena imposta e verifica-se nos prazos fixados pelo art. 109 do Código Penal.

Diferentemente do que ocorre na prescrição da pretensão punitiva, na prescrição da pretensão executória o prazo é determinado pela pena imposta na sentença condenatória, atingindo o seu reconhecimento apenas o efeito principal da condenação (sanção) e não os efeitos secundários.

Tratando-se de *condenado reincidente*, o prazo da prescrição da pretensão executória é aumentado de um terço, devendo a reincidência ser reconhecida no bojo da sentença condenatória.

Nessa modalidade de prescrição também, segundo o disposto no art. 119 do Código Penal, no caso de concurso de crimes, a extinção da punibilidade incidirá sobre a pena de cada um, isoladamente.

Se ocorrer redução da pena por *graça* ou *indulto parciais*, o restante da pena será tomado para o cálculo da prescrição da pretensão executória, e não o total da pena imposta em sentença condenatória.

Nos termos do art. 112, I, do Código Penal, a prescrição da pretensão executória não incide durante os períodos de prova do *sursis* e do livramento condicional.

6.6 Início e interrupção do prazo da prescrição da pretensão executória

O termo inicial da prescrição da pretensão executória vem estabelecido pelo art. 112 do Código Penal.

O *trânsito em julgado da sentença condenatória* para a acusação (e não para ambas as partes), previsto no inciso I, significa que o tempo de pena não pode mais ser aumentado, contando-se o prazo da prescrição da pretensão executória com relação à pena imposta. Essa redação do inciso I do art. 112, entretanto, foi objeto de análise pelo Supremo Tribunal Federal em sede de repercussão geral (Tema 788), sendo fixada a seguinte tese:

"O prazo para a prescrição da execução da pena concretamente aplicada somente começa a correr do dia em que a sentença condenatória transita em julgado para ambas as partes, momento em que nasce para o Estado a pretensão executória da pena, conforme interpretação dada pelo Supremo Tribunal Federal ao princípio da presunção de inocência (art. 5.º, LVII, da Constituição Federal) nas ADC 43, 44 e 54" (STF — ARE 848.107 — Rel. Min. Dias Toffoli — *DJe* 4-8-2023).

Outra hipótese de início da contagem dessa prescrição é a revogação da *suspensão condicional* da pena ou do *livramento condicional*, devendo ser considerado o dia da efetiva publicação das decisões.

Interrompendo-se a execução da pena pela fuga do condenado, inicia-se a contagem do prazo da prescrição da pretensão executória. Já nos casos dos arts. 41 e 42 do Código Penal, aplicando-se o princípio da *detração penal*, não corre a prescrição, ainda que interrompida a efetiva execução da pena.

As *causas* de interrupção da prescrição da pretensão executória estão expressas no art. 117, V e VI, do Código Penal.

O *início do cumprimento da pena* é a primeira causa de interrupção, já que demonstra efetivo exercício pelo Estado do *jus puniendi*, nesse caso, do direito de executar a sanção imposta ao criminoso.

Se ocorrer a *fuga do condenado* ou a *revogação do livramento condicional*, a *recaptura* ou a *prisão do sentenciado* interrompem a prescrição da pretensão executória, que será regulada pelo tempo que resta da pena, nos termos do art. 113 do Código Penal.

Outra causa de interrupção é a *reincidência*, que é determinada pela prática de novo crime depois de sentença condenatória irrecorrível por delito anterior (art. 73 do CP).

6.7 Prescrição intercorrente

A prescrição intercorrente vem tratada no art. 110, § 1.º, do Código Penal.

Essa modalidade de prescrição, embora ocorra após o trânsito em julgado da sentença condenatória para a acusação, regula-se pela pena em concreto aplicada.

Isto porque essa disposição do citado art. 110, § 1.º, constitui uma exceção à regra do art. 109 do Código Penal.

Na prescrição intercorrente, aplicada a pena na sentença e não havendo recurso da acusação, a partir da data da publicação da sentença começa a correr o prazo prescricional, calculado sobre a pena concretizada.

Assim, embora ainda não se possa considerar *prescrição da pretensão executória*, por não haver a sentença transitado em julgado para ambas as partes (acusação e defesa), a prescrição intercorrente não mais se regula pela pena em abstrato, mas, antes, pela pena em concreto aplicada.

Isto porque, em tendo apenas o réu apelado, havendo trânsito em julgado para a acusação, a quantidade da pena aplicada não pode mais ser alterada, em função do princípio que proíbe, nesse caso, a *reformatio in pejus* indireta.

Outrossim, a publicação do acórdão confirmatório da sentença condenatória recorrível interrompe o prazo prescricional superveniente à decisão de primeiro grau, segundo a redação dada ao inciso IV do art. 117 do CP, pela Lei n. 11.596/2007. Nesse caso, embora possa haver outros recursos por parte da defesa, o prazo prescricional com base na pena em concreto começará a ser contado novamente.

6.8 Prescrição retroativa

A prescrição retroativa já era reconhecida antes mesmo das alterações introduzidas pela reforma penal de 1984, que instituiu a vigente Parte Geral do Código Penal.

Entretanto, após 1984 é que a prescrição retroativa passou a ser admitida com fundamento legal, resultante da combinação das disposições dos arts. 110, §§ 1.º e 2.º, e 109, ambos do Código Penal. Em razão de forte oposição à prescrição retroativa por parcela significativa dos operadores do Direito, a Lei n. 12.234/2010, conferiu outra redação ao § 1.º do art. 110, revogando expressamente o § 2.º.

É também a prescrição retroativa modalidade da prescrição da pretensão punitiva e constitui exceção à forma de contagem de tempo estabelecida no art. 109, uma vez que deve ser considerada com base na pena concreta.

Para a verificação da prescrição retroativa, deve-se tomar a pena em concreto aplicada ao réu e, em seguida, adequá-la a um dos prazos estabelecidos nos incisos do art. 109.

Encontrado o valor, deve-se tentar colocá-lo entre a data do recebimento da denúncia ou queixa e a data da publicação da sentença condenatória. Embora o § 1.º do art. 110 do CP, com a redação que lhe foi dada pela Lei n. 12.234/2010, se refira à data da denúncia ou queixa, e não à "data do recebimento da denúncia ou queixa", constante da redação anterior, a prescrição retroativa continua a existir entre os dois marcos: a data do recebimento da denúncia ou queixa e a data da publicação da sentença condenatória recorrível. A prescrição retroativa que não pode mais ser operada é a que tem por termo inicial data anterior à denúncia ou queixa, ou seja, aquela que poderia ocorrer entre os dois marcos: a data do crime e a data da denúncia ou queixa. Essa não existe mais.

Deve-se ressaltar que a sentença condenatória deve ter transitado em julgado para a acusação, visto que o recurso, seja do Ministério Público, seja do querelante ou do assistente, se provido pelo Tribunal, pode modificar o prazo prescricional.

Ainda que haja recurso da acusação, se improvido, não impedirá o reconhecimento da prescrição retroativa, que poderá ser feito pelo próprio Tribunal.

Entretanto, a publicação do acórdão confirmatório da sentença condenatória recorrível, por interromper o prazo da prescrição, de acordo com a redação do art. 117, IV, do CP, dada pela Lei n. 11.596/2007, pode-se constituir em outro polo para a contagem da prescrição retroativa, caso haja ainda outro recurso a tribunais superiores.

Merece ser lembrado, por oportuno, que a prescrição retroativa, por ser modalidade de prescrição da pretensão punitiva, atinge a sentença condenatória e todos os seus efeitos, principal e secundários.

Por fim, tem-se entendido que a prescrição retroativa não pode ser reconhecida em primeiro grau, devendo ser arguida em preliminar de apelação, pois, ao prolatar a sentença condenatória, o juiz extingue seu poder jurisdicional.

6.9   Prescrição antecipada

A prescrição antecipada, também chamada de *virtual*, baseia-se na falta de interesse de agir do Estado e tem por escopo evitar que eventual condenação não tenha função alguma, desprestigiando a Justiça Pública.

Assim, tem-se afirmado que a prescrição referida no art. 110, § 1.º, do Código Penal pode ser reconhecida antecipadamente, geralmente na fase extrajudicial, considerando-se a pena em perspectiva. Considera-se a pena que seria aplicada ao criminoso em vista das circunstâncias do caso concreto, pena esta que, após os trâmites processuais, já estaria prescrita.

Esse posicionamento já vinha sendo observado com cautela pelos Tribunais, argumentando-se que, não havendo sentença, não há falar em pena presumida e consequente prescrição. Entretanto, a Súmula 438 do Superior Tribunal de Justiça vedou expressamente o reconhecimento da prescrição antecipada ou virtual: "É inadmissível a extinção da punibilidade pela prescrição da pretensão punitiva com fundamento em pena hipotética, independentemente da existência ou sorte do processo penal".

6.10 Redução dos prazos prescricionais

Os prazos prescricionais são reduzidos de metade, segundo o disposto no art. 115 do Código Penal, quando o criminoso:

a) era, ao tempo do crime, *menor de 21 anos*, fazendo-se a prova da idade mediante a apresentação de certidão de nascimento ou outro documento hábil;

b) era, na data da sentença, *maior de 70 anos*. A jurisprudência tem se orientado no sentido de reduzir o prazo prescricional também quando o réu completa 70 anos, enquanto aguarda o julgamento de seu recurso.

6.11 Prescrição das penas restritivas de direitos

Os prazos prescricionais das penas restritivas de direitos são os mesmos das penas privativas de liberdade, previstos no art. 109 do Código Penal.

6.12 Prescrição da pena de multa

A Lei n. 9.268/96 alterou as regras referentes à *prescrição da pena de multa*, dando outra redação ao art. 51 do Código Penal.

Assim, em função da *pena cominada*, nos termos do art. 114 do Código Penal, a prescrição da pretensão punitiva da pena de multa ocorrerá em 2 anos, quando for ela a única sanção prevista ou aplicada, e no mesmo prazo fixado para a prescrição da pena privativa de liberdade, quando a multa for alternativa ou cumulativamente prevista ou cumulativamente aplicada.

Já em função da *pena aplicada* por sentença transitada em julgado, a multa não perde seu caráter penal, continuando o prazo da prescrição a ser regido pelo art. 114, II, do Código Penal. Essa é a posição do Superior Tribunal de Justiça: "1. Segundo o entendimento desta Corte, 'a nova redação do art. 51 do Código Penal não retirou o caráter penal da multa. Assim, embora se apliquem as causas suspensivas da prescrição previstas na Lei n. 6.830/80 e as causas interruptivas disciplinadas no art. 174 do Código Tributário Nacional, o prazo prescricional continua sendo regido pelo art. 114, inciso II, Código Penal' (HC 394.591/ AM, Rel. Min. Reynaldo Soares da Fonseca, Quinta Turma, *DJe* 27.09.2017). O acórdão recorrido não dissentiu desse entendimento. 2. Agravo regimental desprovido" (STJ — AgRg no REsp 1.998.804/TO — Rel. Min. Joel Ilan Paciornik — Quinta Turma — *DJe* 20-9-2023). No mesmo sentido o AgRg no AREsp 2.033.955/SC.

Ainda: "Quanto ao prazo de prescrição aplicável à execução de multa penal, a jurisprudência do STJ orienta-se no sentido de que a nova redação do art. 51 do Código Penal não retirou o caráter penal da multa. Assim, embora se apliquem as causas suspensivas da prescrição previstas na Lei n. 6.830/1980 e as causas interruptivas disciplinadas no art. 174 do Código Tributário Nacional, o prazo prescricional continua regido pelo art. 114, II, do Código Penal" (STJ — REsp 2.173.858/RN — Rel. Min. Afrânio Vilela — Segunda Turma — *DJe* 11-11-2024).

Parte Especial

ARTIGOS
121 a 361

I

INTRODUÇÃO

Tivemos oportunidade de estudar, na análise da Parte Geral do Código Penal, que o Direito Penal apresenta fontes materiais e fontes formais.

As *fontes materiais* são, também, conhecidas como fontes de produção ou fontes substanciais, pois dizem respeito à gênese, à elaboração e à criação do Direito Penal.

Nesse sentido, a única fonte material do Direito Penal é o Estado, órgão responsável pela sua criação, através da competência legislativa exclusiva atribuída à União pelo art. 22, I, da Constituição Federal.

Já as *fontes formais* são, também, conhecidas como *fontes de conhecimento* ou *fontes de cognição*, pois dizem respeito à exteriorização, ou seja, à forma pela qual o Direito Penal se faz conhecido.

As fontes formais do Direito Penal podem ser mediatas e imediatas. A *fonte formal imediata* é a lei penal, que é a materialização da norma feita por obra do legislador. Em tese, o legislador, oriundo do seio do grupo social, deve traduzir o senso comum de justiça em leis, elaborando-as de modo a coibir a prática de ações socialmente reprováveis.

A lei penal apresenta duas espécies básicas:

a) *lei penal incriminadora*, também chamada de lei penal em sentido estrito: que descreve a infração penal e estabelece a sanção;

b) *lei penal não incriminadora*, também chamada de lei penal em sentido lato: que não descreve infrações penais, tampouco estabelece sanções. Pode esta ser subdividida em *permissiva* (que considera lícitas determinadas condutas ou isenta o agente de pena, como as causas excludentes da antijuridicidade — arts. 23, 24 e 25 do CP, dentre outros — ou as causas excludentes da culpabilidade — arts. 26 e 28, § 1.º, do CP, dentre outros) e *explicativa* (também chamada de complementar ou final, que complementa ou esclarece o conteúdo de outras normas — arts. 59 e 63 do CP, dentre outros).

Assim, a lei ou norma penal incriminadora pode ser conceituada como o dispositivo que compõe o Direito Penal por meio de proibições e comandos distribuídos na Parte Especial do Código e em leis extravagantes.

Via de regra, a lei ou norma penal incriminadora é integrada pelo *preceito*, consistente no comando de fazer ou de não fazer determinada coisa; e pela *sanção*, que é a consequência jurídica coligada ao preceito. Para alguns, a parte dispositiva da norma é o preceito primário, e a parte sancionatória, o preceito secundário. O preceito acha-se subentendido na norma, como pressuposto da sanção, e não na forma de mandamentos explícitos do tipo *não matarás*. Preceito e sanção fundem-se, portanto, indissoluvelmente, numa unidade lógica, originando as chamadas normas perfeitas.

Nesta Parte Especial do Código Penal, portanto, serão analisadas as normas penais incriminadoras, ou seja, os crimes em espécie, classificados de acordo com a importância e com a natureza da objetividade jurídica.

II

DOS CRIMES CONTRA A PESSOA

1   DOS CRIMES CONTRA A VIDA

1.1   Homicídio

Crime previsto no art. 121 do Código Penal, o *homicídio* pode ser conceituado como a eliminação da vida humana.

Não se confunde com o *aborto*, que é a eliminação da vida humana intrauterina, tampouco com o *suicídio*, que é a eliminação, pelo próprio agente, de sua vida.

A objetividade jurídica do homicídio é a proteção do direito à vida, garantido pelo art. 5.º, *caput*, da Constituição Federal.

Sujeito ativo pode ser qualquer pessoa.

Sujeito passivo também pode ser qualquer pessoa.

O art. 121 enumera algumas hipóteses em que o homicídio é qualificado ou circunstanciado em razão da qualidade da vítima. São hipóteses em que o crime é praticado contra mulher por razões da condição de sexo feminino (feminicídio), contra autoridade ou agente descrito nos arts. 142 e 144 da Constituição Federal, integrantes do sistema prisional e da Força Nacional de Segurança Pública, contra menor de 14 anos, contra maior de 60 anos, as quais serão estudadas mais adiante.

Na legislação especial, se a vítima for indígena não integrado à sociedade, a pena será aumentada de 1/3 (um terço), de acordo com o disposto no art. 59 da Lei n. 6.001/73 (Estatuto do Índio).

Se o homicídio ocorrer com a intenção de destruir, no todo ou em parte, grupo nacional, étnico, racial ou religioso, estará caracterizado o crime de genocídio, previsto na Lei n. 2.889/56.

A conduta típica é expressa pelo verbo *matar*, que significa eliminar a vida de um ser humano. A morte pode se dar por ação (crime comissivo) ou por omissão (crime omissivo impróprio ou comissivo por omissão).

Para a prática do homicídio, o meio pode ser direto, quando o próprio agente emprega o meio ofensivo (ex.: desfere tiro ou facada na vítima), ou indireto, quando o agente, sem ter contato direto com a vítima, lhe propicia a morte (ex.: atrai a vítima até um local em que será morta por um animal bravio).

O meio ainda pode ser físico ou material, que se divide em mecânico (ex.: uso de faca, arma de fogo, pedaço de pau etc.), químico (ex.: uso de veneno ou outra substância tóxica, ácido etc.) e patogênico (ex.: uso de micro-organismos patogênicos, transmissão intencional do vírus HIV etc.).

O meio pode ser, também, moral ou psicológico, em que o agente mata a vítima mediante um severo trauma emocional (ex.: mentir para a vítima debilitada ou enferma, comunicando-lhe o falecimento de um ente querido).

A modalidade fundamental do crime, prevista no *caput* do art. 121, é denominada homicídio simples. No § 1.º vem previsto o homicídio privilegiado (causas de diminuição de pena). No § 2.º vem previsto o homicídio qualificado e no § 3.º o homicídio culposo. Nos demais parágrafos constam causas de aumento de pena, tratando-se de homicídio circunstanciado. O homicídio pode ser doloso ou culposo. O homicídio culposo vem tratado adiante, no item 1.1.3.

No caso de homicídio doloso, o dolo pode ser direto (quando o agente quis o resultado) ou eventual (quando o agente assumiu o risco de produzi-lo).

O dolo direto, nesse caso, é caracterizado pela vontade livre e consciente de eliminar a vida humana. É o chamado *animus necandi* ou *animus occidendi.*

No dolo eventual, o agente, embora prevendo o resultado morte, nada faz para evitá--lo, agindo com total indiferença em relação a ele e assumindo o risco de sua ocorrência.

Consuma-se o homicídio com a morte da vítima. Trata-se de crime material.

A constatação da morte é feita através da parada total e irreversível das funções encefálicas (Res. n. 2.173/2017 do Conselho Federal de Medicina).

A Lei n. 9.434/97, que dispõe sobre a remoção de órgãos, tecidos e partes do corpo humano para fins de transplante e tratamento, estabelece, em seu art. 3.º, que "a retirada *post mortem* de tecidos, órgãos ou partes do corpo humano destinados a transplante ou tratamento deverá ser precedida de diagnóstico de morte encefálica, constatada e registrada por dois médicos não participantes das equipes de remoção e transplante, mediante a utilização de critérios clínicos e tecnológicos definidos por resolução do Conselho Federal de Medicina".

O Conselho Federal de Medicina, por seu turno, pela Resolução n. 2.173/2017, definiu, no art. 3.º, que "o exame clínico deve demonstrar de forma inequívoca a existência das seguintes condições: a) coma não perceptivo; b) ausência de reatividade supraespinhal manifestada pela ausência dos reflexos fotomotor, córneo-palpebral, oculocefálico, vestíbulo-calórico e de tosse". Estabeleceu, ainda, no art. 5.º, que "o exame complementar deve comprovar de forma inequívoca uma das condições: a) ausência de perfusão sanguínea encefálica ou b) ausência de atividade metabólica encefálica ou c) ausência de atividade elétrica encefálica".

Comprova-se o homicídio por intermédio do *laudo de exame necroscópico*, que pode ser direto (quando está presente o cadáver da vítima) ou indireto (quando o cadáver desaparece ou não é encontrado), ou ainda por qualquer meio, como, por exemplo, por meio de prova testemunhal (art. 167 do CPP).

Nesse sentido, o teor do art. 158 do Código de Processo Penal. Dispõe, ainda, o art. 162 desse diploma que a autópsia será feita pelo menos 6 horas depois do óbito, salvo se os peritos, pela evidência dos sinais de morte, julgarem que possa ser feita antes daquele prazo, o que declararão no auto.

Assim: "O art. 158 do CPP exige exame de corpo de delito direto ou indireto quando a infração deixar vestígio; mas o art. 167 lhe contempera o rigor dizendo que, quando não for possível o exame de corpo de delito, por haverem desaparecido os vestígios, a prova testemunhal poderá suprir a falta" (STF — *RT*, 575/479).

Ainda: "Ausência de exame necroscópico da vítima: irrelevância, dado que a sua morte resultou demonstrada mediante outras provas" (STF — *RT*, 705/426).

A respeito da *exumação*, vale conferir o teor do art. 163 do Código de Processo Penal.

Admite-se a *tentativa de homicídio* quando, iniciada a execução do crime, com o ataque ao bem jurídico vida, o resultado morte não ocorrer por circunstâncias alheias à vontade do agente.

A diferença entre tentativa de homicídio e lesões corporais dolosas está apenas no elemento subjetivo do crime, ou seja, na vontade do agente de matar ou apenas ofender a integridade corporal da vítima. Na tentativa de homicídio o agente atua com *animus necandi* ou *animus occidendi*, manifestando a vontade de matar. Nas lesões corporais dolosas, o agente atua com *animus laedendi*, manifestando a vontade de ferir, de lesionar a vítima.

Chama-se *tentativa branca* quando o agente desfere golpe ou disparo em direção à vítima e não a atinge. É também chamada de *tentativa incruenta*, que se contrapõe à *tentativa cruenta*, que é aquela em que a vítima sofre ferimentos. A *tentativa cruenta* é conhecida também por *tentativa vermelha*. Especula-se que a terminologia *branca* e *vermelha* tenha relação com a ausência ou não de sangue na hipótese de tentativa de homicídio.

1.1.1 Homicídio privilegiado

O homicídio privilegiado vem previsto no art. 121, § 1.º, do Código Penal, que prevê causas especiais de diminuição de pena de 1/6 (um sexto) a 1/3 (um terço).

A primeira delas refere-se ao *relevante valor social.*

Relevante valor social é aquele que diz respeito aos interesses ou fins da vida coletiva. Exemplo: homicídio praticado contra um traidor da pátria ou contra um político corrupto que lesou os interesses da coletividade.

A segunda causa especial de diminuição de pena é o *relevante valor moral*, que diz respeito aos interesses particulares, individuais do agente, aos sentimentos de piedade, compaixão e comiseração. Exemplo: prática de eutanásia, que é o homicídio compassivo, misericordioso ou piedoso.

Na eutanásia, elimina o agente a vida de sua vítima com o intuito de poupá-la de intenso sofrimento e acentuada agonia, abreviando-se assim a existência.

A última hipótese de causa especial de diminuição de pena no homicídio privilegiado é aquela do chamado *homicídio emocional.*

Inegavelmente, o homicídio emocional é uma das modalidades mais interessantes de crime contra a vida, pois envolve, além de aspectos fenomenológicos objetivos que lhe são característicos, elementos psíquicos importantíssimos que intervêm na sua configuração e que não podem ser ignorados quando da análise da configuração da responsabilidade criminal.

Trata-se, aqui também, de causa especial de diminuição de pena no homicídio, que tem como requisitos:

a) existência de violenta emoção, intensa, absorvente, atuando o homicida sob verdadeiro choque emocional;

b) provocação injusta por parte da vítima, que há de ser antijurídica e sem motivo razoável;

c) reação imediata, logo em seguida à provocação, não podendo haver espaço de tempo considerável entre a provocação e o crime.

Efetivamente, a emoção absorvente, violenta, característica de estados de ânimo alterados, é considerada circunstância atenuante de alguns delitos e causa de diminuição de pena do homicídio, como alteração da consciência psicossensorial, capaz de interferir na análise do delito, uma vez que não se concebe uma violenta emoção, capaz de arrebatar o juízo normal que informa o indivíduo comum, sem que tenha havido justamente um prejuízo temporário da consciência.

O que está em jogo, nesse caso, é o domínio do homicida sobre as próprias decisões, ocorrendo severo prejuízo da opção de agir eticamente.

Como é cediço, para o pleno exercício da consciência são necessárias basicamente três dimensões fundamentais. A primeira delas é a dimensão psiconeurológica, responsável pela percepção psiconeurológica e sensitiva da realidade, com ênfase nos estímulos e na situação do ser no mundo. A segunda é a dimensão epistemológica, representada pela precisa noção do que está acontecendo no lugar e no momento exato da atuação. E, em terceiro e último lugar, encontra-se a dimensão metafísica, responsável pela atribuição de uma escala de valores éticos e morais aos acontecimentos.

Nesse ponto, a psiquiatria forense é chamada a verificar se o homicida agiu ou não em um estado de violenta emoção, determinando, ainda, se essa violência foi capaz de privá-lo das dimensões fundamentais da consciência.

É imprescindível, assim, para que se configure a violenta emoção, que exista nítida relação entre o fato injusto praticado pela vítima e a reação imediata por parte do homicida, que atua no limiar de tolerância à ofensa, a partir do qual não mais seria capaz de controlar suas atitudes.

Não se trata, entretanto, é bom ressaltar, de um estado mórbido ou patológico, mas sim de um significativo estado psicológico, que não constitui uma verdadeira enfermidade, não podendo ser considerado excludente de imputabilidade.

Nas palavras de Peña Gusmán (*El delito de homicídio emocional*, Buenos Aires: Abeledo-Perrot, 1948), "la emoción viene a ser la exageración de los sentimientos. A cada sentimiento corresponde un estado emocional. Así como nadie puede vivir sin sentimientos, tampoco podría hacerlo si está constantemente dominado por la ira o por el temor, pues tales tensiones aniquilarían física y espiritualmente al ser humano".

Assim, a emoção não é outra coisa senão uma qualidade dos sentimentos que, quando intensos e absorventes, alteram o ânimo do sujeito. Todos os sentimentos, quando são intensos, penetram francamente no emocional do sujeito.

Esse estado emocional, como desencadeante de uma conduta criminosa relevante, constitui, em última análise, uma vivência normal do sujeito que, quando em intensidade excepcional, provoca uma série de reações biológicas (como mecanismos de defesa), que de modo algum se podem confundir com enfermidade, ainda quando externamente possam apresentar essa aparência.

É fundamental, portanto, que se possa estabelecer a efetiva e relevante diferenciação, em um caso concreto, entre o estado anímico alterado, desencadeante de um ímpeto criminoso, com a incapacidade de entender o caráter ilícito do fato ou de determinar-se de acordo com esse entendimento. No primeiro caso, haverá fator relevante na dosimetria da pena, que poderá ser minorada em face da excepcional situação de perturbação psíquica transitória desencadeada por fatores externos (agente provocador), enquanto no segundo caso o agente será considerado inimputável por doença mental, recebendo como sanção a medida de segurança.

Exemplos: réu cuja filha menor foi seduzida e corrompida por seu ex-empregador; réu que surpreendeu a mulher em flagrante adultério, eliminando-a juntamente com o amante; réu que mata o ofensor da honra de sua mãe.

Mister ressaltar que as hipóteses de privilégio do homicídio são de caráter subjetivo (ligadas à motivação do agente) e, portanto, não se comunicam ao coautor ou partícipe (art. 30 do CP).

1.1.2 Homicídio qualificado

Trata o art. 121, § 2.º, do Código Penal do homicídio qualificado, cominando-lhe pena de reclusão de 12 (doze) a 30 (trinta) anos.

O homicídio recebe a denominação de *qualificado* naqueles casos em que os motivos que o determinam, os meios ou os recursos empregados, ou a pessoa contra a qual é praticado, revelam ser o agente portador de acentuada *periculosidade*, fazendo com que a vítima tenha menores possibilidades de defesa. São casos, em consequência, de homicídios mais graves que o homicídio simples. Vale lembrar que, no Brasil, a premeditação não constitui qualificadora do crime de homicídio e nem tampouco causa de aumento de pena.

O homicídio qualificado é considerado crime hediondo (art. 1.º, I, da Lei n. 8.072/90).

O Supremo Tribunal Federal e o Superior Tribunal de Justiça têm admitido a coexistência do homicídio qualificado e do homicídio privilegiado.

As hipóteses de privilégio são de caráter subjetivo. As hipóteses qualificadoras, entretanto, podem ser de caráter subjetivo (incisos I, II, V e VII do § 2.º) ou de caráter objetivo (incisos III, IV, VIII e IX do § 2.º).

O privilégio (circunstância subjetiva) pode coexistir com a qualificadora, desde que consista esta última em circunstância objetiva, referente ao meio e modo de execução do homicídio (*RT*, 528/397, 680/406 e 736/605). Não é possível, portanto, a coexistência de circunstância subjetiva do privilégio com circunstância subjetiva qualificadora.

O homicídio qualificado-privilegiado não pode ser considerado hediondo, segundo orientação majoritária dos tribunais superiores.

As hipóteses *qualificadoras* do homicídio são:

a) *Paga ou promessa de recompensa ou outro motivo torpe* — essa qualificadora é caracterizada pela conduta de matar alguém em troca de pagamento ou promessa de recompensa. É o chamado "homicídio mercenário", ou "homicídio conductício" ou ainda "homicídio por mandato remunerado". Vale ressaltar que, embora não haja unanimidade na doutrina e na jurisprudência, prevalece o entendimento de que essa qualificadora não se estende ao mandante, uma vez que não se trata de elementar do crime, mas de circunstância de caráter pessoal (subjetiva), que não se comunica ao participante do crime, por força do disposto no art. 30 do Código Penal. A lei menciona também *outro motivo torpe*. Motivo torpe é aquele imoral, desprezível, vil, que contrasta com a moralidade média. A vingança pode ou não ser considerada motivo torpe, a depender de seu pretexto. Será considerada motivo torpe se for originada de um antecedente torpe, a depender das circunstâncias. Com relação ao ciúme, pode configurar a qualificadora, também a depender do caso concreto.

b) *Motivo fútil* — é caracterizado como aquele de pouca importância, desprezível, praticado com ausência de justificativa razoável para a conduta do agente que mata outra pessoa. Trata-se de uma motivação banal, sem importância ou relevância social ou moral, como um simples desentendimento, uma discussão fútil, um conflito de trânsito, entre outros. Ex.: matou a dona do bar porque ela se negou a lhe vender fiado um copo de pinga. Vale ressaltar que o motivo fútil não deve ser confundido com a ausência de motivo ou injustiça do motivo.

c) *Emprego de veneno, fogo, explosivo, asfixia, tortura ou outro meio insidioso ou cruel, ou de que possa resultar perigo comum*. Essas circunstâncias têm relação com os meios pelos quais o delito é cometido. O homicídio cometido com emprego de veneno é também chamado de *venefício*. A *asfixia* pode ser mecânica (esganadura, estrangulamento, enforcamento, sufocação, afogamento, soterramento, emprensamento etc.) ou tóxica (utilização de gás asfixiante, fumaça, confinamento sem ar etc.). Com relação à *tortura*, vale consultar a Lei n. 9.455, de 7 de abril de 1997. *Meio insidioso* é o dissimulado em sua eficiência maléfica, que se inicia e progride sem que o agente possa percebê-lo a tempo. *Meio cruel* é o que aumenta o sofrimento do ofendido, ou revela uma brutalidade acentuada. Ex.: bater em uma pessoa idosa até que esta morra.

d) *À traição, de emboscada, ou mediante dissimulação ou outro recurso que dificulte ou torne impossível a defesa do ofendido*. Traição é a deslealdade, a falsidade com que é cometido o fato criminoso. A traição pode ser *material*, quando, por exemplo, o agente atinge a vítima pelas costas, e *moral*, como no caso, por exemplo, de o agente enganar a vítima, atraindo-a a determinado local para praticar o delito. *Emboscada* é a tocaia, o esconderijo, consistente no fato de o agente esperar dissimuladamente a vítima em local de passagem para o cometimento do crime. *Dissimulação* é a ocultação da vontade ilícita, visando pegar o ofendido desprevenido. Exemplo: agente que finge ser amigo da vítima com o intuito de apanhá-la desprevenida na prática do crime. O *outro recurso* mencionado pela lei deve ser apto a dificultar ou tornar impossível a defesa da vítima. Exemplo: surpresa.

e) *Para assegurar a execução, a ocultação, a impunidade ou vantagem de outro crime*. Essa qualificadora relaciona-se à conexão de crimes, que pode ser teleológica (quando o crime é praticado para assegurar a execução de outro) ou consequencial (quando o crime é praticado em consequência do outro, para assegurar-lhe ocultação, impunidade ou vantagem).

f) *contra autoridade ou agente descrito nos arts. 142 e 144 da Constituição Federal, integrantes do sistema prisional e da Força Nacional de Segurança Pública, no exercício da função ou em decorrência dela, ou contra seu cônjuge, companheiro ou parente consanguíneo até terceiro grau, em razão dessa condição*. Trata-se do chamado *homicídio funcional*. O art. 142 da CF cuida das Forças Armadas — Marinha, Exército e Aeronáutica. O art. 144 cuida da Segurança Pública, cujos órgãos são: Polícia Federal, Polícia Rodoviária Federal, Polícia Ferroviária Federal, Polícias Civis, Polícias Militares e Corpos de Bombeiros Militares. O § 8.º do art. 144 da CF cuida, ainda, das Guardas Municipais, às quais entendemos também se aplicar a qualificadora mencionada. O intuito do legislador foi tratar de modo mais severo o homicídio das autoridades ou agentes mencionados, no exercício da função ou em decorrência dela, ou de seus cônjuges, companheiros ou parentes consanguíneos até o terceiro grau, em razão dessa condição.

g) *com emprego de arma de fogo de uso restrito ou proibido*. Essa qualificadora foi acrescentada pela Lei n. 13.964//2019 (Lei Anticrime). Armas de fogo de uso restrito são as armas de fogo automáticas, de qualquer tipo ou calibre, semiautomáticas ou de repetição que sejam: a) não portáteis; b) de porte, cujo calibre nominal, com a utilização de munição comum, atinja, na saída do cano de prova, energia cinética superior a mil e duzentas libras-pé ou mil e seiscentos e vinte joules; ou c) portáteis de alma raiada, cujo calibre nominal, com a utilização de munição comum, atinja, na saída do cano de prova, energia cinética superior a mil e duzentas libras-pé ou mil e seiscentos e vinte joules. Armas de fogo de uso proibido são: a) as armas de fogo classificadas de uso proibido em acordos e tratados internacionais dos quais o Brasil seja signatário; ou b) as armas de fogo dissimuladas, com aparência de objetos inofensivos.

h) *contra menor de 14 anos*. Essa qualificadora foi acrescentada pela Lei n. 14.344/2022, apelidada de "Lei Henry Borel", que criou mecanismos para a prevenção e o enfrentamento da violência doméstica e familiar contra criança e adolescente, além de alterar o Código Penal, a Lei de Execução Penal, o Estatuto da Criança e do Adolescente e a Lei dos Crimes Hediondos, dentre outros diplomas. No Congresso Nacional, o texto foi batizado de Lei Henry Borel, em referência ao menino de 4 (quatro) anos morto em 2021 por hemorragia interna após espancamentos no apartamento em que morava com a mãe e o padrasto, no Rio de Janeiro.

Importante ressaltar que a citada lei estabeleceu que a violência doméstica e familiar contra criança e adolescente constitui uma das formas de violação dos direitos humanos.

De acordo com esse diploma, configura violência doméstica e familiar contra criança e adolescente qualquer ação ou omissão que lhe cause morte, lesão, sofrimento físico, sexual, psicológico ou dano patrimonial, no âmbito do domicílio ou da residência da criança e do adolescente, compreendida como o espaço de convívio permanente de pessoas, com ou sem vínculo familiar, inclusive as esporadicamente agregadas; no âmbito da família, compreendida como a comunidade formada por indivíduos que compõem a família natural, ampliada ou substituta, por laços naturais, por afinidade ou por vontade expressa; e em qualquer relação doméstica e familiar na qual o agressor conviva ou tenha convivido com a vítima, independentemente de coabitação.

A mesma lei acrescentou o § 2.°-B ao art. 121, estabelecendo que a pena do homicídio contra menor de 14 (catorze) anos é aumentada de: I — 1/3 (um terço) até a metade se a vítima é pessoa com deficiência ou com doença que implique o aumento de sua vulnerabilidade; II — 2/3 (dois terços) se o autor é ascendente, padrasto ou madrasta, tio, irmão, cônjuge, companheiro, tutor, curador, preceptor ou empregador da vítima ou por qualquer outro título tiver autoridade sobre ela; e III — 2/3 (dois terços) se o crime for praticado em instituição de educação básica pública ou privada.

Para a incidência do inciso I desse parágrafo acrescentado, o agente deve conhecer a deficiência da vítima ou a doença que implique o aumento de sua vulnerabilidade. Caso não a conheça ou dela não tenha ciência, não incidirá a causa de aumento de pena de 1/3 (um terço) até a metade, sob pena de ocorrer indevida responsabilidade objetiva.

Vale lembrar, ainda, que a Lei n. 14.344/2022 (Lei Henry Borel) não revogou a segunda parte do § 4.° do art. 121, de modo que permanece em vigor a causa de aumento de

1/3 (um terço) se o homicídio é praticado contra pessoa menor de 14 (catorze) anos. Evidentemente, nesse caso, ocorreu um cochilo do legislador, que se esqueceu de revogar expressamente essa hipótese de aumento de pena, uma vez que estabeleceu a tenra idade da vítima como qualificadora, no inciso IX do § 2.º. Portanto, sendo praticado um homicídio contra menor de 14 (catorze) anos, a hipótese será de homicídio qualificado (§ 2.º, IX), não incidindo a majorante de 1/3 (um terço) para que não ocorra *bis in idem*.

1.1.3 Homicídio culposo

O homicídio culposo, previsto no art. 121, § 3.º, do Código Penal, caracteriza-se pela incidência do elemento subjetivo culpa, que tem sua essência na inobservância do *cuidado objetivo necessário.*

Cuidado objetivo é a obrigação determinada a todos, no convívio social, de realizar condutas de forma a não produzir danos a terceiros.

A *imprudência* é a prática de um fato perigoso. Exemplo: dirigir veículo em rua movimentada com excesso de velocidade.

A *negligência* é a ausência de precaução ou indiferença em relação ao ato realizado. Exemplo: deixar arma de fogo ao alcance de uma criança.

A *imperícia* é a falta de aptidão para o exercício de arte ou profissão.

No caso de ter sido o *homicídio culposo praticado na direção de veículo automotor,* aplica-se a regra específica estampada no art. 302 da Lei n. 9.503/97 (Código de Trânsito Brasileiro).

1.1.4 Homicídio culposo circunstanciado

Previsto no art. 121, § 4.º, do Código Penal, ocorre o homicídio culposo circunstanciado quando o crime resulta de *inobservância de regra técnica de profissão, arte ou ofício,* ou se o agente deixa de prestar *imediato socorro à vítima,* não procura diminuir as consequências do seu ato, ou foge para evitar prisão em flagrante.

Trata-se, em verdade, de causas especiais de aumento de pena.

A inobservância de regra técnica de profissão, arte ou ofício não se confunde com a imperícia. Na inobservância da regra técnica, o agente conhece a regra técnica que não observou. Já na imperícia, existe a inabilidade ou insuficiência profissional.

Exemplo de inobservância de regra técnica seria o médico não providenciar a esterilização dos instrumentos que vai utilizar na cirurgia.

Na segunda hipótese de aumento de pena do homicídio culposo, a prestação de assistência à vítima é obrigação legal, e o descumprimento da regra acarreta o aumento da pena.

Se a omissão de socorro for praticada por condutor de veículo automotor, aplica-se a regra do art. 304 do Código de Trânsito Brasileiro.

Na terceira causa de aumento de pena do homicídio culposo, quando o agente foge para evitar a prisão em flagrante, o intuito do dispositivo é evitar o desaparecimento do culpado, inviabilizando, em algumas circunstâncias, a sua identificação.

Se o autor da fuga for condutor de veículo automotor, aplica-se a regra do art. 305 do Código de Trânsito Brasileiro.

A parte final do dispositivo refere-se, outrossim, ao homicídio doloso, determinando aumento de um terço da pena quando praticado contra pessoa menor de 14 anos ou maior de 60 anos (alteração introduzida pelo art. 110 da Lei n. 10.741/2003 — Estatuto da Pessoa Idosa). Não ocorre mais a incidência da causa de aumento quando o homicídio for praticado contra pessoa menor de 14 (catorze) anos, uma vez que houve o acréscimo, pela Lei n. 14.344/2022 (Lei Henry Borel), de uma qualificadora (§ 2.º, IX) nesse mesmo sentido. Efetivamente, o homicídio contra pessoa menor de 14 (catorze) anos passou a ser qualificado, com pena de reclusão de 12 (doze) a 30 (trinta) anos. Não se justifica, pois, a dupla incidência dessa majorante etária, sob pena de *bis in idem*.

1.1.5   Perdão judicial

O art. 121, § 5.º, do Código Penal prevê a hipótese de perdão judicial, quando, em caso de homicídio culposo, as consequências da infração atingirem o próprio agente de maneira tão grave que a sanção penal se torne desnecessária.

O perdão judicial é uma causa de extinção da punibilidade (art. 107, IX, do CP).

Nos termos do art. 120 do Código Penal, a sentença que conceder perdão judicial não será considerada para efeitos de reincidência.

1.1.6   Milícia privada

Dispõe o § 6.º, acrescentado pela Lei n. 12.720/2012, que a pena é aumentada de 1/3 (um terço) até a metade se o crime for praticado por milícia privada, sob o pretexto de prestação de serviço de segurança, ou por grupo de extermínio.

Trata-se de causa de aumento de pena que visa a punição mais rigorosa de homicídios dolosos praticados por grupos geralmente armados, paramilitares, que, a pretexto de prestação de serviços de segurança, eliminam pessoas tidas como criminosas ou à margem da sociedade. A causa de aumento engloba também os homicídios praticados por grupos de extermínio, quadrilhas organizadas para a eliminação de seres humanos.

1.1.7   Ação penal

A ação penal no crime de homicídio, em qualquer de suas modalidades, é pública incondicionada, com iniciativa privativa do Ministério Público.

O processo, salvo no caso de homicídio culposo, segue o rito estabelecido para os crimes de *competência do júri* previsto nos arts. 406 e seguintes do Código de Processo Penal.

1.2   Feminicídio

O feminicídio foi tipificado no art. 121-A do Código Penal, introduzido pela Lei n. 14.994/2024, tratando-se, agora, de um crime autônomo, desvinculado das hipóteses de homicídio qualificado que outrora o abarcavam. A mudança legislativa certamente teve como objetivo diferenciar o feminicídio de outras modalidades de homicídio, reconhecendo a violência de gênero como um fenômeno com características próprias, refletindo o cenário de desigualdade estrutural e o histórico de violência contra a mulher no Brasil.

De acordo com a nova redação do tipo penal estampada no art. 121-A, a pena é de reclusão de 20 (vinte) a 40 (quarenta) anos, podendo o juiz, nas circunstâncias previstas no § 2.º, aumentá-la de 1/3 (um terço) até a metade, chegando ao patamar de 60 (sessenta) anos, nunca visto para um único crime no Direito Penal brasileiro.

Feminicídio é o assassinato de uma mulher pelo fato de ser mulher. É diferente dos outros tipos de homicídio, pois, geralmente, resulta de uma história de vida marcada por diversos episódios de violência verbal, física, psicológica, privações etc. Na maioria dos casos, o agressor é o parceiro da vítima.

A objetividade jurídica do crime de feminicídio é a proteção do direito à vida, garantido pelo art. 5.º, *caput*, da Constituição Federal.

Sujeito ativo pode ser qualquer pessoa, tratando-se de crime comum.

Sujeito passivo somente pode ser a mulher, em razão da condição do sexo feminino. Com relação às razões da condição do sexo feminino, *vide* comentários ao § 1.º.

Feminicídio não se confunde com femicídio, que é o homicídio de uma mulher fora do contexto da violência de gênero, não estando presentes as "razões da condição do sexo feminino". Nesse caso, o enquadramento não é no art. 121-A.

A conduta vem expressa pelo verbo *matar*, que significa eliminar a vida de um ser humano. A morte pode se dar por ação (crime comissivo) ou por omissão (crime omissivo impróprio ou comissivo por omissão).

O elemento subjetivo é o dolo, caracterizado pela vontade livre e consciente de eliminar a vida humana. É o chamado *animus necandi* ou *animus occidendi*.

A consumação ocorre com a morte da mulher. A constatação da morte é feita por meio da parada total e irreversível das funções encefálicas (Resolução n. 2.173/2017 do Conselho Federal de Medicina).

A comprovação do feminicídio é feita pelo Laudo de Exame Necroscópico, que pode ser direto (quando está presente o cadáver da vítima) ou indireto (quando o cadáver desaparece ou não é encontrado), ou ainda por qualquer meio, como, por exemplo, mediante prova testemunhal. Nesse sentido o teor do art. 158 do Código de Processo Penal. Nesse sentido: STF, *RT*, 575/479; STF, *RT*, 705/426.

A tentativa é admitida, quando, iniciada a execução do crime, com o ataque ao bem jurídico vida, o resultado morte não ocorre por circunstâncias alheias à vontade do agente.

O feminicídio é crime hediondo, assim considerado pelo art. 1.º, I-B, da Lei n. 8.072/90 (Lei dos Crimes Hediondos).

Vale ressaltar que a Lei n. 14.717/2023 instituiu pensão especial aos filhos e dependentes menores de 18 (dezoito) anos de idade, órfãos em razão do crime de feminicídio, cuja renda familiar mensal *per capita* seja igual ou inferior a 1/4 (um quarto) do salário mínimo. Esse benefício, no valor de 1 (um) salário mínimo, será pago ao conjunto dos filhos e dependentes menores de 18 (dezoito) anos de idade na data do óbito de mulher vítima de feminicídio.

A ação penal é pública incondicionada, com iniciativa do Ministério Público, sendo que o processo segue o rito estabelecido para os crimes de competência do júri, previsto nos arts. 406 e seguintes do Código de Processo Penal.

1.2.1 Razões da condição do sexo feminino

De acordo com o disposto no § 1.º do art. 121-A, considera-se que há razões da condição do sexo feminino quando o crime envolve violência doméstica e familiar, e menosprezo ou discriminação à condição de mulher.

Preceituando que a violência doméstica e familiar contra a mulher constitui uma das formas de violação dos direitos humanos, a Lei n. 11.340/2006 (Lei Maria da Penha) estabeleceu, no art. 5.º, que configura violência doméstica e familiar contra a mulher qualquer ação ou omissão baseada no gênero que lhe cause morte, lesão, sofrimento físico, sexual ou psicológico e dano moral ou patrimonial:

I — no âmbito da unidade doméstica, compreendida como o espaço de convívio permanente de pessoas, com ou sem vínculo familiar, inclusive as esporadicamente agregadas;

II — no âmbito da família, compreendida como a comunidade formada por indivíduos que são ou se consideram aparentados, unidos por laços naturais, por afinidade ou por vontade expressa;

III — em qualquer relação íntima de afeto, na qual o agressor conviva ou tenha convivido com a ofendida, independentemente de coabitação.

No caso do feminicídio baseado no inciso I do § 1.º (violência doméstica e familiar) é indispensável que o crime envolva motivação baseada no gênero ("razões de condição de sexo feminino").

Nesse sentido, no parágrafo único do art. 5.º da Lei Maria da Penha ficou estabelecido que as relações pessoais nele tratadas independem de orientação sexual, prevendo a lei, portanto, expressamente, sua incidência também à família homoafetiva. Vítima mulher deve ser entendida como toda pessoa que se identifique com o gênero feminino, independentemente da realização de cirurgia de mudança de sexo. Adotamos, nesse aspecto, o critério biológico.

No caso de menosprezo ou discriminação à condição de mulher, o crime resulta do menosprezo ou discriminação do gênero feminino, sendo manifestado pelo ódio, aversão ou objetificação da mulher.

Promulgada no Brasil pelo Decreto n. 4.377/2002, a Convenção sobre a Eliminação de Todas as Formas de Discriminação contra a Mulher, adotada e aberta à assinatura, ratificação e adesão pela Resolução n. 34/180, da Assembleia Geral das Nações Unidas, de 18 de dezembro de 1979, considerou a expressão "discriminação contra as mulheres" como toda distinção, exclusão ou restrição fundada no sexo e que tenha por objetivo ou consequência prejudicar ou destruir o reconhecimento, gozo ou exercício pelas mulheres, independentemente do seu estado civil, com base na igualdade dos homens e das mulheres, dos direitos humanos e liberdades fundamentais nos campos político, econômico, social, cultural e civil ou em qualquer outro campo.

Os Estados-Partes, na referida Convenção, condenaram a discriminação contra as mulheres sob todas as suas formas, e concordaram em seguir, por todos os meios apropriados e sem tardança, uma política destinada a eliminar a discriminação contra as mulheres, e para tanto se comprometeram a: a) consagrar, em suas constituições nacionais ou em outra legislação apropriada, o princípio da igualdade dos homens e das mulheres, caso não o tenham feito ainda, e assegurar por lei ou por outros meios apropriados a aplicação na prática desse princípio; b) adotar medidas legislativas e outras que forem apropriadas — incluindo sanções, se se fizer necessário — proibindo toda a discriminação contra a mulher; c) estabelecer a proteção jurisdicional dos direitos das mulheres em uma base de igualdade com os dos homens e garantir, por intermédio dos tribunais nacionais competentes e de outras instituições públicas, a proteção efetiva das mulheres contra todo ato de discriminação; d) abster-se de incorrer em qualquer ato ou prática de discriminação contra as mulheres e atuar de maneira que as autoridades e instituições públicas ajam em conformidade com esta obrigação; e) adotar as medidas adequadas para eliminar a discriminação contra as mulheres praticada por qualquer pessoa, organização ou empresa; f) tomar todas as medidas apropriadas, inclusive de caráter legislativo, para modificar ou revogar leis, regulamentos, costumes e práticas que constituam discriminação contra as mulheres; g) derrogar todas as disposições penais nacionais que constituam discriminação contra as mulheres.

1.2.2 Causas de aumento de pena

O § 2.º do art. 121-A prevê diversas causas de aumento de pena de 1/3 (um terço) até a metade, sendo elas:

I — durante a gestação, nos 3 (três) meses posteriores ao parto ou se a vítima é a mãe ou a responsável por criança, adolescente ou pessoa com deficiência de qualquer idade;

II — contra pessoa menor de 14 (catorze) anos, maior de 60 (sessenta) anos, com deficiência ou portadora de doenças degenerativas que acarretem condição limitante ou de vulnerabilidade física ou mental;

III — na presença física ou virtual de descendente ou de ascendente da vítima;

IV — em descumprimento das medidas protetivas de urgência previstas nos incisos I, II e III do caput do art. 22 da Lei n. 11.340, de 7 de agosto de 2006 (Lei Maria da Penha);

V — nas circunstâncias previstas nos incisos III, IV e VIII do § 2.º do art. 121 deste Código.

Nas hipóteses dos incisos I e II, deve o agente ter ciência da especial causa de vulnerabilidade da vítima e de seus aspectos limitantes.

Com relação à deficiência, a Lei n. 13.146/2015 instituiu a Lei Brasileira de Inclusão da Pessoa com Deficiência (Estatuto da Pessoa com Deficiência), considerando pessoa com deficiência, no art. 2.º, aquela "que tem impedimento de longo prazo de natureza física, mental, intelectual ou sensorial, o qual, em interação com uma ou mais barreiras, pode obstruir sua participação plena e efetiva na sociedade em igualdade de condições com as demais pessoas". De acordo com o art. 4.º do Decreto n. 3.298/99, que regulamentou a Lei n. 7.853/89, considera-se:

I — deficiência física — alteração completa ou parcial de um ou mais segmentos do corpo humano, acarretando o comprometimento da função física, apresentando-se sob a forma de paraplegia, paraparesia, monoplegia, monoparesia, tetraplegia, tetraparesia, triplegia, triparesia, hemiplegia, hemiparesia, ostomia, amputação ou ausência de membro, paralisia cerebral, nanismo, membros com deformidade congênita ou adquirida, exceto as deformidades estéticas e as que não produzam dificuldades para o desempenho de funções;

II — deficiência auditiva — perda bilateral, parcial ou total, de quarenta e um decibéis (dB) ou mais, aferida por audiograma nas frequências de 500 HZ, 1.000 HZ, 2.000 Hz e 3.000 Hz;

III — deficiência visual — cegueira, na qual a acuidade visual é igual ou menor que 0,05 no melhor olho, com a melhor correção óptica; a baixa visão, que significa acuidade visual entre 0,3 e 0,05 no melhor olho, com a melhor correção óptica; os casos nos quais a somatória da medida do campo visual em ambos os olhos for igual ou menor que 60°; ou a ocorrência simultânea de quaisquer das condições anteriores;

IV — deficiência mental — funcionamento intelectual significativamente inferior à média, com manifestação antes dos dezoito anos e limitações associadas a duas ou mais áreas de habilidades adaptativas, tais como:

a) comunicação;

b) cuidado pessoal;

c) habilidades sociais;

d) utilização dos recursos da comunidade;

e) saúde e segurança;

f) habilidades acadêmicas;

g) lazer; e

h) trabalho;

V — deficiência múltipla — associação de duas ou mais deficiências.

Com relação à presença física ou virtual de descendente ou de ascendente da vítima, essa causa de aumento de pena amplia a gravidade do crime, tanto em termos psicológicos quanto legais. Trata-se de um tipo de violência que afeta os familiares que presenciam o ato, causando traumas profundos e duradouros. Crianças, por exemplo, que testemunham o feminicídio de suas mães, seja presencialmente ou por meios virtuais, são marcadas pela violência, o que certamente irá prejudicar seu desenvolvimento emocional e psicológico.

Já com relação ao descumprimento de medidas protetivas de urgência, nesse caso, o sujeito ativo pratica o feminicídio em descumprimento das medidas protetivas de urgência previstas nos incisos I, II e III do *caput* do art. 22 da Lei n. 11.340/2006, quais sejam:

I — suspensão da posse ou restrição do porte de armas, com comunicação ao órgão competente, nos termos da Lei n. 10.826, de 22 de dezembro de 2003;

II — afastamento do lar, domicílio ou local de convivência com a ofendida;

III — proibição de determinadas condutas, entre as quais:

a) aproximação da ofendida, de seus familiares e das testemunhas, fixando o limite mínimo de distância entre estes e o agressor;

b) contato com a ofendida, seus familiares e testemunhas por qualquer meio de comunicação;

c) frequentação de determinados lugares a fim de preservar a integridade física e psicológica da ofendida.

Por fim, incidirá a causa de aumento também quando o sujeito ativo pratica o feminicídio em circunstâncias qualificadoras do crime de homicídio, previstas nos incisos III, IV e VIII do § 2.º do art. 121, quais sejam: "III — com emprego de veneno, fogo, explosivo, asfixia, tortura ou outro meio insidioso ou cruel, ou de que possa resultar perigo comum; IV — à traição, de emboscada, ou mediante dissimulação ou outro recurso que dificulte ou torne impossível a defesa do ofendido; (...) VIII — com emprego de arma de fogo de uso restrito ou proibido".

1.2.3 Coautoria e comunicabilidade das circunstâncias pessoais elementares

De acordo com o disposto no 3.º do art. 121-A: "Comunicam-se ao coautor ou partícipe as circunstâncias pessoais elementares do crime previstas no § 1.º **deste artigo**". Esse § 3.º **foi acrescentado ao crime de feminicídio pela Lei n. 14.994/2024**, sendo, a nosso ver, totalmente desnecessário, à vista do disposto no art. 30 do Código Penal. As circunstâncias relacionadas à condição de mulher (violência doméstica e familiar; menosprezo ou discriminação à condição de mulher), portanto, se comunicam ao coautor ou partícipe do feminicídio. Assim, qualquer pessoa que for coautor ou partícipe de um feminicídio também responderá pelo crime do art. 121-A do Código Penal.

1.3 Induzimento, instigação ou auxílio a suicídio ou a automutilação

Suicídio é a deliberada destruição da própria vida.

O ordenamento penal brasileiro não pune o suicídio, por impossibilidade de aplicação de sanção, tampouco a tentativa dele, por razões de política criminal. Merece ser lembrado, ainda, o princípio da alteridade (*altero*), segundo o qual não deve ser considerada crime a conduta que não viole bem jurídico alheio (de outrem), de modo que pratica fato atípico aquele que ofende bem jurídico próprio.

A *participação em suicídio*, entretanto, é punida nos termos do art. 122 do Código Penal.

Automutilação ("cutting") consiste em comportamento intencional envolvendo agressão direta ao próprio corpo sem intenção consciente de suicídio.

Assim como ocorre com o suicídio, o ordenamento jurídico brasileiro também não pune a automutilação ou autolesão. O que a lei penal pune é a conduta de induzir, instigar ou prestar auxílio material para que alguém pratique a automutilação.

A objetividade jurídica do delito é a proteção do direito à vida e do direito à integridade corporal.

Em sua redação originária, o art. 122 do Código Penal previa apenas a criminalização da participação em suicídio. Por força do disposto na Lei n. 13.968/2019, foi alterada a descrição típica, passando o dispositivo a prever a criminalização também das condutas de induzir, instigar ou auxiliar a prática de automutilação.

A respeito da Política Nacional de Prevenção da Automutilação e do Suicídio, vale a pena consultar a Lei n. 13.819/2019.

Sujeito ativo pode ser qualquer pessoa, excluindo-se, evidentemente, aquele que se suicida ou tenta matar-se e aquele que se automutila. De acordo com o disposto no § 5.º, aplica-se a pena em dobro se o autor é líder, coordenador ou administrador de grupo, de comunidade ou de rede virtual, ou por estes é responsável.

Sujeito passivo é a pessoa capaz de ser induzida, instigada ou auxiliada a se suicidar ou a se automutilar. O sujeito passivo deve ter capacidade de discernimento.

No caso de suicídio, não tendo a vítima capacidade de discernimento (por problemas mentais, idade tenra etc.), estará caracterizado o crime de homicídio (ex.: agente convence um doente mental a se suicidar — responderá por homicídio).

No caso de automutilação, sendo a vítima desprovida de capacidade de discernimento, o agente responderá por crime de lesão corporal dolosa (leve, grave, gravíssima ou seguida de morte).

A conduta típica é expressa pelos verbos *induzir, instigar* ou *prestar auxílio* ao suicídio ou à automutilação. Trata-se de tipo misto alternativo. Assim, embora o agente pratique mais de uma conduta típica (ex.: induza e auxilie materialmente o suicídio ou a automutilação), responderá por apenas um crime.

A participação em suicídio ou em automutilação pode ser *moral* ou *material*.

A *participação moral* é praticada por meio do induzimento e da instigação.

A *participação material* é praticada por meio do auxílio ao suicídio ou à automutilação.

Induzimento é a criação de um propósito inexistente. O agente cria na mente da vítima o desejo de suicídio ou de automutilação quando esta ainda não pensava nele.

Instigação é o reforço de um propósito já existente. O agente reforça, estimula a ideia preexistente de suicídio ou de automutilação.

O *auxílio ao suicídio ou à automutilação* pressupõe a participação material do agente, como expressamente previsto na lei, ou seja, o fornecimento de meios para alcançar o objetivo desejado, como o empréstimo do punhal, do revólver, da faca etc.

Cuida-se, ademais, de crime de forma livre, que pode ser praticado de qualquer modo pelo agente. Entretanto, dispõe o § 4.º que a pena é aumentada até o dobro se a conduta é realizada por meio da rede de computadores, de rede social ou transmitida em tempo real.

No que se refere ao elemento subjetivo do tipo, trata-se de crime doloso caracterizado pela vontade livre e consciente de induzir, instigar ou auxiliar materialmente a vítima na prática do suicídio ou da automutilação.

Não há forma culposa do crime de participação em suicídio ou em automutilação.

O crime se consuma com a mera prática das condutas de induzir, instigar ou prestar auxílio material, independentemente do resultado morte (suicídio) ou lesão corporal (automutilação). Trata-se de crime formal, que não requer a ocorrência do resultado naturalístico para a sua consumação.

Assim, mesmo que a vítima não sofra nenhuma lesão corporal, ou sofra apenas lesão corporal de natureza leve, em razão da tentativa de suicídio ou da automutilação, o crime estará consumado, ficando o agente sujeito à pena de reclusão de 6 (seis) meses a 2 (dois) anos.

Ocorrendo tentativa de suicídio, com resultado lesão corporal de natureza grave ou gravíssima (art. 129, §§ 1.º e 2.º, do CP), o crime restará qualificado pelo resultado, punido com reclusão de 1 (um) a 3 (três) anos. Ocorrendo morte, a pena será de reclusão de 2 (dois) a 6 (seis) anos. O mesmo se dá no caso de automutilação.

Na redação anterior do art. 122 do Código Penal, não se admitia a tentativa de participação em suicídio, pois a lei condicionava a punibilidade do crime à ocorrência de lesão corporal de natureza grave ou morte.

A partir da atual redação do crime, determinada pela Lei n. 13.968/2019, passa a ser admissível a tentativa, em tese. Efetivamente, embora se trate de crime formal, cuja consumação ocorre independentemente do resultado naturalístico (suicídio ou automutilação), é plenamente possível a tentativa de induzimento, de instigação e de auxílio material ao suicídio ou à automutilação. No caso de auxílio material, suponha-se que o agente tenha a sua trajetória interrompida pela polícia, justamente quando se dirigia a um local previamente combinado com a vítima, onde lhe entregaria o veneno para esta dar cabo da própria vida, ou o artefato com o qual se daria a automutilação. Nesse caso, o agente responde por tentativa de auxílio material ao suicídio ou a automutilação. Já no caso de auxílio moral (induzimento ou instigação), suponha-se a hipótese de ter o agente encaminhado à vítima, por meio virtual, gravação de áudio, vídeo ou escrito contendo nítido conteúdo incitante ou estimulante de suicídio ou automutilação, conteúdo esse ao qual a vítima acaba não tendo acesso por circunstâncias alheias à vontade do agente.

A ação penal no crime de participação em suicídio ou em automutilação é pública incondicionada, com iniciativa privativa do Ministério Público.

Com relação ao procedimento, algumas observações são cabíveis, já que, com a redação dada ao dispositivo pela Lei n. 13.968/2019, não se pode considerar que o crime seja, em sua integralidade, classificado como doloso contra a vida.

Efetivamente, o induzimento, instigação ou auxílio material ao suicídio é inegavelmente um crime doloso contra a vida, sujeito ao procedimento do Júri, previsto nos arts. 406 e seguintes do Código de Processo Penal. O mesmo se diga da hipótese prevista no § 7.º do dispositivo em comento.

Entretanto, no caso de induzimento, instigação ou auxílio material à automutilação, o bem jurídico protegido não é a vida, mas a integridade corporal da vítima, daí porque não se trata de crime sujeito ao procedimento do Júri, cabendo ao juízo comum o seu processo e julgamento, nos termos dos arts. 394 e seguintes do Código de Processo Penal. Isso se aplica também à participação em automutilação com resultado morte (§ 2.º), que se trata de crime preterdoloso ou preterintencional, em que o dolo do agente se volta à automutilação, ocorrendo a morte como resultado não pretendido, exceção feita à hipótese do § 7.º, em que a lei expressamente determina que o agente responda pelo crime de homicídio, previsto no art. 121 do Código Penal.

1.3.1 Crime qualificado pelo resultado

Conforme já mencionado anteriormente, de acordo com o § 1.º do art. 122, se da automutilação ou da tentativa de suicídio resulta lesão corporal de natureza grave ou gravíssima (§§ 1.º e 2.º do art. 129, CP) a pena é de reclusão, de 1 (um) a 3 (três) anos.

Nos termos do § 2.º, se o suicídio se consuma ou se da automutilação resulta morte, a pena é de reclusão, de 2 (dois) a 6 (seis) anos.

1.3.2 Causas de aumento de pena

De acordo com o disposto no § 3.º do art. 122, a pena cominada ao delito é duplicada nas seguintes hipóteses:

a) se o crime é praticado por *motivo egoístico*, que seria, por exemplo, o caso de o agente induzir a vítima a se suicidar para ficar com a sua herança; por *motivo torpe*, que é o motivo abjeto, repugnante, de acentuada reprovabilidade social; e por *motivo fútil*, que é o motivo de somenos importância, insignificante, reles;

b) se a vítima é menor ou tem diminuída, por qualquer causa, a *capacidade de resistência*. No caso de menoridade da vítima, a doutrina não é unânime em estabelecer qual idade deveria ser considerada, havendo orientação majoritária no sentido de tratar-se de maior de 14 e menor de 18 anos, por interpretação sistemática de outros dispositivos penais análogos, observadas as disposições dos §§ 6.º e 7.º.

1.3.3 Resultado morte ou lesão grave ou gravíssima e idade da vítima

Dispõe o § 6.º do art. 122 que, se o crime de participação em suicídio ou automutilação resulta em lesão corporal de natureza gravíssima e é cometido contra menor de 14 (quatorze) anos ou contra quem, por enfermidade ou deficiência mental, não tem o necessário discernimento para a prática do ato, ou que, por qualquer outra causa, não pode oferecer resistência, responde o agente pelo crime descrito no § 2.º do art. 129 do Código Penal, ou seja, crime de lesão corporal de natureza gravíssima.

O § 7.º do mesmo artigo estabelece que, se o crime de participação em suicídio ou automutilação com resultado morte é cometido contra menor de 14 (quatorze) anos ou contra quem não tem o necessário discernimento para a prática do ato, ou que, por qualquer outra causa, não pode oferecer resistência, responde o agente pelo crime de homicídio, nos termos do art. 121 do Código Penal.

1.3.4 Questões interessantes sobre a participação em suicídio

a) *Participação em suicídio por omissão*: embora havendo controvérsias na doutrina e jurisprudência, é possível a participação em suicídio por omissão, desde que o agente tenha o dever jurídico de impedir o resultado (art. 13, § 2.º, do CP). Exemplo clássico seria o da enfermeira que, sabendo da intenção suicida do paciente, nada faz para impedir o ato, respondendo pela figura do auxílio, por omissão, ao suicídio.

b) *Roleta russa*: o(s) sobrevivente(s) responde(m) por participação em suicídio, pois a prática consiste em instigação ao suicídio.

c) *Pacto de morte*: é a combinação para o suicídio em comum. O(s) sobrevivente(s) responde(m) pela participação em suicídio, por instigação.

d) *Eutanásia*: na eutanásia, elimina o agente a vida de sua vítima com o intuito de poupá-la de intenso sofrimento e acentuada agonia, abreviando-lhe assim a existência. Não constitui crime de participação em suicídio, mas sim, em tese, homicídio por relevante valor moral.

e) *Suicídio assistido*: o próprio doente provoca a sua morte, ainda que para isso disponha da ajuda de terceiros. No caso, o terceiro que auxilia o suicida responde por crime de participação em suicídio.

f) *Vítima forçada a se suicidar*: haverá homicídio e não participação em suicídio.

1.4 Infanticídio

Infanticídio, crime previsto no art. 123 do Código Penal, é a supressão da vida do nascente ou neonato, pela própria mãe, durante ou logo após o parto, sob a *influência do estado puerperal*.

A objetividade jurídica desse delito é a proteção do direito à vida humana, não somente a do recém-nascido (*neonato*) como também a daquele que está nascendo (*nascente*).

O infanticídio é um crime próprio, tendo como sujeito ativo somente a mãe da vítima. Eventualmente, pode o terceiro responder pelo crime de infanticídio diante do concurso de agentes e da regra expressa do art. 30 do Código Penal.

Sujeito passivo é o nascente ou o neonato.

A conduta típica é expressa pelo verbo *matar*, como acontece no homicídio.

O verbo matar pode encerrar uma conduta comissiva, com a ação do sujeito ativo voltada à supressão da vida do nascente ou neonato, e pode encerrar também uma conduta comissiva por omissão, no caso de a mãe privar a criança de alimentação, de cuidados indispensáveis.

É necessário para a caracterização do infanticídio não só que a mãe tenha agido sob a *influência do estado puerperal*, mas também que o fato ocorra durante o parto ou logo após.

O *parto* se inicia com a contração do útero e o deslocamento do feto, terminando com a expulsão da placenta.

Estado puerperal, segundo Damásio E. de Jesus (*Direito penal*; parte especial, 20. ed., São Paulo: Saraiva, 1999, v. 2, p. 107), "é o conjunto das perturbações psicológicas e físicas sofridas pela mulher em face do fenômeno parto".

Pode-se afirmar, também, que o estado puerperal é um estado de melancolia natural que surge após o parto, sendo geralmente conhecido também como *baby blues* ou *blues* puerperal. Trata-se de uma tristeza quase que fisiológica e costuma ser passageira: tem início nos primeiros dias depois do parto e, em geral, dura duas semanas, desaparecendo espontaneamente.

O estado puerperal ocorre durante o puerpério (também chamado de resguardo ou quarentena). O puerpério se divide em: puerpério imediato (se estende de 2-4 horas pós-parto), puerpério mediato (até 2-3 dias pós-parto) e puerpério tardio (até cerca das 6 semanas pós-parto). O puerpério inicia-se no momento em que cessa a interação hormonal entre o ovo e o organismo materno. Geralmente isso ocorre quando termina o descolamento da placenta, logo depois do nascimento da criança. O momento do término do puerpério é impreciso, aceitando-se, em geral, que ele termina quando retorna a ovulação e a função reprodutiva da mulher. Portanto, não há uma precisão temporal.

É durante o estado puerperal, que toda mulher atravessa após o nascimento de uma criança, que surge a depressão pós-parto.

A depressão pós-parto (DPP), segundo a lição de Vera Iaconelli ("Depressão pós-parto, psicose pós-parto e tristeza materna", in *Revista Pediatria Moderna*, jul.-ago., v. 41, n. 4, 2005), "é um quadro clínico severo e agudo que requer acompanhamento psicológico e psiquiátrico, pois, devido à gravidade dos sintomas, há que se considerar o uso de medicação. Todo ciclo gravídico-puerperal é considerado período de risco para o psiquismo devido à intensidade da experiência vivida pela mulher. Esta experiência pode incidir sobre psiquismos mais ou menos estruturados. Mesmo mulheres com boa organização psíquica podem se ver frente a situações em que a rede social falha".

Segundo a referida autora, "há fatores de risco que vêm sendo estudados e demonstram uma alta correlação com a DPP. Entre eles temos: mulheres com sintomas depressivos durante ou antes da gestação, com histórico de transtornos afetivos, mulheres que sofrem de TPM, que passaram por problemas de infertilidade, que sofreram dificuldades na gestação, submetidas à cesariana, primigestas, vítimas de carência social, mães solteiras, mulheres que perderam pessoas importantes, que perderam um filho anterior, cujo bebê apresenta anomalias, que vivem em desarmonia conjugal, que se casaram em decorrência da gravidez". Dentre os sintomas da DPP, podem ser destacados "irritabilidade, mudanças bruscas de humor, indisposição, doenças psicossomáticas, tristeza profunda, desinteresse pelas atividades do dia a dia, sensação de incapacidade de cuidar do bebê e desinteresse por ele, chegando ao extremo de pensamento suicidas e homicidas em relação ao bebê" (op. cit.).

Para a caracterização do infanticídio, não basta que a mulher realize a conduta durante o período do estado puerperal. É necessária uma relação de causalidade entre a morte do nascente ou neonato e o estado puerperal. Essa relação causal não é meramente objetiva, mas também subjetiva, porque o Código Penal exige que o crime seja cometido pela mãe sob a *influência do estado puerperal*, ou seja, em estado de depressão pós-parto.

Assim: "O infanticídio é considerado como *delictum exceptum* quando cometido pela parturiente sob a influência do estado puerperal. Há, pois, a necessidade de ser apurada tal condição, porque, como assinala o sempre pranteado Custódio da Silveira, 'esta cláusula, como é óbvio, não quer significar que o puerpério acarrete sempre uma perturbação psíquica; é preciso que fique averiguado ter esta realmente sobrevindo em consequência daquele, de modo a diminuir a capacidade de entendimento ou de autoinibição da parturiente. Fora daí não há por que distinguir entre infanticídio e homicídio' (*Direito Penal*, São Paulo, 1959, pp. 107 e 108)" (*RJTJSP*, 21/432).

O infanticídio deve ocorrer durante ou logo após o parto.

A expressão *logo após* deve ser conceituada à luz do caso concreto, entendendo-se que há delito de infanticídio enquanto perdurar o puerpério e a influência do estado puerperal.

Dessa forma, enquanto permanecer a mãe no puerpério, sob a influência do estado puerperal, terá lugar a expressão *logo após* o parto.

O infanticídio é crime doloso, não admitindo a forma culposa. Se a mãe matar o próprio filho culposamente, responderá por homicídio culposo, ainda que esteja sob a influência do estado puerperal.

Consuma-se o crime com o resultado morte do nascente ou neonato. Trata-se de crime material.

Assim, admite-se a *tentativa de infanticídio* desde que o resultado não ocorra por circunstâncias alheias à vontade do agente.

A ação penal no crime de infanticídio é pública incondicionada, com iniciativa privativa do Ministério Público.

O processo segue o rito estabelecido para *os crimes de competência do júri*, previstos nos arts. 406 e seguintes do Código de Processo Penal.

1.4.1 Questões interessantes sobre o infanticídio

a) *Terceiro que participa do infanticídio*: eventualmente, pode o terceiro, que participa do crime, responder por infanticídio diante do concurso de agentes e da regra expressa do art. 30 do Código Penal.

b) Mãe que mata o próprio filho sendo auxiliada por terceiro: a mãe responde por infanticídio e o terceiro será considerado partícipe do crime, respondendo também por infanticídio, em razão da comunicação da elementar do crime.

c) Mãe e terceiro em coautoria matam o filho: ambos respondem por infanticídio.

d) Terceiro mata o recém-nascido com a participação da mãe: o terceiro responde por homicídio e a mãe por infanticídio.

e) Erro sobre a pessoa: se a mãe matar filho de outrem, logo após o parto, sob a influência do estado puerperal, pensando tratar-se de seu próprio filho, haverá hipótese de *erro sobre a pessoa* (art. 20, § 3.º, do CP), respondendo ela por infanticídio.

1.5 Aborto

Aborto pode ser conceituado como a interrupção da gravidez com a destruição do produto da concepção.

A bem da verdade, deveria o crime ser chamado de abortamento, que é o ato de abortar. O aborto, a rigor, é o produto do abortamento, ou seja, o feto abortado.

Para Julio Fabbrini Mirabete (*Manual de direito penal*: parte especial, 17. ed., São Paulo: Atlas, 2001, v. 2, p. 93), o aborto não implica necessariamente a *expulsão do produto da concepção*, que "pode ser dissolvido, reabsorvido pelo organismo da mulher ou até mumificado, ou pode a gestante morrer antes da sua expulsão".

Existem várias espécies de aborto:

a) aborto natural, também chamado de *aborto espontâneo*, onde há a interrupção espontânea da gravidez, como no caso, por exemplo, de problemas de saúde da gestante;

b) aborto acidental, que ocorre geralmente em consequência de traumatismo, como nos casos de queda e atropelamento;

c) aborto criminoso, também chamado de *aborto provocado*, punido pela lei penal, que se divide em:

— *autoaborto*, que é aquele provocado pela própria gestante;

— *aborto consentido*;

— *aborto provocado por terceiro com o consentimento da gestante*;

— *aborto provocado por terceiro sem o consentimento da gestante*;

— *aborto qualificado* — ocorrência de lesão corporal de natureza grave ou morte da gestante;

d) aborto legal, que é aquele tolerado pela lei penal, que se divide em:

— *aborto terapêutico*, também chamado de *aborto necessário*, empregado para salvar a vida da gestante ou para afastá-la de mal sério e iminente, em decorrência de *gravidez anormal*;

— *aborto sentimental*, também chamado de *aborto ético, aborto humanitário* ou *aborto piedoso*, que ocorre no caso de *gravidez resultante de estupro*;

e) aborto eugenésico, também chamado de *aborto eugênico*, que visa impedir a continuação da gravidez quando há possibilidade de que a criança nasça com anomalias graves. Eugenia é um termo criado em 1883 por Francis Galton, famoso antropólogo inglês, significando "bem nascido". Galton definiu eugenia como "o estudo dos agentes sob o controle social que podem melhorar ou empobrecer as qualidades raciais das futuras gerações seja física ou mentalmente". Portanto, o aborto eugenésico teria por finalidade a apuração da raça.

Com relação ao aborto do feto anencéfalo, não se trata de aborto eugenésico. Em razão da inviabilidade de vida fora do ventre materno, o Supremo Tribunal Federal, no julgamento da Arguição de Descumprimento de Preceito Fundamental (ADPF) 54, manifestou-se sobre a possibilidade de aborto nestes casos, não constituindo a interrupção dessa gravidez fato típico;

f) *aborto social*, também chamado de *aborto econômico*, realizado para impedir que se agrave a situação de penúria ou miséria da gestante e de sua família;

g) *aborto "honoris causa"*, praticado em decorrência de *gravidez "extra matrimonium"*, em que a gestante visa à preservação de sua honra, aniquilando o feto.

O aborto eugenésico, o aborto social e o aborto *honoris causa* não são admitidos pela nossa lei penal e, na sua ocorrência, são tratados como *aborto criminoso*.

A objetividade jurídica do crime de aborto é a proteção do direito à vida humana em formação, a chamada *vida intrauterina*.

De um ponto de vista científico, a vida humana tem início no momento da fertilização, quando um espermatozoide penetra e fertiliza um óvulo, formando o zigoto. Essa é uma visão amplamente aceita na biologia do desenvolvimento humano e é fundamentada em princípios básicos da biologia reprodutiva.

A fertilização resulta na formação de um novo organismo unicelular, com uma combinação única de material genético. Esse organismo contém toda a informação genética necessária para o desenvolvimento e crescimento de um ser humano completo. Ao longo do tempo, o zigoto passa por divisões celulares sucessivas e desenvolvimento embrionário para se transformar em um embrião multicelular e, posteriormente, em um feto.

Desde a concepção (*fecundação do óvulo*), portanto, existe um ser em criação, que cresce, se aperfeiçoa, assimila substâncias, tem metabolismo orgânico exclusivo e, nos últimos meses de gravidez, se movimenta e revela atividade cardíaca, executando funções típicas de vida.

Protege a lei penal, também, a vida e a integridade física da gestante, no caso de aborto provocado sem o seu consentimento.

Sujeito ativo é a gestante, nos casos de autoaborto e aborto consentido. Pode ser qualquer pessoa nos demais casos previstos em lei.

Sujeito passivo, segundo a maioria da doutrina, é o *feto*, entendido como o ser em qualquer fase de formação. A gestante também é vítima quando o aborto é praticado sem o seu consentimento.

A conduta do aborto consiste na destruição do *produto da concepção*, expressa pelo verbo *provocar*, que significa dar causa, produzir, originar, promover.

Qualquer meio comissivo ou omissivo, material ou psíquico, integra a conduta típica.

Sendo o meio empregado inteiramente ineficaz, como ocorre na aplicação de injeção sem efeito abortivo, haverá *crime impossível*. O mesmo ocorre no caso de manobras abortivas praticadas em mulher que não se encontra grávida ou dirigidas a feto já morto.

É imprescindível para a caracterização do crime de aborto a *prova do estado fisiológico da gravidez*.

Exige-se também a *prova de vida do feto*. A prova de vida do feto pode ser feita por meio de ultrassonografia, de monitoramento cardíaco fetal, de observação dos movimentos fetais e de testes laboratoriais, dentre outros.

É necessário também o exame de corpo de delito na mãe para comprovar a ocorrência do abortamento. Se não for possível o exame pericial direto, por terem desaparecido os vestígios, a prova testemunhal ou documental poderá suprir-lhe a falta.

O aborto é um crime doloso. Não é admitida a modalidade culposa.

O dolo pode ser *direto*, quando há vontade firme de interromper a gravidez e de produzir a morte do feto, ou *eventual*, quando o sujeito assume o risco de produzir o resultado.

Já o terceiro que causa aborto culposamente responde pelo crime de lesão corporal culposa (de natureza gravíssima, segundo o disposto no art. 129, § 6.º, c/c o § 2.º, V, do CP).

Consuma-se o aborto com a interrupção da gravidez e a consequente morte (destruição) do produto da concepção.

Em sendo crime material, admite-se a *tentativa de aborto* quando, provocada a interrupção da gravidez, o produto da concepção não morre por circunstâncias alheias à vontade do agente.

Admite-se a tentativa, também, quando as manobras abortivas não interrompem a gravidez ou quando provocam apenas aceleração do parto, com a sobrevivência do neonato.

Poderá, eventualmente, existir concurso material entre tentativa de aborto e infanticídio, quando o feto, embora interrompida a gravidez, nasce com vida e é morto em seguida pela mãe.

1.5.1 Questões interessantes sobre o aborto

a) *Aborto de gêmeos*: se ocorrer através da mesma conduta, haverá dois ou mais crimes, em concurso formal (perfeito ou imperfeito). Nesse caso, se o agente sabe da gestação gemelar, o concurso formal é imperfeito (art. 70, *caput*, segunda parte, CP) pois há desígnios autônomos (vontade de provocar o aborto de dois ou mais fetos), aplicando-se a pena como se o concurso fosse material (cúmulo material — penas somadas). Se o agente não sabe da gestação gemelar, o concurso formal é perfeito (art. 70, *caput*, primeira parte, CP), haja vista a unidade de desígnios, aplicando-se a pena exasperada.

b) *Crime impossível*: sendo o meio empregado inteiramente ineficaz, como ocorre na aplicação de injeção sem efeito abortivo, haverá crime impossível. O mesmo ocorre no caso de manobras abortivas praticadas em mulher que não se encontra grávida ou dirigidas a feto já morto.

c) *Aborto culposo*: não existe. A mulher grávida que causa interrupção da gravidez por imprudência ou negligência não responde por crime algum.

d) *Terceiro que causa aborto culposamente*: responde pelo crime de lesão corporal culposa (de natureza gravíssima, segundo o disposto no art. 129, § 6.º, c/c o § 2.º, V, do CP).

e) *Aceleração do parto*: admite-se a tentativa de aborto quando as manobras abortivas não interrompem a gravidez ou quando provocam apenas aceleração do parto, com a sobrevivência do neonato.

f) Tentativa de aborto e infanticídio: poderá, eventualmente, existir concurso material entre tentativa de aborto e infanticídio, quando o feto, embora interrompida a gravidez, nasce com vida e é morto em seguida pela mãe.

1.5.2 Autoaborto

Autoaborto é, segundo o disposto na primeira parte do art. 124 do Código Penal, aquele praticado pela gestante em si mesma.

É um crime especial que somente pode ser praticado pela mulher gestante.

Admite-se que seja praticado por qualquer meio, seja físico, mecânico, químico etc.

1.5.3 Aborto consentido

O aborto consentido vem previsto na segunda parte do art. 124 do Código Penal, ocorrendo quando a gestante consente que outra pessoa lhe provoque o aborto. Nesse caso, responde a gestante criminalmente, como incursa nas penas do art. 124, segunda parte, do CP. Já o terceiro que praticou o aborto com o consentimento dela, estará incurso nas penas do art. 126 do CP. Trata-se de exceção pluralista à teoria monista do concurso de pessoas.

1.5.4 Aborto provocado por terceiro sem o consentimento da gestante

Essa modalidade de aborto vem prevista no art. 125 do Código Penal, e incrimina a conduta do agente que provoca o aborto sem o consentimento da gestante, podendo empregar a força, violência, ameaça ou fraude. Trata-se da modalidade mais grave do crime de aborto.

1.5.5 Aborto provocado por terceiro com o consentimento da gestante

Essa espécie de aborto vem prevista no art. 126 do Código Penal, e incrimina a conduta do agente que provoca o aborto com o consentimento da gestante.

Neste caso, a gestante também responde criminalmente, mas por aborto consentido (art. 124, segunda parte, CP).

Discute-se se o terceiro que se limita a concorrer para o evento, auxiliando a gestante ou a instigando, mesmo a ela fornecendo os recursos necessários, incide no art. 124 do Código Penal.

Parte da jurisprudência orienta-se nesse sentido (*RT*, 19/360 e 438/328), enquanto outra banda entende que o terceiro seria coautor no crime do art. 126 do Código Penal.

Vale ressaltar que, conforme dispõe o parágrafo único do art. 126 do Código Penal, se a gestante não é maior de 14 anos, ou é alienada ou débil mental, ou se o seu consentimento é obtido mediante fraude, grave ameaça ou violência, a pena é a mesma do aborto provocado por terceiro *sem* o consentimento da gestante. Nesse caso, a lei presume que a gestante não tem capacidade para consentir no ato, de nada valendo a sua eventual concordância.

1.5.6 Aborto qualificado pelo resultado

Ocorre o aborto qualificado pelo resultado, previsto no art. 127 do Código Penal, quando, praticado com ou sem o consentimento da gestante, vem esta a sofrer lesão corporal de natureza grave ou morte.

Nesse caso, sofrendo a gestante lesão corporal de natureza grave, as penas serão aumentadas de um terço. Caso ocorra a morte da gestante, as penas serão duplicadas. São hipóteses de crime de aborto qualificado pelo resultado.

Ressalte-se que a lesão corporal de natureza leve já é absorvida pelo ato do abortamento, integrando implicitamente o tipo penal.

1.5.7 Aborto legal

As hipóteses do chamado aborto legal vêm estampadas no art. 128 do Código Penal e são assim classificadas:

a) Aborto necessário ou terapêutico, se não há outro meio de salvar a vida da gestante.

b) Aborto humanitário, também chamado de aborto sentimental, aborto ético ou aborto piedoso, se a gravidez resulta de estupro.

Não se pode dizer, a rigor, que o Código Penal permite o aborto nessas hipóteses, vez que consistiriam em verdadeiras causas *excludentes da antijuridicidade*.

Para a maioria dos doutrinadores pátrios, as hipóteses constantes do art. 128 são causas especiais de exclusão da antijuridicidade ou ilicitude, em que o legislador, ao invés de utilizar a expressão "não há crime" (como o fez no art. 23 do CP), preferiu a expressão "não se pune". Não haveria crime, portanto, por exclusão da ilicitude.

Cremos, entretanto, em posição divergente, que a melhor solução é a de considerar essas hipóteses previstas em lei como causas de *exclusão da culpabilidade*, em que persistiria o crime, ausente apenas a *punibilidade*. Ao empregar a expressão "não se pune", o legislador deixou claro, a nosso ver, que o crime existe, estando o agente isento de punição em razão da ausência de culpabilidade, uma vez que inexistente, nas hipóteses, a reprovação social. Em outras oportunidades, o Código Penal já utilizou a expressão "é isento de pena" (semelhante a "não se pune"), como no art. 26, *caput*, para indicar ausência de imputabilidade, um dos elementos da culpabilidade.

Essas modalidades de aborto, para gozarem da tolerância legal, devem ser praticadas por médico.

No caso de enfermeira ou outro profissional que auxilie o médico nesses procedimentos legais, tem prevalecido o entendimento de que a causa de exclusão de culpabilidade a eles também se estende.

1.5.7.1 Aborto necessário ou terapêutico

A primeira hipótese legal de aborto é o *aborto necessário*, também chamado de *aborto terapêutico*, que é praticado quando não há outro meio de salvar a vida da gestante.

Parte da doutrina entende que haveria, nesse caso, verdadeiro *estado de necessidade*, a ensejar a exclusão da ilicitude da conduta do médico, exclusão esta que também alcançaria aquela pessoa que não tivesse essa qualidade profissional, como no caso de parteiras etc.

Entretanto, merece ser lembrado que o estado de necessidade somente tem lugar na presença de *perigo atual*, que não é exigido pelo art. 128, I, do Código Penal, levando ao entendimento de que basta a certeza da morte da gestante para que o aborto necessário leve o médico à *isenção de pena*.

Se o agente não for médico, poderá apenas praticar o aborto se presente o *perigo atual* para a vida da gestante, evidenciando-se assim o *estado de necessidade de terceiro* como causa excludente da antijuridicidade.

Com relação à eventual necessidade de consentimento da gestante, na hipótese de aborto necessário ou terapêutico, acreditamos ser temerária e inapropriada a afirmação genérica, feita por grande parte da doutrina pátria, de que "o consentimento da gestante é dispensável". Geralmente se fundamenta essa assertiva na indisponibilidade do direito à vida e também em disposição constante do art. 146, § 3.º, I, do Código Penal, que não considera constrangimento ilegal "a intervenção médica ou cirúrgica, sem o consentimento do paciente ou de seu representante legal, se justificada por iminente perigo de vida".

Cada vez mais o Direito caminha no sentido de respeitar a autonomia da vontade, baseada na liberdade que as pessoas possuem de tomar suas próprias decisões com relação à sua saúde, o não desejo de submeter-se a qualquer tratamento que prolongue sua vida, e até mesmo o direito de morrer com dignidade. Haja vista a regulamentação das Diretivas Antecipadas de Vontade —DAV (testamento vital), permitindo que as pessoas possam documentar expressamente seus desejos em relação a cuidados de saúde em casos de doença grave, degenerativa e sem possibilidade de cura, prevista na Resolução 1.995/2012 do Conselho Federal de Medicina — CFM. No mesmo sentido a Resolução 2.232/2019 — CFM, que estabeleceu as normas éticas para a recusa terapêutica por pacientes e objeção de consciência na relação médico-paciente.

Vale ressaltar, nesse aspecto, que o aborto necessário ou terapêutico não tem lugar apenas no momento do parto, ou seja, quando o médico decide pela preservação da vida da gestante em face do risco presente de morte. O risco de morte pode existir desde a concepção, podendo se agravar com o avanço da gestação. Essa distinção é necessária em razão de se exigir ou não o consentimento da gestante.

A nosso ver, estando a gestante no pleno gozo de suas faculdades mentais, poderá optar por prosseguir com a gravidez, mesmo em face do risco de morte, devendo ser preservada a autonomia de sua vontade, já que possui ela a liberdade de tomar as próprias decisões sobre a sua vida e saúde. Entretanto, se, no momento do parto, a gestante não estiver em condições de decidir e não tiver deixado registrada diretiva antecipada de vontade em sentido contrário, caberá ao médico, ante o risco real de morte, provocar o abortamento com respaldo na lei penal,

Portanto, estando a gestante no pleno gozo de suas faculdades mentais e podendo decidir livremente, a sua vontade deve ser respeitada pelo médico, não sendo dispensável o seu consentimento para a realização do aborto necessário. No mesmo sentido, sua autonomia e vontade devem ser respeitadas se tiver expressado seu desejo de não realização do aborto por meio de diretiva antecipada de vontade.

1.5.7.2 Aborto humanitário, sentimental, ético ou piedoso

A segunda hipótese legal de aborto legal é o *aborto no caso de gravidez resultante de estupro*, também chamado de *aborto humanitário, aborto sentimental, aborto ético* ou *aborto piedoso*. Nessa hipótese, também deve o aborto ser praticado por médico, quando a gravidez for resultante de estupro, dependendo ainda de *consentimento da gestante* ou, quando incapaz, de seu representante legal.

Nesse sentido, vale consultar a Portaria n. I.508/GM, de I.º de setembro de 2005, do Ministério da Saúde, que dispõe sobre o Procedimento de Justificação e Autorização da Interrupção da Gravidez, nos casos previstos em lei, no âmbito do Sistema Único de Saúde — SUS. Também a Portaria de Consolidação n. 5, de 28 de setembro de 2017 (arts. 694 a 700).

Os questionamentos que geralmente se fazem a respeito dessa modalidade de aborto legal são os seguintes: para a prática do aborto, no caso de gravidez resultante de estupro, é necessária autorização judicial? É necessário boletim de ocorrência policial? É necessário que se apure a autoria do estupro? É necessário aguardar o fim das investigações do crime de estupro ou a condenação judicial do estuprador?

A resposta a todas essas indagações é **não**!

Não há necessidade de autorização judicial para a prática de aborto no caso de gravidez resultante de estupro, não havendo qualquer diploma legal em que essa exigência esteja estampada, sendo de todo indevida e ilegal a exigência, por parte do médico ou do estabelecimento hospitalar, de alvará judicial ou qualquer tipo de autorização por parte de que autoridade seja.

Também não é necessário boletim de ocorrência, não se exigindo nem tampouco que o estupro tenha sido reportado à autoridade policial, ou ainda que haja investigação ou persecução penal contra o suposto estuprador.

A dúvida que se estabelece, então, é a seguinte: e se a gestante estiver mentindo? E se a mulher não foi estuprada e pretende se aproveitar de uma falsa comunicação de crime sexual para realizar o procedimento de aborto legalmente? Como ficaria a responsabilidade do médico nessa situação?

Em razão de todos esses questionamentos, o Ministério da Saúde estabeleceu, na Portaria n. I.508/GM, de I.º de setembro de 2005, o Procedimento de Justificação e Autorização da Interrupção da Gravidez, trazendo regramentos que visam assegurar a transparência e a lisura dos procedimentos médicos, preservando a dignidade e a integridade física e mental da gestante, além de conferir retaguarda ao profissional da saúde.

Apenas para registro, a Portaria n. I.508/GM permanece em vigor à vista da revogação da Portaria n. 2.561/GM, de 23 de setembro de 2020, que acrescentava algumas diretrizes que visavam permitir a investigação do crime de estupro, do qual foi vítima a gestante, além da produção e preservação de vestígios que permitissem a sua eficaz investigação e a responsabilização do criminoso nos termos da lei.

A Lei n. 12.846/2013, que dispõe sobre o atendimento obrigatório e integral de pessoas em situação de violência sexual, estabelecendo, em seu art. I.º, que os hospitais devem oferecer às vítimas de violência sexual atendimento emergencial, integral e multidisciplinar, visando ao controle e ao tratamento dos agravos físicos e psíquicos decorrentes de violência sexual, e encaminhamento, se for o caso, aos serviços de assistência social.

1.5.7.3 Aborto em caso de gravidez de feto anencéfalo

A interrupção da gravidez de feto anencéfalo não pode, a rigor, ser considerada como hipótese de aborto legal, uma vez que a autorização não decorre de lei, mas de decisão da suprema corte brasileira. O abortamento de feto anencéfalo não constitui também hipótese de aborto criminoso, segundo decisão do plenário do Supremo Tribunal Federal, na Arguição de Descumprimento de Preceito Fundamental — ADPF 54 (acórdão publicado no *DJ* de 30-4-2013).

O Supremo Tribunal Federal fundamentou sua decisão na laicidade do Estado ("O Brasil é uma república laica, surgindo absolutamente neutro quanto às religiões") e também na liberdade sexual e reprodutiva da mulher, nos seus direitos fundamentais à saúde, dignidade e autodeterminação, concluindo que "mostra-se inconstitucional interpretação de a interrupção da gravidez de feto anencéfalo ser conduta tipificada nos arts. 124, 126 e 128, I e II, do Código Penal".

1.5.7.4 Aborto legal e objeção de consciência do médico

O Código de Ética Médica (Resolução CFM n. 2.217/2018), em seu Capítulo II, norma IX, estabelece expressamente que é direito do médico "recusar-se a realizar atos médicos que, embora permitidos por lei, sejam contrários aos ditames de sua consciência".

Trata-se de uma das espécies de objeção de consciência, corolário da autodeterminação consciente da vontade individual no âmbito humano do livre-arbítrio.

Objetores de consciência, no sentido geral, são pessoas que seguem princípios religiosos, morais ou éticos de sua consciência, que são incompatíveis com determinadas atividades ou atuações.

No caso dos médicos, as atividades objetadas podem consistir na prática de aborto, ainda que legal, na prática de eutanásia, na prescrição da "pílula do dia seguinte" etc.

A objeção de consciência, em resumo, visa proteger a integridade das pessoas envolvidas em uma situação de conflito moral.

José Carlos Buzanello, em percuciente estudo intitulado "Objeção de consciência: uma questão constitucional", publicado na *Revista de Informação Legislativa*, v. 38, n. 152 (out./ dez. 2001), ensina que: "A objeção de consciência coincide com as liberdades públicas clássicas, que impõem um não-fazer do indivíduo, estabelecendo uma fronteira em benefício do titular do direito que não pode ser violada por quem quer que seja, nem pelo Estado. Essa ideia espelha a liberdade de consciência, isto é, viver de acordo com sua consciência, pautar a própria conduta pelas convicções religiosas, políticas e filosóficas. Dela decorre que cada ser humano tem o direito de conduzir a própria vida como 'melhor entender', desde que não fira o direito de terceiros. A objeção de consciência é uma modalidade de resistência de baixa intensidade política (negação parcial das leis) e de alta repercussão moral. Caracteriza-se por um teor de consciência razoável, de pouca publicidade e de nenhuma agitação, objetivando, no máximo, um tratamento alternativo ou mudanças da lei. O direito do Estado, assim, não alcança o foro íntimo, a privacidade da pessoa. O que a objeção de consciência reclama é a não-ingerência do Estado em assuntos privativos da consciência individual, que se confunde também com a dignidade humana, agora solidificada como princípio constitucional (art. 1.º, III, CF). A objeção de consciência, como espécie do direito de resistência, é a recusa ao cumprimento dos deveres incompatíveis com as convicções morais, políticas e filosóficas. A escusa de consciência significa a soma de motivos alegados por alguém, numa pretensão de direito individual em dispensar-se da obrigação jurídica imposta pelo Estado a todos, indistintamente".

No caso específico do abortamento, a sua prática por médico não é punida pelo Código Penal brasileiro, de acordo com o disposto no art. 128, quando "não há outro meio de salvar a vida da gestante" (aborto necessário ou terapêutico) e quando "a gravidez resulta de estupro" (aborto humanitário, sentimental, ético ou piedoso). Merece ser ressaltado que a interrupção da gravidez de feto anencéfalo também não constitui aborto criminoso, segundo decisão do plenário do Supremo Tribunal Federal, na Arguição de Descumprimento de Preceito Fundamental — ADPF 54 (acórdão publicado no *DJ* de 30-4-2013).

Com relação ao aborto em caso de gravidez resultante de estupro, como já analisado anteriormente, vale consultar a Portaria n. 2.561/GM, de 23 de setembro de 2020, do Ministério da Saúde, que dispõe sobre o Procedimento de Justificação e Autorização da Interrupção da Gravidez, nos casos previstos em lei, no âmbito do Sistema Único de Saúde — SUS. Também a Lei n. 12.846/2013, já mencionada, que dispõe sobre o atendimento obrigatório e integral de pessoas em situação de violência sexual, estabelecendo, em seu art. 1.º, que os hospitais devem oferecer às vítimas de violência sexual atendimento emergencial, integral e multidisciplinar, visando ao controle e ao tratamento dos agravos físicos e psíquicos decorrentes de violência sexual, e encaminhamento, se for o caso, aos serviços de assistência social.

Poderia, então, o médico, atuando no âmbito do Sistema Único de Saúde, alegar objeção de consciência e se recusar a fazer ou a participar de um procedimento de aborto legal? Sendo negativa a resposta, poderia ele ser responsabilizado administrativamente pelo conselho de classe, já que o Capítulo III, norma 15, do Código de Ética Médica estabelece ser vedado ao médico descumprir legislação específica nos casos de abortamento? No âmbito criminal, existindo risco à mulher que pleiteia a interrupção da gravidez, estaria o médico incurso no crime de omissão de socorro, previsto no art. 135 do Código Penal?

Colocando a questão de outra forma: deveria o médico, ao atuar no âmbito do Sistema Único de Saúde, se manter neutro em suas convicções, já que representa o Estado, devendo, neste caso, se afastar da objeção de consciência em nome do dever de assistência?

A resposta a essas indagações requer algumas considerações complementares.

A nosso ver, o médico tem ampla liberdade de se recusar a fazer ou a atuar em qualquer procedimento profissional que viole seus princípios éticos, morais ou religiosos, alegando objeção de consciência, não podendo ser responsabilizado administrativamente e nem tampouco criminalmente pela omissão.

Caso haja objeção de consciência integral ao aborto legal, deve o médico, por coerência, antecipadamente se recusar a fazer parte dos serviços de referência, não havendo, nessa hipótese, nenhum delito, não havendo também que se falar em infração ética por descumprimento de legislação específica que autoriza o abortamento.

Nos casos de objeção de consciência seletiva, também defendemos a total liberdade de crença e convicção do médico, não havendo que se cogitar, como pretendem alguns estudiosos do assunto, de abuso do poder profissional ou de quebra da relação igualitária entre médico e paciente.

A objeção de consciência do médico deve ser respeitada em qualquer situação, não se configurando infração ética ou disciplinar e nem tampouco ilícito penal.

O médico deve ter suas crenças e convicções respeitadas, validando-se o conflito moral e preservando-se a liberdade de consciência do profissional.

Deve o médico, entretanto, em caso de recusa ao procedimento de aborto legal, prestar a assistência necessária para a preservação da vida e da integridade corporal da mulher, encaminhando-a, sem delongas e na medida do possível, a outro profissional que assuma a responsabilidade pela prática do ato, prestigiando-se, em contrapartida, a vontade e a dignidade humana da paciente.

2   DAS LESÕES CORPORAIS

2.1   Lesão corporal

Lesão corporal é o dano ocasionado à normalidade funcional do corpo humano, do ponto de vista anatômico, fisiológico ou mental.

O delito de lesão corporal nada mais é do que a ofensa à integridade corporal ou à saúde de outrem, estando tipificado no art. 129 do Código Penal. Caracteriza lesão corporal não apenas a ofensa à integridade corpórea como também a ofensa à saúde, podendo afetar as funções psíquicas, como, por exemplo, no caso da vítima que desmaia em virtude de forte tensão emocional produzida pelo agente.

A objetividade jurídica desse crime é a proteção do direito à integridade corporal e à saúde do ser humano.

Sujeito ativo pode ser qualquer pessoa.

Sujeito passivo também pode ser qualquer pessoa.

A conduta da lesão corporal é *ofender* a integridade corporal ou a saúde de outrem, causando-lhe mal físico, fisiológico ou psíquico.

A lesão corporal é um crime que admite o dolo, a culpa e o preterdolo.

Não se confunde o *animus laedendi*, que é vontade de lesionar, configuradora do crime de lesão corporal, com o *animus necandi*, que é vontade de matar configuradora do delito de homicídio.

A culpa pode existir nas lesões corporais culposas, que têm lugar quando o sujeito ativo age com *imprudência*, *negligência* ou *imperícia*.

Já o *preterdolo* ocorre nas lesões corporais elencadas nos §§ 1.º, 2.º e 3.º do art. 129 do Código Penal.

Consuma-se o crime de lesão corporal com a efetiva ofensa à integridade corporal ou à saúde física ou mental da vítima.

Toda lesão corporal, em regra, deve ser comprovada por meio de exame de corpo de delito, direto ou indireto (art. 158 do CPP), feito por perito oficial (art. 159 do CPP). Excepcionalmente, se os vestígios da lesão corporal houverem desaparecido, o exame de corpo de delito poderá ser suprido pela prova testemunhal (art. 167 do CPP).

Em tese, admite-se a *tentativa de lesão corporal*, que ocorre quando o sujeito, embora empregando meio executivo capaz de causar o dano à incolumidade corporal da vítima, por circunstâncias alheias à sua vontade não consegue a consecução de seu fim.

243

O art. 129 do Código Penal estabelece algumas modalidades de lesão corporal:

a) *Lesão corporal leve*, prevista no *caput*, cujo conceito se dá por exclusão, ou seja, toda lesão que não for grave, gravíssima e seguida de morte será leve.

b) *Lesão corporal grave*, prevista no § 1.º desse artigo, cujas consequências da conduta apresentam maior relevância jurídica, com penas mais rigorosas.

c) *Lesão corporal gravíssima*, prevista no § 2.º, onde as consequências da conduta também apresentam maior relevância jurídica, com penas mais rigorosas.

d) *Lesão corporal seguida de morte*, prevista no § 3.º, definindo o chamado *homicídio preterdoloso* ou *preterintencional*, onde existe dolo no momento antecedente (quanto à lesão) e culpa no momento consequente (previsibilidade quanto à morte da vítima). É indispensável a previsibilidade do resultado, ou seja, a culpa com relação ao resultado morte.

e) *Lesão corporal privilegiada*, prevista no § 4.º, que ocorre quando o agente comete o crime impelido por motivo de relevante valor social ou moral, ou sob o domínio de violenta emoção, logo em seguida a injusta provocação da vítima. O juiz, nesses casos, poderá reduzir a pena de um sexto a um terço. Se as lesões forem leves, nesses casos, poderá também o juiz substituir a pena de detenção pela pena de multa, nos termos do § 5.º.

f) *Lesão corporal culposa*, prevista no § 6.º, que ocorre quando o sujeito ativo age com imprudência, imperícia ou negligência, ofendendo a integridade corporal ou a saúde de outrem.

g) *Lesão corporal circunstanciada*, prevista no § 7.º, que ocorre quando o crime culposo resulta de inobservância de regra técnica de profissão, arte ou ofício, ou se o agente deixa de prestar imediato socorro à vítima, não procura diminuir as consequências de seu ato, ou foge para evitar prisão em flagrante. Também no caso de crime doloso praticado por milícia privada, sob o pretexto de prestação de serviço de segurança, ou por grupo de extermínio.

O *perdão judicial* vem previsto no § 8.º do art. 129 do Código Penal, e ocorre quando o juiz deixa de aplicar a pena por terem as *consequências do crime* atingido o agente de forma tão grave que a sanção penal se torna desnecessária.

Entretanto, o perdão judicial somente pode ser concedido nas hipóteses expressamente previstas em lei, de acordo com o prudente arbítrio do juiz, a fim de que não se torne instrumento de impunidade.

h) *Lesão corporal por violência doméstica*, que será tratada no item 2.1.1 abaixo.

i) *Lesão corporal funcional*, que será tratada no item 2.1.2 abaixo.

j) *Lesão corporal praticada contra a mulher, por razões da condição do sexo feminino*, que será tratada no item 2.1.3 abaixo.

De acordo com o disposto no art. 88 da Lei n. 9.099/95 (Lei dos Juizados Especiais Cíveis e Criminais), a *ação penal* relativa aos crimes de lesões corporais leves e lesões culposas será *pública condicionada a representação da vítima*.

Nos demais casos de lesões corporais graves, gravíssimas e seguidas de morte, a ação penal será *pública incondicionada*, o mesmo ocorrendo com a lesão corporal, ainda que leve, por violência doméstica (art. 41 da Lei n. 11.340/2006).

2.1.1 Violência doméstica

Criando um tipo penal especial denominado *violência doméstica*, a Lei n. 10.886/2004, acrescentou o § 9.º ao art. 129 do Código Penal, estabelecendo, inicialmente, pena de 6 meses a 1 ano de detenção "se a lesão for praticada contra ascendente, descendente, irmão, cônjuge ou companheiro, ou com quem conviva ou tenha convivido, ou, ainda, prevalecendo-se o agente das relações domésticas, de coabitação ou de hospitalidade".

A Lei n. 11.340/2006 modificou a pena desse § 9.º, fixando-a em detenção de 3 meses a 3 anos.

Posteriormente, a Lei n. 14.994/2024 deu nova redação ao preceito secundário do § 9.º, estabelecendo a pena de reclusão, de 2 (dois) a 5 (cinco) anos.

O § 9.º cuida de figura típica qualificada do crime de lesão corporal dolosa, em que as relações de parentesco, maritais, de convivência e domésticas, de coabitação ou de hospitalidade são fatores determinantes do agravamento da sanção.

Deve ser ressaltado, entretanto, que a violência doméstica prevista nesse dispositivo legal pode ter como vítima tanto homem quanto mulher. Caso a vítima seja mulher e a lesão corporal tenha sido praticada em situação de violência doméstica e familiar, incidirão as disposições mais rigorosas previstas na Lei n. 11.340/2006 (Lei Maria da Penha).

Inclusive, é vedada expressamente, no caso de violência doméstica e familiar contra a mulher (art. 41), a aplicação da Lei n. 9.099/95, orientação prestigiada pelo Supremo Tribunal Federal (HC 106.212/MS — j. 24-3-2011). Posição pacífica nos Tribunais Superiores é a de que, no caso de lesão corporal leve praticada contra mulher em situação de violência doméstica e familiar, a ação penal é pública incondicionada, não sendo necessária a representação. Nesse sentido, a Súmula 542 do STJ: "A ação penal relativa ao crime de lesão corporal resultante de violência doméstica contra a mulher é pública incondicionada".

No § 10, também introduzido pela Lei n. 10.886/2004, as penas das lesões corporais previstas nos §§ 1.º a 3.º são aumentadas de 1/3 se praticadas nas circunstâncias indicadas no § 9.º transcrito acima.

O § 11 foi acrescentado pela Lei n. 11.340/2006 criando causa de aumento de pena de 1/3 quando, nos casos do § 9.º, o crime for cometido contra pessoa portadora de deficiência.

A propósito da violência doméstica, vale ressaltar as súmulas 588, 589 e 600 do Superior Tribunal de Justiça:

Súmula 588: "A prática de crime ou contravenção penal contra a mulher com violência ou grave ameaça no ambiente doméstico impossibilita a substituição da pena privativa de liberdade por restritiva de direitos".

Súmula 589: "É inaplicável o princípio da insignificância nos crimes ou contravenções penais praticados contra a mulher no âmbito das relações domésticas".

Súmula 600: "Para a configuração da violência doméstica e familiar prevista no artigo 5.º da Lei n. 11.340/2006 (Lei Maria da Penha) não se exige a coabitação entre autor e vítima".

2.1.2 Lesão corporal funcional

De acordo com o disposto no § 12 do art. 129, acrescentado pela Lei n. 13.142/2015, se a lesão for praticada contra autoridade ou agente descrito nos arts. 142 e 144 da Constituição Federal, integrantes do sistema prisional e da Força Nacional de Segurança Pública, no exercício da função ou em decorrência dela, ou contra seu cônjuge, companheiro ou parente consanguíneo até terceiro grau, em razão dessa condição, a pena será aumentada de um a dois terços. O art. 142 da CF cuida das Forças Armadas — Marinha, Exército e Aeronáutica. O art. 144 cuida da Segurança Pública, cujos órgãos são: Polícia Federal, Polícia Rodoviária Federal, Polícia Ferroviária Federal, Polícias Civil, Polícias Militares e Corpos de Bombeiros militares. O § 8.º do art. 144 da CF cuida, ainda, das Guardas Municipais, às quais entendemos também se aplicar a causa de aumento de pena mencionada. O intuito do legislador foi tratar de modo mais severo a lesão corporal praticada contra as autoridades ou agentes mencionados, no exercício da função ou em decorrência dela, ou de seus cônjuges, companheiros ou parentes consanguíneos até o terceiro grau, em razão dessa condição.

2.1.3 Lesão corporal praticada contra a mulher, por razões da condição do sexo feminino

O crime de lesão corporal, previsto no art. 129 do Código Penal, passou a contar com mais um parágrafo, prevendo figura qualificada se a lesão for praticada contra a mulher, por razões da condição do sexo feminino, nos termos do § 2.º-A (posteriormente revogado) do art. 121 do mesmo diploma. O § 13 foi acrescentado ao art. 129 pela Lei n. 14.188/2021, a qual também definiu o programa de cooperação Sinal Vermelho contra a Violência Doméstica como uma das medidas de enfrentamento da violência doméstica e familiar contra a mulher previstas na Lei n. 11.340/2006 (Lei Maria da Penha) e no Código Penal, em todo o território nacional.

Portanto, a Lei n. 14.188/2021 inseriu no art. 129 mais uma qualificadora no crime de lesão corporal leve, justamente quando esta vem a ser praticada contra a mulher por razões da condição do sexo feminino, nos termos do § 2.º-A (posteriormente revogado) do art. 121.

Foi então que a Lei n. 14.994/2024 deu nova redação ao referido § 13, fazendo menção, agora, às razões da condição do sexo feminino estampadas no § 1.º do art. 121-A, além de estabelecer a pena de reclusão, de 2 (dois) a 5 (cinco) anos.

Nesse sentido, considera-se que há razões da condição do sexo feminino quando o crime envolve violência doméstica e familiar ou menosprezo ou discriminação à condição de mulher.

Vale ressaltar que a lesão corporal leve qualificada prevista no § 9.º do art. 129 do Código Penal pode ter como sujeito passivo qualquer pessoa, ao contrário da lesão corporal leve qualificada prevista no § 13, que somente pode ter como vítima a mulher agredida em situação de violência doméstica e familiar ou ainda a mulher agredida por menosprezo ou discriminação à sua condição.

Por fim, com relação à ação penal, a Lei n. 14.188/2021 ocasionou situação curiosa, que certamente passou despercebida ao legislador, inclusive com a nova redação dada pela Lei n. 14.994/2024. Em sendo a lesão corporal leve do § 13 praticada em situação de violência doméstica e familiar contra a mulher, a ação penal será pública incondicionada, por força do disposto no art. 41 da Lei n. 11.340/2006 e da Súmula 542 do Superior Tribunal de Justiça ("A ação penal relativa ao crime de lesão corporal resultante de violência doméstica contra a mulher é pública incondicionada"). Entretanto, se a lesão corporal leve do referido § 13 for praticada envolvendo menosprezo ou discriminação à condição de mulher, escapando ao âmbito da violência doméstica e familiar, a ação penal será pública condicionada a representação, seguindo a regra já traçada pelo art. 88 da Lei n. 9.099/95.

3 DA PERICLITAÇÃO DA VIDA E DA SAÚDE

3.1 Generalidades

Os crimes tipificados no Capítulo III do Título I da Parte Especial do Código Penal são de *perigo individual*, configurando *infrações penais de caráter subsidiário*, ou seja, o agente somente responderá por esses delitos quando o fato não configurar crime mais grave.

3.2 Perigo de contágio venéreo

O perigo de contágio venéreo é crime que vem tipificado no art. 130 do Código Penal, punindo a conduta daquele que pratica relações sexuais ou qualquer ato libidinoso com a vítima, expondo-a a *contágio de moléstia venérea*.

A objetividade jurídica é a tutela da vida e da saúde da pessoa.

O sujeito ativo, que pode ser qualquer pessoa, expõe a vítima, que também pode ser qualquer pessoa, por meio de relações sexuais ou qualquer ato libidinoso, a perigo de contágio venéreo, sabendo ou devendo saber que está contaminado.

Se o agente não souber que está contaminado e nem tampouco poderia saber, falta ao crime o elemento subjetivo, não se configurando o delito do art. 130.

Moléstia venérea é nome que vem da deusa grega Vênus, deusa do amor. Amor não é o mesmo que sexo, por isso o nome mais adequado é doença sexualmente transmissível. O termo moléstia venérea se consagrou pelo uso popular e se refere às IST (Infecções Sexualmente Transmissíveis). IST é uma infecção causada por vírus, bactérias ou outros microrganismos e transmitida por meio do contato sexual (oral, vaginal, anal), tal como sífilis, cancro mole, candidíase, herpes simples genital, gonorreia, HPV, linfogranuloma venéreo, pediculose do púbis, hepatite B etc.

Trata-se de crime em que o dolo é equiparado à culpa, na medida em que a descrição típica menciona a expressão *de que sabe* (dolo) e a expressão *deve saber* (culpa).

Consuma-se o delito com a exposição da vítima ao perigo de contágio venéreo, pela prática de relações sexuais ou atos libidinosos, independentemente da efetiva *contaminação*.

Admite-se a tentativa.

A ação penal é pública condicionada a representação da vítima, conforme o disposto no § 2.º.

Se houver, por parte do agente, a intenção de transmitir a moléstia, ocorrerá o dolo direto de dano, previsto como hipótese mais grave no § 1.º (forma qualificada).

3.3 Perigo de contágio de moléstia grave

O delito de perigo de contágio de moléstia grave vem tipificado no art. 131 do Código Penal, que pune a conduta daquele que pratica, com o fim de transmitir a outrem *moléstia grave* de que está contaminado, ato capaz de produzir o contágio.

A objetividade jurídica é a tutela da vida e da saúde da pessoa.

O sujeito ativo, que é qualquer pessoa contaminada por moléstia grave, pratica dolosamente com a vítima, que também pode ser qualquer pessoa, qualquer ato capaz de transmitir a moléstia, não sendo necessário para consumar o delito que haja a efetiva contaminação, bastando a prática do ato.

O conceito de *moléstia grave* deve ser dado pela Medicina, sendo imprescindível perícia médica para determinar a sua contagiosidade e o perigo concreto a que foi exposta a vítima.

Distingue-se esse crime do de contágio venéreo, em razão da possibilidade de prática de qualquer ato para a *transmissão de moléstia grave*, enquanto neste último exige-se apenas relações sexuais ou qualquer ato libidinoso, devendo a moléstia ser venérea.

Com relação à AIDS, embora o tema seja polêmico e os entendimentos não sejam unânimes, assim decidiu o egrégio Tribunal de Justiça de São Paulo: "O agente que, sabendo ser portador do vírus da Aids, pratica, dolosamente, atos capazes de transmitir moléstia grave e eminentemente mortal, consistentes na aplicação de seringa hipodérmica contendo sangue contaminado pelo vírus e beijo agressivo, perfeitamente capaz de produzir a transmissão de saliva ou substância hematoide infectada, comete homicídio tentado e não o delito descrito no art. 131 do CP" (TJSP — *RT*, 784/586).

O Superior Tribunal de Justiça, por seu turno, no julgamento do HC 160.982/DF (em 28-5-2012) considerou a transmissão proposital do vírus HIV como lesão corporal de natureza grave, sendo a AIDS considerada enfermidade incurável.

Já no julgamento do HC 98.712/SP (em 5-10-2010), o Supremo Tribunal Federal considerou, na hipótese acima ventilada, correto o enquadramento da conduta como crime de perigo de contágio de moléstia grave (art. 131 do CP).

Trata-se de crime doloso.

A consumação ocorre, como já dito, com a prática do ato, independentemente do contágio. Trata-se de crime formal.

Exige-se, para a caracterização do delito em tela, a finalidade específica de transmitir a moléstia.

Admite-se a tentativa apenas na hipótese em que são vários os atos tendentes ao contágio e o *iter criminis* é interrompido antes da efetiva exposição a perigo.

A ação penal é pública incondicionada.

3.4   Perigo para a vida ou saúde de outrem

Delito tipificado no art. 132 do Código Penal, o perigo para a vida ou saúde de outrem tem como objetividade jurídica a tutela da vida e da saúde da pessoa.

Sujeito ativo e sujeito passivo podem ser qualquer pessoa.

A conduta típica é expressa pelo verbo *expor*, podendo ser realizada por meio de qualquer ação ou omissão apta a colocar o sujeito passivo em perigo direto e iminente.

Esse delito exige a comprovação efetiva de que a vítima foi exposta a perigo, sofrendo risco direto e iminente, devendo o agente ter agido com dolo.

Consuma-se o crime com a prática do ato (crime formal) e a ocorrência do *perigo concreto*, tratando-se de *infração subsidiária*, que só deve ser reconhecida quando o fato não constituir crime mais grave.

Nesse sentido: "Na configuração do delito previsto no art. 132 do Código Penal, é mister que o fato não constitua crime mais grave, pois trata-se de figura delituosa eminentemente subsidiária ou supletiva" (TACrim — *RT*, 388/314).

Admite-a tentativa, embora de difícil configuração prática.

3.4.1 Aumento de pena

O parágrafo único do art. 132 estabelece causa de aumento de pena na hipótese em que a exposição a perigo decorre do transporte de pessoas para a prestação de serviços em estabelecimentos de qualquer natureza, em desacordo com as normas legais.

Também nesse caso exige-se a ocorrência de perigo concreto.

As normas legais que devem ser observadas encontram-se na Lei n. 9.503/97 (Código de Trânsito Brasileiro).

A ação penal é pública incondicionada.

3.5 Abandono de incapaz

O crime de abandono de incapaz, previsto no art. 133 do Código Penal, tem como objetividade jurídica a proteção da vida e da saúde da pessoa, zelando pela segurança daqueles que têm mais dificuldades de se defender.

O sujeito ativo é aquele que tem o dever de zelar pelo sujeito passivo, sendo este o incapaz que, por qualquer motivo, não tem condições de cuidar de si próprio e de se defender dos *riscos* resultantes do abandono. Sendo o sujeito passivo idoso — idade igual ou superior a 60 anos —, o Estatuto da Pessoa Idosa (Lei n. 10.741/2003) introduziu tipo penal específico para a hipótese de ser ele abandonado em hospitais, casas de saúde, entidades de longa permanência ou congêneres (art. 98). O mesmo com relação à pessoa com deficiência (art. 90 da Lei n. 13.146/2015).

A conduta do tipo penal em comento vem expressa pelo verbo *abandonar*, que significa deixar, largar, desamparar.

É um crime doloso.

A consumação ocorre com o efetivo risco (perigo concreto) sofrido pelo sujeito passivo.

Admite-se a tentativa na forma comissiva de conduta e desde que o *iter criminis* possa ser fracionado.

A ação penal é pública incondicionada.

3.5.1 Figuras qualificadas pelo resultado

O abandono de incapaz apresenta formas qualificadas pelo resultado, quando resulta lesão corporal de natureza grave ou morte da vítima.

3.5.2 Causas de aumento de pena

A pena é aumentada de um terço, ainda, se o abandono se dá em lugar ermo (abandonado, desértico) e se o agente é ascendente ou descendente, cônjuge, irmão, tutor ou curador da vítima, ou se a vítima é maior de 60 anos (art. 110 da Lei n. 10.741/2003 — Estatuto da Pessoa Idosa).

3.6   Exposição ou abandono de recém-nascido

Previsto no art. 134 do Código Penal, o delito de exposição ou abandono de recém-nascido tem como objetividade jurídica a tutela da segurança do recém-nascido.

Somente pode ter como sujeito ativo, segundo a doutrina prevalente, a mãe que concebeu o filho fora do matrimônio e, excepcionalmente, o pai adulterino ou incestuoso (*honoris causa*).

O sujeito passivo será sempre o recém-nascido.

Exige-se que a conduta típica de *expor* ou *abandonar* se faça para *ocultar desonra própria*, termo que deve ser entendido de acordo com cada caso concreto, haja vista que o conceito de honra varia em função do tempo e do espaço, devendo ser considerado na razão direta do grau de intolerância social.

É um crime doloso.

A consumação ocorre com a criação do *perigo concreto* causado pela exposição ou abandono.

A tentativa é admissível na forma comissiva de conduta e desde que o *iter criminis* possa ser fracionado.

A ação penal é pública incondicionada.

3.6.1   Figuras qualificadas pelo resultado

Esse crime admite duas formas qualificadas pelo resultado, quando o recém-nascido sofrer lesão corporal de natureza grave ou morte.

Neste último, se houver por parte do agente o *animus necandi*, poder-se-á configurar o crime de homicídio, ou, se se tratar da própria mãe, sob a influência do estado puerperal, o de infanticídio.

3.7   Omissão de socorro

Omissão de socorro, crime previsto no art. 135 do Código Penal, caracteriza-se pelo fato de alguém deixar de prestar assistência, quando possível fazê-lo sem risco pessoal, a criança abandonada ou extraviada, ou a pessoa inválida ou ferida, ao desamparo ou em grave e iminente perigo; ou não pedir, nesses casos, o socorro da autoridade pública.

Protege-se a vida e a saúde da pessoa humana por meio da tutela da segurança individual.

Sujeito ativo pode ser qualquer pessoa.

Sujeito passivo somente pode ser a criança abandonada, extraviada, pessoa inválida, ferida, ao desamparo e em grave e iminente perigo.

É um *crime omissivo puro*, já que a conduta típica é *deixar de prestar assistência*, que tem como elemento subjetivo o dolo, consistente na vontade de não prestar assistência. Nesse crime, o sujeito ativo tem o dever genérico de agir.

Constituem circunstâncias elementares do tipo a *possibilidade de prestar assistência* e também a *ausência de risco pessoal* por parte do agente.

Entretanto, em caso de impossibilidade de socorro ou de risco pessoal ao agente, existe a *obrigação de pedir socorro à autoridade pública*, conforme determina a segunda parte do *caput* do art. 135.

O crime não se configura se a vítima recusar o socorro, estando consciente e tendo condições de discernimento. Mesmo assim, neste caso, é prudente que o agente acione o socorro de autoridade pública, ao menos comunicando a ocorrência do fato.

Consuma-se o crime com a mera omissão.

Sendo crime omissivo próprio (ou puro), não é admitida a tentativa.

A ação penal é pública incondicionada.

3.7.1 Figuras qualificadas pelo resultado

A pena da omissão de socorro, segundo o disposto no parágrafo único do art. 135 do Código Penal, é aumentada de metade quando dela resulta lesão corporal de natureza grave, e triplicada, quando resulta morte.

A lesão corporal de natureza leve que eventualmente resulte da omissão é por ela absorvida, respondendo o agente apenas pelo delito do art. 135, *caput*, do Código Penal.

3.7.2 Omissão de socorro no Estatuto da Pessoa Idosa

O Estatuto da Pessoa Idosa (Lei n. 10.741/2003) criou uma figura típica especial de omissão de socorro para o sujeito passivo idoso (idade igual ou superior a 60 anos), punindo com detenção de 6 meses a 1 ano, e multa, a conduta daquele que, nos termos do art. 97, "deixar de prestar assistência ao idoso, quando possível fazê-lo sem risco pessoal, em situação de iminente perigo, ou recusar, retardar ou dificultar sua assistência à saúde, sem justa causa, ou não pedir, nesses casos, o socorro da autoridade pública". O parágrafo único acrescenta que "a pena é aumentada de metade, se da omissão resulta lesão corporal de natureza grave, e triplicada, se resulta morte".

3.8 Condicionamento de atendimento médico-hospitalar emergencial

O crime de condicionamento de atendimento médico-hospitalar emergencial foi introduzido no Código Penal pela Lei n. 12.653/2012, ocupando o art. 135-A.

A objetividade jurídica do delito é a proteção da vida e da saúde da pessoa humana por meio da tutela da segurança individual, no aspecto do pronto atendimento médico-hospitalar emergencial.

Sujeito ativo somente pode ser a pessoa que, de qualquer modo, exerça o controle prévio do atendimento médico-hospitalar emergencial. Portanto, pode ser funcionário, empregado, representante, atendente, médico, enfermeiro ou auxiliar, ou a qualquer outro título representar, na qualidade de preposto, a entidade de atendimento médico-hospitalar emergencial (hospitais, clínicas, casas de saúde, unidades de saúde, públicas ou particulares). Podem ser sujeitos ativos também os diretores, administradores e funcionários em geral de empresas operadoras de planos de saúde.

Sujeito passivo é a pessoa que se encontre necessitando de atendimento médico-hospitalar emergencial. Pode ser sujeito passivo também a pessoa a quem seja feita a exigência indevida, ainda que não seja o paciente, como no caso de cônjuges, ascendentes, descendentes, parentes em geral ou, ainda, qualquer pessoa que esteja acompanhando o paciente e a quem tenha sido feita a exigência indevida.

A conduta vem caracterizada pelo verbo *exigir*, que significa impor, determinar, mandar, querer com veemência. A exigência indevida deve ser feita *como condição para o atendimento médico-hospitalar emergencial*. Fora dessa hipótese, se a exigência for indevida, poderá caracterizar outro delito, ou até mesmo fato atípico, ressalvadas eventuais providências de caráter civil.

Constitui objeto material do crime o cheque-caução, a nota promissória ou qualquer garantia, assim como o preenchimento prévio de formulários administrativos.

A Resolução Normativa n. 44, da Agência Nacional de Saúde — ANS, dispõe sobre a proibição da exigência de caução por parte dos Prestadores de serviços contratados, credenciados, cooperados ou referenciados das Operadoras de Planos de Assistência à Saúde. Referida resolução, em seu art. 1.º, veda, em qualquer situação, a exigência, por parte dos prestadores de serviços contratados, credenciados, cooperados ou referenciados das Operadoras de Planos de Assistência à Saúde e Seguradoras Especializadas em Saúde, de caução, depósito de qualquer natureza, nota promissória ou quaisquer outros títulos de crédito, no ato ou anteriormente à prestação do serviço. No art. 2.º, estabelece que, caso qualquer órgão da ANS receba denúncia ou, por qualquer outro modo, tome ciência da existência de indícios da prática referida no art. 1.º, deve imediatamente remeter cópia de tais documentos e quaisquer outros elementos que comprovem ou auxiliem na comprovação da prática de conduta indevida à respectiva Diretoria Adjunta para análise acerca da pertinência de seu envio à Procuradoria Federal junto à ANS — PROGE, que então a remeterá ao Ministério Público do estado em que se deu o fato relatado.

Outrossim, não cabe ao funcionário, empregado, representante, preposto etc. alegar o cumprimento de ordem superior para justificar a exigência. Dada a ampla divulgação da conduta como crime, a exigência da providência indevida feita por subordinado a mando de superior hierárquico caracteriza o cumprimento de ordem manifestamente ilegal, respondendo ambos pelo delito.

A Lei n. 12.653/2012 ainda determina, em seu art. 2.º, que o estabelecimento de saúde que realize atendimento médico-hospitalar emergencial fica obrigado a afixar, em local visível, cartaz ou equivalente, com a seguinte informação: "Constitui crime a exigência de cheque-caução, de nota promissória ou de qualquer garantia, bem como do preenchimento prévio de formulários administrativos, como condição para o atendimento médico-hospitalar emergencial, nos termos do art. 135-A do Decreto-Lei n. 2.848, de 7 de dezembro de 1940 — Código Penal".

É prudente observar, entretanto, que apenas as situações de emergência é que são abrangidas pela lei, referindo-se a norma penal a "atendimento médico-hospitalar emergencial".

A propósito, a Portaria n. 354/2014, do Ministério da Saúde, no item 2, diferencia "emergência" de "urgência", assim dispondo:

"Emergência: Constatação médica de condições de agravo a saúde que impliquem sofrimento intenso ou risco iminente de morte, exigindo, portanto, tratamento médico imediato."

"Urgência: Ocorrência imprevista de agravo a saúde com ou sem risco potencial a vida, cujo portador necessita de assistência médica imediata."

Já o art. 35-C da Lei n. 9.656/98, com a redação dada pela Lei n. 11.935/2009, caracteriza como caso de emergência, como tal definidos os que implicarem risco imediato de vida ou de lesões irreparáveis para o paciente, caracterizado em declaração do médico assistente; caso de urgência, assim entendidos os resultantes de acidentes pessoais ou de complicações no processo gestacional.

No âmbito civil, em vários precedentes jurisprudenciais, os tribunais brasileiros têm entendido que, além da configuração do crime, em situação desta natureza, a vítima faz jus a indenização por danos morais, constituindo, a negativa de atendimento médico-hospitalar emergencial, ou a exigência de cheque-caução, nota promissória ou qualquer outra garantia, agressão à dignidade da vítima e ofensa às regras consumeristas.

Vale ressaltar que não somos a favor do enriquecimento sem causa ou da má-fé do paciente (ou de terceiros) em procurar atendimento emergencial privado, em regra de alto custo, sem ter condições de arcar com a contraprestação financeira devida.

Em uma situação de emergência, por óbvio que a entidade de atendimento médico-hospitalar privada deve prestar o atendimento imediato, dispensando o tratamento necessário ao paciente, até mesmo em observância ao princípio da boa-fé contratual.

Entretanto, cessada a situação emergencial, a entidade tem todo o direito de ser paga, recebendo a contraprestação financeira pelos serviços prestados, inexistindo mácula à obrigação de pagamento pelo que foi despendido.

Nem se argumente com a existência de estado de perigo, como defeito do negócio jurídico, a isentar o beneficiário do devido pagamento. Isso porque o art. 156 do Código Civil é expresso ao estabelecer que "configura-se o estado de perigo quando alguém, premido da necessidade de salvar-se, ou a pessoa de sua família, de grave dano conhecido pela outra parte, assume obrigação excessivamente onerosa".

Assim, o paciente ou terceiro, em caso de atendimento médico-hospitalar emergencial em entidade privada, deve arcar com a devida contraprestação pecuniária, a menos que se trate de abuso ou aproveitamento da situação desfavorável do paciente, oportunidade em que o negócio jurídico padeceria de vício, por estado de perigo, inviabilizando o pagamento. O elemento subjetivo é o dolo, consistente na vontade de exigir a providência indevida como condição para o atendimento médico-hospitalar de urgência.

A consumação do crime ocorre com a mera exigência, independentemente do efetivo cumprimento da providência indevida (cheque-caução, nota promissória ou qualquer garantia, ou, ainda, o preenchimento prévio de formulários administrativos). Trata-se de crime formal.

Admite-se a tentativa, uma vez que, mesmo sendo o crime formal, é fracionável o *iter criminis*.

A ação penal é pública incondicionada.

Na jurisprudência:

"CIVIL. CONSUMIDOR. DANOS MORAIS. EXIGÊNCIA DE CHEQUE--CAUÇÃO PARA INTERNAÇÃO HOSPITALAR. Enseja danos morais, a exigência de cheque-caução para autorizar procedimento cirúrgico, pois, não obstante o direito do nosocômio, de ver reembolsados os valores despendidos com o paciente, não é permitido que a internação esteja condicionada ao pagamento prévio de determinada quantia." (TJDFT — Informativo 272 — Processo 0021335-86.2012.8.07.0001 — 6.ª T. Cível — *DJE* 19-11-2013, p. 172).

Assim, ao apreciar apelação interposta contra sentença que condenou o réu à devolução de cheque caução exigido para atendimento médico-hospitalar, bem como ao pagamento de indenização por danos morais, no processo acima mencionado, a Turma deu parcial provimento ao recurso. Conforme relatório, o hospital exigiu cheque caução para possibilitar a internação da autora, que se encontrava em trabalho de parto, em razão da negativa de cobertura dos custos de tratamento pelo plano de saúde contratado. Foi relatado que o apelante alegou não ser entidade filantrópica, bem como ao optar pela prestação de seus serviços hospitalares à apelada era sabedora de que todo o procedimento deveria ser pago, não havendo falar em nulidade do negócio jurídico tampouco ocorrência de dano moral, uma vez que não houve ato ilícito em sua conduta. Nesse contexto, a Desembargadora explicou que não obstante o direito do apelante, de ver reembolsados os valores despendidos com o ato cirúrgico, não se pode permitir que a internação de um paciente esteja condicionada ao pagamento prévio de determinada quantia. Discorreu ainda sobre a Resolução 44 da ANS que veda a exigência de quaisquer títulos de crédito para prestação de serviço a pacientes que possuem contrato com operadora de plano de saúde, assim como alteração introduzida pela Lei 12.653/2012 no Código Penal que tipifica penalmente o condicionamento de atendimento médico-hospitalar emergencial. Na hipótese, os Julgadores concluíram que a exigência de cheque caução causou aflição e desequilíbrio no bem--estar da autora, pois necessitava de atendimento emergencial, situação que foge a normalidade, constituindo-se em agressão à sua dignidade e ofensa às regras consumeristas. Assim, em observância à capacidade econômica dos ofensores e a intensidade do dano sofrido em sua dimensão, o Colegiado reformou a sentença tão somente para reduzir o montante da indenização. (Informativo de Jurisprudência 272 — TJDFT).

3.8.1   Figuras qualificadas pelo resultado

A pena é aumentada até o dobro quando, da negativa de atendimento, em função do não cumprimento da providência indevida, resulta lesão corporal de natureza grave, e até o triplo, quando resulta morte.

A lesão corporal de natureza leve que eventualmente resulte da negativa de atendimento é por ela absorvida, respondendo o agente apenas pelo delito do art. 135-A, *caput*, do Código Penal.

3.9   Maus-tratos

Maus-tratos é crime que vem tipificado no art. 136 do Código Penal, punindo a conduta daquele que expõe a perigo a vida ou a saúde de pessoa sob sua autoridade, guarda ou vigilância, quer privando-a de alimentação ou cuidados indispensáveis, quer sujeitando--a a trabalho excessivo ou *inadequado*, quer abusando dos meios de correção ou disciplina.

A objetividade jurídica é a tutela da incolumidade corporal da pessoa.

Sujeito ativo só podem ser as pessoas legalmente qualificadas que tenham o sujeito passivo sob sua autoridade, guarda ou vigilância, para fins de educação, ensino, tratamento ou custódia.

Sujeito passivo pode ser qualquer pessoa que esteja sob autoridade, guarda ou vigilância do sujeito ativo, para fins de educação, ensino, tratamento e custódia.

Trata-se de *crime bipróprio*, que requer uma qualidade especial de sujeito ativo e sujeito passivo, devendo existir relação de subordinação entre ambos.

A conduta típica é caracterizada pela expressão *expor a perigo*, e pode desenvolver-se por meio de seis modalidades, omissivas e comissivas:

a) privando a vítima de alimentação;

b) privando a vítima de cuidados indispensáveis;

c) sujeitando a vítima a trabalho excessivo;

d) sujeitando a vítima a trabalho inadequado;

e) abusando de meios de correção da vítima; e

f) abusando de meios de disciplina da vítima.

É um crime doloso que se consuma com a exposição do sujeito passivo ao perigo de dano, em consequência das condutas descritas no tipo penal.

Admite-se a tentativa apenas nas formas comissivas.

Há de se considerar, entretanto, o disposto no inciso II do art. I.º da Lei n. 9.455/97 (Lei de Tortura) que tipifica o crime de tortura como a prática de submissão da vítima, sob sua guarda, poder ou autoridade, a intenso sofrimento físico ou mental, por meio do emprego de violência ou grave ameaça. Nesse caso, a tortura deve funcionar como forma de aplicar castigo pessoal ou medida de caráter preventivo. É a chamada tortura-pena ou tortura-castigo. Nesse sentido, enquanto na hipótese de maus-tratos, a finalidade da conduta é a repreensão de uma indisciplina, na tortura, o propósito é causar o padecimento da vítima. Para a configuração dessa espécie de tortura é indispensável a prova cabal da intenção deliberada de causar o sofrimento físico ou moral, desvinculada do objetivo de educação.

A ação penal é pública incondicionada.

3.9.1 Figuras qualificadas pelo resultado

As lesões corporais leves são absorvidas pelo crime de maus-tratos, sendo a lesão grave e a morte figuras qualificadas pelo resultado, previstas nos §§ I.º e 2.º.

3.9.2 Causa de aumento de pena

O § 3.º prevê causa de aumento de pena de um terço para o crime de maus-tratos praticado contra pessoa menor de 14 anos.

3.9.3 Maus-tratos no Estatuto da Pessoa Idosa

O Estatuto da Pessoa Idosa (Lei n. 10.741/2003) criou uma figura típica especial de maus-tratos para o sujeito passivo idoso (idade igual ou superior a 60 anos), punindo com detenção de 2 meses a 1 ano, e multa, a conduta daquele que, nos termos do art. 99, "expor a perigo a integridade e a saúde, física ou psíquica, do idoso, submetendo-o a condições desumanas ou degradantes ou privando-o de alimentos e cuidados indispensáveis, quando obrigado a fazê-lo, ou sujeitando-o a trabalho excessivo ou inadequado". Os §§ 1.º e 2.º preveem as figuras qualificadas pelo resultado lesão grave ou morte.

4 DA RIXA

4.1 Rixa

É a *briga* ou *contenda* entre três ou mais pessoas, com vias de fato ou violências físicas recíprocas. Vem tipificada no art. 137 do Código Penal.

Protege-se com o dispositivo penal a incolumidade física da pessoa e também a ordem pública.

Sujeito ativo da rixa é qualquer pessoa, sendo *crime plurissubjetivo* que exige a participação de, no mínimo, três pessoas.

Sujeito passivo pode ser qualquer pessoa que tenha sua vida ou saúde posta em risco, ou o próprio *rixento* ou *rixoso* (participante da rixa).

A conduta típica é *participar* da rixa, ou seja, praticar vias de fato ou violência, que devem ser recíprocas.

Distingue-se a *rixa "ex proposito"*, que é a rixa planejada, combinada, previamente ordenada, da *rixa "ex improviso"*, que surge de maneira inesperada, subitamente.

Trata-se de crime doloso (*animus rixandi*) que se consuma quando cada indivíduo entra na contenda para nela voluntariamente tomar parte.

A tentativa somente é admissível na rixa preordenada (*ex proposito*).

4.1.1 Rixa qualificada

Prevê, outrossim, o art. 137, parágrafo único, do Código Penal a hipótese de rixa qualificada, quando ocorre morte ou lesão corporal de natureza grave.

Nesse caso, pela simples participação em rixa qualificada, já incorrerão na pena aumentada todos os rixosos, independentemente da identificação do autor das lesões graves ou da morte.

Caso seja identificado o causador do resultado mais grave, será ele responsabilizado pelos crimes de homicídio ou lesão corporal de natureza grave em concurso com o crime de rixa qualificada.

Haverá, portanto, concurso material entre a morte ou lesão corporal de natureza grave e a rixa qualificada (*RT*, 550/354) quando o agente dela participar e der causa a esses resultados.

5   DOS CRIMES CONTRA A HONRA

5.1   Generalidades

Nos crimes tipificados pelos arts. 138 a 140 do Código Penal, a proteção legal recai sobre a honra, entendida esta como o conjunto de qualidades morais, intelectuais e físicas atinentes a determinada pessoa.

A doutrina costuma distinguir a honra objetiva da honra subjetiva.

Honra objetiva, também chamada de honra externa, é o conceito que o indivíduo tem no meio social em que vive, evidenciando o juízo que os demais fazem de seus atributos. É a reputação da pessoa.

Honra subjetiva, também chamada de honra interna, é a autoestima que a pessoa tem, o juízo que faz de si mesma em razão de seus atributos.

Vale ressaltar que o Superior Tribunal de Justiça, em diversos precedentes, tem entendido que, "para a configuração dos crimes contra a honra, exige-se a demonstração mínima do intento positivo e deliberado de ofender a honra alheia (dolo específico), o denominado *animus caluniandi, diffamandi vel injuriandi*" (APn 895/DF, Rel. Ministra Nancy Andrighi, Corte Especial, julgado em 15-5-2019, *DJe* 7-6-2019; AgRg no HC 395.714/CE, Rel. Ministro Sebastião Reis Júnior, Sexta Turma, julgado em 2-4-2019, *DJe* 11-4-2019; EDcl na APn 881/DF, Rel. Ministro Og Fernandes, Corte Especial, julgado em 3-10-2018, *DJe* 23-10-2018; APn 887/DF, Rel. Ministro Raul Araújo, Corte Especial, julgado em 3-10-2018, *DJe* 17-10-2018; AgRg na APn 313/DF, Rel. Ministro Napoleão Nunes Maia Filho, Corte Especial, julgado em 4-4-2018, *DJe* 18-4-2018).

5.2   Calúnia

Crime previsto no art. 138 do Código Penal, a calúnia tem como objetividade jurídica a tutela da honra objetiva.

Sujeito ativo pode ser qualquer pessoa.

Sujeito passivo tem de ser a pessoa natural, incluindo os desonrados e os inimputáveis.

A pessoa jurídica, na atual sistemática do Código Penal, não pode ser sujeito passivo de calúnia.

No Superior Tribunal de Justiça: "Pessoa jurídica. Vítima de crime contra a honra. A pessoa jurídica, no direito brasileiro, só pode dizer-se vítima de difamação, não de calúnia ou injúria" (*DJU,* 12-12-1994).

Há de se ressalvar, entretanto, a responsabilização penal da pessoa jurídica, instituída pela Lei n. 9.605, de 12 de fevereiro de 1998 (Lei dos Crimes Ambientais), possibilitando, então, apenas nesse caso, ser ela sujeito passivo do crime de calúnia.

A conduta vem expressa pelo verbo *imputar,* que significa atribuir, inculcar, assacar.

A imputação deve referir-se a *fato definido como crime,* o que exclui, desde logo, as contravenções penais.

O fato definido como crime há de ser certo e determinado, concreto, específico, e não meras alusões a tipos penais sem maiores detalhes.

No Superior Tribunal de Justiça: "O crime de calúnia não se contenta com afirmações genéricas e de cunho abstrato, devendo a inicial acusatória conter a descrição de fato específico, marcado no tempo, que teria sido falsamente praticado pela pretensa vítima" (AgRg no REsp 1.695.289/SP, Rel. Ministro Joel Ilan Paciornik, Quinta Turma, julgado em 7-2-2019, *DJe* 14-2-2019; RHC 73.912/SP, Rel. Ministro Sebastião Reis Junior, Sexta Turma, julgado em 2-10-2018, *DJe* 15-10-2018).

A imputação deve ser lançada *falsamente* pelo sujeito ativo, pois se o fato imputado for verdadeiro inexiste calúnia.

O sujeito ativo deve ter conhecimento da falsidade da imputação. Nesse sentido, é tese pacífica no Superior Tribunal de Justiça que: "Para a caracterização do crime de calúnia, é indispensável que o agente que atribui a alguém fato definido como crime tenha conhecimento da falsidade da imputação" (RHC 77.768/CE, Rel. Ministro Reynaldo Soares da Fonseca, Quinta Turma, julgado em 18-5-2017, *DJe* 26-5-2017; AgRg no AREsp 768.497/RJ, Rel. Ministro Sebastião Reis Júnior, Sexta Turma, julgado em 13-10-2015, *DJe* 5-11-2015).

Pode ocorrer calúnia reflexa quando a falsa imputação de fato definido como crime a determinada vítima atinge outra pessoa por via reflexa. Ex.: alegar que determinado juiz recebeu suborno (corrupção passiva) para proferir decisão — por via reflexa se está imputando o crime de corrupção ativa a quem o teria subornado.

Trata-se de crime doloso que requer, para sua configuração, também, o *animus calumniandi*, que pode ser definido como a vontade séria e inequívoca de caluniar a vítima.

Logo: "Não há crime de calúnia quando o sujeito pratica o fato com ânimo diverso, como ocorre nas hipóteses de *animus narrandi, criticandi, defendendi, retorquendi, corrigendi* e *jocandi*" (*RJSTJ*, 34/237).

A consumação ocorre quando a falsa imputação de fato definido como crime chega ao conhecimento de terceira pessoa.

A *tentativa de calúnia* é admissível desde que a ofensa não seja verbal.

5.2.1 Divulgação ou propalação

O § 1.º do art. 138 do Código Penal determina a aplicação da mesma pena do *caput* a quem, sabendo falsa a imputação, a propala ou divulga.

5.2.2 Calúnia contra os mortos

Muito embora o morto não possa ser sujeito passivo de crimes, o § 2.º do art. 138 do Código Penal pune, também, a calúnia contra os mortos. Nesse caso, evidentemente, os sujeitos passivos serão os familiares do morto, titulares da honra objetiva atingida pelo sujeito ativo.

5.2.3 Exceção da verdade

Como já dissemos acima, a imputação à vítima de fato definido como crime há de ser falsa, o que leva o dispositivo em estudo a admitir, no § 3.º, a *prova da verdade*.

Significa que o sujeito ativo pode provar que a imputação que fez ao sujeito passivo é verdadeira, tornando atípica a conduta.

A prova ou exceção da verdade (*exceptio veritatis*) deve ser ofertada, em regra, no prazo da resposta à acusação (art. 396-A do CPP), nada impedindo que o seja em qualquer fase processual, já que, após contestação e dilação probatória, será analisada na sentença final (art. 523 do CPP).

A prova da verdade, entretanto, encontra limites nos incisos I, II e III do § 3.º, hipóteses em que não poderá ser alegada pelo agente, que responderá criminalmente pela calúnia.

Com relação à exceção da verdade e prerrogativa de foro de determinadas autoridades, o Superior Tribunal de Justiça tem tese pacificada no sentido de que "o juízo de admissibilidade, o processamento e a instrução da exceção da verdade oposta em face de autoridades públicas com prerrogativa de foro devem ser feitos pelo próprio juízo da ação penal originária que, após a instrução dos autos, admitida a *exceptio veritatis*, deve remetê-los à instância decorrente da prerrogativa de função para julgamento do mérito" (HC 311.623/RS, Rel. Ministro Jorge Mussi, Quinta Turma, julgado em 10-3-2015, *DJe* 17-3-2015; Rcl 7.391/MT, Rel. Ministra Laurita Vaz, Corte Especial, julgado em 19-6-2013, *DJe* 1.º-7-2013).

5.3   Difamação

A difamação vem prevista no art. 139 do Código Penal, tendo como objetividade jurídica a tutela da honra objetiva.

Sujeito ativo pode ser qualquer pessoa.

Sujeito passivo pode ser qualquer pessoa, incluindo os inimputáveis e as *pessoas jurídicas*. Quanto a estas últimas, a doutrina e a jurisprudência têm admitido serem elas detentoras de honra objetiva, de reputação.

A conduta vem expressa pelo verbo *imputar*, que significa atribuir, propalar, divulgar.

A imputação, porém, deve referir-se a *fato ofensivo à reputação* da vítima, a fato desonroso, que não crime, também concreto e específico.

O fato ofensivo pode ser verídico ou inverídico.

Trata-se de crime doloso que requer, para sua configuração, também o *animus diffamandi vel injuriandi*, que pode ser definido como a vontade séria e inequívoca de difamar a vítima.

A consumação ocorre quando a imputação de fato ofensivo à reputação da vítima chega ao conhecimento de terceira pessoa. A *tentativa de difamação* é admissível desde que esta não seja verbal.

5.3.1   Exceção da verdade

A regra geral é a de que a difamação não permita a exceção da verdade. Entretanto, a prova da veracidade do fato ofensivo pode ser feita, segundo o parágrafo único do art. 139 do Código Penal, quando o ofendido é *funcionário público* e a ofensa é relativa ao exercício de suas funções.

5.4 Injúria

O crime de injúria vem previsto no art. 140 do Código Penal, tendo como objetividade jurídica a tutela da honra subjetiva da pessoa, sua *autoestima* e o sentimento que tem de seus próprios atributos.

Sujeito ativo pode ser qualquer pessoa.

Sujeito passivo também pode ser qualquer pessoa natural, com exceção, em regra, dos inimputáveis, que não têm consciência da *dignidade* ou do *decoro*. Neste último caso, deve ser considerado o grau de entendimento da vítima. Inadmissível, também, a injúria contra os mortos.

Por não possuir honra subjetiva, a *pessoa jurídica* também não pode ser vítima de injúria.

A conduta vem expressa pelo verbo *ofender*, que significa ferir, atacar. A honra subjetiva se divide em *honra-dignidade*, relativa aos atributos morais da pessoa, e *honra-decoro*, relativa aos atributos físicos, sociais e intelectuais da pessoa. A ofensa pode ser perpetrada por qualquer meio.

A injúria caracteriza-se pela atribuição de uma qualidade negativa ao sujeito passivo, capaz de ofender-lhe a honra-dignidade ou a honra-decoro. Podem ser citadas como exemplos de injúria as expressões: corno, caolho, bicha, ignorante, suburbano, preto, analfabeto, canalha, idiota, farsante, vagabunda, ladrão, corcunda, caloteiro, estelionatário, picareta, sem-vergonha, jaburu, biscate, assassino, amigo do alheio, chifrudo etc.

Trata-se de crime doloso que requer, para sua configuração, também o *animus diffamandi vel injuriandi*, que pode ser definido como a vontade séria e inequívoca de injuriar a vítima.

A consumação ocorre quando o sujeito passivo toma conhecimento da ofensa. A *tentativa de injúria* é admissível desde que a injúria não seja oral.

Não se admite exceção da verdade no crime de injúria.

5.4.1 Perdão judicial

O § 1.º do art. 140 do Código Penal traz duas hipóteses de perdão judicial, nas quais o juiz pode deixar de aplicar a pena. A primeira hipótese refere-se à *provocação direta* por parte da vítima, de forma reprovável. A segunda hipótese trata da *retorsão imediata*, que consista em outra injúria.

Na primeira hipótese, o sujeito passivo provoca o sujeito ativo até que este, fora de seu natural equilíbrio, o injuria, ofendendo-lhe a honra subjetiva. Nesse caso, o juiz pode deixar de aplicar a pena — hipótese de perdão judicial (art. 107, IX, do CP).

Na segunda hipótese, a retorsão (revide à injúria que lhe foi lançada) deve ser imediata, ou seja, sem intervalo de tempo, estando as partes presentes, frente a frente. A rigor, não se trata de causa de justificação, não se exigindo, portanto, a proporcionalidade entre as ofensas. Também é caso de perdão judicial, em que o juiz pode deixar de aplicar a pena (art. 107, IX, do CP).

5.4.2 Injúria real

A injúria real consiste na utilização, pelo sujeito ativo, não de palavras, mas de violência ou vias de fato para a prática da ofensa. A violência ou as vias de fato, por sua natureza ou pelo meio empregado, devem ser consideradas *aviltantes* (humilhantes, desprezíveis). Exemplos muito difundidos de injúria real são bater na cara da vítima com luvas retiradas das mãos, atirar-lhe fezes, cortar-lhe o cabelo de forma humilhante, bater-lhe com chicote, rasgar-lhe as vestes, atirar-lhe alimentos ou bebida no rosto etc.

Consistindo a injúria real em violência, caso a vítima venha a sofrer lesões corporais, haverá concurso material entre o crime de injúria e o crime de lesão corporal.

5.4.3 Injúria por preconceito

O § 3.º, *caput*, do art. 140 do Código Penal, acrescentado pelo art. 2.º da Lei n. 9.459/97, passou a punir a injúria consistente na utilização de elementos referentes a raça, cor, etnia, religião, origem, sendo certo que, posteriormente, a Lei n. 10.741/2003 (Estatuto da Pessoa Idosa) acrescentou a injúria etária e a injúria em razão de deficiência.

Ocorre que, por força da Lei n. 14.532/2023, a injúria racial foi deslocada do art. 140, § 3.º, do Código Penal, para o art. 2.º-A da Lei n. 7.716/89, com o seguinte teor:

"Art. 2.º-A Injuriar alguém, ofendendo-lhe a dignidade ou o decoro, em razão de raça, cor, etnia ou procedência nacional.

Pena: reclusão, de 2 (dois) a 5 (cinco) anos, e multa.

Parágrafo único. A pena é aumentada de metade se o crime for cometido mediante concurso de 2 (duas) ou mais pessoas".

Por conseguinte, assim ficou a redação do art. 140, § 3.º, do Código Penal:

"Art. 140 (...)

§ 3.º Se a injúria consiste na utilização de elementos referentes a religião ou à condição de pessoa idosa ou com deficiência:

Pena — reclusão, de 1 (um) a 3 (três) anos, e multa".

Assim agindo, o legislador passou a considerar a injúria racial como uma forma de racismo, na esteira do que já havia decidido o Supremo Tribunal Federal no julgamento do HC 154.248, da relatoria do Min. Edson Fachin, em 28-10-2021 (publicação em 23-2-2022), cominando-lhe pena mais severa, que passou a ser de reclusão, de 2 (dois) a 5 (cinco) anos, e multa.

O Supremo Tribunal Federal, no julgamento do HC 154.248/DF, entendeu que o crime de injúria racial reúne todos os elementos necessários à sua caracterização como uma das espécies de racismo. Em consequência, por ser espécie do gênero racismo, o crime de injúria racial foi considerado imprescritível.

Nesse sentido:

"*HABEAS CORPUS*. MATÉRIA CRIMINAL. INJÚRIA RACIAL (ART. 140, § 3.º, DO CÓDIGO PENAL). ESPÉCIE DO GÊNERO RACISMO. IMPRESCRITIBILIDADE. DENEGAÇÃO DA ORDEM. I. Depreende-se das normas do texto constitucional, de compromissos internacionais e de julgados do Supremo Tribunal Federal o reconhecimento objetivo do racismo estrutural como dado da realidade brasileira ainda a ser superado por meio da soma de esforços do Poder Público e de todo o conjunto da sociedade. 2. O crime de injúria racial reúne todos os elementos necessários à sua caracterização como uma das espécies de racismo, seja diante da definição constante do voto condutor do julgamento do HC

82.424/RS, seja diante do conceito de discriminação racial previsto na Convenção Internacional sobre a Eliminação de Todas as Formas de Discriminação Racial. 3. A simples distinção topológica entre os crimes previstos na Lei n. 7.716/1989 e o art. 140, § 3.°, do Código Penal, não tem o condão de fazer deste uma conduta delituosa diversa do racismo, até porque o rol previsto na legislação extravagante não é exaustivo. 4. Por ser espécie do gênero racismo, o crime de injúria racial é imprescritível. 5. Ordem de *habeas corpus* denegada" (STF — HC 154.248/DF — Rel. Min. Edson Fachin — *DJe* 23-2-2022).

A injúria por preconceito prevista no Código Penal, portanto, após as mudanças instituídas pela mencionada Lei n. 14.532/2023, passou a ser considerada apenas aquela consistente na utilização de elementos referentes a religião ou à condição de pessoa idosa ou com deficiência.

5.4.4 Injúria etária

Conforme mencionado no item anterior, o Estatuto da Pessoa Idosa (Lei n. 10.741/2003), conferindo outra redação ao § 3.° do art. 140 do Código Penal, tipificou a *injúria etária*, que ocorre quando a ofensa consiste na utilização de elementos referentes à condição de pessoa idosa da vítima. Para tanto, não basta que a injúria tenha sido praticada contra qualquer vítima considerada idosa (idade igual ou superior a 60 anos), sendo necessário que o agente, para ofender a honra subjetiva dela, utilize elementos referentes à sua *condição de pessoa idosa*. Exemplo: chamar a vítima de *velho caduco, vetusto, esclerosado, "gagá", decrépito* etc.

5.4.5 Injúria em razão de deficiência

Da mesma forma já mencionada nos itens acima, a redação do § 3.° do art. 140 prevê, ainda, a injúria em razão de deficiência (física ou mental), devendo esta condição ser ressaltada pelo sujeito ativo no intuito de ofender a honra subjetiva (autoestima) da vítima. Exemplo: *debiloide, débil mental, maluco, retardado, "código 13", aleijado, manquetola, aberração, monstro, mutilado* etc.

5.5 Causas de aumento de pena

O art. 141 do Código Penal traz várias hipóteses de majorantes de pena nos crimes contra a honra.

Assim, as penas são aumentadas de 1/3 (um terço), se qualquer dos crimes contra a honra é praticado contra o Presidente da República ou chefe de governo estrangeiro; contra funcionário público, em razão de suas funções, ou contra os Presidentes do Senado Federal, da Câmara dos Deputados ou do Supremo Tribunal Federal; na presença de várias pessoas, ou por meio que facilite a divulgação do crime (*vide* Lei n. 13.188/2015, que dispõe sobre o direito de resposta ou retificação do ofendido em matéria divulgada, publicada ou transmitida por veículo de comunicação social); ou, ainda, contra criança, adolescente, pessoa maior de 60 (sessenta) anos ou pessoa com deficiência, exceto na hipótese prevista no § 3.° do art. 140 deste Código.

Com relação a crimes contra a honra praticados por meio de imprensa: "A não recepção pela Constituição Federal de 1988 da Lei de Imprensa (Lei n. 5.250/67) não implicou na *abolitio criminis* dos delitos contra a honra praticados por meio da imprensa, pois tais ilícitos permanecem tipificados na legislação penal comum" (STJ — HC 287.819/PA, Rel. Ministro Joel Ilan Paciornik, Quinta Turma, julgado em 16-8-2018, *DJe* 28-8-2018; HC 435.254/SP, Rel. Ministro Ribeiro Dantas, Quinta Turma, julgado em 17-5-2018, *DJe* 23-5-2018).

No entanto, se o crime é cometido mediante paga ou promessa de recompensa, que não precisa necessariamente ter cunho pecuniário, a pena deve ser aplicada em dobro.

No mesmo sentido, se o crime é cometido ou divulgado em quaisquer modalidades das redes sociais da rede mundial de computadores, aplica-se em triplo a pena.

De acordo com jurisprudência predominante do Superior Tribunal de Justiça, "Crimes contra a honra praticados pela *internet* são formais, consumando-se no momento da disponibilização do conteúdo ofensivo no espaço virtual, por força da imediata potencialidade de visualização por terceiros" (CC 173.458/SC, Rel. Min. João Otávio de Noronha, Terceira Seção, *DJe* 27-11-2020). No mesmo sentido: HC 591.218/SC, Rel. Min. Joel Ilan Paciornik, Quinta Turma, *DJe* 12-2-2021.

Por fim, se o crime é cometido contra a mulher por razões da condição do sexo feminino, nos termos do § 1.º do art. 121-A deste Código, aplica-se a pena em dobro. Essa hipótese foi acrescentada pela Lei n. 14.994/2024. Considera-se que há razões da condição do sexo feminino quando o crime envolve violência doméstica e familiar; e menosprezo ou discriminação à condição de mulher.

5.6 Exclusão do crime

O art. 142 do Código Penal exclui os crimes de injúria e difamação (e não o de calúnia) em três hipóteses específicas:

a) A primeira delas diz respeito à denominada *imunidade judiciária*, abrangendo a *ofensa irrogada em juízo*, na discussão da causa, pela parte ou por seu procurador. Essa ofensa há de ser nos estritos limites da lide, prevalecendo apenas entre as partes e seus procuradores, excluindo-se o juiz e todos os demais que possam intervir na relação processual, tais como os serventuários da justiça, os peritos ou assistentes técnicos e as testemunhas.

Com relação ao advogado, deve ser mencionado que, não obstante o teor do art. 7.º, § 2.º, da Lei n. 8.906/94 (Estatuto da Advocacia e a Ordem dos Advogados do Brasil), conferindo-lhe irrestrita *imunidade profissional*, têm o Supremo Tribunal Federal e o Superior Tribunal de Justiça entendido que o disposto no art. 133 da Constituição Federal deve harmonizar-se com a regra do art. 142, I, do Código Penal.

Nesse sentido: "A inviolabilidade do advogado, por seus atos e manifestações no exercício da profissão, segundo o art. 133 da Constituição, sujeita-se aos limites legais. Portanto, não se trata de imunidade judicial absoluta. Consequência disso, o art. 142 do CP foi recepcionado, e o alcance previsto no § 2.º do art. 7.º do Estatuto da OAB não corresponde ao que se lhe quer emprestar. É intuitivo que a nobre classe dos advogados não há de querer estabelecer privilégios se tanto luta para extingui-los. A imunidade, nesse caso, deve ser compreendida igualmente àquela conferida ao cidadão comum" (STJ — *RT*, 723/538).

A propósito, também: "A imunidade judiciária ao advogado não acoberta ofensa ao magistrado. A garantia constitucional (CF, art. 133) condiciona a inviolabilidade aos limites da lei. Eventuais excessos de linguagem, ocorridos no calor dos debates, não configura injúria ou difamação se vinculados ao restrito tema da causa" (STJ — *RT*, 696/410).

O Superior Tribunal de Justiça tem tese pacificada no sentido de que: "A imunidade em favor do advogado, no exercício da sua atividade profissional, insculpida no art. 7.º, § 2.º, do Estatuto da OAB (Lei n. 8.906/94), não abrange o crime de calúnia, restringindo-se aos delitos de injúria e difamação" (RHC 100.494/PE, Rel. Min. Nefi Cordeiro,

Sexta Turma, julgado em 12-2-2019, *DJe* 7-3-2019; RHC 93.648/RO, Rel. Min. Antonio Saldanha Palheiro, Sexta Turma, julgado em 7-8-2018, *DJe* 13-8-2018).

Também: "A imunidade material dos advogados não abrange a calúnia. A exclusão do crime contra a honra alcança somente a injúria e a difamação (art. 142, inciso I, do Código Penal)" (STJ — AgRg no RHC 106.978/RJ, Rel. Min. Laurita Vaz, Sexta Turma, julgado em 17-12-2019, *DJe* 3-2-2020).

Outrossim, "a parte não responde por crime contra a honra decorrente de peças caluniosas, difamatórias ou injuriosas apresentadas em juízo por advogado credenciado" (STJ — RHC 93.648/RO, Rel. Ministro Antonio Saldanha Palheiro, Sexta Turma, julgado em 7-8-2018, *DJe* 13-8-2018).

Com relação à ofensa a Promotor de Justiça, merece destaque a precisa lição de Guilherme de Souza Nucci (op. cit., p. 457), ensinando que "o representante do Ministério Público somente pode ser inserido no contexto da imunidade judiciária (como autor ou como vítima da ofensa) quando atuar no processo como parte. Assim é o caso do Promotor de Justiça que promove a ação penal da esfera criminal. Se ele ofender a parte contrária ou for por ela ofendido, não há crime. Entretanto, não se considera 'parte', no sentido da excludente de ilicitude, que se refere com nitidez à 'discussão da causa', o representante do Ministério Público quando atua como 'fiscal da lei'. Nesse caso, conduz-se no processo imparcialmente, tal como deve fazer sempre o magistrado, não devendo 'debater' a sua posição, mas apenas sustentá-la, sem qualquer ofensa ou desequilíbrio".

b) A segunda causa de exclusão dos crimes de difamação e injúria refere-se *à opinião desfavorável da crítica literária, artística ou científica*, salvo quando inequívoca a intenção de injuriar ou difamar.

No Superior Tribunal de Justiça: "Expressões eventualmente contumeliosas, quando proferidas em momento de exaltação, bem assim no exercício do direito de crítica ou de censura profissional, ainda que veementes, atuam como fatores de descaracterização do elemento subjetivo peculiar aos tipos penais definidores dos crimes contra a honra" (RHC 93.648/RO, Rel. Ministro Antonio Saldanha Palheiro, Sexta Turma, julgado em 7-8-2018, *DJe* 13-8-2018).

No mesmo sentido: "A ampla liberdade de informação, opinião e crítica jornalística reconhecida constitucionalmente à imprensa não é um direito absoluto, encontrando limitações, tais como a preservação dos direitos da personalidade, nestes incluídos os direitos à honra, à imagem, à privacidade e à intimidade, sendo vedada a veiculação de críticas com a intenção de difamar, injuriar ou caluniar" (STJ — REsp 1.771.866/DF, Rel. Ministro Marco Aurélio Bellizze, Terceira Turma, julgado em 12-2-2019, *DJe* 19-2-2019; REsp 1.567.988/PR, Rel. Ministro Paulo de Tarso Sanseverino, Terceira Turma, julgado em 13-11-2018, *DJe* 20-11-2018).

c) Por fim, não há crime de difamação e injúria no *conceito desfavorável emitido por funcionário público* em apreciação ou informação que preste no cumprimento do dever do ofício. A hipótese é de estrito cumprimento do dever legal.

Nesse aspecto: "O conceito desfavorável, lançado em processo judicial, pelo Diretor de Secretaria, no exercício de dever funcional, em decorrência da cobrança de autos retidos além do prazo legal, pelo Ministério Público, fica agasalhado pela norma do art. 142, III, do Código Penal, que visa à proteção da função pública" (STJ — *JSTJ*, 43/404).

5.7 Retratação

Segundo o disposto no art. 143, *caput*, do Código Penal, o ofensor que, antes da sentença, retrata-se cabalmente da calúnia ou da difamação fica isento de pena. A injúria não admite retratação.

A retratação do ofensor é causa de extinção de punibilidade prevista no art. 107, VI, do Código Penal.

A retratação prescinde de forma especial, contanto que seja cabal. Nesse aspecto: "Exige a lei que a retratação seja cabal, vale dizer, completa, perfeita e não reticente ou incerta" (STJ — *RSTJ*, 44/244).

A retratação deve ocorrer *antes da sentença*, entendida esta como a de primeiro grau, não se exigindo o trânsito em julgado.

Constitui ela ato unilateral, que prescinde de aceitação do ofendido.

O parágrafo único do art. 143 dispõe que "nos casos em que o querelado tenha praticado a calúnia ou a difamação utilizando-se de meios de comunicação, a retratação dar-se-á, se assim desejar o ofendido, pelos mesmos meios em que se praticou a ofensa".

5.8 Pedido de explicações

O pedido de explicações vem previsto no art. 144 do Código Penal, e tem lugar antes do oferecimento da queixa, visando esclarecer a efetiva existência do *animus diffamandi vel injuriandi*.

Assim, "se, de referência, alusões ou frases, se infere calúnia, difamação ou injúria, quem se julga ofendido pode pedir *explicações em juízo*".

Se o ofensor se recusa a dá-las ou, a critério do juiz, não as dá satisfatórias, responde pela ofensa.

Como não há rito próprio para o pedido de explicações no Código de Processo Penal, adota-se o rito previsto para as notificações e interpelações judiciais previsto nos arts. 726 a 729 do Código de Processo Civil.

Recebendo o pedido de explicações, o juiz expedirá notificação ao requerido para que forneça as explicações respectivas. Prestadas ou não as explicações, satisfatórias ou não, o *juiz da notificação* simplesmente determinará que os autos sejam entregues ao requerente. Este, por seu turno, se quiser, poderá propor a ação penal privada, que se processará perante o *juiz da ação*.

A rigor, ante a regra dos arts. 75, parágrafo único, e 83, ambos do Código de Processo Penal, a distribuição do pedido de explicações fixa a competência do juízo, daí por que o *juiz da notificação* será também o *juiz da ação*.

Disso decorre que, levando em conta a expressão *a critério do juiz* estampada no art. 144 do Código Penal, poderia perfeitamente o *juiz da notificação* analisar as explicações e julgá-las "satisfatórias", evitando, assim, a futura eventual ação penal.

5.9 Ação penal

A regra, nos crimes contra a honra, é a *ação penal privada*, já que o art. 145 do Código Penal diz que somente se procede mediante "queixa".

Há, entretanto, quatro exceções a essa regra:

a) Se, no caso do art. 140, § 2.º (injúria real), da violência resulta lesão corporal, a ação penal é pública incondicionada. A integridade corporal, considerada bem jurídico indisponível, conjugada ao crime de injúria, torna a ação penal pública incondicionada, ante a regra da ação penal no crime complexo, estampada no art. 101 do Código Penal.

Entretanto, em razão do disposto no art. 88 da Lei n. 9.099/95, os crimes de lesão corporal dolosa leve e de lesão corporal culposa passaram a demandar representação da vítima, sendo a ação penal, nesses casos, pública condicionada a representação.

Portanto, muito embora se trate de crime complexo na injúria real, continuando a ação penal a ser pública (de iniciativa exclusiva do Ministério Público), é de ser considerada a regra estabelecida pela Lei dos Juizados Especiais.

Assim, se da violência empregada na injúria real resultar lesão corporal de natureza leve, a ação penal será pública condicionada a representação do ofendido. Se resultar lesão corporal de natureza grave ou gravíssima, a ação penal será pública incondicionada.

b) No caso do inciso I do art. 141 (crimes contra a honra praticados contra o Presidente da República ou o chefe de governo estrangeiro), a ação penal é pública condicionada a *requisição do Ministro da Justiça.*

c) No caso do inciso II do art. 141 (crimes contra a honra praticados contra funcionário público, em razão de suas funções, ou contra os Presidentes do Senado Federal, da Câmara dos Deputados ou do Supremo Tribunal Federal), a ação penal é pública condicionada a *representação do ofendido.* Nada impede, entretanto, que o funcionário público opte por ingressar com *ação penal privada,* conforme permissivo da Súmula 714 do Supremo Tribunal Federal: "É concorrente a legitimidade do ofendido, mediante queixa, e do Ministério Público, condicionada a representação do ofendido, para a ação penal por crime contra a honra de servidor público em razão do exercício de suas funções".

d) No caso do § 3.º do art. 140 (injúria por preconceito religioso, injúria etária e injúria contra pessoa com deficiência), a ação penal é pública condicionada a *representação do ofendido.* Essa regra foi introduzida pela Lei n. 12.033/2009. Nada impede, entretanto, que o ofendido, nestes casos, opte por intentar ação penal privada (queixa-crime), já que a regra foi instituída em seu benefício, podendo ele preferir valer-se da regra geral.

6   DOS CRIMES CONTRA A LIBERDADE INDIVIDUAL

6.1   Dos crimes contra a liberdade pessoal

6.1.1   Constrangimento ilegal

Crime previsto no art. 146 do Código Penal, pode ser definido como o fato de constranger alguém, mediante violência ou grave ameaça, ou depois de lhe haver reduzido, por qualquer outro motivo, a capacidade de resistência, a não fazer o que a lei permite ou a fazer o que ela não manda.

Tutela o dispositivo penal a liberdade individual da pessoa.

Sujeito ativo pode ser qualquer pessoa.

Sujeito passivo pode ser qualquer pessoa que possua liberdade de vontade, capacidade de autodeterminação.

A conduta vem expressa pelo verbo *constranger*, que significa obrigar, compelir, forçar.

O constrangimento deve ser exercido mediante *violência* (lesões corporais) ou *grave ameaça* (promessa de mal injusto e grave) contra a vítima.

Trata-se de *crime subsidiário*, uma vez que somente se consuma se não houver a tipificação de nenhum outro delito mais grave.

É necessário, ainda, para haver constrangimento ilegal, que a pretensão do sujeito ativo seja ilegítima, não podendo ele exigir da vítima o comportamento pretendido.

O crime somente é punido a título de dolo.

A consumação ocorre no momento em que a vítima faz ou deixa de fazer alguma coisa.

Admite-se a *tentativa de constrangimento ilegal* quando a vítima não realiza o comportamento pretendido pelo sujeito por circunstâncias alheias à sua vontade.

A ação penal é pública incondicionada.

6.1.1.1 Figuras típicas qualificadas

O § 1.º do art. 146 do Código Penal prevê duas hipóteses de qualificadoras do constrangimento ilegal, impondo aplicação cumulativa e em dobro da pena quando, para a execução do crime, se reunirem mais de três pessoas, ou houver emprego de arma.

No primeiro caso, são necessárias, no mínimo, quatro pessoas, não se exigindo prévio acordo entre elas.

No segundo caso, qualquer arma pode ser utilizada: própria (arma de fogo, faca etc.) ou imprópria (pedaço de pau, pedra, caco de vidro, pé de cabra etc.).

6.1.1.2 Concurso material

O § 2.º do art. 146 do Código Penal determina que, no caso de constrangimento ilegal com violência (lesões corporais), o agente responderá criminalmente pelos dois delitos, em concurso material.

6.1.1.3 Causas especiais de exclusão do crime

No § 3.º do art. 146 do Código Penal estão insertas duas causas especiais de exclusão da ilicitude ou antijuridicidade, embora alguns doutrinadores entendam tratar-se de causas de *exclusão da tipicidade*.

No inciso I, na intervenção médica ou cirúrgica, sem o consentimento do paciente ou de seu representante legal, se justificada por iminente perigo de vida, existe conflito entre dois bens jurídicos — vida e liberdade — preferindo a lei a salvaguarda do primeiro em detrimento do segundo (*estado de necessidade de terceiro*).

No inciso II, na coação exercida para impedir suicídio, também existe conflito entre os dois bens jurídicos acima nominados, havendo *estado de necessidade de terceiro*.

6.1.2 Intimidação sistemática (*bullying*)

O crime de intimidação sistemática, conhecido pelo termo *bullying*, foi acrescentado ao Código Penal pela Lei n. 14.811/2024, que estabelece medidas de proteção à criança e ao adolescente contra a violência em ambientes educacionais ou similares. A referida lei instituiu a Política Nacional de Prevenção e Combate ao Abuso e Exploração Sexual da Criança e do Adolescente, promovendo alterações no Código Penal, na Lei dos Crimes Hediondos e no Estatuto da Criança e do Adolescente.

Nesse aspecto, é amplamente reconhecido que a violência contra crianças e adolescentes em ambientes educacionais e similares representa um sério problema que afeta milhões de jovens no Brasil. Essa violência pode se manifestar de várias maneiras, incluindo *bullying*, maus-tratos, abuso sexual e exploração sexual, resultando em consequências severas para as vítimas, como danos físicos (lesões corporais e morte), psicológicos (depressão, fobias, transtornos de ansiedade etc.) e sociais (isolamento, dificuldade de relacionamento, integração na sociedade prejudicada etc.).

Desde o ano de 2015, está em vigor a Lei n. 13.185, que instituiu o Programa de Combate à Intimidação Sistemática (*bullying*). Essa legislação estabelece a responsabilidade dos estabelecimentos de ensino, clubes e agremiações recreativas em garantir a implementação de medidas de conscientização, prevenção, diagnóstico e combate à violência e à intimidação sistemática.

O legislador, entretanto, ao tipificar na Lei n. 14.811/2024 os crimes de *bullying* e *cyberbullying* apartou-se completamente da boa técnica legislativa, criando um tipo penal com graves equívocos que acarretam dificuldades interpretativas que podem comprometer a necessária punição das reprováveis condutas de intimidação sistemática. O *caput* do art. 146-A já traz a tipificação do *cyberbullying*, quando se refere à intimidação sistemática por meio de ações "virtuais". Nesse caso, a pena do *bullying* por meio de ações virtuais (previsto no *caput*) é de multa, se a conduta não constitui crime mais grave. Ora, no parágrafo único vem prevista a qualificadora consistente na prática do *bullying* por meio da rede de computadores, de rede social, de aplicativos, de jogos *on-line* ou por qualquer outro meio ou ambiente digital, ou transmitida em tempo real, ou seja, por meio virtual. Só que, neste caso, a pena do *cyberbullying* é de reclusão, de 2 (dois) anos a 4 (quatro) anos, e multa, se a conduta não constituir crime mais grave. A pergunta que fica é a seguinte: como tipificar a conduta de intimidação sistemática (*bullying*) praticada por meio da *internet*? Essa conduta caracteriza o crime de *bullying* por meio de ação virtual (*caput* — apenado com multa), ou o crime de *cyberbullying* (parágrafo único — apenado com reclusão de 2 a 4 anos e multa)? A nosso ver não se pode falar em conflito aparente de normas, que seria solucionado com a aplicação do princípio da especialidade, uma vez que a norma constante do *caput*, tratando do *bullying* por meio virtual, é praticamente idêntica e evidentemente mais benéfica que a qualificadora do parágrafo único, devendo, em consequência, prevalecer. Aceito esse raciocínio, o próprio legislador, em razão da péssima e equivocada redação do tipo penal, seria o responsável por sepultar a aplicação do parágrafo único do art. 146-A do Código Penal.

A objetividade jurídica do crime é a integridade física e psicológica de uma ou mais pessoas. No caso, o bem jurídico protegido é a integridade física e psicológica da vítima. A intimidação sistemática, mediante violência física ou psicológica, pode causar danos físicos e psicológicos graves às vítimas, como ferimentos, lesões, transtornos de ansiedade, depressão, fobias, baixa autoestima etc.

Sujeito ativo pode ser qualquer pessoa, tratando-se de crime comum. De acordo com a redação do tipo penal, a intimidação sistemática pode ser praticada "individualmente ou em grupo", admitindo, portanto, a coautoria ou a participação como formas de concurso de pessoas. Evidentemente que, se o sujeito ativo for inimputável em razão da idade (criança ou adolescente), estará sujeito às normas previstas no Estatuto da Criança e do Adolescente relativas à prática do ato infracional.

Sujeito passivo é a pessoa que sofre a intimidação sistemática, independentemente de idade, condição social, sexo, orientação sexual, raça, cor, religião ou origem. O tipo penal faz referência a "uma ou mais pessoas", sendo possível, portanto, a pluralidade de vítimas. O *bullying* pode ocorrer em diversos contextos, mas é mais comum em ambientes escolares. Também pode ocorrer em locais de trabalho, comunidades e *on-line*.

A conduta vem representada pelo verbo "intimidar", que significa amedrontar, assustar, assombrar, aterrorizar, apavorar, aterrar, espantar, inquietar, atemorizar.

A intimidação deve ser "sistemática", ou seja, com regularidade, de forma metódica, reiterada, repetitiva. O próprio texto legal, pleonasticamente, faz menção à intimidação sistemática de modo "repetitivo", dando a entender que a conduta não pode ser isolada, mas praticada de modo recorrente, com habitualidade.

Ademais, a intimidação deve ser praticada mediante violência física ou psicológica, sendo certo que a Lei n. 13.185/2015, em seu art. 2º, estabelece que: "Caracteriza-se a intimidação sistemática (*bullying*) quando há violência física ou psicológica em atos de intimidação, humilhação ou discriminação e, ainda: I — ataques físicos; II — insultos pessoais; III — comentários sistemáticos e apelidos pejorativos; IV — ameaças por quaisquer meios; V — grafites depreciativos; VI — expressões preconceituosas; VII — isolamento social consciente e premeditado; VIII — pilhérias". Da mesma forma, no parágrafo único do referido artigo vem disposto que: "Há intimidação sistemática na rede mundial de computadores (*cyberbullying*), quando se usarem os instrumentos que lhe são próprios para depreciar, incitar a violência, adulterar fotos e dados pessoais com o intuito de criar meios de constrangimento psicossocial".

De acordo com o disposto no tipo penal ora analisado, a intimidação sistemática (*bullying*) deve ser praticada (modo de execução) por meio de atos de intimidação, de humilhação ou de discriminação ou de ações verbais, morais, sexuais, sociais, psicológicas, físicas, materiais ou virtuais. Nesse aspecto, o art. 3.º da Lei n. 13.185/2015, ao classificar a intimidação sistemática conforme as ações praticadas, estabelece o *bullying* verbal como "insultar, xingar e apelidar pejorativamente"; o *bullying* moral como "difamar, caluniar, disseminar rumores"; o *bullying* sexual como "assediar, induzir e/ou abusar"; o *bullying* social como "ignorar, isolar e excluir"; o *bullying* psicológico como "perseguir, amedrontar, aterrorizar, intimidar, dominar, manipular, chantagear e infernizar"; o *bullying* físico como "socar, chutar, bater"; o *bullying* material como "furtar, roubar, destruir pertences de outrem"; e o *bullying* virtual como "depreciar, enviar mensagens intrusivas da intimidade, enviar ou adulterar fotos e dados pessoais que resultem em sofrimento ou com o intuito de criar meios de constrangimento psicológico e social".

Com relação ao elemento subjetivo, trata-se de crime doloso, sendo certo que o tipo penal requer que a intimidação sistemática seja praticada "de modo intencional", certamente pretendendo estabelecer um elemento subjetivo específico, que não ocorre, deixando bastante evidenciada a vontade de intimidar sistematicamente a vítima. Nesse aspecto, o tipo penal ainda requer, para a configuração do crime, que o *bullying* seja praticado "sem motivação evidente", o que exclui a existência de um elemento subjetivo específico. Nesse sentido, o dispositivo dá a entender que, se houver uma "motivação evidente" para a prática da conduta, o crime não restaria configurado, podendo a conduta se amoldar a outro tipo penal. Trata-se, portanto, de crime subsidiário.

A consumação ocorre com a efetiva prática da conduta típica, ou seja, com a intimidação intencional e repetitiva, mediante violência física ou psicológica, sem motivação evidente, por meio de atos de intimidação, de humilhação ou de discriminação ou de ações verbais, morais, sexuais, sociais, psicológicas, físicas, materiais ou virtuais. Trata-se de crime de mera conduta, uma vez que ausente resultado naturalístico na descrição típica.

O tipo penal, ademais, exige a reiteração de atos ("de modo repetitivo"), caracterizando crime habitual. Entretanto, a efetiva configuração da reiteração (qual a quantidade de atos necessários) demandará a análise do caso concreto, sendo necessário que a jurisprudência estabeleça os precisos limites à incidência do tipo penal.

Cuidando-se de crime habitual, a tentativa é inadmissível. Portanto, um único ato de intimidação sistemática não configura o crime de *bullying*, tornando a conduta atípica. Ainda que se considere o caráter subsidiário da norma, estampado no preceito secundário ("se a conduta não constitui crime mais grave"), o crime mais grave a ser eventualmente configurado também demandaria a habitualidade, ínsita no tipo penal do *bullying*.

A ação penal é pública incondicionada.

6.1.2.1 Intimidação sistemática virtual (cyberbullying)

De acordo com o disposto no parágrafo único, se a conduta é realizada por meio da rede de computadores, de rede social, de aplicativos, de jogos on-line ou por qualquer outro meio ou ambiente digital, ou transmitida em tempo real, a pena é de reclusão, de 2 (dois) anos a 4 (quatro) anos, e multa, se a conduta não constituir crime mais grave.

Esse parágrafo traz figura qualificada consistente na intimidação sistemática virtual, também chamada de *cyberbullying*, em que a conduta é realizada por meio da rede de computadores, de rede social, de aplicativos, de jogos *on-line* ou por qualquer outro meio ou ambiente digital, ou transmitida em tempo real.

De acordo com o disposto no parágrafo único do art. 2.º da Lei n. 13.185/2015, há intimidação sistemática na rede mundial de computadores (*cyberbullying*), quando se usarem os instrumentos que lhe são próprios para depreciar, incitar a violência, adulterar fotos e dados pessoais com o intuito de criar meios de constrangimento psicossocial.

6.1.3 Ameaça

A ameaça, tipificada no art. 147 do Código Penal, pode ser definida como o fato de o sujeito, por palavra, escrito ou gesto, ou qualquer outro meio simbólico, prometer a outro a prática de mal contra ele ou contra terceiro. É o prenúncio do mal.

Protege-se com a incriminação o *sossego da pessoa*, a *paz de espírito*.

Sujeito ativo pode ser qualquer pessoa.

Sujeito passivo pode ser qualquer pessoa que tenha capacidade de entendimento.

A conduta se traduz pelo verbo *ameaçar*, que significa *prenunciar o mal*, com o emprego de meio escrito, oral, gesto ou qualquer outro símbolo.

Trata-se de crime doloso.

Consuma-se o delito no momento em que o sujeito passivo toma conhecimento do mal prenunciado.

Admite-se a *tentativa de ameaça* teoricamente, sendo de difícil configuração na prática, devendo ser ressaltadas algumas hipóteses, como, por exemplo, a ameaça por meio de carta que se extravia e vai parar nas mãos de outra pessoa.

É crime punido apenas a título de dolo.

Encontram-se discussões na doutrina e na jurisprudência acerca da configuração do crime de ameaça quando o agente se acha acometido de *ira, nervosismo, raiva* ou *no calor de discussão com a vítima*, ou ainda *se o agente estiver embriagado*.

Nesse sentido, somente seria admitida a ameaça quando provinda de ânimo calmo e refletido, sendo incompatível com o estado de ira do agente.

Essa postura, entretanto, deve ser analisada caso a caso, de acordo com as peculiaridades das circunstâncias, até porque o nosso sistema penal não reconhece a emoção e a paixão como excludentes de imputabilidade. Inclusive, estando o agente acometido de ira, de fúria ou de cólera, é muito mais provável que concretize o mal prenunciado, daí porque não se deve, sem análise mais acurada do caso concreto, retirar-lhe a responsabilidade penal.

Com relação ao estado de embriaguez do agente que profere a ameaça, aqui também é prudente a análise de cada caso, verificando-se o grau de intoxicação pelo álcool ou substância de efeito análogo e a capacidade, inclusive física, de concretizar o mal prenunciado. Sendo ele, não obstante o estado de embriaguez, capaz de causar um mal injusto e grave para a vítima, restará configurado o delito, uma vez que a embriaguez voluntária ou culposa não exclui a responsabilidade penal.

A ação penal, em regra, é pública condicionada a representação da vítima. Se o crime for cometido contra a mulher por razões da condição do sexo feminino, nos termos do § 1.º do art. 121-A, a ação penal é pública incondicionada.

6.1.3.1 Causa de aumento de pena

De acordo com o disposto no § 1.º, acrescentado pela Lei n. 14.994/2024, se o crime for cometido contra a mulher por razões da condição do sexo feminino, nos termos do § 1.º do art. 121-A, aplica-se a pena em dobro. Considera-se que há razões da condição do sexo feminino quando o crime envolve violência doméstica e familiar, e menosprezo ou discriminação à condição de mulher.

6.1.4 Perseguição

O crime de perseguição vem previsto no art. 147-A do Código Penal, tendo sido acrescentado pela Lei n. 14.132/2021. O crime tem como objetividade jurídica a tutela da liberdade individual, assim como a proteção à integridade física ou psicológica da pessoa.

O crime de perseguição, embora recente no Brasil, já era incorporado e tipificado por diversas legislações estrangeiras, sendo conhecido pelo nome de *stalking*, termo derivado do verbo inglês *to stalk*, que significa perseguir, vigiar.

Sujeito ativo pode ser qualquer pessoa. Muito embora a maioria dos casos envolva um homem como sujeito ativo, nada impede que uma mulher seja a perseguidora. Inclusive, é perfeitamente possível a coautoria ou a participação de terceiros, que serão responsabilizados penalmente pelo mesmo crime (art. 29 do CP). O § I.º, III, prevê a prática da perseguição mediante o concurso de 2 (duas) ou mais pessoas, configurando causa de aumento de pena de metade. Nesse caso, estamos diante da chamada *gangstalking*, ou perseguição organizada, que envolve mais de um perseguidor contra um indivíduo apenas.

Sujeito passivo também pode ser qualquer pessoa. Caso o sujeito passivo seja criança, adolescente ou idoso, estará presente a causa de aumento de pena de metade prevista no § I.º, I. O mesmo ocorre se a perseguição for praticada contra mulher por razões da condição de sexo feminino. Embora o dispositivo ainda mencione o § 2.º-A do art. I2I, a Lei n. 14.994/2024 erigiu o feminicídio à categoria de crime autônomo, estabelecendo, no § I.º do art. I2I-A do Código Penal, que há razões da condição do sexo feminino quando o crime envolve violência doméstica e familiar, e menosprezo ou discriminação à condição de mulher.

A conduta típica vem expressa pelo verbo *perseguir*, que significa seguir, ir ao encalço. Evidentemente que a conotação dada ao núcleo do tipo, caracterizado pelo verbo *perseguir*, não se restringe à perseguição física, significando também vigiar, incomodar, importunar, atormentar, acossar etc. Pode ocorrer por meio físico ou virtual (pela *internet*, redes sociais etc.), presencialmente ou não, por telefone, por carta etc.

Para a configuração do crime, é necessário que a conduta seja praticada *reiteradamente*, ou seja, por diversas vezes, repetidas vezes, continuamente. Trata-se, portanto, de *crime habitual*, que requer a habitualidade, a reiteração para sua tipificação. Vale ressaltar que a prática da conduta uma só vez não caracteriza o crime em comento. Anteriormente à vigência da Lei n. 14.132/2021, a prática de um único ato de perseguição poderia ser tipificada como a contravenção penal prevista no art. 65 do Decreto-lei n. 3.688/41 — Lei das Contravenções Penais. Entretanto, tendo o referido art. 65 sido revogado expressamente pela Lei n. 14.132/2021, ocorreu verdadeira *abolitio criminis*, sendo atípica a conduta de perseguir a vítima apenas uma única vez.

Entretanto, com relação à perseguição reiterada, ante a revogação expressa do art. 65 da Lei das Contravenções Penais, houve continuidade normativo-típica, permanecendo a conduta típica, prevista no art. I47-A do Código Penal. Evidentemente que o art. I47-A, por constituir norma penal mais severa, somente pode ser aplicado aos fatos cometidos após a vigência da Lei n. 14.132/2021.

Outrossim, para a caracterização do crime, a perseguição deve se manifestar de três formas:

a) Mediante ameaça à integridade física ou psicológica da vítima: nesse caso, a ameaça se traduz no prenúncio de mal injusto e grave, envolvendo a integridade física ou a integridade psicológica da vítima, causando-lhe ansiedade, temor ou degradação de seu estado emocional. Embora a perseguição não se restrinja aos casos de violência doméstica e familiar contra a mulher, o art. 7.º, II, da Lei n. II.340/2006 — Lei Maria da Penha, bem retrata o que se entende por violência psicológica, entendida como qualquer conduta que cause dano emocional e diminuição da autoestima ou que prejudique e perturbe o pleno desenvolvimento ou que vise degradar ou controlar as ações, comportamentos, crenças e decisões, mediante ameaça, constrangimento, humilhação, manipulação, isolamento, vigilância constante, perseguição contumaz, insulto, chantagem, violação de intimidade, ridicularização, exploração e limitação do direito de ir e vir ou qualquer outro meio que cause prejuízo à saúde psicológica e à autodeterminação.

b) Restrição à capacidade de locomoção: nesse caso, a restrição não é apenas o cerceamento físico à capacidade de locomoção (como ocorre no sequestro ou cárcere privado), mas também a restrição à locomoção da vítima em razão de temor, de medo, que faz com que ela, por exemplo, não saia de casa por receio de sofrer a importunação, ou não frequente locais públicos por medo de ser perseguida, observada ou molestada pelo sujeito ativo.

c) Invasão ou perturbação da esfera de liberdade ou privacidade, de qualquer forma: nessa modalidade de crime, a forma de prática da conduta é livre, já que o tipo penal emprega a expressão *de qualquer forma*. Ou seja, a invasão ou perturbação da liberdade (de ir e vir, de expressão etc.) ou da privacidade da vítima pode ocorrer de qualquer modo que lhe cause constrangimento, incômodo, detrimento, dano moral ou material, tolhendo-lhe o direito de desempenhar costumeiramente suas atividades normais.

Merece destaque a ocorrência de tipificação do crime analisado por meio do chamado *cyberstalking*, praticado no âmbito virtual, que pode se dar pela *internet*, por *e-mails*, pelas redes sociais ou por qualquer outra forma.

Trata-se de crime doloso, não sendo admitida a modalidade culposa. O tipo penal também não exige nenhum elemento subjetivo específico, ou seja, nenhuma motivação especial por parte do agente.

A consumação ocorre com a prática reiterada da perseguição, caracterizando crime habitual. No caso de ameaça à integridade física ou psicológica da vítima, a consumação se dá independentemente de qualquer resultado naturalístico, caracterizando crime formal. Já na restrição à capacidade de locomoção e na invasão ou perturbação da esfera de liberdade ou privacidade da vítima, há necessidade de resultado naturalístico para a consumação, tratando-se de crime material.

Não se admite a tentativa, já que se trata de crime habitual.

A ação penal é pública condicionada a representação, nos termos do § 3.º. Portanto, a vítima terá o prazo de 6 (seis) meses, contado da data do conhecimento da autoria do fato, para oferecer a representação (condição de procedibilidade) contra o sujeito ativo.

Por se tratar de infração penal de menor potencial ofensivo, é cabível a transação (art. 76 da Lei n. 9.099/95) e a suspensão condicional do processo (art. 89 da Lei n. 9.099/95), exceção feita aos casos que envolvam violência doméstica e familiar contra a mulher (art. 41 da Lei n. 11.340/2006). Ocorrendo qualquer das hipóteses dos §§ 1.º e 2.º, não será possível a transação, uma vez que o máximo da pena privativa de liberdade cominada ultrapassará o limite de 2 (dois) anos.

Não sendo cabível a transação, não tendo o crime sido praticado com violência ou grave ameaça e não tendo o crime sido praticado no âmbito de violência doméstica ou familiar ou praticado contra a mulher por razões da condição de sexo feminino, o Ministério Público poderá propor ao investigado o acordo de não persecução penal, nos termos do art. 28-A do Código de Processo Penal.

6.1.4.1 Causa de aumento de pena

O § 1.º do art. 147-A prevê causa de aumento de pena de metade quando o crime for praticado contra criança (pessoa até doze anos de idade incompletos), adolescente (pessoa com idade entre doze e dezoito anos), idoso (pessoa com idade igual ou superior a sessenta anos), mulher por razões da condição de sexo feminino, ou ainda mediante concurso de

2 (duas) ou mais pessoas ou com o emprego de arma. Nesse último caso, a arma poderá ser branca (faca, canivete, estilete etc.) ou de fogo (revólver, pistola, espingarda etc.).

6.1.4.2 Cúmulo material

O § 2.º do art. 147-A estabelece que as penas do crime de perseguição são aplicáveis sem prejuízo das correspondentes à violência. Portanto, havendo emprego de violência na prática delitiva (lesões corporais etc.), as penas deverão ser aplicadas cumulativamente, ou seja, deverá a pena do crime de perseguição ser somada à pena do tipo penal em que for tipificada a violência.

6.1.5 Violência psicológica contra a mulher

A violência psicológica vem prevista no art. 7.º, II, da Lei n. 11.340/2006 — Lei Maria da Penha —, sendo considerada uma das formas de violência doméstica e familiar contra a mulher, ao lado da violência física, da violência sexual, da violência patrimonial e da violência moral.

A Lei Maria da Penha considera a violência psicológica contra a mulher como qualquer conduta que lhe cause dano emocional e diminuição da autoestima ou que lhe prejudique e perturbe o pleno desenvolvimento ou que vise degradar ou controlar suas ações, comportamentos, crenças e decisões, mediante ameaça, constrangimento, humilhação, manipulação, isolamento, vigilância constante, perseguição contumaz, insulto, chantagem, violação de sua intimidade, ridicularização, exploração e limitação do direito de ir e vir ou qualquer outro meio que lhe cause prejuízo à saúde psicológica e à autodeterminação.

Entretanto, a Lei n. 14.188/2021, definindo o programa de cooperação Sinal Vermelho contra a Violência Doméstica como uma das medidas de enfrentamento da violência doméstica e familiar contra a mulher previstas na Lei Maria da Penha e no Código Penal, em todo o território nacional, erigiu a violência psicológica à categoria de crime, em autêntica *novatio legis* incriminadora, acrescentando o art. 147-B ao Código Penal, no capítulo dos crimes contra a liberdade individual.

A objetividade jurídica do crime consiste na proteção à saúde psicológica e à autodeterminação da mulher.

Sujeito ativo do crime pode ser qualquer pessoa e não necessariamente apenas o homem.

Sujeito passivo, entretanto, somente pode ser a mulher, aí sendo incluída a mulher transgênero, independentemente de ter se submetida a cirurgia de redesignação sexual ou de ter alterado o nome e/ou o sexo nos assentos do Registro Civil, sendo suficiente que se trate de pessoa com identidade de gênero feminina. Essa, aliás, tem sido a orientação que vem se pacificando nos tribunais brasileiros, apesar de entendimentos em sentido contrário.

Interessante notar que a redação do tipo penal é bem peculiar, uma vez que se inicia pelo resultado para, em seguida, estabelecer as formas de conduta. O resultado do crime é o "dano emocional à mulher", dano esse apto a prejudicar e perturbar seu pleno desenvolvimento ou que vise a degradar ou a controlar suas ações, comportamentos, crenças e decisões.

Portanto, o crime se consuma com a provocação do dano emocional à mulher, tratando-se de crime material.

Esse dano emocional à mulher deve ser causado pelas condutas consistentes em ameaçar, constranger, humilhar, manipular, isolar, chantagear, ridicularizar, limitar o direito de ir e vir ou qualquer outro meio que cause prejuízo à sua saúde psicológica e autodeterminação. Ao se referir a "qualquer outro meio", deixou claro o legislador seu intuito de não limitar o modo de execução do crime, sendo admitida qualquer outra conduta que cause prejuízo à saúde psicológica e à autodeterminação da mulher.

Ressalvados os posicionamentos em sentido contrário, cremos que não se trata de crime habitual, a despeito de algumas modalidades de conduta poderem ser caracterizadas pela prática reiterada de atos. Não se exige, portanto, a habitualidade, consistente na reiteração de atos ou condutas criminosas, uma vez que a consumação pode ocorrer com uma só conduta apta a provocar o dano emocional. É verdade, também, que algumas modalidades de conduta podem caracterizar crime permanente, como no caso de isolamento e limitação do direito de ir e vir. De todo modo, é mais prudente que se analise cada caso concreto, até porque não houve limitação ao modo de execução do crime.

A tentativa, em tese, é admitida, embora seja muito difícil sua configuração prática.

Vale ressaltar que se trata de crime doloso, intencional, o que significa dizer que o agente deve ter a intenção (consciência e vontade) de praticar uma ou mais modalidades de conduta (ameaça, constrangimento, humilhação, manipulação, isolamento, chantagem, ridicularização, limitação do direito de ir e vir ou qualquer outro meio que cause prejuízo à sua saúde psicológica e autodeterminação). Nesse aspecto, o dolo do agente não é, necessariamente, o de causar o resultado "dano emocional", pelo que se pode admitir, quanto à causação do evento, tanto o dolo direto quanto o dolo eventual. A intenção do agente pode ser, por exemplo, a de ameaçar, isolar ou limitar o direito de ir e vir da mulher vítima somente para sua autoafirmação, controle e demonstração de superioridade sobre ela, assumindo o risco de causar-lhe o dano emocional.

Outrossim, cuida-se de crime subsidiário, que apenas se configura se a conduta não constituir crime mais grave, como no caso de cárcere privado ou tortura.

A ação penal é pública incondicionada. Vale dizer, a iniciativa da investigação e da ação penal independem da vontade da vítima.

Por fim, ao contrário do que possa aprioristicamente parecer, o alcance do crime não se restringe ao âmbito da violência doméstica e familiar contra a mulher (art. 5.º da Lei Maria da Penha), não se exigindo essa relação pessoal na descrição do tipo penal, o que alarga o espectro da persecução penal a todos os casos e formas de violência psicológica contra a mulher.

6.1.6 Sequestro e cárcere privado

Sequestro e cárcere privado são meios utilizados pelo agente para privar alguém, total ou parcialmente, de sua liberdade de locomoção. Vem previsto o crime no art. 148 do Código Penal.

Protege-se o direito constitucional de ir e vir.

Sujeito ativo pode ser qualquer pessoa.

Sujeito passivo também pode ser qualquer pessoa.

A conduta típica é *privar alguém de liberdade*.

No sequestro, a privação de liberdade — detenção ou retenção da vítima — ocorre por *confinamento*, ou seja, a vítima fica confinada, retida, em local de onde não possa voltar à liberdade. Exemplo: confinamento da vítima em um sítio, em uma ilha etc.

No cárcere privado, a privação da liberdade da vítima ocorre por *enclausuramento*, ou seja, condicionamento físico em lugar fechado (*abductio de loco ad locum*). Exemplo: enclausuramento da vítima em um quarto fechado, em uma casa, em um cubículo de onde não possa sair.

Trata-se de crime doloso.

A consumação ocorre no momento em que a vítima se vê privada da liberdade de locomoção.

Nesse sentido: "Manter pessoa escondida por longo tempo sem que familiares tenham conhecimento do local onde se encontra caracteriza o crime de sequestro" (STJ — *RSTJ*, 37/287).

É *delito permanente*, perdurando a consumação enquanto o ofendido estiver submetido à privação de sua liberdade de locomoção. No aspecto processual, é cabível a prisão em flagrante do agente enquanto não cessar a permanência (art. 303 do CPP).

Admite-se a *tentativa de sequestro e cárcere privado*.

É um *crime subsidiário*, que se consuma apenas quando a conduta não revele delito mais grave.

A ação penal é pública incondicionada.

6.1.6.1 Figuras típicas qualificadas

As figuras típicas qualificadas vêm estampadas nos §§ 1.º e 2.º do art. 148 do Código Penal.

Assim, a pena é de reclusão de 2 a 5 anos:

a) se a vítima é ascendente, descendente, cônjuge do agente ou maior de 60 anos;

b) se o crime é praticado mediante *internação da vítima* em casa de saúde ou hospital;

c) se a privação de liberdade dura mais de 15 dias;

d) se o crime é praticado contra menor de 18 anos;

e) se o crime é praticado com fins libidinosos.

As duas últimas hipóteses foram acrescentadas pela Lei n. 11.106/2005. Assim, a tipificação do sequestro ou cárcere privado *com fins libidinosos* foi inserida no Código Penal em razão da revogação expressa, pela dita lei, do crime de rapto, em todas as suas modalidades (arts. 219 a 222 do CP).

A pena é de reclusão de 2 a 8 anos se resulta à vítima, em razão dos *maus-tratos* ou da natureza da detenção, grave sofrimento físico ou moral.

Assim: "O crime de cárcere privado, com grave sofrimento (físico e moral) para a vítima, está plenamente configurado pela circunstância de ter o agente prendido a amásia com corrente, algemas e cadeado, infligindo-lhe sofrimento" (*RJTJSP*, 53/318).

"A retenção do paciente no hospital pelo médico, com o fito de receber seus honorários, configura o delito de cárcere privado" (TJPR — *RT*, 503/368).

6.1.7 Redução a condição análoga à de escravo

O crime do art. 149 do Código Penal também é conhecido como plágio (do latim *plagium*), que é a completa sujeição de uma pessoa ao domínio de outra, a venda de homens livres como escravos, enfim, o cerceamento de liberdade da vítima. Não se confunde esse crime contra a liberdade individual com o plágio literário, que viola direitos de autor, o qual teve sua origem em Roma, com a *Lex Fabia de Plagiariis*, no século II a.C.

O crime de redução à condição análoga à de escravo tem como objetividade jurídica a tutela da liberdade individual (*status libertatis*).

Sujeito ativo pode ser qualquer pessoa.

Sujeito passivo é o trabalhador.

A conduta típica é expressa pelo verbo *reduzir*, que significa transformar, tornar.

O termo *condição análoga à de escravo* define o fato de o sujeito reduzir a vítima a pessoa totalmente submissa à sua vontade, como se escravo fosse.

Segundo a redação do dispositivo em análise, entende-se por *condição análoga à de escravo*:

a) a sujeição da vítima a trabalhos forçados ou a jornada exaustiva;

b) a sujeição da vítima a condições degradantes de trabalho;

c) a restrição, por qualquer meio, da locomoção da vítima, em razão de dívida contraída com o empregador ou preposto.

É crime permanente, cuja consumação se protrai no tempo.

Trata-se de crime doloso.

A consumação ocorre quando o sujeito ativo reduz a vítima a condição análoga à de escravo através de uma ou mais condutas acima referidas.

Admite-se a tentativa.

A ação penal é pública incondicionada.

Interessante destacar que o art. 1.º da Lei n. 6.454/77, com a redação que lhe foi dada pela Lei n. 12.781/2013, dispõe que "é proibido, em todo o território nacional, atribuir nome de pessoa viva ou que tenha se notabilizado pela defesa ou exploração de mão de obra escrava, em qualquer modalidade, a bem público, de qualquer natureza, pertencente à União ou às pessoas jurídicas da administração indireta".

6.1.7.1 Figuras equiparadas

O § 1.º prevê punição idêntica à do *caput* àquele que:

a) cercear o uso de qualquer meio de transporte por parte do trabalhador, com o fim de retê-lo no local de trabalho;

b) manter vigilância ostensiva no local de trabalho, com o fim de lá reter o trabalhador;

c) se apoderar de documentos ou objetos pessoais do trabalhador, com o fim de retê--lo no local de trabalho.

6.1.7.2 Causas especiais de aumento de pena

A pena é aumentada de metade, se o crime é cometido:

a) contra criança ou adolescente;

b) por motivo de preconceito de raça, cor, etnia, religião ou origem.

6.2 Tráfico de pessoas

O crime de tráfico de pessoas vem previsto no art. 149-A do Código Penal, tendo sido introduzido pela Lei n. 13.344/2016, que dispõe sobre prevenção e repressão ao tráfico interno e internacional de pessoas e sobre medidas de atenção às vítimas.

A objetividade jurídica desse crime é a proteção da liberdade pessoal do ser humano, que não pode ser escravizado nem submetido a qualquer das práticas indicadas pelo dispositivo legal.

O objeto material é o ser humano, a pessoa sobre a qual recai a conduta criminosa.

Sujeito ativo pode ser qualquer pessoa, nacional ou estrangeira. Trata-se de crime comum.

Sujeito passivo pode qualquer pessoa, nacional ou estrangeira.

As condutas típicas vêm expressas pelos verbos agenciar (servir de agente, de intermediário, representar), aliciar (recrutar, atrair, seduzir), recrutar (reunir, atrair, alistar, seduzir), transportar (levar, conduzir, carregar de um lugar para outro), transferir (mudar de um lugar para outro, remover), comprar (adquirir), alojar (acomodar, dar abrigo) ou acolher (amparar, receber).

Trata-se de tipo misto alternativo, que se consuma com a prática de uma ou mais das condutas elencadas. Praticando o agente mais de uma das condutas típicas, cometerá um só crime.

Algumas condutas traduzem crime instantâneo (comprar, aliciar e recrutar) e outras indicam crime permanente (transportar, alojar e acolher).

Quanto às condutas agenciar e transferir, poderão ser consideradas instantâneas ou permanentes, a depender das peculiaridades do caso concreto.

Com relação aos meios de execução, o dispositivo estabelece que as condutas devem ser praticadas mediante grave ameaça, violência, coação, fraude ou abuso. Trata-se de crime de forma vinculada.

O elemento subjetivo é o dolo.

O tipo penal estabelece, ainda, finalidades específicas (elemento subjetivo específico), que são: a) remover órgãos, tecidos ou partes do corpo da vítima; b) submeter a vítima a trabalho em condições análogas às de escravo; c) submeter a vítima a qualquer tipo de servidão; d) adoção ilegal; e e) exploração sexual.

Nesse aspecto, é evidente que deve o agente conhecer e ter consciência de uma ou mais das finalidades específicas mencionadas. Um agente poderia, por exemplo, transportar a pessoa vítima de tráfico sem saber que esta seria alvo de exploração sexual ou de servidão.

O crime se consuma com o emprego de grave ameaça, violência, coação, fraude ou abuso para agenciar, aliciar, recrutar, transportar, transferir, comprar, alojar ou acolher a vítima. Cuida-se de crime formal: embora tenha resultado naturalístico previsto em lei, este não é necessário para a consumação. Portanto, o crime se consuma com a prática da conduta típica, independentemente da efetiva remoção de órgão, tecidos ou partes do corpo da vítima; independentemente da submissão da vítima a trabalho em condições análogas às de escravo; independentemente da submissão da vítima a qualquer tipo de servidão; independentemente de adoção ilegal; ou independentemente de exploração sexual.

A tentativa é admissível, já que o *iter criminis* pode ser fracionado.

6.2.1 Causas especiais de aumento de pena

Dispõe o § 1.º que a pena será aumentada de um terço até a metade se o crime for cometido por funcionário público no exercício de suas funções ou a pretexto de exercê-las; se o crime for cometido contra criança, adolescente ou pessoa idosa ou com deficiência; se o agente se prevalecer de relações de parentesco, domésticas, de coabitação, de hospitalidade, de dependência econômica, de autoridade ou de superioridade hierárquica inerente ao exercício de emprego, cargo ou função; ou se a vítima do tráfico de pessoas for retirada do território nacional.

6.2.2 Causa especial de diminuição de pena

O § 2.º prevê a figura do tráfico de pessoas privilegiado, sendo a pena reduzida de um a dois terços se o agente for primário e não integrar organização criminosa.

6.3 Dos crimes contra a inviolabilidade do domicílio

6.3.1 Violação de domicílio

Pune o Código Penal, no art. 150, o crime de violação de domicílio, tipificando a conduta daquele que ingressa ou permanece, clandestina ou astuciosamente, ou contra a vontade expressa ou tácita de quem de direito, em casa alheia ou em suas dependências.

Tutela o dispositivo penal o direito à *inviolabilidade da casa*, no aspecto da *tranquilidade doméstica*, sendo as condutas incriminadas as de *entrar* ou *permanecer* na casa sem consentimento de quem de direito.

A conduta de *entrar* significa ingressar por completo no domicílio. *Permanecer* pressupõe que o agente já ingressou no domicílio e deste se recusa a se retirar.

A entrada ou permanência no domicílio deve ser *clandestina* (às ocultas, sem ser notado), ou *astuciosa* (clandestinamente, mediante artifício, fraude etc.), ou *contra a vontade de quem de direito* (às claras, ostensivamente).

Sujeito ativo pode ser qualquer pessoa.

Se o sujeito ativo for agente público, servidor ou não, da administração direta, indireta ou fundacional de qualquer dos Poderes da União, dos Estados, do Distrito Federal, dos Municípios e de Território, estará configurado o crime previsto no art. 22 da Lei n. 13.869/2019 (Lei de Abuso de Autoridade).

Sujeito passivo é o morador da casa, que tem o direito de impedir a entrada ou permanência de outrem. Pode ser proprietário, locatário, possuidor etc.

O crime é punido a título de dolo genérico, que é a vontade de ingressar ou permanecer na casa contra a vontade de quem de direito.

Ou ainda: "Se o agente entra no quintal da residência da vítima com a intenção de ingressar em seu interior e subtrair alguma coisa, para tanto já tendo arrombado uma das vias de acesso à moradia, não se consumando a subtração por circunstâncias alheias à sua vontade, caracterizado resta o furto qualificado na forma tentada, e não violação de domicílio, posto que este somente subsiste como crime autônomo quando a entrada ou permanência for o próprio fim da conduta e não meio para o cometimento de outro ilícito" (TACrim — *RT*, 661/299).

A violação de domicílio possui caráter subsidiário, configurando-se apenas se não constituir elemento de crime mais grave. Se a invasão se dá para a prática de um ilícito penal, fica por ele absorvida. Assim, por exemplo, se o agente viola domicílio para a prática de um estupro, resta configurado apenas este último crime.

O crime se consuma no momento da efetiva entrada ou permanência, sendo necessário que o agente ultrapasse com o corpo inteiro o limite que separa a casa do mundo exterior.

A tentativa é admissível, em tese, embora seja difícil sua configuração.

6.3.1.1 Figuras típicas qualificadas

O § 1.º do art. 150 do Código Penal prevê quatro hipóteses em que a pena é de detenção de 6 meses a 2 anos, além da pena correspondente à violência. São elas:

a) crime praticado durante a noite (ausência de luz solar);

b) crime praticado em lugar ermo (despovoado);

c) crime praticado com o emprego de violência (contra a pessoa ou contra a coisa) ou de arma (própria ou imprópria);

d) crime praticado por duas ou mais pessoas.

6.3.1.2 Causas de aumento de pena

O § 2.º do art. 150 do Código Penal, que determinava aumento de pena de um terço, se o fato fosse cometido por funcionário público, fora dos casos legais, ou com inobservância das formalidades estabelecidas em lei, ou com abuso do poder, foi expressamente revogado pelo art. 44 da Lei n. 13.869/2019 (Lei de Abuso de Autoridade).

Referida lei trouxe um tipo penal específico (art. 22) para a violação de domicílio praticada por agente público, servidor ou não, da administração direta, indireta ou fundacional de qualquer dos Poderes da União, dos Estados, do Distrito Federal, dos Municípios e de Território, cominando pena de detenção de 1 (um) a 4 (quatro) anos e multa.

6.3.1.3 Exclusão da antijuridicidade

O § 3.º do art. 150 do Código Penal apresenta duas causas especiais de exclusão da antijuridicidade:

a) quando o agente entra ou permanece em casa alheia ou em suas dependências, durante o dia, com observância das formalidades legais, para efetuar prisão ou outra diligência. A respeito da busca e apreensão tratam os arts. 240 a 250 do Código de Processo Penal e, a respeito do cumprimento de mandado de prisão ou de prisão em flagrante, os arts. 293 e 294 do mesmo diploma;

b) quando o agente entra ou permanece em casa alheia ou em suas dependências, a qualquer hora do dia ou da noite, e algum crime está sendo ali praticado ou na iminência de o ser.

Nesse sentido: "A casa é asilo inviolável do indivíduo, porém não pode ser transformada em garantia de impunidade de crimes que em seu interior se praticam" (STF — *RTJ*, 84/302).

A Constituição Federal, no art. 5.º, XI, elenca outras duas causas de exclusão da antijuridicidade na violação de domicílio: *em caso de desastre* e *para prestar socorro*.

A Lei n. 13.869/2019 (Lei de Abuso de Autoridade), embora não tenha revogado expressamente esse § 3.º, trouxe, em seu art. 22, § 2.º, hipótese de exclusão de antijuridicidade aplicável a agente público, servidor ou não, da administração direta, indireta ou fundacional de qualquer dos Poderes da União, dos Estados, do Distrito Federal, dos Municípios e de Território, nos seguintes termos:

"Art. 22. § 2.º. Não haverá crime se o ingresso for para prestar socorro, ou quando houver fundados indícios que indiquem a necessidade do ingresso em razão de situação de flagrante delito ou de desastre".

6.3.1.4 Contornos da expressão "casa"

Os §§ 4.º e 5.º do art. 150 do Código Penal preveem os contornos penais da expressão *casa*, assim se compreendendo:

a) qualquer compartimento habitado;

b) aposento ocupado de habitação coletiva (hotéis, pensões etc.);

c) compartimento não aberto ao público, onde alguém exerce profissão ou atividade (escritório do advogado, consultório do médico etc.).

Não se incluem na expressão *casa*:

a) hospedaria, estalagem ou qualquer outra habitação coletiva, enquanto aberta, salvo o aposento ocupado;

b) taverna, casa de jogo e outras do mesmo gênero.

6.4 Dos crimes contra a inviolabilidade de correspondência

6.4.1 Violação de correspondência

6.4.1.1 Generalidades

Prevê o art. 5.º, XII, da Constituição Federal que "é inviolável o sigilo da correspondência e das comunicações telegráficas, de dados e das comunicações telefônicas, salvo, no último caso, por ordem judicial, nas hipóteses e na forma que a lei estabelecer para fins de investigação criminal ou instrução processual penal".

O art. 151 do Código Penal, que prevê várias figuras típicas, foi tacitamente revogado pelas disposições da Lei n. 6.538/78, que dispõe sobre os serviços postais.

O art. 47 dessa lei adotou várias definições, dentre elas a de que *correspondência* é "toda comunicação de pessoa a pessoa, por meio de carta, através da via postal, ou por telegrama".

6.4.1.2 Violação de correspondência

O crime de violação de correspondência vem previsto no art. 40, *caput*, da Lei n. 6.538/78, que, como dissemos, revogou tacitamente o art. 151, *caput*, do Código Penal.

A objetividade jurídica é a tutela do sigilo de correspondência, em consequência da liberdade de manifestação do pensamento.

Sujeito ativo pode ser qualquer pessoa.

Sujeitos passivos são o remetente e o destinatário da correspondência.

A conduta típica vem expressa pelo verbo *devassar*, que significa invadir, pôr a descoberto, tomar conhecimento.

Deverá ser a *devassa indevida* e a *correspondência fechada*.

Consuma-se o delito quando o agente toma conhecimento do conteúdo da correspondência fechada.

Admite-se a tentativa.

Com relação aos condenados e presos provisórios, a Lei n. 7.210/84 (Lei de Execução Penal) prevê, no art. 41, XV, que têm direito ao "contato com o mundo exterior por meio de correspondência escrita, da leitura e de outros meios de informação que não comprometam a moral e os bons costumes".

O parágrafo único desse artigo, entretanto, estabelece que tal direito poderá ser suspenso ou restringido mediante ato normativo do diretor do estabelecimento.

Assim, embora tenham os condenados e presos provisórios direito à inviolabilidade de correspondência, devem ser consideradas, no caso concreto, as razões de segurança pública, de disciplina penitenciária ou de preservação da ordem jurídica, a ensejarem a possibilidade de interceptação da correspondência a eles e por eles remetida.

Nesse sentido, inclusive, decidiu a Primeira Turma do Supremo Tribunal Federal, no HC 70.814-5-SP, onde, em lapidar voto, manifestou-se o Ministro Celso de Mello: "A Lei de Execução Penal, ao elencar os direitos do preso, reconhece-lhe a faculdade de manter contacto com o mundo exterior por meio de correspondência escrita (art. 41, XV). Esse direito, contudo, poderá ser validamente restringido pela administração penitenciária, consoante prescreve a própria Lei 7.210/84 (art. 41, parágrafo único).

Razões de segurança pública, de disciplina penitenciária ou de preservação da ordem jurídica poderão justificar, sempre excepcionalmente, e desde que respeitada a norma inscrita no art. 41, parágrafo único, da LEP, a interceptação da correspondência remetida pelos sentenciados, eis que a cláusula tutelar da inviolabilidade do sigilo epistolar não pode constituir instrumento de salvaguarda de práticas ilícitas" (STF — *RT*, 709/418).

6.4.1.3 Sonegação ou destruição de correspondência

O art. 40, § I.º, da Lei n. 6.538/78 prevê o crime de *sonegação ou destruição de correspondência*, tendo revogado tacitamente o disposto no art. 151, § I.º, I, do Código Penal.

A conduta incriminada é *apossar-se* de correspondência alheia, *indevidamente*, sonegando-a ou destruindo-a, no todo ou em parte.

6.4.1.4 Violação de comunicação telegráfica, radioelétrica ou telefônica

Esse delito vem previsto no art. 151, § I.º, II, do Código Penal e tutela o sigilo de comunicação entre as pessoas.

Sujeito ativo pode ser qualquer pessoa.

Sujeitos passivos serão as pessoas cuja comunicação for violada.

A conduta típica se divide em três modalidades:

a) *divulgação* indevida de comunicação telegráfica ou radioelétrica dirigida a terceiro, ou conversação telefônica entre outras pessoas;

b) *transmissão* indevida de comunicação telegráfica ou radioelétrica dirigida a terceiro, ou conversação telefônica entre outras pessoas;

c) *utilização* abusiva de comunicação telegráfica ou radioelétrica dirigida a terceiro, ou conversação telefônica entre outras pessoas.

Merece ser destacado que o crime de *interceptação telefônica* vem estampado no art. 10 da Lei n. 9.296, de 24 de julho de 1996.

A consumação se opera com a divulgação, transmissão ou utilização abusiva.

Admite-se a tentativa.

6.4.1.5 Impedimento de telecomunicação

Essa modalidade criminosa vem prevista no art. 151, § I.º, III, do Código Penal.

A tudo se assemelha à modalidade delitiva acima estudada, com exceção da conduta típica, que vem expressa pelo verbo *impedir*, que significa interromper, obstruir.

6.4.1.6 Instalação ou utilização ilegais

O art. 70 da Lei n. 4.117/62 (Código Brasileiro de Telecomunicações), substituído pelo Decreto-lei n. 236/67, revogou tacitamente o disposto no art. 151, § I.º, IV, do Código Penal.

Nesse crime, a conduta típica vem expressa pelos verbos *instalar* e *utilizar* qualquer meio de telecomunicação, *sem observância de disposição legal*, ou seja, sem autorização pelo órgão próprio indicado em lei.

6.4.1.7 Disposições comuns

O § 2.º do art. 151 do Código Penal determina o aumento de pena de metade se ocorrer dano (econômico ou moral) a outrem.

A pena é de detenção de 1 a 3 anos, segundo o art. 151, § 3.º, do Código Penal, se o agente comete o crime com *abuso de função em serviço* postal, telegráfico, radioelétrico ou telefônico.

6.4.1.8 Ação penal

A regra, nos crimes acima estudados, é a ação penal pública condicionada a representação do ofendido. As exceções são as hipóteses de instalação ou utilização de estação ou aparelho radioelétrico (§ 1.º, IV), e de abuso de função (§ 3.º), casos em que a ação penal será pública incondicionada.

6.4.2 Correspondência comercial

Crime previsto no art. 152 do Código Penal, a violação de correspondência comercial tem como objetividade jurídica a tutela da liberdade de correspondência comercial.

Tratando-se de crime próprio, o sujeito ativo somente pode ser o sócio ou empregado do estabelecimento comercial ou industrial.

Sujeito passivo é o estabelecimento comercial ou industrial.

A conduta incriminada se desenvolve por meio do *abuso da condição de sócio ou empregado* do estabelecimento comercial ou industrial, que se dá através das seguintes ações:

a) desviar;

b) sonegar;

c) subtrair;

d) suprimir;

e) revelar.

O objeto material do delito é a *correspondência comercial*.

Trata-se de crime doloso.

A consumação ocorre com o desvio, a sonegação, a subtração, a supressão ou a revelação.

Admite-se a tentativa.

A ação penal é pública condicionada a representação.

6.5   Dos crimes contra a inviolabilidade dos segredos

6.5.1 Divulgação de segredo

O crime de divulgação de segredo vem previsto no art. 153 do Código Penal, tendo como objetividade jurídica a tutela dos fatos da vida íntima da pessoa (segredos).

Sujeito ativo somente pode ser o destinatário ou detentor do segredo.

Sujeito passivo é qualquer pessoa que possa sofrer dano em razão da conduta do agente.

A conduta é expressa pelo verbo *divulgar*, que significa tornar público, propalar o segredo a várias pessoas.

O segredo deve estar inserto em *documento particular* ou *correspondência confidencial*, que constituem o objeto material do delito.

Além disso, deve inexistir *justa causa* para a divulgação do segredo, a qual será analisada em cada caso concreto.

O § 1.º-A, acrescentado pela Lei n. 9.983/2000, incrimina a divulgação, sem justa causa, de "informações sigilosas ou reservadas, assim definidas em lei, contidas ou não nos sistemas de informações ou banco de dados da Administração Pública".

A esse respeito, conforme destaca Julio Fabbrini Mirabete (op. cit., p. 212), "o sigilo dos documentos públicos, cuja divulgação ponha em risco a segurança da sociedade e do Estado, bem como aqueles necessários ao resguardo da inviolabilidade da intimidade, da vida privada, da honra e da imagem das pessoas, é assegurado pelo art. 23 da Lei n. 8.159, de 8.1.91, regulamentada pelos Decretos n. 2.134, de 23.1.97, e 2.910, de 29.12.98".

Trata-se de crime doloso.

A consumação ocorre com a divulgação do segredo a um número indeterminado de pessoas.

Admite-se a tentativa.

A ação penal é pública condicionada a representação (§ 1.º). Se resultar prejuízo para a Administração Pública, a ação penal será incondicionada (§ 2.º).

6.5.2 Violação de segredo profissional

A violação de segredo profissional é crime previsto no art. 154 do Código Penal.

Tutela-se com o dispositivo a inviolabilidade do segredo profissional.

Tratando-se de crime próprio, podem ser sujeitos ativos somente aqueles que têm ciência do segredo em razão de função, ministério, ofício ou profissão. São os chamados *confidentes necessários.*

Sujeito passivo pode ser qualquer pessoa que sofra prejuízo (dano) em razão da revelação do segredo.

A conduta típica vem expressa pelo verbo *revelar*, que significa divulgar, desvelar, fazer conhecer. Nesse caso também deve inexistir *justa causa* para a revelação do segredo.

Acerca da revelação de fato sigiloso, no caso desse artigo, posicionou-se o Supremo Tribunal Federal em memorável decisão: "A pública potestade só forçará o desvendar de fato sigiloso se a tanto autorizada por específica norma de lei formal. Trata-se de atividade totalmente regrada, prefixados os motivos pelo legislador, a não comportar a avaliação discricionária da autoridade administrativa ou judiciária, do que possa constituir justa causa para excepcionar o instituto jurídico da guarda de segredo profissional. Este tutela a liberdade individual e a relação de confiança que deve existir entre profissional e cliente, para a proteção de um bem jurídico respeitável, como o é o direito à salvação adequada da vida ou da saúde. No embate com o direito de punir, o Estado prefere aqueles outros valores. A obrigatoriedade do sigilo profissional do médico não tem caráter absoluto. A matéria, pela sua delicadeza, reclama diversidade de tratamento diante das particularidades de cada caso. A revelação do segredo médico, em caso de investigação de possível abortamento criminoso, faz-se necessária em termos, com ressalvas do interesse do cliente. Na espécie, o Hospital pôs a ficha clínica à disposição do perito-médico, que não estará preso ao segredo profissional, devendo, entretanto, guardar sigilo pericial. Por que se exigir a requisição da ficha clínica? Nas circunstâncias do caso, o nosocômio, de modo cauteloso, procurou resguardar o segredo profissional. Outrossim, a concessão do *writ*, anulando o ato da autoridade coatora, não impede o prosseguimento da apuração da responsabilidade criminal de quem se achar em culpa" (STF — *RT*, 562/407).

Trata-se de crime doloso.

A consumação ocorre com a revelação do segredo a qualquer pessoa. Não se exigem várias pessoas, bastando a revelação a uma só.

Admite-se a tentativa.

A ação penal é pública condicionada a representação.

6.5.3   Invasão de dispositivo informático

O crime de invasão de dispositivo informático vem previsto no art. 154-A e foi inserido no Código Penal pela Lei n. 12.737/2012. Essa lei foi apelidada de "Lei Carolina Dieckmann", em alusão à famosa atriz brasileira que, em maio de 2012, teve fotos íntimas publicadas indevidamente na Internet, captadas por *hackers* que invadiram seu computador e passaram a exigir dinheiro para não tornar públicas as imagens pela rede mundial de computadores. Até então não havia, no Brasil, nenhum tipo penal que se adequasse especificamente ao fato ocorrido, ou seja, à invasão do dispositivo informático e à captação irregular de imagens, dados e informações.

Esse art. 154-A foi alterado pela Lei n. 14.155/2021, tornando-o mais grave em suas diversas modalidades.

O crime tem como objetividade jurídica o sigilo dos dados ou informações constantes de dispositivo informático, que devem ser protegidos e preservados.

Sujeito ativo pode ser qualquer pessoa. Sujeito passivo também pode ser qualquer pessoa. Sendo vítimas as pessoas enumeradas no § 5.º (Presidente da República, governadores, prefeitos, presidente do Supremo Tribunal Federal etc.), a pena é aumentada de 1/3 à metade.

A conduta vem representada pelo verbo *invadir*, que significa devassar, ingressar sem autorização. No crime em tela, o verbo *invadir* tem a conotação de acessar sem autorização, penetrar nos arquivos ou programas do dispositivo informático alheio. A invasão não precisa ser executada mediante violação indevida de mecanismo de segurança. O crime se configura ainda que a vítima deixe, por exemplo, o seu computador, *tablet* ou *smartphone* ligado ou desbloqueado e alguém acesse seus dados indevidamente, ou mesmo que a vítima forneça a sua senha para terceiro, o qual, aproveitando-se da situação, obtenha, adultere ou destrua dados ou informações indevidamente. Portanto, é prescindível que haja violação indevida de mecanismo de segurança.

O objeto material do crime é o dispositivo informático de uso alheio, sobre o qual recai a conduta criminosa. Pode ser computador, *laptop*, *notebook*, *ipad*, *tablet*, telefone celular, *iphone* etc. Ao empregar a expressão "dispositivo informático de uso alheio", o tipo penal indica que o crime se configura ainda que o sujeito ativo viole o seu próprio dispositivo informático, de sua propriedade, que esteja sendo utilizado pela vítima a qualquer título (empréstimo, por exemplo). Logo, o sujeito ativo pode ser inclusive o próprio dono do dispositivo.

O elemento subjetivo é o dolo. Além disso, o tipo penal exige, ainda, um elemento subjetivo específico (finalidade específica), caracterizado pelo fim de obter, adulterar ou destruir dados ou informações, ou ainda de instalar vulnerabilidades (vírus, programas invasores etc.) para obter vantagem ilícita.

A consumação ocorre com a efetiva invasão do dispositivo informático, independentemente da efetiva obtenção, adulteração ou destruição dos dados ou informações, ou da efetiva instalação de vulnerabilidades para obter vantagem ilícita. Trata-se de crime formal. Admite-se a tentativa.

No § 2.º, o aumento de pena para a invasão da qual resulte prejuízo econômico passou de 1/6 (um sexto) a 1/3 (um terço) para 1/3 (um terço) a 2/3 (dois terços).

Com relação à qualificadora prevista no § 3.º, se da invasão resultar a obtenção de conteúdo de comunicações eletrônicas privadas, segredos comerciais ou industriais, informações sigilosas, assim definidas em lei, ou o controle remoto não autorizado do dispositivo invadido, a pena que era de reclusão de 6 (seis) meses a 2 (dois) anos, e multa, se a conduta não constituísse crime mais grave, passou a ser de reclusão de 2 (dois) a 5 (cinco) anos e multa.

Inclusive, neste último caso, aumenta-se a pena de 1/3 (um terço) a 2/3 (dois terços) se houver divulgação, comercialização ou transmissão a terceiro, a qualquer título, dos dados ou informações obtidos, tendo o § 4.º permanecido inalterado pela nova lei.

Por fim, a Lei n. 14.155/2021 não modificou a regra da ação penal, que continua a ser pública condicionada à representação do ofendido, com exceção dos casos em que o crime for cometido contra a Administração Pública direta ou indireta de qualquer dos Poderes da União, dos Estados, do Distrito Federal e dos Municípios ou contra empresas concessionárias de serviços públicos, quando, então, será pública incondicionada.

6.5.3.1 Figura equiparada

O § 1.º do art. 154-A pune com a mesma pena, de 1 a 4 anos, e multa, quem produz, oferece, distribui, vende ou difunde dispositivo ou programa de computador com o intuito de permitir a prática da conduta definida no *caput*.

Neste caso, sujeito ativo pode ser qualquer pessoa, e não somente o comerciante, industrial ou técnico na área de informática ou de produção de *softwares*, *malwares*, vírus em geral etc.

6.5.3.2 Causas de aumento de pena

A pena é aumentada de 1/3 a 2/3 se da invasão resulta prejuízo econômico (§ 2.º). Aumenta-se, ainda, a pena de 1/3 à metade se o crime for praticado contra o Presidente da República, governadores e prefeitos; contra o presidente do Supremo Tribunal Federal; contra o presidente da Câmara dos Deputados, do Senado Federal, de Assembleia Legislativa de Estado, da Câmara Legislativa do Distrito Federal ou de Câmara Municipal; ou contra dirigente máximo da administração direta e indireta federal, estadual, municipal ou do Distrito Federal (§ 5.º).

6.5.3.3 Figura qualificada pelo resultado

Se da invasão resultar a obtenção de conteúdo de comunicações eletrônicas privadas, segredos comerciais ou industriais, informações sigilosas, assim definidas em lei, ou o controle remoto não autorizado do dispositivo invadido, a pena será de reclusão, de 2 a 5 anos, e multa, se a conduta não constitui crime mais grave.

Inclusive, nesse caso, aumenta-se a pena de 1/3 a 2/3 se houver divulgação, comercialização ou transmissão a terceiro, a qualquer título, dos dados ou informações obtidos.

Dos Crimes contra o Patrimônio

1   DO FURTO

1.1   Furto

Crime previsto no art. 155 do Código Penal, o *furto* é a subtração de coisa alheia móvel, contra a vontade do titular do direito. Seus elementos são a *subtração*, o *proveito próprio ou alheio* e a *coisa alheia móvel*.

A objetividade jurídica é a tutela do direito ao patrimônio, protegendo diretamente a *posse* e indiretamente a *propriedade*.

Sujeito ativo pode ser qualquer pessoa natural.

Sujeito passivo pode ser tanto o possuidor quanto o proprietário, sejam pessoas naturais ou jurídicas.

O furto contra instituições financeiras, incluindo agências bancárias ou caixas eletrônicos, quando houver indícios da atuação de associação criminosa em mais de um Estado da Federação é considerado de repercussão interestadual, exigindo repressão uniforme, nos termos do disposto na Lei n. 10.446/2002, alterada pela Lei n. 13.124/2015.

A conduta incriminada é *subtrair*, que significa assenhorear-se da coisa retirando-a de quem a possua.

O objeto material do furto é a *coisa móvel*, cuja perfeita definição deve ser buscada, em regra, no Direito Civil. Assim, podem ser objeto de furto as coisas que possam ser carregadas, movidas de um lugar para outro, ainda que, inicialmente, incorporadas a um imóvel. Ex.: janelas e portas retiradas de uma casa, aparelho de ar condicionado retirado da parede, telhas e madeiramento retirados de um telhado.

Além disso, a coisa deve ser *alheia*, ou seja, deve pertencer a alguém que não o sujeito ativo.

Não se configura o crime de furto no assenhoreamento de coisas que nunca pertenceram a ninguém (*res nullius*), ou de coisas abandonadas (*res derelictae*), nos termos do Código Civil.

Entretanto, o apossamento de coisa perdida (*res deperdita*) configura o crime de apropriação de coisa achada (art. 169, II, do CP), conforme será visto adiante.

O furto é crime doloso (não basta o *animus rem sibi habendi*, sendo necessário o *animus domini* ou *animus furandi*).

Não tipificou o legislador o chamado *furto de uso*, que ocorre quando o agente se apossa temporária e indevidamente de coisa alheia, sem a intenção de fazê-la sua. A jurisprudência se divide em relação à admissibilidade do furto de uso, havendo julgados que condicionam sua ocorrência à devolução da coisa no mesmo local de onde foi retirada e nas mesmas condições em que foi subtraída, sendo curto o tempo de uso.

Durante muito tempo se entendeu que a consumação do crime de furto ocorreria com a retirada da coisa da *esfera de disponibilidade da vítima*, não se exigindo, contudo, que a posse do sujeito ativo seja definitiva ou prolongada.

Atualmente, entretanto, tanto o Supremo Tribunal Federal quanto o Superior Tribunal de Justiça têm entendido que a consumação do furto ocorre no momento em que o agente tem a posse da *res furtiva*, cessada a clandestinidade, independentemente da recuperação posterior do bem objeto do delito ou de perseguição imediata.

Nesse sentido: "Quanto ao momento consumativo do crime de furto, é assente a adoção da teoria da *amotio* por esta Corte e pelo Supremo Tribunal Federal, segundo a qual o referido crime consuma-se no momento da inversão da posse, tornando-se o agente efetivo possuidor da coisa subtraída, ainda que não seja de forma mansa e pacífica, sendo prescindível que o objeto subtraído saia da esfera de vigilância da vítima" (STJ — AgRg no HC 737.649/SP — Rel. Min. Ribeiro Dantas — Quinta Turma — julgado em 25-10-2022 — *DJe* 4-11-2022).

"Do mesmo modo, não há como atender ao pleito de reconhecimento da forma tentada, porquanto esta Corte adotou a Teoria da *Amotio* ou *Aprehensio*, que se satisfaz com a inversão da posse, ainda que esta não seja de forma mansa e pacífica, sendo prescindível que o objeto subtraído saia da esfera de vigilância da vítima" (STJ — AgRg no HC 601323/SP — Rel. Min. Joel Ilan Paciornik — Quinta Turma — julgado em 25-5-2021 — *DJe* 31-5-2021).

Ainda: "Conforme a pacífica jurisprudência desta Corte Superior, consuma-se o crime de furto com a posse de fato da *res furtiva*, ainda que por breve espaço de tempo, sendo prescindível a posse mansa e pacífica ou desvigiada" (STJ — AgRg no REsp 1.894.347/SP — Rel. Min. Nefi Cordeiro — Sexta Turma — *DJe* 10-12-2020).

Mais: "A jurisprudência do Supremo Tribunal Federal é no sentido de que, para a consumação do crime de furto ou de roubo, não se faz necessário que o agente logre a posse mansa e pacífica do objeto do crime, bastando a saída, ainda que breve, do bem da chamada esfera de vigilância da vítima" (STF — HC 113563/RS — Rel. Min. Rosa Weber — *DJe* 19-3-2013).

No mesmo sentido: "A jurisprudência do Supremo Tribunal Federal dispensa, para a consumação do furto ou do roubo, o critério da saída da coisa da chamada 'esfera de vigilância da vítima' e se contenta com a verificação de que, cessada a clandestinidade ou a violência, o agente tenha tido a posse da *res furtiva*, ainda que retomada, em seguida, pela perseguição imediata. Precedentes" (STF — HC 108.678-RS — Rel. Min. Rosa Weber — *DJe* 9-5-2012).

Ainda: "É firme a jurisprudência deste Supremo Tribunal no sentido de que, para a consumação do crime de furto, basta a verificação de que, cessada a clandestinidade ou a violência, o agente tenha tido a posse do objeto do delito, ainda que retomado, em seguida, pela perseguição imediata" (STF — HC 92.922-RS — Rel. Min. Marco Aurélio — *DJe* 11-3-2010).

Admite-se a tentativa.

A ação penal é pública incondicionada.

1.1.1 Vigilância eletrônica, monitoramento do local e crime impossível

Acerca da vigilância eletrônica e do monitoramento do local do furto, impossibilitando a consumação, com o consequente reconhecimento de crime impossível, controvertem doutrina e jurisprudência. Aqueles que sustentam a ocorrência de crime impossível alegam que a ação, desde o início sendo detectada pelos representantes da vítima, só não a abortaram desde logo por sua única e exclusiva iniciativa, sem que nunca a *res* deixasse de estar protegida, tornando absolutamente ineficaz o meio empregado pelo agente. Em sentido contrário, os que sustentam a ocorrência de furto tentado alegam que o monitoramento, pela vítima ou seus representantes, do início da execução da prática delitiva não é capaz, por si só, de evitar a consumação, não havendo que se falar em meio absolutamente ineficaz.

Entendendo tratar-se de crime impossível:

"Criminal. Recurso especial. Tentativa de furto em supermercado dotado de sistema eletrônico de vigilância. Crime impossível. Não configuração. Recurso provido. I — Hipótese em que o agente, no momento da subtração da *res furtiva*, estava sendo observado pelo segurança do hipermercado através de sistema de monitoramento eletrônico instalado em uma loja, a despeito de dificultar a ocorrência de furtos no interior do estabelecimento, não é capaz de impedir, por si só, a ocorrência do fato delituoso, apto a ensejar a configuração do crime impossível. II — Diante da possibilidade ainda que mínima, de consumação do delito, não há que se falar na hipótese de crime impossível. III — Recurso provido" (STJ, REsp 555.268/RS, 5.ª T., Rel. Min. Gilson Dipp, j. 11-11-2003, *DJ*, 9-12-2003, p. 337).

"Apelação-crime. Furto tentado. Supermercado. Crime impossível. Acusado vigiado pelos seguranças. Não caracterização, por ser o meio utilizado relativamente capaz. Não há falar em crime impossível pelo fato de o sentenciado ter sido vigiado pelos seguranças, posto que o meio não é absolutamente ineficaz, haja vista a possibilidade de enganá-los, máxime em estabelecimento de grande porte, com fluxo intenso de pessoas" (Ap. Crim. 70004755484, Rel. Juiz Roque Miguel Fank, 8.ª Câmara Criminal do TJRS, j. 18-12-2002).

Em sentido contrário, entretanto, decidiu a 6.ª Turma do Superior Tribunal de Justiça que a presença de um sistema de vigilância em um estabelecimento comercial não afasta a punibilidade do réu, a ponto de reconhecer configurado o crime impossível, pela absoluta ineficácia dos meios empregados. Nesse sentido:

"*Habeas corpus*. Tentativa de furto. Crime impossível. Coação ilegal não caracterizada. Ordem denegada. 1) A existência de vigilância eletrônica no estabelecimento comercial não afasta, de forma absoluta, a possibilidade da consumação de delito de furto, pelo que não pode ser reconhecido o crime impossível previsto no artigo 17 do Código Penal. 2) O acórdão vergastado decidiu em consonância com a jurisprudência dominante nesta Corte de Justiça, afastada a alegação de coação ilegal. 3) Ressalva do entendimento pessoal do relator. 4) Ordem denegada" (STJ — HC 147.835/MG — Rel. Min. Celso Limongi — 6.ª T. — *DJe* 24-5-2010).

No mesmo sentido: STJ — AgRg no Ag 1.354.307/MG — Rel. Min. Haroldo Rodrigues — 6.ª T. — *DJe* 21-2-2011.

Na mesma esteira, vem decidindo o Supremo Tribunal Federal:

"O artigo 17 do Código Penal estabelece que 'não se pune a tentativa quando, por ineficácia absoluta do meio ou por absoluta impropriedade do objeto, é impossível consumar-se o crime' (sem grifos no original). 2. Os sistemas de vigilância existentes em estabelecimentos comerciais não impede, mas apenas dificulta, a consumação do crime de furto. 3. Destarte, não há que se falar em crime impossível em razão da ineficácia absoluta do meio empregado" (STF — RHC 116.197/MS — Rel. Min. Luiz Fux — *Dje* 27-6-2013).

Pacificando a questão, dispõe a Súmula 567 do Superior Tribunal de Justiça: "Sistema de vigilância realizado por monitoramento eletrônico ou por existência de segurança no interior de estabelecimento comercial, por si só, não torna impossível a configuração do crime de furto".

1.1.2 Furto e princípio da insignificância

O princípio da insignificância ou da bagatela já foi tratado no início da presente obra, sendo bastante debatido na atualidade, principalmente ante a ausência de definição do que seria irrelevante penalmente (bagatela), ficando essa valoração, muitas vezes, ao puro arbítrio do julgador.

Principalmente no crime de furto, o princípio da insignificância vem tendo larga aplicação nas Cortes Superiores (STJ e STF), sendo tomado como instrumento de interpretação restritiva do Direito Penal, que não deve ser considerado apenas em seu aspecto formal (tipicidade formal — subsunção da conduta à norma penal), mas também e fundamentalmente em seu aspecto material (tipicidade material — adequação da conduta à lesividade causada ao bem jurídico protegido).

Assim, de acordo com os Tribunais Superiores, acolhido o princípio da insignificância, estaria excluída a própria tipicidade, desde que satisfeitos quatro requisitos: a) mínima ofensividade da conduta do agente; b) ausência de total periculosidade social da ação; c) ínfimo grau de reprovabilidade do comportamento; d) inexpressividade da lesão jurídica ocasionada.

Nesse sentido:

"AGRAVO REGIMENTAL NO *HABEAS CORPUS*. PENAL. FURTO. PRINCÍPIO DA INSIGNIFICÂNCIA. NÃO INCIDÊNCIA. REITERAÇÃO DELITIVA. CONTUMÁCIA NA PRÁTICA DE CRIMES DA ESPÉCIE. AUSÊNCIA DO REDUZIDO GRAU DE REPROVABILIDADE DA CONDUTA. AGRAVO REGIMENTAL A QUE SE NEGA PROVIMENTO. I. Segundo a jurisprudência do Supremo Tribunal Federal, para se caracterizar hipótese de aplicação do denominado 'princípio da insignificância' e, assim, afastar a recriminação penal, é indispensável que a conduta do agente seja marcada por ofensividade mínima ao bem jurídico tutelado, reduzido grau de reprovabilidade, inexpressividade da lesão e nenhuma periculosidade social. 2. Nesse sentido, a aferição da insignificância como requisito negativo da tipicidade envolve um juízo de tipicidade conglobante, muito mais abrangente que a simples expressão do resultado da conduta. Importa investigar o desvalor da ação criminosa em seu sentido amplo, de modo a impedir que, a pretexto da insignificância apenas do resultado material, acabe desvirtuado o objetivo a que visou o legislador quando formulou a tipificação legal. Assim, há de se considerar que "a insignificância só pode surgir à luz da finalidade geral que dá sentido à ordem normativa" (Zaffaroni), levando em conta também que o próprio legislador já considerou hipóteses de irrelevância penal, por ele erigidas, não para excluir a tipicidade, mas para mitigar a pena ou a persecução penal. 3. Para se afirmar que a insignificância pode conduzir à atipicidade é indispensável, portanto, averiguar a adequação da conduta do agente em seu sentido social amplo, a fim de apurar se o fato imputado, que é formalmente típico, tem ou não relevância penal. Esse contexto social ampliado certamente comporta, também, juízo sobre a contumácia da conduta do agente. 4. Não se desconhece que a controvérsia dos autos encontra-se pendente de julgamento no Plenário (*Habeas corpus* 123.731, 123.533 e 123.108, Rel. Min. Roberto Barroso). Entretanto, enquanto não decidida definitivamente a matéria, é de se aplicar a jurisprudência dominante da Corte, consignada na decisão agravada. 5. Agravo regimental a que se nega provimento" (STF, HC 126.273 AgR/MG, Rel. Min. Teori Zavascki, 2.ª T., *Dje* 29-5-2015).

"*HABEAS CORPUS*. CONSTITUCIONAL. PENAL. INAPLICAÇÃO DO PRINCÍPIO DA INSIGNIFICÂNCIA. FURTO DE R$ 240,00 (DUZENTOS E QUARENTA REAIS) DA APOSENTADORIA DA VÍTIMA IMPRESCINDÍVEL PARA SUA SUBSISTÊNCIA. ORDEM DENEGADA. 1. Pelo exposto nas instâncias antecedentes, além da correspondência formal, a análise materialmente valorativa das circunstâncias do caso concreto demonstra configurada a tipicidade na espécie. Está constatada a lesão grave e penalmente relevante de bem jurídico tutelado, considerada a prática de furto pelo Paciente de R$ 240,00 (duzentos e quarenta reais) produto da aposentadoria da vítima e imprescindível para sua subsistência. 2. Ordem denegada" (STF, HC 124.748/MS, Rel. Min. Cármen Lúcia, 2.ª T., *DJe* 27-11-2014).

"FURTO TENTADO. PRINCÍPIO DA INSIGNIFICÂNCIA. INAPLICABILIDADE. VALOR DO BEM SUBTRAÍDO EQUIVALENTE A 36,87% DO SALÁRIO MÍNIMO DA ÉPOCA. REPROVABILIDADE DA CONDUTA DO AGENTE. 1. O Supremo Tribunal Federal e o Superior Tribunal de Justiça estabeleceram os seguintes requisitos para a aplicação do princípio da insignificância como causa supralegal de exclusão da tipicidade: a) conduta minimamente ofensiva; b) ausência de periculosidade do agente; c) reduzido grau de reprovabilidade do comportamento; e d) lesão jurídica inexpressiva, os quais devem estar presentes, concomitantemente, para a incidência do referido instituto. 2. Trata-se, na realidade, de um princípio de política criminal, segundo o qual, para a incidência da norma incriminadora, não basta a mera adequação do fato ao tipo penal (tipicidade formal), impondo-se verificar, ainda, a relevância da conduta e do resultado para o Direito Penal, em face da significância da lesão produzida ao bem jurídico tutelado pelo Estado (tipicidade material). 3. Hipótese em que a conduta perpetrada pelo acusado não se revela desprovida de ofensividade penal e social, tendo em vista que a lesão jurídica provocada não pode ser considerada insignificante, já que o valor do bem subtraído representava, na data do cometimento do delito, aproximadamente 36,87% do salário mínimo vigente à época, o que impede a aplicação do princípio da bagatela. 4. Agravo regimental desprovido" (STJ, AgRg no REsp 1.493.679/RJ, Rel. Min. Gurgel de Faria, 5.ª T., *DJe* 4-8-2015).

"Na hipótese, trata-se de imputação do crime de furto simples pela subtração de um televisor de 5,5 polegadas, tipo porteiro, a qual foi retomada, sendo que a própria vítima afirmou ter valor inferior a cem reais, além de estar estragada, somente funcionando o rádio, sendo de rigor o reconhecimento do princípio da insignificância" (STJ, AgRg no REsp 1.437.692/MG, Rel. Min. Reynaldo Soares da Fonseca, Quinta Turma, *DJe* 25-6-2015).

O Superior Tribunal de Justiça tem tese firmada (*Jurisprudência em Teses* — edição 221) no sentido de que: "Para fins de aplicação do princípio da insignificância na hipótese de furto, é imprescindível compreender a distinção entre valor irrisório e pequeno valor, uma vez que o primeiro exclui o crime (fato atípico) e o segundo pode caracterizar furto privilegiado". Nesse sentido: AgRg no HC 747.859/SC, Rel. Min. Reynaldo Soares da Fonseca, Quinta Turma, *DJe* 8-8-2022; AgRg no HC 521.476/SP, Rel. Min. Jorge Mussi, Quinta Turma, *DJe* 15-6-2020.

Com relação à fixação de um valor para a *res furtiva* ser considerada insignificante, o Superior Tribunal de Justiça também tem tese firmada (*Jurisprudência em Teses* — edição 221) no sentido de que: "A lesão jurídica resultante do crime de furto, em regra, não pode ser considerada insignificante quando o valor dos bens subtraídos for superior a 10% do salário mínimo vigente à época dos fatos". Nesse sentido: AgRg no HC 723.375/SC, Rel. Min. Messod Azulay Neto, Quinta Turma, *DJe* 24-8-2023; AgRg no HC 822.210/ES, Rel. Min. Joel Ilan Paciornik, Quinta Turma, *DJe* 23-8-2023; AgRg no HC 828.143/SP, Rel. Min. Sebastião Reis Júnior, Sexta Turma, *DJe* 18-8-2023; AgRg nos EDcl no RHC 179.492/SP, Rel. Min. Ribeiro Dantas, Quinta Turma, *DJe* 16-8-2023; AgRg no AREsp 2.119.240/DF, Rel. Min. Laurita Vaz, Sexta Turma, *DJe* 15-8-2023; AgRg no AREsp 2.314.576/TO, Rel. Min. Jesuíno Rissato, Sexta Turma, *DJe* 23-6-2023.

Com relação à devolução da res furtiva à vítima, o Superior Tribunal de Justiça também tem tese (*Jurisprudência em Teses* — edição 221) no sentido de que: "A restituição da res furtiva à vítima não constitui, por si só, motivo suficiente para a aplicação do princípio da insignificância". Nesse sentido: AgRg no HC 822.210/ES, Rel. Min. Joel Ilan Paciornik, Quinta Turma, *DJe* 23-8-2023; AgRg no HC 824.877/SP, Rel. Min. Laurita Vaz, Sexta Turma, *DJe* 21-8-2023; ProAfR no REsp 2.062.375/AL, Rel. Min. Sebastião Reis Júnior, Terceira Seção, *DJe* 18-8-2023; AgRg no AREsp 2.335.401/MG, Rel. Min. Ribeiro Dantas, Quinta Turma, *DJe* 15-8-2023.

Outrossim, nos termos da jurisprudência do Superior Tribunal de Justiça, a reiteração delitiva afasta a incidência do princípio da insignificância, pois, "apesar de não configurar reincidência, a existência de outras ações penais, inquéritos policiais em curso ou procedimentos administrativos fiscais é suficiente para caracterizar a habitualidade delitiva e, consequentemente, afastar a incidência do princípio da insignificância" (AgRg no REsp 1.907.574/PR, Rel. Min. Antonio Saldanha Palheiro, Sexta Turma, julgado em 24-8-2021, *DJe* 31-8-2021).

Com relação ao furto praticado mediante concurso de agentes, a mesma Corte Superior já decidiu ser inaplicável o princípio da insignificância, haja vista a maior reprovabilidade da conduta. Nesse sentido:

"AGRAVO REGIMENTAL. 'HABEAS CORPUS' SUBSTITUTIVO DE RECURSO PRÓPRIO. INADMISSIBILIDADE. CRIME DE FURTO QUALIFICADO. PRINCÍPIO DA INSIGNIFICÂNCIA. INAPLICABILIDADE. HABITUALIDADE CRIMINOSA. CONCURSO DE AGENTES. DECISÃO MANTIDA. 1. É inadmissível 'habeas corpus' em substituição ao recurso próprio, também à revisão criminal, impondo-se o não conhecimento da impetração, salvo se verificada flagrante ilegalidade no ato judicial impugnado apta a ensejar a concessão da ordem de ofício. 2. A aplicação do princípio da insignificância, segundo a orientação do Supremo Tribunal Federal, demanda a verificação da lesividade mínima da conduta, apta a torná-la atípica, considerando-se: a) a mínima ofensividade da conduta do agente; b) a inexistência de periculosidade social na ação; c) o reduzido grau de reprovabilidade do comportamento; e d) a inexpressividade da lesão jurídica provocada. O Direito Penal não deve ocupar-se de condutas que, diante do desvalor do resultado produzido, não representem prejuízo relevante para o titular do bem jurídico tutelado ou para a integridade da própria ordem social. 3. Inviável a aplicação do princípio da insignificância quando constatada a habitualidade criminosa dos réus, representada na apuração de crimes patrimoniais cometidos, pois fica evidenciada a reprovabilidade do comportamento. 4. A prática do delito mediante o concurso de agentes demonstra maior reprovabilidade da conduta, inviabilizando a aplicação do princípio da insignificância. 5. Mantém-se integralmente a decisão agravada cujos fundamentos estão em conformidade com o entendimento do STJ sobre a matéria suscitada. 6. Agravo regimental desprovido" (AgRg no HC 654.672/SC, Rel. Min. João Otávio de Noronha, Quinta Turma, *DJe* 8-10-2021).

1.1.3 Furto noturno

A causa de aumento de pena para o crime praticado durante o *repouso noturno*, prevista pelo § 1.º do art. 155 do Código Penal, justifica-se porque o repouso a que se entregam as pessoas durante a noite, aliado à falta de luz natural, favorece a ação do agente pela suspensão da vigilância patrimonial normal, tornando mais difícil a proteção efetiva dos bens.

Não há critério fixo para a perfeita caracterização do *furto noturno*, sendo certo que cada caso concreto deverá ser analisado, já que o Código adotou um *critério psicossociológico*, variável, que deve obedecer aos costumes locais relativos ao horário em que a população se recolhe.

É de observar que a expressão *repouso noturno* não se confunde com a expressão *à noite*.

Assim: "A expressão 'repouso noturno' do art. 155, § 1.º, do CP não significa o mesmo que 'à noite'; esta pode abranger períodos anteriores e posteriores ao repouso noturno e quando não tenha sido esclarecida a hora do furto, não tem lugar a agravante" (TARJ).

"Basta para caracterização da qualificadora especial do repouso noturno que se aproveite o agente da quietude e da oportunidade que as circunstâncias do horário lhe propiciam para a prática do furto" (TAPR — *RT*, 553/371).

Outrossim, caracteriza-se o furto noturno ainda que o imóvel não esteja habitado.

No Superior Tribunal de Justiça: "Nos termos do § 1.º do art. 155 do Código Penal, se o crime de furto é praticado durante o repouso noturno, a pena será aumentada de um terço. No tocante ao horário de aplicação, este Superior Tribunal de Justiça já definiu que 'este é variável, devendo obedecer aos costumes locais relativos à hora em que a população se recolhe e a em que desperta para a vida cotidiana'. Sendo assim, não há um horário prefixado, devendo, portanto, atentar-se às características da vida cotidiana da localidade (REsp 1.659.208/RS, Rel. Ministra Maria Thereza de Assis Moura, *DJ* 31-3-2017). Em um análise objetivo-jurídica do art. 155, § 1.º, do CP, percebe-se que o legislador pretendeu sancionar de forma mais severa o furtador que se beneficia dessa condição de sossego/tranquilidade, presente no período da noite, para, em razão da diminuição ou precariedade de vigilância dos bens, ou, ainda, da menor capacidade de resistência da vítima, facilitar-lhe a concretização do intento criminoso. O crime de furto só implicará no aumento de um terço se o fato ocorrer, obrigatoriamente, à noite e em situação de repouso. Nas hipóteses concretas, será importante extrair dos autos as peculiares da localidade em que ocorreu o delito. Este Tribunal passou a destacar a irrelevância do local estar ou não habitado, ou o fato da vítima estar ou não dormindo no momento do crime para os fins aqui propostos, bastando que a atuação criminosa seja realizada no período da noite e sem a vigilância do bem. Seguiu-se à orientação de que para a incidência da causa de aumento não importava o local em que o furto fora cometido, em residências, habitadas ou não, lojas e veículos, bem como em vias públicas. Assim, se o crime de furto é praticado durante o repouso noturno, na hora em que a população se recolhe para descansar, valendo-se da diminuição ou precariedade de vigilância dos bens, ou, ainda, da menor capacidade de resistência da vítima, a pena será aumentada de um terço, não importando se as vítimas estão ou não dormindo no momento do crime, ou o local de sua ocorrência, em estabelecimento comercial, residência desabitada, via pública ou veículos" (REsp 1979989/RS — Rel. Min. Joel Ilan Paciornik — Terceira Seção — julgado em 22-6-2022 — *DJe* 27-6-2022).

Nesse sentido, ainda, o Superior Tribunal de Justiça, no Tema Repetitivo 1.144, firmou a seguinte tese:

"1. Nos termos do § 1.º do art. 155 do Código Penal, se o crime de furto é praticado durante o repouso noturno, a pena será aumentada de um terço.

2. O repouso noturno compreende o período em que a população se recolhe para descansar, devendo o julgador atentar-se às características do caso concreto.

3. A situação de repouso está configurada quando presente a condição de sossego/tranquilidade do período da noite, caso em que, em razão da diminuição ou precariedade de vigilância dos bens, ou, ainda, da menor capacidade de resistência da vítima, facilita-se a concretização do crime.

4. São irrelevantes os fatos das vítimas estarem ou não dormindo no momento do crime, ou o local de sua ocorrência, em estabelecimento comercial, via pública, residência desabitada ou em veículos, bastando que o furto ocorra, obrigatoriamente, à noite e em situação de repouso".

Ainda: "A jurisprudência desta Corte é firme no sentido de que a causa especial de aumento de pena do furto cometido durante o repouso noturno pode se configurar mesmo quando o crime é cometido em estabelecimento comercial ou residência desabitada, sendo indiferente o fato de a vítima estar, ou não, efetivamente repousando (HC 191.300/MG, Rel. Ministra LAURITA VAZ, Quinta Turma, julgado em 12/6/2012, DJe 26/6/2012), devendo ser mantida, portanto, no caso" (AgRg no HC 609.143/SP — Rel. Min. Reynaldo Soares da Fonseca — Quinta Turma — *DJe* 4-2-2021).

Por fim, resta saber se a causa de aumento do furto noturno poderia ser aplicada ao furto qualificado.

Depois de muitas idas e vindas dos Tribunais Superiores, ora admitindo, ora vedando a possibilidade de coexistência da majorante do repouso noturno com as qualificadoras do § 4.º, a Terceira Seção do Superior Tribunal de Justiça, em 19-4-2021, afetou para julgamento sob o rito dos repetitivos os Recursos Especiais 1.888.756/SP, 1.890.981/SP e 1.891.007/RJ, nos quais se discutiu a "(im)possibilidade de a causa de aumento prevista no § 1.º do art. 155 do Código Penal (prática do crime de furto no período noturno) incidir tanto no crime de furto simples (*caput*) quanto na sua forma qualificada (§ 4.º)".

A controvérsia foi cadastrada como Tema 1.087 e, após o julgamento, a tese firmada foi a seguinte: "A causa de aumento prevista no § 1.º do art. 155 do Código Penal (prática do crime de furto no período noturno) não incide no crime de furto na sua forma qualificada (§ 4.º)".

Portanto, para o Superior Tribunal de Justiça, não é possível a aplicação do aumento de pena de 1/3 (um terço) do furto noturno às hipóteses de furto qualificado, não apenas as do § 4.º, como também, por coerência, as dos §§ 4.º-A, 4.º-B, 4.º-C, 5.º, 6.º e 7.º.

1.1.4 Furto privilegiado

Trata o § 2.º do art. 155 do Código Penal do chamado *furto privilegiado*, em que o sujeito ativo é *primário* (não somente o sujeito que não foi condenado, como também aquele que foi condenado pela primeira vez, ou que tem várias condenações e não é reincidente — art. 63 do CP) e é de *pequeno valor a coisa furtada*.

Não se confunde furto de coisa de *pequeno valor* com furto de coisa de *valor insignificante*. Na primeira hipótese, está configurada causa de diminuição de pena. Na segunda hipótese, pode incidir o princípio da insignificância ou da bagatela. O princípio da insignificância vem tendo larga aplicação nas Cortes superiores (STJ e STF), sendo tomado como instrumento de interpretação restritiva do Direito Penal, que não deve ser considerado apenas em seu aspecto formal (tipicidade formal — subsunção da conduta à norma penal), mas também e fundamentalmente em seu aspecto material (tipicidade material — adequação da conduta à lesividade causada ao bem jurídico protegido). Assim, acolhido o princípio da insignificância, estaria excluída a própria tipicidade, desde que satisfeitos quatro requisitos: a) mínima ofensividade da conduta do agente; b) ausência de total periculosidade social da ação; c) ínfimo grau de reprovabilidade do comportamento; e d) inexpressividade da lesão jurídica ocasionada.

Nesse sentido: "Como registrado na decisão impugnada, que nesta oportunidade se confirma, as instâncias ordinárias verificaram que o ora agravante estava subtraindo botijão de gás da residência de uma senhora de 85 anos, sozinha e que não se apercebera do fato, quando foi abordado por policiais civis que suspeitaram da ação, conhecedores do seu histórico envolvimento em crimes patrimoniais. Com base nesses fatos, foi condenado em primeira e segunda instâncias a pena de 1 ano e 14 dias de reclusão, em regime inicial semiaberto, além de 7 dias-multa, pelo crime de furto simples tentado, com destaque para a agravante da vítima maior de 60 anos, para a multirreincidência do agente, pois havia sido condenado diversas vezes nos últimos cinco anos, e para o valor do bem objeto do crime, que superava 10% do valor do salário mínimo vigente à época. Diante desse panorama, o pedido de absolvição é inviável. Com efeito, não se pode confundir bem de pequeno valor com o de valor insignificante ou irrisório. Sobre o tema, aliás, a orientação do Supremo Tribunal Federal mostra-se no sentido de que, para a verificação da lesividade mínima da conduta, apta a torná-la atípica, deve-se levar em consideração os seguintes vetores: a) a mínima ofensividade da conduta do agente; b) a ausência de periculosidade social da ação; c) o reduzido grau de reprovabilidade do comportamento; e d) a inexpressividade da lesão jurídica provocada, salientando que o Direito Penal não se deve ocupar de condutas que, diante do desvalor do resultado produzido, não representem prejuízo relevante, seja ao titular do bem jurídico tutelado, seja à integridade da própria ordem social. Seguindo diretrizes do STF e desta Corte, a instância originária consignou que dois fatores impediam o pretendido reconhecimento da insignificância, quais sejam, o valor do bem objeto do crime e a multirreincidência do seu autor. O fato de o bem objeto do crime superar o patamar de 10% do salário mínimo, embora em pequena monta, deve ser conjugado com a repetição criminosa, evidenciando que absolutamente não se trata de conduta penalmente irrelevante. Desse modo, reputo não preenchidos os requisitos relativos ao reduzido grau de reprovabilidade do comportamento do paciente e à inexpressividade da lesão jurídica provocada, não sendo o caso, portanto, de reconhecimento da atipicidade material da conduta pelo princípio da bagatela" (STJ — AgRg no HC 747.859/SC — Rel. Min. Reynaldo Soares da Fonseca — Quinta Turma — julgado em 2-8-2022 — *DJe* 8-8-2022).

Conforme já mencionado no item anterior, o Superior Tribunal de Justiça tem tese firmada (*Jurisprudência em Teses* — edição 221) no sentido de que: "Para fins de aplicação do princípio da insignificância na hipótese de furto, é imprescindível compreender a distinção entre valor irrisório e pequeno valor, uma vez que o primeiro exclui o crime (fato atípico) e o segundo pode caracterizar furto privilegiado". Nesse sentido: AgRg no HC 747.859/SC, Rel. Min. Reynaldo Soares da Fonseca, Quinta Turma, *DJe* 8-8-2022; AgRg no HC 521.476/SP, Rel. Min. Jorge Mussi, Quinta Turma, *DJe* 15-6-2020.

Ocorrendo o privilégio, o juiz *poderá* (faculdade concedida ao juiz, que deverá sopesar as circunstâncias do fato — art. 59 do CP) substituir a pena de reclusão pela de detenção, diminuí-la de um a dois terços ou aplicar somente a pena de multa.

O Supremo Tribunal Federal e o Superior Tribunal de Justiça vêm admitindo a coexistência do furto privilegiado com o furto qualificado.

A propósito: "Diante da primariedade dos agentes e do pequeno valor da *res furtiva* (R$ 200,00), o entendimento do Superior Tribunal de Justiça é no sentido da possibilidade de reconhecimento da forma privilegiada. Entretanto, na espécie, existe manifesta ilegalidade, considerando as particularidades do presente caso. Na hipótese, a agravante foi condenada, como incursa nas sanções do art. 155, § 4.º, IV, do CP, às penas de 04 (quatro) anos e 06 (seis) meses de reclusão, em regime inicial fechado (fls. 118-124), contudo, consoante o atual entendimento desta Corte Superior de Justiça, a teor do enunciado da Súmula 511/STJ, é possível o reconhecimento do furto privilegiado-qualificado quando presentes a primariedade do acusado, o pequeno valor da *res furtiva* e qualificadora de natureza objetiva. Dessa forma, tendo em vista a primariedade do agente, o pequeno valor da *res furtiva* e o caráter objetivo da qualificadora, reconheço a incidência do privilégio do § 2.º do art. 155 do CP (AgRg no AREsp n. 1.884.175/ES, Ministro Jesuíno Rissato, Desembargador Convocado do TJDFT, Quinta Turma, *DJe* de 17-11-2021). Para o reconhecimento do crime de furto privilegiado — direito subjetivo do réu —, a norma penal exige a conjugação de dois requisitos objetivos, consubstanciados na primariedade e no pequeno valor da coisa furtada que, na linha do entendimento pacificado neste Superior Tribunal de Justiça, não deve ultrapassar o valor do salário mínimo vigente à época dos fatos (AgRg no REsp n. 1.785.985/SP, Ministro Rogerio Schietti Cruz, Sexta Turma, *DJe* 9-9-2019). Agravo regimental desprovido" (STJ — AgRg no AREsp 1.780.922/RJ — Rel. Min. Sebastião Reis Júnior — Sexta Turma — julgado em 14-9-2022 — *DJe* 19-9-2022).

Ainda: "*HABEAS CORPUS.* CRIME DE FURTO QUALIFICADO. INCIDÊNCIA DO PRIVILÉGIO DA PRIMARIEDADE E DO PEQUENO VALOR DA COISA SUBTRAÍDA. POSSIBILIDADE. ORDEM CONCEDIDA. 1. A jurisprudência do Supremo Tribunal Federal é firme no sentido do reconhecimento da conciliação entre homicídio objetivamente qualificado e ao mesmo tempo subjetivamente privilegiado. Noutro dizer, tratando-se de circunstância qualificadora de caráter objetivo (meio e modos de execução do crime), é possível o reconhecimento do privilégio (sempre de natureza subjetiva). 2. A mesma regra de interpretação é de ser aplicada no caso concreto. Caso em que a qualificadora do rompimento de obstáculo (de natureza nitidamente objetiva — como são todas as qualificadoras do crime de furto) em nada se mostra incompatível com o fato de ser o acusado primário; e a coisa, de pequeno valor. Precedentes da Segunda Turma do STF. 3. Ordem concedida para reconhecer a incidência do privilégio do § 2.º do art. 155 do CP e julgar extinta a punibilidade do paciente pela prescrição retroativa" (STF — HC 98.265/MS — Rel. Min. Ayres Britto — 1.ª T. — j. 24-3-2010).

Nesse sentido, inclusive, o teor da Súmula 511 do Superior Tribunal de Justiça: "É possível o reconhecimento do privilégio previsto no § 2.º do art. 155 do CP nos casos de crime de furto qualificado, se estiverem presentes a primariedade do agente, o pequeno valor da coisa e a qualificadora for de ordem objetiva".

1.1.5 Furto de energia

No § 3.º do art. 155 do Código Penal, a lei equiparou, para efeito de subtração criminosa, à coisa móvel a energia elétrica ou qualquer *energia que tenha valor econômico* (energia mecânica, energia térmica etc.).

Com relação ao sinal de TV a cabo, embora, a nosso ver, seja considerado uma energia de valor econômico, decidiu o Supremo Tribunal Federal o contrário: "O sinal de TV a cabo não é energia, e assim, não pode ser objeto material do delito previsto no art. 155, § 3.º, do Código Penal. Daí a impossibilidade de se equiparar o desvio de sinal de TV a cabo ao delito descrito no referido dispositivo. Ademais, na esfera penal não se admite a aplicação da analogia para suprir lacunas, de modo a se criar penalidade não mencionada na lei (analogia *in malam partem*), sob pena de violação ao princípio constitucional da estrita legalidade. Precedentes. Ordem concedida" (HC 97261/RS — Rel. Min. Joaquim Barbosa — 2.ª T. — *DJe* 3-5-2011).

No mesmo sentido: "A Sexta Turma desta Corte Superior, no julgamento do Recurso Especial n. 1.838.056/RJ, de minha Relatoria, em sintonia com precedente do Supremo Tribunal Federal, entendeu que a captação clandestina de sinal de televisão por assinatura não pode ser equiparada ao furto de energia elétrica, tipificado no art. 155, § 3.º, do Código Penal, pela vedação à analogia *in malam partem*. Os equipamentos utilizados na prestação dos serviços de telecomunicações estão sujeitos à fiscalização e certificação pela Agência Nacional de Telecomunicações — ANATEL, segundo previsto do art. 19, XII e XIII, da Lei n. 9.472/97, podendo tais objetos, inclusive, ser alvo de busca e apreensão por parte da referida Agência, segundo autorização contida no inciso XV do mesmo artigo. Sendo assim, a montagem e comercialização de aparelhos em desacordo com as regras estabelecidas pelo mencionado Órgão caracteriza ofensa ao serviço por ela regulado e fiscalizado. A conduta investigada, de venda de aparelhos para desbloqueio clandestino de sinal de televisão por assinatura, configura, em tese, o crime do art. 183, parágrafo único, da Lei n. 9.472/97. Havendo, em tese, a prática de crime contra as telecomunicações, tipificado na Lei n. 9.472/97, está configurada a competência da Justiça Federal, por haver lesão a serviço da União, nos termos do art. 21, XII, alínea 'a', c.c. o art. 109, IV, da Constituição da República" (STJ — CC 173.968/SP — Rel. Min. Laurita Vaz — Terceira Seção — julgado em 9-12-2020 — *DJe* 18-12-2020).

1.1.6 Furto qualificado

O § 4.º do art. 155 do Código Penal apresenta algumas formas de furto qualificado, circunstâncias que revelam maior periculosidade do agente, justificando reprimenda mais severa.

Em princípio, não é possível a aplicação do princípio da insignificância ao furto qualificado, em razão da maior periculosidade social da ação e do elevado grau de reprovabilidade do comportamento do agente, salvo quando existirem circunstâncias excepcionais que demonstrem a ausência de interesse social na intervenção do Estado.

Nesse sentido, há teses do Superior Tribunal de Justiça (*Jurisprudência em Teses* — edição 221), nos seguintes sentidos:

"A prática de furto qualificado, em regra, afasta a aplicação do princípio da insignificância, por revelar, a depender do caso, maior periculosidade social da ação e/ou elevado grau de reprovabilidade do comportamento do agente". Acórdãos: AgRg no AREsp 2.248.151/MG, Rel. Min. Joel Ilan Paciornik, Quinta Turma, *DJe* 23-6-2023; AgRg no AREsp 1.922.432/RS, Rel. Min. Messod Azulay Neto, Quinta Turma, *DJe* 2-6-2023; AgRg no AREsp 2.283.304/SC, Rel. Min. Ribeiro Dantas, Quinta Turma, *DJe* 3-5-2023; AgRg no RHC 161.195/PR, Rel. Min. Laurita Vaz, Sexta Turma, *DJe* 23-3-2023; AgRg no HC

803.918/SP, Rel. Min. Reynaldo Soares da Fonseca, Quinta Turma, *DJe* 13-3-2023; AgRg no RHC 164.876/PI, Rel. Min. Sebastião Reis Júnior, Sexta Turma, *DJe* 10-3-2023.

"É possível aplicar o princípio da insignificância ao crime de furto qualificado quando há, no caso concreto, circunstâncias excepcionais que demonstrem a ausência de interesse social na intervenção do Estado". Acórdãos: AgRg no REsp 2.050.958/SP, Rel. Min. Sebastião Reis Júnior, Sexta Turma, *DJe* 16-6-2023; AgRg no HC 736.206/SC, Rel. Min. Jesuíno Rissato, Sexta Turma, *DJe* 31-3-2023; AgRg no AREsp 2.073.862/DF, Rel. Min. Olindo Menezes, Sexta Turma, *DJe* 1.º-7-2022.

1.1.6.1 Rompimento de obstáculo

O inciso I se refere a subtração com *destruição ou rompimento de obstáculo*, que significa o afastamento, pelo agente, de maneira violenta (abertura forçada), das barreiras que o impedem de ter livre acesso à *res furtiva*.

A qualificadora de destruição ou rompimento de obstáculo se verifica quando ocorre o arrombamento, a ruptura, a demolição, a destruição (total ou parcial) de qualquer elemento que vise impedir a ação do furtador (cadeados, fechaduras, cofres, portões, janelas, telhados etc.), sejam quais forem os expedientes empregados.

Há controvérsia sobre a incidência dessa qualificadora quando a violência se volta contra obstáculo que é inerente à própria coisa.

Entendemos ser irrelevante, para a configuração da referida qualificadora, que o obstáculo seja ou não inerente ou peculiar à coisa, como no caso da destruição do vidro de um automóvel.

No Superior Tribunal de Justiça: "Pretensão desclassificatória da conduta qualificada para o tipo básico. Cumpre esclarecer que jurisprudência do Tribunal da Cidadania é no sentido de que é "de rigor a incidência da qualificadora do inciso I do § 4.º do art. 155 do CP quando o agente, visando subtrair aparelho sonoro localizado no interior do veículo, quebra o vidro da janela do automóvel para atingir o seu intento, primeiro porque este obstáculo dificultava a ação do autor, segundo porque o vidro não é parte integrante da *res furtiva* visada, no caso, o som automotivo" (EREsp n. 1.079.847/SP, Terceira Seção, Rel. Min. Jorge Mussi, *DJe* de 5-9-2013). Precedentes. III — Pedido de exclusão da causa de aumento referente ao repouso noturno. O entendimento consagrado neste eg. Superior Tribunal de Justiça é de que "não há incompatibilidade entre o furto qualificado e a causa de aumento relativa ao seu cometimento no período noturno. A jurisprudência deste eg. Tribunal Superior é firme no sentido de que as normas que estabelecem as qualificadoras do furto e causa de aumento do repouso noturno são harmonizáveis, haja vista que o legislador tanto nas qualificadoras objetivas (§ 4.º do art. 155 do Código Penal) como na referida causa de aumento apreciou e revalorou o desvalor da ação do agente, e não fez uma análise sob a ótica do desvalor do resultado. Impende registrar que a causa de aumento de pena em comento, assim como as demais majorantes previstas no Código Penal e na legislação esparsa, nada mais são do que circunstâncias especiais erigidas pelo legislador infraconstitucional como de maior gravidade. Nesse contexto, a inserção na derradeira etapa da dosimetria apenas serve para cristalizar a maior reprovação da conduta, tendo em mente a existência de um procedimento sancionatório lógico, gradativo e escalonado. Precedentes: STJ e STF" (STJ — HC 509.594/SP — Relator Min. Felix Fisher — Quinta Turma — *DJe* 11-6-2019).

Ainda: "Considerando-se que o furto foi cometido mediante a destruição do vidro da janela do veículo da vítima para possibilitar a subtração de objeto que se encontrava em seu interior — aparelho de som —, resta configurada a qualificadora do rompimento de obstáculo, prevista no art. 155, § 4.º, inciso I, do Código Penal. Precedentes desta Corte Superior" (STJ — HC 108599/DF — *DJe* 12-4-2010).

No Supremo Tribunal Federal:

"Configura o furto qualificado a violência contra coisa, considerado veículo, visando adentrar no recinto para retirada de bens que nele se encontravam" (STF — HC 98606/RS — Rel. Min. Marco Aurélio — 1.ª T. — j. 4-5-2010).

De todo modo, é sempre necessária a elaboração de perícia para a comprovação da destruição ou rompimento de obstáculo, podendo a prova testemunhal suprir-lhe a falta apenas quando desaparecidos os vestígios do crime. Nesse sentido:

"Por expressa disposição legal, é imprescindível a prova técnica para o reconhecimento do furto qualificado pelo rompimento de obstáculo/arrombamento, sendo possível a substituição do laudo pericial por outros meios de prova apenas quando o delito não deixar vestígios, estes tenham desaparecido ou, ainda, se as circunstâncias do crime não permitirem a confecção do laudo. 2. Na hipótese dos autos, é possível extrair dos excertos acima transcritos que, não obstante o crime em comento tenha deixado vestígios, a prova técnica para a comprovação do alegado rompimento de obstáculo não foi realizada, mas restou devidamente justificada a ausência do laudo pericial ante a necessidade de se providenciar o imediato reparo dos danos causados às janelas do veículo para que o dono pudesse utilizar o veículo sem colocar em risco a segurança de seus bens" (STJ — AgRg no REsp 1.900.903/DF — Rel. Min. Reynaldo Soares da Fonseca — Quinta Turma — *DJe* 12-2-2021).

Também: "Pela interpretação dos arts. 158 e 167 do Código de Processo Penal, conclui-se que, relativamente às infrações que deixam vestígio, a realização de exame pericial se mostra indispensável, podendo a prova testemunha supri-lo apenas na hipótese em que os vestígios do crime tiverem desaparecido. Precedentes do STJ" (STJ — HC 160497/RS — Rel. Min. Arnaldo Esteves Lima — 5.ª T. — *DJe* 7-7-2010).

1.1.6.2 Abuso de confiança

O inciso II trata do abuso de confiança, sendo esta a relação de lealdade, de intimidade entre os sujeitos ativo e passivo.

A mera relação empregatícia entre agente e vítima não caracteriza o abuso de confiança, conforme vem pautando remansosa jurisprudência.

No Superior Tribunal de Justiça:

"No caso, o paciente teria provocado a retirada, em seu proveito, de determinado equipamento da empresa da qual era gerente, maquinário este de que não tinha a posse. Encontra-se justificado o reconhecimento da qualificadora de abuso de confiança, dado que o paciente ostentava a condição de gerente, circunstância essencial para a consecução da subtração" (STJ — HC 90.161/SC — Rel. Min. Og Fernandes — 6.ª T. — *DJe* 8-3-2010).

"O crime foi cometido com abuso de confiança, pois o paciente era o motorista responsável pelos cartões utilizados para o controle das vendas no interior do veículo, o que indica a especial reprovabilidade do comportamento, sobretudo quando se trata de agente reincidente, razão pela qual não é socialmente recomendável a aplicação do princípio da insignificância" (STJ — AgRg no HC 713130/SP — Rel. Min. Olindo Menezes, Desembargador convocado do TRF 1.ª Região — Sexta Turma — julgado em 29-3-2022 — *DJe* 1.º-4-2022).

1.1.6.3 *Mediante fraude*

O emprego de fraude, no furto qualificado, também prevista no inciso II, caracteriza-se pelo artifício ou ardil utilizado para a subtração da coisa.

A fraude no furto consiste no enliço, no ardil para distrair a atenção da vítima, que nem sequer percebe que está sendo furtada.

Não se confunde o furto mediante fraude com o estelionato.

No furto mediante fraude ocorre a *subtração* da coisa, servindo a fraude como meio de iludir a vigilância ou a atenção da vítima.

No estelionato ocorre a *entrega voluntária* da coisa pela vítima, em decorrência da fraude empregada pelo agente.

Nesse aspecto: "No crime de estelionato a fraude antecede o apossamento da coisa e é causa para ludibriar sua entrega pela vítima, enquanto no furto qualificado pela fraude o artifício malicioso é empregado para iludir a vigilância ou a atenção. Ocorre furto mediante fraude e não estelionato nas hipóteses de subtração de veículo posto à venda mediante solicitação ardil de teste experimental ou mediante artifício que leva a vítima a descer do carro" (STJ — *RT*, 768/527).

No Superior Tribunal de Justiça:

"Para que se configure o delito de estelionato (art. 171 do Código Penal), é necessário que o agente induza ou mantenha a vítima em erro, mediante artifício, ardil, ou qualquer outro meio fraudulento, de maneira que esta lhe entregue voluntariamente o bem ou a vantagem. Se não houve voluntariedade na entrega, o delito praticado é o de furto mediante fraude (art. 155, § 4.º, II, do mesmo Estatuto)" (STJ — CC 183.754/GO — Rel. Min. Laurita Vaz — Terceira Seção — julgado em 14-12-2022 — *DJe* 19-12-2022).

"O furto mediante fraude não se confunde com o estelionato. A distinção se faz primordialmente com a análise do elemento comum da fraude que, no furto, é utilizada pelo agente com o fim de burlar a vigilância da vítima que, desatenta, tem seu bem subtraído, sem que se aperceba; no estelionato, a fraude é usada como meio de obter o consentimento da vítima que, iludida, entrega voluntariamente o bem ao agente" (STJ — REsp 1.046.844/RS — Rel. Min. Laurita Vaz — 5.ª T. — *DJe* 3-11-2009).

"PENAL. CONFLITO DE COMPETÊNCIA. ESTELIONATO OU FURTO MEDIANTE FRAUDE. ENGANAR A VÍTIMA PRESTANDO AJUDA NO SISTEMA DE AUTOATENDIMENTO DE BANCO. ESTELIONATO. ART. 70 DO CPP. CONSUMAÇÃO NO MOMENTO E LUGAR DA OBTENÇÃO DA VANTAGEM ILÍCITA. COMPETÊNCIA DO JUÍZO SUSCITADO. I. No delito de estelionato, o agente conduz a vítima ao erro ou a mantém nele, para que esta entregue o bem de forma espontânea. Já no furto mediante fraude, o agente, por meio de um plano ardiloso, consegue reduzir a vigilância da vítima, de modo que seus bens fiquem desprotegidos. 2. 'A competência será, de regra, determinada pelo lugar em que se consumar a infração, ou, no caso de tentativa, pelo lugar em que for praticado o último ato de execução' (art. 70 do CPP). 3. O crime de estelionato consuma-se no momento e lugar em que o agente obtém a vantagem indevida. 4. Conflito conhecido para declarar a competência do Juízo Federal da 10.ª Vara Criminal da Seção Judiciária do Estado de São Paulo, ora suscitado" (STJ — CComp 100.587/BA — Rel. Min. Arnaldo Esteve Lima — S3 — *DJe* 23-9-2009).

"O furto mediante fraude, escalada ou destreza não se confunde com o estelionato. No primeiro, a fraude visa a diminuir a vigilância da vítima, sem que esta perceba que está sendo desapossada; há discordância expressa ou presumida do titular do direito patrimonial em relação à conduta do agente. No segundo, a fraude visa a fazer com que a vítima incida em erro e, espontaneamente, entregue o bem ao agente; o consentimento da vítima integra a própria figura delituosa" (STJ — CC 86.241/PR, Rel. Min. Maria Thereza de Assis Moura — Terceira Seção — julgado em 8-8-2007, *DJ* 20-8-2007, p. 237).

1.1.6.4 Escalada

A escalada, qualificadora também prevista no inciso II, é o acesso ao local por meio anormal, não implicando necessariamente subir ou galgar algum obstáculo. A qualificadora da escalada supõe o ingresso no local do furto por via anormal e com o emprego de meios artificiais, particular agilidade, ou esforço sensível, reveladores da obstinação em vencer as cautelas postas para a defesa do patrimônio e da maior capacidade do agente para delinquir.

"PENAL. *HABEAS CORPUS*. FURTO QUALIFICADO. ESCALADA. INCIDÊNCIA DA QUALIFICADORA. NECESSIDADE DE LAUDO PERICIAL. I — O exame de corpo de delito, por expressa determinação legal, é indispensável nas infrações que deixam vestígios (art. 158 do CPP), podendo apenas supletivamente ser suprido pela prova testemunhal quando tenham este desaparecido, *ex vi* do art. 167 do CPP (Precedentes). II — Na hipótese de furto qualificado por escalada, é de se atentar, ainda, para a necessidade de realização da perícia, conforme o disposto no art. 171 do CPP. Recurso especial provido" (STJ — Resp 1.133.602/MG — Rel. Min. Felix Fischer — 5.ª T. — *DJe* 3-5-2010).

Sobre a necessidade de perícia para a caracterização da qualificadora de escalada: "Nos termos da jurisprudência desta Corte Superior, no crime de furto, o reconhecimento da qualificadora da escalada exige a realização de exame pericial, o qual somente pode ser substituído por outros meios probatórios quando inexistirem vestígios, o corpo de delito houver desaparecido ou as circunstâncias do crime não permitirem a confecção do laudo. No caso, a Corte de origem não apresentou qualquer justificativa para a não realização do exame pericial a fim de verificar os vestígios da infração" (AgRg no REsp 1.794.040/MT — Rel. Min. Laurita Vaz — Sexta Turma — julgado em 17-12-2019 — *DJe* 3-2-2020).

1.1.6.5 Destreza

A destreza, última qualificadora prevista no inciso II, caracteriza-se pela habilidade, pela facilidade de movimentos do agente, que faz com que a vítima não perceba a subtração. Apercebendo-se a vítima do furto, não estará caracterizada a destreza.

"Somente a excepcional, incomum, habilidade do agente, que com movimento das mãos consegue subtrair a coisa que se encontra na posse da vítima sem despertar-lhe a atenção, é que caracteriza, revela, a 'destreza'" (STJ — REsp 1.478.648/PR — Rel. Min.

Newton Trisotto, Desembargador Convocado do TJ/SC — Quinta Turma — julgado em 16-12-2014 — *DJe* 2-2-2015).

"Conforme o Código Penal, ocorre 'furto qualificado', entre outras hipóteses, quando é cometido 'com abuso de confiança, ou mediante fraude, escalada ou destreza' (CP, art. 155, § 4.°, II). Somente a excepcional, incomum, habilidade do agente, que com movimento das mãos consegue subtrair a coisa que se encontra na posse da vítima sem despertar-lhe a atenção, é que caracteriza, revela, a 'destreza'. Não configuram essa qualificadora os atos dissimulados comuns aos crimes contra o patrimônio — que, por óbvio, não são praticados às escancaras" (STJ — REsp 1.478.648/PR — Rel. Min. Newton Trisotto, Desembargador Convocado do TJ/SC — Quinta Turma — julgado em 16-12-2014 — *DJe* 2-2-2015).

1.1.6.6 Chave falsa

O inciso III cuida da subtração com emprego de chave falsa, que pode ser definida como todo instrumento destinado a fazer funcionar o mecanismo de uma fechadura ou dispositivo análogo, tenha ou não a forma de chave. Assim, chave falsa é todo instrumento, com ou sem forma de chave, de que se utilize o ladrão para fazer funcionar, em lugar da chave verdadeira, o mecanismo de uma fechadura ou dispositivo análogo, possibilitando ou facilitando, desse modo, a execução do furto.

A jurisprudência diverge acerca da configuração dessa qualificadora quando o agente utiliza a chave verdadeira, obtida por meios fortuitos ou criminosos. A nosso ver, neste caso, não restaria caracterizada a qualificadora de chave falsa, mas, quando muito, a de fraude.

Com relação à necessidade de perícia:

"PENAL. *HABEAS CORPUS*. ART. 155, § 4.°, INCISO III, DO CÓDIGO PENAL. QUALIFICADORA. EMPREGO DE CHAVE FALSA. CONFIGURAÇÃO. NÃO APREENSÃO. I — O exame de corpo de delito direto, por expressa determinação legal, é indispensável nas infrações que deixam vestígios, podendo apenas supletivamente ser suprido pela prova testemunhal quando tenham estes desaparecido, *ex vi* do art. 167 do Código de Processo Penal. II — Esse entendimento deve ser aplicado no que concerne à verificação de ocorrência ou não da qualificadora do emprego de chave falsa no crime de furto. III — No caso concreto, há dúvida relevante sobre o motivo da não apreensão da chave falsa, o que atrai a incidência do disposto no art. 167 do CPP. Dessa forma, existindo nos autos outros elementos que comprovam a sua efetiva utilização, não há como afastar a aplicação da qualificadora. Ordem denegada" (STJ — HC 139.838/DF — Rel. Min. Felix Fischer — 5.ª T. — *DJe* 3-11-2009).

No mesmo sentido: STJ — HC 119524/MG — Rel. Min. Og Fernandes — 6.ª T. — *Dje* 22-11-2010.

Também: "O entendimento desta Corte Superior de Justiça está consolidado no sentido de que, nos casos de furto qualificado pelo emprego de chave falsa em que há vestígios, é imprescindível a elaboração de laudo pericial para a comprovação da mencionada qualificadora, salvo se desaparecidos os vestígios" (AgRg no HC 627.886/SC — Rel. Min. Laurita Vaz — Sexta Turma — *DJe* de 17-2-2021).

1.1.6.7 Concurso de duas ou mais pessoas

Por fim, o inciso IV do § 4.° do art. 155 do Código Penal menciona a subtração mediante concurso de duas ou mais pessoas, em que não se exige a presença física no local do furto de todas as pessoas que dele participam.

Não há necessidade de que todos sejam imputáveis.

Em tema de concurso de agentes, é conveniente ressaltar, todos os concorrentes (coautores ou partícipes) incidem nas mesmas penas, na medida de sua culpabilidade (art. 29 do CP).

Durante muito tempo se discutiu, na doutrina e jurisprudência, o tratamento desproporcional dado pelo legislador aos crimes de furto e de roubo praticados em concurso de pessoas. Sustentava-se uma violação ao princípio da proporcionalidade, pois enquanto para o roubo, crime mais grave, o concurso de pessoas enseja um aumento de pena de um terço a metade, no crime de furto a pena, em razão da mesma circunstância, é aplicada em dobro. Em razão disso, parcela dos doutrinadores pátrios pugnava pela adequação desse exagero legislativo, aplicando-se ao furto qualificado pelo concurso de pessoas a causa de aumento de pena do roubo, ou seja, um terço a metade. Vários julgados acatavam essa posição, sendo criada relevante vertente jurisprudencial que, ao crime de furto praticado em concurso de pessoas, aplicava a pena do furto simples aumentada de um terço a metade. Entretanto, o Superior Tribunal de Justiça vedou expressamente essa prática, dispondo a Súmula 442 que "é inadmissível aplicar, no furto qualificado, pelo concurso de agentes, a majorante do roubo".

1.1.7 Furto com emprego de explosivo ou de artefato análogo que cause perigo comum

Essa qualificadora foi introduzida pela Lei n. 13.654/2018, punindo o furto, no § 4.°-A, com pena de reclusão de 4 (quatro) a 10 (dez) anos e multa, se houver emprego de explosivo ou de artefato análogo que cause perigo comum. A intenção do legislador foi de punir mais severamente esse tipo de furto, em razão da proliferação dos casos de subtração de dinheiro de caixas eletrônicos com emprego de explosivo ou de artefato análogo, causando perigo comum. Até então não havia unanimidade na doutrina e na jurisprudência acerca da perfeita tipificação dessas condutas, ora sendo enquadradas como furto qualificado por rompimento de obstáculo em concurso com o crime de explosão, ora permanecendo apenas a qualificadora sem o concurso com o crime de explosão. Com a inclusão do citado § 4.°-A, a questão resta pacificada.

Essa modalidade de furto é considerada crime hediondo, de acordo com o art. I.°, IX, da Lei n. 8.072/90, com a redação que lhe foi dada pela Lei n. 13.964/2019.

1.1.8 Furto mediante fraude por meio de dispositivo eletrônico ou informático

O crime de furto mediante fraude por meio de dispositivo eletrônico ou informático vem previsto nos §§ 4.°-B e 4.°-C do art. 155 do Código Penal, tendo sido introduzido no Código Penal pela Lei n. 14.155/2021.

O § 4.º-B constitui mais uma qualificadora do crime de furto, enquanto o § 4.º-C traz duas causas de aumento de pena incidentes sobre a referida qualificadora.

De acordo com a redação dos dispositivos acrescentados ao art. 155, a pena é de reclusão, de 4 (quatro) a 8 (oito) anos, e multa, se o furto mediante fraude é cometido por meio de dispositivo eletrônico ou informático, conectado ou não à rede de computadores, com ou sem a violação de mecanismo de segurança ou a utilização de programa malicioso, ou por qualquer outro meio fraudulento análogo. Essa pena é aumentada, considerando a relevância do resultado gravoso, de 1/3 (um terço) a 2/3 (dois terços), se o crime é praticado mediante a utilização de servidor mantido fora do território nacional, e é aumentada de 1/3 (um terço) ao dobro, se o crime é praticado contra idoso ou vulnerável.

Vale ressaltar que o emprego de fraude como qualificadora do crime de furto já vinha previsto no inciso II do § 4.º do art. 155 do Código Penal. A qualificadora do § 4.º-B se diferencia da anterior justamente na espécie de fraude empregada pelo agente para perpetrar a subtração. No § 4.º-B, a fraude, no furto, é praticada por meio de dispositivo eletrônico ou informático, conectado ou não à rede de computadores, com ou sem a violação de mecanismo de segurança ou a utilização de programa malicioso, ou por qualquer outro meio fraudulento análogo.

Há que se distinguir o crime de furto mediante fraude por meio de dispositivo eletrônico ou informático do crime de estelionato cibernético ou virtual.

No furto mediante fraude por meio de dispositivo eletrônico ou informático (§ 4.º-B), ocorre a subtração da coisa, servindo a fraude como meio de iludir a vigilância ou a atenção da vítima. Nesse furto, a fraude é apenas o meio para tirar a coisa.

Já no estelionato cibernético ou virtual (§ 2.º-A do art. 171), ocorre a entrega voluntária da coisa pela vítima, em decorrência da fraude empregada pelo agente. Nesse estelionato cibernético ou virtual, a fraude antecede o apossamento da coisa e é causa para ludibriar sua entrega pela vítima. A própria descrição típica constante do § 2.º-A do art. 171 se refere a fraude cometida "com a utilização de informações fornecidas pela vítima ou por terceiro induzido a erro por meio de redes sociais, contatos telefônicos ou envio de correio eletrônico fraudulento, ou por qualquer outro meio fraudulento análogo". Portanto, no estelionato virtual há uma participação efetiva da vítima, ou de terceiro, que fornece as informações necessárias à perpetração da fraude, eis que induzida a erro por meio de redes sociais, contatos telefônicos ou envio de correio eletrônico fraudulento, ou por qualquer outro meio fraudulento análogo.

1.1.9 Furto de veículo automotor

Essa qualificadora, prevista no § 5.º do art. 155 do Código Penal, foi acrescentada pela Lei n. 9.426/96. Visa justamente o agravamento da pena do furto de veículo automotor que se destine a outro Estado ou ao exterior, buscando combate aos *grupos organizados* de furtadores e receptadores de carros, motos, caminhões etc. Requer, para sua configuração, a destinação específica da coisa furtada.

A redação deficiente do dispositivo, nesse aspecto, deixa dúvidas acerca da consumação do crime e da configuração da tentativa. Isso porque o que caracteriza o furto de veículo automotor previsto nesse parágrafo 5.º é justamente a finalidade de transportar a *res furtiva* para outro Estado ou para o exterior.

Assim, em princípio, o que distingue essa modalidade de furto das demais é a intenção do agente, bastando, para a sua consumação, que a subtração se dê com a finalidade de transporte do veículo automotor para outro Estado ou para o exterior. Esse elemento subjetivo, entretanto, é de difícil apuração, razão pela qual doutrina e jurisprudência se orientam no sentido de que o momento consumativo do crime ocorre quando o veículo automotor efetivamente ultrapassa a fronteira, ingressando em outro Estado ou em território estrangeiro.

É difícil, portanto, cogitar-se de tentativa, embora, em tese, no plano puramente teórico, não haja restrições quanto à sua configuração, bastando que o agente subtraia o veículo automotor com a finalidade de transportá-lo para outro Estado ou para o exterior e, antes de cruzar a fronteira, seja interceptado, não se consumando o delito por circunstâncias alheias à sua vontade.

Dadas, entretanto, as dificuldades acima apontadas, com relação à perfeita configuração da consumação do crime, não se tem admitido a tentativa de furto de veículo automotor que venha a ser transportado para outro Estado ou para o exterior.

1.1.10 Furto de semovente domesticável de produção

Trata-se, em verdade, de um tipo especial de furto, previsto no § 6.º do art. 155, introduzido pela Lei n. 13.330/2016, punindo com reclusão de 2 (dois) a 5 (cinco) anos a subtração de semovente domesticável de produção, ainda que abatido ou dividido em partes no local da subtração.

Esse crime tem como objeto material "semovente domesticável de produção", expressão que envolve todo tipo de gado, vacum, cavalar e muar, além de aves e outros animais, desde que domesticáveis e de produção. Há quem sustente que essa categoria englobaria até mesmo animais domésticos (cães, gatos etc.), desde que criados para produção ou comercialização.

O furto de gado não é figura nova em nosso ordenamento jurídico, sendo muito comum a utilização do termo abigeato para denominá-lo.

O termo abigeato deriva de *abigeatu*, expressão inventada pelos romanos, já que o furto de animais não podia ser considerado como *contraectatio*.

Como muito bem explicado por Álvaro Mayrink da Costa (*Direito Penal — Parte Especial*, 5. ed., Rio de Janeiro: Forense, 2001, p. 622), "o Código de Hammurabi aplicava a pena de morte e a 'Lex Duodecim Talarum' punia os ladrões de animais mais rigorosamente. A Lei Carolina e o Código Toscano consideravam-no 'furtum magnus'".

No Brasil, o abigeato foi incriminado no Código Penal de 1830.

Pelo que se dessume da referida Lei n. 13.330/2016, como expressamente disposto em sua parte preliminar, a intenção do legislador foi "tipificar, de forma mais gravosa, os crimes de furto e de receptação de semovente domesticável de produção".

Entretanto, não me parece que tenha sido alcançado o intuito do legislador em mais essa sofrível alteração legislativa pontual.

Ora, não obstante essa acrescentada figura constitua, aparentemente, inegável *novatio legis in pejus*, sua eficácia prática como norma penal mais severa, intimidatória do furto de gado, fica extremamente comprometida em vista da realidade encontrada na absoluta maioria dos casos concretos que invadem nossos tribunais.

No mais das vezes, o furto de gado não é praticado por um único agente, restando configurado o concurso de pessoas em praticamente todos os casos, além do corriqueiro rompimento de obstáculo, mediante o corte ou destruição de cercas e outros engenhos que impeçam ou dificultem a subtração da *res furtiva*.

Nessas hipóteses, antes da referida lei, o fato acima apontado seria tipificado como furto qualificado, previsto no § 4.º do art. 155 do CP, punido com reclusão de 2 a 8 anos, sendo certo que, agora, com o tipo penal criado, previsto no § 6.º, a pena passa a ser de reclusão de 2 a 5 anos, o que, a rigor, representa tratamento legislativo mais favorável ao ladravaz.

Isso ocorre porque o desconhecimento do legislador acerca da realidade criminal do País e o anseio de atender às pressões de ruralistas e produtores de gado culminaram com uma lei que, na prática, será mais benéfica ao criminoso.

A melhor solução legislativa teria sido a exacerbação da pena do furto de semovente domesticável de produção por meio da introdução de uma causa de aumento de pena em razão do objeto material, a qual poderia muito bem incidir na terceira fase da dosimetria da pena, mesmo que o fato fosse tipificado como furto qualificado (§ 4.º), constituindo, aí sim, situação jurídica detrimentosa ao criminoso.

1.1.11 Subtração de substâncias explosivas ou de acessórios

Seguindo a mesma ideia de punir mais severamente o furto com emprego de explosivo ou de artefato análogo que cause perigo comum, a Lei n. 13.654/2018 introduziu também o § 7.º, punindo com reclusão de 4 (quatro) a 10 (dez) anos e multa, a subtração de substâncias explosivas ou de acessórios que, conjunta ou isoladamente, possibilitem sua fabricação, montagem ou emprego. Trata-se de mais uma hipótese de furto qualificado, que se insere no conjunto de modificações introduzidas nos crimes patrimoniais pela Lei n. 13.654/2018.

1.2 Furto de coisa comum

Crime previsto no art. 156 do Código Penal, o furto de coisa comum tem como objetividade jurídica a tutela do patrimônio do *condômino, coerdeiro* ou *sócio*.

Tratando-se de crime próprio, sujeito ativo somente pode ser o condômino, o coerdeiro ou o sócio.

Sujeito passivo é quem detém legitimamente a coisa, podendo ser o condômino, coerdeiro, sócio ou qualquer terceiro.

A conduta incriminada é *subtrair*, que significa assenhorear-se da coisa retirando-a de quem a possua.

A coisa deve ser *comum*, ou seja, pertencer, no mínimo, ao sujeito ativo e ao sujeito passivo, em razão de condomínio, herança e sociedade.

O furto de coisa comum é crime doloso (não basta o *animus rem sibi habendi*, sendo necessário o *animus domini* ou *animus furandi*).

A consumação do furto de coisa comum ocorre no momento em que o agente tem a posse da *res furtiva* comum, cessada a clandestinidade, independentemente da recuperação posterior do bem objeto do delito ou de perseguição imediata.

Admite-se a tentativa.

A ação penal é *pública condicionada a representação* do ofendido (§ 1.º).

Não se pune a subtração de coisa comum fungível, cujo valor não excede a quota a que tem direito o agente (§ 2.º).

2 DO ROUBO E DA EXTORSÃO

2.1 Roubo

O roubo é um *crime complexo* previsto no art. 157 do Código Penal, em que a objetividade jurídica é a tutela do direito ao patrimônio (posse e propriedade), assim como da integridade física, da saúde e da liberdade individual do cidadão.

Sujeito ativo pode ser qualquer pessoa.

Sujeito passivo pode ser tanto o possuidor quanto o proprietário da coisa, seja pessoa natural, seja pessoa jurídica. Será sujeito passivo do delito também a pessoa atingida pela violência ou grave ameaça, mesmo que não seja titular do direito patrimonial protegido.

O roubo contra instituições financeiras, incluindo agências bancárias ou caixas eletrônicos, quando houver indícios da atuação de associação criminosa em mais de um Estado da Federação, é considerado de repercussão interestadual, exigindo repressão uniforme, nos termos do disposto na Lei n. 10.446/2002, alterada pela Lei n. 13.124/2015.

A conduta incriminada é *subtrair*, que significa assenhorear-se da coisa retirando-a de quem a possua.

Deve a subtração se dar com o emprego de *violência* (emprego de força física — lesão corporal ou vias de fato), *grave ameaça* (intimidação, prenúncio de um mal, que deve ser injusto e grave) ou *qualquer outro meio* capaz de reduzir a vítima à impossibilidade de resistência (embriaguez, intoxicação por drogas, soníferos, anestésicos, hipnose etc.).

Está configurado o roubo ainda que o agente utilize arma de brinquedo ou simulação de arma, meios esses aptos a incutir na vítima o temor de mal injusto e grave.

Nesse sentido: "Segundo a jurisprudência do STF, se o agente, simulando porte de arma, ameaça, intimida e subjuga a vítima, subtraindo-lhe os pertences, configura-se crime de roubo (art. 157, *caput*, do CP) e não de furto qualificado" (STF — *RT*, 646/376).

Existe controvérsia jurisprudencial acerca da ocorrência de violência na chamada *trombada*, em que o agente propositadamente utiliza-se de pancada, empurrão, choque, batida ou colisão, com a finalidade de subtrair pertences da vítima.

A orientação mais acertada, contudo, é a que se inclina pela ocorrência do roubo:

"Tendo sido a vítima agredida e derrubada durante a subtração, inclusive com o comprometimento de sua integridade física — lesão corporal —, o delito é classificado como roubo, e não como simples furto. Precedentes" (STJ — REsp 778.800/RS — Rel. Min. Laurita Vaz — Quinta Turma — julgado em 2-5-2006 — *DJ* 5-6-2006, p. 313).

Entretanto, caso a violência ou as vias de fato na *trombada* não se destinem a impossibilitar a resistência da vítima, sendo o intuito do agente apenas distraí-la ou desviar-lhe a atenção, a subtração configurará furto qualificado por destreza.

Há de não olvidar, também, de que não apenas violência e grave ameaça constituem meios aptos à prática do roubo, acolhendo a lei qualquer outro meio que possa reduzir a vítima à impossibilidade de resistência. É a chamada violência imprópria.

Na violência imprópria, o agente não emprega violência ou grave ameaça na subtração. Emprega qualquer outro meio capaz de reduzir a vítima à impossibilidade de resistência. Por exemplo: uso de drogas, uso de soníferos do tipo "boa noite cinderela", uso de técnicas de hipnose etc.

O objeto material do roubo é a coisa móvel, cuja perfeita definição deve ser buscada, em regra, no Direito Civil. Assim, podem ser objeto de roubo as coisas que possam ser carregadas, movidas de um lugar para outro, ainda que, inicialmente, incorporadas a um imóvel.

Além disso, a coisa deve ser *alheia*, ou seja, deve pertencer a alguém que não o sujeito ativo.

É também objeto material do roubo a pessoa humana, contra a qual se emprega violência ou grave ameaça.

O princípio da insignificância ou da bagatela não pode ser aplicado ao crime de roubo, que visa proteger, além do patrimônio, também a integridade corporal e a liberdade individual do cidadão (STF — HC 96.671/MG — j. 31-3-2009; STF — HC 95.174/RJ — j. 9-12-2008).

Nesse sentido: "O princípio da insignificância não pode ser aplicado ao delito de roubo, em virtude da relevância penal da conduta que envolve a grave ameaça ou violência à pessoa. Trata-se de crime complexo que visa proteger não apenas o patrimônio, mas também a liberdade individual e a integridade física" (STJ — AgRg no AREsp 2.015.691/TO — Rel. Min. Antonio Saldanha Palheiro — Sexta Turma — j. 9-12-2022 — *DJe* 21-12-2022).

O roubo é crime doloso (não basta o *animus rem sibi habendi*, sendo necessário o *animus domini* ou *animus furandi*).

Consuma-se o roubo com a subtração da coisa móvel, mediante violência, grave ameaça ou qualquer outro meio capaz de reduzir a vítima a impossibilidade de resistência, não se exigindo, contudo, que a posse do agente seja definitiva ou prolongada.

A propósito: "No âmbito desta Corte e do Supremo Tribunal Federal, prevalece o entendimento de que os crimes de roubo e furto se consumam no instante em que o agente se torna possuidor da coisa alheia móvel, ainda que por pouco tempo, sendo prescindível a posse mansa, pacífica, tranquila e desvigiada do bem" (STJ — AgRg no HC 642.916/RJ — Rel. Min. Felix Fischer — Quinta Turma — j. 25-5-2021, *DJe* 31-5-2021).

Nesse sentido: "O Supremo Tribunal Federal e esta Corte, no que se refere à consumação do crime de roubo, adotam a teoria da *apprehensio*, também denominada de *amotio*, segundo a qual considera-se consumado o delito no momento em que o agente obtém a posse da *res furtiva*, ainda que não seja mansa e pacífica e/ou haja perseguição policial, sendo prescindível que o objeto do crime saia da esfera de vigilância da vítima" (STJ — HC 127.518/RS — Rel. Min. Laurita Vaz — 5.ª T. — *DJe* 21-3-2011).

Pacificando a celeuma acerca da consumação do crime de roubo, dispõe a Súmula 582 do **Superior Tribunal de Justiça**: "Consuma-se o crime de roubo com a inversão da posse do bem mediante emprego de violência ou grave ameaça, ainda que por breve tempo e em seguida à perseguição imediata ao agente e recuperação da coisa roubada, sendo prescindível a posse mansa e pacífica ou desvigiada".

Merece ser ressaltado que o Superior Tribunal de Justiça tem *tese* no sentido de que: "O roubo praticado em um mesmo contexto fático, mediante uma só ação, contra vítimas diferentes, enseja o reconhecimento do concurso formal de crimes, e não a ocorrência de crime único". Nesse sentido, podem ser consultados os seguintes acórdãos: HC 315.059/SP — Rel. Min. Maria Thereza de Assis Moura — j. 6-10-2015 — *DJe* 27-10-2015; HC 179.676/SP — Rel. Min. Nefi Cordeiro — j. 22-9-2015 — *DJe* 19-10-2015; HC 317.091/SP — Rel. Min. Rogerio Schietti Cruz — j. 17-9-2015 — *DJe* 9-10-2015; HC 265.544/SP — Rel. Min. Reynaldo Soares da Fonseca — Quinta Turma — j. 8-9-2015 — *DJe* 14-9-2015; HC 319142/SP — Rel. Min. Newton Trisotto (Desembargador convocado do TJSC) — Quinta Turma — j. 1.º-9-2015 — *DJe* 9-9-2015; HC 316.294/SP — Rel. Min. Leopoldo de Arruda Raposo (Desembargador convocado do TJPE) — Quinta Turma — j. 2-6-2015 — *DJe* 10-6-2015; HC 185744/ES — Rel. Min. Gurgel de Faria — Quinta Turma — j. 18-12-2014 — *DJe* 2-2-2015.

Admite-se a tentativa.

Outrossim, o Superior Tribunal de Justiça já decidiu que, no roubo, a quebra de cadeado e fechadura da casa da vítima constituem meros atos preparatórios e não início de execução, caracterizador da tentativa. Assim: "I. A despeito da vagueza do art. 14, II, do CP, e da controvérsia doutrinária sobre a matéria, aplica-se o mesmo raciocínio já desenvolvido pela Terceira Seção deste Tribunal (CC 56.209/MA), por meio do qual se deduz a adoção da teoria objetivo-formal para a separação entre atos preparatórios e atos de execução, exigindo-se para a configuração da tentativa que haja início da prática do núcleo do tipo penal. 2. O rompimento de cadeado e a destruição de fechadura de portas da casa da vítima, com o intuito de, mediante uso de arma de fogo, efetuar subtração patrimonial da residência, configuram meros atos preparatórios que impedem a condenação por tentativa de roubo circunstanciado" (STJ — AREsp 974.254/TO — Rel. Min. Ribeiro Dantas — Quinta Turma — *DJe* 27-9-2021).

2.1.1 Roubo impróprio

Previsto no § 1.º do art. 157 do Código Penal, o roubo impróprio (ou roubo por aproximação) é aquele em que o agente emprega a violência contra a pessoa ou grave ameaça *logo depois de subtraída a coisa*, a fim de assegurar a impunidade do crime ou a detenção da coisa para si ou para terceiro.

Assim: "Para a configuração do crime de roubo, é necessário haver o emprego de violência ou grave ameaça contra a vítima. Outrossim, o delito previsto no art. 157, § 1.º, do Código Penal (roubo impróprio), consuma-se no momento em que, logo após o agente se tornar possuidor da coisa, a violência é empregada para assegurar a impunidade do crime, consoante ocorreu na presente hipótese. No presente caso, pela análise dos fatos descritos no acórdão, nota-se que o crime praticado pelo agravante foi o de roubo impróprio, haja vista que houve emprego de violência para a manutenção da posse da *res*, circunstância elementar do tipo" (STJ — AgRg no HC 618.071/SC — Rel. Min. Messod Azulay Neto — Quinta Turma — j. 14-2-2023 — *DJe* 22-2-2023).

"Na espécie, após subtrair o aparelho celular das vítimas, o paciente desferiu um soco no rosto de uma delas, demonstrando a violência desproporcional utilizada na ação criminosa. Ademais, o paciente foi, anteriormente, preso pela prática de crime de furto, o que justifica a decretação da prisão preventiva para garantia da ordem pública" (STJ — AgRg no HC 559.434/SP — Quinta Turma — Rel. Min. Reynaldo Soares da Fonseca — *Dje* 27-5-2020).

Ainda: "Pacificou-se neste Superior Tribunal de Justiça o entendimento de que a violência ou grave ameaça caracterizadoras do crime de roubo podem ocorrer antes, durante ou logo após a subtração do bem, razão pela qual ainda que o agente tenha iniciado a conduta delitiva sem violência, se empregá-la para garantir a posse do bem subtraído ou a impunidade do delito, exatamente como ocorreu na espécie, pratica o crime de roubo impróprio, não havendo que se falar em desclassificação para o delito de furto" (STJ — AgRg no HC 556.935/MS — Quinta Turma — Rel. Min. Jorge Mussi — *Dje* 7-4-2020).

Aplica-se ao roubo impróprio os comentários já tecidos ao *caput* do artigo, com a ressalva de que a jurisprudência, majoritariamente, entende que a consumação se dá com emprego da violência ou grave ameaça, sendo inadmissível a tentativa.

Nesse sentido: "O delito previsto no art. 157, § 1.º, do Código Penal, consuma-se no momento em que a violência é empregada, uma vez que esta é posterior à subtração da coisa, de modo que não se há que falar em tentativa. Precedentes desta Corte e do STF" (STJ — HC 92221/SP — Rel. Min. Napoleão Nunes Maia Filho — 5.ª T. — *DJe* 9-12-2008).

Ainda: "Consta da denúncia que o recorrido teria arrancado o relógio da vítima (avaliado em R$ 150,00) e, após, empreendido fuga, mas, em ato contínuo, a vítima reagiu e o perseguiu, oportunidade em que travaram luta corporal. Por isso, ele foi denunciado pela prática do crime de roubo impróprio tentado, visto que, segundo a exordial, a violência só foi perpetrada após a subtração da *res furtiva*, com o fito de garantir-lhe a posse. Contudo, no especial, o Parquet almeja a condenação do recorrido por tentativa de roubo simples ao argumento de que, desde o início, a vítima sofreu a violência para que se viabilizasse a subtração de seu patrimônio. Para tanto, haveria necessidade de aplicar o art. 384 do CPP (*mutatio libelli*) em segunda instância, o que é objetado pela Súm. n. 453-STF. Dessarte, visto não se adequar a conduta imputada ao tipo penal do art. 157, *caput*, do CP e ser impossível a *mutatio libelli* no recurso especial, é impossível a condenação do recorrido por tentativa de roubo simples. Também não há como restabelecer a sentença que o condenou por tentativa de roubo impróprio, porque se mostra incontroverso, no acórdão recorrido, que não houve emprego de violência para a manutenção da posse da *res*, circunstância elementar do tipo. Anote-se que o princípio da insignificância não deve ser aplicado ao caso, pois não se pode reconhecer a irrelevância penal da conduta. Assim, ao considerar a primariedade do réu e o pequeno valor da coisa furtada, o recorrido deve ser condenado às sanções do furto privilegiado tentado, sendo suficiente aplicar-lhe a pena de multa" (STJ — REsp 1.155.927-RS — Rel. Min. Felix Fischer — Quinta Turma — j. 18-5-2010 — Inf. 435).

Ainda: "Consuma-se o delito de roubo impróprio quando o agente emprega grave ameaça contra a vítima, visando assegurar a posse de bem subtraído" (STJ — AgRg no AREsp 1705250/PR — Rel. Min. João Otávio de Noronha — Quinta Turma — j. 9-12-2020 — *DJe* 14-12-2020).

2.1.2 Roubo circunstanciado

Nos §§ 2.º, 2.º-A e 2.º-B do art. 157 do Código Penal estão elencadas circunstâncias que emprestam especial gravidade ao delito, revelando maior periculosidade do agente e gerando intensa reprovabilidade social, sendo a pena, então, aumentada. No § 2.º, o aumento é de um terço até a metade. No § 2.º-A, o aumento é de dois terços e no § 2.º-B a pena é aplicada em dobro.

Havendo a incidência de mais de uma causa de aumento de pena, três correntes doutrinárias e jurisprudenciais se formaram. Para a *primeira corrente*, deve incidir apenas uma causa de aumento, sendo as demais consideradas agravantes ou circunstâncias judiciais. Para a *segunda corrente*, à qual nos filiamos, o aumento deve ser proporcional ao número de causas de aumento incidentes. Para a *terceira corrente*, não deve haver proporcionalidade entre a quantidade de causas de aumento e a elevação da pena, podendo o juiz optar por um só aumento mínimo, considerando a gravidade dos meios empregados.

Nesse sentido, dispõe a Súmula 443 do STJ: "O aumento na terceira fase de aplicação da pena no crime de roubo circunstanciado exige fundamentação concreta, não sendo suficiente para sua exasperação a mera indicação do número de majorantes".

2.1.2.1 *Emprego de arma branca*

O inciso I do § 2.º, expressamente revogado pela Lei n. 13.654/2018, cuidava da causa de aumento de pena pelo emprego de arma, que deveria ser entendida como todo instrumento apto a atingir a integridade física de alguém.

No revogado inciso, a arma poderia ser *de fogo*, carregada ou descarregada, ou a chamada *arma branca*, podendo ser ainda *própria* ou *imprópria*, *real* ou *simulada*.

A lei apontada revogou expressamente este inciso I, colocando, em seu lugar, no §2-A, uma causa de aumento de pena de dois terços "se a violência ou ameaça é exercida com emprego de arma de fogo".

Como consequência, a lei tornou roubo simples (previsto no *caput* do art. 157 do CP) a conduta anteriormente considerada roubo circunstanciado, beneficiando sobremaneira o criminoso que, a partir de sua vigência, utilizasse facas, canivetes, estiletes, cacos de vidro etc., para perpetrar esse crime patrimonial.

Entretanto, a Lei n. 13.964/2019, que aperfeiçoou a legislação penal e processual penal, acrescentou o inciso VII ao § 2.º do art. 157, do seguinte teor:

"VII — se a violência ou grave ameaça é exercida com emprego de arma branca;"

Portanto, o emprego de arma branca no crime de roubo voltou a ser causa de aumento de pena.

2.1.2.2 *Concurso de duas ou mais pessoas*

Ao aumentar a pena do crime de roubo pelo concurso de duas ou mais pessoas, o inciso II do § 2.º atribuiu especial gravidade ao delito em razão do maior poder intimidativo empregado contra a vítima, aumentando a possibilidade de êxito da empreitada criminosa.

É indiferente para o aumento da pena a circunstância de ser inimputável um dos comparsas, ou ainda que não sejam todos perfeitamente identificados. Basta que fique demonstrada a presença de outros indivíduos na prática delituosa, potencialmente perigosa para intimidar a vítima, para que incida a referida causa de aumento de pena.

2.1.2.3 Transporte de valores

Essa causa de aumento de pena vem prevista no inciso III do § 2.°, emprestando maior proteção às vítimas que estejam em serviço de transporte de valores.

Ressalte-se que a lei, ao referir-se a *serviço* de transporte de valores, excluiu a hipótese de pertencerem os valores à própria vítima, oportunidade em que não incidirá o aumento de pena.

Deve, ainda, para a configuração da majorante, ser do conhecimento do agente que a vítima se encontra em serviço de transporte de valores.

2.1.2.4 Subtração de veículo automotor

Essa causa de aumento de pena prevista no inciso IV do § 2.°, foi acrescentada pela Lei n. 9.426/96.

Visa justamente o agravamento da pena do roubo de veículo automotor que se destine a outro Estado ou ao exterior, buscando combate aos *grupos organizados* de roubadores e receptadores de carros, motos, caminhões etc.

A majorante requer, para sua configuração, a destinação específica da coisa roubada.

2.1.2.5 Privação de liberdade

A causa de aumento de pena de privação de liberdade, prevista no inciso V do § 2.°, também foi acrescentada pela Lei n. 9.426/96. A intenção do legislador foi a de trazer o *sequestro de curta duração*, até então autônomo, como majorante do roubo, atribuindo-lhe maior gravidade.

Nesse caso, durante a realização do roubo, o agente mantém a vítima em seu poder, restringindo sua liberdade.

Assim, o crime de sequestro passou a ser absorvido pelo crime de roubo circunstanciado pela privação de liberdade das vítimas durante a prática do roubo ou para evitar a ação policial. Entretanto, não ficou excluída a hipótese de concurso material entre roubo e sequestro nos casos em que, já consumado o crime contra o patrimônio e desnecessária a presença das vítimas para assegurar o êxito da ação criminosa, são estas, mesmo assim, mantidas sob o domínio do agente, a revelar, por parte deste, a vontade livre e consciente de cometer uma nova infração.

Na hipótese do chamado *sequestro-relâmpago*, em que o agente priva a vítima de liberdade por curto espaço de tempo, em regra constrangendo-a a sacar dinheiro em bancos ou caixas eletrônicos, está configurado o crime de *extorsão* (art. 158, § 3.°, do CP).

2.1.2.6 Substâncias explosivas ou acessórios

Seguindo a mesma ideia de punir mais severamente o furto com emprego de explosivo ou de artefato análogo que cause perigo comum, a Lei n. 13.654/2018 introduziu também esse inciso VI ao § 2.º, prevendo aumento de pena de 1/3 (um terço) até a metade no crime de roubo, se a subtração for de substâncias explosivas ou de acessórios que, conjunta ou isoladamente, possibilitem sua fabricação, montagem ou emprego.

2.1.2.7 Emprego de arma de fogo

A Lei n. 13.654/2018, como foi dito acima, revogou expressamente o inciso I do § 2.º, que tratava da causa de aumento de pena no roubo praticado com o emprego de *arma*, introduzindo o § 2.º-A, que prevê, em seu inciso I, a causa de aumento de pena de 2/3 (dois terços) se a violência ou ameaça é exercida com emprego de arma de fogo.

A razão do aumento de pena no emprego de arma de fogo, tal como ocorria anteriormente, reside na maior vulnerabilidade da vítima, que se vê intimidada com a perspectiva da grave ameaça que lhe é endereçada.

Durante muito tempo, parcela majoritária da doutrina e da jurisprudência entendia que, mesmo ao caso da denominada *arma de brinquedo*, ou *simulacro de arma*, ficava configurada causa de aumento, de evidente caráter subjetivo, uma vez que sua razão não residia no perigo efetivo representado para a vítima, mas na utilidade que dela retirava o meliante, conseguindo com maior facilidade reduzir sua capacidade de resistência.

Inclusive, a esse respeito, havia a Súmula 174 do Superior Tribunal de Justiça, do seguinte teor: "No crime de roubo, a intimidação feita com arma de brinquedo autoriza o aumento da pena".

Essa súmula, entretanto, foi *cancelada* em 24 de outubro de 2001, no julgamento do REsp 213.054-SP, tendo como recorrente o Ministério Público de São Paulo, por maioria de votos, pela 3.ª Seção do Superior Tribunal de Justiça: "Crime de porte ilegal de arma de fogo — roubo com emprego de arma de brinquedo — causa especial de aumento de pena — art. 157, § 2.º, inciso I, do Código Penal — Súmula n. 174/STJ — cancelamento — tipificação como crime do art. 10, § 1.º, inciso II, da Lei n. 9.437/97. O aumento especial de pena no crime de roubo em razão do emprego de arma de brinquedo (consagrado na Súmula 174-STJ) viola vários princípios basilares do Direito Penal, tais como o da legalidade (art. 5.º, inciso XXIX, da Constituição Federal e art. 1.º do Código Penal), do 'ne bis in idem', e da proporcionalidade da pena. Ademais, a Súm. 174 perdeu o sentido com o advento da Lei n. 9.437, de 20 de fevereiro de 1997, que em seu art. 10, § 1.º, inciso II, criminalizou a utilização de arma de brinquedo para o fim de cometer crimes. Cancelamento da Súm. 174-STJ. Recurso conhecido mas desprovido" (STJ — 5.ª T. — REsp 213.054-SP — Rel. Min. José Arnaldo da Fonseca — j. 24-10-2002 — m. v. — *DJU*, 11-11-2002, p. 148).

Da mesma forma, a causa de aumento se configura quando há o emprego de arma desmuniciada, quebrada ou ineficaz.

Nesse sentido: "O revólver de brinquedo, desde que apto ao fim da intimidação da vítima, qualifica o roubo, da mesma forma a arma descarregada, ou, por qualquer motivo, ineficaz" (TACrim — *JTACrim*, 92/331).

Em sentido contrário:

"A arma desmuniciada é suficiente para configurar a intimidação própria da ameaça configuradora do tipo penal previsto no *caput* do art. 157 do Código Penal, contudo, não é mecanismo capaz de incidir a majorante do art. 157, § 2.º, inciso I, do Código Penal, que se refere ao emprego de arma da qual decorra situação de perigo real, sob pena de ofender o princípio da proporcionalidade" (STJ — REsp 657665/RS — Min. José Arnaldo da Fonseca — 5.ª T. — *DJ*, 7-3-2005, p. 335).

"É necessária a existência de potencial ofensivo da arma de fogo ao bem jurídico tutelado para a incidência da causa de aumento de pena prevista no art. 157, § 2.º, I, do CP, o que não se aplica à arma desmuniciada" (STJ — HC 143919/SP — Rel. Min. Arnaldo Esteves Lima — 5.ª T. — *DJe* 5-4-2010).

"O emprego de arma ineficaz, com defeito fundamental, e não meramente acidental, carece de força para fazer incidir a majorante do inciso I do art. 157, § 2.º, do Código Penal. A total inocorrência de perigo real para a integridade física da vítima, em virtude do uso da arma, como tal, é incontornável. O uso de arma, intimidando o ofendido, configura o roubo mas não possibilita a incidência de circunstância legal específica de aumento de pena (Precedentes do Pretório Excelso e do STJ). Ordem concedida" (STJ — HC 131563SP — Rel. Min. Felix Fischer — 5.ª T. — *DJe* 31-8-2009).

Outrossim, decidiu a Terceira Seção do Superior Tribunal de Justiça não ser necessária a apreensão da arma e sua consequente perícia para a caracterização da causa de aumento do inciso I, desde que sua utilização no roubo possa ser comprovada por qualquer meio, como prova testemunhal, declarações da vítima etc. Nesse caso, não sendo apreendida a arma, incidirá a majorante, sendo certo que competirá ao réu o ônus de provar eventual alegação de que a arma é desprovida de potencial lesivo.

A saber: "A exigência de apreensão e perícia da arma usada na prática do roubo para qualificá-lo constitui exigência que não deflui da lei resultando então em exigência ilegal posto ser a arma por si só — desde que demonstrado por qualquer modo a utilização dela — instrumento capaz de qualificar o crime de roubo. Cabe ao imputado demonstrar que a arma é desprovida de potencial lesivo, como na hipótese de utilização de arma de brinquedo, arma defeituosa ou arma incapaz de produzir lesão" (STJ — EREsp n. 961.863/RS — Rel. Min. Celso Limongi, Desembargador Convocado do TJ/SP —Rel. para acórdão Min. Gilson Dipp — Terceira Seção — *DJe* de 6-4-2011).

No mesmo sentido: STJ — AgRg no HC 777.178/PI — Rel. Min. Joel Ilan Paciornik — Quinta Turma — j. 7-2-2023 — *DJe* 14-2-2023.

Ainda: "Criminal. Embargos de Divergência no Recurso Especial. Roubo. Emprego de arma. Desnecessidade de apreensão e realização de perícia. Utilização de outros meios de prova. Incidência da majorante. Embargos conhecidos e rejeitados. I — Para a caracterização da majorante prevista no art. 157, § 2.º, inciso I, do Código Penal, prescinde-se da apreensão e realização de perícia em arma utilizada na prática do crime de roubo, se por outros meios de prova restar evidenciado o seu emprego. Precedentes do STF. II — Os depoimentos do condutor, da vítima, das testemunhas, bem como qualquer meio de captação de imagem, por exemplo, são suficientes para comprovar a utilização de arma na prática delituosa de roubo, sendo desnecessária a apreensão e a realização de perícia para a prova do seu potencial de lesividade e incidência da majorante. III — A exigência de apreensão e perícia da arma usada na prática do roubo para qualificá-lo constitui exigência que não deflui da lei resultando então em exigência ilegal posto ser a arma por si só — desde que demonstrado por qualquer modo a utilização dela — instrumento capaz de qualificar o crime de roubo. IV — Cabe ao imputado demonstrar que a arma é desprovida de potencial lesivo, como na hipótese de utilização de arma de brinquedo, arma defeituosa ou arma incapaz de produzir lesão. V — Embargos conhecidos e rejeitados, por maioria" (STJ — Embargos de Divergência em Recurso Especial n. 961863/RS — 3.ª S. — *DJe* 6-4-2011).

Inclusive, é *tese* do Superior Tribunal de Justiça que "É prescindível a apreensão e perícia da arma de fogo para a caracterização de causa de aumento de pena prevista no art. 157, § 2.º, I, do CP, quando evidenciado o seu emprego por outros meios de prova." Nesse sentido, podem ser consultados os seguintes acórdãos: HC 211.787/SP — Rel. Min. Rogerio Schietti Cruz — j. 3-12-2015 — *DJE* 15-12-2015; HC 340.134/SP — Rel. Min. Reynaldo Soares da Fonseca — 5.ª T. — j. 24-11-2015 — *DJE* 1.º-12-2015; HC 164.999/MG — Rel. Min. Nefi Cordeiro — j. 5-11-2015 — *DJE* 23-11-2015; HC 325.107/SP — Rel. Min. Maria Thereza de Assis Moura — j. 13-10-2015 — *DJE* 3-11-2015 — HC 283.304/SP — Rel. Min. Gurgel de Faria — 5.ª T. — j. 15-9-2015 — *DJE* 5-10-2015; HC 318.592/SP — Rel. Min. Newton Trisotto (Desembargador convocado do TJSC) — 5.ª T. — j. 1.º-9-2015, *DJE* 9-9-2015; HC 199.776/MS — Rel. Min. Ericson Maranho (Desembargador convocado do TJSP) — j. 20-8-2015 — *DJE* 10-9-2015.

2.1.2.8 Destruição ou rompimento de obstáculo mediante o emprego de explosivo

A Lei n. 13.654/2018 introduziu também, no inciso II do § 2.º-A, causa de aumento de pena de 2/3 (dois terços) quando, no crime de roubo, houver destruição ou rompimento de obstáculo mediante o emprego de explosivo ou de artefato análogo que cause perigo comum.

2.1.2.9 Emprego de arma de fogo de uso restrito ou proibido

A Lei n. 13.964/2019 acrescentou o § 2.º-B ao art. 157 do Código Penal, estabelecendo que, se a violência ou grave ameaça é exercida com emprego de arma de fogo de uso restrito ou proibido, aplica-se em dobro a pena prevista no *caput* do artigo, ou seja, a pena passa a ser de reclusão de 8 (oito) a 20 (vinte) anos e multa.

A utilização de armas dessa natureza no crime de roubo certamente demonstra um potencial lesivo mais elevado, representando uma ameaça mais significativa à segurança pública e à incolumidade das pessoas.

O Anexo I ao Decreto n. 10.030/2019 trata do Regulamento de Produtos Controlados e dispõe sobre os princípios, as classificações, as definições e as normas para a fiscalização de produtos controlados pelo Comando do Exército.

Não obstante a revogação expressa dos Decretos n. 9.845/2019, n. 9.846/2019, e de alguns dispositivos do Decreto n. 9.847/2019, pelo Decreto n. 11.366/2023, e posteriormente pelo Decreto n. 11.615/2023, permanece em vigor o Anexo I ao Decreto n. 10.030/2019, na parte em que define o que se entende por arma de fogo de uso restrito e arma de fogo de uso proibido.

Assim, armas de fogo de uso restrito são as armas de fogo automáticas, de qualquer tipo ou calibre, semiautomáticas ou de repetição que sejam: a) não portáteis; b) de porte, cujo calibre nominal, com a utilização de munição comum, atinja, na saída do cano de prova, energia cinética superior a mil e duzentas libras-pé ou mil e seiscentos e vinte joules; ou c) portáteis de alma raiada, cujo calibre nominal, com a utilização de munição comum, atinja, na saída do cano de prova, energia cinética superior a mil e duzentas libras-pé ou mil e seiscentos e vinte joules.

Armas de fogo de uso proibido são: a) as armas de fogo classificadas como de uso proibido em acordos ou tratados internacionais dos quais a República Federativa do Brasil seja signatária; e b) as armas de fogo dissimuladas, com aparência de objetos inofensivos.

2.1.3 Roubo e lesão corporal grave

Segundo a regra do art. 157, § 3.º, inciso I, do Código Penal, se da violência empregada na subtração resulta lesão corporal grave, a pena é de reclusão de 7 a 18 anos, além de multa.

Cuida-se de hipótese de *crime qualificado pelo resultado*, onde a conduta antecedente (roubo) é dolosa, e a conduta consequente (lesão corporal grave) é punida indiferentemente a título de dolo ou culpa.

Se as lesões graves forem culposas, o crime será *preterdoloso*.

Essa regra aplica-se ao roubo próprio (*caput*) e ao roubo impróprio (§ 1.º).

Deve ser ressaltado que se as lesões graves forem decorrentes da grave ameaça ou dos meios empregados para reduzir a vítima à impossibilidade de resistência, haverá concurso formal (art. 70 do CP) entre o crime de roubo e o crime de lesões corporais.

As lesões corporais de natureza leve são absorvidas pela violência necessária ao roubo.

2.1.4 Latrocínio

O inciso II do § 3.º do art. 157 do Código Penal, com a redação dada pela Lei n. 13.654/2018, cuida do crime de latrocínio, em que, além da subtração, ocorre a morte da vítima. Portanto, latrocínio é roubo com resultado morte.

Também nesse caso trata-se de crime qualificado pelo resultado, em que a conduta antecedente (roubo) é dolosa e a conduta consequente (morte) pode ser dolosa ou culposa.

Nos termos do estabelecido no dispositivo legal, é indiferente que o resultado morte seja doloso ou culposo, podendo ocorrer no roubo próprio (*caput*) ou no roubo impróprio (§ 1.º).

Parte da jurisprudência tem entendido que o latrocínio ocorre ainda que a violência atinja pessoa diversa daquela que sofre o desapossamento (*RT*, 474/289).

O latrocínio consuma-se com a subtração e com a morte da vítima, pouco importando a ordem dessas ações.

É necessário, entretanto, que a morte seja decorrente *da violência* empregada pelo agente. Se a morte ocorrer em razão da *grave ameaça* ou dos meios empregados para reduzir a vítima à *impossibilidade de resistência*, haverá concurso formal (art. 70 do CP) entre o crime de roubo e o crime de homicídio.

O Superior Tribunal de Justiça já entendeu que a morte da vítima em decorrência de um infarto agudo do miocárdio, durante a prática do roubo, configura o crime de latrocínio. Na oportunidade, a Ministra Relatora Laurita Vaz entendeu que "a despeito da controvérsia doutrinária a respeito da classificação do crime previsto no art. 157, § 3.º, II, do Código Penal — se preterdoloso ou não —, fato é que, para se imputar o resultado mais grave (consequente) ao autor, basta que a morte seja causada por conduta meramente culposa, não se exigindo, portanto, comportamento doloso, que apenas é imprescindível na subtração (antecedente). Portanto, é inócua a alegação de que não houve vontade dirigida com relação ao resultado agravador, porque, ainda que os pacientes não tenham desejado e dirigido suas condutas para obtenção do resultado morte, essa circunstância não impede a imputação a título de culpa" (STJ — HC 704.718/SP — *DJe* 23-5-2023).

Havendo pluralidade de vítimas no latrocínio, o Superior Tribunal de Justiça tem **tese** a respeito, entendendo que: "Há concurso formal impróprio no crime de latrocínio nas hipóteses em que o agente, mediante uma única subtração patrimonial provoca, com desígnios autônomos, dois ou mais resultados morte." A propósito, os seguintes acórdãos: HC 336.680/PR — Rel. Min. Jorge Mussi — 5.ª T. — j. 17-11-2015 — *DJE* 26-11-2015; HC 291.724/RJ — Rel. Min. Reynaldo Soares da Fonseca — 5.ª T. — j. 20-8-2015 — *DJE* 28-8-2015; HC 185.101/SP — Rel. Min. Nefi Cordeiro — j. 7-4-2015 — *DJE* 16-4-2015; REsp 1.339.987/MG — Rel. Min. Sebastião Reis Júnior — Rel. p/ Acórdão Min. Assusete Magalhães — j. 20-8-2013 — *DJE* 11-3-2014; HC 165.582/SP — Rel. Min. Maria Thereza de Assis Moura — j. 28-5-2013 — *DJE* 6-6-2013; REsp 1.164.953/MT — Rel. Min. Laurita Vaz — 5.ª T. — j. 27-3-2012 — *DJE* 3-4-2012; HC 134.775/PE — Rel. Min. Gilson Dipp — 5.ª T. — j. 21-10-2010 — *DJE* 8-11-2010.

Vale lembrar que o latrocínio é crime contra o patrimônio e não crime contra a vida, razão pela qual é processado e julgado pelo juiz singular e não pelo Tribunal do Júri. Nesse sentido, inclusive, a Súmula 603 do Supremo Tribunal Federal: "A competência para o processo e julgamento de latrocínio é do juiz singular e não do tribunal do júri".

A tentativa de latrocínio é muito controvertida na jurisprudência, surgindo várias posições acerca de sua configuração.

O Superior Tribunal de Justiça, entretanto, tem **tese** a respeito da tentativa de latrocínio, no seguinte sentido: "Há tentativa de latrocínio quando a morte da vítima não se consuma por razões alheias à vontade do agente." Podem ser conferidos os seguintes acórdãos: REsp 1.525.956/MG — Rel. Min. Rogerio Schietti Cruz — j. 24-11-2015 — *DJE* 7-12-2015; HC 185.164/RJ — Rel. Min. Nefi Cordeiro — j. 10-11-2015 — *DJE* 25-11-2015; AgRg no HC 328.575/RJ — Rel. Min. Ericson Maranho (Desembargador convocado do TJSP) — j. 17-9-2015 — *DJE* 13-10-2015; AgRg no AREsp 483.758/DF — Rel. Min. Gurgel de Faria — 5.ª T. — j. 3-9-2015 — *DJE* 22-9-2015; AgRg no AREsp 672.486/RS — Rel. Min. Maria Thereza de Assis Moura — j. 30-6-2015 — *DJE* 3-8-2015; AgRg no REsp 1.394.199/MG — Rel. Min. Leopoldo de Arruda Raposo (Desembargador convocado do TJPE) — 5.ª T. — j. 2-6-2015 — *DJE* 15-6-2015; AgRg no REsp 1.396.162/SP — Rel. Min. Sebastião Reis Júnior — j. 10-2-2015 — *DJE* 23-2-2015.

Sendo, outrossim, consumado o homicídio, mas não o roubo, que permaneceu na esfera da tentativa, é de ser considerado consumado o latrocínio, uma vez que se trata de crime complexo que se aperfeiçoa com a morte da vítima.

Assim dispõe a Súmula 610 do Supremo Tribunal Federal: "Há crime de latrocínio, quando o homicídio se consuma, ainda que não realize o agente a subtração de bens da vítima".

Nesse sentido: "Crime de latrocínio. Ainda que não haja a subtração dos bens da vítima, há crime de latrocínio quando o homicídio se consuma. Crime plurissubjetivo, com unidade de propósitos dos agentes" (STF — *RT*, 633/351).

"Tem-se por consumado o crime de latrocínio se na subtração da coisa alheia móvel, mediante violência à pessoa, da violência resulta a morte, ainda quando não se haja efetivado a subtração patrimonial intentada" (STF — *RT*, 571/411).

Em outra hipótese, quando a subtração se aperfeiçoa, mas o homicídio permanece na esfera da tentativa, suportando a vítima lesão grave, tem-se, com supedâneo em entendimento do Supremo Tribunal Federal, por consumado o roubo qualificado pelo resultado lesão grave, figura típica prevista no art. 157, § 3.º, primeira parte, do Código Penal.

Nesse sentido: "Não há crime de latrocínio quando a subtração dos bens da vítima se realiza, mas o homicídio não se consuma. Conduta que tipifica roubo com resultado lesão corporal grave, devendo a pena ser dosada com observância da primeira parte do § 3.º do art. 157 do CP. A sentença e o acórdão que extrapolaram tais parâmetros devem ser anulados apenas na parte em que fixaram a pena" (STF — *RT*, 782/512).

2.1.5 Crime hediondo

O roubo, em algumas de suas modalidades, é considerado crime hediondo.

Assim, a Lei n. 8.072/90, com a redação que lhe foi dada pela Lei n. 13.964/2019, estabelece expressamente em seu art. 1.º, II, que se considera hediondo o roubo circunstanciado pela restrição de liberdade da vítima (art. 157, § 2.º, V), o roubo circunstanciado pelo emprego de arma de fogo (art. 157, § 2.º-A, I) ou pelo emprego de arma de fogo de uso proibido ou restrito (art. 157, § 2.º-B), e o roubo qualificado pelo resultado lesão corporal grave ou morte (art. 157, § 3.º).

2.2 Extorsão

Prevista no art. 158 do Código Penal, a extorsão é um *crime complexo*, que tem como objetividade jurídica a tutela do direito ao patrimônio, assim como à liberdade individual do cidadão.

Sujeito ativo e sujeito passivo podem ser qualquer pessoa.

A conduta incriminada é *constranger*, que significa coagir, obrigar, forçar, compelir a vítima.

Deve o constrangimento dar-se com o emprego de *violência* (emprego de força física — lesão corporal ou vias de fato), *grave ameaça* (intimidação, prenúncio de um mal, que deve ser injusto e grave).

A vítima deve, portanto, ser compelida a fazer, deixar de fazer ou tolerar que se faça alguma coisa.

Como elemento normativo do tipo, temos a finalidade de obtenção, para o agente ou para terceiro, de *indevida vantagem econômica*, que é aquela não permitida por lei, não exigível da vítima.

Se a vantagem for de outra natureza, que não econômica, haverá outro delito, como, por exemplo, constrangimento ilegal.

A extorsão é crime doloso.

Por ser crime *formal*, a consumação ocorre com o comportamento positivo ou negativo da vítima, fazendo, deixando de fazer ou tolerando que se faça alguma coisa.

Não é necessária à consumação do crime de extorsão a obtenção de indevida vantagem econômica pelo agente.

Admite-se a tentativa na medida em que, mesmo sendo formal o delito, é plurissubsistente, podendo o *iter criminis* ser fracionado.

Existe diferença entre os crimes de roubo e extorsão, muito embora não seja simples traçar a distinção à vista do fato concreto.

Sustenta-se na doutrina que, na extorsão, a vítima tem um mínimo de escolha, podendo optar entre ceder ou não ao constrangimento do agente. No roubo, de outro lado, a eventual resistência da vítima de nada aproveitaria, já que o agente poderia tomar-lhe a coisa de qualquer modo. No roubo, o agente toma a coisa da vítima ou a obriga a entregá-la. Na extorsão, a vítima pode optar entre entregar a coisa ou não, oferecendo resistência.

Há diferença, outrossim, entre os crimes de *extorsão* e de *concussão*.

Embora sejam figuras típicas semelhantes, demandando a obtenção de *vantagem ilícita*, é certo que a extorsão pode ser praticada por *qualquer pessoa*, enquanto a concussão somente pode ter como sujeito ativo o *funcionário público*.

Na extorsão, a conduta é *constranger*, empregando o agente *violência ou grave ameaça*, enquanto na concussão a conduta é *exigir*, inexistindo emprego de violência ou grave ameaça por parte do funcionário público, muito embora, em geral, prenuncie um *mal futuro*.

Assim, se houve emprego de *violência ou grave ameaça* por parte do funcionário público, em razão da função, ao exigir a vantagem indevida, estará configurado o crime de extorsão e não o de concussão.

Com relação à prática, pelo agente, de roubo e extorsão no mesmo contexto fático, o Superior Tribunal de Justiça tem **tese** a respeito, no sentido de que: "Há concurso material entre os crimes de roubo e extorsão quando o agente, após subtrair bens da vítima, mediante emprego de violência ou grave ameaça, a constrange a entregar o cartão bancário e a respectiva senha para sacar dinheiro de sua conta corrente." Nesse sentido, podem ser consultados os seguintes acórdãos: AgRg no AREsp 745.957/ES — Rel. Min. Gurgel de Faria — 5.ª T. — j. 19-11-2015 — *DJE* 10-12-2015; EDcl no REsp 1.133.029/SP — Rel. Min. Nefi Cordeiro — j. 22-9-2015 — *DJE* 19-10-2015; HC 324.896/SP — Rel. Min. Reynaldo Soares da Fonseca — 5.ª T. — j. 20-8-2015 — *DJE* 28-8-2015; HC 127.320/SP — Rel. Min. Rogerio Schietti Cruz — j. 7-5-2015 — *DJE* 15-5-2015; HC 185.815/SP — Rel. Min. Marilza Maynard (Desembargadora convocada do TJSE) — j. 4-2-2014 — *DJE* 24-2-2014; REsp 1.255.559/DF — Rel. Min. Sebastião Reis Júnior — j. 11-6-2013 — *DJE* 25-6-2013; AgRg no REsp 1.219.381/DF — Rel. Min. Maria Thereza de Assis Moura — j. 7-5-2013 — *DJE* 14-5-2013; HC 162862/SP — Rel. Min. Laurita Vaz — 5.ª T. — j. 8-5-2012 — *DJE* 21-5-2012.

O Superior Tribunal de Justiça tem **tese** também no sentido de que: "Não é possível reconhecer a continuidade delitiva entre os crimes de roubo e de extorsão, pois são infrações penais de espécies diferentes." Podem ser conferidos os seguintes acórdãos: HC 240.930/SP — Rel. Min. Gurgel de Faria — 5.ª T. — j. 3-12-2015 — *DJE* 1.º-2-2016; HC 265.544/SP — Rel. Min. Reynaldo Soares da Fonseca — 5.ª T. — j. 8-9-2015 — *DJE* 14-9-2015; AgRg no REsp 1.531.323/SP — Rel. Min. Maria Thereza de Assis Moura — j. 16-6-2015 — *DJE* 25-6-2015; AgRg no REsp 1.196.889/MG — Rel.

Min. Ericson Maranho (Desembargador convocado do TJSP) — j. 7-4-2015 — *DJE* 2-6-2015; AgRg no REsp 1.368.169/DF — Rel. Min. Jorge Mussi — 5.ª T. — j. 7-4-2015 — *DJE* 15-4-2015; HC 077.467/SP — Rel. Min. Nefi Cordeiro — j. 2-10-2014 — *DJE* 14-10-2014.

2.2.1 Extorsão circunstanciada

Hipóteses que agravam o crime de extorsão, previstas no § 1.º do art. 158 do Código Penal, impondo aumento de pena de um terço até metade, são:

a) crime cometido por duas ou mais pessoas;

b) crime cometido com o emprego de arma.

Valem, nesse ponto, os comentários já tecidos quanto ao roubo circunstanciado pelo concurso de duas ou mais pessoas, e também quanto ao roubo com emprego de arma, inclusive arma de brinquedo ou simulacro de arma.

2.2.2 Extorsão e lesão grave ou morte

Pelo disposto no § 2.º do art. 158 do Código Penal, aplica-se à *extorsão praticada mediante violência* o disposto no § 3.º do art. 157 (roubo com lesão grave e latrocínio), valendo à matéria os comentários já lançados na análise deste último dispositivo legal.

Merece destacar que a extorsão qualificada pela morte ou pela ocorrência de lesão corporal é considerada *crime hediondo*, de acordo com o disposto no art. 1.º, III, da Lei n. 8.072/90, com a redação dada pela Lei n. 13.964/2019.

2.2.3 Sequestro relâmpago

A Lei n. 11.923/2009 acrescentou parágrafo ao art. 158 do Código Penal para tipificar o chamado *sequestro relâmpago*.

O art. 1.º da referida lei acrescentou o § 3.º ao art. 158 do Código Penal, do seguinte teor:

Art. 158. (...)

§ 3.º Se o crime é cometido mediante a restrição da liberdade da vítima, e essa condição é necessária para a obtenção da vantagem econômica, a pena é de reclusão, de 6 (seis) a 12 (doze) anos, além da multa; se resulta lesão corporal grave ou morte, aplicam-se as penas previstas no art. 159, §§ 2.º e 3.º, respectivamente.

Depois de cinco anos de discussões no Congresso Nacional, o intuito do legislador foi sanar uma aparente lacuna no ordenamento jurídico penal pátrio, onde a conduta criminosa popularmente chamada de *sequestro relâmpago* deixava dúvidas quanto à sua correta tipificação, gerando celeuma nos meios forenses e nos Tribunais Superiores.

A dúvida na tipificação surgia no momento em que o criminoso, geralmente durante um crime de roubo, restringia a liberdade da vítima, mantendo-a em seu poder e exigindo dela, como condição para libertá-la, em regra, senhas de cartões de débito e crédito, fazendo saques e, não raras vezes, mantendo-a refém até o dia seguinte, quando, renovado o limite bancário da conta corrente, poderiam novas retiradas ser efetuadas.

A preocupação com referida prática delitiva já havia levado o legislador, em 1996, a incluir, através da Lei n. 9.426/96, uma causa de aumento de pena no crime de roubo, caracterizada pela restrição da liberdade da vítima, mantida em poder do agente durante a prática criminosa.

Efetivamente, dispõe o art. 157, § 2.º, inciso V, do Código Penal:

Art. 157. (...)

§ 2.º A pena aumenta-se de 1/3 (um terço) até metade:

(...)

V — se o agente mantém a vítima em seu poder, restringindo sua liberdade.

Assim, a conduta vulgarmente chamada de *sequestro relâmpago*, a partir de 1996, passou a ser classificada como roubo circunstanciado pela manutenção da vítima com a liberdade restrita em poder do agente, o que não veio a pacificar momentaneamente a celeuma que até então se estabelecia acerca da correta tipificação do fato.

Três delitos, então, em tese, poderiam, até o dia 17 de abril de 2009, tipificar a conduta do chamado *sequestro relâmpago*:

1) extorsão simples ou circunstanciada, em concurso com sequestro;

2) roubo circunstanciado pela manutenção da vítima com a liberdade restrita em poder do agente; e

3) extorsão mediante sequestro de curta duração.

Dependendo das circunstâncias, o fato poderia ser caracterizado como uma das três figuras típicas mencionadas, às quais veio a se somar uma quarta, com o acréscimo do § 3.º ao art. 158 do Código Penal, pela citada Lei.

Com a tipificação, o enquadramento do fato aos crimes de extorsão simples ou circunstanciada em concurso com sequestro deixa de ser utilizado, uma vez que o novel parágrafo já engloba em sua descrição esses dois tipos, criando um terceiro, o crime complexo denominado pela própria lei de *sequestro relâmpago*.

Mas não desaparece a celeuma, uma vez que, de acordo com o elemento subjetivo do agente, uma das três hipóteses ainda poderá ser tipificada, sendo indevido e imprudente, *a priori*, caracterizar como extorsão, na modalidade de *sequestro relâmpago*, qualquer tipo de privação de liberdade da vítima quando obtenha ou procure obter o agente a indevida vantagem econômica.

Inclusive, deve ser ressaltado que a tipificação dada pela Lei n. 11.923/2009 pode até ser mais branda ao criminoso, na medida em que estabelece pena máxima de 12 anos de reclusão, contra 15 anos que poderiam ser aplicados pelo julgador se a conduta fosse caracterizada como roubo circunstanciado pela manutenção da vítima com a liberdade restrita em poder do agente.

Outro ponto a ser destacado é a correta tipificação da hipótese mais comum dessa conduta criminosa, que ocorre quando o agente, já tendo privado a vítima de liberdade, como condição necessária para a obtenção da vantagem econômica, a despoja, no mesmo azo, de seus pertences pessoais, subtraindo-os mediante violência ou grave ameaça. Haveria crime de roubo em concurso com crime de *sequestro relâmpago*? Nesse caso o concurso seria material ou formal? Haveria crime único, de roubo qualificado pela manutenção da vítima em poder do agente, absorvida a privação de liberdade com intuito de proveito econômico?

Haveria crime único de *sequestro relâmpago*, tipificado no art. 158, § 3.º, do Código Penal, estando a subtração de pertences pessoais da vítima por ele absorvida?

Temos que a melhor solução é considerar a conduta acima exemplificada como roubo simples (art. 157, *caput*) ou roubo circunstanciado (art. 157, § 2.º, incisos I, II, III ou IV — excluindo-se o inciso V) em concurso material (art. 69) com o crime de *sequestro relâmpago* (art. 158, § 3.º).

Se do *sequestro relâmpago* resulta lesão grave ou morte, aplicam-se as penas do art. 159, §§ 2.º e 3.º, respectivamente.

Vale destacar que a extorsão qualificada pela restrição de liberdade da vítima é considerada *crime hediondo*, de acordo com o disposto no art. 1.º, III, da Lei n. 8.072/90, com a redação dada pela Lei n. 13.964/2019.

2.3   Extorsão mediante sequestro

A extorsão mediante sequestro é um *crime complexo* tipificado no art. 159 do Código Penal, e tem como objetividade jurídica a tutela do direito ao patrimônio (se o agente atuar com finalidade econômica), assim como à liberdade individual, à integridade física e à vida do cidadão.

Sujeito ativo pode ser qualquer pessoa.

Sujeito passivo pode ser tanto a pessoa sequestrada, que tem tolhido seu direito de locomoção, como a pessoa contra quem se dirige a intenção de obter qualquer vantagem.

A conduta incriminada é *sequestrar*, que significa cercear ou privar de liberdade. A finalidade do agente deve ser a obtenção de *qualquer vantagem* (não necessariamente econômica) como condição ou preço de resgate.

Não há necessidade de ser a vantagem de cunho econômico, uma vez que não há a mesma restrição legal que ocorre no crime de extorsão ("indevida vantagem econômica"). Caso fosse intenção do legislador restringir a natureza da vantagem, ele o teria feito, tal como fez no crime de extorsão. Ademais, o tipo penal faz menção a qualquer vantagem como condição ou preço do resgate. Assim, ao se referir a condição do resgate, pretendeu o legislador indicar que a vantagem não seria de natureza econômica. Como exemplo, pode ser citada a privação de liberdade, por integrantes de facção criminosa, de um familiar do diretor de um presídio, condicionando a libertação da vítima à transferência de um detento para outro estabelecimento prisional. Já ao se referir a preço do resgate, aí sim o legislador pretendeu indicar que a vantagem seria de natureza econômica. Há, entretanto, respeitáveis entendimentos em sentido contrário, sustentando ser a vantagem exclusivamente de cunho econômico.

No sentido de a desnecessidade da vantagem ser de cunho econômico há vários precedentes dos tribunais superiores, como, por exemplo: STJ — REsp 1.102.270/RJ — Rel. Min. Napoleão Nunes Maia Filho — 5.ª T. — *DJe* 6-12-2010.

A extorsão mediante sequestro é crime doloso.

Consuma-se o delito com a privação de liberdade da vítima, independentemente da prática do ato exigido ou da obtenção da vantagem pelo agente. É crime formal.

A privação de liberdade deve ser por *tempo juridicamente relevante*, ou seja, bastante para configurar o ilícito penal, de modo a não ser absorvida pela conduta de outros delitos.

Admite-se a tentativa, uma vez que o crime, embora formal, é plurissubsistente, podendo o *iter criminis* ser fracionado.

2.3.1 Formas qualificadas

O § 1.º do art. 159 do Código Penal estabelece três formas qualificadas do crime de extorsão, cominando pena de reclusão de 12 a 20 anos. São elas:

a) Se o sequestro dura mais de 24 horas: leva-se em consideração a maior lesão ao direito de locomoção da vítima, maior dano à sua liberdade e maior sofrimento por parte dos familiares.

b) Se o sequestrado é menor de 18 ou maior de 60 anos: o agravamento da pena se dá em razão da menor resistência que possa oferecer a vítima. A data a ser considerada é aquela da conduta.

c) Se o crime é cometido por *bando* ou *quadrilha*: a caracterização do antigo bando ou quadrilha (atualmente associação criminosa) deve dar-se nos termos do art. 288 do Código Penal. Nada impede, entretanto, que possa haver concurso material entre o crime de associação criminosa (art. 288 do CP) e o crime de extorsão mediante sequestro qualificado por associação criminosa. Não há que falar em *bis in idem*, pois a associação criminosa como crime autônomo, anterior, que não exige a prática de outros delitos para sua caracterização, bastando a *finalidade* de cometer crimes.

2.3.2 Figuras qualificadas pelo resultado

O § 2.º do art. 159 do Código Penal trata da hipótese de crime qualificado pelo resultado. A lesão corporal de natureza leve é absorvida pela conduta do sequestro. Já a lesão de natureza grave, resultante do *fato*, embora silente o Código, é punida quer decorra de dolo, quer de culpa do agente (*preterdolo*). A lesão deve ocorrer no sequestrado.

No § 3.º, o art. 159 trata, ainda uma vez, da hipótese de crime qualificado pelo resultado. A morte deve resultar do *fato*, ou seja, de qualquer intercorrência referente ao sequestro, podendo ocorrer em qualquer momento e devendo referir-se apenas à vítima privada de sua liberdade de locomoção.

Nesse caso, entendemos que o resultado *morte* pode ser *preterdoloso* ou *preterintencional* (dolo na conduta antecedente e culpa na conduta consequente), nada impedindo que a morte do agente seja dolosa, já que a lei não especificou o elemento subjetivo desse segundo delito.

2.3.3 Delação premiada

O § 4.º do art. 159 do Código Penal, com a redação dada pela Lei n. 9.269/96, confere redução de pena de um a dois terços ao concorrente que denunciar o crime à autoridade, facilitando a libertação do sequestrado.

Trata-se da chamada *delação premiada* ou *colaboração premiada*, que exige a efetiva libertação da vítima.

Nesse sentido: "Tendo os réus fornecido à polícia dados fundamentais relativos às pessoas que os haviam contratado para transportar a droga, como nomes, endereço e número de telefone, o que propiciou a identificação de alguns dos integrantes da quadrilha, resta caracterizada a chamada 'delação premiada', devendo os réus ser beneficiados com a causa especial de diminuição da pena, prevista na Lei n. 9.034/95" (TRF — 2.ª Reg. — *RT*, 776/706).

2.4 Extorsão indireta

A extorsão indireta é um *crime complexo*, previsto no art. 160 do Código Penal, que tem como objetividade jurídica a tutela do direito ao patrimônio, assim como da liberdade individual do cidadão.

Sujeito ativo pode ser qualquer pessoa que exige ou recebe a garantia ilícita.

Sujeito passivo é aquele que cede à exigência ou entrega o documento ao agente. Secundariamente, pode ser também sujeito passivo aquele que tiver contra si iniciado um processo criminal.

A conduta incriminada é *exigir* — que significa reclamar, impor, ordenar — ou *receber*, que significa aceitar, tomar, apanhar. Na primeira modalidade de conduta, o agente obriga a vítima a entregar-lhe o documento, sendo que, na segunda, a própria vítima é quem entrega o documento ao agente, como garantia de dívida.

A conduta deve ser praticada *abusando da situação de alguém*, que pode ser o sujeito passivo ou outra pessoa, indicando que o sujeito ativo deve aproveitar-se da situação de necessidade de alguém.

O *documento* pode ser público ou particular, devendo ser apto a dar causa a processo criminal contra a vítima ou contra terceiro.

A extorsão indireta é crime doloso.

A consumação ocorre, na modalidade de conduta *exigir*, com a simples exigência, independentemente de outro resultado, e na modalidade de conduta *receber*, com a efetiva entrega do documento ao agente.

Admite-se a tentativa na modalidade *receber*, pois se trata de crime material.

Na modalidade *exigir*, por ser crime formal, impossível a tentativa, salvo no caso de exigência escrita.

A ação penal é pública incondicionada.

3 DA USURPAÇÃO

3.1 Alteração de limites

O crime de alteração de limites vem previsto no art. 161 do Código Penal e tem como objetividade jurídica a proteção da posse e da propriedade de bens imóveis.

Sujeito ativo é o proprietário do imóvel vizinho ao que vem a ter seus limites alterados. Pode ser também qualquer pessoa que venha a ser beneficiada com a alteração de limites.

Sujeito passivo é o proprietário ou possuidor do imóvel usurpado.

A conduta típica vem expressa pelos verbos *suprimir* (retirar, destruir, fazer desaparecer) e *deslocar* (mudar de lugar, transferir).

O objeto material do crime é *tapume, marco*, ou qualquer *sinal indicativo de linha divisória*.

Trata-se de crime doloso que requer, também, o elemento subjetivo consistente na finalidade de "apropriar-se, no todo ou em parte, da coisa imóvel alheia".

A consumação ocorre com a efetiva supressão ou deslocamento do tapume, marco, ou qualquer outro sinal indicativo de linha divisória.

A tentativa é admissível.

3.1.1 Usurpação de águas

O § I.º, I, do art. 161 do Código Penal impõe a mesma pena do *caput* a quem *desvia* (mudar o rumo) ou *represa* (acumular, conter), em proveito próprio ou alheio, águas alheias.

3.1.2 Esbulho possessório

O crime de esbulho possessório (inciso II do § I.º do art. 161) tem como objetividade jurídica a tutela da posse do imóvel.

Sujeito ativo pode ser qualquer pessoa.

Sujeito passivo é o possuidor (proprietário, arrendatário etc.) do imóvel.

A conduta típica vem expressa pelo verbo *invadir*, que significa penetrar, ingressar.

A invasão requer um dos seguintes requisitos (elementos objetivos do tipo):

a) violência a pessoa ou grave ameaça; ou

b) concurso de mais de duas pessoas.

Com relação ao concurso, embora sejam encontradas posições em contrário, tem-se exigido um mínimo de quatro pessoas: o agente e outras três pessoas ("mais de duas").

O objeto material do crime é *terreno ou edifício alheio*, podendo o imóvel ser urbano ou rural.

Trata-se de crime doloso, que exige, ainda, uma finalidade determinada do agente: *fim de esbulho possessório.*

A consumação opera-se com a invasão.

Admite-se a tentativa.

3.1.3 Concurso material

Nos termos do § 2.º, caso o agente utilize *violência*, haverá concurso material entre as lesões corporais leves, graves ou gravíssimas e o crime de alteração de limites, usurpação de águas ou esbulho possessório, aplicando-se cumulativamente as penas.

3.1.4 Ação penal

A regra, nos crimes de alteração de limites, usurpação de águas e esbulho possessório é a ação penal pública incondicionada.

Entretanto, o § 3.º do art. 161 do Código Penal estabelece que a ação penal é privada quando:

a) a propriedade é particular; e

b) não há emprego de violência.

3.2 Supressão ou alteração de marca em animais

O crime de supressão ou alteração de marca em animais vem previsto no art. 162 do Código Penal e tem como objetividade jurídica a tutela da posse e da propriedade dos *semoventes*.

Sujeito ativo pode ser qualquer pessoa.

Sujeito passivo somente pode ser o proprietário ou possuidor do animal.

A conduta típica vem expressa pelo verbo *suprimir* (retirar, destruir, fazer desaparecer) e pelo verbo *alterar* (mudar, modificar).

O objeto material do crime é a *marca* ou o *sinal indicativo de propriedade*. A Lei n. 4.714/65 regulamenta as dimensões, a localização e o registro das marcas em animais.

Trata-se de crime doloso.

A consumação ocorre com a supressão ou alteração da marca ou sinal indicativo de propriedade.

Admite-se a tentativa.

A ação penal é pública incondicionada.

4   DO DANO

4.1   Dano

O crime de dano vem previsto no art. 163 do Código Penal, tendo como objetividade jurídica a tutela do patrimônio, da propriedade das coisas móveis e imóveis.

Sujeito ativo pode ser qualquer pessoa, salvo o proprietário do bem.

Sujeito passivo é o proprietário ou possuidor do bem.

A conduta vem expressa por três verbos: *destruir* (desfazer, desmanchar), *inutilizar* (tornar inútil) e *deteriorar* (estragar, adulterar).

O objeto material do crime é *coisa alheia*, móvel ou imóvel.

O dano contra instituições financeiras, incluindo agências bancárias ou caixas eletrônicos, quando houver indícios da atuação de associação criminosa em mais de um Estado da Federação, é considerado de repercussão interestadual, exigindo repressão uniforme, nos termos do disposto na Lei n. 10.446/2002, alterada pela Lei n. 13.124/2015.

Sobre *pichação*, consulte-se o art. 65 da Lei n. 9.605/98.

Trata-se de crime doloso. O Supremo Tribunal Federal já entendeu que é imprescindível para a configuração do crime de dano o elemento subjetivo especial, consistente no dolo de causar prejuízo (*animus nocendi*). A propósito: AP 427/SP — Rel. Min. Carmen Lúcia — Tribunal Pleno — j. 4-11-2010.

Não é punida criminalmente a modalidade culposa. Havendo culpa do agente (imprudência, negligência ou imperícia) no dano, a questão fica restrita à órbita civil indenizatória.

A consumação se dá com o efetivo dano à coisa alheia, ainda que parcial.

Admite-se a tentativa.

4.1.1 Dano qualificado

O parágrafo único do art. 163 do Código Penal estabelece quatro hipóteses que qualificam o crime de dano, cominando pena de 6 meses a 3 anos e multa, além da pena correspondente à violência:

a) Dano cometido com violência a pessoa ou grave ameaça.

b) Dano cometido com o emprego de substância inflamável ou explosiva, se o fato não constitui crime mais grave.

c) Contra o patrimônio da União, de Estado, do Distrito Federal, de Município ou de autarquia, fundação pública, empresa pública, sociedade de economia mista ou empresa concessionária de serviços públicos.

A jurisprudência majoritária posiciona-se no sentido de que o *dano praticado por preso, em fuga ou tentativa de fuga*, não seria punível, uma vez que inexistiria o *animus nocendi*, sendo buscada a liberdade, direito natural de que todos são titulares. Assim, a destruição, deterioração ou inutilização de paredes ou grades das celas pelo detento em fuga demonstra tão somente o seu intuito de recuperar a liberdade, sem o necessário dolo específico de causar dano ao patrimônio público (STJ — HC 503.970/SC — Rel. Min. Ribeiro Dantas — Quinta Turma — *DJe* 4-6-2019).

d) Dano cometido por *motivo egoístico* ou com prejuízo considerável à vítima.

4.2 Introdução ou abandono de animais em propriedade alheia

A introdução ou abandono de animais em propriedade alheia é crime previsto no art. 164 do Código Penal, tendo como objetividade jurídica a tutela do patrimônio, da propriedade ou a posse do imóvel.

Sujeito ativo pode ser qualquer pessoa, com exceção do proprietário ou possuidor do imóvel.

Sujeito passivo é o proprietário ou possuidor do imóvel.

A conduta típica vem expressa pelo verbo *introduzir* (colocar, fazer penetrar, fazer entrar) e pelo verbo *deixar* (largar, abandonar).

O objeto material do crime é a *propriedade alheia*.

A introdução ou abandono deve dar-se *sem consentimento de quem de direito*, sendo certo que do fato deve, necessariamente, resultar prejuízo.

A conduta deve ser dolosa. Se a penetração resulta de falta de cautela, o dono do animal responde pelos danos causados no foro civil.

O crime se consuma com a ocorrência do prejuízo.

Inadmissível a tentativa.

4.3 Dano em coisa de valor artístico, arqueológico ou histórico

O crime de dano em coisa de valor artístico, arqueológico ou histórico vem previsto no art. 165 do Código Penal, e tem como objetividade jurídica a tutela do *patrimônio artístico, arqueológico ou histórico.*

Alguns autores entendem que houve revogação desse dispositivo pelo art. 62 da Lei n. 9.605/98.

Sujeito ativo pode ser qualquer pessoa, inclusive o proprietário da coisa.

Sujeito passivo é o Estado e, secundariamente, a coletividade.

A conduta típica vem expressa pelos verbos *destruir* (desfazer, desmanchar), *inutilizar* (tornar inútil) e *deteriorar* (estragar, adulterar).

O objeto material do crime é *coisa tombada pela autoridade competente, em virtude de valor artístico, arqueológico ou histórico.*

A Lei n. 3.924/61 considera, em seu art. 5.º, crime contra o patrimônio nacional e, como tal, punível de acordo com o disposto nas leis penais ato que importe na destruição ou mutilação dos monumentos arqueológicos ou pré-históricos.

Nesse aspecto: "A legislação brasileira qualifica com a nota de tipicidade penal a conduta daquele que transgride a inviolabilidade do patrimônio artístico, arqueológico ou histórico nacional (CP, arts. 165 e 266). Esses preceitos do Código Penal brasileiro objetivam tornar mais efetiva a proteção estatal destinada a resguardar a integridade do acervo cultural do País" (STF — *RT*, 739/535).

Trata-se de crime doloso.

A consumação ocorre com o efetivo dano à coisa, ainda que parcial.

Admite-se a tentativa.

4.4 Alteração de local especialmente protegido

A alteração de local especialmente protegido é crime previsto no art. 166 do Código Penal, tendo como objetividade jurídica a tutela do *patrimônio nacional.*

Esse artigo foi tacitamente revogado pelo art. 63 da Lei n. 9.605/98, que dispõe sobre as sanções penais e administrativas derivadas de condutas e atividades lesivas ao meio ambiente e dá outras providências.

Sujeito ativo pode ser qualquer pessoa, inclusive o proprietário da coisa.

Sujeito passivo é o Estado.

A conduta típica vem expressa pelo verbo *alterar*, que significa modificar, mudar.

O objeto material do crime é o *aspecto de local especialmente protegido por lei*. Deve inexistir licença da autoridade competente.

Trata-se de crime doloso.

A consumação ocorre com a alteração do aspecto do local.

Admite-se a tentativa.

4.5 Ação penal

A regra, nos crimes de dano, é a ação penal pública incondicionada (art. 167 do CP).

Entretanto, a ação penal será privada nos seguintes casos:

a) crime de dano simples, previsto no *caput* do art. 163 do Código Penal;

b) crime de dano praticado por *motivo egoístico* ou com prejuízo considerável para a vítima;

c) crime de introdução ou abandono de animais em propriedade alheia.

5 DA APROPRIAÇÃO INDÉBITA

5.1 Apropriação indébita

Constitui apropriação indébita, crime previsto no art. 168 do Código Penal, o fato de apropriar-se o sujeito de coisa alheia móvel, de que tem a posse ou detenção.

É um crime cuja objetividade jurídica é a proteção ao direito de propriedade.

Sujeito ativo é aquele que tem a posse ou detenção da coisa.

Sujeito passivo é o dono ou possuidor que sofre a perda da coisa.

A conduta típica vem caracterizada pelo verbo *apropriar-se*, que significa assenhorear-se, tornar-se dono, fazer sua a coisa.

Nesse crime, o agente recebe a coisa legitimamente e, então, resolve assenhorear-se dela.

Deve existir, necessariamente, a inversão do *"animus" da posse* por parte do sujeito ativo, que caracteriza a consumação do delito.

Na apropriação indébita propriamente dita, o agente, que tinha a posse lícita da coisa, resolve dela dispor como se dono fosse. Nessa modalidade, admite-se a tentativa.

Na *negativa de restituição*, por seu turno, o agente, que também tinha a posse lícita da coisa, nega-se a devolver o objeto material do crime. Não se admite, nesse caso, a tentativa.

Assim: "Consuma-se o crime de apropriação indébita no momento em que o agente inverte o título da posse, passando a agir como dono, recusando-se a devolver a coisa ou praticando algum ato externo típico de domínio, com o ânimo de apropriar-se da coisa" (STJ — *RT*, 675/415).

"A consumação do delito de apropriação indébita ocorre quando o agente transforma a posse ou a detenção da coisa em domínio" (STJ — *RJD*, 16/227).

A apropriação indébita é crime doloso.

O dolo deve ser *posterior ao recebimento da coisa* pelo sujeito ativo. Se for anterior, ou seja, se o sujeito ativo já recebe a coisa com a finalidade de dela apropriar-se, haverá crime de *estelionato*.

No Superior Tribunal de Justiça: "É pressuposto do crime de apropriação indébita a anterior posse lícita da coisa alheia, da qual o agente se apropria indevidamente. Não possuindo o preposto de empresa autorização para receber os pagamentos de que se apropriou indevidamente, afastada está a elementar do delito de apropriação indébita referente à posse lícita. Nos termos do art. 70 do Código de Processo Penal, a competência será de regra determinada pelo lugar em que se consumou a infração. No caso de estelionato, crime material tipificado no art. 171 do CP, a consumação se dá no momento e lugar em que o agente aufere proveito econômico em prejuízo da vítima" (CC 161.087/BA — Rel. Min. Nefi Cordeiro — Terceira Seção — *DJe* 30-10-2018).

A ação penal é pública incondicionada.

5.1.1 Formas circunstanciadas

O § 1.º do art. 168 do Código Penal trata das figuras circunstanciadas, aumentando a pena de um terço, quando o agente recebeu a coisa:

a) em depósito necessário (arts. 647 a 652 do CC);

b) na qualidade de tutor, curador, síndico, liquidatário, inventariante, testamenteiro ou depositário judicial;

c) em razão de ofício, emprego ou profissão.

5.2 Apropriação indébita previdenciária

O crime de apropriação indébita previdenciária vem tipificado no art. 168-A do Código Penal, tendo sido introduzido pela Lei n. 9.983/2000.

Anteriormente, já existia dispositivo semelhante no art. 95 da Lei n. 8.212/91, revogado pela Lei n. 9.983/2000.

Esse delito tem como objetividade jurídica o patrimônio da Previdência Social.

Trata-se de *crime próprio*, em que o sujeito ativo somente pode ser a pessoa responsável pelo repasse à Previdência Social do montante recolhido dos contribuintes a título de contribuição previdenciária.

Sujeito passivo é o Estado, responsável pela Previdência Social.

A conduta típica vem expressa pelo verbo *deixar*, que denota omissão própria.

O elemento subjetivo é o dolo. Nesse sentido: "Nos termos dos precedentes desta Corte, o dolo exigível para o crime de apropriação indébita previdenciária, pela natureza omissiva, exige apenas a vontade livre e consciente de não recolher os valores descontados a título de contribuições previdenciárias ao INSS. Assim, na espécie, presente a justa causa para a ação penal" (STJ — HC 183.963/SP — Rel. Min. Nefi Cordeiro — 6.ª T. — *DJe* 3-8-2015).

No mesmo sentido: "É certo que 'Nos termos da jurisprudência desta Corte Superior, os crimes de sonegação fiscal e apropriação indébita previdenciária prescindem de dolo específico, sendo suficiente, para a sua caracterização, a presença do dolo genérico consistente na omissão voluntária do recolhimento, no prazo legal, dos valores devidos' (AgRg no AREsp n. 469.137/RS, Quinta Turma, Rel. Min. Reynaldo Soares da Fonseca, *DJe* de 13/12/2017)" (STJ — AgRg no AREsp 1.729.321/RS — Rel. Min. Felix Fischer — Quinta Turma — *DJe* 17-12-2020).

O agente deixa de repassar à Previdência Social as contribuições recolhidas dos contribuintes, no prazo e forma legal ou convencional. Daí a inversão do *animus* da posse e a consequente apropriação indébita dos valores.

Na jurisprudência: "Apropriação indébita previdenciária — Crime omissivo e formal — Hipótese em que não se impõe para a verificação do tipo o elemento volitivo consistente no *animus rem sibi habendi* — Delito diverso do previsto no art. 168 do CP, que é crime comissivo — Inteligência do art. 168-A do CP" (TRF — 1.ª Reg. — *RT*, 821/681).

Não se deve tratar esse tipo penal, entretanto, como modalidade de apropriação indébita, uma vez que a lei não subordina a ocorrência do crime ao *animus rem sibi habendi* do sujeito ativo, que resolve apropriar-se do montante relativo à contribuição previdenciária, contentando-se, para a consumação, com a simples omissão no repasse à Previdência Social.

Como bem ressalta Alberto Silva Franco (*Código Penal e sua interpretação jurisprudencial*: parte especial, São Paulo: Revista dos Tribunais, 2001, v. 2, p. 2780), "na hipótese da denominada apropriação indébita previdenciária, o empresário não recebe do trabalhador a contribuição social destinada à previdência, posto que o empresário, quando paga o salário, já desconta aquela contribuição, dela não tendo o trabalhador disponibilidade. Isso significa que o importe dessa contribuição social permanece sempre em poder do empresário e, portanto, quando efetua sua transferência para a previdência, o valor da contribuição sai do próprio ativo da empresa. Destarte, se o empresário não perde a propriedade do dinheiro destinado à contribuição previdenciária, não há cogitar da aplicabilidade, no caso, de um delito patrimonial clássico, como a apropriação indébita. Quem efetivamente desconta do salário a contribuição social tem, a partir desse momento, a obrigação, imposta por lei, de transferi-la à previdência e, se não a repassar ou não a recolher, descumpre esse dever legal. Se o descumprimento desse dever legal deve ser sancionado penalmente, diante da ineficácia da proteção meramente administrativa ou da necessidade de tutela da seguridade social, é avaliação própria do legislador penal. E a lei penal optou por proteger a função arrecadadora da seguridade social, impondo sanções, de caráter penal aos protagonistas, que, na fase arrecadatória, poderiam lesioná-la: o repassador ou o recolhedor das contribuições sociais que infringem o dever legal de entregá-las".

No Supremo Tribunal Federal: "(...) A orientação jurisprudencial do Supremo Tribunal Federal é firme no sentido de que, para a configuração do crime de apropriação indébita previdenciária, basta a demonstração do dolo genérico, sendo dispensável um especial fim de agir, conhecido como *animus rem sibi habendi* (a intenção de ter a coisa para si). Assim como ocorre quanto ao delito de apropriação indébita previdenciária, o elemento subjetivo animador da conduta típica do crime de sonegação de contribuição previdenciária é o dolo genérico, consistente na intenção de concretizar a evasão tributária. 4. Não se presta para a suspensão da pretensão punitiva estatal, nos moldes do art. 9.º da Lei 10.684/2003, a juntada de 'Recibo de Pedido de Parcelamento da Lei 11.941, de 27 de maio de 2009', cuja primeira prestação não foi paga no prazo previsto no referido documento, porque não comprova a efetiva obtenção do parcelamento administrativo do débito fiscal. 5. A mera participação no quadro societário como sócio-gerente não pode significar a automática, ou mecânica, responsabilização criminal, porquanto não se pode presumir a responsabilidade criminal daquele que se acha no contrato social como sócio-gerente, devido apenas a essa condição, pois tal increpação mecânica ou linear acarretaria a aplicação de inadmissível figura de responsabilidade penal objetiva. 6. Os elementos probatórios confrontados com as diferentes versões externadas pela defesa no curso da persecução penal, bem como a juntada de alteração contratual com registro falso da junta comercial excluindo o acusado da sociedade permitem chegar à conclusão da responsabilidade penal deste. No procedimento fiscal, ganha destaque e corrobora inequivocamente a condição contratual de sócio-gerente do acusado o instrumento procuratório por ele outorgado, representando a empresa, em que concede poderes a mandatário para os atos relacionados à ação fiscal. Mandatário que efetivamente assinou todas as notificações fiscais de lançamento de débito e os atos com ela relacionados. A transmissão de poderes, típicos de administração societária, confere certeza do grau de envolvimento do acusado com a administração da empresa. De outra parte, a concessão de procuração pelo acusado a terceiro, com outorga de poderes de gerência da empresa, não conferiu exclusividade de poderes ao outorgado, preservando os poderes de gestão do acusado. 7. A prova testemunhal produzida durante a instrução criminal não infirma a condição do acusado de responsável pela administração da sociedade, se nenhuma das pessoas ouvidas mantinha contato direto ou tinha vínculo com a empresa. Se não mantiveram contato com o dia a dia da empresa, não há de se atribuir ao depoimento de empregados de pessoas jurídicas outras — ainda que de empresas de um mesmo grupo familiar — a força de afastar do acusado a condição de responsável pela administração da sua empresa. 8. No âmbito dos crimes contra a ordem tributária, tem-se admitido, tanto em sede doutrinária quanto jurisprudencial, como causa supralegal de exclusão de culpabilidade a precária condição financeira da empresa, extrema ao ponto de não restar alternativa socialmente menos danosa que não a falta do não recolhimento do tributo devido. Configuração a ser aferida pelo julgador, conforme um critério valorativo de razoabilidade, de acordo com os fatos concretos revelados nos autos, cabendo a quem alega tal condição o ônus da prova, nos termos do art. 156 do Código de Processo Penal. Deve o julgador, também, sob outro aspecto, aferir o elemento subjetivo do comportamento, pois a boa-fé é requisito indispensável para que se confira conteúdo ético a tal comportamento. 9. Não é possível a aplicação da referida excludente de culpabilidade ao delito do art. 337-A do Código Penal, porque a supressão ou redução da contribuição social e quaisquer acessórios são implementadas por meio de condutas fraudulentas — incompatíveis com a boa-fé — instrumentais à evasão, descritas nos incisos do *caput* da norma incriminadora. 10. Hipótese em que o conjunto probatório não revela, em absoluto, a precária condição financeira da empresa. Nítida é a deficiência da prova de tal condição, não havendo nos autos um só documento que permita concluir por modo diverso" (STF — AP 516/DF — Rel. Min. Ayres Britto — Tribunal Pleno — *Dje* 3-12-2010).

Trata-se de norma penal em branco, uma vez que a consumação do crime está subordinada ao "prazo" e à "forma legal ou convencional", que vêm estabelecidos pela Lei n. 8.212/91.

Assim, prevalece na doutrina pátria a orientação de que se trata de um crime formal, consumando-se com a omissão no recolhimento, independentemente da efetiva apropriação por parte do agente ou de prejuízo à Previdência. Entretanto, o Supremo Tribunal Federal e o Superior Tribunal de Justiça têm entendimento no sentido de que se trata de crime material, uma vez que é necessário o prévio esgotamento da via administrativa para que se intente a ação penal, na esteira do que já dispõe a Súmula Vinculante 24 do STF.

Não é admitida tentativa, por se tratar de crime omissivo próprio.

A ação penal é pública incondicionada, de competência da Justiça Federal (art. 109 da CF).

O Superior Tribunal de Justiça, entretanto, já decidiu que a competência para o processo, nesses casos, é da Justiça Estadual, já que, não obstante a apropriação indébita, persiste a dívida junto à Previdência Social.

Nesse sentido: "Conflito de competência — Apropriação indébita — Não recolhimento ao INSS de contribuições previdenciárias recebidas de empresas particulares — Lesão a particular — Competência da Justiça Estadual. Por outro lado, nos termos do art. 109, inciso IV, da Constituição Federal, a competência da Justiça Federal somente se configura quando existir a efetiva lesão a bens, serviços e/ou interesse da União ou de suas entidades autárquicas, o que não se observa na hipótese *sub judice*, em razão da persistência da dívida apesar da apropriação indébita" (STJ — CComp 28.730-SP — Rel. Min. Jorge Scartezzini — decisão de 1.º-10-2002 — *DJU*, 4-10-2002, p. 314).

5.2.1 Figuras assemelhadas

O § 1.º descreve outras condutas omissivas sujeitas à mesma reprimenda do *caput*, nos incisos I a III, todas referentes ao não recolhimento ou repasse de importâncias relacionadas à Previdência Social.

5.2.2 Extinção da punibilidade

O § 2.º estabelece causa especial de extinção da punibilidade do delito, que se subordina ao cumprimento dos seguintes requisitos:

a) declaração, confissão e efetivo pagamento, pelo agente, das contribuições, importâncias ou valores devidos à Previdência Social;

b) prestação das informações devidas, pelo agente, à Previdência Social;

c) que o agente efetue as condutas acima espontaneamente, e na forma definida em lei ou regulamento, antes do início da ação fiscal.

A *ação fiscal* mencionada pelo dispositivo penal não se confunde, obviamente, com a ação penal.

Pela ação fiscal, que se inicia com a notificação do lançamento do tributo, objetiva o Estado a cobrança coercitiva das contribuições, importâncias ou valores devidos, recolhidos dos contribuintes pelo agente, e não repassados à Previdência Social, no prazo e forma legal ou convencional.

No que tange à ação penal, poderá o agente beneficiar-se do arrependimento posterior, nos termos do que estabelece o art. 16 do Código Penal. Entretanto, merece destacar que algumas leis posteriores permitiram o pagamento do débito mesmo após iniciada a ação penal, em qualquer fase do processo, como causa de extinção da punibilidade, bem como parcelamento. A esse respeito o item 5.2.4 abaixo.

Não se aplica, portanto, o art. 34 da Lei n. 9.249/95 em razão da hipótese criada pela Lei n. 9.983/2000.

Assim, em resumo:

a) se o pagamento ocorrer até o início da ação fiscal: extinção da punibilidade (§ 2.°);

b) se o pagamento ocorrer após o início da ação fiscal e até o oferecimento da denúncia: perdão judicial ou multa (§ 3.°);

c) se o pagamento ocorrer após o oferecimento, mas antes do recebimento da denúncia: arrependimento posterior (art. 16 do CP);

d) se o pagamento ocorrer após o recebimento da denúncia: atenuante genérica (art. 65, III, *b*, do CP).

5.2.3 Perdão judicial

O § 3.° estabelece caso de perdão judicial ao agente primário e de bons antecedentes que cumprir as condições impostas pelos incisos I e II. Prevê, ainda, o dispositivo penal, na mesma hipótese, a possibilidade de o juiz aplicar somente a pena de multa.

5.2.4 Pagamento integral e parcelamento do débito

A Lei n. 10.684/2003, em seu art. 9.°, § 2.°, permitiu o pagamento integral do débito referente à apropriação indébita previdenciária (art. 168-A do CP) e à sonegação de contribuição previdenciária (art. 337-A do CP), mesmo depois de iniciada a ação penal, em qualquer fase do processo, como causa de extinção da punibilidade, ficando, portanto, prejudicadas as disposições do § 2.° do art. 168-A e do § 1.° do art. 337-A.

Nesse sentido: "A quitação do débito decorrente de apropriação indébita previdenciária enseja a extinção da punibilidade (art. 9.°, § 2.°, da Lei n. 10.684/2003), desde que realizada antes do trânsito em julgado da sentença condenatória" (STJ — HC 90.308/SP — Rel. Min. Nefi Cordeiro — 6.ª T. — *DJe* 12-6-2015).

A nosso ver, esse quadro não foi alterado pela Lei n. 12.382/2011, a qual acrescentou o § 4.° ao art. 83 da Lei n. 9.430/96, do seguinte teor: "§ 4.° Extingue-se a punibilidade dos crimes referidos no *caput* quando a pessoa física ou a pessoa jurídica relacionada com o agente efetuar o pagamento integral dos débitos oriundos de tributos, inclusive acessórios, que tiverem sido objeto de concessão de parcelamento".

A hipótese acima, a nosso ver, somente tem aplicabilidade no caso de pagamento integral, com a consequente extinção da punibilidade, dos débitos oriundos de tributos ou contribuições sociais que tiverem sido objeto de anterior parcelamento, feito antes do recebimento da denúncia criminal.

Em suma, há duas situações diversas, com tratamento legal diverso: a primeira delas envolvendo o pagamento *integral* dos débitos oriundos de tributos e contribuições sociais *não parcelados*, o que pode ocorrer antes ou em qualquer fase do processo criminal, gerando a extinção da punibilidade, nos termos do § 2.° do art. 9.° da Lei n. 10.684/2003; a segunda, envolvendo o pagamento *integral* dos débitos oriundos de tributos e contribuições sociais *anteriormente parcelados*, situação que se enquadra no disposto no § 4.° do art. 83 da Lei n. 9.430/96, com a redação que lhe foi dada pela Lei n. 12.382/2011, somente ensejando a extinção da punibilidade se o parcelamento tiver sido feito *antes* do recebimento da denúncia criminal.

Nesse último caso, de extinção de punibilidade pelo pagamento integral de débitos parcelados, deve ser considerada a irretroatividade da lei mais severa, de modo que o disposto no § 4.º do art. 83 da Lei n. 9.430/96 somente pode ser aplicado aos lançamentos ocorridos a partir de 25 de fevereiro de 2011. Assim, para os lançamentos ocorridos antes desta data é possível o parcelamento antes ou em qualquer fase do processo, podendo ocorrer também o pagamento integral do tributo ou contribuição social, com a consequente extinção de punibilidade.

Com relação ao parcelamento, a Lei n. 11.941/2009, por seu turno, alterou a legislação tributária federal relativa ao parcelamento ordinário de débitos tributários. Com isso, a referida lei permitiu o parcelamento dos débitos relativos à apropriação indébita previdenciária (art. 168-A do CP) e à sonegação de contribuição previdenciária (art. 337-A do CP).

Nesse sentido, dispõe o art. 67 da referida lei que na hipótese de parcelamento do crédito tributário antes do oferecimento da denúncia, essa somente poderá ser aceita na superveniência de inadimplemento da obrigação objeto da denúncia.

Ressalta, ainda, o art. 68 que fica suspensa a pretensão punitiva do Estado, referente a esses crimes, limitada a suspensão aos débitos que tiverem sido objeto de concessão de parcelamento, enquanto não forem rescindidos os parcelamentos.

Importante lembrar que, nesse caso, a prescrição criminal não corre durante o período de suspensão da pretensão punitiva.

Outrossim, de acordo com a citada lei, extingue-se a punibilidade desses crimes quando a pessoa jurídica relacionada com o agente efetuar o pagamento integral dos débitos oriundos de tributos e contribuições sociais, inclusive acessórios, que tiverem sido objeto de concessão de parcelamento.

Com a edição da Lei n. 12.382/2011, entretanto, a matéria recebeu outra regulamentação, já que foi alterada a redação do art. 83 da Lei n. 9.430/96, ao qual foram acrescentados importantes parágrafos, tratando do parcelamento e da suspensão do curso da prescrição criminal.

Nesse sentido, o § 1.º estabelece que, na hipótese de concessão de parcelamento do crédito tributário, a representação fiscal para fins penais somente será encaminhada ao Ministério Público após a exclusão da pessoa física ou jurídica do parcelamento.

Já no § 2.º, a regra é de que fica suspensa a pretensão punitiva do Estado referente aos crimes previstos no *caput*, durante o período em que a pessoa física ou a pessoa jurídica relacionada com o agente dos aludidos crimes estiver incluída no parcelamento, desde que o pedido de parcelamento tenha sido formalizado antes do recebimento da denúncia criminal.

Anote-se que, nesse caso, o parcelamento deve ter sido formalizado *antes do recebimento da denúncia criminal.*

O § 3.º do citado artigo, por fim, estabelece que a prescrição criminal não corre durante o período de suspensão da pretensão punitiva.

De acordo com o disposto no § 4.º, acrescentado pela Lei n. 13.606/2018, a faculdade prevista no § 3.º não se aplica aos casos de parcelamento de contribuições cujo valor, inclusive dos acessórios, seja superior àquele estabelecido, administrativamente, como sendo o mínimo para o ajuizamento de suas execuções fiscais.

Em suma:

a) em caso de parcelamento, a representação fiscal ao Ministério Público para fins penais fica condicionada à exclusão da pessoa física ou jurídica do parcelamento;

b) durante o período em que a pessoa física ou jurídica relacionada aos agentes dos crimes contra a ordem tributária estiver incluída no parcelamento, fica suspensa a pretensão punitiva do Estado, desde que o parcelamento tenha sido formalizado antes do recebimento da denúncia criminal;

c) a prescrição criminal dos crimes contra a ordem tributária não corre durante o período da suspensão da pretensão punitiva;

d) Deve ser considerada a irretroatividade da lei mais severa, de modo que o disposto nos §§ 1.º, 2.º, 3.º e 4.º do art. 83 da Lei n. 9.430/96 somente pode ser aplicado aos lançamentos ocorridos a partir de 25 de fevereiro de 2011. Assim, para os lançamentos ocorridos antes desta data, é possível o parcelamento antes ou em qualquer fase do processo, podendo ocorrer também o pagamento integral do tributo ou contribuição social, com a consequente extinção de punibilidade.

5.2.5 Estado de necessidade

Em algumas hipóteses excepcionais, tem-se admitido alegação de estado de necessidade para a descaracterização do crime de apropriação indébita previdenciária, quando a situação financeira do empregador (pessoa física ou jurídica) está seriamente comprometida, tendo ele que optar entre o repasse da contribuição previdenciária e eventual quebra ou demissão de empregados.

Não há, entretanto, consenso sobre o assunto na doutrina e na jurisprudência.

No sentido de que inexiste estado de necessidade:

"Estado de necessidade — Descaracterização — Apropriação indébita previdenciária — Ausência de justificativa para a prática de delito, que desestabiliza toda a estrutura previdenciária do país — Crime que causa incomensuráveis prejuízos à sociedade e principalmente à camada social menos favorecida economicamente, que dela mais precisa" (TRF — 1.ª Reg. — *RT*, 821/681).

"Apropriação indébita previdenciária — Caracterização — Dificuldade financeira da empresa — Fato que não tem o condão de configurar a excludente da antijuridicidade do estado de necessidade — Revogação do art. 95, *d*, da Lei 8.212/91 pela Lei 9.983/2000, que não descriminalizou a conduta típica, que permaneceu tipificada no art. 168-A do CP" (TRF — 1.ª Reg. — *RT*, 838/678).

Admitindo estado de necessidade, ante as dificuldades financeiras da empresa:

"Apropriação indébita previdenciária — Descaracterização — Não recolhimento de contribuições descontadas dos empregados — Conduta que se deu em razão de dificuldades financeiras do empregador, impedindo o adimplemento da obrigação (TRF — 2.ª Reg. — *RT*, 839/697).

"Apropriação indébita previdenciária — Delito omissivo e formal — Necessidade de se perquirir acerca da situação financeira da empresa, sob pena de caracterizar responsabilidade penal objetiva — Prova da dificuldade financeira, no entanto, que incumbe ao réu — Inteligência do art. 168-A do CP" (TRF — 2.ª Reg. — *RT*, 828/693).

"Apropriação indébita previdenciária — Estado de necessidade — Inocorrência — Dificuldades financeiras que não foram cabalmente comprovadas nos autos — Autoria demonstrada por contrato social ou estatuto de constituição da empresa ou da entidade devedora" (TRF — I.ª Reg. — *RT*, 824/691).

5.3 Apropriação de coisa havida por erro, caso fortuito ou força da natureza

Essa modalidade criminosa vem prevista no art. 169 do Código Penal, e tem como objetividade jurídica a tutela do patrimônio.

Sujeito ativo pode ser qualquer pessoa.

Sujeito passivo é o proprietário da coisa.

Nesse crime, o que caracteriza a apropriação (assenhoreamento) é o *erro* (falsa percepção da realidade), que pode recair sobre a pessoa ou sobre a coisa; o *caso fortuito* (evento que acontece imprevisivelmente, atuando por uma força que não se pode evitar); ou a *força da natureza* (força maior a que não se consegue opor resistência).

Exemplo muito comum hoje em dia é o da pessoa que, tendo recebido em sua conta corrente um depósito, uma transferência ou um "pix" por engano, se apropria do dinheiro, deixando de devolvê-lo ou não procurando comunicar o equívoco ao banco ou às autoridades.

Trata-se de crime doloso.

A consumação ocorre com a inversão do *animus da posse* por parte do sujeito ativo.

Admite-se a tentativa.

A ação penal é pública incondicionada.

5.4 Apropriação de tesouro

O crime de apropriação de tesouro em tudo se assemelha às figuras anteriormente estudadas. Vem previsto no art. 169, I, do Código Penal.

Sujeito ativo pode ser qualquer pessoa.

Sujeito passivo é o dono do prédio onde se acha o tesouro.

Tesouro, segundo o disposto no art. 1.264 do Código Civil, é o depósito antigo de coisas preciosas, oculto e de cujo dono não haja memória. O Código Civil, nos arts. 1.264 a 1.266, disciplina o regramento da partilha do tesouro entre o dono do imóvel e aquele que o encontrou.

Caso haja apropriação, por parte do agente, da quota a que tem direito o proprietário do prédio, estará consumado o ilícito penal.

Admite-se a tentativa.

A ação penal é pública incondicionada.

5.5 Apropriação de coisa achada

Prescreve o art. 169, II, do Código Penal que quem acha coisa alheia perdida e dela se apropria, total ou parcialmente, deixando de restituí-la ao dono ou legítimo possuidor ou de entregá-la à autoridade competente, dentro do prazo de 15 dias, pratica ilícito apenado com detenção de 1 mês a 1 ano, ou multa. É a tipificação do crime de apropriação de coisa achada.

O Código Civil denomina *descobridor* aquele que acha a coisa perdida (art. 1.233, parágrafo único).

Deve ele, nesse caso, restituí-la ao dono ou legítimo possuidor, ou ainda entregá-la à autoridade competente (policial ou judiciária), no prazo estipulado em lei.

O Código de Processo Civil, no art. 746, dispondo sobre as coisas vagas, estabelece:

"Art. 746. Recebendo do descobridor coisa alheia perdida, o juiz mandará lavrar o respectivo auto, do qual constará a descrição do bem e as declarações do descobridor.

§ 1.º Recebida a coisa por autoridade policial, esta a remeterá em seguida ao juízo competente.

§ 2.º Depositada a coisa, o juiz mandará publicar edital na rede mundial de computadores, no sítio do tribunal a que estiver vinculado e na plataforma de editais do Conselho Nacional de Justiça ou, não havendo sítio, no órgão oficial e na imprensa da comarca, para que o dono ou o legítimo possuidor a reclame, salvo se se tratar de coisa de pequeno valor e não for possível a publicação no sítio do tribunal, caso em que o edital será apenas afixado no átrio do edifício do fórum.

§ 3.º Observar-se-á, quanto ao mais, o disposto em lei".

Divergem os autores acerca da consumação desse delito.

Alguns entendem que o exaurimento do prazo de 15 dias para a devolução da coisa é irrelevante, uma vez que a consumação pode ocorrer antes desse prazo, com o consumo ou utilização da coisa.

Entretanto, ainda que se entenda correto esse posicionamento, na medida em que não seria lícito àquele que acha coisa perdida dela se utilizar por 15 dias ou consumi-la, se fungível, devolvendo-a após o lapso previsto em lei, é bem verdade que o dispositivo legal condiciona a consumação ao decurso do prazo mencionado, o que faz com que autores outros defendam a efetivação do delito somente após esse período.

A ação penal é pública incondicionada.

5.6 Apropriação privilegiada

O art. 170 do Código Penal determina que, nos crimes de apropriação acima estudados, aplica-se o disposto no art. 155, § 2.º, do mesmo diploma.

Assim, sendo o *criminoso primário* e de *pequeno valor a coisa*, poderá o juiz:

a) substituir a pena de reclusão pela de detenção;

b) diminuir a pena de um a dois terços;

c) aplicar somente a pena de multa.

6 DO ESTELIONATO E OUTRAS FRAUDES

6.1 Estelionato

Estelionato é a obtenção, para si ou para outrem, de *vantagem ilícita* em prejuízo alheio, induzindo ou mantendo alguém em erro, mediante *artifício, ardil* ou qualquer outro *meio fraudulento.*

É crime previsto no art. 171 do Código Penal, cuja objetividade jurídica é a proteção ao direito de propriedade.

Sujeito ativo é aquele que induz ou mantém a vítima em erro, mediante artifício, ardil ou qualquer outro meio fraudulento.

Sujeito passivo é a pessoa enganada que sofre o dano patrimonial.

A conduta típica é *obter*, que significa alcançar, conseguir, lograr.

O objeto material é a *vantagem ilícita*, que deve ser obtida em *prejuízo alheio*, atingindo o patrimônio da vítima.

Para atingir seu intento, deve o sujeito ativo induzir ou manter a vítima em erro, utilizando-se de artifício, ardil ou qualquer outro meio fraudulento.

É irrelevante que, para o homem médio, a fraude empregada não teria sido idônea a induzi-lo ou mantê-lo em erro, pois, no caso, consideram-se as condições pessoais da vítima.

O estelionato é um crime doloso.

A consumação ocorre com a efetiva obtenção pelo agente de vantagem ilícita, em prejuízo alheio.

Admite-se tentativa.

Não se confunde, como já foi dito anteriormente, o *furto mediante fraude* com o *estelionato.*

No furto mediante fraude ocorre a *subtração* da coisa, servindo a fraude como meio de iludir a vigilância ou a atenção da vítima. No estelionato, ocorre a *entrega voluntária* da coisa pela vítima, em decorrência da fraude empregada pelo agente.

Nesse aspecto: "No crime de estelionato a fraude antecede o apossamento da coisa e é causa para ludibriar sua entrega pela vítima, enquanto no furto qualificado pela fraude o artifício malicioso é empregado para iludir a vigilância ou a atenção. Ocorre furto mediante fraude e não estelionato nas hipóteses de subtração de veículo posto à venda mediante solicitação ardil de teste experimental ou mediante artifício que leva a vítima a descer do carro" (STJ — *RT*, 768/527).

Difere o *estelionato*, outrossim, da *apropriação indébita.*

No estelionato, o dolo do agente é anterior à posse ou detenção da coisa, sendo o meio fraudulento utilizado para propiciá-la. Na apropriação indébita, ao contrário, o agente recebe a coisa de boa-fé, resolvendo dela apropriar-se, oportunidade em que inverte o *animus* da posse anterior e legítima.

Acerca do estelionato e dos crimes de falso, *vide* análise no Capítulo XI, "Dos crimes contra a fé pública".

Por fim, o ressarcimento do prejuízo até o recebimento da denúncia não enseja a exclusão do crime, servindo apenas como causa de diminuição da pena, nos termos do disposto no art. 16 do Código Penal. Se o ressarcimento do prejuízo ocorrer após o recebimento da denúncia, haverá apenas circunstância atenuante genérica, prevista no art. 65, III, *b*, do Código Penal.

A ação penal, no crime de estelionato, é, em regra, pública condicionada a representação do ofendido, de acordo com o disposto no § 5.º do art. 171, acrescentado pela Lei n. 13.964/2019.

Assim, dispõe o § 5.º que somente se procede mediante representação, salvo se a vítima for: I — a Administração Pública, direta ou indireta; II — criança ou adolescente; III — pessoa com deficiência mental; ou IV — maior de 70 (setenta) anos de idade ou incapaz.

O pleno do Supremo Tribunal Federal, no julgamento de agravo regimental no HC 208.817/RJ, da relatoria da Ministra Cármen Lúcia, em 13-4-2023, decidiu que a norma do § 5.º é retroativa, inclusive nas ações penais em andamento, até o trânsito em julgado.

6.1.1 Estelionato privilegiado

O estelionato privilegiado vem previsto no art. 171, § 1.º, do Código Penal, que determina a aplicação do disposto no art. 155, § 2.º, do mesmo diploma. Assim, sendo o *criminoso primário* e de *pequeno valor a coisa*, poderá o juiz:

a) substituir a pena de reclusão pela de detenção;

b) diminuir a pena de um a dois terços;

c) aplicar somente a pena de multa.

A respeito da caracterização do pequeno valor da coisa, consultem-se os comentários sobre o furto privilegiado.

6.1.2 Disposição de coisa alheia como própria

Essa modalidade de estelionato vem prevista no art. 171, § 2.º, I, do Código Penal, punindo a conduta daquele que vende, permuta, dá em pagamento, em locação ou em garantia coisa alheia como própria.

A coisa alheia pode ser móvel ou imóvel.

6.1.3 Alienação ou oneração fraudulenta de coisa própria

Trata-se de outra modalidade de estelionato, prevista no art. 171, § 2.º, II, do Código Penal. Tipifica a conduta daquele que vende, permuta, dá em pagamento ou em garantia coisa própria inalienável, gravada de ônus ou litigiosa, ou imóvel que prometeu vender a terceiro, mediante pagamento em prestações, silenciando sobre qualquer dessas circunstâncias.

6.1.4 Defraudação de penhor

Defraudar significa espoliar fraudulentamente, fraudar. Nessa modalidade de estelionato, o agente, tendo a posse do objeto empenhado, o aliena sem consentimento do credor, ou, por outro modo, defrauda a *garantia pignoratícia*. É prevista no art. 171, § 2.º, III, do Código Penal.

O Código Civil regula o penhor nos arts. 1.431 a 1.472.

6.1.5 Fraude na entrega de coisa

Essa modalidade de estelionato, tipificada no art. 171, § 2.º, IV, do Código Penal, pune a conduta daquele que defrauda substância, qualidade ou quantidade de coisa que deve entregar a alguém.

A lei destaca o *dever* de entregar a coisa, podendo decorrer de lei, de ordem judicial ou de disposição contratual.

6.1.6 Fraude para recebimento de indenização ou valor de seguro

Modalidade de estelionato de espectro bastante amplo, prevista no art. 171, § 2.º, V, do Código Penal, pune aquele que:

a) destrói, total ou parcialmente, coisa própria;

b) oculta coisa própria;

c) lesa o próprio corpo ou a saúde;

d) agrava as consequências da lesão ou doença.

Nesses casos, deve existir o *intuito de haver indenização ou valor de seguro*.

6.1.7 Fraude no pagamento por meio de cheque

Essa modalidade de estelionato, prevista no art. 171, § 2.º, VI, do Código Penal, tipifica a conduta de quem emite cheque sem suficiente provisão de fundos em poder do sacado, ou lhe frustra o pagamento.

A Lei n. 7.357, de 2 de setembro de 1985 (Lei do Cheque), estabelece, em seu art. 65, o seguinte:

"Art. 65. Os efeitos penais da emissão do cheque sem suficiente provisão de fundos, da frustração do pagamento do cheque, da falsidade, da falsificação e da alteração do cheque continuam regidos pela legislação criminal".

A conduta típica divide-se em duas modalidades:

a) *emissão* de cheque sem fundos;

b) *frustração do pagamento* de cheque.

É necessário que tenha o agente atuado com má-fé na emissão do cheque sem fundos ou na frustração do pagamento do cheque com fundos.

Nesse sentido é o teor da Súmula 246 do Supremo Tribunal Federal: "Súmula 246. Comprovado não ter havido fraude, não se configura o crime de emissão de cheque sem fundos".

A jurisprudência tem entendido que não há o delito em estudo, também, quando se tratar de *cheque pós-datado*, também conhecido por *cheque pré-datado*, ou, ainda, quando não seja datado (*RT*, 521/487 e 584/412).

"A falta de provisão de fundos de cheque não configura o crime de estelionato (art. 171, § 2.º, VI, do CP) desde que ele tenha sido emitido como garantia de dívida, ciente o beneficiário desta particularidade e aceitando-o para apresentação ao sacado em data posterior" (STF — *RT*, 592/445).

A fraude no pagamento por meio de cheque também se configura com relação ao cheque sustado, em que ocorre uma contraordem ao banco sacado para que não pague o cheque emitido. Nesse caso, o cheque é aceito pela vítima como ordem de pagamento à vista, em contrapartida de negócio, e o agente, em seguida, fraudulentamente, susta o pagamento da cártula junto ao banco sacado.

Com relação ao *cheque sustado*: "A fraude no pagamento por meio de cheques não consiste unicamente na falta de provisão de fundos em poder do sacado, podendo tal frustração também ocorrer quando há uma contraordem ao banco para que não pague o cheque emitido ou, ainda, quando o agente bloqueia sua conta" (TAMG — *RT*, 624/358).

No que se refere ao pagamento por meio de *cheque de conta encerrada*, a jurisprudência orienta-se no sentido de que o delito seria de estelionato na modalidade do *caput* do art. 171 do CP, e não na modalidade de fraude no pagamento por meio de cheque, prevista no mesmo dispositivo, no § 2.º, VI.

Já se decidiu que o cheque sem fundos dado em pagamento de dívida de jogo não configura o crime de estelionato, já que essa dívida não obriga a pagamento (RT 461/431).

No que se refere à consumação do crime, a jurisprudência tem entendido majoritariamente que ela se opera quando o cheque é recusado ao ser apresentado ao sacado (banco).

Nesse sentido é o teor da Súmula 521 do STF: "O foro competente para o processo e julgamento dos crimes de estelionato, sob a modalidade da emissão dolosa de cheque sem provisão de fundos, é o do local onde se deu a recusa do pagamento pelo sacado".

Outrossim, atualmente é posição dominante em nossos Tribunais que o pagamento do cheque antes da denúncia não caracteriza o crime, uma vez que não existe justa causa para a ação penal, inclusive à vista do teor da Súmula 554 do STF: "O pagamento de cheque emitido sem provisão de fundos, após o recebimento da denúncia, não obsta ao prosseguimento da ação penal".

A esse propósito: "O advento do art. 16 da nova Parte Geral do CP não é incompatível com a aplicação das Súmulas 246 e 554, que devem ser entendidas complementarmente, aos casos em que se verifiquem os seus supostos. Não há justa causa para a ação penal se, pago o cheque emitido sem suficiente provisão de fundos antes da propositura da ação penal, a proposta acusatória não demonstra que houve fraude no pagamento por meio de cheque, não configurado, portanto, o crime do art. 171, § 2.º, VI, do CP. Precedentes" (STF — *RT*, 616/377).

Ainda: "Se o cheque sem provisão de fundos em poder do sacado foi resgatado antes do oferecimento da denúncia, recebendo a vítima a importância nele consignada, inexiste, sequer em tese, o delito do art. 171, § 2.°, n. VI, do Código Penal" (*RT*, 390/81).

6.1.8 Fraude eletrônica

O crime de estelionato cibernético ou virtual (fraude eletrônica) vem previsto no art. 171, §§ 2.°-A e 2.°-B, do Código Penal, tendo sido introduzido pela Lei n. 14.155/2021.

De acordo com a redação dos dispositivos (§§ 2.°-A e 2.°-B), a pena é de reclusão, de 4 (quatro) a 8 (oito) anos, e multa, se a fraude é cometida com a utilização de informações fornecidas pela vítima ou por terceiro induzido a erro por meio de redes sociais, contatos telefônicos ou envio de correio eletrônico fraudulento, ou por qualquer outro meio fraudulento análogo, sendo essa pena aumentada de 1/3 (um terço) a 2/3 (dois terços), considerada a relevância do resultado gravoso, se o crime é praticado mediante a utilização de servidor mantido fora do território nacional.

Não se pode confundir o crime de estelionato cibernético ou virtual (fraude eletrônica) com o crime de furto mediante fraude por meio de dispositivo eletrônico ou informático, também acrescentado ao Código Penal pela Lei n. 14.155/2021.

No furto mediante fraude por meio de dispositivo eletrônico ou informático (§§ 4.°-B e 4.°-C do art. 155), ocorre a subtração da coisa, servindo a fraude como meio de iludir a vigilância ou a atenção da vítima. Nesse furto, a fraude é apenas o meio para tirar a coisa.

Já no estelionato cibernético ou virtual, ocorre a entrega voluntária da coisa pela vítima, em decorrência da fraude empregada pelo agente. Nesse estelionato, a fraude antecede o apossamento da coisa e é causa para ludibriar sua entrega pela vítima. A própria descrição típica constante do § 2.°-A do art. 171 se refere a fraude cometida "com a utilização de informações fornecidas pela vítima ou por terceiro induzido a erro por meio de redes sociais, contatos telefônicos ou envio de correio eletrônico fraudulento, ou por qualquer outro meio fraudulento análogo". Portanto, no estelionato cibernético ou virtual (fraude eletrônica) há uma participação efetiva da vítima, ou de terceiro, que fornece as informações necessárias à perpetração da fraude, eis que induzida a erro por meio de redes sociais, contatos telefônicos ou envio de correio eletrônico fraudulento, ou por qualquer outro meio fraudulento análogo.

6.1.9 Estelionato circunstanciado

O estelionato é circunstanciado, com aumento de pena de um terço (art. 171, § 3.°), se cometido em detrimento de:

a) entidade de direito público;

b) instituto de economia popular;

c) instituto de assistência social; e

d) instituto de beneficência.

Essas causas de aumento de pena aplicam-se tanto ao estelionato em sua figura básica como também às modalidades já estudadas do § 2.°.

6.1.10 Estelionato contra idoso ou vulnerável

De acordo com o disposto no § 4.º do art. 171 do CP, com a redação dada pela Lei n. 14.155/2021, "a pena aumenta-se de 1/3 (um terço) ao dobro, se o crime é cometido contra idoso ou vulnerável, considerada a relevância do resultado gravoso". Idoso, segundo dispõe o art. 1.º da Lei n. 10.741/2003, é a pessoa com idade igual ou superior a 60 anos. Vale lembrar que a Lei n. 14.423/2022 substituiu, na Lei n. 10.741/2003, a expressão "idoso" por "pessoa idosa".

6.1.11 Competência para o processo e julgamento do estelionato

O § 4.º do art. 70 do Código de Processo Penal, acrescentado pela Lei n. 14.155/2021, estabelece que, nos crimes de estelionato, quando praticados mediante depósito, mediante emissão de cheques sem suficiente provisão de fundos em poder do sacado ou com o pagamento frustrado ou mediante transferência de valores, a competência será definida pelo local do domicílio da vítima, e, em caso de pluralidade de vítimas, a competência firmar-se-á pela prevenção".

Vale ressaltar que o Superior Tribunal de Justiça entende que a regra acima, por se tratar de norma processual, deve ser aplicada de imediato, ainda que os fatos tenham sido anteriores à Lei n. 14.155/2021, notadamente quando o processo ainda estiver em fase de inquérito policial (CC 180.832-RJ — Rel. Min. Laurita Vaz — Terceira Seção — j. em 25-8-2021).

6.2 Fraude com a utilização de ativos virtuais, valores mobiliários ou ativos financeiros

O crime de fraude com a utilização de ativos virtuais, valores mobiliários ou ativos financeiros foi introduzido no Código Penal, no art. 171-A, pela Lei n. 14.478/2022, que dispõe sobre diretrizes a serem observadas na prestação de serviços de ativos virtuais e na regulamentação das prestadoras de serviços de ativos virtuais, além de trazer mudanças no Código Penal, na Lei n. 7.492/86 (que define os crimes contra o sistema financeiro nacional) e na Lei n. 9.613/98 (que dispõe sobre os crimes de "lavagem" ou ocultação de bens, direitos e valores). Essa lei foi batizada de "Marco Regulatório dos Criptoativos", regulamentando o mercado de criptomoedas, com definição de ativos virtuais e fixando diretrizes para a prestação de serviço de ativos virtuais.

A referida lei define ativo virtual como a representação digital de valor que pode ser negociada ou transferida por meios eletrônicos e utilizada para realização de pagamentos ou com propósito de investimento. Ficam fora desse enquadramento moedas tradicionais (nacional e estrangeiras); moeda eletrônica; instrumentos que provejam ao seu titular acesso a produtos ou serviços especificados ou a benefício proveniente desses produtos ou serviços, a exemplo de pontos e recompensas de programas de fidelidade; e representações de ativos cuja emissão, escrituração, negociação ou liquidação estejam previstas em lei ou regulamento, a exemplo de valores mobiliários e de ativos financeiros.

De acordo com a lei, caberá ao órgão regulador (Banco Central) estabelecer as condições e prazos, não inferiores a seis meses, para a adequação às novas regras por parte das prestadoras de serviços de ativos virtuais (corretoras de criptoativos). Estas poderão prestar exclusivamente o serviço de ativos virtuais ou acumulá-lo com outras atividades, na forma da regulamentação a ser editada.

O tipo penal do art. 171-A veio em boa hora, uma vez que já havia intenso debate, na doutrina e na jurisprudência, acerca da possibilidade de enquadramento das chamadas "pirâmides financeiras", focadas em investimentos em criptomoedas, como crime de estelionato.

O Superior Tribunal de Justiça, analisando a questão, em mais de uma oportunidade, entendeu que as "pirâmides financeiras" constituem crime contra a economia popular, previsto no art. 2.º, IX, da Lei n. 1.521/51 (Lei de Economia Popular) e não crime de estelionato.

Nesse sentido:

"CONFLITO NEGATIVO DE COMPETÊNCIA. JUSTIÇA FEDERAL X JUSTIÇA ESTADUAL. INQUÉRITO POLICIAL. INVESTIMENTO DE GRUPO EM CRIPTOMOEDA. PIRÂMIDE FINANCEIRA. CRIME CONTRA A ECONOMIA POPULAR. COMPETÊNCIA DA JUSTIÇA ESTADUAL.

1. O presente conflito negativo de competência deve ser conhecido, por se tratar de incidente instaurado entre juízos vinculados a Tribunais distintos, nos termos do art. 105, inciso I, alínea 'd' da Constituição Federal — CF.

2. 'A operação envolvendo compra ou venda de criptomoedas não encontra regulação no ordenamento jurídico pátrio, pois as moedas virtuais não são tidas pelo Banco Central do Brasil (BCB) como moeda, nem são consideradas como valor mobiliário pela Comissão de Valores Mobiliários (CVM), não caracterizando sua negociação, por si só, os crimes tipificados nos arts. 7.º, II, e 11, ambos da Lei n. 7.492/86, nem mesmo o delito previsto no art. 27-E da Lei n. 6.385/76' (CC 161.123/SP, Rel. Ministro SEBASTIÃO REIS JÚNIOR, TERCEIRA SEÇÃO, *DJe* 5-12-2018).

3. Conforme jurisprudência desta Corte Superior de Justiça, 'a captação de recursos decorrente de 'pirâmide financeira' não se enquadra no conceito de 'atividade financeira', para fins da incidência da Lei n. 7.492/86, amoldando-se mais ao delito previsto no art. 2.º, IX, da Lei 1.521/1951 (crime contra a economia popular)' (CC 146.153/SP, Rel. Ministro REYNALDO SOARES DA FONSECA, TERCEIRA SEÇÃO, *DJe* 17-5-2016).

4. Na espécie, o Juízo Estadual suscitado discordou da capitulação jurídica de estelionato, mas deixou de verificar a prática, em tese, de crime contra a economia popular, cuja apuração compete à Justiça Estadual nos termos da Súmula 498 do Supremo Tribunal Federal — STF" (CC 170.392/SP — Rel. Min. Joel Ilan Paciornik — Terceira Seção — *DJe* 16-6-2020).

Com a tipificação trazida pela Lei n. 14.478/2022, a questão restou pacificada, podendo as "pirâmides financeiras" que se valem, por exemplo, de investimentos em criptomoedas ser enquadradas nessa modalidade de estelionato.

O crime tem como objetividade jurídica primordialmente a tutela do patrimônio, uma vez que visa o agente a obtenção de vantagem ilícita, em prejuízo alheio. A proteção legal recai, subsidiariamente, sobre o sistema financeiro nacional (no particular aspecto da credibilidade das instituições financeiras), utilizado pelo agente para organizar, gerir, ofertar ou distribuir carteiras ou intermediar operações que envolvam ativos virtuais, valores mobiliários ou quaisquer ativos financeiros, de maneira fraudulenta.

Sujeito ativo pode ser qualquer pessoa. Dada a natureza da sanção penal cominada, evidentemente somente pode ser autor do delito a pessoa natural (física), não havendo responsabilização penal da pessoa jurídica, não obstante a Lei n. 14.478/2022 considerar prestadora de serviços de ativos virtuais a pessoa jurídica que executa, em nome de terceiros, serviços de ativos virtuais, tais como troca entre ativos virtuais e moeda nacional ou moeda estrangeira, troca entre um ou mais ativos virtuais, transferência de ativos virtuais, custódia ou administração de ativos virtuais ou de instrumentos que possibilitem controle sobre ativos virtuais, ou participação em serviços financeiros e prestação de serviços relacionados à oferta por um emissor ou venda de ativos virtuais.

Caso uma ou mais das condutas típicas seja praticada por pessoa jurídica, o enquadramento deverá recair sobre a pessoa física que atuar como gestor e/ou responsável pelas operações de organização, gestão, oferta ou distribuição de carteiras ou intermediação das operações.

Sujeito passivo pode ser qualquer pessoa, física ou jurídica, que sofra o prejuízo patrimonial decorrente das condutas típicas. Secundariamente, também é sujeito passivo do crime o Estado, responsável pela fiscalização, regulamentação e controle do sistema financeiro nacional.

A conduta típica vem expressa pelos verbos "organizar" (ordenar, arrumar, estruturar), "gerir" (administrar, dirigir, coordenar, comandar), "ofertar" (oferecer, disponibilizar, ceder), "distribuir" (entregar, conferir, dividir) e "intermediar" (mediar, intercalar, intermear). Trata-se de tipo misto alternativo, em que o agente, ainda que pratique mais de uma modalidade de conduta, estará incurso em um só crime.

A conduta deve ter como finalidade a obtenção de vantagem ilícita, em prejuízo alheio, induzindo ou mantendo alguém em erro, mediante artifício, ardil ou qualquer outro meio fraudulento.

"Carteira" é termo geralmente empregado para denominar o conjunto de aplicações em ativos virtuais, valores mobiliários ou ativos financeiros que compõem um *pool* de investimentos no sistema financeiro nacional. Os criptoativos se inserem na definição de ativos financeiros passíveis de investimento pelos fundos de investimento financeiro (FIF), em seus diferentes tipos (ações, cambial, multimercado ou renda fixa), conforme Anexo Normativo I da Resolução 175 da CVM — Comissão de Valores Mobiliários.

Trata-se de crime doloso, atuando o agente com a vontade livre e consciente de praticar uma ou mais modalidades de conduta. Além disso, o tipo penal exige um elemento subjetivo específico, consistente na finalidade de obter vantagem ilícita em prejuízo alheio, para tanto induzindo ou mantendo alguém em erro, mediante artifício, ardil ou qualquer outro meio fraudulento.

A consumação ocorre com a prática de uma ou mais modalidades de conduta (organizar, gerir, ofertar ou distribuir carteiras ou intermediar operações que envolvam ativos virtuais, valores mobiliários ou quaisquer ativos financeiros), com o fim de obter vantagem ilícita, independentemente da sua efetiva obtenção.

Trata-se de crime formal, não havendo necessidade, para a consumação, da efetiva ocorrência do resultado naturalístico (obtenção de vantagem ilícita, em prejuízo alheio). Caso o agente obtenha a vantagem ilícita em prejuízo alheio, terá ocorrido o exaurimento do crime.

A tentativa é admissível, uma vez que se trata de crime plurissubsistente, cujo *iter criminis* é fracionável.

A ação penal é pública incondicionada.

Pela posição topográfica do novo tipo penal, trata-se de crime contra o patrimônio, não obstante afete, ainda que indiretamente, o sistema financeiro nacional. Assim, em regra, a competência é da Justiça Estadual. Salvo na hipótese em que a conduta for praticada em detrimento de bens, serviços ou interesse da União ou de suas entidades autárquicas ou empresas públicas, quando a competência será da Justiça Federal.

6.3 Duplicata simulada

O crime de duplicata simulada vem previsto no art. 172 do Código Penal, com a redação dada pelo art. 19 da Lei n. 8.137/90, tendo como objetividade jurídica a tutela do patrimônio e a credibilidade dos títulos de crédito.

Sujeito ativo é o emitente da duplicata, fatura ou nota de venda.

Sujeito passivo é aquele que desconta a duplicata e, secundariamente, o sacado.

A conduta típica vem expressa pelo verbo *emitir*, que, além do preenchimento dos requisitos formais do título, exige a sua colocação em circulação.

Fatura é o título representativo de uma compra e venda mercantil.

Duplicata é um título de crédito sacado a partir da fatura, visando à circulação, representando uma compra e venda mercantil.

Nota de venda é o documento emitido por comerciante para atender ao Fisco, especificando a quantidade, a qualidade, a procedência e o preço das mercadorias que foram objeto de transação mercantil.

Trata-se de crime doloso.

A consumação ocorre com a colocação da duplicata em circulação ou com a emissão da fatura ou nota de venda.

A tentativa não é admissível.

A ação penal é pública incondicionada.

6.3.1 Falsificação ou adulteração do registro de duplicatas

O parágrafo único do art. 172 do Código Penal estabelece a aplicação das mesmas penas do *caput* àquele que *falsificar* ou *adulterar* a escrituração do Livro de Registro de Duplicatas.

6.4 Abuso de incapazes

O crime de abuso de incapazes vem previsto no art. 173 do Código Penal, tendo como objetividade jurídica a tutela do patrimônio dos menores e incapazes.

Sujeito ativo pode ser qualquer pessoa.

Sujeito passivo somente pode ser o menor, o alienado ou débil mental. A menoridade aqui mencionada tem por termo final os 18 anos de idade.

A conduta típica é *abusar*, que significa usar mal, aproveitar-se ou valer-se de uma situação. No caso do artigo, o abuso deve referir-se à:

a) necessidade de menor;

b) paixão de menor;

c) inexperiência de menor;

d) alienação mental de outrem;

e) debilidade mental de outrem.

O abuso deve prestar-se a *induzir* o sujeito passivo à prática de ato suscetível de produzir efeito jurídico, em prejuízo próprio ou alheio.

Trata-se de crime doloso.

A consumação ocorre com o induzimento do sujeito passivo, independentemente da obtenção do proveito, próprio ou alheio.

Admite-se a tentativa.

A ação penal é pública incondicionada.

6.5   Induzimento à especulação

O induzimento à especulação é crime previsto no art. 174 do Código Penal, tendo como objetividade jurídica a tutela do patrimônio das pessoas inexperientes, simples ou com inferioridade mental.

Sujeito ativo pode ser qualquer pessoa.

Sujeito passivo somente podem ser as pessoas inexperientes, simples ou portadoras de inferioridade mental.

A conduta típica é *abusar*, que significa usar mal, aproveitar-se ou valer-se de uma situação. No caso do artigo, o abuso deve referir-se à:

a) inexperiência de outrem;

b) simplicidade de outrem;

c) inferioridade mental de outrem.

O agente deve, ainda, *induzir* o sujeito passivo a:

a) praticar jogo de azar;

b) praticar aposta;

c) especulação com títulos, sabendo ou devendo saber que a operação é ruinosa;

d) especulação com mercadorias, sabendo ou devendo saber que a operação é ruinosa.

Trata-se de crime doloso.

A consumação ocorre com a prática, pelo sujeito passivo, do jogo ou aposta, ou com a especulação com títulos ou mercadorias, independentemente da obtenção do proveito próprio ou alheio.

Admite-se a tentativa.

A ação penal é pública incondicionada.

6.6 Fraude no comércio

A fraude no comércio é crime previsto no art. 175 do Código Penal, tendo como objetividade jurídica a tutela do patrimônio e a boa-fé que deve nortear as relações comerciais.

Tratando-se de *crime próprio*, sujeito ativo somente pode ser aquele que exerce a atividade comercial (comerciante ou comerciário).

Sujeito passivo pode ser qualquer pessoa.

A conduta típica vem expressa pelo verbo *enganar*, que significa ludibriar, iludir, induzir em erro.

Esse engano pode dar-se de duas formas:

a) Vendendo, como verdadeira ou perfeita, mercadoria falsificada ou deteriorada.

b) *Entregando* uma mercadoria por outra.

Trata-se de crime doloso.

A consumação ocorre com a efetiva venda ou entrega da mercadoria.

Admite-se a tentativa.

A ação penal é pública incondicionada.

6.6.1 Fraude no comércio de metais ou pedras preciosas

O § 1.º do art. 175 do Código Penal prevê a fraude no comércio de metais ou pedras preciosas, tipificando as seguintes condutas:

a) alterar em obra encomendada a qualidade do metal;

b) alterar em obra encomendada o peso do metal;

c) substituir em obra encomendada pedra verdadeira por falsa;

d) substituir em obra encomendada pedra verdadeira por outra de menor valor;

e) vender pedra falsa por verdadeira;

f) vender, como precioso, metal de outra qualidade.

Nesses casos, a pena é de reclusão de 1 a 5 anos, e multa.

6.6.2 Fraude no comércio privilegiada

O § 2.º do art. 175 do Código Penal determina que, nos casos de fraude no comércio, aplica-se o disposto no art. 155, § 2.º, do mesmo diploma. Assim, sendo o *criminoso primário* e de *pequeno valor a coisa*, poderá o juiz:

a) substituir a pena de reclusão pela de detenção;

b) diminuir a pena de um a dois terços;

c) aplicar somente a pena de multa.

6.7 Outras fraudes

Sob a rubrica de *outras fraudes*, o Código Penal, no art. 176, pune três condutas típicas:

a) *tomar refeição* em restaurante sem dispor de recursos para efetuar o pagamento;

b) *alojar-se em hotel* sem dispor de recursos para efetuar o pagamento;

c) *utilizar-se de meio de transporte* sem dispor de recursos para efetuar o pagamento.

Sujeito ativo dessas fraudes pode ser qualquer pessoa.

Sujeito passivo é a pessoa que presta os serviços.

Trata-se de crime doloso.

A consumação ocorre com a tomada de refeição, o alojamento em hotel e a utilização de meio de transporte sem dispor de recursos para efetuar o pagamento.

Admite-se a tentativa.

A ação penal é pública, condicionada a representação, e o juiz pode, conforme as circunstâncias, deixar de aplicar a pena (*perdão judicial*).

6.8 Fraudes e abusos na fundação ou administração de sociedade por ações

Esse crime vem previsto no art. 177 do Código Penal, tendo como objetividade jurídica a tutela do patrimônio dos acionistas.

As modalidades de fraude e abuso do *caput* e de cada um dos incisos do § 1.º do art. 177 do Código Penal estabelecem conduta determinada pelo verbo do tipo, variando os sujeitos ativos e passivos de acordo com a peculiaridade da ilicitude.

São *crimes próprios*, que somente podem ser praticados pelas pessoas qualificadas mencionadas em cada dispositivo.

O § 2.º do art. 177 do Código Penal prevê a figura típica que somente pode ser praticada pelo *acionista*, consistente na negociação do voto nas deliberações de assembleia geral, a fim de obter vantagem para si ou para outrem.

6.9 Emissão irregular de conhecimento de depósito ou "warrant"

É crime previsto no art. 178 do Código Penal, tendo como objetividade jurídica a tutela do patrimônio e a credibilidade comercial dos títulos de crédito.

Sujeito ativo é o emitente do conhecimento de depósito ou *warrant*.

Sujeito passivo é o *endossatário* ou portador do conhecimento de depósito ou *warrant*.

A conduta típica é representada pelo verbo *emitir*, que significa preencher os requisitos formais do título e colocá-lo em circulação.

Conhecimento de depósito ou *warrant* são títulos de crédito disciplinados pelo Decreto n. 1.102, de 21 de novembro de 1903.

Trata-se de crime doloso.

A consumação ocorre com a circulação dos títulos.

Admite-se a tentativa.

A ação penal é pública incondicionada.

6.10 Fraude à execução

O crime de fraude à execução vem previsto no art. 179 do Código Penal, e tem como objetividade jurídica a tutela do patrimônio do credor.

Sujeito ativo é o devedor.

Sujeito passivo é o credor.

A conduta típica consiste em *fraudar* (lograr, cometer fraude) execução, sendo necessário que exista ação executiva ou sentença a ser executada. A fraude à execução, no âmbito civil, vem prevista nos arts. 792, 828, § 4.º, e 856, § 3.º, do Código de Processo Civil, e, na esfera penal, pode dar-se das seguintes formas:

a) alienando bens;

b) desviando bens;

c) destruindo bens;

d) danificando bens; ou

e) simulando dívidas.

Trata-se de crime doloso.

A consumação ocorre com a efetiva alienação, desvio, destruição ou dano aos bens, ou com a efetiva simulação de dívidas. Entretanto, é necessário que haja prejuízo ao credor em decorrência da conduta típica.

Admite-se a tentativa.

A ação penal é privada.

7   DA RECEPTAÇÃO

7.1   Receptação

A receptação é crime previsto no art. 180 do Código Penal, tendo como objetividade jurídica a tutela do patrimônio.

Sujeito ativo pode ser qualquer pessoa.

Sujeito passivo é o proprietário da coisa produto de crime (vítima do crime antecedente).

A conduta típica vem expressa por diversos verbos constantes da descrição penal: *adquirir, receber, transportar, conduzir* ou *ocultar.*

O objeto material da receptação é coisa móvel ou imóvel (ver abaixo *Aspectos controvertidos sobre a receptação*), produto de crime.

É pressuposto, portanto, de sua ocorrência a existência de um crime anterior, ainda que não seja objeto de inquérito policial ou processo-crime, findo ou em andamento.

A receptação é punível, segundo o disposto no art. 180, § 4.º, do Código Penal, ainda que desconhecido ou isento de pena o autor do crime de que proveio a coisa.

A receptação é crime doloso, salvo na hipótese do § 3.º do art. 180 do Código Penal, que cuida da modalidade culposa.

Embora o dispositivo legal se refira a "coisa que **sabe** ser produto de crime", o Superior Tribunal de Justiça se orienta no sentido de que "no crime de receptação, se o bem houver sido apreendido em poder do paciente, caberia à defesa apresentar prova da origem lícita do bem ou de sua conduta culposa, nos termos do disposto no art. 156 do Código de Processo Penal, sem que se possa falar em inversão do ônus da prova" (HC 626.539/RJ — Rel. Min. Ribeiro Dantas — Quinta Turma — *DJe* 12-2-2021). No mesmo sentido: AgRg no AREsp 979.486/MG, Rel. Min. Reynaldo Soares da Fonseca, Quinta Turma, julgado em 13-3-2018, *DJe* 21-3-2018.

A consumação da receptação se opera, na modalidade dolosa própria, com a efetiva aquisição, recebimento, transporte, condução ou ocultação da coisa (delito material); e na modalidade dolosa imprópria, com a influência exercida sobre o terceiro de boa-fé, independentemente da efetiva aquisição, recebimento ou ocultação da coisa por parte deste.

As condutas *transportar, conduzir* e *ocultar* caracterizam crime permanente.

Admite-se a tentativa.

A ação penal é pública incondicionada.

7.1.1 Receptação simples dolosa própria

Essa modalidade de receptação vem prevista no *caput*, primeira parte, do art. 180, representada pelos verbos que compõem a figura típica: *adquirir, receber, transportar, conduzir* ou *ocultar.*

7.1.2 Receptação simples dolosa imprópria

A receptação simples dolosa imprópria, prevista no art. 180, *caput*, segunda parte, do Código Penal, caracteriza-se pela influência (conduta *influir*) para que terceiro de boa-fé *adquira, receba* ou *oculte* coisa que sabe ser produto de crime.

7.1.3 Receptação no exercício de atividade comercial

Essa modalidade do crime vem prevista no art. 180, § 1.º, do Código Penal, devendo as condutas típicas ser praticadas no exercício da atividade comercial ou industrial, já que o agente (comerciante ou industrial) *deve saber* (dolo eventual) que a coisa é produto de crime.

O § 2.º equipara à atividade comercial, nesse caso, qualquer forma de comércio irregular ou clandestino, inclusive o exercido em residência.

Com relação aos "desmanches", a Lei n. 12.977/2014 regula e disciplina a atividade de desmontagem de veículos automotores terrestres sujeitos a registro.

7.1.4 Receptação culposa

A receptação culposa, também chamada de *receptação negligente*, vem prevista no art. 180, § 3.º, do Código Penal, devendo o agente *presumir* que a coisa que adquire ou recebe foi obtida por meio criminoso, em razão das seguintes circunstâncias:

a) Natureza da coisa.

b) Desproporção entre o valor e o preço.

c) Condição de quem oferece a coisa.

7.1.5 Receptação privilegiada

Modalidade prevista no art. 180, § 5.º, segunda parte, do Código Penal, a receptação privilegiada pode ocorrer nos seguintes moldes:

a) no caso de receptação culposa, sendo o criminoso primário, pode o juiz, considerando as circunstâncias do fato, deixar de aplicar a pena. Trata-se, na verdade, de hipótese de *perdão judicial*;

b) no caso de receptação dolosa, sendo o criminoso primário e de pequeno valor a coisa, o juiz pode substituir a pena de reclusão pela de detenção, diminuí-la de um a dois terços, ou aplicar somente a pena de multa.

7.1.6 Receptação qualificada pelo objeto material

Na hipótese prevista no art. 180, § 6.º, do Código Penal, a receptação é qualificada pelo objeto material, impondo a aplicação da pena do *caput* em dobro quando se tratar de bens do patrimônio da União, de Estado, do Distrito Federal, de Município ou de autarquia, fundação pública, empresa pública, sociedade de economia mista ou empresa concessionária de serviços públicos.

7.1.7 Receptação e favorecimento real

O crime de receptação difere do crime de favorecimento real, previsto no art. 349 do Código Penal.

Na receptação, o agente atua com o *animus* de lucro, ou seja, buscando proveito econômico para si ou para outrem.

No favorecimento real, o *animus* do agente é o de prestar auxílio ao criminoso, destinado a tornar seguro o proveito do crime, ou seja, auxiliá-lo a obter o proveito material do crime que praticou.

No que se refere ao objeto jurídico, a receptação é crime contra o patrimônio, enquanto o favorecimento real é crime contra a administração da justiça.

7.1.8 Aspectos controvertidos sobre a receptação

I) O objeto material da receptação pode ser coisa móvel ou imóvel. Acerca do assunto, duas posições devem ser consideradas:

a) Penalistas como Nélson Hungria, Manzini, Magalhães Noronha, Celso Delmanto, Álvaro Mayrink da Costa e Damásio de Jesus, dentre outros, sustentam que somente a *coisa móvel* pode ser objeto do crime de receptação, uma vez que nela se pressupõe um *deslocamento da coisa*, o que seria impossível de ocorrer com o imóvel. Também porque *receptar* indica esconder, ocultar, sendo certo que o legislador, ao referir-se a *coisa*, no tipo penal, quis fazer menção a *coisa móvel*, como fez nos demais crimes contra o patrimônio, como o furto e o roubo. Essa é a posição do Supremo Tribunal Federal.

b) Para uma segunda corrente, sustentada por penalistas do calibre de Mirabete e Heleno Fragoso, e, a nosso ver, mais coerente, também a *coisa imóvel* pode ser objeto de receptação, uma vez que, seguindo a mesma orientação de países como Alemanha e Suíça, nossa legislação não distinguiu, na receptação, entre coisas móveis e imóveis, sendo perfeitamente possível que um *imóvel* seja *produto de crime*, como estelionato, falsidades em geral, extorsão, concussão etc. O pressuposto *deslocamento da coisa* não tem amparo legal, não resistindo a uma análise jurídica mais acurada.

2) O objeto material da receptação não precisa ser, necessariamente, somente coisa produto de crime patrimonial. O objeto jurídico do crime de receptação é o patrimônio, que não se confunde com o objeto material. Pode-se, portanto, praticar receptação de coisa produto de falsidade, contrabando, descaminho, peculato, concussão, lenocínio, adulteração de sinal identificador de veículo automotor, supressão de numeração de arma de fogo etc.

3) Não ocorre receptação se o fato anterior constituir contravenção penal, uma vez que o tipo penal se refere a coisa *produto de crime*.

4) A receptação é delito autônomo em relação ao delito precedente (*crime pressuposto*). Assim, mesmo que absolvido o agente do crime pressuposto, pode ocorrer condenação do agente da receptação.

5) A receptação é punível ainda que desconhecido ou isento de pena o autor do crime de que proveio a coisa (art. 180, § 4.°, do CP). Assim, haverá receptação ainda que o autor do crime pressuposto seja menor inimputável ou doente mental. Também nos casos de imunidade penal (arts. 181 a 183 do CP).

6) A ciência posterior da origem ilícita da coisa não descaracteriza o crime de receptação. É o chamado *dolo posterior*, em que o agente recebe ou adquire a coisa de boa-fé e, depois, toma conhecimento de sua origem espúria. Nesse caso, entretanto, poderá ocorrer receptação apenas nas modalidades de conduta *ocultar*, *conduzir*, *transportar* ou *influir* para que terceiro de boa-fé adquira, receba ou oculte a coisa, e também em algumas condutas da receptação no exercício da atividade comercial (art. 180, § 1.°).

7) É possível ocorrer a receptação de receptação, chamada pelos germânicos de *receptação em cadeia*. Consumada a primeira receptação, o receptador entrega a coisa a outras pessoas, que, cientes da sua origem ilícita, realizam as modalidades típicas, prevalecendo-se da

situação básica originária. Para parcela da doutrina, se um dos adquirentes da coisa estiver de boa-fé, a cadeia se rompe, e os posteriores adquirentes, ainda que cientes da origem ilícita da coisa, não praticam receptação.

8) É possível a receptação praticada pelo próprio dono da coisa. Nesse caso, a coisa acha-se em poder de terceiro, que legitimamente a possui, figurando como sujeito passivo do crime. Sendo esse terceiro desapossado ilicitamente da coisa, vem o proprietário a adquiri-la ou recebê-la do autor do crime, praticando receptação. Exemplo comum na doutrina refere-se à subtração da coisa em poder do credor pignoratício e sua posterior venda ao proprietário dela, que tem ciência do crime pressuposto.

9) Não é possível a receptação praticada pelo próprio autor do crime pressuposto. Nesse caso, sendo ele autor, coautor ou partícipe do crime precedente, não pode ser também receptador da coisa, ainda que pratique condutas típicas da receptação. Assim, se um dos comparsas, após a prática de furto e partilha da *res*, decide vender sua metade ao outro comparsa, que a adquire, não pratica este receptação, pois é requisito do crime que não tenha o receptador participado do crime anterior.

10) O advogado pode ser sujeito ativo da receptação se praticar qualquer das condutas tendo por objeto coisa produto de crime praticado por seu cliente. Assim, recebendo a coisa produto de crime, ainda que seja dinheiro, a título de honorários, ciente de sua origem ilícita, pratica o crime de receptação.

11) É possível a receptação de coisa alterada ou modificada. Nesse caso, a coisa produto de crime é transformada em outra, ou em dinheiro, e quem a recebe, adquire, oculta etc., ciente de sua origem ilícita, pratica o crime de receptação. Incluem-se, nesse caso, os beneficiários de viagens, jantares, hospedagens, presentes proporcionados pela *transformação* da coisa produto de crime.

12) É possível a *receptação reiterada*, que ocorre quando o primeiro receptador recompra ou recebe novamente a coisa de terceiro, também receptador.

13) Se a receptação for de *moeda falsa*, estará tipificado o crime do art. 289, § 1.º, do Código Penal.

7.2 Receptação de animal

O crime de receptação de animal vem previsto no art. 180-A do Código Penal, tendo sido introduzido pela Lei n. 13.330/2016.

Trata-se de tipo penal específico, que pune com reclusão de 2 a 5 anos e multa as condutas de "adquirir", "receber", "transportar", "conduzir", "ocultar", "ter em depósito" ou "vender" semovente domesticável de produção, ainda que abatido ou dividido em partes, que deve saber ser produto de crime.

Sujeito ativo pode ser qualquer pessoa. Trata-se de crime comum.

Sujeito passivo também pode ser qualquer pessoa.

O tipo penal requer, para sua configuração, que o agente atue "com a finalidade de produção ou de comercialização", finalidade essa que, embora não torne o crime próprio (já que pode ser praticado por qualquer pessoa), acaba por beneficiar o receptador que atue no exercício de atividade comercial ou industrial, que, antes da Lei n. 13.330/2016, era enquadrado no § I.º do art. 180 do CP (com pena de reclusão de 3 a 8 anos e multa), independentemente do objeto material do crime.

O elemento subjetivo é o dolo eventual ("deve saber ser produto de crime").

A consumação ocorre com a prática das condutas típicas acima mencionadas, que caracterizam crime instantâneo ("adquirir", "receber" e "vender") e crime permanente ("transportar", "conduzir", "ocultar", "ter em depósito").

Admite-se a tentativa.

A ação penal é pública incondicionada.

8   DISPOSIÇÕES GERAIS

8.1   Das imunidades penais

8.1.1 Generalidades

Imunidade é sinônimo de isenção, significando a condição de não ser sujeito a algum ônus ou encargo.

No campo penal, imunidade significa isenção de pena.

O Código Penal, nos arts. 181 a 183, regula os casos de imunidade penal em que não é aplicada pena ao agente.

Essas imunidades se aplicam a todos os crimes previstos no Título II da Parte Especial do Código Penal, ou seja, a todos os crimes contra o patrimônio.

8.1.2 Imunidades penais absolutas

As imunidades penais absolutas, também chamadas de *substanciais*, vêm previstas no art. 181 do Código Penal, determinando *isenção de pena* àquele que pratica crime contra o patrimônio em prejuízo do cônjuge, na constância da sociedade conjugal, e do ascendente ou descendente, seja o parentesco legítimo ou ilegítimo, civil ou natural.

Essa escusa absolutória estende-se ao companheiro, na união estável, em atenção ao disposto no art. 226, § 3.º, da Constituição Federal.

Nos casos de imunidade penal absoluta, o crime permanece íntegro, existindo com todos os seus requisitos. Apenas a punibilidade é que é afetada.

8.1.3 Imunidades penais relativas

As imunidades penais relativas, também chamadas de *processuais*, vêm previstas no art. 182 do Código Penal, estabelecendo a *representação* como condição de procedibilidade da ação penal pública contra o sujeito ativo dos crimes contra o patrimônio.

Portanto, nos casos de imunidade penal relativa não há extinção da punibilidade do delito, apenas modificando o Código a espécie de ação penal, que passa a ser pública condicionada a representação da vítima.

8.1.4 Exceções às imunidades penais

O art. 183 do Código Penal estabelece as hipóteses de exceção às imunidades penais *absoluta* e *relativa*, quando o crime é de roubo ou de extorsão, ou, em geral, quando haja emprego de grave ameaça ou violência à pessoa.

Também as imunidades penais não alcançam o estranho que participa do crime, em consonância com o disposto no art. 30 do Código Penal, não constituindo elas elementares dos delitos patrimoniais.

O art. 110 da Lei n. 10.741/2003 (Estatuto da Pessoa Idosa) incluiu o inciso III ao art. 183 do Código Penal, determinando que as imunidades penais também não se aplicam se o crime é praticado contra pessoa com idade igual ou superior a 60 anos.

8.2 Crimes cometidos contra as instituições financeiras e os prestadores de serviço de segurança privada

De acordo com o disposto no art. 183-A, acrescentado pela Lei n. 14.967/2024, nos crimes patrimoniais previstos no Título II da Parte Especial do Código Penal (crimes patrimoniais), quando cometidos contra as instituições financeiras e os prestadores de serviço de segurança privada, de que trata o Estatuto da Segurança Privada e da Segurança das Instituições Financeiras, as penas serão aumentadas de 1/3 (um terço) até o dobro.

A Lei n. 14.967/2024 institui o Estatuto da Segurança Privada e da Segurança das Instituições Financeiras. De acordo com o disposto no art. 5.º da lei, são considerados serviços de segurança privada, para os fins da citada lei, nos termos de regulamento: I — vigilância patrimonial; II — segurança de eventos em espaços de uso comum do povo; III — segurança nos transportes coletivos terrestres, aquaviários e marítimos; IV — segurança perimetral nas muralhas e guaritas; V — segurança em unidades de conservação; VI — monitoramento de sistemas eletrônicos de segurança e rastreamento de numerário, bens ou valores; VII — execução do transporte de numerário, bens ou valores; VIII — execução de escolta de numerário, bens ou valores; IX — execução de segurança pessoal com a finalidade de preservar a integridade física de pessoas; X — formação, aperfeiçoamento e atualização dos profissionais de segurança privada; XI — gerenciamento de riscos em operações de transporte de numerário, bens ou valores; XII — controle de acesso em portos e aeroportos; XIII — outros serviços que se enquadrem nos preceitos desta Lei, na forma de regulamento.

De acordo com o disposto no art. 13: "São prestadores de serviço de segurança privada: I — as empresas de serviço de segurança privada que prestam os serviços previstos nos incisos I, II, III, IV, V, VII, VIII, IX, XI e XII do *caput* do art. 5.º; II — as escolas de formação de profissional de segurança privada que conduzem as atividades constantes do inciso X do *caput* do art. 5.º; III — as empresas de monitoramento de sistema eletrônico de segurança privada que prestam os serviços descritos no inciso VI do *caput* do art. 5.º".

IV

Dos Crimes contra a Propriedade Imaterial

1   DOS CRIMES CONTRA A PROPRIEDADE INTELECTUAL

1.1   Violação de direito autoral

Crime previsto no art. 184 do Código Penal, com a redação que lhe foi dada pela Lei n. 10.695/2003, a violação de direito autoral tem como objetividade jurídica a proteção da propriedade intelectual, no particular aspecto do direito autoral que alguém exerça sobre sua obra.

Sujeito ativo pode ser qualquer pessoa.

Sujeito passivo é o detentor do direito autoral e dos direitos que lhe são conexos.

A conduta típica vem expressa pelo verbo *violar*, que significa transgredir, infringir, ofender, desrespeitar.

O objeto material do crime consiste nos *direitos de autor e os que lhe são conexos*.

Os direitos autorais são regulados, atualmente, no Brasil pela Lei n. 9.610/98, que utiliza a mesma terminologia adotada pela Lei n. 10.695/2003, definindo os *direitos autorais*, no art. 1.°, como "os direitos de autor e os que lhe são conexos".

Os *direitos do autor* podem ser classificados em *direitos morais* e *direitos patrimoniais* sobre a obra que criou. Os primeiros vêm previstos no art. 24 da Lei n. 9.610/98, enquanto os últimos vêm disciplinados nos arts. 28 e seguintes do mesmo diploma.

Trata-se de crime doloso.

A consumação ocorre com a violação, ainda que não haja a obtenção de proveito econômico por parte do agente.

Vale mencionar a Súmula 574 do Superior Tribunal de Justiça, que diz: "Para a configuração do delito de violação de direito autoral e a comprovação de sua materialidade, é suficiente a perícia realizada por amostragem do produto apreendido, nos aspectos externos do material, e é desnecessária a identificação dos titulares dos direitos autorais violados ou daqueles que os representem".

Admite-se a tentativa.

1.1.1 Reprodução de obra com violação de direito autoral

O crime de reprodução de obra com violação de direito autoral vem previsto no § 1.º do art. 184 do Código Penal.

Nessa figura típica são incriminadas *a reprodução de obra intelectual*, no todo ou em parte, sem autorização expressa e com o intuito de lucro (direto ou indireto), e a *reprodução de interpretação, execução ou fonograma*, sem a autorização expressa do autor, do artista intérprete ou executante, do produtor ou de quem os represente.

A ausência de autorização, mencionada na lei, indica a exigência, para a configuração do delito, do *elemento normativo do tipo*.

O § 2.º do art. 184 do Código Penal incrimina a conduta daquele que, com intuito de lucro direto ou indireto, distribui, vende, expõe à venda, aluga, introduz no País, adquire, oculta, tem em depósito original ou cópia de *obra intelectual* ou *fonograma* reproduzido com violação do direito de autor, do direito de artista intérprete ou executante ou do direito do produtor do fonograma, ou, ainda, aluga original ou cópia de obra intelectual ou fonograma, sem a expressa autorização dos titulares dos direitos ou de quem os represente.

Além do dolo, nesses casos, é necessário o *elemento subjetivo do tipo* consistente no *intuito de lucro*, que denota a *finalidade de comércio*.

Dispõe a Súmula 502 do Superior Tribunal de Justiça: "Presentes a materialidade e a autoria, afigura-se típica, em relação ao crime previsto no art. 184, § 2.º, do CP, a conduta de expor à venda CDs e DVDs piratas".

No § 3.º do art. 184 do Código Penal, com a redação que lhe foi dada pela Lei n. 10.695/2003, pune-se com reclusão de 2 a 4 anos, e multa, a violação que consistir no oferecimento ao público, mediante cabo, fibra ótica, satélite, ondas ou qualquer outro sistema que permita ao usuário realizar a seleção da obra ou produção para recebê-la em um tempo e lugar previamente determinados por quem formula a demanda, com intuito de lucro, direto ou indireto, sem autorização expressa, conforme o caso, do autor, do artista intérprete ou executante, do produtor de fonograma, ou de quem os represente.

O § 4.º, introduzido pela referida lei, estabelece limites à aplicação dos dispositivos anteriores, quando se tratar de exceção ou limitação ao direito de autor ou os que lhe são conexos, em conformidade com o previsto na Lei n. 9.610/98. As *limitações aos direitos autorais* vêm previstas no art. 46 desse citado diploma.

Esse § 4.º também, ao contrário da sistemática anterior, dispõe expressamente sobre a atipicidade da cópia de obra intelectual ou fonograma, em um só exemplar, para uso privado do copista, sem intuito de lucro direto ou indireto.

1.2 Usurpação de nome ou pseudônimo alheio

O art. 185 do Código Penal foi expressamente *revogado* pelo art. 4.º da Lei n. 10.695/2003.

1.3 Ação penal

A ação penal dos crimes de violação de direitos de autor e dos que lhe são conexos vem tratada no art. 186 do Código Penal, com a redação dada pela Lei n. 10.695/2003.

Assim:

a) procede-se mediante *queixa* nos crimes previstos no *caput* do art. 184;

b) procede-se mediante *ação penal pública incondicionada* nos crimes previstos nos §§ 1.º e 2.º do art. 184;

c) procede-se mediante *ação penal pública incondicionada* nos crimes cometidos em desfavor de entidades de direito público, autarquia, empresa pública, sociedade de economia mista ou fundação instituída pelo Poder Público;

d) procede-se mediante *ação penal pública condicionada a representação* nos crimes previstos no § 3.º do art. 184.

2 DOS CRIMES CONTRA O PRIVILÉGIO DE INVENÇÃO

Os arts. 187 a 191 do Código Penal, que tratavam dos crimes contra o privilégio de invenção, foram revogados pela Lei n. 9.279/96, que regula os direitos e obrigações relativos à propriedade industrial.

3 DOS CRIMES CONTRA AS MARCAS DE INDÚSTRIA E COMÉRCIO

Os arts. 192 a 195 do Código Penal, que dispunham sobre os crimes contra as marcas de indústria e comércio, foram revogados pela Lei n. 9.279/96, que regula os direitos e obrigações relativos à propriedade industrial.

4 DOS CRIMES DE CONCORRÊNCIA DESLEAL

O art. 196 do Código Penal, que especificava os crimes de concorrência desleal, foi revogado pela Lei n. 9.279/96, que regula os direitos e obrigações relativos à propriedade industrial.

V

Dos Crimes contra a Organização do Trabalho

1 COMPETÊNCIA DA JUSTIÇA FEDERAL OU ESTADUAL

Conforme ensina Julio Fabbrini Mirabete (*Manual de direito penal*: parte especial, 22. ed., São Paulo: Atlas, 2004, v. 2, p. 383), "nos termos do art. 109, inciso VI, da nova CF, e Lei n. 5.010/66, compete à Justiça Federal o processo dos crimes contra a organização do trabalho. Entretanto, já se decidiu no STF que em face do art. 125, VI, da antiga CF, que firmava tal competência, são da competência da Justiça Federal apenas os crimes que ofendem o sistema de órgãos e instituições que preservam, coletivamente, os direitos e os deveres dos trabalhadores (RT 540/415 e 416; JSTJ 20/184). Estão excluídos da justiça especial, portanto, os crimes que atingem apenas determinado empregado (RTJ 94/1218; JSTJ 18/2001, 26/227; RT 557/340, 587/327)".

Assim, somente os crimes contra a organização do trabalho que ofendem interesses coletivos do trabalho pertencem à esfera federal, sendo certo que os demais devem ser processados e julgados pela justiça estadual.

"Compete à Justiça Federal processar e julgar os delitos decorrentes de greve, se atentam contra a organização do trabalho ou os direitos e deveres dos trabalhadores, coletivamente considerados" (STJ, *RSTJ*, 21/58).

"Tratando-se de mera lesão a direito individual de natureza patrimonial, sem que tenha tido por objeto a organização geral do trabalho, onde são atacados direitos dos trabalhadores considerados como um todo, não há que se falar em crime contra a Justiça do Trabalho. Competência da Justiça Comum" (STJ, *RT*, 660/354).

"CONFLITO NEGATIVO DE COMPETÊNCIA. OFENSA CONTRA A ORGANIZAÇÃO GERAL DO TRABALHO. INEXISTÊNCIA. COMPETÊNCIA DA JUSTIÇA ESTADUAL. 1. A competência da Justiça Federal está disposta no art. 109, VI, da Constituição Federal que dispõe que aos juízes federais compete processar e julgar os crimes contra a organização do trabalho e, nos casos determinados por lei, contra o sistema financeiro e a ordem econômico-financeira. 2. Não havendo lesão ao direito dos trabalhadores de forma coletiva ou ofensa aos órgãos e institutos que os preservam, apurando-se somente a frustração de direitos trabalhistas de trabalhadores específicos, e, portanto, em âmbito individual, não há falar em competência da Justiça Federal. 3. A competência da Justiça Federal não alcança os delitos que atingem somente direitos individuais de determinado grupo de trabalhadores (e não a categoria como um todo), como é o caso dos autos, em que a suposta conduta delituosa restringiu-se a um grupo de funcionários de uma única empresa de transporte coletivo que seriam filiados à entidade sindical representante da categoria" (STJ — CC 118.436/SP — Rel. Ministra Alderita Ramos de Oliveira — Terceira Seção — *DJe* 29-5-2013).

2   ATENTADO CONTRA A LIBERDADE DE TRABALHO

O crime de atentado contra a liberdade de trabalho, previsto no art. 197 do Código Penal, tem como objetividade jurídica a tutela da liberdade de trabalho.

Sujeito ativo pode ser qualquer pessoa.

Sujeito passivo é a pessoa constrangida em sua liberdade de trabalho, inclusive a pessoa jurídica.

A conduta vem expressa pelo verbo *constranger*, que significa obrigar, forçar, coagir, tolher a liberdade.

O constrangimento deve, necessariamente, ser exercido mediante *violência ou grave ameaça*, obrigando o sujeito passivo a:

a) exercer ou não arte, ofício, profissão ou indústria, ou a trabalhar ou não durante certo período ou em determinados dias;

b) abrir ou fechar o seu estabelecimento de trabalho, ou a participar de *parede* ou *paralisação de atividade econômica*.

Trata-se de crime doloso.

A consumação ocorre com a atuação do sujeito passivo de acordo com a pretensão do sujeito ativo, exercendo ou não a atividade, abrindo ou não o estabelecimento etc.

Admite-se a tentativa.

Em caso de violência, haverá *cúmulo material*: o agente receberá a pena do crime de atentado e a pena correspondente à violência.

A ação penal é pública incondicionada.

3   ATENTADO CONTRA A LIBERDADE DE CONTRATO DE TRABALHO E BOICOTAGEM VIOLENTA

Crime previsto no art. 198 do Código Penal, o atentado contra a liberdade de contrato de trabalho e boicotagem violenta tem como objetividade jurídica a tutela da liberdade de trabalho.

Sujeito ativo pode ser qualquer pessoa.

Sujeito passivo é quem sofre a coação ou o constrangimento.

A conduta típica vem expressa pelo verbo *constranger*, que significa obrigar, forçar, coagir, tolher a liberdade.

O constrangimento deve, necessariamente, ser exercido mediante *violência ou grave ameaça*, obrigando o sujeito passivo a:

a) celebrar contrato de trabalho (crime de atentado contra a liberdade de trabalho);

b) não fornecer a outrem ou não adquirir de outrem matéria-prima ou produto industrial ou agrícola (crime de boicotagem violenta).

Trata-se de crime doloso.

A consumação ocorre:

a) no atentado contra a liberdade de trabalho, com a efetiva celebração do contrato de trabalho;

b) na boicotagem violenta, com o não fornecimento ou com a não aquisição da matéria-prima ou produto industrial ou agrícola.

Havendo violência, a pena desta será aplicada cumulativamente com a pena do crime analisado.

Admite-se a tentativa.

A ação penal é pública incondicionada.

4   ATENTADO CONTRA A LIBERDADE DE ASSOCIAÇÃO

O crime de atentado contra a liberdade de associação vem previsto no art. 199 do Código Penal e tem como objetividade jurídica a liberdade de associação prevista na Constituição Federal.

Sujeito ativo pode ser qualquer pessoa.

Sujeito passivo também pode ser qualquer pessoa.

A conduta típica vem expressa pelo verbo *constranger*, que significa obrigar, forçar, coagir, tolher a liberdade.

O constrangimento deve, necessariamente, ser exercido mediante *violência ou grave ameaça*, obrigando o sujeito passivo a:

a) participar de determinado sindicato ou associação profissional;

b) deixar de participar de determinado sindicato ou associação profissional.

Trata-se de crime doloso.

A consumação ocorre quando a vítima participa ou deixa de participar de determinado sindicato ou associação profissional.

Admite-se a tentativa.

Havendo violência, a pena desta será aplicada cumulativamente com a pena do crime analisado.

A ação penal é pública incondicionada.

5   PARALISAÇÃO DE TRABALHO, SEGUIDA DE VIOLÊNCIA OU PERTURBAÇÃO DA ORDEM

O delito de paralisação de trabalho, seguida de violência ou perturbação da ordem, vem tipificado no art. 200 do Código Penal, tendo como objetividade jurídica a tutela da liberdade de trabalho.

A Lei n. 7.783/89 disciplina o direito de greve.

Sujeito ativo pode ser o empregado, o empregador ou outra pessoa. No caso de empregados, para que se considere coletivo o abandono de trabalho, é indispensável o concurso de, pelo menos, três pessoas (art. 200, parágrafo único).

Sujeito passivo pode ser qualquer pessoa, inclusive a pessoa jurídica.

A conduta típica vem expressa pelo verbo *participar*, que significa fazer parte, integrar. A participação pode ser de:

a) suspensão coletiva de trabalho, feita por empregadores, denominada *lockout*;

b) abandono coletivo de trabalho, feita por empregados, denominada *greve*.

Em ambos os casos, é mister que haja *violência contra a pessoa ou contra a coisa.*

Trata-se de crime doloso.

A consumação ocorre com a prática de *violência*, contra a pessoa ou contra a coisa, durante greve ou *lockout*.

Admite-se a tentativa.

Havendo violência, a pena desta será aplicada cumulativamente com a pena do crime analisado.

A ação penal é pública incondicionada.

5.1   A criminalização do "lockout"

O termo *lockout* significa a suspensão coletiva de trabalho feita pelos empregadores.

Na CLT o *lockout* vem previsto no art. 722, que estabelece sanções administrativas aos "empregadores que, individual ou coletivamente, suspenderem os trabalhos dos seus estabelecimentos, sem prévia autorização do Tribunal competente, ou que violarem, ou se recusarem a cumprir decisão proferida em dissídio coletivo".

Anteriormente à Lei n. 9.842/99, o *lockout* era considerado crime pela própria CLT que, no revogado art. 725, previa: "Aquele que, empregado ou empregador, ou mesmo estranho às categorias em conflito, instigar a prática de infrações previstas neste Capítulo ou houver feito cabeça de coligação de empregadores ou de empregados incorrerá na pena de prisão prevista na legislação penal, sem prejuízo das demais sanções cominadas".

Na Lei n. 7.783/89 — Lei de Greve, o *lockout* vem previsto no art. 17, que veda "a paralisação das atividades, por iniciativa do empregador, com o objetivo de frustrar negociação ou dificultar o atendimento de reivindicações dos respectivos empregados (*lockout*)".

A antiga Lei de Greve (Lei n. 4.330/64) previa o *lockout* como crime, punido com reclusão de 6 (seis) meses a I (um) ano e multa, estabelecendo, em seu art. 29, que "além dos previstos no TÍTULO IV da parte Especial do Código Penal, constituem crimes contra a organização do trabalho: I — promover, participar o insuflar greve ou lock-out com desrespeito a esta lei; (...)". O art. 30 da referida lei ainda dispunha: "Art. 30. Aplicam-se, no que couber, as disposições desta lei à paralisação da atividade da empresa por iniciativa do empregador (lock-out)".

Embora com uma conformação um pouco diferente daquela prevista nos diplomas revogados acima indicados, o *lockout* vem previsto como crime contra a organização do trabalho, podendo a sua prática, a depender do emprego ou não de violência, configurar os crimes de "paralisação de trabalho, seguida de violência ou perturbação da ordem" ou "paralisação de trabalho de interesse coletivo", previstos, respectivamente, nos arts. 200 e 201 do Código Penal.

6 PARALISAÇÃO DE TRABALHO DE INTERESSE COLETIVO

O crime de paralisação de trabalho de interesse coletivo vem previsto no art. 201 do Código Penal, tendo como objetividade jurídica a tutela do interesse coletivo.

O art. 9.º, *caput*, da Constituição Federal assegura o direito de greve, esclarecendo, no § 1.º, que caberá à lei ordinária a definição dos serviços e atividades essenciais, dispondo sobre o atendimento das necessidades inadiáveis da comunidade. A especificação dos "serviços essenciais" vem dada no art. 10 da Lei n. 7.783/89 (Lei de Greve).

Sujeito ativo pode ser qualquer pessoa.

Sujeito passivo é a coletividade.

A conduta típica vem expressa pelo verbo *participar*, que significa fazer parte, integrar.

A participação pode ser de:

a) suspensão coletiva de trabalho, feita por empregadores, denominada *lockout*;

b) abandono coletivo de trabalho, feita por empregados, denominada *greve*.

A participação em greve ou *lockout* deve provocar a interrupção de obra pública ou serviço de interesse coletivo.

De acordo com o disposto nos arts. 1.º, 2.º e 11 da Lei n. 7.783/89 (Lei de Greve), a obra pública ou serviço de interesse público devem caracterizar *serviço ou atividade essencial*.

Trata-se de crime doloso.

A consumação ocorre com a interrupção de obra pública ou serviço de interesse coletivo.

Admite-se a tentativa.

A ação penal é pública incondicionada.

7 INVASÃO DE ESTABELECIMENTO INDUSTRIAL, COMERCIAL OU AGRÍCOLA. SABOTAGEM

O crime de invasão de estabelecimento industrial, comercial ou agrícola vem previsto no art. 202 do Código Penal e tem como objetividade jurídica a tutela da organização do trabalho.

Sujeito ativo pode ser qualquer pessoa.

Sujeito passivo é a coletividade e, secundariamente, o responsável pelo estabelecimento industrial, comercial ou agrícola.

A conduta típica vem expressa pelos verbos *invadir* (entrar a força, hostilmente, indevidamente) e *ocupar* (tomar posse indevidamente).

A invasão ou ocupação com o intuito de impedir ou embaraçar o curso normal do trabalho configuram a primeira modalidade do crime, denominada *invasão de estabelecimento industrial, comercial ou agrícola*.

A conduta pode também ser expressa pelo verbo *danificar* (destruir, estragar, inutilizar), também com o intuito de impedir ou embaraçar o curso normal do trabalho. Nesse caso, configura-se a segunda modalidade do crime, denominada *sabotagem*.

Trata-se de crime doloso.

A primeira modalidade do crime consuma-se com a invasão ou ocupação, independentemente do impedimento ou embaraço do curso normal do trabalho.

A segunda modalidade do crime consuma-se com a danificação ou disposição do prédio ou das coisas nele existentes, independentemente do efetivo impedimento ou embaraço do curso normal do trabalho.

Admite-se a tentativa em ambas as modalidades.

A ação penal é pública incondicionada.

8 FRUSTRAÇÃO DE DIREITO ASSEGURADO POR LEI TRABALHISTA

O crime de frustração de direito assegurado por lei trabalhista vem previsto no art. 203 do Código Penal, tendo como objetividade jurídica a tutela dos direitos trabalhistas previstos em lei.

Sujeito ativo pode ser qualquer pessoa.

Sujeito passivo é aquele que tem o direito trabalhista frustrado.

A conduta típica vem representada pelo verbo *frustrar*, que significa impedir, baldar, privar.

Trata-se de norma penal em branco, já que a frustração refere-se genericamente a *direito assegurado pela legislação do trabalho*.

Deve a frustração ocorrer mediante *fraude* ou *violência*.

Assim: "Frustra direito assegurado por lei trabalhista o empregador que, sob a ameaça de dispensa, obriga os empregados a assinarem seus pedidos de demissão dando-lhes plena quitação" (*RT*, 378/308).

Portanto, não basta o mero inadimplemento da obrigação trabalhista para a caracterização do delito, sendo indispensável a ocorrência de fraude ou violência.

Nesse aspecto: "O delito de frustração do direito assegurado por lei trabalhista não se integra com o simples inadimplemento de obrigação imposta ao empregador pela legislação específica. Assim, a falta de pagamento do salário que se entende devido, por si, não corporifica a infração penal. Esta só se configura quando o agente frustra o direito mediante fraude ou violência" (*RT*, 372/174).

"A infração prevista no art. 203 do Código Penal somente se tipifica com a ocorrência de frustração mediante fraude ou violência, do direito assegurado na legislação do trabalho" (*RT*, 380/194).

Trata-se de crime doloso.

A consumação ocorre com a efetiva frustração do direito assegurado pela legislação do trabalho.

Admite-se a tentativa.

A Lei n. 9.777/98 criou duas figuras típicas, incluindo-as como assemelhadas ao *caput* no § 1.º do art. 203 do Código Penal. A primeira delas refere-se à coação para compra de mercadorias, visando impossibilitar o trabalhador de desligar-se do serviço em razão da dívida. A segunda refere-se à coação e retenção de documentos pessoais ou contratuais do trabalhador, impedindo-o de desligar-se de serviço de qualquer natureza.

O § 2.º do art. 203, também acrescentado pela Lei n. 9.777/98, instituiu causas de aumento de pena de um sexto a um terço se a vítima é menor de 18 anos, idosa, gestante, indígena ou portadora de deficiência física ou mental.

Havendo violência, a pena desta será aplicada cumulativamente com a pena do crime analisado.

A ação penal é pública incondicionada.

9 FRUSTRAÇÃO DE LEI SOBRE A NACIONALIZAÇÃO DO TRABALHO

O crime de frustração de lei sobre a nacionalização do trabalho vem previsto no art. 204 do Código Penal, tendo como objetividade jurídica a tutela da nacionalização do trabalho.

Sujeito ativo pode ser o empregador ou os empregados.

Sujeito passivo é o Estado.

A conduta típica vem representada pelo verbo *frustrar*, que significa impedir, baldar, privar.

Trata-se de norma penal em branco, uma vez que a frustração refere-se genericamente a *obrigação relativa à nacionalização do trabalho.*

A nacionalização do trabalho é prevista pelo Decreto-Lei n. 5.452, de 1.º de maio de 1943 (Consolidação das Leis do Trabalho), em seus arts. 352 a 371.

Nacionalização do trabalho nada mais é do que a fixação de um percentual de trabalhadores nacionais para o desenvolvimento de determinados serviços.

Tradicionalmente, a nacionalização do trabalho tinha raízes constitucionais, e, após a Carta de 1988, apenas o art. 178, parágrafo único, estabeleceu sua aplicação às embarcações nacionais. No mais, foram equiparados em direitos os brasileiros e os estrangeiros residentes no País.

Deve a frustração, outrossim, ocorrer mediante *fraude* ou *violência*.

Trata-se de crime doloso.

A consumação ocorre com a efetiva frustração de obrigação relativa à nacionalização do trabalho.

Admite-se a tentativa.

Havendo violência, a pena desta será aplicada cumulativamente com a pena do crime analisado.

10 EXERCÍCIO DE ATIVIDADE COM INFRAÇÃO DE DECISÃO ADMINISTRATIVA

O crime de exercício de atividade com infração de decisão administrativa vem previsto no art. 205 do Código Penal, tendo como objetividade jurídica a tutela do cumprimento das decisões administrativas.

Sujeito ativo é a pessoa impedida por decisão administrativa de exercer determinada atividade.

Sujeito passivo é o Estado.

A conduta típica vem expressa pelo verbo *exercer*, que significa desempenhar, praticar, exercitar.

O exercício se caracteriza pela repetição de atos (crime habitual) e deve ter como objeto o desempenho de atividade proibida por decisão administrativa emanada de órgão competente (OAB, conselhos regionais, conselhos federais etc.).

A esse respeito: "A conduta típica prevista no art. 205 do CP, por ser específica, exclui a do art. 282 também do CP, que trata do exercício ilegal da medicina; portanto, o médico, que após ter cancelada a sua inscrição pelo Conselho Federal de Medicina continua a exercer a profissão, pratica o delito de exercício de atividade com infração de decisão administrativa" (STF — *RT*, 784/544).

Trata-se de crime doloso.

A consumação ocorre com o efetivo exercício da atividade proibida (habitualidade).

Sendo crime habitual, descabe tentativa.

A ação penal é pública incondicionada.

11 ALICIAMENTO PARA O FIM DE EMIGRAÇÃO

O crime de aliciamento para fim de emigração vem previsto no art. 206 do Código Penal, tendo como objetividade jurídica a proteção do interesse estatal na permanência de trabalhadores no território nacional.

Sujeito ativo pode ser qualquer pessoa.

Sujeito passivo é o Estado.

A conduta típica vem expressa pelo verbo *recrutar*, que significa aliciar, angariar, atrair.

O recrutamento deve dar-se com o emprego de *fraude* e ter por finalidade levar os trabalhadores para *território estrangeiro*.

Trata-se de crime doloso.

A consumação ocorre com o recrutamento, independentemente da efetiva emigração dos trabalhadores.

Admite-se a tentativa.

A ação penal é pública incondicionada.

12 ALICIAMENTO DE TRABALHADORES DE UM LOCAL PARA OUTRO DO TERRITÓRIO NACIONAL

O crime de aliciamento de trabalhadores de um local para outro do território nacional está tipificado no art. 207 do Código Penal, tendo como objetividade jurídica a tutela do interesse estatal na permanência dos trabalhadores no local em que se encontram, no território nacional.

Sujeito ativo pode ser qualquer pessoa.

Sujeito passivo é o Estado.

A conduta incriminada vem expressa pelo verbo *aliciar*, que significa atrair, seduzir.

Nesse tipo penal não se exige expressamente a *fraude*. A lei, entretanto, ao empregar o verbo *aliciar*, em vez de *recrutar*, utilizado no artigo anterior, deixa claro que essa *sedução* de trabalhadores não é permitida, gerando risco para o Estado.

Nesse tipo penal, a locomoção dos trabalhadores se opera dentro do território nacional.

Trata-se de crime doloso.

A consumação ocorre com o simples aliciamento, independentemente do deslocamento dos trabalhadores de uma para outra localidade do território nacional. É crime formal.

Em tese, admite-se a tentativa, embora de difícil configuração prática.

A Lei n. 9.777/98 acrescentou, no § 1.º, figura assemelhada ao *caput* do art. 207 do Código Penal, punindo com a mesma pena quem recrutar trabalhadores fora da localidade de execução do trabalho, dentro do território nacional, mediante fraude ou cobrança de qualquer quantia do trabalhador, ou, ainda, não assegurar condições do seu retorno ao local de origem.

O § 2.º do art. 207, também acrescentado pela Lei n. 9.777/98, instituiu causas de aumento de pena de um sexto a um terço se a vítima é menor de 18 anos, idosa, gestante, indígena ou portadora de deficiência física ou mental.

A ação penal é pública incondicionada.

VI

Dos Crimes contra o Sentimento Religioso e contra o Respeito aos Mortos

1 DOS CRIMES CONTRA O SENTIMENTO RELIGIOSO

1.1 Ultraje a culto e impedimento ou perturbação de ato a ele relativo

Delito previsto no art. 208 do Código Penal, o ultraje a culto e impedimento ou perturbação de ato a ele relativo tem como objetividade jurídica a tutela do sentimento religioso e a liberdade de crença e de culto (art. 5.º, VI, da CF).

Sujeito ativo pode ser qualquer pessoa.

Sujeito passivo é a coletividade. No caso de escárnio, secundariamente, sujeito passivo é a pessoa atingida.

A conduta típica, de início, vem expressa pelo verbo *escarnecer*, que significa ridicularizar, zombar, troçar.

O *escárnio* deve guardar relação com a *crença* (fé que se tem em determinada religião) ou com a *função religiosa* (exercida por quem celebra cultos — padres, pastores, rabinos etc.).

Ainda, a conduta típica vem expressa pelo verbo *impedir*, que significa evitar que se inicie, suspender, paralisar, e pelo verbo *perturbar*, que significa tumultuar, atrapalhar, embaraçar.

Houve revogação tácita do dispositivo, no que se refere ao *impedimento* de cerimônia ou prática de culto religioso, pela Lei n. 14.532/2023, que incluiu o § 2º-B ao art. 20 da Lei n. 7.716/89. O referido § 2º-B dispõe: "*§ 2º-B Sem prejuízo da pena correspondente à violência, incorre nas mesmas penas previstas no caput deste artigo quem obstar, impedir ou empregar violência contra quaisquer manifestações ou práticas religiosas.*" A pena é de reclusão de 1 (um) a 3 (três) anos e multa.

Cerimônia é ato solene e exterior de culto religioso.

Culto religioso é todo aquele que não se reveste do caráter solene e formal de cerimônia.

Por fim, outra conduta incriminada vem expressa pelo verbo *vilipendiar*, que significa menoscabar, aviltar, tratar com desdém.

O vilipêndio deve ser *público* (na presença de várias pessoas) e ter como alvo *ato de culto religioso* (cerimônias ou práticas religiosas) ou *objeto de culto religioso* (todo aquele que se presta à prática do culto — altar, paramentos, imagens, relíquias, cálices etc.).

Trata-se de crime doloso, necessitando, para sua configuração, da finalidade específica de escarnecer do ofendido em razão da crença ou função religiosa, e de ofender o sentimento religioso, no vilipêndio.

No *escárnio*, consuma-se o crime com a prática da ação, independentemente do resultado visado pelo agente.

No *impedimento* ou *perturbação*, consuma-se o delito com o efetivo impedimento ou turbação da cerimônia ou culto religioso.

Já o *vilipêndio*, se for verbal, consuma-se com o lançamento dos impropérios. Se não, consuma-se com o efetivo resultado material, como, por exemplo, com a destruição de uma imagem de culto.

No escárnio, admite-se a tentativa apenas se a forma for escrita. No impedimento ou perturbação não há óbices à tentativa. No vilipêndio, admite-se a tentativa apenas quando o delito é material.

1.1.1 Forma circunstanciada

A violência, nesse crime, é causa de aumento de pena de um terço. A violência pode ser física (empregada contra a pessoa — lesão corporal) ou material (empregada contra a coisa — dano), respondendo o agente por dois crimes em concurso material, já que as penas são somadas.

2 DOS CRIMES CONTRA O RESPEITO AOS MORTOS

2.1 Impedimento ou perturbação de cerimônia funerária

O crime de impedimento ou perturbação de cerimônia funerária vem previsto no art. 209 do Código Penal e tem como objetividade jurídica a tutela do sentimento de respeito aos mortos.

Sujeito ativo pode ser qualquer pessoa.

Sujeito passivo é a coletividade.

A conduta típica vem expressa pelo verbo *impedir*, que significa evitar que se inicie, suspender, paralisar, e pelo verbo *perturbar*, que significa tumultuar, atrapalhar, embaraçar.

Enterro é a trasladação do cadáver para o local onde será sepultado.

Cerimônia de cremação é aquela em que há destruição do cadáver pelo fogo, em vez do sepultamento, reduzindo-o a cinzas.

Cerimônia funerária é todo o conjunto de atos de homenagem e assistência ao falecido, incluindo o velório.

Trata-se de crime doloso.

A consumação ocorre com o efetivo impedimento ou perturbação do enterro, cerimônia de cremação ou funerária.

Admite-se a tentativa.

A ação penal é pública incondicionada.

2.1.1 Forma circunstanciada

A violência, nesse crime, é causa de aumento de pena de um terço.

A violência pode ser física (empregada contra a pessoa — lesão corporal) ou material (empregada contra a coisa — dano), respondendo o agente por dois crimes (impedimento ou perturbação e lesão corporal ou dano) em concurso material, já que as penas são somadas.

2.2 Violação de sepultura

O crime de violação de sepultura vem previsto no art. 210 do Código Penal, tendo como objetividade jurídica a tutela do sentimento de respeito aos mortos.

Sujeito ativo pode ser qualquer pessoa.

Sujeito passivo é a coletividade. Secundariamente, é sujeito passivo do crime a família do morto.

A conduta típica vem expressa pelos verbos *violar*, que significa abrir e devassar ilegitimamente, e *profanar*, que significa aviltar, macular, conspurcar, ultrajar.

Sepultura é o lugar onde o cadáver é enterrado, compreendendo toda e qualquer construção, benfeitorias, ornamentos etc.

Urna funerária é receptáculo destinado a partes do cadáver, como ossos e cinzas.

É possível que haja concurso entre os crimes de dano e violação de sepultura.

Trata-se de crime doloso.

A consumação ocorre com a efetiva violação ou profanação da sepultura ou urna funerária.

Admite-se a tentativa.

A ação penal é pública incondicionada.

2.3 Destruição, subtração ou ocultação de cadáver

A destruição, subtração ou ocultação de cadáver é crime previsto no art. 211 do Código Penal, tendo como objetividade jurídica a tutela do sentimento de respeito aos mortos.

Sujeito ativo pode ser qualquer pessoa.

Sujeito passivo é a coletividade.

A conduta típica vem expressa pelos verbos *destruir*, significando tornar insubsistente, fazer com que não exista mais, *subtrair*, que significa tirar de onde se encontre (proteção ou guarda do cemitério, necrotério, família etc.), e *ocultar*, que significa esconder, fazer desaparecer.

Como *cadáver* entende-se o corpo humano sem vida, morto, que conserva a aparência humana.

Também parte do cadáver é objeto de proteção legal.

Excluem-se, entretanto, desse conceito as cinzas e o esqueleto.

O natimorto também é considerado cadáver.

Não é cadáver o *feto imaturo*.

Trata-se de crime doloso.

A consumação ocorre com a efetiva destruição, subtração ou ocultação do cadáver ou parte dele.

Admite-se a tentativa.

A ação penal é pública incondicionada.

2.4 Vilipêndio a cadáver

O crime de vilipêndio a cadáver vem previsto no art. 212 do Código Penal, tendo como objetividade jurídica a tutela do sentimento de respeito aos mortos.

Sujeito ativo pode ser qualquer pessoa.

Sujeito passivo é a coletividade.

A conduta típica vem expressa pelo verbo *vilipendiar*, que significa tratar como vil, com desprezo, ultrajar.

Como *cadáver* entende-se o corpo humano sem vida, morto, que conserva a aparência humana, valendo aqui as considerações já feitas na análise do crime anterior.

Também as *cinzas do cadáver* (em caso de cremação ou decomposição natural) são objeto da proteção legal.

"Caso em que o recorrente é acusado de ter asfixiado sua companheira e depois vilipendiado o corpo sem vida, deixando vestígios de violência sexual, tendo o cadáver sido encontrado sem roupas e empalado por um cano de PVC, tudo, ao que parece, por desavenças entre o casal, ambos usuários de drogas" (STJ — RHC 63.965/BA — Rel. Min. Jorge Mussi — Quinta Turma — *DJe* 1-8-2016).

Merece destacar que a Lei n. 9.434/97, que dispõe sobre a remoção de órgãos, tecidos e partes do corpo humano para fins de transplante e tratamento, prevê algumas figuras típicas específicas referentes à remoção irregular de órgãos ou partes do cadáver, compra e venda de tecidos, órgãos ou partes do corpo humano etc.

Trata-se de crime doloso.

A consumação ocorre com o efetivo vilipêndio do cadáver ou suas cinzas.

Admite-se a tentativa.

É possível, ainda, o concurso de crimes entre o homicídio e o vilipêndio.

A ação penal é pública incondicionada.

Dos Crimes contra a Dignidade Sexual

1 DOS CRIMES CONTRA A LIBERDADE SEXUAL

1.1 Estupro

O crime de estupro vem previsto no art. 213 do Código Penal e tem como objetividade jurídica a proteção da liberdade sexual da vítima, no particular aspecto do direito de escolher quando, como e com quem manter relações sexuais e outros atos libidinosos.

Vale ressaltar que a Lei n. 12.846/2013, que dispõe sobre o atendimento obrigatório e integral de pessoas em situação de violência sexual, previu, em seu art. 1.º, que os hospitais devem oferecer às vítimas de violência sexual atendimento emergencial, integral e multidisciplinar, visando ao controle e ao tratamento dos agravos físicos e psíquicos decorrentes de violência sexual, e encaminhamento, se for o caso, aos serviços de assistência social.

O estupro é *crime hediondo* (Lei n. 8.072/90) que tem como sujeito ativo qualquer pessoa, de acordo com a redação dada ao art. 213 pela Lei n. 12.015/2009. Não se trata mais, portanto, de crime próprio, já que tanto o homem quanto a mulher podem ser sujeito ativo.

O sujeito passivo pode ser qualquer pessoa, homem ou mulher, independentemente de qualquer outra qualidade pessoal.

Discute-se se pode haver *estupro da mulher pelo próprio marido*.

Durante muito tempo entendeu-se que, com o casamento, o homem teria o direito de exigir da mulher o consórcio sexual, inclusive se utilizando de violência ou grave ameaça.

Hoje em dia esse posicionamento se modificou na doutrina e na jurisprudência, entendendo-se que, embora com o casamento surja para o homem o direito de manter relações sexuais com sua mulher, esse direito não pode ser exercido mediante o constrangimento com o emprego de violência ou grave ameaça.

A conduta típica é *constranger*, que significa forçar, obrigar, utilizando-se de violência ou grave ameaça, devendo ficar patente o dissenso da vítima. O agente pode constranger a vítima a *ter conjunção carnal, a praticar* (executar, realizar) ou a *permitir* (consentir, autorizar) que com ela se pratique outro ato libidinoso.

O Superior Tribunal de Justiça tem jurisprudência firmada no sentido de que a simulação de arma de fogo, desde que seja fato comprovado e confirmado pelas instâncias ordinárias, pode sim configurar a "grave ameaça", pois esse é de fato o sentimento unilateral provocado no espírito da vítima subjugada. Portanto, o reconhecimento de simulação de arma de fogo configura grave ameaça, devendo o réu ser processado pelo crime de estupro (REsp 1.916.611-RJ — Rel. Min. Olindo Menezes, desembargador convocado do TRF 1ª Região — Sexta Turma — julgado em 21-9-2021).

Para a configuração do estupro, há a necessidade de um dissenso sincero e positivo da vítima, ou seja, uma reação efetiva à vontade do agente de com ela ter conjunção carnal ou a praticar ou permitir que com ela se pratique outro ato libidinoso.

A violação sexual pode ocorrer por meio de conjunção carnal ou de qualquer outro ato libidinoso.

Entende-se por *conjunção carnal* a relação sexual normal, que é a *cópula vagínica*.

Ato libidinoso é todo aquele tendente à satisfação da *lascívia* e da *concupiscência* do agente.

Com relação ao ato libidinoso: "O ato libidinoso, atualmente descrito nos artigos 213 e 217-A do Código Penal, não é só o coito anal ou o sexo oral, mas podem ser caracterizados mediante toques, beijo lascivo, contatos voluptuosos, contemplação lasciva, dentre outros. Isto porque o legislador, com a alteração trazida pela Lei n. 12.015/2009, optou por consagrar, no delito de estupro, a prática de conjunção carnal ou outro ato libidinoso, não havendo rol taxativo ou exemplificativo acerca de quais atos seriam considerados libidinosos" (STJ — AgRg no REsp 2.052.675/SC — Rel. Min. Messod Azulay — Quinta Turma — *DJe* 16-6-23).

O crime somente é punido a título de dolo.

No caso de conjunção carnal, é necessário, para a consumação do estupro, que haja a efetiva introdução, completa ou parcial, do pênis no órgão sexual da mulher, não sendo necessária a *ejaculação*. Em latim, é a *introductio penis in vaginam*. No caso de outro ato libidinoso, é necessária a efetiva prática do ato. Em ambos os casos, deve haver o constrangimento mediante violência ou grave ameaça.

Assim: "O fato de a vítima do crime de estupro ter hímen complacente não torna impossível positivar a existência da cópula, pois para caracterizar o delito basta a introdução completa ou incompleta do pênis na vagina, independentemente da ocorrência da *immissio seminis* e do rompimento da membrana himenal" (TJSP — *RT*, 773/555).

"Pressão do pênis contra a vulva, sem ruptura himenal, caracteriza cópula vestibular ou vulvar; e esta, segundo a melhor orientação, configura conjunção carnal para fins de reconhecimento de ocorrência de estupro" (*JTACrim*, 54/403).

Admite-se a tentativa. Pode o agente, portanto, iniciar a execução do crime, empregando o constrangimento mediante violência ou grave ameaça, e não conseguir consumar o crime por circunstâncias alheias à sua vontade. Caso o agente, após constranger a vítima, mediante violência ou grave ameaça, desista de prosseguir na execução do crime, estará configurada a desistência voluntária (art. 15 do CP), respondendo o agente apenas pelo constrangimento ilegal (art. 146 do CP). Nesse caso, entretanto, é necessário que não tenha havido a prática de nenhum ato libidinoso com a vítima, pois do contrário estará consumado o delito.

Vale salientar que a Lei n. 14.069/2020 criou, no âmbito da União, o Cadastro Nacional de Pessoas Condenadas por Crime de Estupro, o qual conterá, no mínimo, as seguintes informações sobre as pessoas condenadas por esse crime: I — características físicas e dados de identificação datiloscópica; II — identificação do perfil genético; III — fotos; IV — local de moradia e atividade laboral desenvolvida, nos últimos 3 (três) anos, em caso de concessão de livramento condicional.

1.1.1 Tipo misto cumulativo ou tipo misto alternativo

A Quinta Turma do Superior Tribunal de Justiça, por maioria de votos, em 22-6-2010, denegou a ordem no *Habeas Corpus* 104724/MS, entendendo não ser possível o reconhecimento da continuidade delitiva entre as condutas que antes tipificavam o estupro e o atentado violento ao pudor, atualmente reunidas em um só tipo penal sob o *nomen iuris* de estupro.

Prevaleceu a tese de que o crime constitui tipo misto cumulativo, na medida em que as condutas de constranger alguém, mediante violência ou grave ameaça, a ter conjunção carnal ou praticar ou permitir que com ele se pratique outro ato libidinoso, embora reunidas em um mesmo artigo de lei, com uma só cominação de pena, devem ser punidas individualmente se o agente praticar ambas, somando-se as penas. Ademais, entendeu a referida Turma que, havendo condutas com modo de execução distinto, não se pode reconhecer a continuidade entre os delitos.

Como é cediço, ocorre o tipo misto cumulativo, também chamado de tipo misto de conteúdo cumulativo, quando o mesmo tipo penal prevê figuras delitivas distintas, sem fungibilidade entre elas, sendo que, caso o agente incorra em mais de uma, deverá ser adotada a regra do concurso de crimes.

Foi justamente o que entendeu o STJ. Na oportunidade, o Ministro Felix Fischer ressaltou inclusive não ser possível o reconhecimento da continuidade delitiva entre diferentes formas de penetração, entendendo que constranger alguém à conjunção carnal não é o mesmo que constranger à prática de outro ato libidinoso de penetração, como, por exemplo, sexo oral ou sexo anal. A Ministra Laurita Vaz acompanhou o entendimento de seu par, ressaltando também que, com a vigência da Lei n. 12.015/2009, o art. 213 do Código Penal passou a ser um tipo misto cumulativo, impossibilitando o reconhecimento da continuidade delitiva em caso de prática de cópula vagínica e outro ato libidinoso.

A posição adotada pela Quinta Turma do STJ, entretanto, diverge da posição já adotada em casos análogos pela Sexta Turma da mesma Corte, que vem entendendo ser crime único a prática de conjunção carnal e outro ato libidinoso contra a mesma vítima, em uma mesma oportunidade, sendo permitida, ainda, se o caso, a continuidade delitiva. É que a Sexta Turma do STJ adota a tese do tipo misto alternativo, sustentando a existência de um núcleo do tipo comum — caracterizado pelo verbo "constranger" — a ambas as práticas criminosas — conjunção carnal e ato libidinoso diverso.

A saber: "DIREITO PENAL. APLICAÇÃO RETROATIVA DA LEI 12.015/2009. O condenado por estupro e atentado violento ao pudor, praticados no mesmo contexto fático e contra a mesma vítima, tem direito à aplicação retroativa da Lei 12.015/2009, de modo a ser reconhecida a ocorrência de crime único, devendo a prática de ato libidinoso diverso da conjunção carnal ser valorada na aplicação da pena-base referente ao crime de estupro. De início, cabe registrar que, diante do princípio da continuidade normativa, não há falar em *abolitio criminis* quanto ao crime de atentado violento ao pudor cometido antes da alteração legislativa conferida pela Lei 12.015/2009. A referida norma não descriminalizou a conduta prevista na antiga redação do art. 214 do CP (que tipificava a conduta de atentado violento ao pudor), mas apenas a deslocou para o art. 213 do CP, formando um tipo penal misto, com condutas alternativas (estupro e atentado violento ao pudor). Todavia, nos termos da jurisprudência do STJ, o reconhecimento de crime único não implica desconsideração absoluta da conduta referente à prática de ato libidinoso diverso da conjunção carnal, devendo tal conduta ser valorada na dosimetria da pena aplicada ao crime de estupro, aumentando a pena-base. Precedentes citados: HC 243.678-SP, Sexta Turma, *DJe* 13/12/2013; e REsp 1.198.786-DF, Quinta Turma, *DJe* 10/04/2014" (STJ — HC 212.305-DF — Rel. Min. Marilza Maynard — Desembargadora Convocada do TJ/SE, julgado em 24-4-2014).

Atualmente, prevalece o entendimento, na referida Corte, de que se trata de crime único, uma vez que, "com a superveniência da Lei n. 12.015/2009 que, entre outras previsões, reuniu no mesmo tipo a prática da conjunção carnal ou outros atos libidinosos (arts. 213 e 217-A do Código Penal), não há mais como aplicar a regra do concurso material para o condenado que, contra a mesma vítima, e no mesmo contexto, realiza as duas ações" (STJ — AgRg no REsp 964.579/DF — Rel. Min. Antonio Saldanha Palheiro — Sexta Turma — *DJe* 2-3-2021).

No mesmo sentido: "A jurisprudência desta Corte firmou entendimento no sentido de que, com o advento da Lei n. 12.015/2009, os crimes de estupro e atentado violento ao pudor foram reunidos em um tipo criminal único de estupro, de maneira que é inviável reconhecer a incidência do instituto do concurso material de delitos, nos termos do art. 69 do Código Penal, quando as referidas condutas forem praticadas no mesmo contexto de tempo e lugar e contra idêntica vítima. Por se tratar de *novatio legis in mellius*, a Lei n. 12.015/2009 alcança todos os fatos ocorridos anteriormente à sua vigência, desde que sua aplicação seja mais benéfica ao acusado. Reconhecida a prática de crime único, os atos libidinosos diversos da conjunção carnal devem ser considerados na fixação da pena-base do crime único de estupro, com a valoração negativa das circunstâncias judiciais do art. 59 do Código Penal. Na espécie, impõe-se o reconhecimento de que a prática da conjunção carnal e de atos libidinosos diversos da conjunção, em cada evento, sejam considerados crime único, previsto no art. 217-A do Código Penal, incluído pela Lei n. 12.015/2009, cujo preceito secundário prevê pena de 8 a 15 anos de reclusão. Ademais, a pluralidade de atos em cada evento criminoso deve ser considerada para efeito de exasperar as penas-base, com acréscimo de 1/6, fração que se revela suficiente e proporcional na hipótese dos autos" (STJ — HC 622.131/SP — Rel. Min. Reynaldo Soares da Fonseca — Quinta Turma — *DJe* 4-2-2021).

Outrossim, o Superior Tribunal de Justiça já decidiu ser possível o reconhecimento da continuidade delitiva no crime de estupro, ainda que praticado contra vítimas diferentes. Essa é a posição que prevalece atualmente.

"Como bem colocado no voto vencido, que trouxe, inclusive, precedente desta Corte Superior, o fato de o crime ter sido cometido contra vítimas diferentes não impede seja reconhecida a forma continuada, tendo em vista o art. 71, parágrafo único, do Código Penal, que cita vítimas diferentes. Assim, é possível reconhecer a continuidade delitiva na presente hipótese, uma vez que os crimes são da mesma espécie e foram cometidos nas mesmas condições de tempo, lugar e maneira de execução. 2. Concedo a ordem para afastar o concurso material de crimes entre as vítimas diversas, reconhecer a continuidade delitiva e redimensionar a pena final para 24 anos de reclusão, em regime fechado, mantidos os demais fundamentos do acórdão hostilizado" (STJ — HC 390.230/MS — Sexta Turma — Rel. Min. Sebastião Reis Júnior — *DJe* 8-3-2018).

Também: AgRg no HC 410.796/RJ — Rel. Min. Jorge Mussi — Quinta Turma — *DJe* 14-11-2017.

1.1.2 Figuras qualificadas pelo resultado

Os §§ 1.º e 2.º do art. 213 tratam das hipóteses de resultado lesão corporal de natureza grave e morte em decorrência do estupro.

No caso de resultado lesão corporal de natureza grave, a pena é de reclusão de 8 a 12 anos. No caso de resultado morte, a pena é de reclusão de 12 a 30 anos. A lesão corporal de natureza leve resta absorvida pela conduta violenta do agente.

O § 1.º prevê ainda a hipótese de ser a vítima menor de 18 e maior de 14 anos, situação em que haverá estupro qualificado, com pena de reclusão de 8 a 12 anos.

Merece ser destacado que o art. 217-A prevê a figura do estupro de vulnerável, que ocorre quando a vítima é menor de 14 anos, estabelecendo pena de reclusão de 8 a 15 anos, com figuras qualificadas pelo resultado lesão corporal de natureza grave ou morte.

Assim, podemos estabelecer as seguintes hipóteses:

a) estupro de vítima maior de 18 anos: pena de reclusão de 6 a 10 anos;

b) estupro de vítima maior de 18 anos com resultado lesão grave: pena de reclusão de 8 a 12 anos;

c) estupro de vítima maior de 18 anos com resultado morte: pena de reclusão de 12 a 30 anos;

d) estupro de vítima menor de 18 e maior de 14 anos: pena de reclusão de 8 a 12 anos;

e) estupro de vítima menor de 18 e maior de 14 anos, com resultado lesão grave: pena de reclusão de 8 a 12 anos;

f) estupro de vítima menor de 18 e maior de 14 anos com resultado morte: pena de reclusão de 12 a 30 anos;

g) estupro de vítima menor de 14 anos (vulnerável): pena de reclusão de 8 a 15 anos;

h) estupro de vítima menor de 14 anos (vulnerável) com resultado lesão grave: pena de reclusão de 10 a 20 anos;

i) estupro de vítima menor de 14 anos (vulnerável) com resultado morte: pena de reclusão de 12 a 30 anos.

1.1.3 Causas de aumento de pena

Em qualquer das hipóteses de estupro, de acordo com o disposto no art. 226 do Código Penal, a pena será aumentada:

a) de quarta parte, se o crime é cometido com o concurso de duas ou mais pessoas;

b) de metade, se o agente é ascendente, padrasto, madrasta, tio, irmão, cônjuge, companheiro, tutor, curador, preceptor ou empregador da vítima, ou por qualquer outro título tiver autoridade sobre ela;

c) de 1/3 (um terço) a 2/3 (dois terços), se o crime é praticado mediante concurso de 2 (dois) ou mais agentes (estupro coletivo) ou para controlar o comportamento social ou sexual da vítima (estupro corretivo).

Ressalte-se, ainda, que em qualquer hipótese de estupro, de acordo com o disposto no art. 234-A do Código Penal, a pena será aumentada:

a) de metade a 2/3 (dois terços), se do crime resultar gravidez;

b) de 1/3 (um terço) a 2/3 (dois terços), se o agente transmite à vítima doença sexualmente transmissível de que sabe ou deveria saber ser portador, ou se a vítima é idosa ou pessoa com deficiência.

No caso de ocorrência de mais de uma causa de aumento de pena no mesmo crime, deverá o juiz proceder a tantos aumentos quantas sejam as causas acima indicadas, de acordo com o disposto no art. 68 do Código Penal.

1.1.4 Estupro coletivo

A Lei n. 13.718/2018 introduziu causa de aumento de pena de 1/3 (um terço) a 2/3 (dois terços) se o crime é praticado "mediante concurso de 2 (dois) ou mais agentes".

O *nomen iuris* desse dispositivo é "estupro coletivo", daí por que a apontada causa de aumento de pena somente se aplica aos crimes de estupro (art. 213) e de estupro de vulnerável (art. 217-A).

Caso qualquer outro crime contra a liberdade sexual ou qualquer outro crime sexual contra vulnerável seja praticado com o concurso de 2 (duas) ou mais pessoas, incidirá a causa de aumento de pena de quarta parte, prevista no art. 226, I, do Código Penal.

Vale ressaltar que a criminalização do estupro coletivo já vinha sendo gestada no Congresso Nacional há algum tempo, sendo certo que o Projeto de Lei do Senado n. 618, de 2015, de iniciativa da Senadora Vanessa Grazziotin, a nosso ver, trazia redação mais técnica e clara, referindo-se especificamente aos arts, 213 e 217-A do Código Penal, coisa que a Lei n. 13.718/2018 não o fez.

Assim era a redação proposta pelo PLS n. 618/2015:

"Estupro coletivo

Art. 225-A. Nos casos dos arts. 213 e 217-A deste Código, a pena é aumentada de um terço se o crime é cometido em concurso de duas ou mais pessoas."

Art. 2.º Esta Lei entra em vigor na data da sua publicação.

Com as alterações introduzidas pela Lei n. 13.718/2018, passamos a conviver com duas causas de aumento de pena muito parecidas no art. 226 do Código Penal, o que, certamente, poderá trazer dúvidas aos aplicadores do Direito. O Inciso I do art. 226 prevê aumento de pena de quarta parte "se o crime é cometido com concurso de 2 (duas) ou mais pessoas", e o inciso IV, alínea "a", do mesmo artigo prevê aumento de pena de 1/3 (um terço) a 2/3 (dois terços), se o crime é praticado "mediante concurso de 2 (dois) ou mais agentes". Vale salientar que a alteração legislativa não deixou claro que essa última causa de aumento de pena de 1/3 (um terço) a 2/3 (dois terços) se aplica unicamente aos crimes de estupro e de estupro de vulnerável. A essa conclusão se chega a partir do *nomen iuris* que precede a alínea "a" do inciso IV, que indica "estupro coletivo". Perdeu o legislador, a nosso ver, uma excelente oportunidade de ser claro e preciso, esclarecendo a similitude entre os incisos I e IV, alínea "a", ou simplesmente revogando o inciso I e deixando em vigor apenas o inciso IV, que incidiria em todos os crimes sexuais (arts. 213 a 218-C).

1.1.5 Estupro corretivo

A mesma Lei n. 13.718/2018, acima mencionada, trouxe uma causa de aumento de pena de 1/3 (um terço) a 2/3 (dois terços), na alínea "b" do inciso IV do art. 226 do Código Penal, quando o crime é praticado "para controlar o comportamento social ou sexual da vítima".

Essa nova causa de aumento de pena recebeu o *nomen iuris* de "estupro corretivo", daí porque, conforme já mencionamos no item acima, entendemos que a mesma somente se aplica aos crimes de estupro (art. 213) e de estupro de vulnerável (art. 217-A), não obstante a claudicante redação do dispositivo se referir genericamente a "crime".

O estupro corretivo é modalidade de violação sexual que tem como propósito "corrigir" a orientação sexual da vítima. Há casos registrados de vítimas lésbicas, mulheres bissexuais e transexuais que sofreram estupro corretivo, sendo intenção dos criminosos a de forçá-las a mudar a orientação sexual. Há relatos também de estupro corretivo para controle de fidelidade, em que namorados ou maridos ameaçam a mulher de estupro, em caso de infidelidade, por todos os amigos ou membros de gangues.

1.1.6 Segredo de justiça

De acordo com o determinado pelo art. 234-B do Código Penal, os processos em que se apure crime de estupro correrão em segredo de justiça.

Esse segredo, evidentemente, não alcança o acusado e seu procurador e o representante do Ministério Público. Não alcança também a vítima, tenha ela ou não se habilitado como assistente de acusação.

1.1.7 Cadastro Nacional de Pessoas Condenadas por Crime de Estupro

A Lei n. 14.069/2020 criou o referido Cadastro Nacional de Pessoas Condenadas por Crime de Estupro no âmbito da União, cadastro esse que deverá conter, no mínimo, as seguintes informações sobre as pessoas condenadas por esse crime:

I — características físicas e dados de identificação datiloscópica;

II — identificação do perfil genético;

III — fotos;

IV — local de moradia e atividade laboral desenvolvida, nos últimos 3 (três) anos, em caso de concessão de livramento condicional.

Além disso, a lei estabeleceu que instrumento de cooperação celebrado entre a União e os entes federados definirá o acesso às informações constantes da base de dados do Cadastro e também as responsabilidades pelo processo de atualização e de validação dos dados inseridos na base de dados.

Com relação aos custos relativos ao desenvolvimento, à instalação e à manutenção da base de dados do referido cadastro, serão suportados por recursos do Fundo Nacional de Segurança Pública. O Fundo Nacional de Segurança Pública (FNSP), instituído no âmbito do Ministério da Justiça, tem o objetivo de apoiar projetos na área de segurança pública e prevenção à violência, enquadrados nas diretrizes do plano de segurança pública do Governo Federal.

1.2 Violação sexual mediante fraude

A violação sexual mediante fraude vem prevista no art. 215 do Código Penal, com a redação que lhe foi dada pela Lei n. 12.015/2009, e tem como objetividade jurídica a proteção da liberdade sexual da vítima, no particular aspecto do direito de escolher quando, como e com quem manter relações sexuais ou praticar atos libidinosos.

Sujeito ativo pode ser qualquer pessoa.

Sujeito passivo também pode ser qualquer pessoa. Caso a vítima seja menor de 14 anos, estará configurado o crime de estupro de vulnerável, previsto no art. 217-A do Código Penal.

A conduta típica vem caracterizada por ter (manter) conjunção carnal ou praticar (executar, realizar) outro ato libidinoso com alguém.

Exige o dispositivo em análise que atue o agente com *fraude* (artifício, ardil, meio fraudulento ou enganoso) ou *outro meio que impeça ou dificulte a livre manifestação de vontade da vítima*, induzindo-a em erro a consentir no ato.

O Superior Tribunal de Justiça entende que não há necessidade de anular, por completo, a livre manifestação de vontade da vítima, mas de deixá-la em tal condição que sua vontade esteja viciada. Nesse sentido:

"Para configuração do tipo descrito no art. 215 do Código Penal, não há necessidade de anular, por completo, a livre manifestação de vontade da vítima, mas de deixá-la em tal condição que sua vontade esteja viciada. Em crimes sexuais praticados na clandestinidade, deve-se dar relevante valor à palavra da vítima" (AgRg no REsp 1.765.521/SP — Rel. Min. João Otávio de Noronha — Quinta Turma — *DJe* 27-8-2021).

Outrossim: "No caso, as instâncias ordinárias elevaram a sanção basilar, pois conferiram maior desvalor à ação do Réu que, no próprio consultório médico, valendo-se da extrema vulnerabilidade das vítimas e a pretexto de praticar atos ginecológicos, teria cometido os atos libidinosos que lhe são imputados, o que, aparentemente, demanda apenamento mais severo. O tipo de violação sexual mediante fraude (art. 215 do Código Penal) não prevê, como elementar típica, o referido *modus operandi* adotado pelo Acusado" (STJ — AgRg no HC 812.815/SC — Rel. Min. Laurita Vaz — Sexta Turma — *DJe* 26-5-2023).

Se o crime é cometido com o fim de obter vantagem econômica, aplica-se, de acordo com o parágrafo único, também a pena de multa.

Trata-se de crime doloso.

No caso de conjunção carnal, exige-se para a consumação do crime a *cópula vagínica normal*, e, no caso de outro ato libidinoso, a prática tendente a satisfazer a lascívia e concupiscência do agente.

Admite-se a tentativa.

1.2.1 Causas de aumento de pena

Em qualquer das hipóteses de violação sexual mediante fraude, de acordo com o disposto no art. 226 do Código Penal, a pena será aumentada:

a) de quarta parte, se o crime é cometido com o concurso de duas ou mais pessoas;

b) de metade, se o agente é ascendente, padrasto, madrasta, tio, irmão, cônjuge, companheiro, tutor, curador, preceptor ou empregador da vítima, ou por qualquer outro título tiver autoridade sobre ela.

Com relação às causas de aumento de pena previstas nas alíneas "a" e "b" do inciso IV, vide comentários nos itens 1.1.4 e 1.1.5 supra.

Ressalte-se, ainda, que em qualquer hipótese de violação sexual mediante fraude, de acordo com o disposto no art. 234-A do Código Penal, a pena será aumentada:

a) de metade a 2/3 (dois terços), se do crime resultar gravidez;

b) de 1/3 (um terço) a 2/3 (dois terços), se o agente transmite à vítima doença sexualmente transmissível de que sabe ou deveria saber ser portador, ou se a vítima é idosa ou pessoa com deficiência.

No caso de ocorrência de mais de uma causa de aumento de pena no mesmo crime, deverá o juiz proceder a tantos aumentos quantas sejam as causas acima indicadas, de acordo com o disposto no art. 68 do Código Penal.

1.2.2 Segredo de justiça

De acordo com o determinado pelo art. 234-B do Código Penal, os processos em que se apure crime de violação sexual mediante fraude correrão em segredo de justiça.

Esse segredo, evidentemente, não alcança o acusado e seu procurador e o representante do Ministério Público. Não alcança também a vítima, tenha ela ou não se habilitado como assistente de acusação.

1.3 Importunação sexual

O crime de importunação sexual vem previsto no art. 215-A do Código Penal e foi introduzido pela Lei n. 13.718/2018, tendo como objetividade jurídica a tutela da liberdade sexual da vítima.

Pune-se a conduta de "praticar contra alguém e sem a sua anuência ato libidinoso com o objetivo de satisfazer a própria lascívia ou a de terceiro."

Esse tipo penal guarda similitude com a contravenção penal de importunação ofensiva ao pudor, prevista no art. 61 do Dec. lei n. 3.688/41, que foi expressamente revogada pelo art. 3.°, II, da Lei n. 13.718/2018. Entretanto, vale ressaltar que não ocorreu *abolitio criminis* em relação à sobredita contravenção penal, uma vez que seu conteúdo migrou para outro tipo penal (atual art. 215-A), permitindo a continuidade da punição da importunação de maneira mais severa. Aplica-se, no caso, o princípio da continuidade normativo-típica.

Sujeito ativo pode ser qualquer pessoa. Trata-se de crime comum.

Sujeito passivo também pode ser qualquer pessoa.

A conduta vem expressa pelo verbo *praticar*, que significa realizar, fazer, levar a efeito. Deve o agente praticar contra a vítima *ato libidinoso*, que é todo ato tendente à satisfação da lascívia e concupiscência, excetuando-se, nesse tipo penal, por óbvio, a conjunção carnal.

Além disso, para a configuração do crime, a lei exige que o ato libidinoso deva ser praticado "sem anuência" da vítima, contra a vontade dela, ou seja, sem o seu consentimento, expresso ou tácito. Caso haja o consentimento, expresso ou tácito, da vítima, poderá restar caracterizado o crime de ato obsceno (art. 233 do CP). Nesse último caso, o agente e a pessoa (que não será considerada vítima) estarão, ambos, participando da prática de atos libidinosos, ocorrendo a ofensa ao pudor público e a consequente tipificação no crime de ato obsceno.

Deve o agente, ainda, ter a finalidade específica de satisfazer a lascívia própria ou a de terceiro. Lascívia é luxúria, sensualidade, libidinagem. A finalidade, portanto, deve ser a satisfação do prazer sexual próprio ou de outrem.

Trata-se de crime doloso, que se consuma com a efetiva prática do ato libidinoso por parte do agente, presentes, evidentemente, o objetivo de satisfação de lascívia e a ausência de consentimento da vítima.

Ademais, o crime é subsidiário, ou seja, somente estará configurado se o ato não constituir crime mais grave. Cuida-se de subsidiariedade que vem expressa no preceito secundário da norma.

A pena cominada é reclusão de 1 (um) a 5 (cinco) anos. Em caso de prisão em flagrante, somente a autoridade judiciária poderá conceder fiança, de acordo com o disposto no art. 322 do Código de Processo Penal. É cabível, também, a suspensão condicional do processo, prevista no art. 89 da Lei n. 9.099/95.

A tentativa é admissível, uma vez fracionável o *iter criminis.*

A ação penal é pública incondicionada.

1.4   Assédio sexual

O crime de assédio sexual vem tipificado no art. 216-A do Código Penal, tendo sido introduzido pela Lei n. 10.224/2001.

A objetividade jurídica desse crime é a tutela da liberdade sexual da pessoa, protegendo a norma, secundariamente, a honra, a liberdade e a autodeterminação no trabalho.

Sujeito ativo pode ser qualquer pessoa, desde que tenha a condição de superior hierárquico ou ascendência sobre a vítima.

Sujeito passivo também pode ser qualquer pessoa, desde que reúna a qualidade de inferior hierárquico ou sujeito a ascendência do agente. Se a vítima for menor de 18 anos, a pena é aumentada em até um terço, de acordo com o disposto no § 2.º.

Trata-se, portanto, de *crime biproprio*, que exige uma qualidade pessoal do sujeito ativo e do sujeito passivo.

No caso, a superioridade hierárquica ou ascendência do sujeito ativo sobre o sujeito passivo, nas relações laborais de direito público ou privado, é imprescindível para a caracterização do crime de assédio sexual.

A conduta típica vem expressa pelo verbo *constranger*, que significa coagir, compelir, forçar, obrigar, impor.

Não esclareceu o legislador *a que* ou *a fazer o que* a vítima deve ser constrangida. Assim, entende-se que não é necessário nenhum comportamento da vítima para que haja a violação do bem jurídico, bastando que ocorra o constrangimento, por qualquer meio (palavras, gestos, escritos etc.).

Fundamental, como já ressaltado, para a caracterização do crime de assédio sexual é a relação de superioridade hierárquica ou ascendência, entre o agente e a vítima, inerentes ao exercício de emprego (relações privadas), cargo ou função (relações públicas).

Portanto, só existe o crime de assédio sexual nas relações laborais, tendo sido vetado o parágrafo único do art. 216-A, que tratava do assédio sexual nas relações familiares, domésticas, proveniente de coabitação, de hospitalidade e com abuso ou violação de dever inerente a ofício ou ministério.

Trata-se de crime doloso.

Além disso, a lei requer um elemento subjetivo especial, consistente no *intuito de obter vantagem ou favorecimento sexual*, que pode ser para o próprio agente ou para terceiro.

Consuma-se o crime com a prática do constrangimento, visando a obtenção de vantagem ou favorecimento de natureza sexual. É crime formal.

A tentativa é admitida doutrinariamente, embora de difícil configuração prática.

Se, além do constrangimento, houver contato físico entre agente e vítima, ou se for empregada violência ou grave ameaça para a obtenção da vantagem ou favorecimento sexual, poderá ser tipificado outro delito.

A ação penal é pública incondicionada, seguindo a regra dos crimes contra a liberdade sexual.

1.4.1 Assédio sexual de professor contra aluno(a)

É polêmica a configuração do crime de assédio sexual de professor contra aluno(a).

O Superior Tribunal de Justiça, em alguns precedentes, vem admitindo a ocorrência desse crime em conduta de professor contra aluno(a).

Em decisão proferida nos autos do Recurso Especial n. 1.759.135/SP, que se tornou paradigmática, o Tribunal entendeu ser possível a configuração do delito de assédio sexual na relação entre professor e aluno, reacendendo o debate sobre a matéria.

A nossa posição é no sentido de que, pela cristalina redação do tipo penal, a superioridade hierárquica ou ascendência do sujeito ativo sobre o sujeito passivo, nas relações laborais de direito público (cargo ou função) ou privado (emprego), é imprescindível para a caracterização do crime de assédio sexual.

Portanto, respeitadas as posições em contrário, sempre entendemos que só existe o crime de assédio sexual nas relações laborais, uma vez que foi vetado, pelo então Presidente da República Fernando Henrique Cardoso, o parágrafo único do art. 216-A, que tratava do assédio sexual nas relações familiares, domésticas, proveniente de coabitação, de hospitalidade e com abuso ou violação de dever inerente a ofício ou ministério.

Nesse sentido, notável parcela da doutrina penal brasileira entende que a relação entre professor e aluno não se insere no âmbito laboral, seja de direito público ou de direito privado, daí porque não haveria que se falar em assédio sexual de professor contra aluno, devendo eventual importunação de cunho sexual praticada pelo primeiro contra o segundo ser enquadrada em outros tipos penais, como a importunação sexual (art. 215-A do CP) ou o constrangimento ilegal (art. 146 do CP), podendo, inclusive, configurar infrações penais mais graves, a depender da intensidade do acossamento ou do emprego de violência ou grave ameaça.

Vale notar que ascendência no âmbito laboral, no âmbito do emprego ou até mesmo da função, existe entre a instituição de ensino e o professor, mas nunca entre o professor e o aluno. Daí porque não se configura o crime neste último caso.

Segundo a ementa do acórdão proferido no citado Recurso Especial do STJ, "insere-se no tipo penal de assédio sexual a conduta de professor que, em ambiente de sala de aula, aproxima-se de aluna e, com intuito de obter vantagem ou favorecimento sexual, toca partes de seu corpo (barriga e seios), por ser propósito do legislador penal punir aquele que se prevalece de sua autoridade moral e intelectual — dado que o docente naturalmente suscita reverência e vulnerabilidade e, não raro, alcança autoridade paternal — para auferir a vantagem de natureza sexual, pois o vínculo de confiança e admiração criado entre aluno e mestre implica inegável superioridade, capaz de alterar o ânimo da pessoa constrangida. É patente a aludida 'ascendência', em virtude da 'função' desempenhada pelo recorrente — também elemento normativo do tipo, devido à atribuição que tem o professor de interferir diretamente na avaliação e no desempenho acadêmico do discente, contexto que lhe gera, inclusive, o receio da reprovação. Logo, a 'ascendência' constante do tipo penal objeto deste recurso não deve se limitar à ideia de relação empregatícia entre as partes. Interpretação teleológica que se dá ao texto legal".

É bem de ver, entretanto, que o venerando acórdão enevera por divagações sem qualquer nexo com o caso concreto e com a discussão científica que o caso enseja, fundamentando-se em argumentos questionáveis do ponto de vista jurídico, como "notório propósito do legislador de punir aquele que se prevalece da condição como a narrada dos autos para obter vantagem de natureza sexual", além de, afinal, negar provimento ao recurso do professor "com o escopo de proteger uma situação, lamentavelmente, comum no dia a dia de estudantes em diversos estabelecimentos de ensino no país".

Nesse sentido, a nossa posição vai ao encontro do voto vencido do ilustre relator Ministro Sebastião Reis Júnior, que, com propriedade e lançando mão de argumentos sólidos e calcados na estrita interpretação da lei, deixou claro que é "impossível reconhecer a configuração do delito de assédio sexual na relação entre professor e aluno, uma vez que o vínculo de ascendência existente entre eles não se mostra inerente ao exercício de emprego, cargo ou função".

É importante ressaltar que não se está aqui a abonar ou de qualquer modo legitimar ou justificar a conduta abjeta e reprovável de um professor que assedia aluno. Mas não se pode tolerar, a nosso ver, a vedada e incabível analogia *in mallam partem*, com interpretações perigosamente extensivas do tipo penal.

2   DA EXPOSIÇÃO DA INTIMIDADE SEXUAL

2.1   Registro não autorizado da intimidade sexual.

O crime de registro não autorizado da intimidade sexual vem previsto no art. 216-B do Código Penal e foi introduzido pela Lei n. 13.772/2018, tendo como objetividade jurídica a tutela da intimidade sexual da vítima.

Punem-se as condutas de "produzir, fotografar, filmar ou registrar, por qualquer meio, conteúdo com cena de nudez ou ato sexual ou libidinoso de caráter íntimo e privado sem autorização dos participantes".

Esse tipo penal visa a proteção da intimidade sexual da vítima, preservando-a da exposição indevida de sua nudez ou de seus atos sexuais ou libidinosos de caráter íntimo e privado.

Já há, na Lei n. 8.069/90 — Estatuto da Criança e Adolescente, disposição semelhante no art. 240, que criminaliza as condutas de "produzir, reproduzir, dirigir, fotografar, filmar ou registrar, por qualquer meio, cena de sexo explícito ou pornográfica, envolvendo criança ou adolescente".

A proteção da intimidade sexual, nesse aspecto, cingia apenas a vítima criança ou adolescente. A Lei n. 13.772/2018 estendeu a proteção também à pessoa adulta.

Sujeito ativo pode ser qualquer pessoa. Trata-se de crime comum.

Sujeito passivo também pode ser qualquer pessoa. Como supramencionado, tratando-se de criança ou adolescente, estará tipificado o crime do art. 240 do Estatuto da Criança e do Adolescente.

A conduta vem expressa pelos verbos *produzir, fotografar, filmar ou registrar*, podendo ser praticada por qualquer meio (fotos, vídeos, desenhos ou qualquer outra forma de captação de imagem, remotamente ou em tempo real).

A atuação criminosa do agente deve envolver cena de nudez ou ato sexual ou libidinoso de caráter íntimo e privado, devendo se dar "sem autorização dos participantes", ou seja, sem a anuência de todos os que participam da cena. Se a cena de nudez ou ato sexual ou libidinoso envolver diversas pessoas, todas deverão autorizar para que não se caracterize o delito. Não basta a autorização de apenas um ou alguns dos participantes, porque, nesse caso, estaria violada a intimidade sexual dos que não consentiram.

Trata-se de crime doloso, que se consuma com a efetiva prática das condutas incriminadas, ausente a autorização dos participantes.

Não há necessidade, para a configuração do crime ora em comento, que o agente ofereça, troque, disponibilize, transmita, venda ou exponha à venda, distribua, publique ou divulgue, por qualquer meio, a fotografia, filmagem, registro ou montagem da cena de nudez ou ato sexual ou libidinoso. Se isso ocorrer, estará configurado o crime do art. 218-C do Código Penal. Vale ressaltar que nada impede que haja concurso material entre os crimes dos arts. 216-B e 218-C do Código Penal.

A pena cominada é ínfima, de detenção de 6 (seis) meses a 1 (um) ano, e multa. Tratando-se de infração penal de menor potencial ofensivo, o rito será o comum sumaríssimo, da Lei n. 9.099/95.

A tentativa é admissível, uma vez fracionável o *iter criminis*.

A ação penal é pública incondicionada.

2.1.2 Figuras assemelhadas

O parágrafo único do art. 216-B traz figura assemelhada à do *caput*, punindo com a mesma pena de 6 (seis) meses a 1 (um) ano, e multa, aquele que realizar montagem em fotografia, vídeo, áudio ou qualquer outro registro com o fim de incluir pessoa em cena de nudez ou ato sexual ou libidinoso de caráter íntimo.

Nesse caso, a vítima não participou da cena de nudez ou ato sexual ou libidinoso, mas nela foi incluída por montagem em fotografia, vídeo, áudio ou qualquer outro registro, feito pelo sujeito ativo do crime.

3 DOS CRIMES SEXUAIS CONTRA VULNERÁVEL

3.1 Definição de vulnerável

Vulnerável significa frágil, com poucas defesas, indicando a condição daquela pessoa que se encontra suscetível ou fragilizada numa determinada circunstância.

Pode ainda indicar pessoas que por condições sociais, culturais, étnicas, políticas, econômicas, educacionais e de saúde têm as diferenças, estabelecidas entre elas e a sociedade envolvente, transformadas em desigualdade.

O termo "vulnerável" foi introduzido no Código Penal pela Lei n. 12.015/2009, ao tratar dos crimes sexuais contra vulneráveis.

O Código Penal, entretanto, limitou a abrangência do termo "vulnerável", indicando ser ele:

a) pessoa menor de 14 anos, para os crimes de estupro, corrupção de menores e satisfação de lascívia mediante presença de criança ou adolescente;

b) pessoa menor de 18 anos, para o crime de favorecimento da prostituição ou outra forma de exploração sexual;

c) pessoa que, por enfermidade ou deficiência mental, não tem o necessário discernimento para a prática do ato;

d) pessoa que, por qualquer outra causa, não pode oferecer resistência.

3.2 Estupro de vulnerável

O crime de estupro de vulnerável vem previsto no art. 217-A do Código Penal e tem como objetividade jurídica a proteção da inviolabilidade sexual do vulnerável.

É *crime hediondo* (Lei n. 8.072/90) que tem como sujeito ativo qualquer pessoa.

O sujeito passivo é a pessoa vulnerável, assim considerada, para esse crime, como a menor de 14 anos ou que, por enfermidade ou deficiência mental, não tem o necessário discernimento para a prática do ato, ou que, por qualquer outra causa, não pode oferecer resistência.

A conduta típica é ter (manter) conjunção carnal ou praticar (executar, realizar) outro ato libidinoso com pessoa vulnerável.

A violação sexual, portanto, pode ocorrer através de conjunção carnal ou de qualquer outro ato libidinoso.

Entende-se por *conjunção carnal* a relação sexual normal, que é a *cópula vagínica*.

Ato libidinoso é todo aquele tendente à satisfação da *lascívia* e da *concupiscência* do agente.

Com relação ao ato libidinoso: "O ato libidinoso, atualmente descrito nos artigos 213 e 217-A do Código Penal, não é só o coito anal ou o sexo oral, mas podem ser caracterizados mediante toques, beijo lascivo, contatos voluptuosos, contemplação lasciva, dentre outros. Isto porque o legislador, com a alteração trazida pela Lei n. 12.015/2009, optou por consagrar, no delito de estupro, a prática de conjunção carnal ou outro ato libidinoso, não havendo rol taxativo ou exemplificativo acerca de quais atos seriam considerados libidinosos" (STJ — AgRg no REsp 2.052.675/SC — Rel. Min. Messod Azulay — Quinta Turma — *DJe* 16-6-2023).

O crime somente é punido a título de dolo.

No caso de conjunção carnal, é necessário, para a consumação do crime, que haja a efetiva introdução, completa ou parcial, do pênis no órgão sexual da mulher, não sendo necessária a *ejaculação*. Em latim, é a *introductio penis in vaginam.* No caso de outro ato libidinoso, é necessária a efetiva prática do ato tendente a satisfazer a lascívia e a concupiscência do agente.

Merece destacar que, nessa modalidade de estupro, não há necessidade de constrangimento mediante violência ou grave ameaça, ou mesmo do emprego de fraude ou outro meio que impeça ou dificulte a livre manifestação da vontade da vítima. Basta, para a configuração do crime, que o agente tenha conjunção carnal com vulnerável ou com ele pratique outro ato libidinoso.

Inclusive, o crime resta configurado ainda que tenha havido consentimento da vítima vulnerável ou ainda que tenha ela experiência sexual ou que já tenha mantido relações sexuais anteriormente ao crime, de acordo com o disposto no § 5.º do art. 217-A, inserido pela Lei n. 13.718/2018.

Nesse sentido, inclusive, o disposto na Súmula 593 do Superior Tribunal de Justiça: "O crime de estupro de vulnerável se configura com a conjunção carnal ou prática de ato libidinoso com menor de 14 anos, sendo irrelevante eventual consentimento da vítima para a prática do ato, sua experiência sexual anterior ou existência de relacionamento amoroso com o agente".

Outrossim, o Superior Tribunal de Justiça, no Tema Repetitivo 918, firmou a seguinte Tese: "Para a caracterização do crime de estupro de vulnerável previsto no art. 217-A, *caput*, do Código Penal, basta que o agente tenha conjunção carnal ou pratique qualquer ato libidinoso com pessoa menor de 14 anos. O consentimento da vítima, sua eventual experiência sexual anterior ou a existência de relacionamento amoroso entre o agente e a vítima não afastam a ocorrência do crime".

Admite-se a tentativa.

A ação penal é pública incondicionada (art. 225 do CP).

O Superior Tribunal de Justiça, outrossim, entende ser impossível a desclassificação da conduta de estupro de vulnerável para importunação sexual quando se tratar de vítima menor de 14 anos, devendo ser observado o princípio da especialidade. Vide item abaixo.

3.2.1 Impossibilidade de desclassificação do crime de estupro de vulnerável (art. 217-A, CP) para o crime de importunação sexual (art. 215-A, CP)

A Terceira Seção do Superior Tribunal de Justiça, sob o rito dos recursos repetitivos, fixou a tese de que, presente o dolo específico de satisfazer a lascívia, própria ou de terceiro, a prática de ato libidinoso com menor de 14 anos configura o crime de estupro de vulnerável (art. 217-A do CP), independentemente da ligeireza ou da superficialidade da conduta, não sendo possível a sua desclassificação para o delito de importunação sexual (art. 215-A do CP).

Na oportunidade, foram julgados quatro recursos especiais representativos da controvérsia (REsp 1.954.997/SC; REsp 1.957.637/MG; REsp 1.958.862/MG e REsp 1.959.697/SC), o que constituiu um grande passo para a preservação dos direitos de crianças e adolescentes vítimas de crimes sexuais no País.

Nesse sentido, o relator dos acórdãos, Ministro Ribeiro Dantas, ressaltou que "desclassificar a prática de ato libidinoso com pessoa menor de 14 anos para o delito do art. 215-A do CP, crime de médio potencial ofensivo que admite a suspensão condicional do processo, desrespeitaria ao mandamento constitucional de criminalização do art. 227, § 4.°, da CRFB, que determina a punição severa do abuso ou exploração sexual de crianças e adolescentes. Haveria também descumprimento a tratados internacionais".

O crime de estupro de vulnerável é considerado hediondo, extremamente grave, que não pode ser flexibilizado, modulado ou desclassificado para o crime de importunação sexual, como, infelizmente, tem sido pugnado em inúmeras defesas e recursos criminais diariamente apresentados em nossos Tribunais.

Inclusive, de acordo com o disposto na Súmula 593 do Superior Tribunal de Justiça, o crime de estupro de vulnerável se configura com a conjunção carnal ou prática de ato libidinoso com menor de 14 anos, sendo irrelevante eventual consentimento da vítima para a prática do ato, sua experiência sexual anterior ou existência de relacionamento amoroso com o agente, tese também muito comum em defesas e recursos.

Já o crime de importunação sexual foi acrescentado mais recentemente ao Código Penal pela Lei n. 13.718/2018, a qual revogou expressamente a contravenção penal de importunação pública ao pudor, prevista no art. 61 da Lei das Contravenções Penais (Decreto-Lei n. 3.688/41).

Vale ressaltar que o crime de importunação sexual não se insere no capítulo dos crimes sexuais contra vulneráveis, sendo de todo indevida, evidentemente, a sua aplicação à prática de atos libidinosos ou conjunção carnal com pessoa menor de 14 anos.

Ainda que se alegue, sem razão a nosso ver, haver conflito aparente de normas entre os arts. 217-A e 215-A do Código Penal, esse seria facilmente resolvido pelo princípio da especialidade do primeiro, que possui o elemento especializante "menor de 14 anos", e também pelo princípio da subsidiariedade expressa do segundo, conforme se verifica de seu preceito secundário, que prevê a pena de reclusão de 1 (um) a 5 (cinco) anos, "se o ato não constitui crime mais grave".

Também não há qualquer violação ao princípio da proporcionalidade ao se aplicar a punição rigorosa prevista para o estupro de vulneráveis quando se tratar de atos libidinosos superficiais e não invasivos, uma vez que, como ressaltado pelo próprio relator Ministro Ribeiro Dantas, "a opção legislativa é pela absoluta intolerância com atos de conotação sexual com pessoas menores de 14 anos".

Nesse diapasão, há que se ter em mente a doutrina da proteção integral da criança e do adolescente, estampada no próprio Estatuto da Criança e do Adolescente (Lei n. 8.069/90) e primordialmente na Constituição Federal, no art. 227, que diz: "Art. 227. É dever da família, da sociedade e do Estado assegurar à criança, ao adolescente e ao jovem, com absoluta prioridade, o direito à vida, à saúde, à alimentação, à educação, ao lazer, à profissionalização, à cultura, à dignidade, ao respeito, à liberdade e à convivência familiar e comunitária, além de colocá-los a salvo de toda forma de negligência, discriminação, exploração, violência, crueldade e opressão".

Portanto, a questão submetida a julgamento pelo rito dos recursos repetitivos (possibilidade ou não de se desclassificar o crime de estupro de vulnerável para o delito de importunação sexual), no Tema Repetitivo 1.121, originou a seguinte Tese Firmada: "Presente o dolo específico de satisfazer à lascívia, própria ou de terceiro, a prática de ato libidinoso com menor de 14 anos configura o crime de estupro de vulnerável (art. 217-A do CP), independentemente da ligeireza ou da superficialidade da conduta, não sendo possível a desclassificação para o delito de importunação sexual (art. 215-A do CP)".

3.2.2 Desnecessidade de contato físico entre o agente e a vítima para a caracterização do crime.

Não há necessidade de contato físico entre o agente e a vítima para caracterizar o crime de estupro de vulnerável.

Efetivamente, a conduta de contemplar lascivamente, sem contato físico, configura o ato libidinoso constitutivo dos tipos dos arts. 213 e 217-A do CP, sendo irrelevante, para a consumação dos delitos, que haja contato físico entre ofensor e ofendido.

Esse é o entendimento de considerável parcela da doutrina pátria e também do Superior Tribunal de Justiça:

A saber: "O *Parquet* classificou a conduta do recorrente como ato libidinoso diverso da conjunção carnal, praticado contra vítima de 10 anos de idade. Extrai-se da peça acusatória que as corrés teriam atraído e levado a ofendida até um motel, onde, mediante pagamento, o acusado teria incorrido na contemplação lasciva da menor de idade desnuda. Discute-se se a inocorrência de efetivo contato físico entre o recorrente e a vítima autorizaria a desclassificação do delito ou mesmo a absolvição sumária do acusado. A maior parte da doutrina penalista pátria orienta no sentido de que a contemplação lasciva configura o ato libidinoso constitutivo dos tipos dos arts. 213 e 217-A do Código Penal — CP, sendo irrelevante, para a consumação dos delitos, que haja contato físico entre ofensor e ofendido. O delito imputado ao recorrente se encontra em capítulo inserto no Título VI do CP, que tutela a dignidade sexual. Cuidando-se de vítima de dez anos de idade, conduzida, ao menos em tese, a motel e obrigada a despir-se diante de adulto que efetuara pagamento para contemplar a menor em sua nudez, parece dispensável a ocorrência de efetivo contato físico para que se tenha por consumado o ato lascivo que configura ofensa à dignidade sexual da menor. Com efeito, a dignidade sexual não se ofende somente com lesões de natureza física. A maior ou menor gravidade do ato libidinoso praticado, em decorrência da adição de lesões físicas ao transtorno psíquico que a conduta supostamente praticada enseja na vítima, constitui matéria afeta à dosimetria da pena, na hipótese de eventual procedência da ação penal. *In casu*, revelam-se pormenorizadamente descritos, à luz do que exige o art. 41 do Código de Processo Penal — CPP, os fatos que, em tese, configurariam a prática, pelo recorrente, dos elementos do tipo previsto no art. 217-A do CP: prática de ato libidinoso diverso da conjunção carnal com vítima menor de 14 anos. A denúncia descreve de forma clara e individualizada as condutas imputadas ao recorrente e em que extensão elas, em tese, constituem o crime de cuja prática é acusado, autorizando o pleno exercício do direito de defesa e demonstrando a justa causa para a deflagração da ação penal" (STJ — RHC 70.976-MS — Rel. Min. Joel Ilan Paciornik — *DJe* 10-8-2016).

3.2.3 Figuras qualificadas pelo resultado

Os §§ 3.º e 4.º do art. 217-A tratam das hipóteses de resultado lesão corporal de natureza grave e morte em decorrência do estupro de vulnerável.

No caso de resultado lesão corporal de natureza grave, a pena é de reclusão de 10 a 20 anos. No caso de resultado morte, a pena é de reclusão de 12 a 30 anos. A lesão corporal de natureza leve resta absorvida pela conduta do agente.

3.2.4 Causas de aumento de pena

Em qualquer das hipóteses de estupro de vulnerável, de acordo com o disposto no art. 226 do Código Penal, a pena será aumentada:

a) de quarta parte, se o crime é cometido com o concurso de duas ou mais pessoas;

b) de metade, se o agente é ascendente, padrasto, madrasta, tio, irmão, cônjuge, companheiro, tutor, curador, preceptor ou empregador da vítima, ou por qualquer outro título tiver autoridade sobre ela.

c) de 1/3 (um terço) a 2/3 (dois terços), se o crime é praticado mediante concurso de 2 (dois) ou mais agentes (estupro coletivo) ou para controlar o comportamento social ou sexual da vítima (estupro corretivo).

Ressalte-se, ainda, que em qualquer hipótese de estupro de vulnerável, de acordo com o disposto no art. 234-A do Código Penal, a pena será aumentada:

a) de metade a 2/3 (dois terços), se do crime resultar gravidez;

b) de 1/3 (um terço) a 2/3 (dois terços), se o agente transmite à vítima doença sexualmente transmissível de que sabe ou deveria saber ser portador, ou se a vítima é idosa ou pessoa com deficiência.

No caso de ocorrência de mais de uma causa de aumento de pena no mesmo crime, deverá o juiz proceder a tantos aumentos quantas sejam as causas acima indicadas, de acordo com o disposto no art. 68 do Código Penal.

3.2.5 Segredo de justiça

De acordo com o determinado pelo art. 234-B do Código Penal, os processos em que se apure crime de estupro de vulnerável correrão em segredo de justiça.

Esse segredo, evidentemente, não alcança o acusado e seu procurador e o representante do Ministério Público. Não alcança também a vítima, tenha ela ou não se habilitado como assistente de acusação.

3.3 Corrupção de menores

O crime de corrupção de menores vem previsto no art. 218 do Código Penal. Tem como objetividade jurídica a proteção da *moral sexual* dos menores.

Não se confunde esse delito, de cunho sexual, com a *corrupção de menores* prevista no art. 244-B da Lei n. 8.069/90 (Estatuto da Criança e do Adolescente), que criminaliza a conduta daquele que corrompe ou facilita a corrupção de pessoa menor de 18 anos, com ela praticando infração penal ou induzindo-a a praticá-la.

Sujeito ativo pode ser qualquer pessoa.

Sujeito passivo somente pode ser a pessoa menor de 14 anos.

A conduta típica vem expressa pelo verbo *induzir*, que significa persuadir a fazer, convencer.

A indução deve voltar-se a satisfazer a *lascívia de outrem*, ou seja, à prática de qualquer ato que se destine à satisfação do prazer sexual de alguém. Lascívia é luxúria, sensualidade, libidinagem.

A conduta do agente, portanto, deve limitar-se a induzir a vítima a satisfazer a lascívia de outrem. O terceiro que tem sua lascívia satisfeita pode responder pelo crime de estupro de vulnerável (art. 217-A do CP) se praticar com a vítima conjunção carnal ou outro ato libidinoso.

A corrupção de menores é crime doloso.

A consumação ocorre com a efetiva prática do ato tendente a satisfazer a lascívia de outrem.

A tentativa é admitida.

A ação penal é pública incondicionada (art. 225 do CP).

3.3.1 Causas de aumento de pena

Em qualquer das hipóteses de corrupção de menores, de acordo com o disposto no art. 226 do Código Penal, a pena será aumentada:

a) de quarta parte, se o crime é cometido com o concurso de duas ou mais pessoas;

b) de metade, se o agente é ascendente, padrasto, madrasta, tio, irmão, cônjuge, companheiro, tutor, curador, preceptor ou empregador da vítima, ou por qualquer outro título tiver autoridade sobre ela.

Com relação às causas de aumento de pena previstas nas alíneas "a" e "b" do inciso IV, *vide* comentários nos itens 1.1.4 e 1.1.5 *supra*.

Ressalte-se, ainda, que em qualquer hipótese de corrupção de menores, de acordo com o disposto no art. 234-A do Código Penal, a pena será aumentada:

a) de metade a 2/3 (dois terços), se do crime resultar gravidez;

b) de 1/3 (um terço) a 2/3 (dois terços), se o agente transmite à vítima doença sexualmente transmissível de que sabe ou deveria saber ser portador, ou se a vítima é idosa ou pessoa com deficiência.

No caso de ocorrência de mais de uma causa de aumento de pena no mesmo crime, deverá o juiz proceder a tantos aumentos quantas sejam as causas acima indicadas, de acordo com o disposto no art. 68 do Código Penal.

3.3.2 Segredo de justiça

De acordo com o determinado pelo art. 234-B do Código Penal, os processos em que se apure crime de corrupção de menores correrão em segredo de justiça.

Esse segredo, evidentemente, não alcança o acusado e seu procurador e o representante do Ministério Público. Não alcança também a vítima, tenha ela ou não se habilitado como assistente de acusação.

3.4 Satisfação de lascívia mediante presença de criança ou adolescente

O crime de satisfação de lascívia mediante presença de criança ou adolescente vem previsto no art. 218-A do Código Penal, tendo sido introduzido pela Lei n. 12.015/2009. Tem como objetividade jurídica a proteção da *moral sexual* dos menores de 14 anos.

Sujeito ativo pode ser qualquer pessoa.

Sujeito passivo somente pode ser a pessoa menor de 14 anos, considerada, nesse aspecto, vulnerável.

A conduta vem expressa pelos verbos *praticar* (fazer, exercer) e *induzir* (persuadir a fazer, convencer). Deve o agente praticar, na presença da vítima, ou induzi-la a presenciar conjunção carnal ou ato libidinoso.

Entende-se por *conjunção carnal* a relação sexual normal, que é a *cópula vagínica*.

Ato libidinoso é todo aquele tendente à satisfação da *lascívia* e da *concupiscência* do agente.

Deve o agente, ainda, ter a finalidade específica de satisfazer a lascívia própria ou alheia. Lascívia é luxúria, sensualidade, libidinagem. A finalidade, portanto, deve ser a satisfação do prazer sexual próprio ou de outrem.

Trata-se de crime doloso.

A consumação ocorre com a prática da conjunção carnal ou de outro ato libidinoso na presença da vítima, ou ainda com a indução dela a presenciá-lo, independentemente da efetiva satisfação da lascívia própria ou alheia. Trata-se de crime formal.

A tentativa é admissível, desde que fracionável o *iter criminis*.

A ação penal é pública incondicionada.

3.4.1 Causas de aumento de pena

Em qualquer das hipóteses de satisfação de lascívia mediante presença de criança ou adolescente, de acordo com o disposto no art. 226 do Código Penal, a pena será aumentada:

a) de quarta parte, se o crime é cometido com o concurso de duas ou mais pessoas;

b) de metade, se o agente é ascendente, padrasto, madrasta, tio, irmão, cônjuge, companheiro, tutor, curador, preceptor ou empregador da vítima, ou por qualquer outro título tiver autoridade sobre ela.

Com relação às causas de aumento de pena previstas nas alíneas "a" e "b" do inciso IV, *vide* comentários nos itens 1.1.4 e 1.1.5 *supra*.

3.4.2 Segredo de justiça

De acordo com o determinado pelo art. 234-B do Código Penal, os processos em que se apure crime de satisfação de lascívia mediante presença de criança ou adolescente correrão em segredo de justiça.

Esse segredo, evidentemente, não alcança o acusado e seu procurador e o representante do Ministério Público. Não alcança também a vítima, tenha ela ou não se habilitado como assistente de acusação.

3.5 Favorecimento da prostituição ou outra forma de exploração sexual de criança ou adolescente ou de vulnerável

O crime de favorecimento de prostituição ou outra forma de exploração sexual de criança ou adolescente ou de vulnerável vem previsto no art. 218-B, tendo sido introduzido pela Lei n. 12.015/2009. Esse crime teve seu nome jurídico alterado pela Lei n. 12.978/2014, que também o classificou, nas modalidades do *caput* e dos §§ 1.º e 2.º, como hediondo, incluindo-o no rol do art. 1.º da Lei n. 8.072/90.

Tem como objetividade jurídica a *moral sexual* das pessoas consideradas vulneráveis e das crianças ou adolescentes.

Sujeito ativo pode ser qualquer pessoa.

Sujeito passivo somente pode ser a pessoa menor de 18 anos ou a pessoa que, por enfermidade ou deficiência mental, não tem o necessário discernimento para a prática do ato. Essas pessoas, para os fins do artigo em análise, são consideradas vulneráveis.

O Superior Tribunal de Justiça, prestigiando a regra etária, tem entendido que o fato de a vítima, menor de 18 e maior de 14 anos de idade, atuar na prostituição e ter conhecimento dessa condição é irrelevante para a configuração do tipo penal ora analisado (AgRg no AREsp 2618243/RS — Rel. Min. Rogerio Schietti Cruz — Sexta Turma — *DJe* 28-8-2024).

A conduta típica vem expressa pelos verbos *submeter* (sujeitar, subordinar), *induzir* (persuadir a fazer, convencer), *atrair* (trazer a si, seduzir), *facilitar* (tornar fácil), *impedir* (opor-se, vedar) *ou dificultar* (complicar, tornar difícil).

Assim, o agente pode submeter ou induzir a vítima à prostituição; atraí-la à prostituição; facilitar-lhe a prostituição ou impedi-la ou dificultar que a abandone.

A prostituição pode ser conceituada, como bem salientam Celso Delmanto e outros (*Código Penal comentado*, Rio de Janeiro: Renovar, 1998, p. 418), como "o comércio habitual do próprio corpo, para a satisfação sexual de indeterminado número de pessoas".

Se o agente pratica o crime com o fim de obter vantagem econômica, aplica-se também a pena de multa.

Trata-se de crime doloso que se consuma:

a) na modalidade *submeter*, quando a vítima é sujeita à prostituição ou qualquer outra forma de exploração sexual, iniciando a entrega sexual;

b) na modalidade *induzir*, quando a vítima é conduzida à prostituição ou qualquer outra forma de exploração sexual, iniciando a entrega sexual;

c) na modalidade *atrair*, quando vítima é conduzida à prostituição ou qualquer outra forma de exploração sexual, iniciando a entrega sexual;

d) na modalidade *facilitar*, quando o agente pratica qualquer ato tendente a tornar mais fácil a prostituição ou qualquer outra forma de exploração sexual da vítima;

e) na modalidade *impedir,* quando o agente efetivamente obsta o abandono, pela vítima, da prostituição ou qualquer outra forma de exploração sexual;

f) na modalidade *dificultar,* quando o agente torna difícil ou complica o abandono da prostituição ou qualquer outra forma de exploração sexual.

Não se requer, para a consumação desse delito, a habitualidade.

Admite-se a tentativa.

A ação penal é pública incondicionada.

3.5.1 Figuras equiparadas

O § 2.º, I, do art. 218-B determina a aplicação das mesmas penas àquele que pratica conjunção carnal ou outro ato libidinoso com alguém menor de 18 e maior de 14 anos na situação descrita no *caput* do artigo.

Nesse caso, o sujeito ativo pode ser qualquer pessoa, homem ou mulher.

Sujeito passivo somente pode ser a pessoa menor de 18 e maior de 14 anos, em situação de prostituição ou outra forma de exploração sexual, na forma do *caput* do artigo, ou seja, que tenha sido submetida, induzida, atraída ou facilitada à prostituição ou outra forma de exploração sexual, ou que tenha sido impedida ou dificultada de abandoná-la.

A conduta consiste em praticar conjunção carnal ou outro ato libidinoso com a vítima, em situação de prostituição ou outra forma de exploração sexual, que tenha sido submetida, induzida, atraída ou facilitada à prostituição ou outra forma de exploração sexual, ou que tenha sido impedida ou dificultada de abandoná-la.

Trata-se de crime doloso que se consuma com a prática da conjunção carnal ou outro ato libidinoso com a vítima, em situação de prostituição ou outra forma de exploração sexual, que tenha sido submetida, induzida, atraída ou facilitada à prostituição ou outra forma de exploração sexual, ou que tenha sido impedida ou dificultada de abandoná-la.

Admite-se a tentativa.

A ação penal é pública incondicionada.

O § 2.º, II, do art. 218-B pune com as mesmas penas o proprietário, gerente ou responsável pelo local em que se verifiquem as práticas referidas no *caput* do artigo.

Acerca da prescindibilidade, para a configuração do delito, da figura do intermediador, a Terceira Seção do Superior Tribunal de Justiça, no julgamento do EREsp 1.530.637/SP, em 24-3-2021, pacificou a questão, nos seguintes termos:

"EMBARGOS DE DIVERGÊNCIA EM RECURSO ESPECIAL. FAVORECIMENTO DA PROSTITUIÇÃO OU DE OUTRA FORMA DE EXPLORAÇÃO SEXUAL DE CRIANÇA OU ADOLESCENTE OU DE VULNERÁVEL — ART. 218-B, § 2.º, I, DO CÓDIGO PENAL. "CLIENTE". PRESCINDIBILIDADE DA FIGURA DO INTERMEDIADOR. SITUAÇÃO DE EXPLORAÇÃO SEXUAL. EMBARGOS REJEITADOS.

1. O art. 218-B, § 2.°, inciso I, do Código Penal, na situação de exploração sexual, não exige a figura do terceiro intermediador.

2. É lícito concluir que a norma traz uma espécie de presunção relativa de vulnerabilidade das pessoas menores de 18 e maiores de 14 anos. Assim, quem, se aproveitando da idade da vítima, oferece-lhe dinheiro em troca de favores sexuais está a explorá-la sexualmente, pois se utiliza da sexualidade de pessoa ainda em formação como mercancia.

3. Embargos de divergência rejeitados".

3.5.2 Efeito obrigatório da condenação

Constitui efeito obrigatório da condenação, segundo o disposto no § 3.° do art. 218-B, a cassação da licença de localização e de funcionamento do estabelecimento onde se pratiquem as condutas referidas no *caput* e no § 2.°, I.

3.5.3 Segredo de justiça

De acordo com o determinado pelo art. 234-B do Código Penal, os processos em que se apure crime de favorecimento de prostituição ou outra forma de exploração sexual de vulnerável correrão em segredo de justiça.

Esse segredo, evidentemente, não alcança o acusado e seu procurador e o representante do Ministério Público. Não alcança também a vítima, tenha ela ou não se habilitado como assistente de acusação.

3.6 Divulgação de cena de estupro ou de cena de estupro de vulnerável, de cena de sexo ou de pornografia

O crime de divulgação de cena de estupro ou de cena de estupro de vulnerável, de cena de sexo ou de pornografia, vem previsto no art. 218-C do Código Penal e foi introduzido pela Lei n. 13.718/2018, tendo como objetividade jurídica a tutela da dignidade sexual, no aspecto da honra e da intimidade sexual da vítima.

Sujeito ativo pode ser qualquer pessoa. Trata-se de crime comum. De acordo com o disposto no § 1.°, a pena é aumentada de 1/3 (um terço) a 2/3 (dois terços) se o crime é praticado por agente que mantém ou tenha mantido relação íntima de afeto com a vítima.

Sujeito passivo também pode ser qualquer pessoa. Se as condutas envolverem criança ou adolescente, poderão estar caracterizados os crimes previstos nos arts. 241 e 241-A da Lei n. 8.069/90 — Estatuto da Criança e do Adolescente.

A conduta vem expressa pelos verbos *oferecer, trocar, disponibilizar, transmitir, vender, expor à venda, distribuir, publicar* e *divulgar*. Cuida-se de tipo misto alternativo em que a prática de qualquer das condutas tipifica o crime e a prática de mais de uma conduta (por exemplo: oferecer, divulgar e vender), contra a mesma vítima, constitui um único crime e não pluralidade de delitos.

Se o agente invadir dispositivo informático alheio, conectado ou não à rede de computadores, mediante violação indevida de mecanismo de segurança e com o fim de obter, adulterar ou destruir dados ou informações sem autorização expressa ou tácita do titular do dispositivo ou instalar vulnerabilidades para obter vantagem ilícita, estará configurado o crime do art. 154-A do Código Penal.

O objeto material do crime é fotografia, vídeo ou outro registro audiovisual que contenha cena de estupro ou de estupro de vulnerável ou que faça apologia ou induza a sua prática, ou, sem o consentimento da vítima, cena de sexo, nudez ou pornografia.

A prática criminosa deve se dar por qualquer meio, inclusive por meio de comunicação de massa (jornais, revistas, publicações em geral, programas de televisão etc.) ou sistema de informática ou telemática (tais como *e-mail, whatsapp, internet* em geral, *instagram, twitter, messenger, linkedin, blog, site* etc.).

Trata-se de crime doloso.

A consumação ocorre com a prática de uma ou mais das condutas incriminadas, independentemente de qualquer resultado naturalístico, que é dispensável, inclusive o intuito de lucro ou obtenção de qualquer vantagem.

A tentativa é admissível, já que, a nosso ver, todas as condutas permitem o fracionamento do *iter criminis.*

A ação penal é pública incondicionada.

Ademais, o crime é subsidiário, ou seja, somente estará configurado se o fato não constituir crime mais grave. Cuida-se de subsidiariedade que vem expressa no preceito secundário da norma.

A pena cominada é reclusão de 1 (um) a 5 (cinco) anos. Em caso de prisão em flagrante, somente a autoridade judiciária poderá conceder fiança, de acordo com o disposto no art. 322 do Código de Processo Penal. É cabível, também, a suspensão condicional do processo, prevista no art. 89 da Lei n. 9.099/95.

3.6.1 Causas de aumento de pena.

O § 1.º do art. 218-C prevê duas causas de aumento de pena de 1/3 (um terço) a 2/3 (dois terços) para o crime:

a) praticado por agente que mantém ou tenha mantido relação íntima de afeto com a vítima, como no caso de namorados, noivos, cônjuges, companheiros, atuais ou pretéritos;

b) praticado com o fim de vingança ou humilhação. Essas finalidades (vingança e humilhação) específicas do agente tornam o crime mais reprovável e, por consequência, merecedor de reprimenda mais severa. É muito conhecida a prática da chamada *pornografia de vingança* ou *revenge porn,* em que o agente expõe publicamente, por qualquer meio, inclusive pela *internet* e por redes sociais, fotos ou vídeos íntimos de terceiros, sem o consentimento deles, ainda que estes tenham se deixado filmar ou fotografar no âmbito privado.

3.6.2 Exclusão de ilicitude

Dispõe o § 2.º do art. 218-C que não há crime quando o agente pratica as condutas descritas no *caput* do artigo em publicação de natureza jornalística, científica, cultural ou acadêmica com a adoção de recurso que impossibilite a identificação da vítima, ressalvada sua prévia autorização, caso seja maior de 18 (dezoito) anos.

4 DISPOSIÇÕES GERAIS

4.1 Ação penal

No que se refere à ação penal nos crimes contra a dignidade sexual, o art. 225 do Código Penal, com a redação que lhe foi dada pela Lei n. 13.718/2018, estabelece que "nos crimes definidos nos Capítulos I e II deste Título, procede-se mediante ação penal pública incondicionada".

Assim, não há mais qualquer exceção a essa regra, como ocorria na vigência da redação anterior do mencionado art. 225.

Todos os crimes contra a dignidade sexual, incluídos os crimes contra a liberdade sexual (arts. 213 a 216-A) e os crimes sexuais contra vulnerável (arts. 217-A a 218-C), são de ação penal pública incondicionada.

4.2 Aumento de pena

São três as causas de aumento de pena previstas no art. 226 do Código Penal, com a redação dada pela Lei n. 13.718/2018:

a) se o crime é cometido com o concurso de duas ou mais pessoas; esse concurso pode dar-se por coautoria ou participação. Nesse caso, a pena é aumentada de quarta parte;

b) se o agente é ascendente, padrasto ou madrasta, tio, irmão, cônjuge, companheiro, tutor, curador, preceptor ou empregador da vítima ou por qualquer outro título tiver autoridade sobre ela. Nesse caso, a pena é aumentada de metade. O Superior Tribunal de Justiça tem entendido que a causa de aumento da pena do inciso II do art. 226 do CP se ancora na especial relação de poder, confiança ou subordinação entre o agente e a vítima, o que confere ao delito uma gravidade diferenciada. Tal relação transcende a mera circunstância do fato, consistindo em um abuso de uma posição que deveria promover proteção e respeito, mas que, ao contrário, se corrompe em instrumento de violação à dignidade sexual da vítima. A intensificação do abuso é exacerbada pela vulnerabilidade intrínseca da vítima, que, confiando no agente, se vê subjugada pela proximidade ou pela autoridade exercida. Em razão disso, já ficou decidido que "o motorista de van escolar, ao cometer o crime de estupro de vulnerável contra criança ou adolescente sob sua vigilância, está sujeito à causa de aumento de pena prevista no art. 226, II, do Código Penal, devido à sua posição de autoridade e garantidor da segurança e incolumidade moral das vítimas" (STJ — AREsp 2.593.050/RS — Rel. Min. Ribeiro Dantas — Quinta Turma — *DJe* 16-10-2024);

c) se o crime é praticado mediante concurso de 2 (dois) ou mais agentes (estupro coletivo — *vide* item 1.1.4 *supra*) e se o crime é praticado para controlar o comportamento social ou sexual da vítima (estupro corretivo — *vide* item 1.1.5 *supra*). Nesses casos, a pena é aumentada de 1/3 (um terço) a 2/3 (dois terços).

5 DO LENOCÍNIO E DO TRÁFICO DE PESSOA PARA FIM DE PROSTITUIÇÃO OU OUTRA FORMA DE EXPLORAÇÃO SEXUAL

5.1 Generalidades

A *prostituição* não constitui delito. A conduta de quem para ela contribui, entretanto, é punida pela lei penal, assim como qualquer outra forma de exploração sexual.

Lenocínio significa prestar assistência à libidinagem alheia, ou dela tirar proveito.

São modalidades de lenocínio o *proxenetismo e o rufianismo.*

O crime de promoção de migração ilegal foi inserido no Código Penal pela Lei n. 13.445/2017, sendo que a Lei n. 13.344/2016 revogou os crimes dos arts. 231 e 231-A do Código Penal, que tratavam do tráfico internacional e interno de pessoa para fim de exploração sexual.

A rigor, não se pode dizer que o crime do art. 232-A, portanto, possua qualquer conotação sexual, tendo sido inserido, indevidamente a nosso ver, no capítulo que trata do lenocínio e do tráfico de pessoa para fim de prostituição ou outra forma de exploração sexual.

As espécies de proxenetismo são:

a) mediação para servir à lascívia de outrem;

b) favorecimento da prostituição ou outra forma de exploração sexual;

c) casa de prostituição.

5.2 Mediação para servir à lascívia de outrem

A mediação para servir a lascívia de outrem é crime previsto no art. 227 do Código Penal, tendo como objetividade jurídica a *moralidade pública sexual.*

Sujeito ativo pode ser qualquer pessoa. Geralmente, é denominado *lenão.*

Sujeito passivo pode ser qualquer pessoa que satisfaça a lascívia de outrem.

A conduta típica vem expressa pelo verbo *induzir*, que significa persuadir, incitar, levar, mover.

Lascívia é a luxúria, sensualidade, libidinagem. A satisfação da lascívia de outrem pode dar-se inclusive pela *contemplação de ato libidinoso* entre o lenão e a vítima.

A mediação para satisfação da lascívia de outrem é crime doloso, exigindo também o especial fim de satisfazer a luxúria alheia.

Consuma-se o crime com a efetiva satisfação da luxúria alheia, independentemente do orgasmo.

Admite-se a tentativa.

A ação penal é pública incondicionada.

5.2.1 Figuras típicas qualificadas

Existem três figuras típicas qualificadas previstas nos §§ 1.º, 2.º e 3.º do art. 227 do Código Penal.

A primeira delas refere-se à vítima maior de 14 e menor de 18 anos.

Se a vítima for menor de 14 anos, aplica-se a regra do art. 232 do Código Penal. Na primeira hipótese incluem-se ainda as relações domésticas ou de autoridade entre a vítima e o sujeito ativo. É o chamado *lenocínio familiar*. Também as relações de educação, tratamento e guarda do agente com a vítima. Essa figura qualificada sofreu alteração pela Lei n. 11.106/2005.

A segunda figura típica qualificada refere-se ao *lenocínio violento*, que pode ser praticado com o emprego de violência ou grave ameaça, e o *lenocínio fraudulento*, que é cometido mediante fraude.

A terceira figura típica qualificada trata do *lenocínio questuário*, em que o sujeito ativo age com a finalidade de lucro. Não é necessária a efetiva obtenção de lucro, bastando que o lenão aja impulsionado por esse fim.

5.3 Favorecimento da prostituição ou outra forma de exploração sexual

Crime previsto no art. 228 do Código Penal, o favorecimento da prostituição ou outra forma de exploração sexual tem como objetividade jurídica a proteção da moralidade pública sexual.

Sujeito ativo e sujeito passivo podem ser qualquer pessoa.

São cinco as condutas previstas pelo tipo penal:

a) induzir, que significa persuadir, levar, mover, incutir;

b) atrair, que significa trazer, exercer atração, fazer aderir;

c) facilitar, que significa tornar fácil, prestar auxílio;

d) impedir, que significa obstar, impossibilitar, opor-se;

e) dificultar, que significa obstaculizar, colocar impedimentos.

Assim, o agente pode induzir ou atrair a vítima à prostituição ou a outra forma de exploração sexual; facilitar-lhe a prostituição ou outra forma de exploração sexual, ou ainda impedi-la de abandoná-la ou dificultar-lhe o abandono.

A prostituição pode ser conceituada, como bem salientam Celso Delmanto e outros (*Código Penal comentado*, Rio de Janeiro: Renovar, 1998, p. 418), como "o comércio habitual do próprio corpo, para a satisfação sexual de indiscriminado número de pessoas".

Além da prostituição, trata a lei de qualquer outra forma de exploração sexual.

O favorecimento à prostituição é crime doloso que se consuma:

a) na modalidade *induzir*, quando a vítima é conduzida à prostituição ou a outra forma de exploração sexual, iniciando a entrega sexual;

b) na modalidade *atrair*, quando vítima é conduzida à prostituição ou a outra forma de exploração sexual, iniciando a entrega sexual;

c) na modalidade *facilitar*, quando o agente pratica qualquer ato tendente a tornar mais fácil a prostituição ou outra forma de exploração sexual da vítima;

d) na modalidade *impedir*, quando o agente efetivamente obsta o abandono, pela vítima, da prostituição ou outra forma de exploração sexual;

e) na modalidade *dificultar*, quando o agente obstaculiza ou coloca impedimentos ao abandono da prostituição ou outra forma de exploração sexual pela vítima.

Não se requer, para a consumação desse delito, a habitualidade.

Admite-se a tentativa.

A ação penal é pública incondicionada.

5.3.1 Figuras típicas qualificadas

Nesse delito existem três figuras típicas qualificadas, previstas nos §§ 1.º, 2.º e 3.º.

A primeira delas refere-se à condição do agente de ascendente, padrasto, madrasta, irmão, enteado, cônjuge, companheiro, tutor ou curador, preceptor ou empregador da vítima, ou que tenha por lei ou outra forma assumido a obrigação de cuidado, proteção ou vigilância em relação a ela.

A segunda hipótese de qualificação incide quando há emprego de violência, grave ameaça ou fraude.

Na terceira hipótese, o crime é qualificado pelo fim de lucro, impondo-se cumulativamente a pena de multa.

5.4 Casa de prostituição

O delito de casa de prostituição (*nomen iuris* mantido pela Lei n. 12.015/2009) vem previsto no art. 229 do Código Penal, tendo como objetividade jurídica a tutela da moralidade pública sexual.

Sujeito ativo pode ser qualquer pessoa que mantenha o estabelecimento em que ocorra exploração sexual.

Se uma pessoa mantém sozinha um local para o exercício de sua prostituição, não haverá crime, pois que o *meretrício* não constitui delito.

Sujeito passivo é a coletividade e, secundariamente, as pessoas que exercem a prostituição.

A conduta vem representada pelo verbo *manter*, que significa sustentar, prover, conservar o estabelecimento em que ocorra exploração sexual.

Casa de prostituição pode ser conceituada como o local onde as prostitutas exercem o comércio carnal.

Entretanto, não há mais, na redação do tipo penal, a expressão *casa de prostituição*, fazendo-se referência apenas a *estabelecimento em que ocorra exploração sexual.*

Estabelecimento em que ocorra exploração sexual é todo aquele onde se explore a prática de conjunção carnal e atos tendentes à satisfação da lascívia e concupiscência de indeterminado número de pessoas.

O *intuito de lucro* não é imprescindível para a configuração do delito, exigindo-se apenas a *habitualidade.*

O estabelecimento em que ocorra exploração sexual devem ser mantidos por conta própria do agente ou por conta de terceiro.

Parte da jurisprudência tem se orientado no sentido de que, se a casa de prostituição é fiscalizada e tolerada pela autoridade policial, haverá por parte do agente *erro de proibição* (*RT*, 512/373 e 489/341).

Há, entretanto, entendimentos em sentido contrário (*RT*, 542/337).

O delito de casa de prostituição é doloso, exigindo-se, ainda, para sua configuração, o especial fim de agir para satisfazer a lascívia e a luxúria de outrem.

Consuma-se o crime, que é *permanente*, com a manutenção de estabelecimento em que ocorra exploração sexual, sem que, para isso, exija-se a reiteração de práticas sexuais.

Não se admite a tentativa por tratar-se de crime habitual.

A ação penal é pública incondicionada.

Com relação aos motéis, hotéis de alta rotatividade e estabelecimentos frequentados por pessoas que se prostituem, sua manutenção não caracteriza, por si só, o crime de *casa de prostituição*, uma vez que ausente a exploração sexual, que constitui elemento normativo do tipo. Havendo exploração sexual no local, estará caracterizado o crime.

Nesse sentido:

"A questão de direito delimitada na controvérsia trata da interpretação dada ao artigo 229 do Código Penal. Registre-se que, mesmo após a alteração legislativa introduzida pela Lei n. 12.015/2009, a conduta consistente em manter Casa de Prostituição segue sendo crime. Todavia, com a novel legislação, passou-se a exigir a 'exploração sexual' como elemento normativo do tipo, de modo que a conduta consistente em manter casa para fins libidinosos, por si só, não mais caracteriza crime, sendo necessário, para a configuração do delito, que haja exploração sexual, assim entendida como a violação à liberdade das pessoas que ali exercem a mercancia carnal. Dessa forma, crime é manter pessoa em condição de explorada, obrigada, coagida, não raro em más condições, ou mesmo em condição análoga à de escravidão, impondo-lhe a prática de sexo sem liberdade de escolha, ou seja, com tolhimento de sua liberdade sexual e em violação de sua dignidade sexual. Nesse sentido, o bem jurídico tutelado não é a moral pública mas sim a dignidade sexual como, aliás, o é em todos os crimes constantes do Título VI da Parte Especial do Código Penal, dentre os quais, o do artigo 229. E o sujeito passivo do delito não é a sociedade mas sim a pessoa explorada, vítima da exploração sexual. Assim, se não se trata de estabelecimento voltado exclusivamente para a prática de mercancia sexual, tampouco há notícia de envolvimento de menores de idade, nem comprovação de que o recorrido tirava proveito, auferindo lucros da atividade sexual alheia mediante ameaça, coerção, violência ou qualquer outra forma de violação ou tolhimento à liberdade das pessoas, não há falar em fato típico a ser punido na seara penal" (STJ — Informativo 631 — REsp 1.683.375-SP — Rel. Min. Maria Thereza de Assis Moura — j. 14-8-2018, *DJe* 29-8-2018).

5.5 Rufianismo

Crime previsto no art. 230 do Código Penal, o rufianismo, espécie de lenocínio, tem como objetividade jurídica a disciplina da vida sexual das pessoas, impedindo a exploração da prostituição.

Sujeito ativo pode ser qualquer pessoa, homem (rufião) ou mulher (rufiona).

Sujeito passivo é a pessoa que exerce a prostituição.

A conduta típica vem definida pela expressão *tirar proveito da prostituição alheia*, que pode ocorrer das seguintes formas:

a) participando diretamente de seus lucros;

b) fazendo-se sustentar, no todo ou em parte, por quem a exerça.

Em qualquer das duas modalidades de conduta, é exigida a *habitualidade*, não configurando o delito o eventual recebimento de vantagem, econômica ou não, da pessoa que exerce a prostituição.

O rufianismo é crime doloso.

A consumação ocorre com a habitualidade da conduta.

Não se admite tentativa.

A ação penal é pública incondicionada.

5.5.1 Figuras típicas qualificadas

Nesse delito existem duas figuras típicas qualificadas, previstas nos §§ 1.º e 2.º.

A primeira delas refere-se à condição da vítima ser menor de 18 e maior de 14 anos, e à condição do agente de ascendente, padrasto, madrasta, irmão, enteado, cônjuge, companheiro, tutor ou curador, preceptor ou empregador da vítima, ou que tenha, por lei ou outra forma, assumido a obrigação de cuidado, proteção ou vigilância em relação a ela.

A segunda hipótese de qualificação incide quando há emprego de violência, grave ameaça ou fraude, ou outro meio que impeça ou dificulte a livre manifestação da vontade da vítima.

5.6 Tráfico internacional de pessoa para fim de exploração sexual

O crime de tráfico internacional de pessoa para fim de exploração sexual, que vinha previsto no art. 231 do Código Penal, foi revogado pela Lei n. 13.330/2016, que dispõe sobre prevenção e repressão ao tráfico interno e internacional de pessoas e sobre medidas de atenção às vítimas, tipificando o "tráfico de pessoas" no art. 149-A do Código Penal.

5.7 Tráfico interno de pessoa para fim de exploração sexual

O crime de tráfico interno de pessoa para fim de exploração sexual, que vinha previsto no art. 231-A do Código Penal, foi revogado pela Lei n. 13.330/2016, que dispõe sobre prevenção e repressão ao tráfico interno e internacional de pessoas e sobre medidas de atenção às vítimas, tipificando o "tráfico de pessoas" no art. 149-A do Código Penal.

5.8 Promoção de migração ilegal

O crime de promoção de migração ilegal vem previsto no art. 232-A do Código Penal, tendo sido introduzido pela Lei n. 13.445/2017, que instituiu a Lei de Migração.

A objetividade jurídica desse crime é a tutela da liberdade de ir e vir, do direito de locomoção, assim como a tutela dos princípios e diretrizes das políticas públicas para o emigrante.

Sujeito ativo pode ser qualquer pessoa. Visou a criminalização punir os chamados "coiotes", que obtêm vantagem econômica com a entrada ilegal de estrangeiros em território nacional ou vice-versa, cobrando para colocar brasileiros em outro país.

Sujeito passivo pode ser qualquer pessoa, brasileira ou estrangeira, alvo das condutas previstas no tipo penal.

A conduta típica vem representada pelo verbo "promover", que significa impulsionar, levar a cabo, efetivar. A promoção pode se dar por qualquer meio, e deve sempre ter o fim de obter vantagem econômica.

Trata-se de crime doloso, cuja consumação ocorre com a efetiva promoção da entrada ilegal de estrangeiro em território nacional ou de brasileiro em país estrangeiro, ou da saída de estrangeiro do território nacional para ingressar ilegalmente em país estrangeiro.

Admite-se a tentativa.

5.8.1 Figura equiparada

Estabelece o § 1.º que na mesma pena incorre quem promover, por qualquer meio, com o fim de obter vantagem econômica, a saída de estrangeiro do território nacional para ingressar ilegalmente em país estrangeiro.

5.8.2 Causas de aumento de pena

O § 2.º do artigo em comento prevê aumento de pena de 1/6 (um sexto) a 1/3 (um terço) se o crime é cometido com violência ou se a vítima é submetida a condição desumana ou degradante.

5.8.3 Cúmulo material

O § 3.º estabelece o cúmulo material de penas, dispondo que a pena prevista para o crime será aplicada sem prejuízo das correspondentes às infrações conexas.

6   DO ULTRAJE PÚBLICO AO PUDOR

6.1   Disposições gerais

Pudor público é expressão que apresenta noção variável de acordo com o tempo ou o espaço em que é analisada.

Daí por que os crimes previstos nesse capítulo (ato obsceno e escrito ou objeto obsceno) devem ser analisados tendo em conta a moral sexual da época em que forem praticados.

Nesse sentido: "O tipo do art. 233 do CP tutela a moral sexual coletiva que é um bem jurídico de valor contingencial e, portanto, relativo. Muñoz Conde observa, com propriedade, que nele influem 'como em nenhum outro, condições de tempo e lugar, ideias religiosas e estéticas e até a moda. Os conceitos empregados pelo Código de 'pudor', 'bons costumes', 'escândalo' etc. deverão ser preenchidos com os conceitos valorativos que regem uma dada sociedade num momento determinado. Por isso, não deve causar estranheza que condutas qualificadas, há poucos anos, como escandalosas, sejam hoje consideradas lícitas ou, pelo menos, moralmente indiferentes, sobretudo, no campo erótico'" (TACrim — *RT*, 515/363).

6.2 Ato obsceno

O crime de ato obsceno vem previsto no art. 233 do Código Penal, apresentando como objetividade jurídica a proteção ao pudor público.

Sujeito ativo pode ser qualquer pessoa.

Sujeito passivo é a coletividade.

A conduta típica vem expressa pelo verbo *praticar*, que significa realizar, fazer, cometer, executar.

Ato obsceno é todo ato, real ou simulado, de cunho sexual, que ofenda o pudor público.

A respeito: "Mostrar acintosamente o pênis é um dos atos típicos mais expressivos do delito do art. 233 do CP, trazendo ínsito dolo, diante da obscenidade própria à exibição. E se a esta segue o gargalhar debochado do réu, inevitável a conclusão de seu intento lascivo e criminoso" (TACrim — *RT*, 735/608).

"Se o agente se masturba no interior de automóvel, em local público, fazendo questão de que tal prática seja observada por passantes, caracterizado fica o crime do art. 233 do CP" (TACrim — *RT*, 592/350).

A respeito da *micção em local público*, há divergência jurisprudencial, havendo julgados entendendo pela configuração do delito, pela ofensa ao pudor público, e outros pugnando pela atipicidade do fato, tratando-se de fato natural.

Com relação à *nudez em público*, embora também haja discussões acerca da configuração do crime, tem sido caracterizada como ato obsceno.

Assim: "Ato obsceno. Agente que na via pública se exibe nu da cintura para baixo. Recurso questionando o pudor médio da sociedade atual ante a exibição de nus em novelas e programas de televisão. Condenação mantida. Agridem e não se afinam com a moral média vigente neste País programas de televisão que, em notável demonstração da crise axiológica característica dos dias presentes, invadem as residências no denominado 'horário nobre' com cenas de nu feminino e outras mais sugestões constantes de comércio sexual entre os caracteres que os interpretam" (TACrim — *RT*, 669/319).

A prática do ato obsceno pode ser:

a) *Em lugar público*, ou seja, em local acessível a um número indeterminado de pessoas. Exemplos: praças, parques, vias públicas, banheiros públicos, estações ferroviárias etc.

b) *Em lugar aberto ao público*, ou seja, em local que permita a entrada de pessoas, ainda que o ingresso se dê sob determinadas condições. Exemplos: cinemas, teatros, casas de espetáculo, bares, restaurantes etc.

c) *Em lugar exposto ao público*, ou seja, local devassado, que permita a visão por indeterminado número de pessoas. Exemplos: quintal de uma residência, varanda de uma casa ou apartamento, janela aberta de um apartamento etc.

O ato obsceno é crime doloso.

A consumação ocorre com a mera prática do ato ofensivo ao pudor público, independentemente de que alguém se sinta ofendido.

Não se admite a tentativa.

A ação penal é pública incondicionada.

6.3   Escrito ou objeto obsceno

Crime previsto no art. 234 do Código Penal, o escrito ou objeto obsceno tem como objetividade jurídica a proteção ao pudor público.

Sujeito ativo pode ser qualquer pessoa.

Sujeito passivo é a coletividade.

A conduta típica é mista alternativa, caracterizando-se por várias ações:

a) *fazer*, que significa produzir, criar;

b) *importar*, que significa fazer entrar no País;

c) *exportar*, que significa fazer sair do País;

d) *adquirir*, que significa obter, conseguir alcançar, a título oneroso ou não;

e) *ter sob sua guarda*, que significa guardar, manter, ter a seu cuidado.

Essa guarda deve dar-se para *fim de comércio, de distribuição* ou *de exposição pública*.

O objeto material do delito pode ser o *escrito obsceno*, o *desenho obsceno*, a *pintura obscena*, a *estampa obscena* ou qualquer outro objeto obsceno.

O escrito ou objeto obsceno é crime doloso que tem também como elemento subjetivo o especial fim de agir consistente na finalidade de comércio, distribuição ou exposição pública.

O crime se consuma com a efetiva prática do ato. Não é necessário que o pudor público seja efetivamente atingido. É crime de perigo abstrato.

Admite-se a tentativa.

Diverge a jurisprudência acerca da configuração do crime no caso dos denominados *sex shop*, onde se praticam as condutas descritas pelo tipo penal. Há julgados em ambos os sentidos (*RT*, 609/331 e 685/311).

O parágrafo único do art. 234 do Código Penal apresenta três incisos, nos quais estão descritas as condutas que se equiparam à figura típica do *caput*. Assim, a mesma pena é aplicada a quem:

a) Vende, distribui ou expõe à venda ou ao público qualquer dos objetos referidos no art. 234. Nesse sentido: "Incide nas sanções do art. 234, parágrafo único, I, do CP de 1940 aquele que vende ou expõe à venda revistas pornográficas, de nada valendo o argumento de que elas se encontravam na parte mais interna da banca, protegidas e lacradas por invólucro plástico e, acima da fotografia, uma faixa que vedava a visão do nu" (TACrim — *RT*, 600/367).

b) Realiza, em lugar público ou acessível ao público, representação teatral, ou exibição cinematográfica de caráter obsceno, ou qualquer outro espetáculo, que tenha o mesmo caráter. Assim: "Ultraje público ao pudor. Objeto obsceno. Acusado que exibe em cinema filme pornográfico. Condenação imposta. Inteligência do art. 234, parágrafo único, II, do Código Penal. O cinema é eficiente difusor de ideias, de critérios de vida, de hábitos e de cultura. Sua influência pode ser altamente benéfica, como pode ser perniciosa. Se aquele que o explora se propõe a especular com a lascívia dos espectadores, descendo à baixa imoralidade, não pode escapar à repressão penal, ainda que falhe a ação preventiva da censura oficial" (TACrim — *RT*, 516/348).

c) Realiza, em lugar público ou acessível ao público, ou pelo rádio, audição ou recitação de caráter obsceno.

A ação penal é pública incondicionada.

7 DISPOSIÇÕES GERAIS

A Lei n. 12.015/2009 acrescentou o Capítulo VII ao Título VI, sob a rubrica "Disposições gerais", estabelecendo duas causas de aumento de pena e determinando segredo de justiça aos processos envolvendo os crimes contra a dignidade sexual.

O art. 234-A, com a redação que lhe foi dada pela Lei n. 13.718/2018, determina o aumento de pena de metade a 2/3 (dois terços), se do crime resultar gravidez, e de 1/3 (um terço) a 2/3 (dois terços), se o agente transmite à vítima doença sexualmente transmissível de que sabe ou deveria saber ser portador, ou se a vítima é idosa ou pessoa com deficiência.

Com relação ao segredo de justiça nos processos que apuram crimes contra a dignidade sexual, a obrigação vem imposta pelo art. 234-B.

Embora tenha silenciado a lei, deve ser estendido o segredo de justiça também aos inquéritos policiais que apuram os crimes contra a dignidade sexual, tornando sigiloso o procedimento, a ele somente tendo acesso a autoridade policial e seus agentes, o investigado e seu defensor (se houver, devidamente constituído), a vítima, o membro do Ministério Público e o juiz.

Outrossim, o segredo de justiça se aplica ao processo como um todo, preservando-se a identidade do réu e da vítima. Nesse sentido já decidiu o Superior Tribunal de Justiça: "Não prospera o pedido Ministerial de retificação da autuação para que conste por extenso o nome do paciente/acusado, conforme o decido na Questão de Ordem no julgamento do REsp n. 1.397.236/PB, tendo esta Corte firmado 'o entendimento de que segredo de justiça determinado pelo artigo 234-B do Código Penal se destina ao processo como um todo, não fazendo distinção entre réu e vítima'" (HC 539.181/SP — Rel. Min. Joel Ilan Paciornik — Quinta Turma — *DJe* 13-5-2020).

A Lei n. 15.035/2024 acrescentou os §§ 1.º, 2.º e 3.º ao art. 234-B, para permitir a consulta pública do nome completo e do número de inscrição no Cadastro de Pessoas Físicas (CPF) das pessoas condenadas por crimes contra a dignidade sexual, garantido o sigilo do processo e das informações relativas à vítima.

De acordo com o disposto no § I.º, o sistema de consulta processual tornará de acesso público o nome completo do réu, seu número de inscrição no Cadastro de Pessoas Físicas (CPF) e a tipificação penal do fato a partir da condenação em primeira instância pelos crimes tipificados nos arts. 213, 216-B, 217-A, 218-B, 227, 228, 229 e 230 do Código Penal, inclusive com os dados da pena ou da medida de segurança imposta, ressalvada a possibilidade de o juiz fundamentadamente determinar a manutenção do sigilo.

Entretanto, dispõe o § 2.º que, caso o réu seja absolvido em grau recursal, será restabelecido o sigilo sobre as informações a que se refere o § I.º.

E, por fim, o § 3.º determina que o réu condenado pelos crimes mencionados passará a ser monitorado por dispositivo eletrônico.

Vale ressaltar que a Lei n. 15.035/2024 ainda acrescentou o art. 2º-A à Lei n. 14.069/2020, que criou o Cadastro Nacional de Pessoas Condenadas por Crime de Estupro. De acordo com art. 2º-A, é determinada a criação do Cadastro Nacional de Pedófilos e Predadores Sexuais, sistema desenvolvido a partir dos dados constantes do Cadastro Nacional de Pessoas Condenadas por Crime de Estupro, que permitirá a consulta pública do nome completo e do número de inscrição no Cadastro de Pessoas Físicas (CPF) das pessoas condenadas por esse crime.

Dos Crimes contra a Família

1 DOS CRIMES CONTRA O CASAMENTO

1.1 Bigamia

O crime de *bigamia* vem previsto no art. 235 do Código Penal, tendo como objetividade jurídica a tutela do *casamento monogâmico*.

Sujeito ativo pode ser qualquer pessoa casada.

Sujeito passivo é o Estado e, secundariamente, o cônjuge do primeiro casamento.

A conduta típica vem expressa pelo verbo *contrair*, que significa convolar, adquirir.

Deve necessariamente existir *casamento civil* válido anterior, sem o qual não se configurará a bigamia. As normas que regem o casamento civil vêm estampadas nos arts. 1.511 a 1.590 do Código Civil.

Trata-se de crime doloso.

A consumação corre no momento em que os *nubentes* manifestam a vontade de casar, durante a celebração civil do casamento.

Admite-se a tentativa.

A ação penal é pública incondicionada.

1.1.1 Bigamia praticada por pessoa não casada

O § 1.º do art. 235 do Código Penal estabelece modalidade de *bigamia praticada por pessoa não casada* que contrai casamento com pessoa casada, conhecendo essa circunstância. Nessa hipótese, a pena será de detenção, de 1 a 3 anos.

Por essa razão é que o crime de bigamia é denominado *crime bilateral* (ou *de encontro*), pois exige, para sua configuração, mais de uma pessoa, mesmo que uma delas não seja culpável.

1.1.2 Exclusão do crime

Se o primeiro casamento for anulado por qualquer motivo, segundo o disposto no § 2.º do art. 235 do Código Penal, ou se o outro casamento for anulado por motivo que não a bigamia, considera-se inexistente o crime.

Do *casamento nulo* e do *casamento anulável* tratam os arts. 1.548 a 1.564 do Código Civil.

1.2 Induzimento a erro essencial e ocultação de impedimento

O crime de induzimento a erro essencial e ocultação de impedimento vem previsto no art. 236 do Código Penal, tendo como objetividade jurídica a tutela da regular constituição familiar.

Sujeito ativo pode ser qualquer pessoa.

Sujeito passivo é o Estado e, secundariamente, o contraente enganado.

A conduta típica vem expressa pelo verbo *contrair*, que significa convolar, adquirir.

O casamento deve ser contraído:

a) *induzindo* em erro essencial o outro contraente. Os casos de erro essencial vêm previstos no art. 1.557 do Código Civil.

b) *ocultando* do outro contraente impedimento que não seja casamento anterior. Se o impedimento for casamento anterior, haverá o crime de bigamia. Os impedimentos ao casamento estão previstos no art. 1.521 do Código Civil.

Trata-se de crime doloso.

A consumação ocorre com o casamento.

Admite-se a tentativa.

1.2.1 Ação penal

Dispõe o parágrafo único do art. 236 do Código Penal que a ação penal é *privada*, dependendo de queixa-crime do contraente enganado.

Outrossim, não pode a ação penal ser intentada senão depois de transitar em julgado a sentença que, por motivo de erro ou impedimento, anule o casamento.

1.3 Conhecimento prévio de impedimento

Crime previsto no art. 237 do Código Penal, o conhecimento prévio de impedimento tem como objetividade jurídica a tutela da regular constituição familiar.

Sujeito ativo pode ser qualquer pessoa.

Sujeito passivo é o Estado e, secundariamente, o nubente enganado.

A conduta típica vem expressa pelo verbo *contrair*, que significa convolar, adquirir.

Deve o sujeito ativo ser conhecedor da existência de impedimento que cause a nulidade absoluta do casamento.

Os *impedimentos* ao casamento estão previstos no art. 1.521 do Código Civil e, também, no art. 3.º do Decreto-Lei n. 3.200, de 19 de abril de 1941.

Trata-se de crime doloso.

A consumação ocorre com o casamento.

Admite-se a tentativa.

A ação penal é pública incondicionada.

1.4 Simulação de autoridade para a celebração de casamento

O crime de simulação de autoridade para a celebração de casamento vem previsto no art. 238 do Código Penal e tem como objetividade jurídica a tutela da regular constituição familiar.

Sujeito ativo pode ser qualquer pessoa.

Sujeito passivo é o Estado e, secundariamente, os cônjuges enganados.

A conduta típica vem expressa pelo verbo *atribuir*, que significa imputar, arrogar, considerar.

Nesse crime, o sujeito ativo se atribui *falsamente* autoridade para celebração de casamento.

A autoridade competente para a celebração do casamento é o *juiz de paz*, atualmente denominado, em alguns estados, *juiz de casamentos* (como no caso do estado de São Paulo — Decreto-Lei n. 13.375, de 3-7-1947), figura que não se confunde, evidentemente, com o juiz de direito.

Trata-se de crime doloso.

A consumação ocorre com a falsa atribuição e consequente prática de qualquer ato próprio da autoridade competente para a celebração do casamento.

Admite-se a tentativa.

A ação penal é pública incondicionada.

1.5 Simulação de casamento

O crime de simulação de casamento vem previsto no art. 239 do Código Penal, tendo como objetividade jurídica a tutela da regular constituição familiar.

Sujeito ativo pode ser qualquer pessoa, inclusive um dos nubentes.

Sujeito passivo é o Estado e, secundariamente, o nubente enganado.

A conduta típica vem expressa pelo verbo *simular*, que significa fingir, semelhar, aparentar.

A simulação deve referir-se a *casamento*, ou seja, ao ato civil legal de constituição familiar dos nubentes.

A simulação precisa acarretar o *engano* de outra pessoa, que somente pode ser um ou ambos os nubentes ou quem tenha real interesse no fato.

Trata-se de crime doloso.

A consumação ocorre com a realização do falso casamento.

Admite-se a tentativa.

A ação penal é pública incondicionada.

2 DOS CRIMES CONTRA O ESTADO DE FILIAÇÃO

2.1 Registro de nascimento inexistente

O registro de nascimento inexistente é crime previsto no art. 241 do Código Penal, tendo como objetividade jurídica a tutela da segurança do estado de filiação.

Sujeito ativo pode ser qualquer pessoa.

Sujeito passivo é o Estado.

A conduta típica vem expressa pelo verbo *promover*, que significa provocar, originar, dar causa.

Acerca do registro civil das pessoas naturais, consulte-se a Lei n. 6.015/73 — Lei de Registros Públicos.

Trata-se de crime doloso.

A consumação ocorre com a inscrição do nascimento inexistente.

Admite-se a tentativa.

2.2 Parto suposto. Supressão ou alteração de direito inerente ao estado civil de recém-nascido

Os crimes de parto suposto e de supressão ou alteração de direito inerente ao estado civil de recém-nascido vêm previstos no art. 242 do Código Penal e têm como objetividade jurídica a tutela da segurança do estado de filiação.

Sujeito ativo pode ser qualquer pessoa, salvo na modalidade de conduta *dar parto alheio como próprio*, em que somente a mulher pode ser agente.

Sujeito passivo é o Estado. Secundariamente, dependendo da figura, outras pessoas podem também ser sujeitos passivos.

A conduta típica se desdobra em quatro modalidades:

a) *dar parto alheio como próprio*, chamado de *parto suposto*, onde a mulher atribui a si a maternidade de filho de outrem;

b) *registrar como seu o filho de outrem*, hipótese da chamada *adoção à brasileira*, devendo o registro ser lavrado no Cartório de Registro Civil das Pessoas Naturais;

c) *ocultar recém-nascido*, suprimindo direito inerente ao estado civil;

d) *substituir recém-nascido*, alterando direito inerente ao estado civil.

Por *direito inerente ao estado civil* entende-se o conjunto dos direitos que resultam da filiação, relativos ao *status familiae*.

Trata-se de crime doloso.

A consumação se dá em momentos diferentes, conforme a modalidade de conduta:

a) no parto suposto, consuma-se no momento em que se altera o estado civil do recém-nascido;

b) no registro de filho alheio, consuma-se com a inscrição do assento no Cartório de Registro Civil das Pessoas Naturais;

c) na ocultação de recém-nascido, consuma-se quando há supressão dos direitos inerentes ao estado civil;

d) na substituição de recém-nascido, consuma-se no momento em que há alteração dos direitos inerentes ao estado civil.

Admite-se a tentativa.

A ação penal é pública incondicionada.

2.2.1 Causa de diminuição de pena

O parágrafo único do art. 242 do Código Penal prevê hipótese de causa de diminuição de pena quando o crime é praticado por motivo de reconhecida nobreza, facultando ao juiz deixar de aplicar a pena.

A *reconhecida nobreza* deve ser interpretada como o ato generoso, bondoso, altruísta do agente.

2.2.2 Conflito aparente de normas

Não se confunde a infração acima analisada com o crime do art. 299, parágrafo único, do Código Penal. Na falsidade ideológica que tem por objeto assentamento de registro civil, a falsificação ou alteração pode ser feita por qualquer pessoa, inclusive pelo funcionário encarregado do registro.

No crime do art. 242 do Código Penal, o sujeito ativo deve ser a pessoa que deseja registrar como seu o filho de outrem, nessa qualidade apresentando-se ao Cartório de Registro Civil. Nesse caso, a norma do art. 242 é especial em relação à do art. 299, parágrafo único, do Código Penal.

2.3 Sonegação do estado de filiação

O crime de sonegação do estado de filiação vem previsto no art. 243 do Código Penal, tendo como objetividade jurídica a tutela da segurança do estado de filiação.

Sujeito ativo pode ser qualquer pessoa.

Sujeito passivo é o Estado e, secundariamente, a criança abandonada.

A conduta típica vem expressa pelo verbo *deixar*, que significa abandonar, largar, desamparar, descuidar.

A criança deve ser deixada especificamente nos locais mencionados pela lei: *asilo de expostos* ou outra *instituição de assistência*.

Outrossim, deve o agente, além de deixar a criança em asilo ou outra instituição de assistência, ocultar-lhe a filiação ou atribuir-lhe outra, prejudicando-lhe direito inerente ao estado de filiação.

Trata-se de crime doloso.

A consumação ocorre no momento em que a vítima é abandonada nos locais mencionados, ocultando ou alterando-se-lhe o estado civil.

Admite-se a tentativa.

3 DOS CRIMES CONTRA A ASSISTÊNCIA FAMILIAR

3.1 Abandono material

Crime previsto no art. 244 do Código Penal, o abandono material tem como objetividade jurídica a tutela do dever de assistência familiar recíproca.

Sujeito ativo, dependendo da conduta, pode ser o cônjuge, os pais ou os descendentes ou ascendentes da vítima, assim como o *devedor de pensão alimentícia*.

Sujeito passivo é o Estado, como interessado na subsistência familiar. Também podem ser sujeitos passivos o cônjuge, o filho menor de 18 anos ou inapto para o trabalho, o ascendente inválido, o maior de 60 anos (Lei n. 10.741/2003), o credor de pensão alimentícia e o ascendente ou descendente enfermo.

A conduta típica se desdobra em três modalidades:

a) *deixar de prover a subsistência, não proporcionando os recursos necessários*, que significa deixar de ministrar os recursos materiais básicos à sobrevivência digna do sujeito passivo. É crime omissivo que deve ser praticado *sem justa causa*, ou seja, sem motivo juridicamente relevante.

b) *deixar de prover a subsistência, faltando ao pagamento de pensão alimentícia acordada, fixada ou majorada*. Nessa modalidade, também, se requer a ausência de *justa causa*.

c) *deixar de socorrer*, que significa a omissão na prestação de auxílio material ao descendente ou ascendente gravemente enfermo (enfermidade física ou mental). Também aqui a ausência de *justa causa* é elemento que se impõe à tipificação do delito.

Trata-se de crime doloso.

A consumação se dá com a ocorrência da omissão em qualquer das formas acima especificadas.

Tratando-se de crime omissivo puro, não se admite tentativa.

3.1.1 Pagamento de pensão alimentícia

Essa modalidade de abandono material vem prevista no parágrafo único do art. 244 do Código Penal, tendo como objetividade jurídica a tutela do dever de assistência familiar recíproca.

Sujeito ativo é o devedor solvente (que tem patrimônio para garantir o valor das dívidas) de pensão alimentícia.

Sujeito passivo é o Estado, como interessado na subsistência familiar. Também pode ser sujeito passivo o credor de pensão alimentícia.

A conduta típica vem expressa pelos verbos *frustrar*, que significa baldar, iludir, não suceder aquilo que se esperava, e *elidir*, que significa eliminar, suprimir o pagamento de pensão alimentícia judicialmente acordada, fixada ou majorada.

Qualquer modo pode ser utilizado para frustrar ou elidir o pagamento devido, inclusive o abandono injustificado de emprego ou função.

Trata-se de crime doloso.

A consumação ocorre com a efetiva frustração ou elisão do pagamento da pensão alimentícia judicialmente acordada, fixada ou majorada.

Não se admite tentativa de abandono material por ser crime omissivo puro.

3.2 Entrega de filho menor a pessoa inidônea

A entrega de filho menor a pessoa inidônea é crime previsto no art. 245 do Código Penal, tendo como objetividade jurídica a tutela do dever dos pais de criar e bem cuidar e educar sua prole.

Sujeito ativo somente pode ser o pai ou a mãe do menor.

Sujeito passivo é o menor de 18 anos, seja filho legítimo, natural (reconhecido) ou adotivo.

A conduta típica vem expressa pelo verbo *entregar*, que significa deixar aos cuidados, deixar sob a guarda.

Deve o menor ficar moral ou materialmente em perigo, ou seja, a lei expressamente admite que a inidoneidade pode ser moral ou material, devendo representar uma situação de perigo ao menor.

O elemento subjetivo é o dolo direto (*saiba*) ou eventual (*deva saber*). Segundo alguns doutrinadores, ao empregar a expressão *deva saber*, seria admitida a modalidade culposa.

A consumação se dá com a efetiva entrega do menor a pessoa inidônea (moral ou materialmente), independentemente de qualquer lesão.

Admite-se a tentativa.

3.2.1 Promessa ou entrega de filho ou pupilo

A Lei n. 8.069/90 (Estatuto da Criança e do Adolescente) criou um tipo penal autônomo (art. 238), punindo com reclusão de 1 a 4 anos e multa aquele que prometer ou efetivar a entrega de filho ou pupilo a terceiro, mediante paga ou recompensa. Incide nas mesmas penas, segundo o parágrafo único do citado dispositivo, quem oferece ou efetiva a paga ou recompensa.

3.2.2 Figura qualificada

No § 1.º do art. 245 do Código Penal vêm estampadas duas qualificadoras para o crime de entrega de menor a pessoa inidônea.

Assim, a pena será de reclusão de 1 a 4 anos:

a) se o agente pratica o delito para obter lucro, hipótese em que será necessária a finalidade econômica visada por ele, independentemente do efetivo recebimento da vantagem;

b) se o menor é enviado para o exterior, oportunidade em que será necessária a saída do menor do território nacional.

3.2.3 Participação no crime

O § 2.º do art. 245 do Código Penal determina a aplicação da mesma pena acima mencionada àquele que, embora excluído o perigo moral ou material, auxilia a efetivação de ato destinado ao envio de menor para o exterior, com o fito de obter lucro.

Trata-se de forma de participação no crime de entrega de filho menor a pessoa inidônea, considerada em tipo penal autônomo.

Merece ser destacado que o art. 239 da Lei n. 8.069/90 (Estatuto da Criança e do Adolescente) tipifica conduta semelhante, impondo a pena de 4 a 6 anos àquele que promover ou auxiliar a efetivação de ato destinado ao envio de criança ou adolescente para o exterior com inobservância das formalidades legais ou com o fito de obter lucro.

3.3 Abandono intelectual

O crime de abandono intelectual vem previsto no art. 246 do Código Penal, tendo como objetividade jurídica a tutela do direito do filho à formação intelectual fundamental (arts. 208, I, e 227 da CF).

Somente podem ser sujeitos ativos desse crime o pai ou a mãe do menor.

Sujeito passivo é o filho, seja legítimo, natural (reconhecido) ou adotivo.

A conduta típica vem expressa pela expressão *deixar de prover* (crime omissivo), que significa deixar de providenciar, deixar de tomar as atitudes necessárias para o acesso do filho em idade escolar à instrução primária.

Se houver *justa causa* para a omissão, não se configurará o crime.

Com relação à *idade escolar*, a Constituição Federal, no art. 208, I, estabelece que: "O dever do Estado com a educação será efetivado mediante a garantia de: I — educação básica obrigatória e gratuita dos 4 (quatro) aos 17 (dezessete) anos de idade, assegurada inclusive sua oferta gratuita para todos os que a ela não tiveram acesso na idade própria". A Lei n. 9.394/96 (Lei de Diretrizes e Bases da Educação Nacional) estabelece no art. 4.º que: "O dever do Estado com educação escolar pública será efetivado mediante a garantia de: I — educação básica obrigatória e gratuita dos 4 (quatro) aos 17 (dezessete) anos de idade, organizada da seguinte forma: a) pré-escola; b) ensino fundamental; c) ensino médio".

Considerando o que acima foi dito, a instrução primária se inicia na pré-escola. Portanto, a criança deve ser matriculada na pré-escola a partir dos 4 (quatro) anos.

A Lei n. 8.069/90 (Estatuto da Criança e do Adolescente), em seu art. 55, determina a obrigatoriedade dos pais ou responsáveis em matricular seus filhos ou pupilos na rede regular de ensino.

Trata-se de crime doloso.

A consumação ocorre com a efetiva omissão no encaminhamento do filho em idade escolar à instrução primária.

Sendo crime omissivo próprio, não se admite tentativa.

3.4 Abandono moral

O crime de abandono moral vem previsto no art. 247 do Código Penal, tendo como objetividade jurídica a tutela da preservação moral do menor.

Sujeito ativo podem ser os pais do menor, assim como todos aqueles que o tenham sob sua guarda ou autoridade (tutores, diretores de escola, responsáveis por viagens ou excursões, parentes a quem tenha sido confiado etc.).

Sujeito passivo é o menor de 18 anos.

As condutas típicas vêm expressas pelos verbos constantes dos incisos I a IV.

A conduta básica, entretanto, é *permitir*, que significa consentir, tolerar, deixar.

No inciso I, as condutas incriminadas são *permitir que o menor frequente* (prática reiterada) *casa de jogo* (qualquer local onde se realize jogo de azar ou jogo proibido por lei) ou *mal-afamada* (boates, casas de prostituição etc.), ou *conviva com pessoa viciosa ou de má vida* (criminoso, jogador, prostituta, toxicômano etc.).

No inciso II, as condutas incriminadas são *permitir que o menor frequente espetáculo capaz de pervertê-lo ou ofender-lhe o pudor* (espetáculos capazes de viciar a formação moral do menor) ou *participe de representação de igual natureza*. Nesse sentido, consulte-se o art. 240 da Lei n. 8.069/90 (Estatuto da Criança e do Adolescente).

No inciso III, a conduta incriminada é *permitir que o menor resida ou trabalhe em casa de prostituição* (qualquer local onde se exerça a prostituição, masculina ou feminina).

No inciso IV, a conduta incriminada é *permitir que o menor mendigue* (peça esmolas) *ou sirva a mendigo para excitar a comiseração pública* (sentimento de piedade e compaixão das pessoas).

Trata-se de crime doloso.

A doutrina distingue a permissão dada *antes* da ocorrência dos fatos (quando o crime seria comissivo) da permissão dada *depois* da ocorrência dos fatos (quando o crime seria omissivo). No primeiro caso, a consumação se daria quando o menor efetivamente praticasse os fatos incriminados. No segundo caso, a consumação se daria com a efetiva permissão.

Se a permissão for dada antes dos fatos, admite-se tentativa. Se a permissão for dada depois dos fatos, por ser crime omissivo, não se admite a tentativa.

4 DOS CRIMES CONTRA O PÁTRIO PODER, TUTELA OU CURATELA

4.1 Induzimento a fuga, entrega arbitrária ou sonegação de incapazes

O delito de induzimento a fuga, entrega arbitrária ou sonegação de incapazes vem previsto no art. 248 do Código Penal, tendo como objetividade jurídica a proteção do pátrio poder (poder familiar, no Código Civil), da tutela e da curatela, assim como das pessoas (incapazes) sujeitas a esses institutos.

Sujeito ativo pode ser qualquer pessoa.

Sujeito passivo podem ser os pais, o tutor, o curador e os filhos menores, os tutelados ou os curatelados.

As condutas típicas vêm expressas em três modalidades:

a) *induzir* (convencer, aconselhar, criar o propósito) o menor ou interdito à fuga;

b) *confiar* (entregar em confiança) o menor ou interdito a outrem, sem autorização do pai ou responsável — é a chamada *entrega arbitrária*;

c) *deixar de entregar* o menor ou interdito a quem legitimamente o reclame — é a chamada *sonegação de incapaz*. Esta última modalidade requer a ausência de justa causa.

Trata-se de crime doloso.

Na primeira modalidade de conduta, a consumação se dá com a fuga do menor ou interdito; na segunda, com a efetiva entrega do menor ou interdito; na terceira, com a recusa em entregar o menor ou interdito.

Na primeira e na segunda modalidade de conduta, admite-se a tentativa. Na terceira, por tratar-se de crime omissivo, não se admite a tentativa.

4.2   Subtração de incapazes

O crime de subtração de incapazes vem previsto no art. 249 do Código Penal, tendo como objetividade jurídica a proteção do direito ao pátrio poder, à tutela e à curatela.

Sujeito ativo pode ser qualquer pessoa. O fato de ser o agente pai ou tutor do menor, ou curador do interdito, segundo dispõe o § 2.º, não o exime de pena, se destituído ou temporariamente privado do pátrio poder, tutela, curatela ou guarda.

Sujeito passivo podem ser os pais, o tutor, o curador e os filhos menores, os tutelados ou os curatelados.

A conduta típica vem expressa pelo verbo *subtrair*, que significa retirar o menor de 18 anos ou interdito do poder de quem legalmente o tenha sob sua guarda.

A subtração pode ser realizada por qualquer forma ou meio.

Não se confunde, entretanto, o crime de subtração de incapaz com o crime de sequestro, havendo, neste, a intenção do agente de privar a vítima de sua liberdade.

Se o intuito do agente for colocar o menor em *lar substituto*, estará tipificado o delito previsto no art. 237 da Lei n. 8.069/90 (Estatuto da Criança e do Adolescente).

Trata-se de crime doloso.

A consumação ocorre quando o menor de 18 anos ou interdito é retirado da esfera de vigilância e proteção do responsável.

Admite-se a tentativa.

4.2.1   Perdão judicial

O § 2.º do art. 249 do Código Penal cuida de hipótese de perdão judicial, caso em que o juiz pode deixar de aplicar a pena quando o menor ou interdito for restituído sem ter sofrido privações ou maus-tratos.

A *restituição do menor ou interdito* deve ser voluntária.

Dos Crimes contra a Incolumidade Pública

1 DOS CRIMES DE PERIGO COMUM

1.1 Generalidades

Considera-se *perigo comum* aquele que expõe a risco de dano bens jurídicos de indeterminado número de pessoas.

Perigo individual, em contrapartida, é aquele que expõe a risco de dano bens jurídicos pertencentes a apenas uma pessoa ou grupo determinado de pessoas.

Diz-se *perigo concreto* quando, para a configuração do risco, há necessidade de prova.

Perigo abstrato, por seu turno, é o risco presumido em face de determinada conduta do agente.

1.2 Incêndio

O crime de incêndio vem previsto no art. 250 do Código Penal e tem como objetividade jurídica a proteção da incolumidade pública. Essa figura típica não se confunde com a do art. 41 da Lei n. 9.605/98.

Sujeito ativo pode ser qualquer pessoa.

Sujeito passivo genérico é a coletividade e sujeito passivo específico é a pessoa atingida pelo risco causado pela atuação do agente.

A conduta típica vem expressa pelo verbo *causar*, que significa provocar, dar início, deflagrar, produzir, iniciar.

Incêndio é o fogo que lavra com intensidade. Para a configuração do crime, basta que haja combustão, não sendo necessária a existência de chamas.

Constitui elementar do crime a exposição a perigo da vida, integridade física e patrimônio de outrem.

É crime de *perigo concreto*.

O crime de incêndio é doloso, sendo o dolo de perigo (vontade livre e consciente de produzir risco de dano à incolumidade pública).

No § 2.º do art. 250 do Código Penal é prevista também a modalidade culposa.

Pelo teor do art. 258 do Código Penal, admite-se ainda que o crime de incêndio seja preterdoloso, quando ocasionar lesão corporal grave ou morte.

Consuma-se o crime de incêndio com a ocorrência do perigo comum, que deve ser comprovado no caso concreto (crime de *perigo concreto*).

Admite-se a tentativa.

A ação penal é pública incondicionada.

1.2.1 Incêndio circunstanciado

O § I.º, I e II, do art. 250 do Código Penal cuida de causas de aumento de pena de I/3 (um terço), que tornam o crime de incêndio mais grave, pelo maior perigo que representam à coletividade, merecedoras de reprimenda mais rigorosa. Os incisos e suas alíneas prescindem de explicação mais detalhada.

1.2.2 Incêndio culposo

Os comentários já tecidos sobre o incêndio doloso aplicam-se, *mutatis mutandis*, ao incêndio culposo previsto no § 2.º do art. 250 do Código Penal.

Neste, o agente, atuando com culpa (negligência, imprudência ou imperícia), não observa o cuidado necessário ao manuseio do fogo, permitindo a sua propagação e consequente criação de perigo comum à vida, integridade física ou patrimônio de outrem.

1.3 Explosão

O crime de explosão vem previsto no art. 251 do Código Penal, tendo como objetividade jurídica a incolumidade pública.

Sujeito ativo pode ser qualquer pessoa.

Sujeito passivo é a coletividade e, secundariamente, a pessoa atingida pelo risco causado pela atuação do agente.

A conduta típica é *expor a perigo*, que significa periclitar, causar risco à vida, à integridade física ou ao patrimônio de outrem.

É crime de *perigo concreto*.

Explosão significa comoção seguida de detonação e produzida pelo desenvolvimento repentino de uma força ou pela expansão súbita de um gás.

A conduta também se realiza pelo *arremesso*, que significa o lançamento com força, o arrojo, o tiro com ímpeto, e pela *colocação*, que significa instalação, aplicação, aposição.

Engenho é o aparato, o artefato que se costuma denominar *bomba*.

Dinamite é o explosivo à base de *nitroglicerina* a que se adiciona uma substância inerte. A lei equipara dinamite a qualquer outra *substância de efeitos análogos*.

Elemento subjetivo do tipo é o dolo de perigo (vontade livre e consciente de produzir risco de dano à incolumidade pública).

Admite a lei penal como elemento subjetivo a culpa, no § 3.º do art. 251.

Admite-se também o preterdolo segundo o disposto no art. 258 do Código Penal.

Consuma-se o delito com a ocorrência do perigo comum, que deve ser comprovado no caso concreto (crime de *perigo concreto*).

É possível a tentativa no campo teórico, uma vez que a lei já pune a simples colocação ou arremesso do artefato explosivo.

A ação penal é pública incondicionada.

1.3.1 Explosão privilegiada

Trata o § 1.º do art. 251 do Código Penal da chamada explosão privilegiada, em que a substância utilizada tem potencialidade ofensiva menor que a dinamite ou outro explosivo de efeitos análogos, representando, consequentemente, menor perigo à coletividade pela menor possibilidade de dano.

1.3.2 Explosão circunstanciada

O § 2.º do art. 251 do Código Penal trata da explosão circunstanciada. Cabem nessa hipótese todos os comentários já tecidos por ocasião da análise do § 1.º do art. 250 do Código Penal.

1.3.3 Explosão culposa

A explosão culposa vem prevista no § 3.º do art. 251 do Código Penal.

Na previsão legal, as modalidades de *arremesso* ou *simples colocação* não são consideradas.

Assim, apenas a *explosão culposa* é incriminada.

A culpa decorre da imprudência, negligência ou imperícia no trato com a substância explosiva.

Nesse parágrafo, se a explosão culposa for de *dinamite* ou de *substância de efeitos análogos*, cuja explicação já se deu linhas acima, a pena será de 6 meses a 2 anos.

Se a explosão culposa for de *outras substâncias explosivas* que não dinamite ou substância de efeitos análogos, a pena será de 3 meses a 1 ano.

1.4 Uso de gás tóxico ou asfixiante

O uso de gás tóxico ou asfixiante é crime previsto no art. 252 do Código Penal, tendo como objetividade jurídica a tutela da incolumidade pública.

Sujeito ativo pode ser qualquer pessoa.

Sujeito passivo é a coletividade e, secundariamente, o titular do direito à vida, à integridade física e ao patrimônio.

A conduta típica vem caracterizada pela expressão *expor a perigo*, que significa *periclitar*, colocar em situação de risco de dano, a *integridade física* ou o *patrimônio de outrem*.

Trata-se de crime de *perigo concreto*, já que a lei exige a comprovação do risco para a incolumidade pública.

A exposição a perigo deve dar-se pela utilização de *gás tóxico* (que provoca envenenamento) ou *gás asfixiante* (que causa sufocamento, falta de ar).

Trata-se de crime doloso.

A consumação ocorre no momento em que o agente pratica uma das condutas.

Sendo *crime de perigo concreto*, o risco não é presumido.

Admite-se, em tese, a tentativa.

1.4.1 Modalidade culposa

Nessa modalidade, prevista no parágrafo único do art. 252 do Código Penal, o agente, agindo com culpa (negligência, imprudência ou imperícia), não observa o cuidado necessário ao manuseio do gás, permitindo a sua propagação e consequente criação de perigo comum à vida, à integridade física ou ao patrimônio de outrem.

1.5 Fabrico, fornecimento, aquisição, posse ou transporte de explosivos ou gás tóxico, ou asfixiante

O crime de fabrico, fornecimento, aquisição, posse ou transporte de explosivos ou gás tóxico, ou asfixiante, vem previsto no art. 253 do Código Penal, tendo como objetividade jurídica a tutela da incolumidade pública.

O art. 16, § 1.º, III, da Lei n. 10.826/2003 (Estatuto do Desarmamento) revogou parcialmente o dispositivo em comento.

Sujeito ativo pode ser qualquer pessoa.

Sujeito passivo é a coletividade e, secundariamente, o titular do direito à vida, à integridade física e ao patrimônio.

A conduta típica vem caracterizada pelos verbos:

a) fabricar;

b) fornecer;

c) adquirir;

d) possuir;

e) transportar.

O objeto material do delito pode ser:

a) substância explosiva;

b) engenho explosivo;

c) gás tóxico;

d) gás asfixiante;

e) material destinado à fabricação de qualquer um deles.

Para a configuração do crime é necessário que a conduta se desenvolva *sem licença da autoridade*, pois o Poder Público, por seus agentes, pode autorizar o fabrico, fornecimento, aquisição, posse ou transporte do objeto material do crime em situações legalmente previstas. Trata-se de norma penal em branco.

Trata-se de crime doloso.

A consumação se dá com a ocorrência do *perigo abstrato* (ao contrário dos demais crimes de perigo comum), já que a presunção da lei é absoluta. Admite-se a tentativa apenas na modalidade de conduta *adquirir.*

A ação penal é pública incondicionada.

1.6   Inundação

O crime de inundação vem previsto no art. 254 do Código Penal, tendo como objetividade jurídica a tutela da incolumidade pública.

Sujeito ativo pode ser qualquer pessoa.

Sujeito passivo é a coletividade e, secundariamente, o titular do direito à vida, à integridade física e ao patrimônio.

A conduta típica vem caracterizada pelo verbo *causar*, que significa determinar, motivar, produzir.

Inundação significa alagamento, enchente, provocados por grande quantidade de água.

A inundação deve *expor a perigo*, que significa periclitar, colocar em situação de risco de dano, *a vida, a integridade física ou o patrimônio de outrem.* Esse perigo deve ser *concreto* (precisa ser provado).

Trata-se de crime doloso, que se consuma com a ocorrência do *perigo concreto* a indeterminado número de pessoas (perigo comum), decorrente da inundação.

Admite-se a tentativa.

1.6.1   Inundação culposa

A inundação culposa vem implicitamente prevista no preceito secundário (sanção) do art. 254 do Código Penal.

Decorre ela de imprudência, negligência ou imperícia do agente. Não há a vontade de causar a inundação, ocorrendo esta por ausência de observância do cuidado necessário.

1.7   Perigo de inundação

Previsto no art. 255 do Código Penal, o crime de perigo de inundação tem como objetividade jurídica a proteção da incolumidade pública.

Sujeito ativo pode ser qualquer pessoa, inclusive o proprietário do prédio onde se encontra obstáculo ou obra.

Sujeito passivo é a coletividade e, secundariamente, o titular do direito à vida, à integridade física e ao patrimônio.

A conduta típica vem caracterizada pelos verbos *remover*, que significa afastar, retirar, deslocar; *destruir*, que significa arruinar, extinguir, arrasar, fazer desaparecer; e *inutilizar*, que significa invalidar, danificar, tornar impróprio ao uso.

Por *obstáculo natural* deve ser entendido aquele decorrente do próprio estado da coisa, sem interferência humana, tais como as margens do rio ou lago, a espessa vegetação que recobre o leito do rio, a camada de terra ou pedra que separam o mar de área habitada etc.

Por *obra destinada a impedir a inundação* deve ser entendida aquela decorrente da ação humana, construída pelo homem, tais como barragens, comportas, reclusas etc.

A conduta deve ocorrer em *prédio próprio ou alheio*, deixando claro que o agente pode praticar o delito em imóvel de sua propriedade ou de terceiros.

Deve haver ainda a *exposição a perigo*, que significa a periclitação, a colocação em situação de risco de dano, *da vida, da integridade física ou do patrimônio de outrem*. Esse perigo deve ser *concreto* (precisa ser provado).

Trata-se de crime doloso.

A consumação se dá com a ocorrência do *perigo concreto* a indeterminado número de pessoas (perigo comum), decorrente da remoção, destruição ou inutilização do obstáculo natural ou obra.

Admite-se a tentativa.

1.8   Desabamento ou desmoronamento

O crime de desabamento ou desmoronamento vem previsto no art. 256 do Código Penal, tendo como objetividade jurídica a proteção da incolumidade pública.

Sujeito ativo pode ser qualquer pessoa.

Sujeito passivo é a coletividade e, secundariamente, o titular do direito à vida, à integridade física e ao patrimônio.

A conduta típica vem caracterizada pelo verbo *causar*, que significa determinar, motivar, produzir.

Desabamento significa a queda, a ruína de obra produzida pelo homem.

Desmoronamento significa a queda, a ruína de obra da natureza, tais como o solo, montanhas, barrancos, pedreiras etc.

Qualquer meio pode ser utilizado para causar o desabamento ou o desmoronamento, que devem *expor a perigo* (periclitar, colocar em situação de risco de dano) *a vida, a integridade física ou o patrimônio de outrem*. Esse perigo deve ser *concreto* (precisa ser provado).

Trata-se de crime doloso.

A consumação se dá com a ocorrência do *perigo concreto* a indeterminado número de pessoas (perigo comum), decorrente do desabamento ou desmoronamento.

Admite-se a tentativa.

1.8.1 Modalidade culposa

O parágrafo único do art. 256 do Código Penal trata de *desabamento culposo* ou *desmoronamento culposo*, modalidades em que deve o agente atuar com imprudência, negligência ou imperícia necessariamente comprovadas.

Não há, nesse caso, a vontade de causar o desabamento ou o desmoronamento, ocorrendo estes por inobservância do cuidado necessário. Ex.: engenheiro civil que negligencia as normas de segurança.

1.9 Subtração, ocultação ou inutilização de material de salvamento

O crime de subtração, ocultação ou inutilização de material de salvamento vem previsto no art. 257 do Código Penal, tendo como objetividade jurídica a proteção da incolumidade pública.

Sujeito ativo pode ser qualquer pessoa.

Sujeito passivo é a coletividade.

A conduta típica vem caracterizada pelos verbos *subtrair*, que significa retirar, apoderar-se da coisa; *ocultar*, que significa esconder, encobrir, não revelar; e *inutilizar*, que significa destruir, danificar, tornar impróprio ao uso.

A conduta deve recair sobre *aparelho, material ou qualquer meio destinado a serviço de combate ao perigo, socorro ou salvamento*, tais como salva-vidas, botes de socorro, barcos infláveis, mangueiras, extintores de incêndio, escadas de salvamento, veículos de salvamento ou transporte de feridos etc.

Na segunda parte do *caput* do artigo a conduta típica vem expressa pelos verbos *impedir*, que significa obstar, interromper, obstruir; e *dificultar*, que significa tornar custoso ou difícil de fazer, obstaculizar, embaraçar, estorvar, complicar. Nessas condutas o agente impede ou dificulta, de qualquer forma, o serviço de salvamento ou socorro.

É *pressuposto* para a caracterização do delito que as condutas acima mencionadas ocorram por ocasião de *desastre* ou *calamidade*, tais como, exemplificativamente expõe a lei, incêndio, inundação ou naufrágio.

Trata-se de crime doloso.

A consumação ocorre, na primeira parte do *caput* do artigo, com a efetiva subtração, ocultação ou inutilização do aparelho, material ou outro meio.

Na segunda parte do *caput*, a consumação se dá com o efetivo impedimento ou embaraço do serviço de salvamento ou socorro.

É indiferente à consumação do delito que, não obstante a conduta do agente, em qualquer de suas modalidades, ocorra o socorro ou salvamento, pois se trata de crime de *perigo abstrato* (não se exige a comprovação do risco).

Admite-se a tentativa.

1.10 Formas qualificadas de crime de perigo comum

O art. 258 do Código Penal cuida das formas qualificadas de crime de perigo comum, em que ocorrem os resultados lesão corporal de natureza grave ou morte.

Trata-se de modalidades preterdolosas de crime de perigo comum, em que atua o agente com dolo na conduta antecedente e culpa na conduta posterior ou consequente (morte ou lesão grave).

Assim, se o crime de perigo comum for *doloso*, na ocorrência de lesão corporal de natureza grave, a pena será aumentada de metade; se ocorrer a morte, a pena será aplicada em dobro.

Se o crime de perigo comum for *culposo*, na ocorrência de lesão corporal de natureza grave, a pena também será aumentada de metade; se ocorrer a morte, a pena será a do homicídio culposo, aumentada de um terço.

Nesse aspecto: "O art. 258 do CP não define tipo delituoso autônomo, diverso do descrito no art. 250 do mesmo diploma penal, mas, apenas, os resultados nele previstos (lesões corporais ou morte) foram considerados pelo legislador para funcionar como circunstâncias qualificadoras, nos crimes de perigo comum, entre eles o de incêndio, agravando a pena" (STF — *Lex*, 217/266).

1.11 Difusão de doença ou praga

O art. 61 da Lei n. 9.605/98 (Lei dos Crimes Ambientais) revogou tacitamente o art. 259 do Código Penal, inclusive na modalidade culposa, tratando da matéria de forma mais abrangente.

Estabelece o referido artigo:

"Art. 61. Disseminar doença ou praga ou espécies que possam causar dano à agricultura, à pecuária, à fauna, à flora ou aos ecossistemas:

Pena - reclusão, de um a quatro anos, e multa".

2 DOS CRIMES CONTRA A SEGURANÇA DOS MEIOS DE COMUNICAÇÃO E TRANSPORTE E OUTROS SERVIÇOS PÚBLICOS

2.1 Perigo de desastre ferroviário

O crime de perigo de desastre ferroviário vem previsto no art. 260 do Código Penal e tem como objetividade jurídica a proteção da incolumidade pública.

Trata-se de crime de perigo comum.

Sujeito ativo pode ser qualquer pessoa.

Sujeito passivo é a coletividade e, secundariamente, os titulares dos bens jurídicos ofendidos.

A conduta típica vem expressa pelos verbos *impedir*, que significa obstar, obstruir, impossibilitar, e *perturbar*, que significa atrapalhar, desorganizar.

Estrada de ferro, segundo esclarece o § 3.º desse artigo ora mencionado, é qualquer via de comunicação em que circulem veículos de tração mecânica, em trilhos ou por meio de cabo aéreo.

O impedimento, ou perturbação, deve relacionar-se a uma das ações estampadas nos incisos I, II, III e IV do *caput* do art. 260 do Código Penal.

Trata-se de crime doloso.

A consumação se dá com a efetiva ocorrência da situação de perigo. É um crime de *perigo concreto*.

Admite-se a tentativa.

2.1.1 Desastre ferroviário

Caso ocorra o desastre ferroviário em razão da prática das condutas mencionadas, será o agente apenado, segundo o disposto no § 1.º do art. 260 do Código Penal, com 4 a 12 anos de reclusão, e multa. Esse dispositivo prevê hipótese de crime qualificado pelo resultado.

2.1.2 Desastre culposo

Se efetivamente ocorrer o *desastre ferroviário por culpa do agente* (imprudência, negligência ou imperícia), aplica-se o disposto no § 2.º do art. 260 do Código Penal.

2.1.3 Resultado morte ou lesão corporal

Nos termos do que dispõe o art. 263 do Código Penal, se ocorrer desastre ou sinistro, com lesão corporal ou morte, aplica-se o disposto no art. 258 do mesmo Código.

Assim, no caso de *desastre ferroviário doloso*, se resultar lesão corporal de natureza grave, a pena privativa de liberdade é aumentada de metade; se resultar morte, é aplicada em dobro.

No caso de *desastre ferroviário culposo*, se resultar lesão corporal de qualquer natureza, a pena privativa de liberdade é aumentada de metade; se resultar morte, aplica-se a pena do homicídio culposo, aumentada de um terço.

2.2 Atentado contra a segurança de transporte marítimo, fluvial ou aéreo

Crime previsto no art. 261 do Código Penal, o atentado contra a segurança de transporte marítimo, fluvial ou aéreo tem como objetividade jurídica a proteção da incolumidade pública.

Sujeito ativo pode ser qualquer pessoa.

Sujeito passivo é a coletividade e, secundariamente, os titulares dos bens jurídicos eventualmente ofendidos.

A conduta típica vem apresentada em duas modalidades:

a) *expor a perigo* embarcação ou aeronave, própria ou alheia, o que pode ocorrer mediante ação ou omissão;

b) *praticar* qualquer ato tendente a *impedir* ou *dificultar* navegação marítima, fluvial ou aérea, o que pode ocorrer por ação ou omissão.

Por cuidar-se de crime de perigo comum, é imprescindível que a embarcação ou aeronave seja destinada a *transporte coletivo.*

Trata-se de crime doloso.

A consumação se dá com a efetiva ocorrência da situação de perigo. É crime de *perigo concreto.*

Admite-se a tentativa.

2.2.1 Sinistro em transporte marítimo, fluvial ou aéreo

O § I.º do art. 261 do Código Penal prevê a hipótese de crime qualificado pelo resultado quando, em razão do fato, ocorrer:

a) naufrágio, submersão ou encalhe da embarcação;

b) queda ou destruição da aeronave.

2.2.2 Prática do crime com o fim de lucro

Se houver, por parte do agente, o *intuito de obter vantagem econômica,* para si ou para outrem, de acordo com o § 2.º do art. 261 do Código Penal, aplica-se, também, a pena de multa. Não se exige, nesse caso, que o agente obtenha, efetivamente, a vantagem econômica.

2.2.3 Modalidade culposa

A modalidade culposa vem prevista no § 3.º do art. 261 do Código Penal, somente sendo cabível quando, por imprudência, negligência ou imperícia do agente, ocorrer o sinistro.

2.2.4 Resultado morte ou lesão corporal

Nos termos do que dispõe o art. 263 do Código Penal, se ocorrer desastre ou sinistro, com lesão corporal ou morte, aplica-se o disposto no art. 258 do mesmo Código.

Assim, no caso de sinistro em transporte marítimo, fluvial ou aéreo doloso, se resultar lesão corporal de natureza grave, a pena privativa de liberdade é aumentada de metade; se resultar morte, é aplicada em dobro.

No caso de sinistro em transporte marítimo, fluvial ou aéreo culposo, se resultar lesão corporal de qualquer natureza, a pena privativa de liberdade é aumentada de metade; se resultar morte, aplica-se a pena do homicídio culposo, aumentada de um terço.

2.3 Atentado contra a segurança de outro meio de transporte

O atentado contra a segurança de outro meio de transporte é crime previsto no art. 262 do Código Penal, tendo como objetividade jurídica a proteção da incolumidade pública.

Sujeito ativo pode ser qualquer pessoa.

Sujeito passivo é a coletividade e, secundariamente, os titulares dos bens jurídicos eventualmente lesados.

A conduta típica vem expressa pelos verbos *impedir* e *dificultar* o funcionamento do transporte público.

Essa conduta deve ocorrer em face da *exposição a perigo* do meio de transporte público, o que pode acontecer por qualquer forma utilizada pelo agente.

O objeto material do crime é *outro meio de transporte público*, tal como ônibus, táxi, lotação etc., excluindo-se, em razão da tipificação anterior, aquele feito por meio ferroviário, marítimo, fluvial ou aéreo.

Trata-se de crime doloso.

A consumação se dá com a ocorrência efetiva da situação de perigo. É crime de *perigo concreto*.

Admite-se a tentativa.

2.3.1 Figura típica qualificada

O § 1.º do art. 262 do Código Penal prevê hipótese de crime qualificado pelo resultado, ocorrendo desastre em razão da conduta prevista no *caput* do mesmo artigo.

2.3.2 Modalidade culposa

Ocorrendo o desastre em razão da exposição culposa a perigo do meio de transporte público, a pena será de detenção de 3 meses a 1 ano.

2.3.3 Resultado morte ou lesão corporal

Nos termos do que dispõe o art. 263 do Código Penal, se ocorrer desastre ou sinistro, com lesão corporal ou morte, aplica-se o disposto no art. 258 do mesmo Código.

Assim, no caso de *desastre doloso* em outro meio de transporte público, se resultar lesão corporal de natureza grave, a pena privativa de liberdade é aumentada de metade; se resultar morte, é aplicada em dobro.

No caso de *desastre culposo* em outro meio de transporte público, se resultar lesão corporal de qualquer natureza, a pena privativa de liberdade é aumentada de metade; se resultar morte, aplica-se a pena do homicídio culposo, aumentada de um terço.

2.4 Arremesso de projétil

O arremesso de projétil é crime previsto no art. 264 do Código Penal, tendo como objetividade jurídica a proteção da incolumidade pública.

Sujeito ativo pode ser qualquer pessoa.

Sujeito passivo é a coletividade e, secundariamente, o titular do bem jurídico eventualmente atingido pela conduta do agente.

A conduta típica é representada pelo verbo *arremessar*, que significa atirar, jogar, lançar.

Projétil pode ser definido como qualquer corpo, sólido e pesado, que se move no espaço, abandonado a si próprio, depois de receber impulso.

O arremesso pode ser feito por qualquer meio, normal ou mecânico, contra veículo, em movimento, destinado ao transporte público por terra, por água ou pelo ar. Ex.: arremesso de pedra contra o para-brisa de ônibus em movimento.

Trata-se de crime doloso.

A consumação ocorre com o arremesso do projétil, independentemente de ser o veículo atingido. Trata-se de crime de *perigo abstrato*, presumido, bastando a mera possibilidade de dano decorrente da conduta do agente.

A tentativa não é admitida.

2.4.1 Resultado morte ou lesão corporal

O crime é qualificado pelo resultado quando, do arremesso do projétil, resultar lesão corporal ou morte, nos termos do parágrafo único do art. 264 do Código Penal.

2.5 Atentado contra a segurança de serviço de utilidade pública

O crime de atentado contra a segurança de serviço de utilidade pública vem previsto no art. 265 do Código Penal e tem como objetividade jurídica a proteção da incolumidade pública.

Sujeito ativo pode ser qualquer pessoa.

Sujeito passivo é a coletividade.

A conduta típica vem expressa pelo verbo *atentar*, que significa perturbar, importunar, apresentando-se sob duas modalidades:

a) atentar contra a segurança dos serviços de utilidade pública;

b) atentar contra o funcionamento dos serviços de utilidade pública.

Os *serviços de utilidade pública* são exemplificados no artigo como água, luz, força ou calor, sendo tutelados outros mais que possam ser assim considerados.

Trata-se de crime doloso.

A consumação ocorre com o efetivo atentado contra a segurança e funcionamento do serviço de utilidade pública. É um crime de *perigo abstrato*, presumido.

Admite-se a tentativa.

2.5.1 Crime qualificado

A figura típica qualificada vem prevista no parágrafo único do art. 265 do Código Penal, quando o dano ocorrer em virtude de subtração de material essencial ao funcionamento dos serviços.

2.6 Interrupção ou perturbação de serviço telegráfico, telefônico, informático, telemático ou de informação de utilidade pública

A interrupção ou perturbação de serviço telegráfico, telefônico, informático, telemático ou de informação de utilidade pública é crime previsto no art. 266 do Código Penal, tendo como objetividade jurídica a proteção da incolumidade pública.

Sujeito ativo pode ser qualquer pessoa.

Sujeito passivo é a coletividade.

A conduta típica divide-se em quatro modalidades:

a) *interromper* serviço telegráfico, radiotelegráfico ou telefônico;

b) *perturbar* serviço telegráfico, radiotelegráfico ou telefônico;

c) *impedir* o restabelecimento de serviço telegráfico, radiotelegráfico ou telefônico;

d) *dificultar* o restabelecimento de serviço telegráfico, radiotelegráfico ou telefônico.

Trata-se de crime doloso.

A consumação ocorre com a efetiva interrupção ou perturbação do serviço telegráfico, radiotelegráfico ou telefônico, ou com o efetivo impedimento ou dificuldade de seu restabelecimento. É crime de *perigo abstrato*, presumido.

Admite-se a tentativa.

2.6.1 Figura equiparada

O § 1.º, introduzido pela Lei n. 12.737, de 30 de novembro de 2012, determina a aplicação da mesma pena de detenção de 1 a 3 anos e multa a quem interrompe serviço telemático ou de informação de utilidade pública, ou impede ou dificulta-lhe o restabelecimento.

2.6.2 Crime circunstanciado

O § 2.º do art. 266 do Código Penal, também introduzido pela Lei n. 12.737/2012, prevê a forma circunstanciada, cominando pena em dobro quando o crime é cometido em ocasião de calamidade pública.

Calamidade pública é a situação de desgraça coletiva, tal como na ocorrência de terremotos, furacões, enchentes, incêndios etc.

3 DOS CRIMES CONTRA A SAÚDE PÚBLICA

3.1 Epidemia

O crime de epidemia vem previsto no art. 267 do Código Penal, tendo como objetividade jurídica a proteção da incolumidade pública, no particular aspecto da saúde do grupo social.

Sujeito ativo pode ser qualquer pessoa.

Sujeito passivo é a coletividade.

A conduta típica vem caracterizada pelo verbo *causar*, que significa provocar, ocasionar, originar, produzir.

Epidemia significa doença que surge rapidamente num lugar e acomete simultaneamente numerosas pessoas. A epidemia deve ser causada mediante a *propagação de germes patogênicos*.

Propagar significa espalhar, disseminar, difundir.

Germes patogênicos são micróbios ou micro-organismos, seres microscópicos, animais ou vegetais, causadores de doenças.

O crime somente se configura se os germes patogênicos puderem causar doenças humanas. Tratando-se de doença que atinja animais ou plantas, restará configurado o crime do art. 61 da Lei n. 9.605/98 (Lei dos Crimes Ambientais).

Trata-se de crime doloso.

A consumação se dá com a ocorrência da epidemia, da difusão da doença. É crime de *perigo concreto*.

Admite-se a tentativa.

3.1.1 Epidemia qualificada pelo resultado

Na epidemia qualificada pelo resultado, prevista no § 1.º do art. 267 do Código Penal, a pena é aplicada em dobro quando ocorre morte.

Trata-se de modalidade de *crime hediondo*, prevista no art. 1.º da Lei n. 8.072/90.

3.1.2 Epidemia culposa

A epidemia culposa vem prevista no § 2.º do art. 267 do Código Penal, ocorrendo quando o agente, por imprudência, imperícia ou negligência, inobservando o cuidado necessário, dá causa à propagação dos germes patogênicos, ocasionando epidemia. Se ocorrer o resultado morte por culpa do agente, a pena de epidemia culposa será duplicada.

3.2 Infração de medida sanitária preventiva

A infração de medida sanitária preventiva é crime previsto no art. 268 do Código Penal, tendo como objetividade jurídica a tutela da incolumidade pública, no particular aspecto da saúde do grupo social.

Sujeito ativo pode ser qualquer pessoa. Se for funcionário da saúde pública ou exercer a profissão de médico, farmacêutico, dentista ou enfermeiro, a pena será aumentada de um terço, por força do disposto no parágrafo único do citado art. 268.

Sujeito passivo é a coletividade.

A conduta típica vem caracterizada pelo verbo *infringir*, que significa transgredir, violar, desrespeitar, desobedecer.

A expressão *determinação do Poder Público* indica que se trata de norma penal em branco, necessitando de disposição que complemente seu conteúdo.

A determinação poderá ser expedida por qualquer autoridade do Poder Público dentro de sua esfera de competência administrativa, podendo ser federal, estadual ou municipal. Referida determinação do Poder Público é destinada a *impedir* (obstar, tolher, interromper) *introdução* (entrada, início) ou *propagação* (difusão, generalização) de *doença contagiosa*.

Doença contagiosa é aquela capaz de ser transmitida pelo contato entre as pessoas, direto ou indireto, compreendidas aquelas transmissíveis pelo sangue ou suas frações (hepatites B e C, sífilis, doença de Chagas, malária, AIDS etc.).

Ex.: abate clandestino de gado em local desprovido de condições de higiene; funcionamento irregular de abatedouro de animais etc.

"Processual penal e penal. *Habeas corpus*. Infração de medida sanitária preventiva. Funcionamento irregular de abatedouro de animais. Prisão preventiva. Fundamentação concreta. Ilegalidade. Ausência. Reiteração delitiva. Desobediência ordem judicial. Adequação e necessidade da custódia cautelar. Excesso de prazo da instrução. Princípio da razoabilidade. Constrangimento ilegal não verificado" (STJ — HC 330.507/SP — Rel. Min. Nefi Cordeiro — Sexta Turma — *DJe* 16-11-2015).

Trata-se de crime doloso.

A consumação ocorre com a infração à determinação do Poder Público. É crime de *perigo abstrato*, não se exigindo a ocorrência de perigo concreto.

Admite-se a tentativa.

3.3 Omissão de notificação de doença

O crime de omissão de notificação de doença vem previsto no art. 269 do Código Penal, tendo como objetividade jurídica a proteção da incolumidade pública, no particular aspecto da saúde do grupo social.

Sujeito ativo somente pode ser o médico, por tratar-se de crime próprio.

Sujeito passivo é a coletividade.

A conduta típica vem caracterizada pelo verbo *deixar*, que significa omitir, cessar, omitir, abster-se.

É *crime omissivo puro*, em que o médico deixa de *denunciar* (acusar, delatar, revelar) à *autoridade pública* (legalmente investida e no exercício da função) *doença cuja notificação é compulsória*.

Trata-se de norma penal em branco, necessitando de complemento, ou seja, de lei ou regulamento que enumere as doenças cuja notificação à autoridade pública é obrigatória.

O art. 3.º do Anexo V da Portaria de Consolidação n. 4, de 28 de setembro de 2017, do Ministério da Saúde, estabelece:

"Art. 3.º A notificação compulsória é obrigatória para os médicos, outros profissionais de saúde ou responsáveis pelos serviços públicos e privados de saúde, que prestam assistência ao paciente, em conformidade com o art. 8.º da Lei n. 6.259, de 30 de outubro de 1975. (Origem: PRT MS/GM 204/2016, Art. 3.º)

§ 1.º A notificação compulsória será realizada diante da suspeita ou confirmação de doença ou agravo, de acordo com o estabelecido no Anexo I do Anexo V, observando-se, também, as normas técnicas estabelecidas pela SVS/MS. (Origem: PRT MS/GM 204/ 2016, Art. 3.º, § 1.º)".

Assim, o Ministério da Saúde estabelece quais são as doenças de notificação compulsória, como botulismo, cólera, coqueluche, dengue, difteria, doença de Chagas aguda, doença de Creutzfeldt-Jakob (DCJ), doença invasiva por *Haemophilus Influenza*, doença meningocócica e outras meningites, antraz pneumônico, tularemia, varíola, doenças febris hemorrágicas emergentes/reemergentes (como erenavírus, ebola, marburg, lassa, febre purpúrica brasileira), doença aguda pelo vírus Zika, doença aguda pelo vírus Zika em gestante, esquistossomose, febre amarela, febre de Chikungunya, febre do Nilo Ocidental e outras arboviroses de importância em saúde pública, febre maculosa e outras riquetisioses, febre tifoide, hanseníase, hantavirose, hepatites virais, HIV/AIDS — Infecção pelo Vírus da Imunodeficiência Humana ou Síndrome da Imunodeficiência Adquirida, influenza humana produzida por novo subtipo viral, leishmaniose tegumentar americana, leishmaniose visceral, leptospirose, malária, poliomielite, peste, raiva humana, síndrome de rubéola congênita, sarampo, sífilis, tuberculose, dentre outras.

Cuida-se de crime doloso.

A consumação ocorre com a ausência de notificação à autoridade pública. É crime de *perigo abstrato*.

Por tratar-se de *crime omissivo puro*, não se admite tentativa.

3.4 Envenenamento de água potável ou de substância alimentícia ou medicinal

Crime previsto no art. 270 do Código Penal, o envenenamento de água potável ou de substância alimentícia ou medicinal tem como objetividade jurídica a tutela da saúde pública.

Sujeito ativo pode ser qualquer pessoa.

Sujeito passivo é a coletividade.

A conduta típica vem expressa pelo verbo *envenenar*, que significa adicionar, misturar, colocar veneno.

Veneno pode ser entendido como qualquer substância que altera ou destrói as funções vitais.

O objeto material do crime é *água potável* (própria para o consumo), *substância alimentícia* (qualquer substância destinada à alimentação) e *substância medicinal* (qualquer substância destinada à prevenção, tratamento ou cura de doenças). Esses objetos devem ser de *uso comum* ou de *uso particular.*

Trata-se de crime doloso.

A consumação ocorre com o comprovado envenenamento da substância, independentemente do consumo.

Trata-se de crime de *perigo abstrato*, não sendo necessário o efetivo risco à saúde pública.

A tentativa é admitida.

3.4.1 Entrega a consumo ou depósito para distribuição

O § 1.º do art. 270 do Código Penal prevê duas formas de conduta sujeitas à mesma pena:

a) entrega a consumo de água ou substância envenenada;

b) depósito para fim de distribuição de água ou substância envenenada.

Nessas duas modalidades de conduta, o crime se consuma com a entrega ou mero depósito para fim de distribuição, independentemente do perigo concreto. Trata-se de hipóteses, portanto, de perigo abstrato.

3.4.2 Envenenamento culposo

O envenenamento culposo vem previsto no § 2.º do art. 270 do Código Penal, ocorrendo por imprudência, negligência ou imperícia do agente.

3.5 Corrupção ou poluição de água potável

O crime de corrupção ou poluição de água potável, previsto no art. 271 do Código Penal, foi revogado tacitamente pelo art. 54 da Lei n. 9.605/98 (Lei dos Crimes Ambientais), que passou a prever a poluição ambiental em todas as suas formas, inclusive a hídrica.

3.6 Falsificação, corrupção, adulteração ou alteração de substância ou produtos alimentícios

Crime previsto no art. 272 do Código Penal, alterado pela Lei n. 9.677/98, a falsificação, corrupção, adulteração ou alteração de substância ou produtos alimentícios tem como objetividade jurídica a proteção da saúde pública.

Sujeito ativo pode ser qualquer pessoa.

Sujeito passivo é a coletividade.

A conduta vem caracterizada pelos verbos *corromper* (adulterar, viciar, perverter, estragar), *adulterar* (alterar, mudar), *falsificar* (alterar por meio de fraude) e *alterar* (modificar, mudar).

O objeto material do crime é *substância ou produto alimentício destinado a consumo*, inclusive, por força do disposto no § 1.º, *bebidas, com ou sem teor alcoólico*.

É necessário que a conduta do agente seja apta a tornar a substância ou produto alimentício *nocivo à saúde*, ou seja, prejudicial ao regular funcionamento corporal do ser humano, ou ainda *reduzir-lhe o valor nutritivo*, pela diminuição dos nutrientes que lhe são próprios ou que lhe foram adicionados durante a produção ou manipulação.

Trata-se de crime doloso.

A consumação ocorre com a prática de uma das modalidades de conduta, independentemente do efetivo consumo. É crime de *perigo abstrato*.

Admite-se a tentativa.

3.6.1 Fabricação, venda, exposição à venda, importação, depósito, distribuição ou entrega a consumo

No § I.º-A do art. 272 do Código Penal foram tipificadas condutas que se equiparam às do *caput* para finalidade de punição.

A fabricação, venda, exposição à venda, importação, depósito, distribuição ou entrega a consumo da *substância alimentícia* ou *produto falsificado, corrompido ou adulterado* já consuma o delito, desde que tenha o agente a consciência dessa avaria.

3.6.2 Modalidade culposa

A forma culposa do crime vem prevista no § 2.º do art. 272 do Código Penal, configurando-se quando o agente pratica qualquer das modalidades de conduta do *caput* ou do § I.º-A, por imprudência, negligência ou imperícia.

3.7 Falsificação, corrupção, adulteração ou alteração de produto destinado a fins terapêuticos ou medicinais

Prevista no art. 273 do Código Penal, e classificada como *crime hediondo* pelo art. I.º da Lei n. 8.072/90 (Lei dos Crimes Hediondos), a falsificação, corrupção, adulteração ou alteração de produto destinado a fins terapêuticos ou medicinais tem como objetividade jurídica a tutela da saúde pública. O art. 273 teve sua redação alterada pela Lei n. 9.677, de 2 de julho de 1998.

A Lei n. 12.894/2013 incluiu o crime do art. 273 do Código Penal no rol das infrações penais de repercussão interestadual ou internacional que exigem repressão uniforme, podendo ser investigado pela Polícia Federal.

Sujeito ativo pode ser qualquer pessoa.

Sujeito passivo é a coletividade.

A conduta vem caracterizada pelos verbos *falsificar* (alterar por meio de fraude), *corromper* (adulterar, viciar, perverter, estragar), *adulterar* (alterar, mudar) e *alterar* (modificar, mudar).

O objeto material do crime é *produto destinado a fins terapêuticos ou medicinais* (adequado para o tratamento e a cura de enfermidades), além dos *medicamentos, as matérias-primas, os insumos farmacêuticos, os cosméticos, os saneantes e os de uso em diagnóstico*, incluídos por força do § I.º-A do art. 273 do Código Penal.

Trata-se de crime doloso.

A consumação ocorre com a prática de qualquer das modalidades de conduta, independentemente da ocorrência de perigo efetivo ou qualquer outro resultado. É crime de *perigo abstrato.*

Admite-se a tentativa.

3.7.1 Importação, venda, exposição à venda, depósito, distribuição e entrega do produto destinado a fins terapêuticos ou medicinais

No § I.º do art. 273 do Código Penal foram tipificadas condutas que se equiparam às do *caput* para finalidade de punição.

A importação, venda, exposição à venda, depósito para vender, distribuição ou entrega do produto falsificado, corrompido, adulterado ou alterado já consuma o delito, desde que tenha o agente a consciência dessa avaria, como ocorre no tipo penal anteriormente analisado.

A teor do disposto no § 1.º-B do art. 273 do Código Penal, está sujeito às penas desse artigo quem pratica as ações acima mencionadas em relação a produtos em qualquer das seguintes condições:

a) sem registro, quando exigível, no órgão de vigilância sanitária competente;

b) em desacordo com a fórmula constante do registro previsto no inciso anterior;

c) sem as características de identidade e qualidade admitidas para a sua comercialização;

d) com redução de seu valor terapêutico ou de sua atividade;

e) de procedência ignorada;

f) adquiridos de estabelecimentos sem licença da autoridade sanitária competente.

Também nesses casos o crime se consuma com a prática de uma das condutas mencionadas, independentemente de qualquer outro resultado (dano ou perigo concreto).

Trata-se de crime de *perigo abstrato*.

Vale ressaltar que o pleno do Supremo Tribunal Federal, em sede de repercussão geral (Tema 1.003), no julgamento do RE 979.962/RS, em 24-3-2021, sob a relatoria do Ministro Roberto Barroso, fixou a seguinte Tese: "É inconstitucional a aplicação do preceito secundário do art. 273 do Código Penal à hipótese prevista no seu § 1.º-B, I, que versa sobre a importação de medicamento sem registro no órgão de vigilância sanitária. Para esta situação específica, fica repristinado o preceito secundário do art. 273, na sua redação originária".

No referido julgamento, ficou estabelecido que: "1. O art. 273, § 1.º-B, do CP, incluído após o 'escândalo das pílulas de farinha', prevê pena de dez a quinze anos de reclusão para quem importar medicamento sem registro no órgão de vigilância sanitária competente. 2. Como decorrência da vedação de penas cruéis e dos princípios da dignidade humana, da igualdade, da individualização da pena e da proporcionalidade, a severidade da sanção deve ser proporcional à gravidade do delito. 3. O estabelecimento dos marcos penais adequados a cada delito é tarefa que envolve complexas análises técnicas e político-criminais que, como regra, competem ao Poder Legislativo. Porém, em casos de gritante desproporcionalidade, e somente nestes casos, justifica-se a intervenção do Poder Judiciário, para garantir uma sistematicidade mínima do direito penal, de modo que não existam (i) penas exageradamente graves para infrações menos relevantes, quando comparadas com outras claramente mais reprováveis, ou (ii) a previsão da aplicação da mesma pena para infrações com graus de lesividade evidentemente diversos. 4. A desproporcionalidade da pena prevista para o delito do art. 273, § 1.º-B, do CP, salta aos olhos. A norma pune o comércio de medicamentos sem registro administrativo do mesmo modo que a falsificação desses remédios (CP, art. 273, *caput*), e mais severamente do que o tráfico de drogas (Lei n. 11.343/2006, art. 33), o estupro de vulnerável (CP, art. 217-A), a extorsão mediante sequestro (CP, art. 159) e a tortura seguida de morte (Lei n. 9.455/97, art. 1.º, § 3.º). 5. Mesmo a punição do delito previsto no art. 273, § 1.º-B, do CP com as penas cominadas para o tráfico de drogas, conforme propugnado por alguns Tribunais e juízes, mostra-se inadequada, porque a equiparação mantém, embora em menor intensidade, a desproporcionalidade. 6. Para a punição da conduta do art. 273, § I.º-B, do CP, sequer seria necessária, a meu ver, a aplicação analógica de qualquer norma, já que, com o reconhecimento da sua inconstitucionalidade, haveria incidência imediata do tipo penal do contrabando às situações por ele abrangidas. 7. A maioria do Plenário, contudo, entendeu que, como decorrência automática da declaração de inconstitucionalidade do preceito secundário do art. 273, § I.º-B, I, deve incidir o efeito repristinatório sobre o preceito secundário do art. 273, *caput*, na redação original do Código Penal, que previa pena de I a 3 anos de reclusão".

3.7.2 Modalidade culposa

A forma culposa do crime vem prevista no § 2.º do art. 273 do Código Penal, configurando-se quando o agente pratica qualquer das modalidades de conduta do *caput* ou do § I.º, por imprudência, negligência ou imperícia.

3.8 Emprego de processo proibido ou de substância não permitida

O crime de emprego de processo proibido ou de substância não permitida vem previsto no art. 274 do Código Penal, tendo como objetividade jurídica a proteção da saúde pública.

Sujeito ativo pode ser qualquer pessoa.

Sujeito passivo é a coletividade.

A conduta típica vem expressa pelo verbo *empregar*, que significa utilizar, aplicar, usar.

O objeto material do crime é *produto destinado a consumo*, termo que abrange toda substância alimentícia, medicinal ou qualquer outra que tenha como fim a utilização humana.

É vedado, portanto, o uso, no fabrico dos produtos destinados a consumo, de *revestimento, gaseificação artificial, matéria corante, substância aromática, antisséptica, conservadora ou qualquer outra não expressamente permitida pela legislação sanitária.*

Trata-se de crime doloso.

A consumação ocorre com a prática de qualquer das modalidades de conduta, independentemente de dano ou perigo concreto. É crime de *perigo abstrato*.

Admite-se a tentativa.

3.9 Invólucro ou recipiente com falsa indicação

Crime previsto no art. 275 do Código Penal, o invólucro ou recipiente com falsa indicação tem como objetividade jurídica a tutela da saúde pública.

Sujeito ativo pode ser qualquer pessoa.

Sujeito passivo é a coletividade.

A conduta típica vem expressa pelo verbo *inculcar*, que significa apontar, citar, indicar.

O objeto material pode consistir em *invólucro ou recipiente de produtos alimentícios, terapêuticos ou medicinais.*

Para que se configure o tipo penal, é necessário que o objeto material traga nele inculcada a existência de substância que não se encontre em seu conteúdo ou que nele exista em quantidade menor que a mencionada.

A respeito: "Responde pelo delito do art. 275 do CP o agente que, preenchendo recipientes vazios com uísque nacional, os coloca à venda como produto estrangeiro" (*JTA-Crim*, 51/366).

Trata-se de crime doloso.

A consumação ocorre com a mera inculcação, independentemente de outro resultado.

É crime de *perigo abstrato.*

Admite-se a tentativa.

3.10 Produto ou substância nas condições dos dois artigos anteriores

O crime em epígrafe vem previsto no art. 276 do Código Penal, tendo como objetividade jurídica a tutela da saúde pública.

Sujeito ativo pode ser qualquer pessoa.

Sujeito passivo é a coletividade.

A conduta típica vem expressa pelos verbos *vender, expor à venda, ter em depósito para vender ou entregar a consumo.*

O objeto material do delito é o *produto nas condições dos arts. 274 e 275*, ou seja, o produto em que houve o emprego de revestimento, gaseificação artificial, matéria corante, substância aromática, antisséptica, conservadora ou qualquer outra não expressamente permitida pela legislação sanitária; ou ainda o produto em que houve a falsa indicação de conteúdo.

Trata-se de crime doloso.

A consumação ocorre com a venda, exposição à venda, manutenção em depósito para vender ou entrega a consumo de produto nas condições dos dois artigos anteriores. Admite-se a tentativa.

3.11 Substância destinada à falsificação

Substância destinada à falsificação é crime previsto no art. 277 do Código Penal, tendo como objetividade jurídica a proteção da saúde pública.

Sujeito ativo pode ser qualquer pessoa.

Sujeito passivo é a coletividade.

A conduta típica vem expressa pelos verbos *vender, expor à venda, ter em depósito e ceder.*

O objeto material do crime consiste em *substância destinada à falsificação de produtos alimentícios, terapêuticos ou medicinais*. Ex.: posse de petrechos para falsificação de *whisky* estrangeiro, como garrafas, rótulos falsos, lacres, selos, máquinas para engarrafar etc.

Trata-se de crime doloso.

A consumação ocorre com a prática de uma das condutas típicas, independentemente do perigo efetivo. É crime de *perigo abstrato*.

Admite-se a tentativa.

3.12 Outras substâncias nocivas à saúde

Previsto no art. 278 do Código Penal, com o nome de *outras substâncias nocivas à saúde*, esse crime tem como objetividade jurídica a tutela da saúde pública.

Sujeito ativo pode ser qualquer pessoa.

Sujeito passivo é a coletividade.

As modalidades de conduta são *fabricar, vender, expor à venda, ter em depósito para vender*, ou, de qualquer forma, *entregar a consumo*.

O objeto material é *coisa ou substância nociva à saúde, ainda que não destinada à alimentação ou a fim medicinal*.

Assim, incluem-se nesse rol todos os produtos de uso humano que não tenham fim medicinal e não sirvam à alimentação, tais como perfumes, utensílios, roupas e outros produtos de uso pessoal.

Trata-se de crime doloso.

A consumação ocorre com a prática de qualquer das modalidades de conduta, independentemente da ocorrência de dano concreto. É crime de *perigo abstrato*.

Admite-se a tentativa.

3.12.1 Modalidade culposa

A modalidade culposa desse delito vem prevista no parágrafo único do art. 278 do Código Penal, referindo-se a imprudência, negligência ou imperícia não apenas às modalidades de conduta já mencionadas, como também à nocividade à saúde da coisa ou substância.

3.13 Medicamento em desacordo com receita médica

Crime previsto no art. 280 do Código Penal, o medicamento em desacordo com receita médica tem como objetividade jurídica a proteção da incolumidade pública no particular aspecto da saúde do grupo social.

Sujeito ativo pode ser qualquer pessoa.

Sujeito passivo é a coletividade e, secundariamente, aquele a quem é fornecida a substância medicinal em desacordo com a receita médica.

A conduta típica vem caracterizada pelo verbo *fornecer*, que significa ministrar, proporcionar, dar, a título gratuito ou oneroso.

Substância medicinal é aquela destinada à prevenção, controle ou cura de doenças.

Deve a substância medicinal ser fornecida *em desacordo com receita médica*, ou seja, em discordância, divergência ou desconformidade (qualitativa ou quantitativamente) com o documento fornecido pelo médico consubstanciando a prescrição da substância medicinal.

Trata-se de crime doloso.

A consumação ocorre com o fornecimento da substância medicinal em desacordo com a receita médica, independentemente de outro resultado. É crime de *perigo abstrato*.

Admite-se a tentativa.

3.13.1 Modalidade culposa

Trata-se da modalidade culposa do crime em análise, em que o agente fornece por imprudência, negligência ou imperícia a substância medicinal em desacordo com a receita médica. Existe a falta do cuidado objetivo necessário.

3.14 Exercício ilegal da Medicina, arte dentária ou farmacêutica

Crime previsto no art. 282 do Código Penal, o exercício ilegal da Medicina, arte dentária ou farmacêutica tem como objetividade jurídica a proteção da incolumidade pública no particular aspecto da saúde do grupo social.

O exercício da Medicina, no Brasil, é regido pelas disposições da Lei n. 12.842/2013, a qual, nos arts. 4.º e 5.º, estabelece as atividades privativas do médico. A denominação "médico", para os efeitos desta lei, é privativa dos graduados em cursos superiores de Medicina, e o exercício da profissão é privativo dos inscritos no Conselho Regional de Medicina com jurisdição na respectiva unidade da federação.

Há duas espécies de sujeito ativo nesse delito. Na modalidade de conduta *exercer sem autorização legal*, sujeito ativo pode ser qualquer pessoa. Na modalidade de conduta *exercer excedendo-lhe os limites*, sujeito ativo somente pode ser o médico, o cirurgião-dentista ou o farmacêutico.

Sujeito passivo é a coletividade e, secundariamente, aquele que for vítima do exercício ilegal.

A conduta típica vem caracterizada pelo verbo *exercer*, que significa desempenhar, executar, praticar.

A partir daí apresentam-se duas variações:

a) exercício, a título gratuito ou oneroso, da profissão de médico, cirurgião-dentista ou farmacêutico, sem autorização legal;

b) exercício, a título gratuito ou oneroso, da profissão de médico, cirurgião-dentista ou farmacêutico, excedendo-lhe os limites.

Na primeira modalidade, existe a necessidade de autorização legal para o exercício das profissões indicadas, que se traduz na habilitação consistente em registro do título, diploma ou licença perante o órgão governamental próprio.

Na segunda modalidade, há a habilitação legal, exercendo o profissional seu mister excedendo os limites estabelecidos em lei.

"Recurso ordinário em *habeas corpus*. Processual penal. Exercício ilegal da medicina. Falsificação de documento particular. Médico boliviano trabalhando sem validar o diploma no país. Prisão preventiva. Gravidade abstrata da conduta. Hipotético risco de fuga por se tratar de réu estrangeiro. Motivação inidônea. Recurso provido" (STJ — RHC 116.799/SP — Rel. Ministra Laurita Vaz — Sexta Turma — *DJe* 1.º-10-2019).

A respeito da profissão de *parteira*: "Comete o delito do art. 282 do CP quem exerce ilegalmente a profissão de parteira, sem possuir o certificado a que alude o art. 2.º, IV, da Lei n. 2.604/55, e tampouco está inscrita como prática, nos termos do n. VI do mesmo dispositivo legal" (TACrim — *RT*, 376/329).

"O texto do art. 282 do CP menciona o exercício da profissão de médico, dentista ou farmacêutico, sem autorização ou excedendo-lhe os limites. Nenhuma referência faz ao exercício da obstetrícia" (TACrim — *RT*, 321/334).

Trata-se de crime doloso. A consumação ocorre com o efetivo exercício das profissões nominadas sem autorização legal ou excedendo-lhe os limites. É crime de *perigo abstrato*, não havendo necessidade de comprovação de efetivo risco para qualquer pessoa.

Para parcela majoritária da doutrina, trata-se de *crime habitual*, que se consuma com a reiteração da prática de atos privativos de médico, cirurgião-dentista ou farmacêutico.

Entendendo tratar-se de crime habitual, não se admite a tentativa.

3.14.1 Forma qualificada

O parágrafo único do art. 282 do Código Penal trata de figura típica qualificada, que não exige a efetiva obtenção de lucro, bastando que a conduta seja praticada com a *finalidade de lucro*.

3.15 Charlatanismo

Crime previsto no art. 283 do Código Penal, o charlatanismo tem como objetividade jurídica a proteção da incolumidade pública, no particular aspecto da saúde do grupo social.

Sujeito ativo pode ser qualquer pessoa.

Sujeito passivo é a coletividade.

A conduta típica vem caracterizada pelo verbo *inculcar*, que significa apregoar, indicar, recomendar; e pelo verbo *anunciar*, que significa noticiar, divulgar, publicar.

O agente, portanto, deve inculcar ou anunciar *cura*, que deve ser entendida como o restabelecimento da saúde, o tratamento preventivo de saúde ou a extinção da moléstia.

A cura deve ser anunciada ou inculcada por *meio secreto* (oculto, encoberto, escuso, ignorado) ou *meio infalível* (indefectível, certo, seguro, que não falha). Para a configuração do crime é necessário, ainda, que o meio de cura seja ineficaz.

"Charlatanismo e curandeirismo — Delitos atribuídos a líder de seita religiosa — Denúncia que não descreve sequer que as condutas atribuídas teriam produzido a probabilidade de dano — Inépcia reconhecida — Liberdade de culto, ademais, assegurada constitucionalmente — Falta de justa causa para a ação penal — Trancamento determinado — 'Habeas corpus' concedido — Voto vencido" (STJ — *RT*, 699/376).

Trata-se de crime doloso.

A consumação ocorre com a conduta de inculcar a cura ou anunciá-la por meio secreto ou infalível, independentemente de outro resultado. É crime de *perigo abstrato*, em que se presume o perigo para a saúde pública.

Admite-se a tentativa.

3.16 Curandeirismo

O curandeirismo é crime previsto no art. 284 do Código Penal e tem como objetividade jurídica a tutela da incolumidade pública, no particular aspecto da saúde do grupo social.

Sujeito ativo pode ser qualquer pessoa.

Sujeito passivo é a coletividade.

A conduta típica vem caracterizada pelo verbo *exercer*, que significa praticar, exercitar, desempenhar.

Curandeirismo é o exercício da atividade de cura por meios não convencionais e não científicos que a lei especifica.

O *caput* do artigo prevê três formas de execução:

a) *prescrevendo* (receitando, preceituando, indicando), *ministrando* (prestando, oferecendo, fornecendo, inoculando) ou *aplicando* (administrando, empregando), *habitualmente* (crime habitual que requer a reiteração da conduta), *qualquer substância* (animal, vegetal ou mineral, nociva ou não à saúde);

b) *usando gestos* (passes, posturas, manipulações), *palavras* (rezas, esconjurações, benzeduras) ou *qualquer outro meio* (qualquer outro método análogo aos já citados).

c) *fazendo diagnóstico* (ato privativo de médico, que, à vista dos sintomas apresentados pelo paciente, indica a existência de determinada moléstia).

Nas hipóteses *b* e *c* já citadas, embora a lei não exija expressamente, é necessária a *habitualidade* da conduta.

Trata-se de crime doloso.

Consuma-se o delito com a reiteração das condutas elencadas nos incisos I, II e III do art. 284 do Código Penal. É crime de *perigo abstrato*, presumido.

Não se admite a tentativa, por se tratar de *crime habitual*.

3.16.1 Curandeirismo e liberdade de crença e religião (art. 5.º, VI, da CF)

Não se confunde o curandeirismo com a prática religiosa, garantida pela Constituição Federal.

Nesse sentido: "Se a cura que o réu apregoava, para os males de quem o procurava, era pedida comunitariamente, através de orações, pura questão de fé, tal prática não configura o delito de curandeirismo, tendo em vista a liberdade de culto assegurada pela Constituição" (TACrim — *RT*, 446/414).

"Por ser o curandeirismo uma fraude, não lhe vem em socorro a liberdade religiosa assegurada na Constituição do Brasil. A lei não protege o ilícito, como também não dá cobertura ao embuste, à mentira, à mistificação, pois vale mais o interesse coletivo protegido que um proselitismo particular a um risco cuja extensão não tem medida" (TACrim — *RT*, 395/298).

"Curandeirismo — Descaracterização — Missionário de seita devidamente registrada que apregoa realizar curas milagrosas, em seus ofícios religiosos, através da fé do enfermo em Deus, pela unção com água e óleo bentos e distribuição de hóstias — Falta de prova de que tenha diagnosticado, receitado remédios ou ministrado poções aos doentes que pudessem ser consideradas, por si próprias, como milagrosas ou impregnadas de qualidades secretas e sobrenaturais — Práticas, ademais, comuns em outras religiões — Absolvição decretada — Aplicação do art. 386, VI, do CPP e inteligência do art. 284 do CP" (TACrimSP — *RT*, 642/314).

"Curandeirismo — Acusado que, sem conhecimento de Medicina, grosseiramente diagnostica e trata doenças físicas e psíquicas, mediante pagamento, através de liturgia da crença e sob invocação de entidade sobrenatural — Prática que não se confunde com religião — Garantia constitucional da liberdade de crença que não autoriza prática de terapêutica a pretexto de livre exercício de culto religioso — Aplicação do art. 284, II e III, do CP" (TJSC — *RT*, 671/362).

Sobre o *espiritismo*: "O espiritismo, visando à prática curativa, está alcançado pelo curandeirismo" (STF — *RT*, 600/418).

"Aquele que, sem habilitação médica, se arroga a faculdade de curar, de receitar, de diagnosticar, sob o pretexto de que é espírita, de que age sob a influência do sobrenatural, mediunizado, coisa que o senso comum repele e nenhum país policiado admite, comete o delito de curandeirismo, previsto no art. 284 do CP" (TACrim — *RT*, 208/494).

"Benzimentos, aplicações de 'banhos de defesa', defumações, passes e prescrição de medicamentos para tratamento de moléstias não constituem simples prática religiosa, mas exercício de curandeirismo, sob o disfarce de religião" (TACrim — *RT*, 327/400).

"Curandeirismo — Delito não caracterizado — Reuniões espíritas destinadas a oração e invocação de almas benfazejas — Acusados que, entretanto, não prescreviam, ministravam ou aplicavam qualquer substância aos crentes, limitando-se a 'passes' e 'benzimentos' — Absolvição decretada — Inteligência do art. 284 do CP" (TACrimSP — *RT*, 577/384).

3.16.2 Formas qualificadas pelo resultado

A *remuneração ao curandeiro* qualifica o delito, cumulando a pena privativa de liberdade com multa. É necessário que o curandeiro efetivamente seja remunerado, não bastando a simples promessa de recompensa.

3.17 Formas qualificadas pelo resultado

Determina o art. 285 do Código Penal que se aplique a regra estampada no art. 258 desse mesmo Código a todos os crimes previstos no Capítulo III — "Dos crimes contra a saúde pública", com exceção da epidemia.

O Código Penal, nesse artigo ora analisado, cuidou das formas qualificadas pelo resultado *lesão corporal grave* e pelo resultado *morte*, que são aplicadas a todos os crimes *dolosos* tipificados no capítulo.

A pena dos crimes já estudados será aumentada de metade em caso de lesão corporal grave como resultado preterdoloso ou preterintencional, e será aplicada em dobro no caso de morte também como resultado preterdoloso ou preterintencional.

No caso de *culpa*, se do fato resulta *lesão corporal*, a pena aumenta-se de metade; se resulta *morte*, aplica-se a pena cominada ao homicídio culposo, aumentada de um terço.

X

Dos Crimes contra a Paz Pública

1 INCITAÇÃO AO CRIME

Delito previsto no art. 286 do Código Penal, a incitação ao crime tem como objetividade jurídica a proteção da paz pública, da tranquilidade social.

Sujeito ativo pode ser qualquer pessoa.

Sujeito passivo é a coletividade.

A conduta típica vem representada pelo verbo *incitar*, que significa estimular, induzir, instigar.

A incitação pode ser praticada por qualquer meio: oral, escrito, por gestos etc.

A incitação, ainda, precisa referir-se à prática de *crime*, excluídas as contravenções penais, devendo ser feita *publicamente*, perante número indeterminado de pessoas.

Ademais, a incitação ao crime necessita, para a sua caracterização, que o crime estimulado pelo agente seja claro, preciso, determinado, com todas as suas dimensões bem delineadas (fato típico e antijurídico), não se prestando o encorajamento genérico a determinada conduta caracterizador do delito. É indispensável também que o agente instigue pessoas determinadas ou indeterminadas da coletividade a praticar crimes específicos. (STJ — Sd 748/DF — Rel. Min. Og Fernandes — Corte Especial — *DJe* 12-11-2019).

Trata-se de crime doloso.

A consumação ocorre com a incitação pública, independentemente de qualquer outro resultado.

A tentativa é admissível, salvo se a incitação for oral.

1.1 Incitação de animosidade

De acordo com o disposto no parágrafo único do art. 286, acrescentado pela Lei n. 14.197/2021, incorre na mesma pena do *caput* quem incita, publicamente, animosidade entre as Forças Armadas, ou delas contra os poderes constitucionais, as instituições civis ou a sociedade.

Conduta semelhante já vinha prevista no art. 23, II, da revogada Lei n. 7.170/83 (Lei de Segurança Nacional).

Trata-se de crime que tem como objetividade jurídica, além da tutela da paz pública, a proteção ao Estado Democrático de Direito.

Incitar animosidade significa estimular, induzir, instigar a aversão, o rancor, a hostilidade. A animosidade deve ser entre as Forças Armadas (art. 142 da CF), ou delas contra os poderes constitucionais (Executivo, Legislativo e Judiciário), contra as instituições civis (instituições públicas não militares vinculadas ao poder público — ex.: Ministério Público, Defensoria Pública etc.) ou contra a sociedade.

2 APOLOGIA DE CRIME OU CRIMINOSO

Crime previsto no art. 287 do Código Penal, a apologia de crime ou criminoso tem como objetividade jurídica a proteção da paz pública, da tranquilidade social.

Sujeito ativo pode ser qualquer pessoa.

Sujeito passivo é a coletividade.

A conduta típica consiste em *fazer apologia*, que significa exaltar, elogiar, enaltecer.

Nesse sentido: "Fazer apologia é elogiar, louvar, enaltecer. A simples opinião ou manifestação de solidariedade, ainda que veemente, não se confunde com apologia de fato criminoso" (*RTRF*, 10/134).

A apologia pode referir-se ao *crime* ou ao *criminoso*, e também deve ser feita *publicamente*.

Excluem-se as contravenções penais.

A apologia pode ser feita por qualquer meio: oral, escrito, por gestos, atitudes etc.

Na internet: "O fato de o réu ter feito apologia na internet aos ilícitos cometidos por sua quadrilha, incentivando centenas de jovens à ingressarem no mundo do crime, revela maior reprovabilidade da conduta, a ensejar o aumento da pena-base. A perturbação da ordem social e organização de pessoas para a destruição de patrimônio alheio não se mostra inerente ao delito de quadrilha ou bando, admitindo a valoração negativa dos motivos. O longo período em que foi praticado o crime constitui circunstância que desborda da reprovabilidade ínsita ao delito, justificando o desvalor. A prática dos crimes em face de monumentos históricos, de grande valor para a sociedade, resulta em fundamentação apta ao agravamento da pena-base à título de consequências, dada a especial gravidade da conduta, extrapolando a elementar do tipo penal" (STJ — AgRg no REsp 1.840.436/MG — Rel. Min. Nefi Cordeiro — Sexta Turma — *DJe* 29-6-2020).

A respeito da divulgação de cena de estupro ou de cena de estupro de vulnerável, vide comentários ao art. 218-C do Código Penal.

Trata-se de crime doloso.

A consumação ocorre com a apologia pública, independentemente de qualquer outro resultado.

Admite-se a tentativa, salvo na forma oral.

3 ASSOCIAÇÃO CRIMINOSA

O crime de associação criminosa foi assim denominado pela Lei n. 12.850/2013, sendo certo que anteriormente chamava-se quadrilha ou bando.

Nesse sentido, definindo organização criminosa como "a associação de 4 (quatro) ou mais pessoas estruturalmente ordenada e caracterizada pela divisão de tarefas, ainda que informalmente, com o objetivo de obter, direta ou indiretamente, vantagem de qualquer natureza, mediante a prática de infrações penais cujas penas máximas sejam superiores a 4 (quatro) anos ou que sejam de caráter transnacional", a Lei n. 12.850/2013 dispôs, também, sobre a investigação criminal e sobre os meios de obtenção de prova dos delitos a ela relacionados, revogando expressamente a Lei n. 9.034/95.

Portanto, essa lei distinguiu *associação criminosa* (associação de três ou mais pessoas para o fim específico de cometer crimes) de *organização criminosa*, tal como acima descrita (associação de quatro ou mais pessoas).

O crime de associação criminosa, previsto no art. 288 do Código Penal, com a redação dada pela citada lei, tem como objetividade jurídica a proteção da paz pública, da tranquilidade social.

Por tratar-se de *crime plurissubjetivo*, ou coletivo, os sujeitos ativos, que poderão ser qualquer pessoa, deverão estar necessariamente reunidos em número mínimo de três (na redação originária eram no mínimo quatro), para o fim específico de cometer crimes.

Sujeito passivo é a coletividade.

A associação criminosa deve ser estável e permanente, com a *finalidade específica de cometer crimes*. Daí por que não há confundir esse crime com o simples concurso de agentes.

O crime de associação criminosa é autônomo, tendo existência própria, independentemente dos demais crimes praticados por seus integrantes.

Trata-se de crime doloso, exigindo-se o fim específico de *cometer crimes*.

A consumação ocorre com a mera associação de três ou mais pessoas para a prática de crimes. Não se admite a tentativa.

3.1   Associação criminosa armada

O parágrafo único do art. 288 do Código Penal prevê causa de aumento de pena de até metade se a associação é armada ou se houver a participação de criança ou adolescente.

Na redação anterior desse parágrafo único estava prevista uma figura típica qualificada para o antigo crime de quadrilha ou bando armado, aplicando-se a pena em dobro.

3.2   Crime hediondo

O art. 8.º da Lei n. 8.072/90 (Lei dos Crimes Hediondos) determina a aplicação da pena de 3 a 6 anos de reclusão ao crime de *bando ou quadrilha* quando se tratar de crimes hediondos, prática de tortura, tráfico ilícito de entorpecentes e drogas afins e terrorismo.

Com a mudança da denominação do antigo crime de *quadrilha ou bando* para *associação criminosa*, permanece a possibilidade de aplicação dessa citada pena mais severa quando se tratar de crimes hediondos e assemelhados.

No que se refere à *associação de duas ou mais pessoas para o fim de praticar crime de tráfico de entorpecentes*, prevista no art. 35 da Lei n. 11.343, de 23 de agosto de 2003, não houve revogação pelo art. 8.º da Lei n. 8.072/90. Houve apenas modificação da pena. Assim, prevalece a tipificação do art. 35 da Lei n. 11.343/2003 com a pena do art. 8.º da Lei n. 8.072/90.

Essa é a posição do Supremo Tribunal Federal: "Ambas as Turmas desta Corte já firmaram o entendimento de que, quando se tratar de quadrilha para o fim de traficar drogas, prevalece o artigo 14 da Lei n. 6.368/76, com pena prevista no art. 8.º da Lei n. 8.072/90. Precedentes do STF" (HC 75.046-0-SP, *DJU* de 1.º-8-1997, p. 33467).

3.3 Delação premiada

No parágrafo único do art. 8.º da Lei n. 8.072/90 vem prevista a figura da *delação premiada*, impondo a redução da pena de 1 a 2/3 ao associado que denunciar o *bando ou quadrilha* à autoridade, possibilitando seu desmantelamento. Com a atual denominação do crime, persiste a mesma possibilidade de delação premiada ao crime de associação criminosa.

Merece ser ressaltado, entretanto, que essa possibilidade de delação premiada (colaboração premiada) ao crime de associação criminosa em nada interfere na aplicação dos meios de obtenção de prova para a apuração de infrações penais praticadas por organizações criminosas, previstos na Lei n. 12.850/2013.

4 CONSTITUIÇÃO DE MILÍCIA PRIVADA

O crime de constituição de milícia privada vem previsto no art. 288-A do Código Penal e tem como objetividade jurídica a proteção da paz pública, da tranquilidade social.

Esse tipo penal foi introduzido pela Lei n. 12.720/2012, a qual dispôs sobre o extermínio de seres humanos, alterou o Código Penal e deu outras providências.

Sujeito ativo pode ser qualquer pessoa. Trata-se de crime comum.

Sujeito passivo é a coletividade.

A conduta típica é composta dos verbos: *constituir* (compor, formar, estabelecer), *organizar* (instituir, formar, preparar), *integrar* (participar, tomar parte), *manter* (sustentar, prover) e *custear* (pagar as despesas, arcar com os custos, financiar).

O sujeito ativo deve praticar uma ou mais modalidades de conduta (tipo misto alternativo) em relação a organização paramilitar, milícia particular, grupo ou esquadrão, com a finalidade de cometer qualquer dos crimes previstos no Código Penal. Portanto, deve haver a *finalidade específica de cometer crimes*.

Inclusive, embora a lei não mencione, a organização paramilitar, a milícia particular, o grupo ou o esquadrão deve ter, no mínimo, três integrantes, por interpretação sistemática, ante o exposto no art. 288, que tipifica o crime de associação criminosa.

A propósito, o crime de constituição de milícia privada é autônomo, tendo existência própria, sendo punido autonomamente, sem prejuízo dos crimes praticados por organização, grupo, esquadrão etc.

Trata-se de crime doloso, exigindo-se o fim específico de *cometer qualquer dos crimes previstos no Código Penal.*

A consumação ocorre com a mera constituição, organização, integração, manutenção ou custeio da milícia privada, organização paramilitar etc., independentemente dos crimes que venham pelo grupo a ser praticados. Trata-se de crime formal.

A tentativa é admissível.

A respeito da criação de Varas Criminais Colegiadas para o processo e julgamento do crime de milícia privada, *vide* Lei n. 12.694/2012.

XI

Dos Crimes contra a Fé Pública

1   DA MOEDA FALSA

1.1   Moeda falsa

O crime de moeda falsa, previsto no art. 289 do Código Penal, tem como objetividade jurídica a proteção da fé pública.

Sujeito ativo pode ser qualquer pessoa.

Sujeito passivo é a coletividade e, secundariamente, aquele que sofrer prejuízo em decorrência da conduta.

A conduta típica vem expressa pelo verbo *falsificar*, que significa imitar ou alterar com fraude, dar aparência enganosa.

A falsificação pode dar-se por duas formas previstas no artigo:

a) fabricação, em que a moeda falsa é produzida integralmente pelo agente, que a contrafaz;

b) alteração, em que o agente transforma a moeda verdadeira (geralmente de menor valor) em falsa (geralmente de maior valor).

Assim: "Caracteriza o crime de moeda falsa, na modalidade do art. 289 do CP, a fabricação de cédula tomando-se por base outra, à qual se alterou o valor mediante modificação de números" (TRF — *RF*, 216/292).

Nessas duas modalidades de conduta citadas, é indispensável que haja real semelhança entre a moeda falsificada e a verdadeira, o que se denomina *imitatio veri*.

Imitatio veri é a real semelhança entre o falso e o verdadeiro, ou seja, a verossimilhança que deve ter o falso, parecendo-se o mais possível com o verdadeiro. Em tradução livre do latim é a "imitação do verdadeiro", de modo que seja apto a ofender a fé pública. A *imitatio veri* deve estar presente não apenas no crime de moeda falsa, mas também no crime de falsificação de papéis públicos, na falsidade documental e nas demais modalidades de falso.

A *falsificação grosseira*, facilmente perceptível, não configura o delito de moeda falsa, podendo, quando muito, caracterizar estelionato, tentado ou consumado.

Nesse aspecto: "Não se configura o delito de moeda falsa, quando, por força de grosseira contrafação, a moeda se apresente despida de características capazes de ilaquear a boa-fé de quem quer que seja" (TRF — *RF*, 184/278).

"Moeda falsa — Falsificação de cédula de Cr$ 1.000,00 — Imitação grosseira, perceptível a olho nu — Delito sequer em tese configurado — Hipótese de tentativa de estelionato — Competência da Justiça comum, e não da Federal — Conflito negativo de jurisdição procedente — Inteligência dos arts. 289, § 1.º, e 171, c/c o art. 12, II, do CP" (STF — *RT*, 554/463).

O objeto material do crime é *moeda metálica* ou *papel-moeda*, que podem ser nacionais ou estrangeiros.

Conforme ressalta Nucci (op. cit., p. 782), "cabe ao Conselho Monetário Nacional estabelecer o valor interno da moeda (art. 3.º, II, da Lei n. 4.595/64), bem como autorizar as emissões de papel-moeda (art. 4.º da mesma lei). Ao Banco Central do Brasil compete emitir papel-moeda e moeda metálica, conforme autorização dada pelo Conselho Monetário Nacional (art. 10 da citada lei, bem como art. 164 da Constituição Federal). Por outro lado, à Casa da Moeda compete a fabricação, em caráter exclusivo, de papel-moeda e moeda metálica (art. 2.º da Lei n. 5.895/73), fixando as características técnicas e artísticas do papel-moeda (art. 5.º da Lei n. 4.511/64)".

Deve a moeda (metálica ou de papel) ter curso legal (art. 2.º da Lei n. 4.511, de 1.º-12-1964) no País ou no estrangeiro, não podendo ser recusada como forma de pagamento.

"Moeda falsa — Caracterização — Agente que, por quatro vezes consecutivas, efetuou compras de pequeno valor, pagando-as com cédula de alto valor nominal e apropriou-se do troco em moeda verdadeira — Circunstância que confirma a plena ciência da origem espúria do dinheiro utilizado — Substituição de ofício, da pena privativa de liberdade por prestação de serviços à comunidade ou entidade pública e por uma de limitação de fim de semana — Admissibilidade, se preenchidos os requisitos objetivos e subjetivos do art. 44 do CP" (TRF — 3.ª Reg. — *RT*, 789/724).

"No caso, conforme consignado pelas instâncias ordinárias, foi apreendido um total 197 (cento e noventa e sete) notas falsas de R$ 100,00 (cem reais) (fl. 2.190), circunstância concreta que, nos termos da orientação jurisprudencial deste Tribunal Superior, demonstra a maior reprovabilidade da conduta e autoriza a majoração da pena-base. No mais, o aumento da pena-base não está adstrito a critérios matemáticos e considerando-se o intervalo entre as penas mínima e máxima abstratamente cominadas ao delito de moeda falsa (3 a 12 anos de reclusão), não se verifica desproporcionalidade na exasperação da pena-base em 8 (oito) meses acima do mínimo legal" (STJ — AgRg no REsp 1.864.511/SC — Rel. Ministra Laurita Vaz — Sexta Turma — *DJe* 19-11-2020).

Trata-se de crime doloso.

A consumação ocorre com a fabricação ou alteração da moeda metálica ou papel-moeda.

É admissível a tentativa.

A competência é da Justiça Federal, muito embora, em se tratando de falsificação grosseira caracterizadora de estelionato, a competência seja da Justiça Estadual.

Nesse sentido: "Competência criminal — Moeda falsa — Falsificação grosseira, mas suficiente para que seja razoavelmente tomada como verdadeira — Conflito de jurisdição — Competência da Justiça Federal" (STF — *RT*, 560/421).

1.1.1 Circulação de moeda falsa

O § 1.º do art. 289 do Código Penal impõe a mesma pena a quem, por conta própria ou alheia, importa ou exporta, adquire, vende, troca, cede, empresta, guarda ou introduz na circulação moeda falsa.

A propósito: "Suficientemente comprovada a participação do réu apelante na operação organizada para fazer circular moedas falsas, merece ser confirmada a sentença condenatória" (*RTFR*, 143/259).

"O delito de moeda falsa considera-se consumado pela simples guarda, quando o agente não explica verossimilmente a sua aquisição" (*JSTJ*, 38/489).

1.1.2 Figura típica privilegiada

O § 2.º do art. 289 do Código Penal prevê a hipótese de *crime privilegiado*, cominando pena de 6 meses a 2 anos, e multa, ao agente que, tendo recebido de boa-fé, como verdadeira, moeda falsa ou alterada, a restitui à circulação depois de conhecer a falsidade.

1.1.3 Fabricação ou emissão irregular de moeda

O § 3.º do art. 289 do Código Penal prevê a hipótese de *crime próprio*, praticado por funcionário público, diretor, gerente ou fiscal de banco de emissão, cominando pena de 3 a 15 anos de reclusão, e multa, às condutas de *fabricar, emitir, autorizar a fabricação e autorizar a emissão de moeda* com título ou peso inferior ao determinado em lei, ou de papel-moeda em quantidade superior à autorizada.

1.1.4 Desvio e circulação antecipada

Nas mesmas penas do § 3.º do citado art. 289 incide quem, nos termos do § 4.º, *desvia e faz circular* moeda cuja circulação não estava ainda autorizada.

1.2 Crimes assimilados ao de moeda falsa

Os crimes assimilados ao de moeda falsa vêm previstos no art. 290 do Código Penal, tendo como objetividade jurídica a proteção da fé pública.

Sujeito ativo pode ser qualquer pessoa, salvo na hipótese do parágrafo único, quando deverá ter a qualidade de *funcionário que trabalha na repartição onde o dinheiro se achava recolhido ou nela tem fácil ingresso, em razão do cargo*.

Sujeito passivo é a coletividade e, secundariamente, a pessoa atingida pela conduta do agente.

A conduta típica vem expressa em três modalidades:

a) formar cédula, nota ou bilhete representativo de moeda com fragmentos de cédulas, notas ou bilhetes verdadeiros;

b) suprimir em nota, cédula ou bilhete recolhidos, para o fim de restituí-los à circulação, sinal indicativo de sua inutilização;

c) restituir à circulação cédula, nota ou bilhete em tais condições, já recolhidos, para o fim de inutilização.

Nesse sentido: "Tratando-se de alteração de moeda, através da junção de fragmentos de cédulas, a figura delituosa é a do art. 290 do CP e não a do art. 289 do mesmo diploma" (TRF — *RF*, 186/308).

Exige-se a *imitatio veri*. A falsificação grosseira, por vezes, pode constituir meio para o crime de estelionato.

Trata-se de crime doloso.

A consumação ocorre:

a) na modalidade de conduta *formar*, com a simples formação da cédula, nota ou bilhete;

b) na modalidade de conduta *suprimir*, com a supressão do sinal indicativo de inutilização;

c) na modalidade de conduta *restituir*, com a entrada da cédula, nota ou bilhete em circulação.

A tentativa é admitida em qualquer das modalidades de conduta.

1.2.1 Figura típica qualificada

O parágrafo único do art. 290 do Código Penal prevê hipótese de crime qualificado, quando praticado por funcionário que trabalha na repartição onde o dinheiro se achava recolhido, ou nela tem fácil ingresso, em razão do cargo.

1.3 Petrechos para falsificação de moeda

O crime de petrechos para falsificação de moeda vem previsto no art. 291 do Código Penal, tendo como objetividade jurídica a proteção da fé pública.

Sujeito ativo pode ser qualquer pessoa.

Sujeito passivo é a coletividade.

A conduta típica vem expressa pelos verbos *fabricar, adquirir, fornecer, possuir* ou *guardar*.

O objeto material do crime é o que a rubrica do artigo denomina *petrecho para falsificação*, que a lei especifica como sendo *maquinismo, aparelho, instrumento* ou *qualquer objeto* destinado especificamente à falsificação de moeda.

A esse respeito: "A expressão 'especialmente destinado' do art. 291 há de ser entendida no sentido estrito de destinação objetiva, peculiar à falsificação, não se concebendo ao objeto outra aplicação" (TJSP — *RT*, 167/147).

Trata-se de crime doloso.

A consumação ocorre com a fabricação, aquisição, fornecimento, posse ou guarda dos petrechos para falsificação de moeda.

Admite-se a tentativa.

1.4 Emissão de título ao portador sem permissão legal

O crime de emissão de título ao portador sem permissão legal vem previsto no art. 292 do Código Penal e tem como objetividade jurídica a proteção da fé pública.

Sujeito ativo é quem emite título ao portador sem permissão legal, podendo ser qualquer pessoa.

Sujeito passivo é a coletividade e, secundariamente, qualquer pessoa prejudicada pela conduta.

A conduta típica vem expressa pelo verbo *emitir*, que significa formar e colocar em circulação o título.

A emissão deve dar-se *sem permissão legal*, indicando que essa norma deve ser complementada pelas hipóteses legais de permissão para a emissão de títulos.

O objeto material do crime pode ser *nota* (papel ou cédula em que se insere apontamento), *bilhete* (título de obrigação ao portador), *ficha* (peça utilizada para a marcação de pontos em jogo ou disputa e que pode representar dinheiro), *vale* (instrumento representativo de dívida) ou outro *título* que contenha a promessa de pagamento em dinheiro ao portador, ou a que falte indicação do nome da pessoa a quem deva ser pago.

Trata-se de crime doloso.

A consumação ocorre com a emissão (circulação) do título.

Admite-se a tentativa.

1.4.1 Recebimento ou utilização de títulos como dinheiro

O parágrafo único do art. 292 do Código Penal estabelece punição de 15 dias a 3 meses de detenção, ou multa, àquele que *recebe* ou *utiliza como dinheiro* qualquer dos documentos referidos no *caput* do dispositivo.

2 DA FALSIDADE DE TÍTULOS E OUTROS PAPÉIS PÚBLICOS

2.1 Falsificação de papéis públicos

Previsto no art. 293 do Código Penal, o crime de falsificação de papéis públicos tem como objetividade jurídica a proteção da fé pública, no particular aspecto da legitimidade de títulos e outros papéis públicos. Também o erário vem a ser tutelado, considerando que alguns objetos materiais se destinam a controlar o pagamento de tributos (ex.: selo de controle tributário).

Sujeito ativo pode ser qualquer pessoa. Se for funcionário público e cometer o crime prevalecendo-se do cargo, aplica-se o disposto no art. 295 do Código Penal, aumentando--se a pena de sexta parte.

Sujeito passivo é a coletividade.

A conduta típica vem expressa pelo verbo *falsificar*, que significa imitar ou alterar com fraude, reproduzir, dar aparência enganosa.

É necessário, também nesse crime, que ocorra a *imitatio veri*, ou seja, que procure o agente dar ao falso aparência de verdadeiro. A falsificação grosseira poderá, eventualmente, constituir meio para o crime de estelionato.

A falsificação de papéis públicos pode ser feita de duas maneiras:

a) *falsificar fabricando* — que significa transformar matérias em objeto de uso corrente assemelhado ao verdadeiro, com o fim de enganar;

b) *falsificar alterando* — que é o mesmo que modificar para iludir.

O *objeto material* do crime pode ser:

— *selo destinado a controle tributário*, que é a marca feita por carimbo, sinete, chancela ou máquina, com a finalidade de comprovar o pagamento do tributo;

— *papel selado*, que é a estampilha fixa no documento;

— *qualquer papel de emissão legal*, destinado à arrecadação de imposto ou taxa;

— *papel de crédito público*, que significa título da dívida pública;

— *vale postal*, que é o título emitido por uma unidade postal à vista de um depósito de quantia para pagamento na mesma ou em outra unidade postal (art. 47 da Lei n. 6.538/78). Esse inciso se encontra tacitamente revogado pelo art. 36 da Lei n. 6.538/78, do seguinte teor: "Art. 36 — Falsificar, fabricando ou adulterando, selo, outra fórmula de franqueamento ou vale-postal: Pena: reclusão, até oito anos, e pagamento de cinco a quinze dias-multa";

— *cautela de penhor*, que é um documento comprobatório de pagamento do valor emprestado; sua apresentação obriga a entrega do objeto penhorado;

— *caderneta de depósito*, de caixa econômica ou outro estabelecimento mantido por entidade de direito público, abrangendo as chamadas "cadernetas de poupança", significando o comprovante de depósito em que consta o valor depositado;

— *talão*, que é o bloco de folhas destacáveis, com canhoto de recibo ou outro documento dado como contraprova;

— *recibo*, que é qualquer papel que comprova um pagamento;

— *guia*, que é um documento utilizado em repartições públicas para pagamentos diversos;

— *alvará*, que é o documento passado por autoridade competente a favor de alguém, certificando, autorizando, aprovando ou confirmando algum ato, estado ou direito;

— *qualquer outro documento* relativo a arrecadação de rendas públicas ou a depósito ou caução por que o Poder Público seja responsável;

— *bilhete*, que é o papel que dá direito ao trânsito em transporte coletivo;

— *passe*, que é o documento que contém autorização de acesso ao local de embarque ou ao transporte;

— *conhecimento*, que é o documento que se refere ao transporte de coisas.

Trata-se de crime doloso.

A consumação ocorre com a efetiva falsificação do objeto material, fabricando-o ou alterando-o, independentemente de outros efeitos.

Admite-se tentativa.

2.1.1 Uso de papéis falsificados

O § 1.º do art. 293 do Código Penal dispõe que incorre na mesma pena cominada no *caput* quem usa, guarda, possui ou detém qualquer dos papéis falsificados, mencionados na norma (inciso I).

O verbo usar refere-se tanto ao sujeito que utiliza o papel público falso como àquele que o compra ou dele dispõe. Tem-se entendido que se o falsificador e o usuário forem a mesma pessoa, o crime de uso é absorvido.

O crime, nesse caso, considera-se consumado com o efetivo uso, guarda, posse ou detenção do papel falso, não se admitindo a tentativa. Trata-se de crime permanente.

Assim: "Uso de papéis públicos falsificados. Caracterização. Passe de idoso utilizado por jovem. Acusado que possuía plena ciência da ilicitude do ato. Recurso não provido" (TJSP — Ap. Crim. 164.107-3 — j. 29-1-1996).

Além disso, foram acrescentadas outras condutas a esse parágrafo, por força de redação determinada pela Lei n. 11.035/2004, punindo a importação, exportação, aquisição, venda, troca, cessão, empréstimo, guarda, fornecimento e restituição à circulação de selo falsificado destinado a controle tributário (inciso II).

São punidas, também, a importação, exportação, aquisição, venda, exposição à venda, manutenção em depósito, guarda, troca, cessão, empréstimo, fornecimento, porte, ou, de qualquer forma, utilização, em proveito próprio ou alheio, no exercício de atividade comercial ou industrial, de produto ou mercadoria em que tenha sido aplicado selo falsificado destinado a controle tributário, ou sem o selo oficial, nos casos em que a legislação tributária determina a obrigatoriedade de sua aplicação (inciso III).

O § 5.º, também acrescentado pela Lei n. 11.035/2004, equipara a atividade comercial, para os fins do último dispositivo citado, qualquer forma de comércio irregular ou clandestino, inclusive o exercido em vias, praças ou outros logradouros públicos e em residências.

2.1.2 Supressão de carimbo ou sinal indicativo de inutilização

O § 2.º do art. 293 do Código Penal trata da supressão de carimbo ou sinal indicativo de sua inutilização, em qualquer dos papéis mencionados, cominando pena de reclusão de 1 a 4 anos e multa.

A conduta típica vem expressa pelo verbo *suprimir*, que consiste em remover, eliminar carimbo ou sinal indicativo de sua inutilização.

Trata-se de crime doloso, que se consuma com a efetiva supressão do sinal ou carimbo indicativo da inutilização do objeto material.

Admite-se a tentativa.

2.1.3 Utilização de papéis em que foi suprimido carimbo ou sinal

De acordo com o § 3.º do art. 293 do Código Penal, incorre na mesma pena (reclusão de I a 4 anos e multa) quem usa, depois de alterado, qualquer dos papéis a que se refere o § 2.º.

A conduta típica vem expressa pelo verbo *usar*, consumando-se o crime com o uso efetivo de papel público inutilizado. Não se admite a tentativa.

2.1.4 Circulação de papéis recebidos de boa-fé

O § 4.º do art. 293 do Código Penal trata da forma privilegiada do crime, que ocorre quando o agente "usa ou restitui à circulação, embora recebido de boa-fé, qualquer dos papéis falsificados ou alterados, a que se refere este artigo e o seu § 2.º, depois de conhecer a falsidade ou alteração".

2.2 Petrechos de falsificação

O crime de petrechos de falsificação vem previsto no art. 294 do Código Penal e tem por objetividade jurídica a proteção da fé pública.

Sujeito ativo pode ser qualquer pessoa. Se for funcionário público e cometer o crime prevalecendo-se do cargo, aplica-se o disposto no art. 295 do Código Penal, aumentando-se a pena de sexta parte.

Sujeito passivo é a coletividade.

As condutas típicas são *fabricar* (inventar, construir), *adquirir* (obter), *fornecer* (dar, abastecer), *possuir* (ter como propriedade), *guardar* (abrigar, vigiar).

O objeto material do crime deverá ser objeto especialmente destinado à falsificação de papéis, carimbos, máquinas, matrizes etc.

Assim: "Petrechos de falsificação. Fotolitos e chapas especialmente destinados à falsificação de selo de controle de IPI — A simples posse ou guarda do objeto já constitui o crime, independentemente da sua utilização ou da falsificação" (TRF — *RTJE*, 124/232).

Trata-se de crime doloso.

A consumação ocorre com a realização das condutas típicas.

Admite-se a tentativa.

3 DA FALSIDADE DOCUMENTAL

3.1 Falsificação de selo ou sinal público

O crime de falsificação de selo ou sinal público vem previsto no art. 296 do Código Penal, tendo como objetividade jurídica a tutela da fé pública.

Sujeito ativo pode ser qualquer pessoa. Se for funcionário público e cometer o crime prevalecendo-se do cargo, aplica-se o disposto no § 2.º, aumentando-se a pena de sexta parte.

Sujeito passivo é a coletividade.

A conduta típica vem expressa pelo verbo *falsificar*, que significa imitar ou alterar com fraude, reproduzir, dar aparência enganosa.

A falsificação de selo ou sinal público pode ser feita de duas maneiras:

a) *falsificar fabricando* — que significa transformar matérias em objeto de uso corrente assemelhado ao verdadeiro, com o fim de enganar;

b) *falsificar alterando* — que é o mesmo que modificar para iludir.

O objeto material do crime deve consistir em:

— *selo público* destinado a autenticar atos oficiais da União, de Estado ou de Município;

— *selo* ou *sinal* atribuído por lei a entidade de direito público, ou a autoridade, ou sinal público de tabelião.

Vale ressaltar que o *selo público* mencionado não se confunde com o selo postal ou estampilha, pois se trata de uma peça de metal ou sinete, que apresenta dizeres, emblemas ou sinais, que se destinam a autenticar atos e documentos oficiais.

Trata-se de crime doloso.

A consumação ocorre com a fabricação ou alteração do objeto material.

Admite-se a tentativa.

3.1.1   Uso de selo ou sinal falsificado

O § 1.º, I, do art. 296 do Código Penal incrimina a conduta daquele que faz uso do selo ou sinal falsificado, impondo-lhe as mesmas penas do *caput*.

É mister ressaltar que o delito se consuma com o efetivo uso do objeto material, não configurando infração a mera detenção do selo ou sinal falsificado.

Não se admite tentativa.

3.1.2   Uso indevido de selo ou sinal verdadeiro

O § 1.º, II, do art. 296 do Código Penal incrimina a conduta daquele que utiliza indevidamente o selo ou sinal verdadeiro em prejuízo de outrem ou em proveito próprio ou alheio.

Nessa modalidade de crime, apenas o *uso indevido* é delituoso.

É certo que, tratando-se de crime doloso, deve haver a especial finalidade de agir, consistente na obtenção de proveito próprio ou alheio, ou de prejuízo a outrem.

Consuma-se o delito no momento da utilização, sendo imprescindível que ocorra o prejuízo a outrem, ou o proveito próprio ou alheio.

Não se admite tentativa.

3.1.3 Alteração, falsificação e uso indevido de marcas, logotipos, siglas e outros símbolos

O inciso III do citado § 1.° do art. 296 do Código Penal foi introduzido pela Lei n. 9.983, de 14 de julho de 2000. Nesse caso, o objeto material do crime pode ser marca, logotipo, sigla ou qualquer outro símbolo utilizado ou identificador de órgãos ou entidades da Administração Pública. Exemplos: emblema pertencente à Polícia Civil; sigla "PM", indicativa de Polícia Militar etc.

3.2 Falsificação de documento público

A falsificação de documento público é crime previsto no art. 297, *caput*, do Código Penal, tendo como objetividade jurídica a proteção da fé pública.

Sujeito ativo pode ser qualquer pessoa. Se for funcionário público, e o crime for praticado prevalecendo-se do cargo, a pena será aumentada da sexta parte, nos termos do disposto no § 1.°.

Sujeito passivo é a coletividade e, secundariamente, a pessoa lesada pela falsificação.

A conduta típica vem expressa pelo verbo *falsificar*, que significa imitar ou alterar com fraude, reproduzir, dar aparência enganosa. Nessa modalidade, o sujeito ativo contrafaz um documento totalmente ou frauda-o acrescentando alguns dados.

A conduta típica também se expressa pelo verbo *alterar*: o agente modifica o conteúdo do documento público verdadeiro, suprimindo termos, acrescentando dados, substituindo palavras etc.

Nas duas modalidades de conduta pode dar-se a *falsificação total* ou a *falsificação parcial*, capaz de iludir terceiro e ter potencialidade danosa; se for grosseira e inofensiva, inexiste o crime.

Documento, segundo a definição de Julio Fabbrini Mirabete (*Manual de direito penal*, São Paulo: Atlas, 1998, v. 3), é toda peça escrita que condensa graficamente o pensamento de alguém, podendo provar um fato ou a realização de algum ato dotado de significação ou relevância jurídica.

Documento público, portanto, há de ser aquele elaborado por funcionário público, no exercício de sua função, de acordo com a legislação.

Trata-se de crime doloso.

É imprescindível a ocorrência da imitação da verdade, ou *imitatio veri*, em que o agente procura dar ao falso aparência de verdadeiro, conferindo-lhe potencialidade de engano.

O crime se consuma com a efetiva falsificação ou alteração, independentemente de qualquer outro efeito, inclusive prejuízo efetivo para terceiro.

Sendo infração penal que deixa vestígio, é imprescindível o *exame de corpo de delito* (art. 158 do CPP). A falta de perícia é causa de nulidade absoluta (arts. 564, III, *b*, e 572, ambos do CPP).

No Superior Tribunal de Justiça: "O entendimento adotado pelo Tribunal de origem está em conformidade com a jurisprudência desta Corte Superior de Justiça, fixada no sentido de que é dispensável a realização de exame pericial quando for possível demonstrar a falsidade de documentos — no caso um boletim de registro de acidente de trânsito, uma autorização de pagamento/crédito de indenização de sinistro, uma certidão de nascimento e uma certidão de óbito, por outros meios de prova, tal como ocorreu no caso em apreço, em que houve a confissão parcial pelo corréu na fase policial e depoimentos da vítima. Não há falar, assim, em ofensa ao art. 158 do Código de Processo Penal" (STJ — AgRg no HC 737.629/SE — Rel. Min. Ribeiro Dantas — Quinta Turma — *DJe* 10-8-2022).

"Crime de falsidade material. Exame de corpo de delito. Vestígios. Em se tratando de crime que deixa vestígios, como o de falso material, estando à disposição para exame os documentos representativos do objeto material do crime, torna-se indispensável o exame de corpo de delito e a sua falta induz nulidade absoluta, posto que essencial à apuração da verdade e à decisão da causa" (STF — *RTJ*, 114/1064).

Admite-se a tentativa, embora na prática seja difícil sua configuração.

Existe divergência doutrinária e jurisprudencial acerca da absorção do crime de falsificação de documento público pelo crime de uso de documento falso (art. 304 do CP). Parcela da jurisprudência entende que não cabe a absorção, havendo concurso material de delitos.

A ver: "Da combinação dos arts. 297 e 304 do CP bem se conclui que, entre nós, ao contrário do que sucede noutros países, o usar documento falsificado constitui crime autônomo, de modo que aquele primeiro se consuma independentemente do uso que se faça do papel" (STF — *RTJ*, 68/39).

Em sentido contrário, há julgados entendendo pela ocorrência da absorção.

Assim: "O uso de documento falso, pelo próprio autor da falsificação, configura um só crime: o do art. 297 do diploma penal" (STF — *RTJ*, 111/232).

Outrossim, no caso de ser o documento falso utilizado para a prática de estelionato, ficará o crime de falsificação por este absorvido.

Nesse sentido a Súmula 17 do STJ: "Quando o falso se exaure no estelionato, sem mais potencialidade lesiva, é por este absorvido".

"Conforme o enunciado da Súmula 17 do Superior Tribunal de Justiça, quando o falso se exaure no estelionato, sem mais potencialidade lesiva, é por este absorvido. Se o Tribunal de origem, soberano na análise das provas dos autos, concluiu que, no caso, o crime de uso de documento falso foi praticado com a finalidade de possibilitar um único crime de estelionato, bem como que não há indícios de que o agente tenha utilizado ou pretendia utilizar o documento falso em outras oportunidades, o exame da pretensão em sentido contrário encontra óbice na Súmula 7/STJ" (STJ — AgInt no AREsp 738.842/DF — Rel. Min. Nefi Cordeiro — Sexta Turma — *DJe* 19-12-2016).

3.2.1 Documento público por equiparação

O § 2.º do art. 297 do Código Penal equipara a documento público, para efeitos penais, aquele emanado de entidade paraestatal, o título ao portador ou transmissível por endosso, as ações de sociedades comerciais, os livros mercantis e o testamento particular. Nesse rol incluem-se os títulos de crédito em geral e, particularmente, o cheque, seja de banco público ou de banco privado.

3.2.2 Falsidade em documentos e papéis relacionados com a Previdência Social

O § 3.º do art. 297 do Código Penal foi acrescentado pela Lei n. 9.983/2000, incriminando as condutas de falsidade em documentos e papéis relacionados com a Previdência Social.

Disposições semelhantes já existiam no art. 95, *g, h* e *i*, da Lei n. 8.212/91.

Trata-se, em verdade, de hipóteses de *falsidade ideológica* e não de falsidade material, pois as condutas típicas são *inserir* ou *fazer inserir*, indicando que o documento é materialmente verdadeiro, sendo falso o conteúdo nele inserido.

São crimes formais, que se consumam com a falsa inserção, independentemente de efetivo prejuízo à Previdência Social ou ao segurado.

Não se admite tentativa.

A ação penal é pública incondicionada.

3.2.3 Omissão de dados em documentos relacionados à Previdência Social

O § 4.º do art. 297 do Código Penal também foi acrescentado pelo art. 2.º da Lei n. 9.983/2000, incriminando as condutas de quem omite, em papéis e documentos relacionados com a Previdência Social (folha de pagamento, carteira de trabalho, documentação contábil etc.), o nome do segurado e seus dados pessoais, a remuneração, a vigência do contrato de trabalho ou a prestação de serviços.

Trata-se de crime omissivo, formal, bastando para a consumação a conduta negativa do agente, independentemente de efetivo prejuízo à Previdência Social ou ao empregado ou segurado.

Não se admite a tentativa.

A ação penal é pública incondicionada.

3.2.4 Ausência de registro do empregado na Carteira de Trabalho

Parcela considerável da doutrina pátria tem entendido que a omissão do empregador em proceder à anotação do registro do empregado na Carteira de Trabalho, nos moldes do que dispõem os arts. 41 e seguintes da Consolidação das Leis do Trabalho, configura o crime previsto no art. 297, § 4.º, do Código Penal, com a redação que lhe foi dada pela Lei n. 9.983/2000.

Ao omitir, na Carteira de Trabalho, "a remuneração, a vigência do contrato de trabalho ou a prestação de serviços", o empregador, dolosamente, deixa de proceder à anotação do registro respectivo, estando, portanto, configurado o crime em comento.

É que o art. 29, *caput*, da Consolidação das Leis do Trabalho estabelece os dados que devem constar do registro na Carteira de Trabalho, dados esses selecionados pelo legislador penal para a configuração do crime:

"Art. 29. A Carteira de Trabalho e Previdência Social será obrigatoriamente apresentada, contra recibo, pelo trabalhador ao empregador que o admitir, o qual terá o prazo de quarenta e oito horas para nela anotar, especificamente, a data de admissão, a remuneração e as condições especiais, se houver, sendo facultada a adoção de sistema manual, mecânico ou eletrônico, conforme instruções a serem expedidas pelo Ministério do Trabalho" *(Redação dada pela Lei n. 7.855, de 24-10-1989, DOU, 25-10-1989).*

Assim, deixando o empregador de anotar na Carteira de Trabalho "a data de admissão e a remuneração do empregado", está configurado o crime do art. 297, § 4.º, do Código Penal, independentemente de outro resultado ou de prejuízo à Previdência Social ou ao empregado, já que se trata de delito formal.

3.2.4.1 Competência da Justiça Federal ou da Justiça Estadual

A competência para o processo e julgamento dos crimes de falso previstos nos itens acima é da Justiça Estadual.

Isso porque, consumando-se os delitos com a mera inserção de dados falsos ou com a mera omissão de anotação (crimes formais), não se verifica necessariamente prejuízo à Previdência Social, não se tratando, portanto, de "infrações penais praticadas em detrimento de bens, serviços ou interesse da União ou de suas entidades autárquicas ou empresas públicas" (art. 190, IV, da CF).

Nesse sentido a Súmula 62 do STJ: "Compete à Justiça Estadual processar e julgar o crime de falsa anotação na Carteira de Trabalho e Previdência Social, atribuído a empresa privada".

3.3 Falsificação de documento particular

O crime de falsificação de documento particular vem previsto no art. 298 do Código Penal e tem por objetividade jurídica a proteção da fé pública no que diz respeito à autenticidade dos documentos particulares.

Sujeito ativo pode ser qualquer pessoa.

Sujeito passivo é a coletividade e, secundariamente, a pessoa eventualmente lesada.

A conduta típica vem expressa pelo verbo *falsificar*, que significa imitar ou alterar com fraude, reproduzir, dar aparência enganosa. A conduta típica também se expressa pelo verbo *alterar*, em que o agente modifica o conteúdo do documento particular verdadeiro, suprimindo termos, acrescentando dados, substituindo palavras etc.

A definição de *documento* já foi dada no comentário anterior, merecendo destacar que o *documento particular* não se reveste de nenhuma característica especial, devendo, entretanto, ser de autoria identificada e apresentar relevância jurídica.

Assim, para que se configure o delito, é necessário que o conteúdo do documento possa causar consequências jurídicas e que a falsificação seja capaz de iludir (*imitatio veri*), lesionando.

Se for grosseira e inofensiva a falsificação, inexiste o delito, podendo, quando muito, constituir meio para o crime de estelionato.

É imprescindível, assim, a ocorrência da imitação da verdade, ou *imitatio veri*, em que o agente procura dar ao falso aparência de verdadeiro, conferindo-lhe potencialidade de engano.

Trata-se de crime doloso.

Trata-se, outrossim, de crime material, havendo necessidade de perícia para efetiva comprovação da falsidade, conforme já esclarecido nos comentários ao crime anterior.

A consumação ocorre com a efetiva falsificação ou alteração, independentemente da ocorrência de prejuízo.

A tentativa é admissível.

Com relação ao estelionato: "Em sendo a falsidade documental meio para a prática do estelionato, reconhece-se a existência do concurso formal de crimes" (STF — *RT*, 526/460).

Nesse sentido a Súmula 17 do STJ: "Quando o falso se exaure no estelionato, sem mais potencialidade lesiva, é por este absorvido".

3.3.1 Documento particular por equiparação

O parágrafo único do art. 298, introduzido pela Lei n. 12.737, de 30 de novembro de 2012, equiparou a documento particular o cartão de crédito ou de débito.

3.4 Falsidade ideológica

O crime de falsidade ideológica vem previsto no art. 299 do Código Penal e tem como objetividade jurídica a proteção à fé pública.

Sujeito ativo pode ser qualquer pessoa. Se for funcionário público, e o crime for praticado prevalecendo-se do cargo, a pena será aumentada de sexta parte, nos termos do disposto na primeira parte do parágrafo único.

Sujeito passivo é a coletividade e, secundariamente, a pessoa eventualmente lesada.

A conduta típica se expressa por três modalidades de crime:

a) *omitir*, em documento público ou particular, declaração que dele devia constar;

b) *inserir*, em documento público ou particular, declaração falsa ou diversa da que devia ser escrita;

c) *fazer inserir*, em documento público ou particular, declaração falsa ou diversa da que devia ser escrita.

A primeira modalidade de conduta é omissiva, sendo que as duas outras são comissivas.

A modalidade *fazer inserir* é chamada de *falsidade ideológica mediata*, pois o agente não atua diretamente, mas sim por meio de terceiro para inserir declaração falsa ou diversa da que devia ser escrita.

Sobre o assunto: "A inserção de falsa declaração de emprego em carteira profissional caracteriza falsidade ideológica" (STF — *RTJ*, 113/1061).

470

"Configura crime de falsidade ideológica atestar falsamente a transferência de empregado, para fim de obtenção de vaga em Universidade Pública" (TRF — *RTJE*, 151/302).

Devem as condutas recair sobre *fato juridicamente relevante*, isto é, fato apto a criar, modificar ou extinguir relação jurídica.

A falsidade deve ser capaz de iludir (*imitatio veri*) e ter potencialidade ofensiva.

Se for grosseira e inofensiva a falsificação, não se configura o crime.

Assim: "Para que se configure esse crime não é mister a ocorrência de dano efetivo, basta que se verifique a potencialidade de um evento danoso" (STF — *RT*, 558/422).

Trata-se de crime doloso.

A consumação ocorre com a omissão ou inserção direta ou indireta da declaração, no momento em que o documento, contendo a falsidade, se completa.

Nesse sentido: "O delito de falsidade ideológica é de natureza formal e instantâneo, cujos efeitos podem vir a se protrair no tempo. Não obstante os efeitos que possam vir a ocorrer em momento futuro, a conduta se consuma no momento em que o agente omite ou insere declaração falsa ou diversa da que deveria estar escrita em documento público ou particular. Sobre esse tema, a Terceira Seção, ao julgar a Revisão Criminal n. 5.233/DF, decidiu que o termo inicial da contagem do prazo de prescrição da pretensão punitiva nos crimes de falsidade ideológica é o momento de sua consumação, e não da eventual reiteração de seus efeitos" (STJ — AgRg no RHC 148.651/SP — Rel. Min. Reynaldo Soares da Fonseca — Quinta Turma — *DJe* 20-8-2021).

Além do dolo, deve estar presente outro elemento subjetivo do tipo, consistente na finalidade de *prejudicar direito, criar obrigação ou alterar a verdade sobre fato juridicamente relevante*.

A falsidade ideológica é um crime formal, não sendo necessário que o dano seja efetivo.

Admite-se tentativa apenas nos casos de inserção ou induzimento à inserção. Na conduta omissiva não se admite a tentativa, pois se trata de crime omissivo próprio.

Não se confundem os crimes de falsidade ideológica e de falsidade material.

A falsidade material diz respeito à forma do documento, que é forjado, falsificado, no todo ou em parte.

Na falsidade ideológica, o conteúdo é falso, fraudulento, sendo certo que o agente omite ou introduz declarações no documento que não deveria expressar.

Com relação à falsidade ideológica, também se aplica o disposto na Súmula 17 do STJ: "Quando o falso se exaure no estelionato, sem mais potencialidade lesiva, é por este absorvido".

Nesse sentido: "Lado outro, no que se refere à incidência da Súmula 17 deste Tribunal com escopo de trancar a ação penal com relação ao delito de falso previsto no art. 299 do CPP, tem-se que melhor sorte não assiste ao paciente, porquanto restou suficientemente demonstrada a ausência de exaurimento deste crime em relação ao estelionato praticado em face de diversas vítimas, comportando deferência a afirmação constante do acórdão recorrido no sentido de que 'Ou seja, exige-se que o crime de falsidade se esgote completamente, após ter sido empregado para a prática do estelionato, fato que não ocorreu nos presentes autos, como já mencionado alhures. Assim, entendo que o crime do art. 299 do CP, no caso em epígrafe, foi praticado com desígnio autônomo, não podendo ser aplicado o princípio da consunção visto que o delito de falsidade de documento não se exauriu no crime de estelionato' (fl. 26)" (STJ — HC 748.718/SE — Rel. Min. Jesuíno Rissato — Quinta Turma — *DJe* 9-8-2022).

3.4.1 Abuso de papel em branco assinado

Existe discussão doutrinária acerca da perfeita capitulação do fato consistente em preencher o agente, com declaração falsa ou diversa da que devia ser escrita, papel em branco anteriormente assinado por terceiro que lhe foi confiado. É o chamado *abuso de papel em branco assinado*.

A folha de papel em branco, indiscutivelmente, não pode ser considerada *documento*, pois que não apresenta conteúdo. Logo, não se poderia admitir a existência do crime de falsidade ideológica no fato de o agente preenchê-la com declaração falsa ou diversa da que deveria ser escrita.

A melhor doutrina tem entendido, entretanto, que, apesar da dificuldade acima exposta, o papel em branco assinado torna-se documento no momento em que é preenchido, configurando-se, aí sim, o crime de falsidade ideológica.

O crime será de falsidade material (falsificação de documento público ou particular) se o agente se apossou ilegitimamente do papel em branco assinado.

3.4.2 Falsificação ou alteração de assentamento de registro civil

O parágrafo único do art. 299 do Código Penal prevê hipótese de aumento de pena quando a falsidade ideológica tenha como objeto *assentamento de registro civil*.

A razão do dispositivo está na importância de que se reveste o registro de nascimento de uma pessoa, trazendo sérios prejuízos não apenas ao lesado como, também, ao Estado, gerando insegurança à ordem jurídica.

3.4.2.1 Conflito aparente de normas

Não se confunde a infração acima analisada com o crime do art. 242 do Código Penal. Na falsidade ideológica que tem por objeto assentamento de registro civil, a falsificação ou alteração pode ser feita por qualquer pessoa, inclusive pelo funcionário encarregado do registro.

No crime do art. 242 do Código Penal, o sujeito ativo deve ser a pessoa que deseja registrar como seu o filho de outrem, nessa qualidade apresentando-se ao Cartório de Registro Civil. Nesse caso, a norma do art. 242 é especial em relação à do art. 299, parágrafo único, do Código Penal.

3.5 Falso reconhecimento de firma ou letra

Crime previsto no art. 300 do Código Penal, o falso reconhecimento de firma ou letra tem por objetividade jurídica a proteção da fé pública contra a autenticação falsa praticada por quem exerce função pública.

Sujeito ativo somente pode ser o funcionário público que exerce a função de reconhecer firma ou letra, conferindo-lhe fé. Admite-se a participação de terceiro particular. Trata-se de crime próprio.

Sujeito passivo é o Estado e, secundariamente, o terceiro, que sofre a lesão material.

A conduta típica vem expressa pelo verbo *reconhecer*, que significa afirmar a veracidade da assinatura ou letra de alguma pessoa e dar fé ao documento em que lhe é aposta.

Geralmente o reconhecimento se dá por escrito, seja por meio de carimbos, seja por impressões ou selos.

"Falsificação de documento particular e falso reconhecimento de firma ou letra — Competência — Autorização falsa de viagem destinada a permitir que criança brasileira deixasse o território nacional sem anuência de sua genitora — Conduta cometida em detrimento de interesse da União, nos termos do art. 21, XXII, da CF — Julgamento afeto à Justiça Federal" (TRF — 4.ª Reg. — *RT*, 840/688).

Entende-se por *firma* a assinatura de alguém e por *letra* o manuscrito da pessoa.

Reconhecimento de letra é a autenticação feita por tabelião de manuscrito constante em documento.

O *reconhecimento* de firma ou letra pode ser:

a) *autêntico* — ocorre quando o funcionário público vê a pessoa assinando ou escrevendo;

b) *semiautêntico* — ocorre quando a assinatura não é lançada perante o funcionário público, mas o seu autor atesta sua veracidade;

c) *por semelhança* — ocorre quando o funcionário público compara a assinatura ou letra que o Cartório possui em seus papéis, livros ou fichários com a que lhe é apresentada;

d) *indireto* — ocorre quando duas pessoas, por escrito, declaram perante o funcionário público que a letra ou assinatura é de determinada pessoa.

Trata-se de crime doloso.

A consumação ocorre com o efetivo reconhecimento, independente do resultado.

Admite-se a tentativa, pois o *iter criminis*, em tese, pode ser fracionado.

3.6 Certidão ou atestado ideologicamente falso

O crime de certidão ou atestado ideologicamente falso vem previsto no art. 301, *caput*, do Código Penal e tem como objetividade jurídica a proteção da fé pública.

Sujeito ativo é o funcionário público, no exercício da função.

Sujeito passivo é o Estado e, secundariamente, a pessoa eventualmente lesada.

A conduta típica vem expressa pelo verbo *atestar*, que significa afirmar ou provar em caráter oficial, e pelo verbo *certificar*, que significa ter a certeza de alguma coisa, convencer da verdade ou certeza de algo de natureza pública.

Atestado, conforme definição corrente na doutrina, é um documento que traz em si mesmo declaração escrita e assinada sobre a verdade de um fato, para servir de documento a outrem.

Certidão, por sua vez, é um documento passado por funcionário público, que tenha fé pública, no qual se reproduzem escritos constantes de suas notas, ou se certificam atos e fatos que ele conheça em razão do ofício.

Trata-se de crime doloso.

A consumação ocorre com a confecção da certidão ou atestado, independentemente de sua entrega a terceiro.

Admite-se a tentativa.

3.6.1 Falsidade material de atestado ou certidão

O crime de falsidade material de atestado ou certidão vem previsto no § I.º do art. 301 do Código Penal, sendo tipificada a conduta de "falsificar, no todo ou em parte, atestado ou certidão, ou alterar o teor de certidão ou de atestado verdadeiro, para prova de fato ou circunstância que habilite alguém a obter cargo público, isenção de ônus ou de serviço de caráter público, ou qualquer outra vantagem".

Nesse tipo penal, o sujeito ativo pode ser qualquer pessoa, inclusive o funcionário público que emitiu o documento.

Sujeito passivo é o Estado e, secundariamente, a pessoa eventualmente lesada.

A conduta típica consiste em falsificar total ou parcialmente, ou alterar o teor de certidão ou atestado verdadeiro, para obter vantagem perante a Administração Pública.

Trata-se de crime doloso, que se consuma com a efetiva falsificação.

3.6.2 Forma qualificada

A forma qualificada desse crime se caracteriza pela prática da conduta com o *fim de lucro*, aplicando-se, além da pena privativa de liberdade, a de multa.

3.7 Falsidade de atestado médico

O crime de falsidade de atestado médico vem previsto no art. 302 do Código Penal e tem por objetividade jurídica a proteção da fé pública, visando impedir que o médico forneça atestado falso.

Sujeito ativo é o médico. Trata-se de *crime próprio*.

Sujeito passivo é o Estado e, secundariamente, a pessoa eventualmente lesada.

A conduta típica vem descrita pelo verbo *dar*, que significa fornecer, proporcionar, entregar.

Atestado, no caso do artigo, é aquele fornecido pelo médico, materialmente verdadeiro, porém ideologicamente falso.

A propósito: "A atestação de óbito, mediante paga, sem exame do cadáver, configura, em tese, o delito do art. 302 do CP, havendo justa causa para a ação penal" (STF — *RT*, 507/488).

Trata-se de crime doloso.

A consumação ocorre com o fornecimento do atestado ideologicamente falso.

Admite-se a tentativa.

3.7.1 Forma qualificada

A forma qualificada desse delito vem prevista no parágrafo único do art. 302 do Código Penal, ocorrendo quando o crime é cometido com o *fim de lucro*. Nesse caso aplica-se também a pena de multa.

3.8 Reprodução ou adulteração de selo ou peça filatélica

A reprodução ou adulteração de selo ou peça filatélica é crime previsto no art. 303 do Código Penal, tendo como objetividade jurídica a proteção da fé pública.

Esse crime foi revogado pelo art. 39 da Lei n. 6.538/78, de igual teor.

Sujeito ativo pode ser qualquer pessoa.

Sujeito passivo é a coletividade.

A conduta típica vem expressa pelo verbo *reproduzir*, que significa tornar a fazer, repetir, multiplicar, e pelo verbo *alterar*, que quer dizer modificar, mudar.

O objeto material do delito é o *selo* ou a *peça filatélica*.

Esse selo referido no tipo penal pode ser novo ou usado, nacional ou estrangeiro, porém, deve ter sido ele já recolhido ou empregado pelo correio e ter valor para coleção.

Trata-se de crime doloso.

A consumação ocorre com a efetiva reprodução ou alteração do objeto material.

Admite-se a tentativa.

3.8.1 Uso de selo ou peça filatélica

Nos termos do parágrafo único do art. 303 do Código Penal, comete crime quem faz uso de selo ou peça filatélica para fins de comércio.

Essa disposição também foi revogada pelo parágrafo único do art. 39 da Lei n. 6.538/78.

Quando o falsificador e usuário são a mesma pessoa, o crime de uso é absorvido pelo de falso.

Trata-se de *crime formal* ou de consumação antecipada, pois se consuma com o uso, independentemente de o agente conseguir vender, trocar etc. o objeto material.

O elemento subjetivo é o dolo, seguido da finalidade comercial.

3.9 Uso de documento falso

O crime de uso de documento falso vem previsto no art. 304 do Código Penal e tem como objetividade jurídica a tutela da fé pública.

Sujeito ativo pode ser qualquer pessoa.

Sujeito passivo é a coletividade e, secundariamente, a pessoa eventualmente lesada pela utilização do documento falso.

A conduta típica é *fazer uso*, que significa utilizar, usar.

O objeto material do crime é "qualquer dos papéis falsificados ou alterados a que se referem os arts. 297 a 302 do Código Penal".

Esses documentos podem ser particulares ou públicos, material ou ideologicamente falsos.

O uso de documento falso, portanto, é um *crime remetido*, ou seja, um crime que, para sua perfeita caracterização, faz alusão a outro crime, no caso, o de falso.

O uso pode ser de qualquer natureza, judicial ou extrajudicial.

A conduta é comissiva, exigindo-se o uso efetivo do documento falso.

Assim, não configura o crime do art. 304 do CP se o documento falso foi encontrado pela polícia em busca pessoal (por exemplo: no bolso do suspeito, na bolsa, na carteira etc.), em busca domiciliar (por exemplo: no interior de uma gaveta, de um armário ou junto com outros documentos) ou em busca veicular (por exemplo: no interior do veículo, no porta-luvas, no chão do veículo, sobre os bancos etc.).

No Superior Tribunal de Justiça: "O delito de uso de documento falso pressupõe a efetiva utilização do documento, *sponte propria*, ou quando reclamado pela autoridade competente, não sendo, portanto, razoável imputar ao paciente conduta delituosa consistente tão só na circunstância de tê-lo em sua posse" (HC 145.500/RS — Rel. Min. Marco Aurélio Bellizze — Quinta Turma — *DJe* 19-12-2011).

A exceção é a Carteira Nacional de Habilitação. O Código de Trânsito Brasileiro obriga o porte da CNH pelo condutor do veículo (art. 159, § 1.º: "É obrigatório o porte da Permissão para Dirigir ou da Carteira Nacional de Habilitação quando o condutor estiver à direção do veículo"). Portanto, sendo o porte da CNH obrigatório para dirigir veículo automotor, o simples porte ou posse desse documento já caracteriza o uso. Assim, estará configurado o crime de uso de documento falso ainda que o agente exiba a CHN falsa a pedido da autoridade de trânsito e ainda que a CNH seja encontrada nas vestes ou pertences do motorista ou no interior do veículo.

Para a caracterização do crime, é necessária a imitação da verdade, ou seja, a *imitatio veri*, uma vez que a utilização de documento grosseiramente falsificado não tipifica o delito.

Trata-se de crime doloso, exigindo-se ainda que o agente tenha conhecimento da falsidade documental.

O crime se consuma com o efetivo uso do documento falso, independentemente da obtenção de proveito ou da produção de dano.

Vale mencionar que o crime de uso de documento falso se consuma não somente quando o agente exibe espontaneamente o documento, mas também quando o agente exibe o documento falso a pedido ou determinação da autoridade pública. Essa é a posição que prevalece no Superior Tribunal de Justiça (RE 1.765.618/SP — Rel. Min. Laurita Vaz — j. 3-10-2018; AgRg no REsp 1.369.983/RS — Rel. Min. Sebastião Reis Júnior — Sexta Turma — *DJe* 21-6-2013; HC 193.319/SP — Rel. Min. Nefi Cordeiro — Sexta Turma — *DJe* 26-10-2015).

Não se admite a tentativa.

Com relação à competência para processar e julgar o crime em comento, vale lembrar o disposto na Súmula 546 do STJ: "A competência para processar e julgar o crime de uso de documento falso é firmada em razão da entidade ou órgão ao qual foi apresentado o documento público, não importando a qualificação do órgão expedidor".

O Supremo Tribunal Federal já entendeu que o uso de documento falso pelo autor da falsificação configura somente o delito do art. 297 do Código Penal.

A ver: "O uso do documento falso pelo próprio autor da falsificação configura um só crime: o do art. 297 do diploma penal" (STF — *RTJ*, 111/232).

O Superior Tribunal de Justiça também entende que o uso de documento falso pelo autor da falsificação constitui crime único.

Nesse sentido:

"A teor da jurisprudência desta Corte, o uso de documento falsificado (CP, art. 304) deve ser absorvido pela falsificação do documento público (CP, art. 297), quando praticado por mesmo agente, caracterizando o delito de uso *post factum* não punível, ou seja, mero exaurimento do crime de falso, não respondendo o falsário pelos dois crimes, em concurso material. 4. Hipótese na qual o réu foi preso em flagrante, tendo apresentado documento de identidade falso ao policial responsável pela sua apreensão, com vistas a ocultar a sua condição de foragido, não podendo se falar em prática dos crimes de falsificação de documento público e de uso de documento falso, devendo apenas ser mantida a persecução penal no que se refere ao crime do art. 297 do CP. Precedentes" (STJ — HC 371.623/AL — Rel. Min. Ribeiro Dantas — Quinta Turma — *DJe* 18-8-2017).

Também: "O paciente falsificou e alterou documento público verdadeiro, qual seja, uma carteira de identidade e, na sequência, fez uso desse documento falsificado nos seguintes contextos: a) atribuiu-se falsa identidade em diversas ocasiões perante estabelecimentos comerciais e órgãos públicos; b) utilizou esse documento falsificado (carteira de identidade) em procedimento administrativo para obtenção de nova carteira nacional de habilitação. Assim, as condutas revelam a prática de um único crime de falsificação de documento público (art. 297 do Código Penal), qual seja, a falsificação de uma carteira de identidade, de modo que os usos que o paciente fez posteriormente desse documento falsificado constituem exaurimento do crime de *falsum*" (STJ — HC 226.128/TO — Rel. Min. Rogério Schietti — Sexta Turma — *DJe* 20-4-2016).

3.10 Supressão de documento

O art. 305 do Código Penal trata do crime de supressão de documento, tendo como objetividade jurídica a tutela da fé pública, no que diz respeito à segurança jurídica dos documentos como meio de prova.

Sujeito ativo pode ser qualquer pessoa.

Sujeito passivo é a coletividade e, secundariamente, a pessoa eventualmente lesada.

A conduta típica vem expressa por três verbos:

a) *destruir*, que significa arruinar, extinguir, fazer desaparecer;

b) *suprimir*, que significa impedir que apareça, impedir a divulgação;

c) *ocultar*, que significa esconder, encobrir, não revelar.

O *objeto material* do crime deve ser um *documento público* ou *particular verdadeiro.*

Caso se trate de documento não original ou cópia autêntica, inexiste o delito (*RT*, 676/296).

Para a configuração desse tipo penal, não importa como o agente obteve o documento, se de forma lícita ou ilícita. Se o agente for o proprietário do documento, para que se configure o delito é necessário que dele não pudesse dispor.

Trata-se de crime doloso, devendo o agente visar o benefício próprio ou de outrem, ou, ainda, o prejuízo alheio.

O crime se consuma com a realização das condutas destruir, suprimir ou ocultar o objeto material, não sendo necessária a obtenção de proveito ou prejuízo.

Admite-se a tentativa.

4   DE OUTRAS FALSIDADES

4.1   Falsificação do sinal empregado no contraste de metal precioso ou na fiscalização alfandegária, ou para outros fins

Esse crime em exame vem previsto no art. 306 do Código Penal, tendo como objetividade jurídica a tutela da fé pública.

Sujeito ativo pode ser qualquer pessoa.

Sujeito passivo é a coletividade.

A conduta típica é expressa pelo verbo *falsificar*, que significa adulterar, contrafazer, imitar, remedar.

Essa falsificação pode ocorrer por meio de *fabricação* (em que o agente faz a marca ou sinal) ou *alteração* (em que o agente modifica, altera a marca ou sinal verdadeiro).

É imprescindível, para a caracterização do delito, a *imitatio veri*, ou seja, que a marca ou sinal fabricado ou alterado apresente semelhança com o verdadeiro, podendo ser confundido com o autêntico ou genuíno.

A conduta típica é expressa, ainda, pelo verbo *usar*, que significa empregar, servir-se de.

O objeto material é *marca* (selo de garantia utilizado para autenticar determinados objetos ou indicar a qualidade de certos produtos ou a satisfação de requisitos legais) ou *sinal* (impressão simbólica do Poder Público com a finalidade de conferir a legitimidade do metal precioso).

Além disso, o artigo refere-se às marcas ou sinais utilizados para a fiscalização alfandegária, com o intuito de indicar as mercadorias liberadas.

As marcas ou sinais podem ser gravados no próprio metal, por meio de contraste, ou adicionados por meio de carimbos, selos, tarjetas, apostas sobre o lacre.

Poder Público deve ser entendido como as autoridades administrativas, judiciárias e legislativas, da União, Estados ou Municípios.

O crime somente é punido a título de dolo.

A consumação ocorre com a fabricação, alteração ou uso da marca ou sinal.

Admite-se a tentativa nas modalidades de conduta *fabricar* ou *alterar*. Não se admite na modalidade de conduta *usar*.

O parágrafo único desse artigo prevê a falsificação de outras marcas utilizadas pelo Poder Público.

Assim: "Pratica o delito de falsidade, na modalidade do parágrafo único do art. 306 do CP, o proprietário de aeronave que troca suas marcas de matrícula" (TRF — *RF*, 232/332).

4.2 Falsa identidade

O crime de falsa identidade vem previsto no art. 307 do Código Penal, tendo como objetividade jurídica a tutela da fé pública.

Sujeito ativo pode ser qualquer pessoa.

Sujeito passivo é a coletividade e, secundariamente, a pessoa física ou jurídica eventualmente lesada.

A conduta típica é expressa pelo verbo *atribuir*, que significa imputar, referir, assacar. Essa atribuição pode ser a si próprio ou a terceiro.

Identidade, segundo o vernáculo, é o conjunto de caracteres próprios e exclusivos de uma pessoa, tais como nome, estado, profissão, sexo, impressões digitais etc.

O agente deve visar a obtenção de *vantagem* ou causar dano a outrem, que podem ser de ordem material ou moral.

Trata-se de *crime subsidiário*, que somente se consuma se o fato não constituir crime mais grave.

Assim, o crime de falsa identidade se configura quando o agente busca se passar por outra pessoa sem apresentação de um documento falso. Se o agente se apresenta com identidade diversa da sua, utilizando-se de documento falso, o crime será o do art. 304 do Código Penal.

Caso haja simulação da qualidade de funcionário público, estará configurada a contravenção penal do art. 45 do Decreto-Lei n. 3.688/41 (Lei das Contravenções Penais). Se houver uso ilegítimo de uniforme, vide art. 46 da LCP. Se houver usurpação de função pública, praticando o agente atos próprios da função, estará configurado o crime do art. 328 do Código Penal, que absorve a falsa identidade.

O crime resta configurado ainda que o agente se atribua falsa identidade perante a autoridade policial, buscando eximir-se de eventual prisão ou responsabilização penal, como prevê a Súmula 522 do Superior Tribunal de Justiça, do seguinte teor: "A conduta de atribuir-se falsa identidade perante a autoridade policial é típica, ainda que em situação de alegada autodefesa".

O crime somente é punido a título de dolo, consumando-se com a falsa atribuição de identidade, independentemente da obtenção de outro resultado.

Admite-se a tentativa.

4.3 Uso de documento de identidade alheia

O crime de uso de documento de identidade alheia vem previsto no art. 308 do Código Penal, tendo como objetividade jurídica a tutela da fé pública.

Sujeito ativo é qualquer pessoa.

Sujeito passivo é a coletividade e, secundariamente, a pessoa física ou jurídica eventualmente lesada.

A conduta típica é expressa pelo verbo *usar*, que significa utilizar, valer-se de, servir-se de; e pelo verbo *ceder*, que significa transferir, repassar, colocar à disposição de alguém.

O objeto material é *passaporte, título de eleitor, caderneta de reservista* ou *qualquer outro documento de identidade alheia*.

O crime somente é punido a título de dolo, consumando-se com o efetivo uso ou cessão do documento.

Admite-se a tentativa apenas na modalidade de conduta *ceder*.

4.4 Fraude de lei sobre estrangeiros

O crime de fraude de lei sobre estrangeiros vem previsto no art. 309, *caput*, do Código Penal, tendo como objetividade jurídica a tutela da fé pública, no particular aspecto da proteção da *política de imigração*.

Sujeito ativo é o estrangeiro. É crime próprio.

Sujeito passivo é a coletividade.

A conduta típica é expressa pelo verbo *usar*, que significa utilizar, valer-se de, servir-se de.

Entrar significa penetrar, ingressar, introduzir, e *permanecer* significa continuar a ficar, conservar-se, demorar-se.

Estrangeiro, para os termos do dispositivo em análise, é todo aquele que não é natural do Brasil. Portanto, o estrangeiro deve utilizar, para entrar ou permanecer no Brasil (o termo *território nacional* compreende nosso espaço territorial, aéreo e marítimo, assim como os locais mencionados no art. 5.º, § I.º, do CP), *nome que não é o seu*, ou seja, *nome falso*, o que poderá dar-se por meio verbal ou escrito, utilizando nome fictício ou de outrem.

O direito de entrada ou permanência do estrangeiro no território nacional é regulado pela Lei n. 13.445/2017 (Lei da Migração).

Na jurisprudência: "O crime previsto no art. 309 do CP é do tipo formal, ou seja, basta o agente ter a qualidade de estrangeiro e utilizar nome que não é o seu para ingressar no território nacional, não importando se logrou entrar no país" (*RTRF*, 33/140).

O crime somente é punido a título de dolo, consumando-se com o efetivo uso pelo estrangeiro do nome falso, independentemente de sua entrada ou permanência no território nacional. Não se admite a tentativa.

Assim: "O crime tipificado no art. 309 do CP consuma-se pelo simples ingresso do estrangeiro no território nacional, mediante uso do nome de terceiro, sendo irrelevantes os motivos determinantes da ação do agente" (TRF — *DJU*, de 5-3-1990).

4.4.1 Atribuição de falsa qualidade a estrangeiro

A atribuição de falsa qualidade a estrangeiro é crime previsto no art. 309, parágrafo único, do Código Penal, tendo como objetividade jurídica a tutela da fé pública, no particular aspecto da proteção da política de imigração.

Sujeito ativo pode ser qualquer pessoa.

Sujeito passivo é a coletividade.

A conduta típica é expressa pelo verbo *atribuir*, que significa imputar, conferir, arrogar.

Estrangeiro, para os termos do dispositivo em análise, é todo aquele que não é natural do Brasil.

Falsa qualidade pode ser entendida como todo o atributo ou predicado que o estrangeiro não possui, sendo condição para o ingresso no território nacional. Portanto, ao estrangeiro deve ser atribuída falsa qualidade para promover-lhe a entrada ou permanência no Brasil (o termo *território nacional* compreende nosso espaço territorial, aéreo e marítimo, assim como os locais mencionados no art. 5.º, § 1.º, do CP).

O direito de entrada ou permanência do estrangeiro no território nacional é regulado pela Lei n. 13.445/2017 (Lei da Migração).

O crime somente é punido a título de dolo.

A consumação ocorre com a efetiva atribuição de falsa qualidade ao estrangeiro, independentemente de sua entrada ou permanência no território nacional.

Não se admite a tentativa.

4.5 Falsidade em prejuízo da nacionalização de sociedade

Crime previsto no art. 310 do Código Penal, a falsidade em prejuízo da nacionalização de sociedade tem como objetividade jurídica a tutela da fé pública e da regularidade na nacionalização das sociedades.

Sujeito ativo pode ser qualquer pessoa brasileira.

Sujeito passivo é a coletividade.

A conduta típica é expressa pelo verbo *prestar*, que significa dedicar, consagrar, ser útil, servir.

O verbo flexionado *prestar-se* significa que deve o agente sujeitar-se a figurar como *proprietário* ou *possuidor* de bens (*ação*, *título* ou *valor*) *pertencentes a estrangeiro* (para os termos do dispositivo em análise, é todo aquele que não é natural do Brasil).

O crime somente se configura nas hipóteses em que ao estrangeiro é *vedada por lei a propriedade ou a posse* de ação, título ou valor. Trata-se de norma penal em branco, pois que os casos de vedação devem ser indicados por outros dispositivos, para a complementação desse artigo.

O crime somente é punido a título de dolo.

A consumação ocorre no momento em que o sujeito assume a posição de proprietário ou possuidor dos bens.

Admite-se a tentativa.

4.6 Adulteração de sinal identificador de veículo

A adulteração de sinal identificador de veículo é crime previsto no art. 311 do Código Penal, com redação dada pela Lei n. 14.562/2023, tendo como objetividade jurídica a tutela da fé pública.

Sujeito ativo pode ser qualquer pessoa. A pena será aumentada de um terço se o agente cometer o crime no exercício da função pública ou em razão dela.

Sujeito passivo é a coletividade e, secundariamente, a pessoa física ou jurídica eventualmente lesada.

A conduta típica é expressa pelo verbo *adulterar*, que significa modificar, contrafazer, mudar, alterar; pelo verbo *remarcar*, que significa marcar de novo, tornar a marcar; e pelo verbo *suprimir*, que significa retirar, apagar, eliminar, obliterar.

A *adulteração, remarcação ou supressão* devem ter como objeto material *número de chassi, monobloco, motor, placa de identificação, ou qualquer sinal identificador de veículo automotor, elétrico, híbrido, de reboque, de semirreboque ou de suas combinações, bem como de seus componentes ou equipamentos.*

Numeração de chassi é a inscrição composta por números, letras e qualquer outro sinal, constantes do chassi e insculpidos por ocasião da fabricação do veículo, aptos a identificá-lo juntamente com seus componentes ou equipamentos.

O dispositivo tinha redação anterior bastante restrita, tendo havido o aumento de abrangência da norma com a redação dada pela Lei n. 14.562/2023, que incluiu também, expressamente, como objeto material, número de monobloco, motor e placa de identificação.

Além de *veículo automotor*, que envolve todo aquele que se move mecanicamente para transporte de pessoas, cargas etc., a Lei 14.562/2023 acrescentou *veículo elétrico, veículo híbrido, veículo de reboque, de semirreboque e suas combinações.*

O Superior Tribunal de Justiça tem posição pacífica no sentido de que a alteração de placas de veículo automotor mediante a colocação de fita adesiva é fato típico, caracterizando o delito ora em comento.

Nesse sentido:

"Para o Superior Tribunal de Justiça é típica a conduta de adulterar a placa de veículo automotor mediante a colocação de fita adesiva" (STJ — AgRg nos EDcl no REsp 1.329.449/SP — 6.ª T. — Rel. Min. Sebastião Reis Junior — DJe 1.º-10-2012).

"Este Superior Tribunal de Justiça firmou o entendimento no sentido de que é típica a conduta de alterar placa de veículo automotor, mediante a colocação de fita adesiva, conforme ocorreu na espécie dos autos. Isto porque a objetividade jurídica tutelada pelo art. 311 do CP é a fé pública ou, mais precisamente, a proteção da autenticidade dos sinais identificadores de automóveis. Precedentes" (STJ — HC 369501/SC — 5.ª T. — Rel. Min. Ribeiro Dantas — DJe 11-10-2017).

"O trancamento da ação penal por falta de justa causa somente é possível quando se constata, *prima facie*, a atipicidade da conduta, a incidência de causa de extinção da punibilidade, a ausência de indícios de autoria ou de prova da materialidade do delito, hipóteses não ocorrentes na espécie. III — É típica a conduta de alterar placa de veículo automotor, mediante a colocação de fita adesiva, conforme ocorreu na espécie dos autos, na qual não se pode dizer que a falsificação foi grosseira. Precedentes" (STJ — HC 392.220/SP — 5.ª T. — Rel. Min. Felix Fischer — *DJe* 31-10-2017).

"A conduta consistente na troca de placas importa em adulteração do principal sinal identificador externo do veículo automotor, adequando-se à figura típica prevista no art. 311 do Código Penal" (STJ — AgRg nos EDcl no REsp 1.908.093/PR — Rel. Min. Laurita Vaz — Sexta Turma — *DJe* 18-4-2023).

"I. A jurisprudência deste Superior Tribunal de Justiça firmou-se no sentido de que a norma contida no art. 311 do Código Penal busca resguardar a autenticidade dos sinais identificadores dos veículos automotores, sendo, pois, típica a simples conduta de alterar, com fita adesiva, a placa do automóvel, ainda que não caracterizada a finalidade específica de fraudar a fé pública. 2. Agravo regimental desprovido" (STJ — AgRg no REsp 2.009.836/MG — Rel. Min. João Batista Moreira — Quinta Turma — *DJe* 20-3-2023).

O crime somente é punido a título de dolo, consumando-se com a adulteração, a remarcação ou a supressão sem autorização do órgão competente. Para a caracterização do delito não há necessidade de que a adulteração, remarcação ou supressão sejam dirigidas a alguma finalidade específica, tal como praticar ou acobertar algum outro delito.

Nesse sentido é a orientação pacífica do Superior Tribunal de Justiça:

"A jurisprudência deste Superior Tribunal entende que a simples conduta de adulterar a placa de veículo automotor é típica, enquadrando-se no delito descrito no art. 311 do Código Penal. Não se exige que a conduta do agente seja dirigida a uma finalidade específica, basta que modifique qualquer sinal identificador de veículo automotor (AgRg no AREsp 860.012/MG, Rel. Ministro ROGERIO SCHIETTI CRUZ, Sexta Turma, *DJe* 16/02/2017)" (STJ — AgRg nos EDcl no AREsp 1.713.529/SP — Rel. Min. Reynaldo Soares da Fonseca — Quinta Turma — *DJe* 21-9-2020).

Admite-se a tentativa.

4.6.1 Causa de aumento de pena

O § 1.º do art. 311 do Código Penal prevê causa de aumento de pena, de um terço, quando o agente comete o crime *no exercício da função pública ou em razão dela*.

4.6.2 Figuras equiparadas

O § 2.º do art. 311 do Código Penal, com a redação dada pela Lei n. 14.562/2023, prevê que incorre nas mesmas penas do *caput* desse artigo:

I — o funcionário público que contribui para o licenciamento ou registro do veículo remarcado ou adulterado, fornecendo indevidamente material ou informação oficial;

II — aquele que adquire, recebe, transporta, oculta, mantém em depósito, fabrica, fornece, a título oneroso ou gratuito, possui ou guarda maquinismo, aparelho, instrumento ou objeto especialmente destinado à falsificação e/ou adulteração de que trata o *caput* deste artigo; ou

III — aquele que adquire, recebe, transporta, conduz, oculta, mantém em depósito, desmonta, monta, remonta, vende, expõe à venda, ou de qualquer forma utiliza, em proveito próprio ou alheio, veículo automotor, elétrico, híbrido, de reboque, semirreboque ou suas combinações ou partes, com número de chassi ou monobloco, placa de identificação ou qualquer sinal identificador veicular que devesse saber estar adulterado ou remarcado.

Portanto, neste último caso, comete o crime em análise o agente que, por exemplo, é surpreendido conduzindo ou dirigindo um veículo com número de chassi ou monobloco, placa de identificação ou qualquer sinal identificador que devesse saber (dolo eventual) estar adulterado ou remarcado. Curioso notar que o dispositivo legal menciona apenas "adulterado ou remarcado", silenciando sobre a tipificação da conduta daquele que é surpreendido conduzindo veículo com numeração de chassi ou monobloco, placa de identificação ou qualquer sinal identificador "suprimido".

Nesse aspecto, seriam atípicas as condutas previstas no inciso III em relação a veículo automotor, elétrico, híbrido, de reboque, semirreboque ou suas combinações ou partes, com número de chassi ou monobloco, placa de identificação ou qualquer sinal identificador "suprimido"? Cremos que essa conduta não poderia ser enquadrada no tipo penal em análise. Isso porque o legislador restringiu a abrangência da norma do inciso III apenas a "adulteração" ou "remarcação", deixando fora a "supressão". Eventualmente poderia restar configurado o crime de receptação.

4.6.3 Exercício de atividade comercial ou industrial

O § 3.º, acrescentado pela Lei n. 14.562/2023, prevê forma qualificada das condutas previstas nos incisos II e III do § 2.º, punindo com reclusão de 4 (quatro) a 8 (oito) anos e multa o agente que as praticar no exercício de atividade comercial ou industrial. Inclusive, o § 4.º, também acrescentado, estabelece que se equipara a atividade comercial, neste caso, qualquer forma de comércio irregular ou clandestino, inclusive aquele exercido em residência.

5 DAS FRAUDES EM CERTAMES DE INTERESSE PÚBLICO

5.1 Fraudes em certames de interesse público

O crime de fraudes em certames de interesse público vem previsto no art. 311-A, tendo sido incluído no Código Penal pela Lei n. 12.550/2011. É crime que tem como objetividade jurídica a preservação do sigilo de concursos públicos, avaliações ou exames públicos, processos seletivos para ingresso no ensino superior e exames ou processos seletivos previstos em lei.

Sujeito ativo pode ser qualquer pessoa. Se for funcionário público, a pena será aumentada de 1/3 (um terço). Sujeito passivo são os concorrentes ou participantes do certame. Secundariamente, também o Estado pode ser sujeito passivo, já que representa a coletividade.

A conduta vem representada pelos verbos *utilizar* (usar, fazer uso, aproveitar) ou *divulgar* (tornar público, propagar). A divulgação pode se dar a uma só pessoa, o que já caracteriza o crime, uma vez violado o sigilo do certame.

Objeto material do crime é o concurso público, a avaliação ou os exames públicos, o processo seletivo para ingresso no ensino superior e o exame ou processo seletivo previsto em lei.

O tipo penal apresenta um elemento normativo, representado pela expressão *indevidamente*, caracterizando tipo anormal, aberto, que exige um juízo de valor para completar a tipicidade.

O elemento subjetivo é o dolo. Não se admite a modalidade culposa.

A consumação ocorre com a efetiva utilização ou divulgação de conteúdo sigiloso de certame de interesse público. Admite-se, em tese, a tentativa, embora de difícil configuração prática.

No Superior Tribunal de Justiça: "AGRAVO REGIMENTAL NO RECURSO ESPECIAL. PENAL. FRAUDES EM CERTAMES DE INTERESSE PÚBLICO. VESTIBULAR. ART. 311-A DO CÓDIGO PENAL. CONTEÚDO SIGILOSO. ELEMENTO NORMATIVO DO TIPO. DIVULGAÇÃO PREMATURA E INDEVIDA DE PERGUNTAS E RESPOSTAS COM NÍTIDO PREJUÍZO AO BEM JURÍDICO TUTELADO PELA NORMA PENAL. SIGILOSIDADE DOS CERTAMES PÚBLICOS. TIPICIDADE. PRECEDENTE.

1. Segundo conclusão extraída pela instância ordinária das provas dos autos, o agravante integrava organização criminosa especializada em fraudar vestibulares de medicina, cujo *modus operandi* envolvia a contratação de especialistas para realizarem as questões das provas da forma mais célere possível a fim de repassar, ainda durante a realização dos certames, as respectivas respostas aos candidatos beneficiários do esquema fraudulento.

2. Consoante já decidiu esta Corte Superior, "a expressão 'conteúdo sigiloso' previsto no artigo 311-A do Código Penal não deve se restringir, exclusivamente, ao gabarito oficial da Instituição organizadora do certame, mas, igualmente, abranger aquele especialista que realiza a prova e, antes de terminar o período de duração do certame, transmite, por meio eletrônico, as respostas corretas ou o seu próprio gabarito, ainda que sem correção doutrinária/legal, a outros candidatos que ainda encontram-se realizando o certame, pois, antes do término do prazo de duração da prova, as respostas de um candidato são sigilosas em relação aos demais candidatos que ainda encontram-se na realização do processo seletivo" (RHC 81.735/PA, Rel. Ministro REYNALDO SOARES DA FONSECA, QUINTA TURMA, julgado em 17/08/2017, *DJe* 25/08/2017)" (AgRg no REsp 1.753.609/ SP — Rel. Min. Jorge Mussi — Quinta Turma — *DJe* 14-5-2019).

Ainda: "Hipótese na qual as instâncias ordinárias demonstraram, de forma exaustiva, a necessidade da segregação do paciente, apontando-o como membro de vasta e especializada organização criminosa, com nítida divisão de tarefas e suposta atuação em diversos Estados, voltada para fraudes em concursos públicos, vestibulares e outros certames públicos, falsificação de documentos, falsidade ideológica e lavagem de capitais. A título de ilustração do alcance e intensidade das atividades do esquema fraudulento, as decisões atacadas citam indícios de embustes no concurso de Delegado de Polícia Substituto do Estado do Goiás, Polícia Militar do Estado de Goiás, Escrivão de Polícia Civil de Goiás, Prefeitura de Goiânia, Procurador do Município de Belo Horizonte/MG, Corpo de Bombeiros Militar do Distrito Federal, INSS, IBAM, Câmara Legislativa, NOVACAP, Senado Federal, TERRACAP, analista do Supremo Tribunal Federal, Juiz Federal, Delegado da Polícia Federal, Analista e Técnico Judiciário, Agente Penitenciário Federal, UNICEUB, FACIPLAC, FAMA-MINEIROS, Católica (PUC-Medicina), Tribunal Regional Eleitoral de Pernambuco, Fundação Universitária, ANVISA e Procuradoria-Geral do Estado do Amazonas, Fundo de Financiamento ao Estudante do Ensino Superior (FIES), vestibulares, inclusive de medicina, o exame da OAB, e ENEM. O paciente é apontado como ocupante de posição essencial na estrutura criminosa, na medida em que era responsável por aliciar os candidatos à compra das vagas, bem como intermediar a relação destes com os responsáveis pelas fraudes, além de administrar os pagamentos realizados, avalizando ou não a aprovação. Além disso, o paciente é acusado de providenciar diplomas falsos para que candidatos tomassem posse em cargos dos quais não possuíam os requisitos necessários para aprovação — inclusive no cargo de Delegado de Polícia Substituto de Goiás" (STJ — HC 440.660/GO — Rel. Min. Reynaldo Soares da Fonseca — Quinta Turma — *DJe* 30-5-2018).

5.1.1 Figura equiparada

O § 1.º do artigo estabelece que incorre nas mesmas penas, de 1 a 4 anos de reclusão e multa, quem permite ou facilita, por qualquer meio, o acesso de pessoas não autorizadas às informações mencionadas no *caput*.

Nesse caso, trata-se de crime próprio, uma vez que somente pode ser sujeito ativo aquele que é encarregado de preservar o sigilo do certame de interesse público. Geralmente são pessoas que integram a estrutura organizacional do certame.

5.1.2 Dano à Administração Pública

De acordo com o § 2.º, se da ação ou omissão resulta dano à Administração Pública, a pena é de reclusão de 2 a 6 anos, e multa. Assim é porque da prática criminosa poderá ou não resultar dano à Administração Pública. Caso resulte referido dano, a pena será a já mencionada.

5.1.3 Causa de aumento de pena

Estabelece o § 3.º que, se o sujeito ativo for funcionário público, a pena será aumentada de 1/3 (um terço). Embora a lei silencie a respeito, a causa de aumento de pena somente incidirá se o funcionário público praticar a conduta violando dever funcional, justamente no exercício da função ou em razão dela. Aqui também o conceito de funcionário público tem seus contornos estabelecidos pelo art. 327 do Código Penal.

DOS CRIMES CONTRA A ADMINISTRAÇÃO PÚBLICA

1 DOS CRIMES PRATICADOS POR FUNCIONÁRIO PÚBLICO CONTRA A ADMINISTRAÇÃO EM GERAL

1.1 Conceito de funcionário público

De acordo com o disposto no art. 327, *caput*, do Código Penal, "considera-se *funcionário público*, para efeitos penais, quem, embora transitoriamente ou sem remuneração, exerce cargo, emprego ou função pública".

Infere-se desse dispositivo que o elemento caracterizador da figura do funcionário público pode ser a titularidade de um *cargo público*, criado por lei, com especificação própria, em número determinado e pago pelo Estado; a investidura em *emprego público*, para serviço temporário; e também o exercício de uma *função pública*, que é o conjunto de atribuições que a Administração Pública confere a cada categoria profissional.

Assim, por exemplo, jurado é considerado funcionário público para os efeitos penais. Nesse sentido, inclusive, o disposto no art. 445 do CPP: "Art. 445. O jurado, no exercício da função ou a pretexto de exercê-la, será responsável criminalmente nos mesmos termos em que o são os juízes togados". Também o mesário eleitoral exerce função pública, sendo considerado funcionário público para os efeitos penais. Estagiário concursado exerce cargo e, portanto, é considerado funcionário público para os efeitos penais. Estagiário informal ou voluntário, estando na repartição pública, exerce função pública, daí por que é considerado funcionário público para os efeitos penais.

Com relação ao advogado ou defensor dativo, entendemos que é funcionário público para os efeitos penais, exercendo função pública de relevância e sendo remunerado pelos cofres públicos, de acordo com tabela preestabelecida. Essa posição não é pacífica, entretanto, havendo quem sustente que o defensor dativo não exerce função pública, mas sim *munus* público. Ora, ainda que a advocacia dativa seja um *munus* público, essa qualidade não exclui o fato de ser, também, uma função pública. Ao ser convocado para exercer o ofício de defensor público dativo, ao desempenhar esse *munus* público, o advogado estabelece uma relação jurídico-administrativa precária com o Estado. Isso decorre do exercício de uma função eminentemente pública, a de "assistência integral e gratuita aos que comprovarem insuficiência de recursos" (art. 5.º, LXXIV, da Constituição da República). Essa é a posição que prevalece no Supremo Tribunal Federal. Portanto, advogados ou defensores dativos são funcionários públicos, pois exercem função pública, ainda que transitoriamente. Se, nessa qualidade, praticarem algum dos crimes previstos nos arts. 312 a 326 do Código Penal (por exemplo, exigindo ou solicitando da parte qualquer valor a título de complemento dos seus honorários) serão processados criminalmente como funcionários públicos.

No Superior Tribunal de Justiça: "Conforme jurisprudência desta Corte Superior de Justiça, para fins penais, o advogado dativo deve ser equiparado a funcionário público, nos termos do artigo 327 do Código Penal" (STJ — CC 145485 — p. 20-3-2017). Também: REsp. 902.037/SP, Rel. Min. Felix Fischer, Quinta Turma, j. 17-4-2007, *DJ* de 4-6-2007; AgRg no AREsp. 781.997/PE, Rel. Ministra Maria Thereza de Assis Moura, Sexta Turma, *Dje* 1.º-2-2016; HC 264.459/SP, Rel. Min. Reynaldo Soares da Fonseca, Quinta Turma, j. 10-3-2016, *DJe* 16-3-2016, dentre outros.

Já os tutores e curadores não são considerados funcionários públicos para os efeitos penais. O inventariante judicial não é considerado funcionário público para os efeitos penais.

A Lei n. 13.869/2019, que define os crimes de abuso de autoridade, considera, em seu art. 2.º, como sujeito ativo do crime qualquer agente público, servidor ou não, da administração direta, indireta ou fundacional de qualquer dos Poderes da União, dos Estados, do Distrito Federal, dos Municípios e de Território, compreendendo, mas não se limitando, a servidores públicos e militares ou pessoas a eles equiparadas, membros do Poder Legislativo, membros do Poder Executivo, membros do Poder Judiciário, membros do Ministério Público e membros dos tribunais ou conselhos de contas. No parágrafo único do citado artigo, prevê a lei expressamente que "reputa-se agente público, para os efeitos desta Lei, todo aquele que exerce, ainda que transitoriamente ou sem remuneração, por eleição, nomeação, designação, contratação ou qualquer outra forma de investidura ou vínculo, mandato, cargo, emprego ou função em órgão ou entidade abrangidos pelo *caput* deste artigo".

Não devem ser os crimes funcionais confundidos com crimes de responsabilidade, que são, a rigor, infrações político-administrativas (Lei n. 1.079/50).

Outrossim, o Código de Processo Penal, nos arts. 513 e seguintes, cuida do procedimento dos crimes praticados por funcionário público, prevendo, nos afiançáveis, o oferecimento de defesa preliminar, antes do recebimento da denúncia ou queixa. Essa prerrogativa não se aplica ao particular coautor ou partícipe do funcionário público.

Distinguem-se, ainda, os crimes funcionais próprios dos crimes funcionais impróprios.

Crimes funcionais próprios são aqueles em que, faltando a qualidade de funcionário público do agente, o fato se torna atípico, não encontrando adequação a outro crime. A falta da qualidade de funcionário público do agente acarreta a atipicidade absoluta do fato. Exemplo: prevaricação (art. 319 do CP — faltando a qualidade de funcionário público ao agente, o fato se torna atípico). Outros exemplos: corrupção passiva (art. 317 do CP); condescendência criminosa (art. 320 do CP).

Crimes funcionais impróprios são aqueles em que, faltando a qualidade de funcionário público do agente, o fato não se torna atípico, encontrando adequação em outro tipo penal. O fato deixa de configurar crime funcional, passando à categoria de crime comum. A falta da qualidade de funcionário público do agente acarreta a atipicidade relativa do fato. Exemplo: peculato — faltando a qualidade de funcionário público do agente, o fato pode ser caracterizado como apropriação indébita ou como furto.

Com relação ao concurso de pessoas, o particular que atua em coautoria ou participação com o funcionário público na prática do crime funcional também responde por esse delito, desde que conheça a qualidade funcional de seu comparsa. Nesse caso, aplica-se o disposto no art. 30 do Código Penal, sendo certo que a qualidade de funcionário público constitui elementar do crime funcional, integrando a figura típica, comunicando-se ao particular, coautor ou partícipe, que dela tenha conhecimento.

Apenas para nota, a Lei n. 12.846/2013 dispôs sobre a responsabilização administrativa e civil de pessoas jurídicas pela prática de atos contra a administração pública, nacional ou estrangeira.

Por fim, de acordo com o disposto na Súmula 599 do Superior Tribunal de Justiça, "o princípio da insignificância é inaplicável aos crimes contra a administração pública".

Entretanto, o Superior Tribunal de Justiça entende que é possível, excepcionalmente, afastar a incidência da Súmula 599/STJ para aplicar o princípio da insignificância aos crimes praticados contra a administração pública quando for ínfima a lesão ao bem jurídico tutelado. Nesse sentido: RHC 153.480/SP — Rel. Min. Laurita Vaz — Sexta Turma — *DJe* 31-5-2022; RHC 85.272/RS — Rel. Min. Nefi Cordeiro — Sexta Turma — *DJe* 23-8-2018; HC 226.021/SP — Rel. Min. Marco Aurélio Bellizze — Quinta Turma — *DJe* 28-6-2012. Vide *Informativo de Jurisprudência*, n. 7 — Edição Especial e *Jurisprudência em Teses*, n. 87 — Tema 3.

1.1.1 Funcionário público por equiparação

Segundo o que dispõe o § 1.º do art. 327 do Código Penal, "equipara-se a funcionário público quem exerce cargo, emprego ou função em entidade paraestatal, e quem trabalha para empresa prestadora de serviço contratada ou conveniada para a execução de atividade típica da Administração Pública".

Entidade paraestatal, segundo conceito largamente difundido na doutrina, é a pessoa jurídica de direito privado, criada por lei, de patrimônio público ou misto, com a finalidade de concretização de atividades, obras e serviços de interesse social, sob disciplina e controle do Estado.

Não se confundem as paraestatais com as autarquias, que são pessoas jurídicas de direito público, criadas por lei específica (art. 37, XIX, da CF), titulares de patrimônio próprio, realizando atividades típicas do Estado, de maneira descentralizada. Os funcionários de autarquias são funcionários públicos.

São espécies de entidades paraestatais as empresas públicas, as sociedades de economia mista, as fundações instituídas pelo Poder Público e os serviços sociais autônomos (entidades criadas com a finalidade de desenvolver atividades vinculadas a determinados segmentos empresariais; exemplos: Senai e Sesi (vinculados às atividades industriais), Senac e Sesc (vinculados às atividades empresariais do comércio), Senat e Sest (vinculados às atividades de transporte), Senar (vinculado às atividades rurais), Sebrae (vinculado ao desenvolvimento e atividades empresariais) e Sescoop (vinculados às atividades cooperativistas) etc.). Portanto, seus funcionários ou empregados são considerados funcionários públicos por equiparação.

Há quem sustente que as entidades paraestatais não se incluem na Administração Direta e nem na Administração Indireta, podendo ser classificadas em ordens e conselhos profissionais, serviços sociais autônomos, organizações sociais (OS) e organizações da sociedade civil de interesse público (OSCIP). Nesse aspecto, integrariam a Administração Indireta as autarquias (INSS, ANATEL etc.), as empresas públicas (Caixa Econômica Federal, SERPRO — Serviço Federal de Processamento de Dados, EMBRAPA — Empresa Brasileira de Pesquisa Agropecuária, ECT — Empresa de Correios e Telégrafos etc.), as sociedades de economia mista (Banco do Brasil, Banco do Nordeste, Eletrobras, Petrobras etc.) e as fundações públicas.

Incluem-se, ainda, no conceito de funcionário público por equiparação, os empregados de empresas concessionárias e permissionárias de serviços públicos. A Lei n. 8.987/95, no art. 2.º, II, define concessão de serviço público como a delegação de sua prestação, feita pelo poder concedente, mediante licitação, na modalidade de concorrência, à pessoa jurídica ou consórcio de empresas que demonstre capacidade para seu desempenho, por sua conta e risco e por prazo determinado. O mesmo artigo, no inciso IV, define permissão de serviço público como sendo a delegação, a título precário, mediante licitação, da prestação de serviços públicos, feita pelo poder concedente à pessoa física ou jurídica que demonstre capacidade para seu desempenho, por sua conta e risco. Inclusive, o art. 4.º da citada lei estabelece que a concessão de serviço público, precedida ou não da execução de obra pública, será formalizada mediante contrato, que deverá observar os termos desta Lei, das normas pertinentes e do edital de licitação. Portanto, a empresa concessionária será contratada pela Administração.

No caso de funcionário de empresa prestadora de serviço contratada ou conveniada com a Administração, a atividade por ela exercida deve ser *típica da Administração Pública*, ou seja, conforme ressaltado por Mirabete (op. cit., p. 1980), "toda atividade material que a lei atribui ao Estado para que a exerça diretamente ou por meio de seus delegados, com o objetivo de satisfazer concretamente às necessidades coletivas, sob regime total ou parcialmente público. Nessa categoria estão as empresas de coleta de lixo, de energia elétrica e de iluminação pública, de serviços médicos e hospitalares, de telefonia, de transporte, de segurança etc.".

1.1.2 Casos de aumento de pena

De acordo com o disposto no § 2.º do art. 327 do Código Penal, "a pena será aumentada da terça parte quando os autores dos crimes previstos neste Capítulo forem ocupantes de cargos em comissão ou de função de direção ou assessoramento de órgão da administração direta, sociedade de economia mista, empresa pública ou fundação instituída pelo poder público". O aumento de pena se dá em razão da maior reprovabilidade que recai, nesses casos, sobre a conduta do funcionário público.

1.1.3 Funcionário público como sujeito passivo de crimes praticados por particular contra a Administração em geral

O conceito de funcionário público para os efeitos penais aplica-se também no caso de crimes praticados por particular contra a Administração em geral.

Entretanto, somente pode ser considerado funcionário público para figurar no polo passivo dos crimes praticados por particular contra a Administração (p. ex., resistência, desobediência, desacato etc.) aqueles que se enquadrem no conceito do art. 327, *caput*, do Código Penal, excluindo-se, assim, a categoria de funcionário público por equiparação (§ 1.º).

Portanto, não pode ser vítima de desacato, por exemplo, aquele que exerce cargo, emprego ou função em entidade paraestatal, nem tampouco aquele que trabalha para empresa prestadora de serviço contratada ou conveniada para a execução de atividade típica da Administração Pública.

1.2 Peculato

O crime de peculato vem previsto no art. 312 do Código Penal, tendo como objetividade jurídica a tutela da Administração Pública e do patrimônio público.

O peculato é crime próprio. Somente o funcionário público pode praticá-lo (art. 327 do CP). O particular que, de qualquer forma, concorrer para o crime estará nele incurso por força do disposto no art. 30 do Código Penal.

Sujeito passivo é o Estado, por tratar-se de crime contra a Administração Pública.

A conduta típica vem expressa pelo verbo flexionado *apropriar-se*, que significa apossar-se, apoderar-se, tomar para si. Trata-se da modalidade de *peculato-apropriação*, semelhante ao tipo penal da *apropriação indébita*, com a diferença de sujeito ativo.

Há, nesse caso, a inversão do título da posse, dispondo o funcionário público da coisa como se sua fosse. A posse deve ser em razão do cargo ou função exercida por esse funcionário.

A lei pune também a modalidade de *peculato-desvio*, fixando a conduta *desviar*, em que o funcionário público, embora sem o ânimo de apossamento definitivo da coisa, emprega-a de forma diversa da sua destinação, de maneira a obter benefício próprio ou alheio. É também chamado de peculato-malversação.

Assim: "Tratando-se de peculato doloso, a reposição do dinheiro apropriado não extingue a punibilidade, nem é fator de ser levado em conta para a redução da pena. O peculato de uso, além de não ser definido como crime no Código Penal vigente, pressupõe que a coisa seja infungível, o que não sucede, em tais casos, com o dinheiro" (STF — *RT*, 499/426).

Essas duas modalidades de peculato (apropriação e desvio) caracterizam o chamado *peculato próprio.*

O objeto material do crime é a coisa sobre a qual recai a conduta criminosa, podendo ser *dinheiro* (moeda metálica ou papel-moeda de circulação no País), *valor* (título, documento ou efeito que representa dinheiro ou mercadoria) ou *qualquer outro bem móvel, público ou particular* (o conceito de bem móvel é retirado do Direito Civil, devendo incluir também a extensão feita pelo art. 155, § 3.º, do CP).

É certo que a lei tutela não apenas os bens públicos, mas também aqueles pertencentes aos particulares que estejam sob a guarda, vigilância, custódia etc. da Administração.

Trata-se de crime doloso.

Deve o sujeito ativo agir com o *animus rem sibi habendi* (vontade de ter a coisa consigo) e com *animus domini* (vontade de dispor da coisa como se sua fosse).

Dessarte, existe orientação jurisprudencial no sentido de que não configura crime o chamado *peculato de uso*, existindo a nítida intenção de devolver a coisa, pelo funcionário público, sem intenção de dela se apropriar. Assim, segundo essa orientação, inexistiria crime de peculato na conduta do funcionário público que utiliza, em benefício próprio, veículo pertencente à Administração Pública e que lhe foi confiado, ou que utiliza mão de obra ou serviços públicos em benefício próprio. Haveria, nesses casos, mero ilícito administrativo, ou civil, nos casos de improbidade administrativa (Lei n. 8.429, de 2-6-1992).

Merece ressalvar, entretanto, o disposto no art. I.º, II, do Decreto-Lei n. 201, de 27 de fevereiro de 1967, que dispõe sobre a responsabilidade dos prefeitos e vereadores, e criminaliza a conduta consistente em "utilizar-se, indevidamente, em proveito próprio ou alheio, de bens, rendas ou serviços públicos". Portanto, pode o prefeito municipal praticar o crime de peculato de uso, tipificado pelo diploma mencionado. Se o delito for cometido pelo prefeito municipal em coautoria com outro servidor público, ou com particular, os quais não têm foro por prerrogativa de função, a competência será do Tribunal de Justiça, pois há continência (art. 77, I, do CPP), o que implica a unidade de processo e julgamento. No concurso de jurisdições de diversas categorias, predominará a de maior graduação (art. 78, III, do CPP), salvo nos crimes dolosos contra a vida.

Consuma-se o delito, na modalidade *peculato-apropriação*, com a efetiva apropriação pelo funcionário público, ou seja, no momento em que age como se fosse dono da coisa, e na modalidade *peculato-desvio*, com o efetivo desvio, independentemente da obtenção de proveito próprio ou alheio.

Admite-se a tentativa.

Outrossim, a *aprovação de contas* pela Câmara ou por Tribunais de Contas não exime o funcionário público da responsabilidade penal.

Por fim, cabe ressaltar que o Decreto-lei n. 5.452/43 (Consolidação das Leis do Trabalho) dispõe, no art. 552, que "os atos que importem em malversação ou dilapidação do patrimônio das associações ou entidades sindicais ficam equiparados ao crime de peculato julgado e punido na conformidade da legislação penal".

1.2.1 Peculato-furto

O peculato-furto é crime previsto no § I.º do art. 312 do Código Penal, tendo como objetividade jurídica a tutela da Administração Pública e do patrimônio público.

Trata-se de crime próprio. Somente o funcionário público pode praticá-lo (art. 327 do CP). O particular que, de qualquer forma, concorrer para o crime, estará nele incurso por força do disposto no art. 30 desse mesmo Código.

Sujeito passivo é o Estado e, secundariamente, o particular eventualmente lesado.

A conduta típica vem expressa pelo verbo *subtrair*, que significa tirar, suprimir, assenhorear-se; e pelo verbo *concorrer*, que significa cooperar, contribuir.

Trata-se da modalidade chamada de *peculato-furto*, ou *peculato-impróprio*, semelhante ao tipo penal do furto, com a diferença de sujeito ativo.

Nesse tipo de peculato, o agente não tem a posse da coisa, subtraindo-a, entretanto, ou concorrendo para que seja subtraída, valendo-se das facilidades que o cargo lhe proporciona.

Aqui também que a subtração ou concorrência para a subtração se dê em *proveito próprio ou alheio*.

Nessa modalidade de peculato, o objeto material também é a coisa sobre a qual recai a conduta criminosa, podendo ser *dinheiro* (moeda metálica ou papel-moeda de circulação no País), *valor* (título, documento ou efeito que representa dinheiro ou mercadoria) ou *qualquer outro bem móvel, público ou particular* (o conceito de bem móvel é retirado do Direito Civil, devendo incluir também a extensão feita pelo art. 155, § 3.º, do CP).

Aqui também a lei tutela não apenas os bens públicos, mas também aqueles pertencentes aos particulares que estejam sob a guarda, vigilância, custódia etc. da Administração.

O *peculato-furto* é crime doloso. Deve o sujeito ativo agir com o *animus rem sibi habendi* (vontade de ter a coisa consigo) e com *animus domini* (vontade de dispor da coisa como se sua fosse).

Consuma-se o delito com a efetiva subtração ou concorrência para subtração da coisa.

Admite-se a tentativa.

1.2.2 Peculato culposo

O peculato culposo é espécie de peculato prevista no § 2.º do art. 312 do Código Penal.

Nessa modalidade do crime, o funcionário público *concorre, culposamente,* para o crime de outrem, ou seja, age com negligência, imprudência ou imperícia e permite que haja apropriação, subtração ou utilização da coisa.

O funcionário concorre culposamente para a prática de crime de outrem, seja este também funcionário ou particular. O crime pode ser funcional ou não.

É necessário que se estabeleça relação entre a concorrência culposa do agente com a ação dolosa de outrem, evidenciando que o primeiro tenha dado ensejo à prática do último.

Trata-se de crime culposo (ausência de cautela especial a que estava obrigado o funcionário público na preservação de bens do Poder Público), cuja consumação se dá com a consumação de outra modalidade de peculato ou com a subtração praticada por particular.

Não se admite a tentativa.

1.2.3 Reparação do dano no peculato culposo

O § 3.º do art. 312 do Código Penal prevê um caso de *extinção da punibilidade* e um caso de *atenuação da pena* que se aplicam exclusivamente ao peculato culposo.

Nessa *causa de extinção da punibilidade*, é necessário que não se tenha operado o trânsito em julgado da sentença condenatória. Se já houver trânsito em julgado, subsiste a punibilidade, operando-se a redução da pena de metade.

Tratando-se de peculato doloso, em qualquer das modalidades já analisadas, a reparação do dano ou a restituição da coisa não ensejam a extinção da punibilidade, configurando *arrependimento posterior*, previsto no art. 16 do Código Penal, ensejando redução da pena de 1 a 2/3. Nesse caso, a reparação do dano deve ocorrer por ato voluntário do agente, até o recebimento da denúncia ou queixa. Se for posterior a esse ato, já no curso do processo-crime, ocorre a incidência da circunstância atenuante prevista no art. 65, III, *b*, do citado diploma.

1.3 Peculato mediante erro de outrem

O peculato mediante erro de outrem é crime previsto no art. 313 do Código Penal, tendo como objetividade jurídica a tutela da Administração Pública e do patrimônio público.

Por ser crime próprio, somente o funcionário público pode ser sujeito ativo (art. 327 do CP).

Sujeito passivo é o Estado e, secundariamente, a vítima da fraude.

A conduta típica vem expressa pelo verbo flexionado *apropriar-se*, que significa apossar-se, apoderar-se, tomar para si.

Trata-se da modalidade denominada *peculato-estelionato*, semelhante ao tipo penal do *estelionato*, com a diferença de sujeito ativo.

O objeto material do crime é a coisa sobre a qual recai a conduta criminosa, podendo ser *dinheiro* (moeda metálica ou papel-moeda de circulação no País) ou *qualquer utilidade* (coisa móvel). É certo que a lei tutela não apenas os bens públicos, mas também aqueles pertencentes aos particulares que estejam sob a guarda, vigilância, custódia etc. da Administração.

A coisa deve ter vindo ao poder do funcionário público por meio de *erro de outrem*, ou seja, de forma espontânea e equivocada.

Se o erro foi *induzido* pelo funcionário, haverá o crime de estelionato (art. 171 do CP).

É imprescindível que a entrega do bem ao funcionário tenha sido feita ao sujeito ativo em razão do cargo que aquele ocupa junto à Administração Pública e que o erro tenha relação com o seu exercício.

Nesse sentido: "Se o recebimento do dinheiro apropriado não cabia ao agente, a tipificação é no art. 313 e não no art. 312 do CP" (TRF — *RTFR*, 71/143).

Trata-se de crime doloso, que se consuma com a efetiva apropriação do objeto material pelo funcionário público, ou seja, no momento em que age como se fosse dono da coisa.

Admite-se a tentativa.

1.4 Inserção de dados falsos em sistema de informações

O crime de inserção de dados falsos em sistema de informações vem previsto no art. 313-A do Código Penal, tendo sido introduzido pela Lei n. 9.983/2000. Trata-se de modalidade de peculato-eletrônico, também chamado de peculato-cibernético, peculato-informático ou peculato-pirataria de dados.

A objetividade jurídica desse crime é a tutela da regularidade dos sistemas informatizados ou bancos de dados da Administração Pública.

Sujeito ativo somente pode ser o funcionário público "autorizado", nos termos da lei, a operar e manter os sistemas informatizados ou bancos de dados da Administração Pública.

Sujeito passivo é o Estado.

A conduta típica vem expressa pelos verbos *inserir* (colocar, introduzir, intercalar), *facilitar* (tornar fácil), *alterar* (modificar, mudar, adulterar) ou *excluir* (retirar, deixar de fora, excetuar).

Essas condutas devem recair sobre o objeto material do crime, que é composto dos sistemas informatizados ou bancos de dados da Administração Pública, mediante a inserção de *dados falsos*, ou a facilitação do acesso de terceiros para inserção de *dados falsos*; ou, ainda, pela alteração ou exclusão indevida de *dados corretos*.

Trata-se de crime doloso.

A consumação ocorre com a conduta do agente, independentemente da ocorrência de qualquer resultado material, já que a lei se refere apenas à intenção específica de obter vantagem indevida ou de causar dano.

Admite-se a tentativa.

1.5 Modificação ou alteração não autorizada de sistema de informações

O crime de modificação ou alteração não autorizada de sistema de informações vem previsto no art. 313-B do Código Penal, tendo sido introduzido pela Lei n. 9.983/2000. Trata-se de modalidade de peculato-eletrônico, também chamado de peculato-cibernético, peculato-informático ou peculato-hacker.

A objetividade jurídica desse crime é a tutela da regularidade dos sistemas informatizados ou bancos de dados da Administração Pública.

Sujeito ativo somente pode ser o funcionário público autorizado ou não a operar sistema de informações ou programa de informática da Administração Pública. Aqui não há a restrição do crime anterior.

Sujeito passivo é o Estado.

A conduta típica vem expressa pelos verbos *modificar* (transformar, alterar) e *alterar* (mudar, transformar), que, a rigor, têm o mesmo significado.

Entretanto, parte da doutrina tem entendido que a modificação implicaria a substituição do sistema ou programa por outro, enquanto a alteração implicaria tão somente a adulteração do sistema ou programa anterior, que seria mantido.

O objeto material consiste em sistema de informações ou programa de informática da Administração Pública, que deve ser preservado de modificação ou alteração indevidas por funcionário público não autorizado ou, ainda que autorizado, sem solicitação de autoridade competente.

A diferença entre esse delito e aquele do artigo anterior reside justamente no fato de que neste o que se coíbe é a modificação ou alteração do próprio sistema ou programa de informática, enquanto naquele se pune a inserção ou facilitação de inserção de dados falsos, bem como a alteração ou exclusão indevidas de dados corretos constantes dos sistemas informatizados ou banco de dados da Administração Pública.

Trata-se de crime doloso.

A consumação ocorre com a modificação ou alteração do sistema de informações ou programa de informática, independentemente da ocorrência de dano.

Caso ocorra dano para a Administração Pública ou para o administrado, a pena será exacerbada de um terço até a metade.

Admite-se a tentativa.

1.6 Extravio, sonegação ou inutilização de livro ou documento

O extravio, sonegação ou inutilização de livro ou documento é crime previsto no art. 314 do Código Penal, tendo como objetividade jurídica a tutela da Administração Pública.

Por tratar-se de crime próprio, somente o funcionário público pode praticá-lo (art. 327 do CP).

Sujeito passivo é o Estado e, secundariamente, o particular proprietário do documento eventualmente confiado à Administração Pública.

A conduta típica vem expressa pelos verbos *extraviar*, que significa desencaminhar, desviar, levar a descaminho; *sonegar*, que significa ocultar com fraude, dissimular, esconder; e *inutilizar*, que significa tornar imprestável, destruir, danificar.

Essas condutas devem ser praticadas pelo funcionário público que tenha a incumbência, *em razão do cargo ou função*, de guardar o *livro oficial* (pertencente à Administração Pública) ou *qualquer documento* (oficial ou pertencente a particular).

O crime é doloso.

A consumação ocorre com o extravio, a sonegação ou a inutilização do objeto material, ainda que não ocorra prejuízo efetivo à Administração Pública ou a terceiro.

Admite-se a tentativa com relação ao extravio e inutilização. Com relação à sonegação, não se admite tentativa, já que o crime se consuma no momento em que é exigida do funcionário a exibição do objeto material escondido.

Vale ressaltar, por fim, que constitui crime contra a ordem tributária, previsto no art. 3.º, I, da Lei n. 8.137/90, "extraviar livro oficial, processo fiscal ou qualquer documento, de que tenha a guarda em razão da função; sonegá-lo, ou inutilizá-lo, total ou parcialmente, acarretando pagamento indevido ou inexato de tributo ou contribuição social".

1.7 Emprego irregular de verbas ou rendas públicas

O emprego irregular de verbas ou rendas públicas é crime previsto no art. 315 do Código Penal, tendo como objetividade jurídica a tutela da Administração Pública e do patrimônio público.

Sujeito ativo somente pode ser o funcionário público (art. 327 do CP) que tenha poder de disposição de verbas e rendas públicas. É crime próprio. Se for o Presidente da República, poderá o fato constituir crime de responsabilidade, previsto na Lei n. 1.079, de 10 de abril de 1950. Se for prefeito municipal ou vereador, também poderá o fato configurar crime de responsabilidade previsto no art. 1.º, III, IV e V, do Decreto-Lei n. 201/67.

Sujeito passivo é o Estado.

A conduta típica vem descrita pela expressão *dar aplicação*, que, no contexto do artigo, significa empregar, administrar, consagrar, destinar.

Deve o funcionário público empregar irregularmente as *verbas* ou *rendas públicas*, ou seja, diversamente do estabelecido em lei. Isso porque a aplicação das verbas e rendas públicas, a rigor, deve dar-se de acordo com a sua destinação, estabelecida por leis orçamentárias ou especiais, visando atender às exigências da atividade estatal.

Rendas públicas são aquelas constituídas por dinheiro recebido pela Fazenda Pública, a qualquer título.

Verbas públicas são aquelas constituídas por dinheiro destinado para a execução de determinado serviço público ou para outra finalidade de interesse público.

O termo *lei* deve ser interpretado restritivamente, referindo-se a leis comuns e orçamentárias, excluindo-se da tipificação eventual descumprimento de decretos e normas administrativas.

Trata-se de crime doloso.

A consumação ocorre com a aplicação indevida das rendas e verbas públicas.

Admite-se a tentativa.

Também neste crime, eventual aprovação de contas pelos órgãos fiscalizadores não exime o funcionário público da responsabilidade penal.

Nesse sentido: "A jurisprudência desta Corte aponta no sentido de que o fato de o Tribunal de Contas eventualmente aprovar as contas a ele submetidas não obsta a persecução penal promovida pelo Ministério Público para responsabilização penal dos agentes envolvidos em delitos de malversação de dinheiros públicos" (STJ — HC 30.666/PI — Rel. Ministra Laurita Vaz — *DJU* 5-4-2004).

1.8 Concussão

O crime de concussão vem previsto no art. 316 do Código Penal, tendo como objetividade jurídica a tutela da Administração Pública.

A concussão é crime próprio. Somente o funcionário público (art. 327 do CP) pode ser sujeito ativo, ainda que fora da função ou antes de assumi-la, mas em razão dela. O particular pode ser coautor ou partícipe do crime, por força do disposto no art. 30 desse mesmo Código.

Sujeito passivo é o Estado e, secundariamente, o particular ou funcionário vítima da exigência. Importante salientar que o particular que cede à exigência de vantagem indevida feita por funcionário público não pratica crime, por ausência de tipicidade.

A conduta típica vem expressa pelo verbo *exigir*, que significa ordenar, intimar, impor como obrigação.

O objeto material é *vantagem indevida*, ou seja, vantagem ilícita, ilegal, não autorizada por lei, expressa por dinheiro ou qualquer outra utilidade, de ordem patrimonial ou não.

A vantagem deve ter como beneficiário o próprio funcionário público (*para si*) ou terceiro (*para outrem*) e pode ser feita de forma *direta* (pelo próprio funcionário) ou *indireta* (por interposta pessoa).

A exigência, outrossim, deve ser feita em *razão da função pública*, ainda que fora dela, ou antes de assumi-la.

Nesse sentido: "O vereador que recebe indevidamente parte do salário do seu assessor administrativo incide nas penas do art. 316, *caput*, do CP, sendo irrelevante o consentimento ou não da pessoa que sofre a imposição, visto que tal delito é formal, consumando-se com a mera imposição do pagamento indevido" (STJ — *RT*, 778/563).

"Não há que se negar a efetiva prática do delito de concussão (art. 316 do CP), por médico credenciado do INAMPS, que exige determinada soma em dinheiro de paciente, para a realização de exame já homologado pelo órgão previdenciário que seria procedido sem custo adicional" (TRF — 4.ª Reg. — *RT*, 763/700).

Assim, não se confundem os delitos de concussão e de extorsão. Este último, ainda que praticado por funcionário público, caracteriza-se pelo emprego de violência ou ameaça de mal injusto e grave, *sem relação com a função pública ou qualidade do agente*. Na concussão, a ameaça e as represálias têm relação com a função pública exercida pelo agente.

Trata-se de crime doloso.

A consumação ocorre com a exigência da vantagem indevida, independentemente de sua efetiva percepção.

Admite-se a tentativa, desde que a exigência não seja verbal.

1.8.1 Excesso de exação

O excesso de exação vem previsto no § 1.º do art. 316 do Código Penal.

Trata-se de modalidade de concussão em que a conduta típica vem expressa pelos verbos *exigir*, que significa ordenar, intimar, impor como obrigação; e *empregar*, que significa lançar mão, fazer uso de.

Exação é a cobrança rigorosa de dívida ou imposto.

O objeto material é o *tributo* (receitas derivadas que o Estado recolhe do patrimônio dos indivíduos, com base em seu poder e nos termos das normas tributárias — podem consistir em impostos, taxas e contribuições de melhoria) ou *contribuição social* (formas de intervenção do domínio econômico e de interesse de categorias profissionais ou econômicas, instituídas pela União e cobradas dos servidores dos Estados, Municípios, para o custeio de sistemas de previdência e assistência social).

Nesse crime, o agente *sabe* (dolo direto) ou *deveria saber* (dolo eventual) que o tributo ou contribuição social são indevidos.

Mesmo sendo devido o tributo ou contribuição social, comete o delito o funcionário que emprega na cobrança *meio vexatório* (meio que expõe o contribuinte a vergonha ou humilhação) ou *meio gravoso* (meio que traz ao contribuinte maiores ônus), *que a lei não autoriza* (meio não permitido ou amparado por lei). Trata-se, nesse caso, da *exação fiscal vexatória*.

Sobre o assunto: "Crime contra a Administração Pública — Excesso de exação e coação no curso do processo — Descaracterização — Autoridade fazendária que, em reunião com usuários do serviço a seu cargo, mencionando as liberalidades que vinha permitindo, promete cumprir com maior rigor a legislação fiscal com relação às empresas que a haviam acionado na Justiça, exemplificando com textos legais e normativos válidos — Inexistência de exigência de quantia indevida ou cunho intimidatório no sentido de dissuadi-las de prosseguir nas ações — Falta, portanto, de justa causa para a instauração de inquérito policial — Constrangimento ilegal caracterizado — *Habeas corpus* concedido para seu trancamento" (STF — *RT*, 641/394).

"*Habeas corpus* — Cobrança de emolumentos em valor excedente ao fixado no Regimento de Custas — Consequência. 1) Tipifica-se o excesso de exação pela exigência de tributo ou contribuição social que o funcionário sabe ou deveria saber indevido, ou, quando devido, emprega na cobrança meio vexatório ou gravoso, que a lei não autoriza. 2) No conceito de tributo não se inclui custas ou emolumentos. Aquelas são devidas aos escrivães e oficiais de justiça pelos atos do processo e estes representam contraprestação pela prática de atos extrajudiciais dos notários e registradores. Tributos são as exações do art. 5.º do Código Tributário Nacional. 3) Em consequência, a exigibilidade pelo oficial registrador de emolumento superior ao previsto no Regimento de Custas e Emolumentos não tipifica o delito de excesso de exação, previsto no § 1.º do art. 316 do Código Penal, com a redação determinada pela Lei n. 8.137, de 27 de dezembro de 1990. 4) Recurso provido para trancar a ação penal" (STJ — 6.ª T. — j. 16-11-1999).

O excesso de exação é *crime doloso*, quando o agente sabe que a cobrança é indevida (dolo direto), empregando meio vexatório ou gravoso na cobrança devida, e quando o agente deveria saber (dolo eventual) que a cobrança é indevida.

Consuma-se o delito com a exigência indevida ou com o emprego de meio vexatório ou gravoso na cobrança devida.

Admite-se a tentativa na modalidade *exigir*, desde que a exigência não seja verbal e o agente saiba indevida a cobrança.

Na modalidade *empregar* (meio vexatório ou gravoso) também é possível a tentativa.

1.8.2 Excesso de exação qualificado

O § 2.º do art. 316 do Código Penal tipifica o excesso de exação qualificado.

Nessa modalidade, a conduta típica vem expressa pelo verbo *desviar*, que significa alterar o destino, alterar a aplicação, alterar a direção.

O funcionário público, após ter exigido o tributo ou contribuição indevida, ou após ter empregado meio vexatório ou gravoso na cobrança devida, desvia o que recebeu irregularmente, em proveito próprio ou de outrem, deixando de recolher aos cofres públicos.

Em vez de o funcionário recolher aos cofres públicos o tributo ou contribuição social que irregularmente recebeu, apodera-se deles.

Trata-se de crime doloso, que se consuma com o desvio do tributo ou contribuição social recebidos. Admite-se a tentativa.

1.9 Corrupção passiva

O crime de corrupção passiva vem previsto no art. 317 do Código Penal e tem como objetividade jurídica a proteção da Administração Pública.

Sujeito ativo é o funcionário público, tratando-se de crime próprio.

Sujeito passivo é o Estado e, secundariamente, o particular eventualmente lesado. Importante salientar que o particular que cede à solicitação de vantagem indevida feita por funcionário público não pratica crime, por ausência de tipicidade.

A conduta típica vem expressa pelos verbos *solicitar* (que significa pedir, requerer), *receber* (que significa tomar, obter) e *aceitar* (que significa anuir, consentir no recebimento).

Nas duas primeiras modalidades de conduta, o crime tem por objeto a *vantagem indevida*.

Na última modalidade de conduta, o objeto do crime é a *promessa de vantagem indevida*.

A solicitação pode ser *direta*, quando o funcionário se manifesta explicitamente ao corruptor, pessoalmente ou por escrito; ou *indireta*, quando o funcionário atua por meio de outra pessoa.

A solicitação, recebimento ou aceitação da promessa de vantagem deve ser feita pelo funcionário público *em razão do exercício da função*, ainda que afastado dela, ou antes de assumi-la.

A corrupção passiva pode apresentar as seguintes modalidades:

a) *corrupção passiva própria*, quando o ato a ser realizado pelo funcionário é ilegal;

b) *corrupção passiva imprópria*, quando o ato a ser realizado pelo funcionário é legal;

c) *corrupção passiva antecedente*, quando a vantagem é dada ao funcionário antes da realização da conduta;

d) *corrupção passiva subsequente*, quando a vantagem é dada ao funcionário após a realização da conduta.

Trata-se de crime doloso.

A corrupção passiva é um crime formal. Para a sua consumação, basta que a solicitação chegue ao conhecimento do terceiro, ou que o funcionário receba a vantagem ou a promessa dela. Assim, a mera solicitação, o mero recebimento ou a mera aceitação da promessa de vantagem indevida já é suficiente para consumar o delito, independentemente da ação ou omissão do funcionário público em relação ao ato funcional.

No tocante à conduta *solicitar*, se praticada verbalmente, não se admite a tentativa. Se for escrita, admite-se.

Nas condutas *receber* e *aceitar promessa*, não se admite a tentativa.

Merece destacar que não configura o crime de corrupção passiva o recebimento, pelo funcionário público, de *pequenas doações ocasionais*.

Vale ressaltar, por fim, que constitui crime contra a ordem tributária, previsto no art. 3.º, II, da Lei n. 8.137/90, punido com reclusão, de 3 (três) a 8 (oito) anos, e multa, "exigir, solicitar ou receber, para si ou para outrem, direta ou indiretamente, ainda que fora da função ou antes de iniciar seu exercício, mas em razão dela, vantagem indevida; ou aceitar promessa de tal vantagem, para deixar de lançar ou cobrar tributo ou contribuição social, ou cobrá-los parcialmente".

1.9.1 Corrupção passiva circunstanciada

O § 1.º do art. 317 do Código Penal trata da corrupção passiva circunstanciada, que ocorre quando o funcionário público retarda ou deixa de praticar qualquer ato de ofício ou o pratica infringindo dever funcional, em consequência de vantagem ou promessa.

Nesses casos, o exaurimento do delito implica a imposição de pena mais severa, que será aumentada de um terço.

1.9.2 Corrupção passiva privilegiada

A corrupção passiva própria privilegiada vem prevista no § 2.º do art. 317 do Código Penal.

Ocorre essa modalidade quando o funcionário pratica, deixa de praticar ou retarda ato de ofício, com infração de dever funcional, cedendo a pedido ou influência de outrem.

Nesse caso, o funcionário não negocia o ato funcional em troca de vantagem, mas, antes, deixa de cumprir com seu dever funcional para atender um pedido de terceiro, influente ou não.

É necessário que haja pedido ou influência de outrem, e que o sujeito ativo atue por essa motivação.

A consumação, portanto, opera-se com a efetiva prática, omissão ou retardamento do ato de ofício.

1.10 Facilitação de contrabando ou descaminho

O crime de facilitação de contrabando ou descaminho vem previsto no art. 318 do Código Penal, tendo como objetividade jurídica a proteção da Administração Pública.

É crime próprio, só podendo ser sujeito ativo o funcionário público que tem o dever de reprimir ou fiscalizar o contrabando, ou cobrar direitos ou impostos devidos pela entrada ou saída de mercadorias do País.

Sujeito passivo é o Estado.

A conduta típica vem expressa pelo verbo *facilitar*, que significa tornar fácil, auxiliar afastando obstáculos. Essa conduta pode ser praticada por ação ou omissão.

Contrabando é a importação ou exportação de mercadoria proibida no País (art. 334-A do CP).

O *descaminho* consiste em iludir, no todo ou em parte, o pagamento de direito ou imposto devido pela entrada, pela saída ou pelo consumo de mercadoria (art. 334 do CP).

Trata-se de crime doloso, que exige do agente a consciência de que age violando dever funcional.

Por ser crime formal, a facilitação se consuma com a mera realização da conduta, comissiva ou omissiva, independentemente do contrabando ou descaminho.

A tentativa só é admitida na conduta comissiva.

1.11 Prevaricação

O crime de prevaricação vem previsto no art. 319 do Código Penal e tem como objetividade jurídica a proteção da Administração Pública.

Sujeito ativo somente pode ser o funcionário público (art. 327 do CP). É crime próprio.

Sujeito passivo é o Estado e, secundariamente, o particular eventualmente lesado.

A conduta típica vem expressa de três formas:

a) *retardar ato de ofício*, que significa protelar, procrastinar, atrasar o ato que deve executar (conduta omissiva);

b) *deixar de praticar ato de ofício*, que significa omitir-se na realização do ato que deveria executar (conduta omissiva);

c) praticar ato de ofício contra disposição expressa de lei, que significa executar o ato de ofício de maneira irregular, ilegal (conduta comissiva).

Trata-se de crime doloso, exigindo-se do agente que se omita ou atue no *intuito de satisfazer interesse ou sentimento pessoal,* indispensável para a caracterização do crime. O interesse pessoal envolve qualquer proveito que possa o agente porventura auferir. O sentimento pessoal se relaciona ao aspecto afetivo ou emocional do agente (ódio, vingança, piedade, corporativismo, amizade, afeição etc.).

Subsiste o crime de prevaricação ainda que o sentimento pessoal do funcionário público seja nobre ou respeitável.

Não se caracteriza o delito, outrossim, se a omissão do funcionário é causada por indolência, desídia ou preguiça.

O crime se consuma com o retardamento, a omissão ou a realização do ato de ofício.

Não se admite a tentativa nas modalidades de conduta *retardamento* e *omissão.*

Já na modalidade de conduta *realização,* a tentativa é admissível.

1.12 Omissão no dever de vedar acesso a aparelho telefônico, de rádio ou similar

O crime de omissão no dever de vedar acesso a aparelho telefônico, de rádio ou similar, previsto no art. 319-A do Código Penal, foi introduzido pela Lei n. 11.466/2007, tendo como objetividade jurídica a proteção da Administração Pública. É também chamado de prevaricação imprópria.

Sujeito ativo somente pode ser o Diretor de Penitenciária ou o agente público que tenha o dever de vedar ao preso o acesso a aparelho telefônico, de rádio ou similar. Trata-se de crime próprio. Nada impede que ocorra coautoria ou participação entre o Diretor da Penitenciária e outro agente público que tenha o dever de vedar ao preso o acesso aos aparelhos mencionados, ou entre qualquer um desses e um particular. Nesse caso, a qualidade de agente público do sujeito ativo, por ser elementar do crime, comunica-se ao particular.

Sujeito passivo é o Estado.

A conduta vem representada pelo verbo *deixar,* que significa omitir-se na realização de ato que deveria praticar, indicando omissão própria. Trata-se, portanto, de crime omissivo próprio.

O dever de agir incumbe ao Diretor da Penitenciária e/ou ao agente público. Dentre os deveres do Diretor da Penitenciária e do agente público responsável pela custódia do preso está o de vedar-lhe o acesso a aparelho telefônico, de rádio ou similar, que permita a comunicação com outros presos ou com o ambiente externo.

A comunicação do preso com o mundo exterior é direito previsto no art. 41, XV, da Lei n. 7.210/84 — Lei de Execução Penal, que permite a ele o "contato com o mundo exterior por meio de correspondência escrita, da leitura e de outros meios de informação que não comprometam a moral e os bons costumes".

A Lei n. 11.466/2007, entretanto, acrescentou ao rol de faltas graves que podem ser cometidas pelo preso (art. 50 da Lei n. 7.210/84) a posse, a utilização ou o fornecimento de aparelho telefônico, de rádio ou similar que permita a comunicação com outros presos ou com o ambiente externo.

É necessário ressaltar que o crime em comento não distingue telefonia fixa de celular. Portanto, pratica esse delito o Diretor de Penitenciária ou agente público que, por omissão, possibilitar ao preso o acesso a aparelho de telefonia fixa. Pratica, em consequência, falta grave o preso que utilizar aparelho de telefonia fixa.

O preso que possuir, utilizar ou fornecer aparelho telefônico, de rádio ou similar estará sujeito às sanções disciplinares previstas nos incisos I (advertência verbal), II (repreensão), III (suspensão ou restrição de direitos) e IV (isolamento) do art. 53 da Lei n. 7.210/84.

Trata-se de crime doloso, caracterizado pela vontade livre e consciente de omitir-se o agente no dever de vedar ao preso o acesso a aparelho telefônico, de rádio ou similar.

A consumação ocorre com a mera omissão do Diretor da Penitenciária ou do agente público. Trata-se de crime formal, que independe da ocorrência do resultado naturalístico, qual seja, o efetivo acesso do preso a aparelho telefônico, de rádio ou similar.

Não se admite tentativa, por se tratar de crime omissivo próprio.

1.13 Condescendência criminosa

O crime de condescendência criminosa vem previsto no art. 320 do Código Penal, tendo como objetividade jurídica a proteção da Administração Pública.

Sujeito ativo somente pode ser funcionário público (art. 327 do CP) hierarquicamente superior ao infrator, sendo, portanto, um crime próprio, podendo o particular atuar como partícipe.

Sujeito passivo é o Estado.

A conduta típica se desenvolve por duas modalidades:

a) *deixar* de responsabilizar o subordinado que cometeu infração no exercício do cargo;

b) *não levar* o fato ao conhecimento da autoridade competente, quando lhe falte competência.

A infração cometida pelo subordinado pode ser de natureza penal ou administrativa.

"Condescendência criminosa — Chefe de repartição pública que demora a tomar providências contra subordinado que cometeu infração penal no exercício do cargo — Delito caracterizado em tese — Justa causa para o inquérito policial contra ele instaurado — Recurso de 'habeas corpus' desprovido — Matéria de fato — Inteligência dos arts. 320 do CP de 1940 e 648, I, do CPP" (STF — *RT*, 597/413).

É imprescindível, para a caracterização do delito, que haja relação de subordinação hierárquica entre o sujeito ativo e o funcionário não responsabilizado.

Nesse sentido: "É elemento do crime de condescendência criminosa, que haja uma relação de subordinação entre o funcionário que cometeu infração no exercício do cargo e aquele que, em razão de sua posição hierarquicamente superior, deveria tê-lo responsabilizado ou, ter levado o fato ao conhecimento da autoridade competente. Ausente elemento do tipo penal imputado, é evidente a falta de justa causa para a deflagração da ação penal. Ordem concedida" (TRF2 — HC 5.738/RJ — j. 12-8-2008).

Trata-se de crime doloso, exigindo-se também que a omissão do sujeito ativo ocorra por *indulgência*, ou seja, por tolerância ou clemência.

A condescendência criminosa é crime omissivo próprio, consumando-se com a omissão do sujeito ativo.

Não se admite a tentativa.

1.14 Advocacia administrativa

O crime de advocacia administrativa vem previsto no art. 321 do Código Penal, tendo como objetividade jurídica a proteção da Administração Pública, no que diz respeito ao seu funcionamento regular.

Sendo crime próprio, somente o funcionário público pode ser sujeito ativo.

Sujeito passivo é o Estado.

A conduta típica vem expressa pelo verbo *patrocinar*, que significa advogar, proteger, beneficiar, favorecer, defender.

O agente deve valer-se das facilidades que a qualidade de funcionário público lhe proporciona.

O patrocínio pode ser:

a) *direto*, quando o funcionário pessoalmente advoga os interesses privados perante a Administração Pública;

b) *indireto*, quando o funcionário se vale de interposta pessoa para a defesa dos interesses privados perante a Administração Pública.

Interesse privado é qualquer vantagem a ser obtida pelo particular, legítima ou ilegítima, perante a Administração. Se o interesse for ilegítimo, a pena de detenção será de 3 meses a 1 ano.

Deve ser excepcionado o disposto no art. 117, XI, da Lei n. 8.112/90, que dispõe sobre o regime jurídico dos servidores públicos civis da União, das autarquias e das fundações públicas federais:

"Art. 117. Ao servidor é proibido:

(...)

XI — atuar, como procurador ou intermediário, junto a repartições públicas, salvo quando se tratar de benefícios previdenciários ou assistenciais de parentes até o segundo grau, e de cônjuge ou companheiro".

Na jurisprudência: "Caracteriza-se a advocacia administrativa pelo patrocínio (valendo-se da qualidade de funcionário) de interesse privado alheio perante a Administração Pública. Patrocinar corresponde a defender, pleitear, advogar junto a companheiros e superiores hierárquicos o interesse particular" (*RJTJSP*, 13/443).

"O delito de advocacia administrativa configura-se quando o agente patrocina, valendo-se da qualidade de funcionário público, interesse privado alheio perante a administração pública. Desse modo, se a conduta investigada consiste tão somente em sugerir ao segurado que se submete a perícia o agendamento de uma consulta particular, não há falar em fato típico. Afastada a tipicidade da conduta, caracteriza constrangimento ilegal, sanável por intermédio da angusta via do *habeas corpus* o prosseguimento do inquérito policial" (TRF4 — HC 22477/SC — Rel. Paulo Afonso Brum Vaz — 9-8-2006).

Ainda: "Advocacia administrativa. Art. 117, XI, da Lei n. 8.112/90. Atipicidade. Demissão. Princípio da proporcionalidade. 1. Ao servidor é proibido 'atuar, como procurador ou intermediário, junto a repartições públicas, salvo quando se tratar de benefícios previdenciários ou assistenciais de parentes até o segundo grau, e de cônjuge ou companheiro'. 2. Para se configurar a infração administrativa mencionada no art. 117, XI, da Lei n. 8.112/90, a conduta deve ser análoga àquela prevista no âmbito penal (Cód. Penal, art. 321). Isto é, não basta ao agente ser funcionário público, é indispensável tenha ele praticado a ação aproveitando-se das facilidades que essa condição lhe proporciona. 3. Na espécie, o recebimento de benefício em nome de terceiros, tal como praticado pela impetrante, não configura a advocacia administrativa. Pelo que se tem dos autos, não exerceu ela influência sobre servidor para que atendido fosse qualquer pleito dos beneficiários. Quando do procedimento administrativo, não se chegou à conclusão de que tivesse ela usado do próprio cargo com o intuito de intermediar, na repartição pública, vantagens para outrem. 4. Ainda que se considerasse típica a conduta da impetrante para os fins do disposto no art. 117, XI, da Lei n. 8.112/90, a pena que lhe foi aplicada fere o princípio da proporcionalidade. Na hipótese, a prova dos autos revela, de um lado, que a servidora jamais foi punida anteriormente; de outro, que o ato praticado não importou em lesão aos cofres públicos. 5. Segurança concedida a fim de se determinar a reintegração da impetrante" (STJ — MS 7261-DF — Rel. Min. Nilson Naves — *DJ* 24-11-2009).

Somente caracteriza o delito o patrocínio, pelo funcionário público, de interesse alheio perante a administração. Caso o interesse seja próprio do funcionário, não estará configurado o delito, podendo ocorrer mera infração funcional.

Trata-se de crime doloso.

A consumação ocorre com o patrocínio, independentemente da obtenção do resultado pretendido.

Admite-se a tentativa.

Vale ressaltar, ainda, que constitui crime contra a ordem tributária, previsto no art. 3.º, III, da Lei n. 8.137/90, punido com reclusão, de 1 (um) a 4 (quatro) anos, e multa, "patrocinar, direta ou indiretamente, interesse privado perante a administração fazendária, valendo-se da qualidade de funcionário público".

No art. 337-G do Código Penal, acrescentado pela Lei n. 14.133/2021 pune-se com detenção, de 6 (seis) meses a 3 (três) anos e multa, a conduta de "patrocinar, direta ou indiretamente, interesse privado perante a Administração Pública, dando causa à instauração de licitação ou à celebração de contrato, cuja invalidação vier a ser decretada pelo Poder Judiciário".

1.15 Violência arbitrária

O crime de violência arbitrária vem previsto no art. 322 do Código Penal e tem como objetividade jurídica a proteção da Administração Pública no que concerne à incolumidade física e à liberdade do particular contra a conduta abusiva do funcionário público.

Anteriormente, havia divergência na doutrina e na jurisprudência acerca da revogação tácita do art. 322 do Código Penal pela Lei n. 4.898/65, que tratava dos crimes de abuso de autoridade. A citada lei revogada efetivamente trazia disposições semelhantes à tratada neste dispositivo ora em comento, o que fazia com que o entendimento prevalente fosse pela ocorrência de revogação tácita.

Entretanto, com a vigência da Lei n. 13.859/2019, que passou a tratar dos crimes de abuso de autoridade, nenhuma disposição semelhante à do art. 322 foi trazida, deixando o legislador de tipificar como abuso de autoridade a violência arbitrária.

Portanto, à vista das disposições constantes da Lei n. 13.869/2019, entendemos que o art. 322 do Código Penal está em pleno vigor.

O sujeito ativo do delito é somente o funcionário público, tratando-se de crime próprio.

Admite-se, porém, excepcionalmente, a participação do particular, por meio de induzimento ou instigação.

Sujeito passivo é o Estado e, secundariamente, o particular contra quem é praticada a violência.

A conduta típica vem expressa pelo verbo *praticar*, no caso, violência no exercício de função ou a pretexto de exercê-la.

A *violência* a que se refere o artigo deve ser arbitrária, ou seja, abusiva e sem razão legal, devendo ocorrer no exercício da função ou sob o pretexto de exercê-la real ou supostamente.

Na primeira hipótese, o funcionário deve estar no pleno exercício da sua função, e, na segunda, deve usar do artifício de praticar a violência em nome dessa função.

Entende-se por violência o emprego da força física.

Trata-se de crime doloso, que requer do agente a consciência da ilegitimidade da conduta.

A consumação ocorre com o emprego da violência.

Admite-se a tentativa.

1.16 Abandono de função

O art. 323 do Código Penal trata do crime de abandono de função, que tem como objetividade jurídica a proteção à Administração Pública, no que diz respeito à regularidade da prestação do serviço público.

Por ser crime próprio, o sujeito ativo somente pode ser o funcionário público investido no cargo.

Sujeito passivo é o Estado.

A conduta típica é expressa pelo verbo *abandonar*, que significa largar, deixar, desistir, renunciar etc.

O abandono há de ser *total, por tempo juridicamente relevante*, e ter como possível consequência o *dano ao setor público*.

Se o abandono for parcial, por tempo insignificante e sem probabilidade de dano, não se configura o delito.

O abandono a que o tipo penal se refere é aquele *não permitido em lei*. Logo, se o funcionário deixar o cargo licitamente (licenças em geral, férias regulamentares), não ocorre o abandono.

Se o abandono do cargo público ocorrer por motivo de força maior ou estado de necessidade, o fato é atípico.

Trata-se de crime doloso, que requer do funcionário o conhecimento da irregularidade e da possibilidade de dano à Administração Pública.

O crime se consuma com o efetivo abandono do cargo público, por tempo juridicamente relevante.

Não é admitida a tentativa, pois se trata de crime omissivo próprio.

1.16.1 Abandono de função qualificado

Duas figuras qualificadas são previstas nos §§ 1.º e 2.º do art. 323 do Código Penal:

a) quando o abandono causa *prejuízo público*, ou seja, quando ocorre o exaurimento do delito, pois o *caput* do artigo se refere apenas à probabilidade de dano. Sendo o prejuízo de natureza particular, não incidirá a qualificadora;

b) quando o abandono ocorre em *lugar compreendido na faixa de fronteira*, que corresponde, segundo o disposto na Lei n. 6.634, de 2 de maio de 1979, à localizada a 150 km das divisas do Brasil com outros países, por ser área estratégica e poder afetar os interesses nacionais.

1.17 Exercício funcional ilegalmente antecipado ou prolongado

Previsto no art. 324 do Código Penal, o crime de exercício funcional ilegalmente antecipado ou prolongado tem como objetividade jurídica a proteção à Administração Pública, no que concerne ao exercício irregular do cargo público.

Sendo um crime próprio, somente pode ser praticado por funcionário público, salvo na segunda modalidade da figura típica, em que o autor continua, indevidamente, a exercer as obrigações que lhe foram impostas.

Sujeito passivo é o Estado.

A conduta típica se desdobra em duas modalidades:

a) *entrar no exercício de função pública antes de satisfeitas as exigências legais*, oportunidade em que é imprescindível que o agente tenha sido nomeado para o cargo público;

b) *continuar a exercer a função pública, sem autorização, depois de saber oficialmente que foi exonerado, removido, substituído ou suspenso*, hipótese em que deverá ter conhecimento oficial do ato e, ainda assim, permanecer no exercício do cargo, sem autorização.

Trata-se de crime doloso.

A consumação ocorre com o primeiro ato de ofício indevido.

A tentativa é admissível.

1.18 Violação de sigilo funcional

O crime de violação de sigilo funcional vem previsto no art. 325 do Código Penal, tendo como objetividade jurídica a proteção à Administração Pública, tutelando o interesse de manter em segredo determinados atos administrativos. É crime subsidiário.

O sujeito ativo somente pode ser o funcionário público, ainda que esteja aposentado ou em disponibilidade.

Sujeito passivo é o Estado e, secundariamente, o particular eventualmente prejudicado pela violação do segredo.

A conduta típica vem expressa pelo verbo *revelar*, que significa tornar claro, descobrir, contar, e pelo verbo *facilitar*, que significa tornar fácil, auxiliar.

No primeiro caso ocorre a *revelação direta*, pois o funcionário comunica o fato a terceiro.

Na segunda hipótese ocorre a *revelação indireta*, permitindo ao terceiro tomar conhecimento do fato sigiloso.

Para a perfeita configuração do delito, é necessário que a revelação seja passível de dano e que o funcionário tenha consciência da necessidade do segredo por força da sua função e que o segredo seja de interesse público.

Nesse aspecto: "Pratica o delito do art. 325 do CP o professor, integrante de banca examinadora de universidade federal, que, antecipadamente, fornece a alguns alunos cópias das questões que iam ser formuladas nas provas" (*RTFR*, 61/100).

O sigilo pode decorrer de lei, de determinação judicial ou de determinação administrativa.

Trata-se de crime doloso.

A consumação ocorre com o conhecimento do segredo por terceiro.

Sendo crime formal, basta para a consumação a potencialidade de dano à Administração.

Admite-se a tentativa na *facilitação* e na *revelação*, desde que não seja oral.

Por fim, há que se não confundir o crime ora em comento, de violação de sigilo funcional, com o crime de violação de segredo profissional, previsto no art. 154 do Código Penal, punindo a conduta de "revelar alguém, sem justa causa, segredo, de que tem ciência em razão de função, ministério, ofício ou profissão, e cuja revelação possa produzir dano a outrem".

Neste último crime, de violação de segredo profissional, somente podem ser sujeitos ativos aqueles que têm ciência do segredo em razão de função, ministério, ofício ou profissão. São os chamados "confidentes necessários". São exemplos o advogado em relação a seu cliente, o padre em relação ao fiel e o médico em relação ao paciente.

1.18.1 Figuras assemelhadas

A Lei n. 9.983/2000 acrescentou o § 1.º ao art. 325 do Código Penal.

Prevê esse dispositivo a aplicação das mesmas penas do *caput* a quem permite ou facilita, mediante atribuição, fornecimento e empréstimo de senha; ou, por qualquer outra forma, o acesso de pessoas não autorizadas a sistemas de informações ou bancos de dados da Administração Pública; ou se utiliza, indevidamente, do acesso restrito.

Com relação à utilização indevida do acesso restrito: "Esta Corte Superior já decidiu, no REsp n. 1.675.663, que a palavra indevidamente, no inciso II do § 1.º do art. 325 do Código Penal, é elemento normativo do tipo, de modo que só há subsunção nessa figura equiparada quando há invasão pelo funcionário público de sistema de informação ou de banco de dados vedado com o intuito de promover finalidade não permitida em lei" (STJ — EDcl no RHC 108.084/RS — Rel. Min. Rogério Schietti — Sexta Turma — *DJe* 6-10-2022).

Nesses casos, o sujeito ativo do crime é o funcionário público responsável pelo sistema de informações ou banco de dados da Administração Pública.

Consuma-se o delito com a mera atribuição, fornecimento ou empréstimo de senha, ou qualquer outra forma de acesso, independentemente de efetivo dano à Administração Pública ou a outrem.

1.18.2 Figuras qualificadas

Caso resulte dano à Administração Pública, em decorrência de uma das condutas típicas, a pena será de 2 a 6 anos, além de multa, conforme prescreve o § 2.º do art. 325 do Código Penal, acrescentado pela Lei n. 9.983/2000.

1.19 Violação de sigilo de proposta de concorrência

O crime de violação de sigilo de proposta de concorrência vem previsto no art. 326 do Código Penal e tem como objetividade jurídica a proteção à Administração Pública.

Parte da doutrina já sustentava ter sido esse artigo revogado pelo art. 94 da revogada Lei n. 8.666/93 (Lei de Licitações). Ante o disposto no art. 337-J do Código Penal, acrescentado pela Lei n. 14.133/2021, a revogação tácita do dispositivo fica mais evidenciada.

Entretanto, mesmo assim, é oportuna a análise do crime.

O sujeito ativo somente pode ser o funcionário público responsável pelo recebimento e publicidade oportuna das propostas dos licitantes, cuidando-se de crime próprio.

Sujeito passivo é o Estado e, secundariamente, os licitantes prejudicados.

A conduta típica vem expressa pelo verbo *devassar*, que significa descobrir, invadir, corromper, tomar conhecimento indevidamente, e pelo verbo *proporcionar*, que significa propiciar, ensejar.

No primeiro caso, o funcionário público toma conhecimento diretamente da proposta sigilosa.

No segundo caso, o funcionário proporciona a terceiro o ensejo de devassar a proposta.

A doutrina tem entendido ser necessário que a devassa ocorra antes do término da apresentação das propostas, permitindo que haja alteração e leve outros licitantes ao prejuízo.

Trata-se de crime doloso.

A consumação ocorre no momento do conhecimento do conteúdo da proposta.

Admite-se a tentativa.

2 DOS CRIMES PRATICADOS POR PARTICULAR CONTRA A ADMINISTRAÇÃO EM GERAL

2.1 Usurpação de função pública

O crime de usurpação de função pública vem previsto no art. 328 do Código Penal e tem como objetividade jurídica a proteção à Administração Pública no particular aspecto do exercício funcional por pessoas não investidas nos cargos e funções públicas.

Sujeito ativo pode ser qualquer pessoa, inclusive o funcionário público que exerça função que não lhe compete.

Sujeito passivo é o Estado.

A conduta típica vem expressa pelo verbo *usurpar*, que significa apoderar, tomar, arrebatar.

Pratica o crime, portanto, aquele que exerce função pública que não lhe compete, realizando atos próprios do ofício.

Nesse sentido: "Afirma a exordial que o ora Agravante (recepcionista — cargo em comissão — do 20.º Distrito Policial) negociava a realização de cobranças de dívidas, bem como a apreensão de produtos eletrônicos de origem ilícita, como suposto policial civil, outrossim, teria acessado informações sigilosas da testemunha (descritas no registro de ocorrência de crime de homicídio) e fornecido ao Corréu (antigo colega de local de trabalho e ex-Delegado do referido Distrito Policial), o que teria culminado na exigência de vantagem indevida em desfavor do traficante Júnior Cabeção. Tais fatos, em juízo de cognição sumária, podem evidenciar a prática dos crimes de usurpação da função pública (art. 328 do Código Penal) e de concussão (art. 316 do Código Penal)" (STJ — AgRg no RHC 149.412/GO — Rel. Min. Laurita Vaz — Sexta Turma — *DJe* 19-12-2022).

Trata-se de crime doloso.

A consumação ocorre com o efetivo exercício ilegal de função pública (prática de, no mínimo, um ato funcional).

Se o sujeito ativo apenas alegar ser titular de determinada função, estará incurso, em tese, na contravenção do art. 45 do Decreto-Lei n. 3.688/41 (Lei das Contravenções Penais).

Admite-se a tentativa.

2.1.1 Usurpação de função pública qualificada

O parágrafo único do art. 328 do Código Penal prevê a usurpação de função pública qualificada, que ocorre quando o sujeito ativo obtém vantagem para si ou para outrem, ao usurpar a função.

Essa vantagem pode ser de qualquer natureza.

2.2 Resistência

O crime de resistência vem previsto no art. 329 do Código Penal, tendo como objetividade jurídica a proteção da autoridade e do prestígio da função pública.

Sujeito ativo pode ser qualquer pessoa, não sendo necessariamente aquela a quem o ato da autoridade se destine. Embora se trate de crime praticado por particular contra a Administração, nada impede que funcionário público seja sujeito ativo da resistência.

Sujeito passivo é o Estado e, secundariamente, o funcionário público que sofre a resistência ou o terceiro que o auxilia.

A conduta típica vem caracterizada pela *oposição* ao ato funcional, mediante violência física ou ameaça a funcionário. Não é necessário que a ameaça seja grave, podendo ser oral ou escrita. Deve o funcionário estar executando um *ato legal*, ou seja, que se revista das formalidades impostas por lei, emanado da autoridade competente.

Caso a oposição do agente se dê contra *ato ilegal* da autoridade, não haverá crime.

Trata-se de crime doloso, que requer, também, para sua configuração, a finalidade de impedir a realização do ato funcional.

Discute-se na doutrina e jurisprudência acerca da configuração de resistência por parte de pessoa embriagada. A rigor, a embriaguez voluntária ou culposa não exclui a imputabilidade do agente, razão pela qual o crime poderia normalmente ser caracterizado.

Entretanto, há posições em sentido contrário entendendo que, no caso de embriaguez do agente, não haveria dolo.

O crime se consuma com a efetiva violência ou ameaça. É um *crime formal*, não sendo necessário que o sujeito impeça a execução do ato.

Admite-se a tentativa.

Já se decidiu que a simples fuga do agente, sem violência ou grave ameaça, não configura o crime de resistência.

Portanto, não se pune a oposição passiva do agente que se agarra a algum obstáculo ou que se joga ao chão para não ser preso.

2.2.1 Resistência qualificada pelo resultado

O § 1.º do art. 329 do Código Penal prevê a resistência qualificada pelo resultado, que ocorre quando, em razão da resistência, o ato não é realizado. Trata-se, nesse caso, do *exaurimento do delito de resistência*, sendo necessário para a sua configuração que o sujeito passivo não realize o ato, devido à violência física ou ameaça empregadas.

2.2.2 Concurso

O § 2.º do art. 329 do Código Penal prevê o concurso material de crimes entre a resistência e a violência física, que pode ser lesão corporal ou homicídio.

2.3 Desobediência

O crime de desobediência vem previsto no art. 330 do Código Penal e tem como objetividade jurídica a proteção à Administração Pública, no que concerne ao cumprimento de determinação legal expedida por funcionário público.

Sujeito ativo pode ser qualquer pessoa, inclusive o funcionário público, havendo ou não relação entre o objeto da ordem e a sua função. Havendo relação hierárquica entre o funcionário público autor da ordem e o funcionário público destinatário dela, entretanto, não haverá crime de desobediência, mas tão somente infração administrativa.

"Desobediência — Crime praticado por funcionário público — Caracterização somente quando a ordem desrespeitada não seja referente às suas funções — Interpretação do art. 330 do CP" (TRF — 4.ª Reg. — *RT*, 774/712).

"Desobediência — Crime cometido por autoridade que não acata ordem judicial em mandado de segurança — Alegação de que tal delito somente pode ser praticado por particular contra a Administração em geral — Inadmissibilidade — Funcionário público que é destinatário da ordem judicial como qualquer cidadão comum" (STJ — *RT*, 791/562).

Sujeito passivo é o Estado e, secundariamente, o autor da ordem, que deve ser o funcionário público legalmente investido do cargo público criado por lei, com denominação própria, em número certo e pago pelos cofres públicos.

A conduta típica vem expressa pelo verbo *desobedecer*, que significa descumprir, não acatar, desatender.

A *ordem do funcionário público* deve ser transmitida diretamente ao destinatário. Assim, somente se configura o crime de desobediência ante a certeza de que o destinatário teve ciência inequívoca da ordem. Além disso, a ordem deve ser *legal*, ou seja, fundada em lei.

A conduta pode ser omissiva ou comissiva, porém é imprescindível que o destinatário da ordem tenha o dever jurídico de acatá-la.

Nesse aspecto: "O crime de desobediência (CP, art. 330) só se configura se a ordem legal é endereçada diretamente a quem tem o dever legal de cumpri-la" (*RSTJ*, 128/431).

Trata-se de crime doloso.

A consumação ocorre com a ação ou omissão do desobediente.

No caso de omissão, ocorre a consumação com o decurso do prazo fixado para o cumprimento da ordem.

Se não houver prazo, considera-se o *tempo juridicamente relevante*.

Admite-se a tentativa apenas na modalidade comissiva.

2.3.1 Desobediência a ordem de parada emitida por policiais ou outros agentes públicos

Quando se analisa o crime de desobediência, previsto no art. 330 do Código Penal, invariavelmente surge discussão acerca da configuração do ilícito no caso de desobediência a ordem de parada emitida por policiais e outros agentes públicos.

A questão principal é saber se uma pessoa poderia ser processada por desobediência em caso de não atendimento à determinação de parada feita por policiais rodoviários ou por agentes de trânsito e se, igualmente, poderia ser processada pelo mesmo crime no caso de ser a ordem de parada emanada de agente público em atividade de policiamento ostensivo (Polícia Militar) ou de polícia judiciária (Polícia Civil ou Polícia Federal) em curso de investigação.

A jurisprudência pátria encontra-se dividida, havendo entendimentos no sentido de que o crime restaria configurado com a desobediência à ordem de parada em fiscalização de trânsito, e entendimentos em sentido contrário, calcados no fato de já prever o Código de Trânsito Brasileiro sanção administrativa para a desobediência à determinação de parada do agente de trânsito.

Majoritária parcela da doutrina pátria entende que, quando a lei extrapenal já estabelece sanção administrativa ou civil para o caso de descumprimento da ordem, não restaria caracterizado o crime de desobediência, a não ser que houvesse ressalva expressa de cumulação de sanções.

Assim, desobedecendo o sujeito a ordem de parada dada por autoridade de trânsito ou seus agentes, ou até mesmo por policiais no exercício de atividades relacionadas ao trânsito, não haveria crime de desobediência, à vista da previsão administrativa específica constante do art. 195 do Código de Trânsito Brasileiro.

Nesse aspecto, dispõe o art. 195 da Lei n. 9.503/97 — Código de Trânsito Brasileiro:

"Art. 195. Desobedecer às ordens emanadas da autoridade competente de trânsito ou de seus agentes:

Infração — grave;

Penalidade — multa".

Em sentido semelhante dispõe o art. 210 do mesmo diploma:

"Art. 210. Transpor, sem autorização, bloqueio viário policial:

Infração — gravíssima;

Penalidade — multa, apreensão do veículo e suspensão do direito de dirigir;

Medida administrativa — remoção do veículo e recolhimento do documento de habilitação".

O Superior Tribunal de Justiça, em mais de um precedente se manifestou no mesmo sentido: "a desobediência de ordem de parada dada pela autoridade de trânsito ou por seus agentes, ou mesmo por policiais ou outros agentes públicos no exercício de atividades relacionadas ao trânsito não constitui crime de desobediência, pois há previsão de sanção administrativa específica no art. 195 do Código de Trânsito Brasileiro, o qual não estabelece a possibilidade de cumulação de sanção penal" (HC n. 369.082/SC, Rel. Min. Felix Fischer, Quinta Turma, *DJe* 1.º-8-2017).

Entretanto, a mesma posição não prevalece quando a ordem de parada é dada ao sujeito por policiais ou agentes públicos no contexto de atividade de policiamento ostensivo de segurança pública, ante a suspeita de práticas ilícitas.

O Superior Tribunal de Justiça, no caso acima, tem se orientado majoritariamente pela ocorrência do crime de desobediência.

Assim: "a ordem de parada não foi dirigida por autoridade de trânsito e nem por seus agentes, mas por policiais militares no exercício de atividade ostensiva, destinada à prevenção e à repressão de crimes, que foram acionados para fazer a abordagem do recorrido, em razão de atividade suspeita, conforme restou expressamente consignado no v. acórdão impugnado. Desta forma, não restou configurada a hipótese de incidência da regra contida no art. 195, do Código de Trânsito Brasileiro, e, por conseguinte, do entendimento segundo o qual não seria possível a responsabilização criminal do agente pelo delito de desobediência tipificado no art. 330 do Código Penal" (AgRg no REsp n. 1.803.414/MS, Ministro Felix Fischer, Quinta Turma, *DJe* 13-5-2019).

Ainda: "Na hipótese dos autos, contudo, a ordem de parada não foi dada por autoridade de trânsito, no controle cotidiano do tráfego local, mas emanada de policiais militares, no exercício de atividade ostensiva destinada à prevenção e à repressão de crimes, tendo a abordagem do recorrente se dado em razão de suspeita de atividade ilícita, o que configura hipótese de incidência do delito de desobediência tipificado no art. 330, do CP"

(AgRg no REsp 1.805.782/MS, Rel. Min. Reynaldo Soares da Fonseca, Quinta Turma, *DJe* 28-6-2019).

Portanto, restam delineadas duas situações diversas, cada qual com um desfecho jurídico correspondente.

Se a ordem de parada foi dada ao sujeito por policiais ou outros agentes públicos no exercício de atividades relacionadas ao trânsito, o seu não atendimento não configura o crime de desobediência, pois há previsão de sanção administrativa específica nos arts. 195 e 210 do Código de Trânsito Brasileiro, o qual não estabelece a possibilidade de cumulação com sanção penal. No caso, o sujeito receberia tão somente a sanção administrativa prevista na legislação de trânsito.

Já se a ordem de parada foi dada por policiais militares no exercício de atividade ostensiva, destinada à prevenção e à repressão de crimes, ou por policiais civis ou federais, em atividades de investigação de delitos, a negativa de atendimento pelo sujeito encontra-se devidamente tipificada no art. 330 do Código Penal, respondendo o agente pelo crime de desobediência, sendo-lhe imposta a respectiva sanção penal.

2.4 Desacato

O crime de desacato vem previsto no art. 331 do Código Penal, tendo como objetividade jurídica a proteção à Administração Pública, no que diz respeito à dignidade e decoro devidos aos seus agentes no exercício de suas funções.

Sujeito ativo pode ser qualquer pessoa, inclusive o funcionário público fora do exercício de suas funções.

Com relação ao desacato praticado por funcionário público no exercício da função, divide-se a doutrina e a jurisprudência.

Uma primeira orientação é no sentido de que o funcionário público não comete crime de desacato quando estiver no exercício da função, já que tal delito insere-se no capítulo dos "Crimes praticados por particular contra a Administração".

Uma segunda orientação posiciona-se no sentido da possibilidade de desacato por funcionário público apenas quando praticado contra superior hierárquico.

A terceira orientação, mais abrangente, sustenta a possibilidade de desacato por funcionário público em qualquer circunstância, uma vez o bem jurídico tutelado é o prestígio, a dignidade e o respeito à função pública. Assim, nada impede a ocorrência de desacato praticado, por exemplo, por policial militar contra Juiz de Direito durante depoimento judicial; ou por escrevente contra Promotor de Justiça no exercício da função; ou por Juiz de Direito contra Juiz de Direito; ou ainda por Promotor de Justiça contra Promotor de Justiça etc. É a nossa posição.

Sujeito passivo é o Estado e, secundariamente, o funcionário que sofre o desacato.

A conduta típica vem expressa pelo verbo *desacatar*, que significa desrespeitar, desprestigiar, ofender, humilhar o funcionário público no exercício da sua função ou em razão dela.

O delito pode ser cometido por meio de gestos, palavras, gritos, vias de fato, ameaça etc.

É um *crime formal*, pois independe de o funcionário público sentir-se ofendido, bastando que a conduta possa agredir a *honra profissional do funcionário*.

Na modalidade *ofensa cometida no exercício da função* (*in officio*), a conduta ocorre no momento em que o funcionário, investido da função, é ofendido.

Já na hipótese de *ofensa cometida em virtude da função* (*propter officium*), o desacato refere-se ao exercício da função, embora o sujeito passivo não a esteja exercendo naquele momento.

É necessário um nexo de causalidade entre a conduta e o exercício da função (*nexo funcional*).

É indispensável, ainda, que o desacato seja cometido na presença do funcionário, não importando se a ofensa é cometida na frente de outras pessoas. Assim, não se configura o crime de desacato, por exemplo, se a ofensa é irrogada por via telefônica ou por *e-mail*, podendo restar configurado, entretanto, crime contra a honra (calúnia, difamação ou injúria).

Trata-se de crime doloso, que deve abranger o conhecimento da qualidade de funcionário público do sujeito passivo.

O delito se consuma com o efetivo ato de ofensa. É, como já dito, um *crime formal*, que independe de o sujeito passivo sentir-se ofendido.

Em tese, é admissível a tentativa.

O crime de desacato absorve infrações menores como vias de fato, difamação, lesão corporal leve etc. Se houver infração mais grave, haverá o concurso formal.

Discute-se na doutrina e na jurisprudência se o *ânimo calmo e refletido* do agente seria elemento imprescindível à caracterização do crime de desacato. Entendemos que não, estando o crime configurado ainda que o agente se encontre em estado de exaltação e ira, não podendo ser excluído o dolo da conduta.

Com relação à *embriaguez*, o mesmo dissídio se instala na jurisprudência, sendo nosso entendimento o de ser ela irrelevante na aferição do elemento subjetivo do crime de desacato, uma vez que é dirimente da responsabilidade penal apenas aquela proveniente de caso fortuito ou força maior.

2.5 Tráfico de influência

O crime de tráfico de influência vem previsto no art. 332 do Código Penal e tem como objetividade jurídica a tutela do prestígio da Administração Pública.

Sujeito ativo pode ser qualquer pessoa, inclusive o funcionário público.

Sujeito passivo é o Estado e, secundariamente, a pessoa que entrega ou promete a vantagem.

A conduta típica vem expressa pelos verbos *solicitar* (pedir, rogar, requerer), *exigir* (ordenar, impor, intimar), *cobrar* (pedir pagamento) e *obter* (alcançar, conseguir).

O objeto material é a *vantagem* ou *promessa de vantagem*, que pode ser de qualquer natureza, material ou moral.

O delito envolve uma modalidade de fraude em que o sujeito ativo solicita, exige, cobra ou obtém a vantagem ou promessa dela *a pretexto de* (com a desculpa de) influir em ato praticado por funcionário público no exercício da função.

A propósito: "Tráfico de influência — Delito que pode ser praticado por particular para obter, para si ou para outrem, vantagem ou promessa de vantagem, a pretexto de influir em ato praticado por funcionário público por equiparação no exercício da função" (STF — *RT,* 778/526).

Não é necessário que exista realmente o funcionário público.

Trata-se de crime doloso.

O tráfico de influência é *crime formal,* nas modalidades de conduta *solicitar, exigir* e *cobrar,* ocorrendo a consumação no momento em que o sujeito ativo solicita, exige ou cobra do sujeito passivo.

Na modalidade de conduta *obter,* a consumação se dá no momento em que o sujeito obtém a vantagem ou promessa. Nesse caso, é *crime material.*

Pouco importa o não cumprimento da promessa ou a não influência do funcionário público.

Admite-se a tentativa.

2.5.1 Causa de aumento de pena

O parágrafo único do art. 332 do Código Penal prevê o aumento da pena de metade quando o agente alega ou apenas insinua que a vantagem é também destinada ao funcionário.

2.5.2 Tráfico de influência e exploração de prestígio

Os crimes de tráfico de influência e de exploração de prestígio são muito semelhantes, havendo penalistas que sustentam ser o segundo subespécie do primeiro.

O crime de tráfico de influência já foi estudado linhas acima, tendo seus contornos já sido bem delineados.

Já o crime de exploração de prestígio vem previsto no art. 357 do Código Penal e tem como objetividade jurídica a tutela da administração da Justiça. Sujeito ativo pode ser qualquer pessoa. Sujeito passivo é o Estado.

A conduta típica vem expressa pelos verbos "solicitar", que significa requerer, pedir, rogar, e "receber", que é o mesmo que obter, aceitar. O objeto material do crime é dinheiro (moeda nacional ou estrangeira) ou qualquer outra utilidade (material ou moral).

Merece ser ressaltado que o tráfico de influência se encontra tipificado no capítulo dos crimes praticados por particular contra a administração em geral, enquanto o crime de exploração de prestígio vem tipificado no capítulo dos crimes contra a administração da justiça. Na redação originária do Código Penal, o crime do art. 332 também se chamava "exploração de prestígio", tendo recebido o *nomem iuris* de "tráfico de influência" por força da Lei n. 9.127/95, que, inclusive, alterou a sua tipificação.

Entretanto, o ponto comum em ambos os delitos é que o sujeito ativo (*venditor fumi* — vendedor de fumaça) procura, com sua conduta, negociar uma influência que, não necessariamente, possui. Diz-se, até mesmo, que, em ambos os delitos, haveria uma forma particular de estelionato.

Efetivamente. A origem desses crimes remonta ao direito romano, em que eram conhecidos como *venditio fumi* (venda de fumaça).

Na precisa lição de Paulo José da Costa Jr. (*Código Penal Comentado*, 10. ed., São Paulo: Saraiva, 2011, p. 1193-1194), "a denominação se deve ao seguinte fato: quando o Imperador Alexandre Severo tomou conhecimento de que um certo Vetrônio, que frequentava a Corte, recebia dinheiro sob pretexto de influir em decisões governamentais, ordenou fosse ele colocado numa fogueira de palha úmida e lenha verde. Veio ele a morrer, não pelo fogo, mas sufocado pela fumaça ('fumus'), enquanto um funcionário apregoava em alta voz: 'fumo punitur qui fumum vendit' (pune-se com a fumaça aquele que vende a fumaça). Até hoje, na doutrina italiana, em razão da origem histórica do crime, é ele conhecido igualmente como 'venda de fumaça' (em italiano, 'vendita di fumo')".

Portanto, ambos os delitos envolvem uma modalidade de fraude em que o agente atua "a pretexto de" (com a desculpa de) influir em ato praticado por funcionário público no exercício da função. Na exploração de prestígio, a influência (ou promessa dela) recai em juiz, jurado, órgão do Ministério Público, funcionário da justiça, perito, tradutor, intérprete e testemunha.

Não é necessário nem mesmo que exista realmente o funcionário público. Como bem assevera Paulo José da Costa Jr. (*Curso de Direito Penal*, 12. ed., São Paulo: Saraiva, 2010, p. 929), "o núcleo da conduta é a jactância enganosa, a gabolice mendaz, a bazófia ilusória".

Os dois crimes em análise são dolosos, não se admitindo a modalidade culposa.

Ambos são crimes formais, que se consumam com a só prática da conduta, independentemente da efetiva obtenção de vantagem, dinheiro ou utilidade, ou da efetiva influência exercida. Exceção feita à modalidade de conduta "obter" (no tráfico de influência), em que a consumação se dá no momento em que o sujeito obtém a vantagem ou promessa.

Outro ponto a destacar é que, em ambos os delitos, há causa de aumento de pena se o agente alega ou insinua que a vantagem, dinheiro ou utilidade, também se destina ao funcionário público, ou ao juiz, membro do Ministério Público, funcionário da justiça etc.

2.6 Corrupção ativa

O crime de corrupção ativa vem previsto no art. 333 do Código Penal, tendo como objetividade jurídica a proteção à Administração Pública, no que tange ao seu prestígio e à normalidade de seu funcionamento.

Sujeito ativo é qualquer pessoa, inclusive o funcionário público que não esteja no exercício da sua função.

Sujeito passivo é o Estado.

A conduta típica consiste em *oferecer* (apresentar ou propor para que seja aceito) ou *prometer* (pressagiar, anunciar, fazer promessa).

O *objeto material* do crime é a *vantagem indevida*, que pode ser de qualquer natureza, material ou moral, e destinada a determinar o funcionário a praticar, omitir ou retardar ato de ofício.

A oferta ou promessa de vantagem indevida deve ser feita ao funcionário público para determiná-lo à prática, omissão ou retardamento do ato de ofício.

Assim, se o agente oferece, promete ou entrega a vantagem ao funcionário *após* a prática, omissão ou retardamento do ato, tem a jurisprudência entendido que não se configura a corrupção ativa.

Pequenas gratificações ou *doações em forma de agrado ou agradecimento* não configuram o delito. Nesse sentido, a Resolução n. 3/2000 da Comissão de Ética Pública, que trata das "Regras sobre o tratamento de presentes e brindes aplicáveis às autoridades públicas abrangidas pelo Código de Conduta da Alta Administração Federal", estabelece:

"(...)

5. É permitida a aceitação de brindes, como tal entendidos aqueles:

I — que não tenham valor comercial ou sejam distribuídos por entidade de qualquer natureza a título de cortesia, propaganda, divulgação habitual ou por ocasião de eventos ou datas comemorativas de caráter histórico ou cultural, desde que não ultrapassem o valor unitário de R$ 100,00 (cem reais);

II — cuja periodicidade de distribuição não seja inferior a 12 (doze) meses; e

III — que sejam de caráter geral e, portanto, não se destinem a agraciar exclusivamente uma determinada autoridade.

6. Se o valor do brinde ultrapassar a R$ 100,00 (cem reais), será ele tratado como presente, aplicando-se-lhe a norma prevista no item 3 acima.

7. Havendo dúvida se o brinde tem valor comercial de até R$ 100,00 (cem reais), a autoridade determinará sua avaliação junto ao comércio, podendo ainda, se julgar conveniente, dar-lhe desde logo o tratamento de presente".

É necessário, também, que a promessa ou oferta sejam dirigidas ao funcionário que tem o dever de ofício de realizar ou não a conduta almejada pelo agente.

Trata-se de crime doloso, sendo necessário que o agente tenha conhecimento de ser indevida a vantagem que é dirigida a funcionário público.

O crime se consuma no momento em que o funcionário toma conhecimento da oferta ou promessa.

É um *crime formal*, pois independe de o funcionário público aceitar ou não realizar a conduta almejada pelo agente.

A tentativa só é admitida se a oferta ou promessa for feita por escrito.

2.6.1 Corrupção ativa circunstanciada

O parágrafo único do art. 333 do Código Penal prevê a corrupção ativa circunstanciada, que ocorre quando, em razão da vantagem ou promessa, o funcionário retarda ou omite ato de ofício ou o pratica infringindo dever funcional.

Essa hipótese trata do *exaurimento da corrupção ativa*.

2.6.2 Figuras semelhantes à corrupção ativa em outros diplomas legais

Dispõe o art. 299 da Lei n. 4.737/65 (Código Eleitoral): "Art. 299. Dar, oferecer, prometer, solicitar ou receber, para si ou para outrem, dinheiro, dádiva, ou qualquer outra vantagem, para obter ou dar voto e para conseguir ou prometer abstenção, ainda que a oferta não seja aceita: Pena — reclusão até quatro anos e pagamento de cinco a quinze dias-multa".

Já a Lei n. 14.597/2023 (Lei Geral do Esporte) estabelece: "Art. 199. Dar ou prometer vantagem patrimonial ou não patrimonial com o fim de alterar ou falsear o resultado de competição esportiva ou evento a ela associado: Pena — reclusão, de 2 (dois) a 6 (seis) anos, e multa".

Por fim, o art. 309 do Decreto-lei n. 1.001/69 (Código Penal Militar) prescreve: "Art. 309. Dar, oferecer ou prometer dinheiro ou vantagem indevida para a prática, omissão ou retardamento de ato funcional: Pena — reclusão, até oito anos. Parágrafo único. A pena é aumentada de um terço, se, em razão da vantagem, dádiva ou promessa, é retardado ou omitido o ato, ou praticado com infração de dever funcional".

2.7 Descaminho

O crime de descaminho vem previsto no art. 334 do Código Penal, com a redação que lhe foi dada pela Lei n. 13.008/2014, e tem como objetividade jurídica a proteção ao erário, lesado pela entrada ou saída do território nacional, ou pelo consumo de mercadoria.

Sujeito ativo pode ser qualquer pessoa. O funcionário público que atua investido do dever de ofício comete o crime do art. 318 do Código Penal. Se não estiver no dever funcional, atua como coautor ou partícipe.

Sujeito passivo é o Estado.

A conduta vem representada pelo verbo *iludir*, que significa enganar, fraudar, no todo ou em parte, o pagamento de direito ou imposto devido pela entrada, saída ou pelo consumo de mercadoria.

Descaminho é a importação ou exportação de mercadoria lícita sem o recolhimento dos tributos devidos.

Trata-se de crime doloso.

A consumação ocorre com a liberação da mercadoria pela alfândega ou com a efetiva saída da mercadoria do território nacional.

Admite-se a tentativa.

Nesse aspecto: "A apreensão de mercadoria de procedência estrangeira, sem a documentação fiscal exigida, configura, à mingua de outras provas que infirmem a circunstância, o delito do art. 334 do CP" (*EJTRF*, 53/19).

"O ingresso no país, sem licença, de mercadoria sujeita a controle constitui contrabando" (*EJTRF*, 51/19).

2.7.1 Descaminho por assimilação

Nos termos do § 1.º, I, do art. 334 do Código Penal, incorre na mesma pena quem "pratica navegação de cabotagem, fora dos casos permitidos em lei".

Navegação de cabotagem é o comércio realizado diretamente entre os portos do País, em águas marinhas ou fluviais. É privativo de navios nacionais.

O inciso II do mesmo parágrafo comina a mesma pena a quem "pratica fato assimilado, em lei especial, a contrabando ou descaminho".

Trata-se de norma penal em branco.

Segundo o inciso III do § I.º desse mesmo artigo, incorre em crime quem "vende, expõe à venda, mantém em depósito ou, de qualquer forma, utiliza em proveito próprio ou alheio, no exercício de atividade comercial ou industrial, mercadoria de procedência estrangeira que introduziu clandestinamente no País ou importou fraudulentamente ou que sabe ser produto de introdução clandestina no território nacional ou de importação fraudulenta por parte de outrem".

Na primeira parte, o dispositivo descreve condutas do próprio autor do descaminho. Nesse caso, o sujeito que pratica o descaminho e depois é surpreendido vendendo a mercadoria responde por um único delito.

Na segunda parte, o agente vende mercadoria objeto do descaminho, realizado por terceiro. Nesse caso, é necessário que o sujeito tenha consciência da origem delituosa da mercadoria. Isso significa dizer que ele não responde por receptação, mas sim pelo disposto nesse inciso.

Assim: "A reintrodução no País de pacotes de cigarro nacionais, fabricados exclusivamente para exportação, caracteriza crime de contrabando, sendo inaplicável o princípio da insignificância, pois pouco importa o pequeno valor da mercadoria apreendida, uma vez que, configurado o delito, é função da lei salvaguardar os interesses do Erário Público" (TRF — *RT*, 776/695).

O inciso IV do § I.º do art. 334 ora mencionado tipifica o delito de quem "adquire, recebe ou oculta, em proveito próprio ou alheio, no exercício de atividade comercial ou industrial, mercadoria de procedência estrangeira, desacompanhada de documentação legal ou acompanhada de documentos que sabe serem falsos". Essas condutas normalmente são tipificadas como receptação dolosa (CP, art. 180, *caput*).

As ações pressupõem a entrada ilícita no País de mercadoria estrangeira, que chega ao sujeito:

a) sem documentação exigida em lei;

b) com documentação falsa, de conhecimento do agente.

Na hipótese de receptação de mercadoria objeto de descaminho, podem ocorrer dois delitos:

I.º) se o sujeito agiu *dolosamente*, responde pelo crime do inciso IV do § I.º do art. 334 do Código Penal, afastada a incidência do art. 180, *caput*, desse mesmo Código;

2.º) se o agente agiu *culposamente*, incide nas penas da receptação culposa (art. 180, § I.º).

A ação deve ser desenvolvida "no exercício da atividade comercial ou industrial".

Se essa elementar não estiver presente, não se aplica o inciso IV, subsistindo o delito de receptação dolosa ou culposa prevista no art. 180, *caput* e § I.º, do Código Penal.

Equipara-se às atividades comerciais, de acordo com o § 2.º do art. 334 do Código Penal, qualquer forma de comércio irregular ou clandestino de mercadorias estrangeiras, inclusive o exercido em residência.

2.7.2 Descaminho qualificado

O § 3.º do art. 334 do Código Penal prevê o descaminho qualificado, aplicando-se a pena em dobro quando o crime é cometido em transporte aéreo, marítimo ou fluvial.

Nesse aspecto, vem prevalecendo no Superior Tribunal de Justiça a orientação segundo a qual "causa de aumento prevista no art. 334, § 3.º, do CP, é aplicável para o transporte aéreo, não se limitando a voos clandestinos" (HC 405.348/BA — Rel. Min. Joel Ilan Paciornik — Quinta Turma — *DJe* 4-12-2017).

No mesmo sentido: "O art. 334, § 3.º, do Código Penal prevê a aplicação da pena em dobro, se 'o crime de contrabando ou descaminho é praticado em transporte aéreo". Ainda, nos termos da jurisprudência desta Corte, se a lei não faz restrições quanto à espécie de voo que enseja a aplicação da majorante, não cabe ao intérprete restringir a aplicação do dispositivo legal, sendo irrelevante que o transporte seja clandestino ou regular" (HC 390.899/ SP — Rel. Min. Ribeiro Dantas — Quinta Turma — *DJe* 28-11-2017).

Em suma, tanto no crime de contrabando quanto no crime de descaminho, no que se refere à causa de aumento de pena relativa à prática dos crimes em "transporte aéreo", a posição pacificada na referida Corte Superior é no sentido de que a norma não contém incertezas quanto à sua abrangência. Assim, se a lei não faz restrições quanto à espécie de voo que enseja a aplicação da majorante, tanto ao contrabando quanto ao descaminho, não cabe ao intérprete fazê-lo, segundo o brocardo *ubi lex non distinguit, nec nos distinguere debemus*.

2.7.3 Descaminho e princípio da insignificância

A Sexta Turma do Superior Tribunal de Justiça já decidiu que a habitualidade na prática do crime de descaminho denota o elevado grau de reprovabilidade da conduta, obstando à aplicação do princípio da insignificância.

Nesse sentido: "PENAL. AGRAVO REGIMENTAL NO RECURSO ESPECIAL. DESCAMINHO. HABITUALIDADE CRIMINOSA. PRINCÍPIO DA INSIGNIFICÂNCIA. INAPLICABILIDADE. PRECEDENTES. I. 'A habitualidade na prática do crime do art. 334 do CP denota o elevado grau de reprovabilidade da conduta, obstando à aplicação do princípio da insignificância. Precedentes' (AgRg no REsp I.867.820/PR, relator Ministro NEFI CORDEIRO, SEXTA TURMA, julgado em 19-5-2020, *DJe* 25-5-2020). 2. Apesar de não configurar reincidência, a existência de outras ações penais, inquéritos policiais em curso ou procedimentos administrativos fiscais é suficiente para caracterizar a habitualidade delitiva e, consequentemente, afastar a incidência do princípio da insignificância. Precedentes. 3. Agravo regimental desprovido" (STJ — AgRg no REsp I.907.574/PR — Rel. Min. Antonio Saldanha Palheiro — Sexta Turma — *DJe* 31-8-2021).

2.7.4 Receptação de mercadoria objeto de descaminho

Na hipótese de receptação de mercadoria objeto de descaminho, podem ocorrer dois delitos:

a) se o sujeito agiu dolosamente, responde pelo crime do inciso IV do § I.º do art. 334 do Código Penal, afastada a incidência do art. 180, *caput*, desse mesmo Código;

b) se o agente agiu culposamente, tem se entendido que incide nas penas da receptação qualificada (art. 180, § I.º).

Em ambos os casos, a ação deve ser desenvolvida "no exercício da atividade comercial ou industrial". Se essa elementar não estiver presente, não se aplica o inciso IV, subsistindo o delito de receptação dolosa ou qualificada prevista no art. 180, *caput* e § 1.º, do Código Penal. Equipara-se às atividades comerciais, como já ressaltado linhas acima, de acordo com o § 2.º do art. 334 do Código Penal, qualquer forma de comércio irregular ou clandestino de mercadorias estrangeiras, inclusive o exercido em residência.

2.8 Contrabando

O crime de contrabando vem previsto no art. 334-A do Código Penal, com a redação que lhe foi dada pela Lei n. 13.008/2014, tendo como objetividade jurídica a proteção ao erário, lesado pela entrada ou saída do território nacional de mercadoria proibida.

Sujeito ativo pode ser qualquer pessoa. Se for o funcionário público que atua investido do dever de ofício, comete o crime do art. 318 do Código Penal. Se não estiver investido de dever funcional, atua como coautor ou partícipe.

Sujeito passivo é o Estado.

A conduta vem representada pelos verbos *importar* ou *exportar*. Importar significa entrar a mercadoria no País. Exportar significa sair a mercadoria do País.

Contrabando é a importação ou exportação de mercadoria proibida no País.

A proibição de entrada ou saída da mercadoria do País pode ser absoluta ou relativa. Proibição absoluta ocorre quando a mercadoria não pode entrar no território nacional de forma alguma. Proibição relativa ocorre quando a mercadoria pode circular no território nacional, desde que preenchidos certos requisitos.

O elemento subjetivo é o dolo.

A consumação do crime ocorre com a liberação da mercadoria pela alfândega ou com a efetiva saída da mercadoria do território nacional.

Admite-se a tentativa.

2.8.1 Contrabando por assimilação

De acordo com o disposto no § 1.º, incorre na mesma pena quem:

I — pratica fato assimilado, em lei especial, a contrabando;

II — importa ou exporta clandestinamente mercadoria que dependa de registro, análise ou autorização de órgão público competente;

III — reinsere no território nacional mercadoria brasileira destinada à exportação;

IV — vende, expõe à venda, mantém em depósito ou, de qualquer forma, utiliza em proveito próprio ou alheio, no exercício de atividade comercial ou industrial, mercadoria proibida pela lei brasileira;

V — adquire, recebe ou oculta, em proveito próprio ou alheio, no exercício de atividade comercial ou industrial, mercadoria proibida pela lei brasileira.

O § 2.º do art. 334-A equipara às atividades comerciais, para os efeitos deste artigo, qualquer forma de comércio irregular ou clandestino de mercadorias estrangeiras, inclusive o exercido em residências.

2.8.2 Contrabando qualificado

O § 3.º do art. 334-A do Código Penal prevê o contrabando qualificado, aplicando-se a pena em dobro quando o crime é cometido em transporte aéreo, marítimo ou fluvial.

Conforme já assinalado nos comentários ao crime de descaminho, vem prevalecendo no Superior Tribunal de Justiça a orientação segundo a qual "causa de aumento prevista no art. 334, § 3.º, do CP, é aplicável para o transporte aéreo, não se limitando a voos clandestinos" (HC 405.348/BA — Rel. Min. Joel Ilan Paciornik — Quinta Turma — *DJe* 4-12-2017).

No mesmo sentido: "O art. 334, § 3.º, do Código Penal prevê a aplicação da pena em dobro, se 'o crime de contrabando ou descaminho é praticado em transporte aéreo'. Ainda, nos termos da jurisprudência desta Corte, se a lei não faz restrições quanto à espécie de voo que enseja a aplicação da majorante, não cabe ao intérprete restringir a aplicação do dispositivo legal, sendo irrelevante que o transporte seja clandestino ou regular" (HC 390.899/ SP — Rel. Min. Ribeiro Dantas — Quinta Turma — *DJe* 28-11-2017).

Portanto, tanto no crime de contrabando quanto no crime de descaminho, no que se refere à causa de aumento de pena relativa à prática dos crimes em "transporte aéreo", a posição pacificada na referida Corte Superior é no sentido de que a norma não contém incertezas quanto à sua abrangência. Assim, se a lei não faz restrições quanto à espécie de voo que enseja a aplicação da majorante, tanto ao contrabando quanto ao descaminho, não cabe ao intérprete fazê-lo, segundo o brocardo *ubi lex non distinguit, nec nos distinguere debemus*.

2.8.3 Importação de arma de brinquedo

O art. 26 da Lei n. 10.826/2003 proíbe expressamente a fabricação, a venda, a comercialização e a importação de brinquedos, réplicas e simulacros de armas de fogo, que com estas se possam confundir.

No caso de armas de brinquedo, ou simulacros de arma de fogo, que possam com as verdadeiras ser confundidas, a proibição de entrada no território nacional é relativa, eis que permitida, em alguns casos, pelo já mencionado art. 26 do Estatuto do Desarmamento, que diz:

"Art. 26. São vedadas a fabricação, a venda, a comercialização e a importação de brinquedos, réplicas e simulacros de armas de fogo, que com estas se possam confundir.

Parágrafo único. Excetuam-se da proibição as réplicas e os simulacros destinados à instrução, ao adestramento ou à coleção de usuário autorizado, nas condições fixadas pelo Comando do Exército".

O Superior Tribunal de Justiça, no julgamento do Recurso Especial 1.727.222/PR, tendo como relator o Ministro Jorge Mussi, entendeu que a importação de arma de brinquedo capaz de ser confundida com verdadeira configura o delito de contrabando, diante da proibição contida no art. 26 da Lei n. 10.826/2003, considerando os riscos à segurança e incolumidade públicas.

No caso julgado, o acusado foi abordado por policiais militares na posse de mercadorias de origem estrangeira desacompanhadas de documentação que comprovasse o recolhimento dos tributos. Além das mercadorias, ele também teve apreendida uma arma de brinquedo, que, conforme exame pericial, poderia ser confundida com arma verdadeira.

No julgamento em primeira instância, o acusado foi condenado por contrabando, mas o Tribunal Regional Federal da 4.ª Região concluiu ser atípica a conduta, aplicando o princípio da insignificância ao caso, já que se tratava de importação de apenas uma arma de brinquedo, ainda que essa peça pudesse ser confundida com armamento verdadeiro.

O vergastado acórdão do Tribunal Regional Federal da 4.ª Região, entretanto, sucumbiu ao recurso do Ministério Público Federal, haja vista que, ao decidir pela aplicação do princípio da insignificância na importação de simulacro de arma de fogo, a corte gaúcha dissentiu da jurisprudência do Superior Tribunal de Justiça sobre o tema.

Restabelecendo a condenação de primeira instância, o ministro relator no Superior Tribunal de Justiça ressaltou que, no crime de contrabando, a tutela jurídica se volta não apenas ao interesse estatal patrimonial, mas também à segurança e à incolumidade pública, de modo a afastar a incidência do princípio da insignificância.

2.8.4 Contrabando de cigarros e princípio da insignificância

O Superior Tribunal de Justiça, no Tema Repetitivo 1.143, firmou a seguinte Tese: "O princípio da insignificância é aplicável ao crime de contrabando de cigarros quando a quantidade apreendida não ultrapassar 1.000 (mil) maços, seja pela diminuta reprovabilidade da conduta, seja pela necessidade de se dar efetividade à repressão ao contrabando de vulto, excetuada a hipótese de reiteração da conduta, circunstância apta a indicar maior reprovabilidade e periculosidade social da ação".

2.9 Impedimento, perturbação ou fraude de concorrência

O crime de impedimento, perturbação ou fraude de concorrência, previsto no art. 335 do Código Penal, foi tacitamente revogado pelos arts. 337-I e 337-K, que tratam, respectivamente, dos crimes de "perturbação de processo licitatório" e "afastamento de licitante", inseridos no Código Penal pela Lei n. 14.133/2021.

2.10 Inutilização de edital ou de sinal

A inutilização de edital ou de sinal é crime previsto no art. 336 do Código Penal e tem como objetividade jurídica a proteção à Administração Pública.

Sujeito ativo pode ser qualquer pessoa, inclusive o funcionário público.

Sujeito passivo é o Estado.

Duas são as condutas típicas:

a) *Inutilização de edital*, que vem expressa pelos verbos *rasgar* (partir, cortar total ou parcialmente), *inutilizar* (tornar imprestável) e *conspurcar* (sujar, macular).

Edital é uma comunicação oficial escrita, que visa dar ciência de alguma coisa a todos, e é fixada em local público, por ordem de funcionário público competente.

O crime é doloso.

A consumação ocorre com o efetivo ato de rasgar, inutilizar, conspurcar edital dentro do período de validade deste.

Admite-se a tentativa.

b) *Violação de selo ou sinal*, que vem expressa pelos verbos *violar* ou *inutilizar* (romper, devassar o selo ou sinal referido) e tem a finalidade de identificar, lacrar qualquer coisa, móvel ou imóvel, determinada por lei e originária de funcionário público competente, com seu carimbo ou assinatura. É imprescindível que esteja dentro do prazo de validade.

O crime é doloso.

A consumação ocorre, nessa modalidade, com a efetiva violação do selo ou sinal, sendo irrelevante juridicamente se o sujeito conhecia ou não o conteúdo do que o selo encerrava. É um *crime material*.

Admite-se a tentativa.

2.11 Subtração ou inutilização de livro ou documento

Previsto no art. 337 do Código Penal, o crime de subtração ou inutilização de livro ou documento tem como objetividade jurídica a tutela da Administração Pública, no particular aspecto da regularidade da guarda de livros oficiais, processos e documentos.

Sujeito ativo pode ser qualquer pessoa, inclusive o funcionário público, fora de suas funções.

Se o sujeito ativo for funcionário público, no exercício das funções, o crime será o do art. 314 do Código Penal. Caso seja advogado ou procurador, tendo recebido os autos ou documentos nessa qualidade, o delito será o do art. 356 desse mesmo Código.

Sujeito passivo é o Estado e, secundariamente, qualquer pessoa afetada pela conduta criminosa.

A conduta típica vem expressa pelos verbos *subtrair* e *inutilizar*.

O objeto material do crime é *livro oficial*, que pode ser de registro, termos, atas, notas etc.; *processo*, que é a reunião ordenada de autos, documentos e peças concernentes a procedimentos policiais, administrativos ou judiciários; e *documento*, que pode ser qualquer papel anotado que tenha valor jurídico. É necessário que o objeto material esteja sob a custódia de funcionário público, em razão do ofício, ou de particular no exercício de serviço público.

"Subtração ou inutilização de livro ou documento — Descaracterização — Advogado que subtrai peça do processo, inutilizando-a — Hipótese que caracteriza o delito de sonegação de papel ou objeto de valor probatório, previsto no art. 356 do CP — Aplicação do princípio da especialidade" (STF — *RT*, 754/536).

Trata-se de norma incriminadora subsidiária, aplicável somente quando o fato não configurar delito mais grave.

O crime é doloso.

A consumação ocorre com a efetiva subtração ou inutilização, total ou parcial, do livro oficial, processo ou documento.

Admite-se a tentativa.

2.12 Sonegação de contribuição previdenciária

O crime de sonegação de contribuição previdenciária vem previsto no art. 337-A do Código Penal. Trata-se de inovação introduzida pela Lei n. 9.983/2000.

A objetividade jurídica do delito é a tutela do patrimônio da Previdência Social.

Sujeito ativo é o contribuinte ou outra pessoa que tem a obrigação legal de cumprir as condutas típicas.

Sujeito passivo é a Previdência Social.

As condutas típicas são omissivas e consistem em:

a) *omitir* de folha de pagamento da empresa ou de documento de informação previsto pela legislação previdenciária segurados, empregado, empresário, trabalhador avulso ou trabalhador autônomo ou a este equiparado que lhe prestem serviços;

b) *deixar de lançar* mensalmente nos títulos próprios da contabilidade da empresa as quantias descontadas dos segurados ou as devidas pelo empregador ou pelo tomador de serviços;

c) *omitir*, total ou parcialmente, receitas ou lucros auferidos, remunerações pagas ou creditadas e demais fatos geradores de contribuições sociais previdenciárias.

Trata-se de crime doloso, que se consuma com a supressão ou redução da contribuição social previdenciária ou seus acessórios.

Admite-se a tentativa.

2.12.1 Extinção da punibilidade

De acordo com o que dispõe o § 1.º do citado dispositivo, é extinta a punibilidade se o agente, espontaneamente, declara e confessa as contribuições, importâncias ou valores e presta as informações devidas à Previdência Social, na forma definida em lei ou em regulamento, antes do início da ação fiscal.

Conforme bem ressalta Luiz Flávio Gomes (*Crimes previdenciários*: apropriação indébita, sonegação, falsidade documental, estelionato, a questão do prévio exaurimento da via administrativa, São Paulo: Revista dos Tribunais, 2001, p. 82), "não é preciso pagar o débito. Basta espontaneamente declarar e confessar a dívida, além de prestar as informações devidas, na forma definida em lei ou regulamento (cf. art. 138 do CTN). Mas tudo isso tem de ocorrer 'antes do início da ação fiscal'".

Caso essa declaração e confissão ocorram após o início da ação fiscal, mas antes do recebimento da denúncia, ocorrerá *arrependimento posterior*, ensejando a diminuição da pena (art. 16 do CP). Nesse aspecto, algumas leis posteriores estabeleceram a possibilidade de pagamento integral do débito mesmo depois de iniciada a ação penal, em qualquer fase do processo, como forma de extinção da punibilidade, ou mesmo parcelamento. *Vide* item 2.12.4 abaixo.

2.12.2 Perdão judicial ou aplicação exclusiva de multa

Estabelece o § 2.º do comentado artigo de lei que é facultado ao juiz deixar de aplicar a pena ou aplicar somente a pena de multa, atendidos os seguintes requisitos:

a) ser o agente primário;

b) ser o agente de bons antecedentes;

c) ser o valor das contribuições devidas, inclusive acessórios, igual ou inferior àquele estabelecido pela Previdência Social, administrativamente, como sendo o mínimo para o ajuizamento de suas execuções fiscais.

2.12.3 Sonegação de contribuição previdenciária privilegiada

Prevê o artigo citado, ainda, em seu § 3.º, figura típica privilegiada, podendo o juiz reduzir a pena de um terço até a metade, ou aplicar somente a pena de multa, quando:

a) o empregador não for pessoa jurídica;

b) sua folha de pagamento mensal não ultrapassar R$ 1.510,00.

Esse valor, nos termos do § 4.º, será reajustado nas mesmas datas e nos mesmos índices do reajuste dos benefícios da Previdência Social.

2.12.4 Pagamento integral e parcelamento do débito

A Lei n. 10.684/2003, em seu art. 9.º, § 2.º, permitiu o pagamento integral do débito referente à apropriação indébita previdenciária (art. 168-A do CP) e à sonegação de contribuição previdenciária (art. 337-A do CP), mesmo depois de iniciada a ação penal, em qualquer fase do processo, como causa de extinção da punibilidade, ficando, portanto, prejudicadas as disposições do § 2.º do art. 168-A e do § 1.º do art. 337-A.

A nosso ver, esse quadro não foi alterado pela Lei n. 12.382/2011, a qual acrescentou o § 4.º ao art. 83 da Lei n. 9.430/96, do seguinte teor: "§ 4.º Extingue-se a punibilidade dos crimes referidos no *caput* quando a pessoa física ou a pessoa jurídica relacionada com o agente efetuar o pagamento integral dos débitos oriundos de tributos, inclusive acessórios, que tiverem sido objeto de concessão de parcelamento".

A hipótese acima, a nosso ver, somente tem aplicabilidade no caso de pagamento integral, com a consequente extinção da punibilidade, dos débitos oriundos de tributos ou contribuições sociais que tiverem sido objeto de anterior parcelamento, feito antes do recebimento da denúncia criminal.

Em suma, há duas situações diversas, com tratamento legal diverso: a primeira delas envolvendo o pagamento *integral* dos débitos oriundos de tributos e contribuições sociais *não parcelados*, o que pode ocorrer antes ou em qualquer fase do processo criminal, gerando a extinção da punibilidade, nos termos do § 2.º, do art. 9.º da Lei n. 10.684/2003; a segunda, envolvendo o pagamento *integral* dos débitos oriundos de tributos e contribuições sociais *anteriormente parcelados*, situação que se enquadra no disposto no § 4.º do art. 83 da Lei n. 9.430/96, com a redação que lhe foi dada pela Lei n. 12.382/2011, somente ensejando a extinção da punibilidade se o parcelamento tiver sido feito *antes* do recebimento da denúncia criminal.

Nesse último caso, de extinção de punibilidade pelo pagamento integral de débitos parcelados, deve ser considerada a irretroatividade da lei mais severa, de modo que o disposto no § 4.º do art. 83 da Lei n. 9.430/96 somente pode ser aplicado aos lançamentos ocorridos a partir de 25 de fevereiro de 2011. Assim, para os lançamentos ocorridos antes desta data, é possível o parcelamento antes ou em qualquer fase do processo, podendo ocorrer também o pagamento integral do tributo ou contribuição social, com a consequente extinção de punibilidade.

Com relação ao parcelamento, a Lei n. 11.941/2009 alterou a legislação tributária federal relativa ao parcelamento ordinário de débitos tributários. Com isso, permitiu o parcelamento dos débitos relativos à apropriação indébita previdenciária (art. 168-A do CP) e à sonegação de contribuição previdenciária (art. 337-A do CP).

Nesse sentido, dispõe o art. 67 da referida lei que, na hipótese de parcelamento do crédito tributário antes do oferecimento da denúncia, essa somente poderá ser aceita na superveniência de inadimplemento da obrigação objeto da denúncia.

Ressalta, ainda, o art. 68 que fica suspensa a pretensão punitiva do Estado, referente a esses crimes, limitada a suspensão aos débitos que tiverem sido objeto de concessão de parcelamento, enquanto não forem rescindidos os parcelamentos. Importante lembrar que, neste caso, a prescrição criminal não corre durante o período de suspensão da pretensão punitiva.

Outrossim, de acordo com a citada lei, extingue-se a punibilidade desses crimes quando a pessoa jurídica relacionada com o agente efetuar o pagamento integral dos débitos oriundos de tributos e contribuições sociais, inclusive acessórios, que tiverem sido objeto de concessão de parcelamento.

Com a edição da Lei n. 12.382/2011, entretanto, a matéria recebeu outra regulamentação, já que foi alterada a redação do art. 83 da Lei n. 9.430/96, ao qual foram acrescentados importantes parágrafos, tratando do parcelamento e da suspensão do curso da prescrição criminal.

Nesse sentido, o § 1.º estabelece que, na hipótese de concessão de parcelamento do crédito tributário, a representação fiscal para fins penais somente será encaminhada ao Ministério Público após a exclusão da pessoa física ou jurídica do parcelamento.

Já no § 2.º, a regra é de que fica suspensa a pretensão punitiva do Estado referente aos crimes previstos no *caput*, durante o período em que a pessoa física ou a pessoa jurídica relacionada com o agente dos aludidos crimes estiver incluída no parcelamento, desde que o pedido de parcelamento tenha sido formalizado antes do recebimento da denúncia criminal.

Anote-se que, neste caso, o parcelamento deve ter sido formalizado *antes do recebimento da denúncia criminal*.

O § 3.º do citado artigo, por fim, estabelece que a prescrição criminal não corre durante o período de suspensão da pretensão punitiva.

Em suma:

a) em caso de parcelamento, a representação fiscal ao Ministério Público para fins penais fica condicionada à exclusão da pessoa física ou jurídica do parcelamento;

b) durante o período em que a pessoa física ou jurídica relacionada aos agentes dos crimes contra a ordem tributária estiver incluída no parcelamento, fica suspensa a pretensão punitiva do Estado, desde que o parcelamento tenha sido formalizado antes do recebimento da denúncia criminal;

c) a prescrição criminal dos crimes contra a ordem tributária não corre durante o período da suspensão da pretensão punitiva;

d) deve ser considerada a irretroatividade da lei mais severa, de modo que o disposto nos §§ 1.º, 2.º, 3.º e 4.º do art. 83 da Lei n. 9.430/96 somente pode ser aplicado aos lançamentos ocorridos a partir de 25 de fevereiro de 2011. Assim, para os lançamentos ocorridos antes desta data, é possível o parcelamento antes ou em qualquer fase do processo, podendo ocorrer também o pagamento integral do tributo ou contribuição social, com a consequente extinção de punibilidade.

2.12.5 Regime Especial de Regularização Cambial e Tributária — RERCT

A Lei n. 13.254/2016 instituiu o Regime Especial de Regularização Cambial e Tributária (RERCT), para declaração voluntária de recursos, bens ou direitos de origem lícita, não declarados ou declarados com omissão ou incorreção em relação a dados essenciais, remetidos ou mantidos no exterior, ou repatriados por residentes ou domiciliados no País, conforme a legislação cambial ou tributária, nos termos e condições da lei.

O § 1.º do art. 5.º da referida lei estabelece que o cumprimento das condições previstas no *caput* antes de decisão criminal extinguirá, em relação a recursos, bens e direitos a ser regularizados nos termos da lei, a punibilidade de alguns crimes, dentre eles o de sonegação de contribuição previdenciária, praticados até a data de adesão ao RERCT. As condições previstas no *caput* do art. 5.º são: entrega da declaração dos recursos, bens e direitos sujeitos à regularização e pagamento integral do imposto e multa previstos na lei.

3 DOS CRIMES PRATICADOS POR PARTICULAR CONTRA A ADMINISTRAÇÃO PÚBLICA ESTRANGEIRA

3.1 Noções gerais

A Lei n. 10.467/2002 acrescentou o Capítulo II-A ao Título XI do Código Penal, visando dar efetividade ao Decreto n. 3.678, de 30 de novembro de 2000, que promulgou a Convenção sobre o Combate da Corrupção de Funcionários Públicos Estrangeiros em Transações Comerciais, concluída em Paris, em 17 de dezembro de 1997.

Para tanto, a referida lei acrescentou ao Código Penal os arts. 337-B, 337-C e 337-D, tipificando os crimes de "corrupção ativa" e "tráfico de influência" em transação comercial internacional, e conceituando "funcionário público estrangeiro".

3.2 Corrupção ativa em transação comercial internacional

O crime de corrupção ativa em transação comercial internacional vem previsto no art. 337-B, tendo como objetividade jurídica a proteção da lealdade no comércio exterior, ou seja, nas transações comerciais internacionais.

Sujeito ativo pode ser qualquer pessoa.

Sujeito passivo é a Administração Pública estrangeira.

A conduta típica caracteriza-se pelos verbos *prometer* (obrigar-se a fazer ou dar), *oferecer* (pressagiar, anunciar, fazer promessa) e *dar* (entregar, doar, ceder).

O *objeto material* do crime é a *vantagem indevida*, que pode ser de qualquer natureza, material ou moral, econômica ou não, presente ou futura, e destinada a determinar o funcionário a praticar, omitir ou retardar ato de ofício relacionado à transação comercial internacional.

A conduta, portanto, visa justamente a que essa transação seja realizada, mantida ou retardada.

Transação comercial internacional é aquela que envolve operação comercial, de produção ou circulação de bens ou serviços, com o intuito de lucro, vinculada a mais de um sistema jurídico.

O destinatário da conduta deve ser *funcionário público estrangeiro*, cuja definição encontra-se no art. 337-C do Código Penal.

Como bem ressalta Damásio Evangelista de Jesus (*Crimes de corrupção ativa e tráfico de influência nas transações comerciais internacionais*, São Paulo: Saraiva, 2003, p. 26), citando Carlos A. Manfroni, "a conduta funcional do servidor público estrangeiro pretendida pelo corruptor pode ser lícita ou ilícita. Quando o ato funcional é lícito, fala-se em corrupção própria; quando ilícito, imprópria".

Inclusive, não ocorre o delito em apreço quando a vantagem é oferecida, prometida ou dada ao funcionário público estrangeiro *após* a realização da conduta funcional, comissiva ou omissiva.

Ressalte-se, entretanto, que, se a vantagem é dada ao funcionário público estrangeiro em razão de anterior oferecimento ou promessa, trata-se de exaurimento do crime, que já se consumou com uma das condutas anteriores.

Trata-se de crime doloso, exigindo-se também a presença do elemento normativo do tipo, consistente no intuito de determinar o funcionário público estrangeiro a praticar, omitir ou retardar ato de ofício.

Nas condutas *prometer* e *oferecer*, tratando-se de crime formal, a consumação ocorre no momento em que a oferta ou promessa chega ao conhecimento do funcionário, independentemente de qualquer atuação deste. Na conduta *dar*, também crime formal (Damásio, op. cit., p. 37), a consumação ocorre no momento em que o funcionário público recebe a vantagem, independentemente também de qualquer atuação por parte dele.

Admite-se a tentativa, salvo se a promessa ou oferta for verbal.

A competência para processar e julgar esse delito, atendendo ao que dispõe o art. 109, V, da Constituição Federal, será da Justiça Federal apenas quando o agente realizar as condutas típicas no Brasil em relação a ato de ofício a ser praticado, omitido ou retardado pelo funcionário público estrangeiro no exterior. Deve haver, nesse caso, reflexos da conduta delitiva em outro país.

Se as condutas típicas visarem a atuação do funcionário público estrangeiro no Brasil, a competência será da Justiça Estadual.

3.2.1 Causa de aumento de pena

O parágrafo único do art. 337-B prevê causa de aumento de pena de um terço se, em razão da vantagem ou promessa, o funcionário público estrangeiro retarda ou omite o ato de ofício, ou o pratica infringindo dever funcional.

3.3 Tráfico de influência em transação comercial internacional

O crime de tráfico de influência em transação comercial internacional figura no art. 337-C do Código Penal e tem como objetividade jurídica a tutela da lealdade no comércio exterior, o particular aspecto das transações comerciais internacionais.

Tratando-se de crime comum, sujeito ativo pode ser qualquer pessoa.

Sujeito passivo é o Estado estrangeiro.

A conduta típica vem expressa pelos verbos *solicitar* (pedir, requerer, rogar), *exigir* (ordenar, impor), *cobrar* (obter como paga, reclamar o valor, fazer com que seja pago) ou *obter* (lograr, conseguir, granjear).

Deve a conduta necessariamente ser levada a efeito *a pretexto de* influir em ato praticado por funcionário público estrangeiro, no exercício de suas funções, relacionado a transação comercial internacional. Conforme ressalta Damásio (op. cit., p. 49), "o sujeito ativo do crime engana a vítima, fazendo-a acreditar que irá influir na conduta do funcionário público estrangeiro".

Na verdade, prossegue o ilustre penalista, "o autor faz uma simulação, levando a vítima à suposição de que irá influir no comportamento funcional do agente do Poder Público estrangeiro. É possível que, na verdade, ele tenha prestígio junto ao funcionário, caso em que subsiste o delito, uma vez que a incriminação reside na fraude, na promessa de influência, mas, na realidade, nenhuma atitude ele irá tomar junto à Administração Pública. Daí a denominação que se dá ao fato: 'venda de fumaça' (*venditio fumi*)".

A vantagem pode ser de qualquer natureza, financeira ou não, material ou não.

Elemento normativo do tipo, a *transação comercial internacional* deve ser entendida como aquela que envolve operação comercial, de produção ou circulação de bens ou serviços, com o intuito de lucro, vinculada a mais de um sistema jurídico.

Trata-se de crime doloso.

A consumação ocorre com a mera prática das condutas de *solicitar*, *exigir* e *cobrar*, tratando-se de crime formal. Na conduta típica *obter*, sendo crime material, ocorre a consumação no momento em que o sujeito ativo obtém a vantagem ou promessa de vantagem.

Admite-se a tentativa, salvo se a solicitação, exigência ou cobrança forem verbais.

A competência para processar e julgar esse delito, atendendo ao que dispõe o art. 109, V, da Constituição Federal, será da Justiça Federal apenas quando o agente realizar as condutas típicas no Brasil em relação a ato de ofício a ser praticado pelo funcionário público estrangeiro no exterior. Deve haver, nesse caso, reflexos da conduta delitiva em outro país.

3.3.1 Causa de aumento de pena

O parágrafo único do art. 337-C prevê causa de aumento de pena de metade se o agente alega ou insinua que a vantagem é também destinada ao funcionário público estrangeiro.

3.4 Funcionário público estrangeiro

O art. 337-D considera funcionário público estrangeiro, para os efeitos penais, aquele que, ainda que transitoriamente ou sem remuneração, exerce cargo, emprego ou função pública em entidades estatais ou representações diplomáticas de país estrangeiro.

A permanência desse funcionário no cargo, emprego ou função, portanto, não se faz necessária, tampouco a sua remuneração pelo Estado estrangeiro.

3.4.1 Funcionário público estrangeiro por equiparação

Estabelece o parágrafo único do art. 337-D que se equipara a funcionário público estrangeiro quem exerce cargo, emprego ou função em empresas controladas, diretamente ou indiretamente, pelo Poder Público de país estrangeiro ou em organizações públicas internacionais.

Organizações públicas internacionais, segundo Damásio (op. cit., p. 63), citando Ricardo Seitenfus, são "sociedades entre Estados, constituídas por intermédio de um tratado, com a finalidade de buscar interesses comuns por meio de uma permanente cooperação entre seus membros". Exemplos: ONU, OEA etc.

4 DOS CRIMES EM LICITAÇÕES E CONTRATOS ADMINISTRATIVOS

4.1 Novas figuras penais e princípio da continuidade normativo--típica

De acordo com o disposto no art. 193, I, da Lei n. 14.133/2021 (Lei de Licitações e Contratos Administrativos), ficam revogados expressamente os arts. 89 a 108 da Lei n. 8.666/93, sendo certo que o art. 178 acrescenta o Capítulo II-B ao Título XI da Parte Especial do Código Penal, no qual foram inseridos os arts. 337-E a 337-P.

Assim, ao mesmo tempo em que revogou os arts. 89 a 108 da Lei n. 8.666/2003, que cuidava dos crimes envolvendo licitações e contratos administrativos, a Lei n. 14.133/2021 acrescentou ao Código Penal, no Título referente aos "Crimes contra a Administração Pública", o Capítulo II-B, sob o título "Dos Crimes em Licitações e Contratos Administrativos", nele inserindo tipos penais previstos nos arts. 337-E a 337-O.

A revogação expressa dos arts. 89 a 108 da Lei n. 8.666/93 não acarretou, entretanto, como apressadamente se poderia concluir, a *abolitio criminis* das condutas lá tipificadas.

Isso porque a *abolitio criminis* implica a revogação do tipo penal com a consequente supressão formal e material da figura criminosa, o que, na espécie, não ocorreu.

O caráter proibitivo das condutas foi mantido, tendo ocorrido o deslocamento dos conteúdos criminosos para outros tipos penais, agora situados no Código Penal, no título referente aos Crimes contra a Administração Pública.

Aplica-se, por conseguinte, o princípio da continuidade normativo-típica, que "ocorre quando uma norma penal é revogada, mas a mesma conduta continua sendo crime no tipo penal revogador, ou seja, a infração penal continua tipificada em outro dispositivo, ainda que topologicamente ou normativamente diverso do originário" (STJ — HC 187.471/AC — Rel. Min. Gilson Dipp — j. 20-10-2011).

Assim, praticamente nenhuma repercussão haverá, do ponto de vista da vigência e aplicação dos novos tipos penais, aos casos em andamento e também aos pretéritos já julgados, exceção feita ao novo crime do art. 337-O (omissão grave de dados ou de informação por projetista), que não existia na legislação anterior, ocorrendo, nesse caso, *novatio legis* incriminadora. Vale ressalvar ainda os novos patamares de pena fixados a alguns dos crimes recentes, maiores que os anteriores, situação facilmente resolvida, nos casos já em andamento, pela irretroatividade da lei mais severa (art. 5.º, XL, da CF).

Urge destacar, outrossim, que a aplicação dos novos tipos penais ora acrescentados pela Lei n. 14.133/2021 não será prejudicada ou afetada pela coexistência de dois regimes legais a reger as licitações e contratos administrativos, pelo prazo de 2 (dois) anos, conforme preceitua o seu art. 193, II. A Lei Complementar n. 198/2023 prorrogou a vigência da Lei n. 8.666/93 até 30 de dezembro de 2023.

Grande parte dos tipos penais mencionados constitui normas penais em branco, cujo complemento deverá ser fornecido pelo diploma legal (regime jurídico) escolhido pelo gestor público e sua equipe por ocasião da publicação do edital ou no aviso ou instrumento de contratação direta, nos termos do disposto no art. 191 da lei.

Assim, se a Administração optar por licitar de acordo com as regras da Lei n. 8.666/93, ou das Leis n. 10.520/2002 e n. 12.462/2011, serão esses diplomas que irão reger a licitação e o contrato administrativo, fornecendo o complemento necessário para a tipificação dos crimes previstos nos arts. 337-E a 337-O do Código Penal. Caso opte a Administração por licitar de acordo com a Lei n. 14.133/2021, essa última fornecerá o complemento adequado à tipificação dos crimes mencionados.

4.2 Contratação direta ilegal

O crime de contratação direta ilegal vem previsto no art. 337-E do Código Penal, acrescentado pela Lei n. 14.133/2021, tendo como objetividade jurídica a proteção dos interesses da Administração Pública, seu regular funcionamento e a probidade administrativa.

O tipo penal anterior análogo estava previsto no art. 89 da Lei n. 8.666/93, que punia com detenção de 3 (três) a 5 (cinco) anos e multa a dispensa ou inexigibilidade de licitação fora das hipóteses previstas em lei, além da inobservância das formalidades pertinentes à dispensa ou à inexigibilidade. Não houve mudança sensível no conteúdo da norma penal, que passou a punir as condutas de admitir, possibilitar ou dar causa à contratação direta fora das hipóteses previstas em lei. O processo de contratação direta, de acordo com o disposto no art. 72, *caput*, da Lei n. 14.133/2021, nada mais é do que inexigibilidade e dispensa de licitação. Portanto, aquele que admitir, possibilitar ou der causa à contratação direta ilegal estará praticando exatamente a mesma conduta que aquele que dispensar ou inexigir licitação fora das hipóteses previstas em lei, ou ainda que deixar de observar as formalidades pertinentes à dispensa ou à inexigibilidade. Aplica-se, nesse caso, integralmente o princípio da continuidade normativo-típica (vide item 3.1 *supra*).

Em razão da formatação do tipo penal pela Lei n. 14.133/2021, alguns estudiosos passaram a sustentar que o crime ora em comento seria comum, podendo ter como sujeito ativo qualquer pessoa. Ousamos discordar. A nosso ver, o crime continua a ser próprio, somente podendo ter como sujeito ativo a autoridade administrativa, os agentes públicos, com atribuição para admitir, possibilitar ou dar causa à contratação direta, ou seja, autorizar a abertura da licitação pública, dispensá-la ou afirmar sua inexigibilidade. Nesse sentido, dispõe o art. 8.º da Lei n. 14.133/2021, que a licitação será conduzida por agente de contratação, pessoa designada pela autoridade competente, entre servidores efetivos ou empregados públicos dos quadros permanentes da Administração Pública, para tomar decisões, acompanhar o trâmite da licitação, dar impulso ao procedimento licitatório e executar quaisquer outras atividades necessárias ao bom andamento da licitação. Agente público é indivíduo que, em virtude de eleição, nomeação, designação, contratação ou qualquer outra forma de investidura ou vínculo, exerce mandato, cargo, emprego ou função em pessoa jurídica integrante da Administração Pública. Autoridade é o agente público dotado de poder de decisão.

O Superior Tribunal de Justiça já entendeu que "a condição de agente político (cargo de prefeito) é elementar do tipo penal descrito no *caput* do art. 89 da Lei n. 8.666/93, não podendo, portanto, ser sopesada como circunstância judicial desfavorável". (HC 163204/PB, Rel. Min. Sebastião Reis Júnior, Sexta Turma, julgado em 17-4-2012, *DJe* 19-10-2012; HC 108989/PR, Rel. Min. Og Fernandes, Sexta Turma, julgado em 28-10-2008, *DJe* 17-11-2008; HC 95203/SP, Rel. Min. Felix Fischer, Quinta Turma, julgado em 24-6-2008, *DJe* 18-8-2008; REsp 1509998/CE, Rel. Min. Ribeiro Dantas, Quinta Turma, julgado em 20-8-2018, publicado em 23-8-2018).

Pode acontecer o concurso de pessoas tanto no caso de mais de um servidor público participar do crime, como no caso de um particular que para ele concorra de qualquer forma. De todo modo, a qualidade especial do sujeito ativo (servidor público) é elementar do crime, comunicando-se ao coautor ou partícipe que não ostente essa qualidade, por força do disposto no art. 30 do Código Penal.

Com relação a prefeitos municipais, o antigo art. 89 da Lei n. 8.666/93 já havia revogado o inciso XI do art. I.° do Decreto-lei n. 201/67, devendo, portanto, ser aplicado o art. 337-E às condutas típicas por eles praticadas após sua vigência. No Superior Tribunal de Justiça: EDcl no AgRg no REsp 1745232/CE, Rel. Min. Reynaldo Soares Da Fonseca, Quinta Turma, julgado em 9-10-2018, *DJe* 19-10-2018; AgRg no REsp 1113982/PB, Rel. Ministra Laurita Vaz, Quinta Turma, julgado em 19-8-2014, *DJe* 29-8-2014; REsp 1288855/SP, Rel. Ministra Maria Thereza De Assis Moura, Sexta Turma, julgado em 17-10-2013, *DJe* 29-10-2013; HC 121708/RJ, Rel. Min. Moura Ribeiro, Quinta Turma, julgado em 19-9-2013, *DJe* 27-9-2013; REsp 1807302/RN, Rel. Min. Jorge Mussi, julgado em 27-6-2019, publicado em 01-7-2019; RHC 041763/RJ, Rel. Min. Antonio Saldanha Palheiro, Sexta Turma, julgado em 25-4-2018, publicado em 27-4-2018).

Sujeito passivo é o Estado, ou, de uma forma mais específica, a Administração Pública, assim como se tem como sujeito passivo secundário o titular do bem jurídico particularmente protegido.

O objeto material é a contratação direta (dispensa ou inexigibilidade de licitação) propriamente dita. O processo de contratação direta, que compreende os casos de inexigibilidade e de dispensa de licitação, deverá ser instruído com os documentos indicados no art. 72 da Lei n. 14.133/2021. O ato que autoriza a contratação direta ou o extrato decorrente do contrato deverá ser divulgado e mantido à disposição do público em sítio eletrônico oficial. Vale lembrar que, na hipótese de contratação direta irregular, o contratado e o agente público responsável responderão solidariamente pelo dano causado ao erário, sem prejuízo de outras sanções legais cabíveis. É inexigível a licitação quando inviável a competição, estabelecendo o art. 74 da citada lei os casos especiais. É dispensável a licitação nas hipóteses elencadas pelo art. 75.

A conduta típica vem expressa pelos verbos *admitir* (reconhecer, aceitar, consentir), *possibilitar* (tornar possível, proporcionar) e *dar causa* (ensejar, causar).

O elemento subjetivo é o dolo, não sendo punida a modalidade culposa por falta de previsão legal.

Há julgados do Superior Tribunal de Justiça, entretanto, exigindo a comprovação do dolo específico do agente em causar dano ao erário, bem como do prejuízo à Administração Pública. Nesse sentido: RHC 108813/SP, Rel. Min. Sebastião Reis Júnior, Sexta Turma, julgado em 5-9-2019, *DJe* 17-9-2019; AgRg no AREsp 1426799/SP, Rel. Ministra Laurita Vaz, Sexta Turma, julgado em 27-8-2019, *DJe* 12-9-2019; HC 490195/PB, Rel. Min. Joel Ilan Paciornik, Quinta Turma, julgado em 3-9-2019, *DJe* 10-9-2019; RHC 115457/SP, Rel. Min. Jorge Mussi, Quinta Turma, julgado em 20-8-2019, *DJe* 2-9-2019; AgRg no RHC 108658/MG, Rel. Min. Nefi Cordeiro, Sexta Turma, julgado em 13-8-2019, *DJe* 22-8-2019; HC 444024/PR, Rel. Min. Rogerio Schietti Cruz, Sexta Turma, julgado em 2-4-2019, *DJe* 2-8-2019; HC 498748/RS, Rel. Min. Felix Fischer, Quinta Turma, julgado em 30-5-2019, *DJe* 6-6-2019.

O crime se consuma com a admissão da contratação direta ilegal ou com qualquer ato que possibilite a sua ocorrência. Ou, ainda, com qualquer ação ou omissão que dê causa à prática da contratação direta ilegal.

Trata-se de crime de mera conduta, não havendo necessidade de ocorrência de efetivo prejuízo à Administração (resultado naturalístico).

Admite-se a tentativa em qualquer das modalidades de conduta, uma vez fracionável o *iter criminis*.

A ação penal é pública incondicionada.

Não é aplicável a esse crime nenhum dos benefícios da Lei n. 9.099/95, como a transação ou suspensão condicional do processo.

Não é cabível, também, o acordo de não persecução penal, uma vez que a pena mínima é de 4 (quatro) anos de reclusão (vide art. 28-A do CPP).

4.3 Frustração do caráter competitivo de licitação

O crime de frustração do caráter competitivo da licitação vem previsto no art. 337-F do Código Penal, acrescentado pela Lei n. 14.133/2021, tendo como objetividade jurídica a proteção dos interesses da Administração Pública, seu regular funcionamento e a probidade administrativa, principalmente no que se refere ao caráter competitivo do certame.

O tipo penal anterior análogo estava previsto no art. 90 da Lei n. 8.666/93, que punia a mesma conduta com detenção de 2 (dois) a 4 (quatro) anos e multa. Foi mantido o caráter proibido da conduta, com o deslocamento do conteúdo criminoso para o tipo penal ora analisado, aplicando-se o princípio da continuidade normativo-típica.

Sujeito ativo pode ser qualquer pessoa, tanto agente público ou autoridade administrativa quanto particular que apresente interesse no processo licitatório. Trata-se de crime comum, não se exigindo do sujeito ativo nenhuma característica específica, podendo ser praticado por qualquer pessoa que participe do certame.

A propósito, no Superior Tribunal de Justiça: AgRg no REsp 1795894/PB, Rel. Min. Antonio Saldanha Palheiro, Sexta Turma, julgado em 26-3-2019, *DJe* 8-4-2019; AgRg no REsp 1646332/SP, Rel. Min. Jorge Mussi, Quinta Turma, julgado em 17-8-2017, *DJe* 23-8-2017; HC 348084/SC, Rel. Min. Felix Fischer, Quinta Turma, julgado em 14-2-2017, *DJe* 21-2-2017.

Outrossim, já entendeu o Superior Tribunal de Justiça ser possível o concurso de crimes entre os anteriores delitos do art. 90 (fraudar o caráter competitivo do procedimento licitatório) e do art. 96, inciso I (fraudar licitação mediante elevação arbitrária dos preços), da antiga Lei de Licitações (Lei n. 8.666/93), pois tutelam objetos distintos, afastando-se, portanto, o princípio da absorção. Nesse aspecto: REsp 1790561/RS, Rel. Min. Antonio Saldanha Palheiro, Sexta Turma, julgado em 30-5-2019, publicado em 31-5-2019; AREsp 1217163/MG, Rel. Min. Joel Ilan Paciornik, Quinta Turma, julgado em 11-9-2018, publicado em 26-9-2018. O mesmo raciocínio continua aplicável aos crimes da Lei n. 14.133/2021.

Sujeito passivo é o Estado, ou, de uma forma mais específica, a Administração Pública, assim como, secundariamente, o titular do bem jurídico particularmente protegido.

O objeto material é o processo de licitação.

A conduta típica vem expressa pelos verbos *frustrar* (baldar, iludir, burlar) e *fraudar* (enganar, lograr). A fraude ou frustração do processo licitatório pode se dar por qualquer meio. Na legislação anterior (Lei n. 8.666/93) o art. 90 se referia a "ajuste, combinação ou qualquer outro expediente".

Vale ressaltar que o caráter competitivo é o cerne do procedimento licitatório, sem o qual estará totalmente desfigurada a licitação.

O elemento subjetivo é o dolo, sendo necessária sua modalidade específica no que tange à obtenção da vantagem decorrente da adjudicação do objeto da licitação, não sendo punida a modalidade culposa por falta de previsão legal.

A consumação ocorre com a efetiva realização do procedimento fraudulento, independentemente da obtenção do fim pretendido, qual seja, a vantagem decorrente da adjudicação do objeto da licitação, prescindindo da existência de prejuízo ao erário, haja vista que o dano se revela pela simples quebra do caráter competitivo entre os licitantes interessados em contratar, causada pela frustração ou pela fraude no procedimento licitatório. Trata-se de crime formal. Súmula 645 do STJ: "o crime de fraude à licitação é formal, e sua consumação prescinde da comprovação do prejuízo ou da obtenção de vantagem".

Nesse sentido, no Superior Tribunal de Justiça: AgRg no REsp 1793069/PR, Rel. Min. Jorge Mussi, Quinta Turma, julgado em 10-9-2019, *DJe* 19-9-2019; EDcl no REsp 1623985/SP, Rel. Min. Nefi Cordeiro, Sexta Turma, julgado em 5-9-2019, *DJe* 12-9-2019; AgRg no AREsp 1345383/BA, Rel. Min. Reynaldo Soares Da Fonseca, Quinta Turma, julgado em 3-9-2019, *DJe* 12-9-2019; RHC 94327/SC, Rel. Min. Ribeiro Dantas, Quinta Turma, julgado em 13-8-2019, *DJe* 19-8-2019; AgRg no REsp 1533488/PB, Rel. Min. Rogerio Schietti Cruz, Sexta Turma, julgado em 13-12-2018, *DJe* 4-2-2019; HC 341341/MG, Rel. Min. Joel Ilan Paciornik, Quinta Turma, julgado em 16-10-2018, *DJe* 30-10-2018.

Admite-se a tentativa, uma vez que fracionável o *iter criminis*.

Com relação à prescrição, o termo inicial para contagem do prazo prescricional deve ser a data em que o contrato administrativo foi efetivamente assinado (STJ: HC 484690/SC, Rel. Min. Ribeiro Dantas, Quinta Turma, julgado em 30-5-2019, *DJe* 4-6-2019; MS 15036/DF, Rel. Min. Castro Meira, Primeira Seção, julgado em 10-11-2010, *DJe* 22-11-2010).

A ação penal é pública incondicionada.

Não é aplicável a esse crime nenhum dos benefícios da Lei n. 9.099/95, como a transação ou suspensão condicional do processo.

Não é cabível, também, o acordo de não persecução penal, uma vez que a pena mínima é de 4 (quatro) anos de reclusão (vide art. 28-A do CPP).

4.4 Patrocínio de contratação indevida

O crime de patrocínio de contratação indevida vem previsto no art. 337-G do Código Penal, acrescentado pela Lei n. 14.133/2021, tendo como objetividade jurídica a proteção dos interesses da Administração Pública, seu regular funcionamento e a probidade administrativa (moralidade e impessoalidade).

O tipo penal anterior análogo estava previsto no art. 91 da Lei n. 8.666/93, que punia a mesma conduta com detenção de 6 (seis) meses a 2 (dois) anos e multa. Agora a pena passou a ser de reclusão de 6 (seis) meses a 3 (três) anos e multa. Foi mantido o caráter proibido da conduta, com o deslocamento do conteúdo criminoso para o tipo penal ora analisado, aplicando-se o princípio da continuidade normativo-típica.

Sujeito ativo é o agente público, tratando-se de crime próprio. Nada impede a participação de terceiros. Nesse caso, o coautor ou partícipe estará incurso no mesmo crime, por força do disposto no art. 30 do CP.

Sujeito passivo é o Estado, ou, de uma forma mais específica, a Administração Pública, assim como, secundariamente, o titular do bem jurídico particularmente protegido.

O objeto material é o interesse privado patrocinado perante a Administração Pública.

A conduta típica vem caracterizada pelo verbo *patrocinar*, que significa advogar, apadrinhar, defender. Trata-se, em verdade, de um tipo de advocacia administrativa no procedimento licitatório.

Para a efetiva punição do agente, estabelece a lei duas condições objetivas de punibilidade: instauração de licitação ou celebração de contrato; e decretação de invalidação do ato pelo Poder Judiciário.

O elemento subjetivo é o dolo, não sendo punida a modalidade culposa por falta de previsão legal.

A consumação ocorre com a prática de qualquer ato em proveito do interesse que o sujeito defende, assim como com a instauração de licitação ou celebração de contrato.

Admite-se a tentativa.

A ação penal é pública incondicionada.

Não se trata mais de crime de menor potencial ofensivo, como ocorria no tipo penal anterior, já que a pena máxima foi elevada ao patamar de 3 (três) anos. Portanto, não é cabível a transação, prevista na Lei n. 9.099/95, sendo possível, entretanto, a suspensão condicional do processo.

É cabível o acordo de não persecução penal, uma vez que a pena mínima é inferior a 4 (quatro) anos de reclusão (vide art. 28-A do CPP).

4.5 Modificação ou pagamento irregular em contrato administrativo

O crime de modificação ou pagamento irregular em contrato administrativo vem previsto no art. 337-H do Código Penal, acrescentado pela Lei n. 14.133/2021, tendo como objetividade jurídica a proteção dos interesses da Administração Pública, seu regular funcionamento e a probidade administrativa.

O tipo penal anterior análogo estava previsto no art. 92 da Lei n. 8.666/93, que punia a mesma conduta com detenção de 2 (dois) a 4 (quatro) anos e multa. Agora a pena passou a ser de reclusão, em patamares elevados de 4 (quatro) a 8 (oito) anos, e multa. Embora suprimido o parágrafo único existente na norma anterior, foi mantido o caráter proibido da conduta, com o deslocamento do conteúdo criminoso para o tipo penal ora analisado, aplicando-se o princípio da continuidade normativo-típica.

Sujeito ativo é o agente público, tratando-se de crime próprio. Nada impede a participação de terceiros, como no caso do contratado que concorreu para a consumação da ilegalidade. Nesse caso, o coautor ou partícipe estará incurso no mesmo crime, por força do disposto no art. 30 do CP.

Sujeito passivo é o Estado e, secundariamente, a entidade cujo contrato foi modificado ou prorrogado.

O objeto material é o contrato administrativo que foi modificado, prorrogado etc., e o pagamento feito ao contratado.

A conduta típica vem expressa pelos verbos *admitir* (aceitar, acolher), *possibilitar* (ensejar, tornar viável) e *dar causa* (ensejar, possibilitar). Prevê, ainda, a segunda parte do artigo a conduta de *pagar* (retribuir, reembolsar), referindo-se a fatura.

O elemento subjetivo é o dolo, não sendo punida a modalidade culposa por falta de previsão legal.

A consumação ocorre com a prática de qualquer das condutas elencadas, independentemente da ocorrência de efetivo prejuízo à Administração. Trata-se de crime de mera conduta.

A tentativa, de acordo com a doutrina predominante, é admissível em qualquer das modalidades de conduta.

A ação penal é publica incondicionada.

Não é aplicável a esse crime nenhum dos benefícios da Lei n. 9.099/95, como a transação ou suspensão condicional do processo.

Não é cabível, também, o acordo de não persecução penal, uma vez que a pena mínima é de 4 (quatro) anos de reclusão (vide art. 28-A do CPP).

4.6 Perturbação de processo licitatório

O crime de perturbação de processo licitatório vem previsto no art. 337-I, acrescentado pela Lei n. 14.133/2021, tendo como objetividade jurídica a proteção dos interesses da Administração Pública, seu regular funcionamento e a probidade administrativa.

O tipo penal anterior análogo estava previsto no art. 93 da Lei n. 8.666/93, que punia a mesma conduta com detenção de 6 (seis) meses a 2 (dois) anos e multa. Agora a pena de detenção passou a ser de 6 (seis) meses a 3 (três) anos, e multa. Foi mantido o caráter proibido da conduta, com o deslocamento do conteúdo criminoso para o tipo penal ora analisado, aplicando-se o princípio da continuidade normativo-típica.

Sujeito ativo é qualquer pessoa, em razão de ser um crime comum.

Sujeito passivo é o Estado, ou de uma forma mais específica, a Administração Pública, assim como, secundariamente, o titular do bem jurídico particularmente protegido.

O objeto material é o processo licitatório que sofreu a fraude, perturbação ou impedimento.

A conduta típica vem caracterizada pelos verbos *impedir* (obstar, tolher), *perturbar* (atrapalhar, desorganizar) e *fraudar* (enganar, lograr). O crime somente se tipifica se as condutas nele previstas forem praticadas no curso do processo licitatório (STJ: HC 348414/RN, Rel. Ministra Maria Thereza De Assis Moura, Sexta Turma, julgado em 7-4-2016, *DJe* 19-4-2016).

O elemento subjetivo é o dolo, não sendo punida a modalidade culposa por falta de previsão legal.

A consumação ocorre com o efetivo impedimento, perturbação ou fraude do processo licitatório.

Admite-se a tentativa.

A ação penal é pública incondicionada.

Não se trata mais de crime de menor potencial ofensivo, como ocorria no tipo penal anterior, já que a pena máxima foi elevada ao patamar de 3 (três) anos. Portanto, não é cabível a transação, prevista na Lei n. 9.099/95, sendo possível, entretanto, a suspensão condicional do processo.

É cabível o acordo de não persecução penal, uma vez que a pena mínima é inferior a 4 (quatro) anos de reclusão (vide art. 28-A do CPP).

4.7 Violação de sigilo em licitação

O crime de violação de sigilo em licitação vem previsto no art. 337-J, acrescentado pela Lei n. 14.133/2021, tendo como objetividade jurídica a proteção dos interesses da Administração Pública, mormente no que se refere ao sigilo das propostas, seu regular funcionamento e a probidade administrativa.

O tipo penal anterior análogo estava previsto no art. 94 da Lei n. 8.666/93, que punia a mesma conduta com idêntica pena. Foi mantido o caráter proibido da conduta, com o deslocamento do conteúdo criminoso para o tipo penal ora analisado, aplicando-se o princípio da continuidade normativo-típica.

Sujeito ativo pode ser o agente público que esteja participando do processo de licitação ou qualquer outra pessoa que tenha acesso à proposta sigilosa.

Sujeito passivo é o Estado, de forma imediata, assim como o licitante prejudicado, de forma mediata.

O objeto material é a proposta apresentada em processo licitatório que deveria ser mantida em sigilo.

A conduta vem caracterizada pelo verbo *devassar* (penetrar, espionar, quebrar o sigilo). Pune-se, ainda, a conduta de *proporcionar* (possibilitar, ensejar) a terceiro a oportunidade de devassar o sigilo da proposta apresentada no processo licitatório.

Vale lembrar que o sigilo das propostas é a essência do processo licitatório, garantindo-se a igualdade de tratamento àqueles que acorrem ao certame.

O elemento subjetivo é o dolo, não sendo punida a modalidade culposa por falta de previsão legal.

A consumação ocorre no momento em que o conteúdo da proposta é conhecido pelo sujeito ativo ou por terceiro.

É possível a tentativa.

A ação penal é publica incondicionada.

Não é aplicável a esse crime nenhum dos benefícios da Lei n. 9.099/95, como a transação ou suspensão condicional do processo.

É cabível o acordo de não persecução penal, uma vez que a pena mínima é inferior a 4 (quatro) anos de reclusão (vide art. 28-A do CPP).

4.8 Afastamento de licitante

O crime de afastamento de licitante vem previsto no art. 337-K do Código Penal, acrescentado pela Lei n. 14.133/2021, tendo como objetividade jurídica a proteção dos interesses da Administração Pública, seu regular funcionamento e a probidade administrativa.

O tipo penal anterior análogo estava previsto no art. 95 da Lei n. 8.666/93, que punia a mesma conduta com detenção de 2 (dois) a 4 (quatro) anos e multa. Agora a pena passou a ser de reclusão de 3 (três) a 5 (cinco) anos e multa. Foi mantido o caráter proibido da conduta, com o deslocamento do conteúdo criminoso para o tipo penal ora analisado, aplicando-se o princípio da continuidade normativo-típica.

Sujeito ativo é qualquer pessoa, na modalidade do *caput*, em razão de ser um crime comum. Na hipótese do parágrafo único, somente pode ser sujeito ativo o licitante, que se abstém ou desiste de participar da licitação.

Sujeito passivo é o Estado, ou de uma forma mais específica, a Administração pública. Sujeito passivo secundário é o licitante afastado.

O objeto material é o licitante, sobre o qual recai a conduta criminosa.

A conduta típica vem caracterizada por *afastar* (repelir, apartar) ou *procurar afastar* (tentar repelir, tentar apartar). Nessa hipótese, o afastamento ou tentativa de afastamento do licitante deve dar-se através do emprego de *violência, grave ameaça, fraude ou oferecimento de qualquer vantagem*. No parágrafo único, a conduta vem caracterizada por abster-se (omitir-se, renunciar) ou *desistir* (não continuar, não prosseguir). Nesse caso, a abstenção ou renúncia do licitante deve ocorrer em razão da vantagem a ele oferecida.

O elemento subjetivo é o dolo, não sendo punida a modalidade culposa por falta de previsão legal.

A consumação ocorre com o afastamento ou tentativa de afastamento do licitante. Nessa modalidade, trata-se de crime de atentado ou de empreendimento, em que a tentativa é equiparada à consumação. Na figura do parágrafo único, consuma-se o delito com a abstenção ou desistência em licitar, em razão da vantagem oferecida. Trata-se de crime formal, uma vez que é dispensável o resultado naturalístico, consistente no efetivo dano à Administração.

Vale mencionar que esse tipo penal constitui crime de atentado ou de empreendimento, que é aquele em que a pena da tentativa é a mesma do crime consumado, sem qualquer redução. No caso, são punidas igualmente as condutas de *afastar* (consumada) e *procurar afastar* (tentada), com as mesmas penas.

Trata-se também de um crime punido de forma bilateral, visto que receberá a punição tanto quem tenta afastar o licitante com o oferecimento da vantagem, como aquele que desiste de licitar em razão de vantagem oferecida.

Não se admite a tentativa, posto que, no *caput*, a modalidade tentada é equiparada à consumada. Com relação ao parágrafo único, impossível também a tentativa.

A ação penal é pública incondicionada.

Não é aplicável a esse crime nenhum dos benefícios da Lei n. 9.099/95, como a transação ou suspensão condicional do processo.

É cabível o acordo de não persecução penal, uma vez que a pena mínima é inferior a 4 (quatro) anos de reclusão (*vide* art. 28-A do CPP).

4.9   Fraude em licitação ou contrato

O crime de fraude em licitação ou contrato vem previsto no art. 337-L, acrescentado pela Lei n. 14.133/2021, tendo como objetividade jurídica a proteção dos interesses da Administração Pública, seu regular funcionamento e a probidade administrativa.

O tipo penal anterior análogo estava previsto no art. 96 da Lei n. 8.666/93, que punia a mesma conduta com detenção de 3 (três) a 6 (seis) anos e multa. Agora a pena passou a ser de reclusão de 4 (quatro) a 8 (oito) anos e multa. Foi mantido o caráter proibido da conduta, com o deslocamento do conteúdo criminoso para o tipo penal ora analisado, aplicando-se o princípio da continuidade normativo-típica. Entretanto, a forma de execução da conduta (*fraudar*) sofreu algumas alterações, com a inserção de novos meios e a alteração de outros, cujas consequências serão analisadas abaixo.

Em regra, o sujeito ativo é o licitante ou contratado. Nada impede, entretanto, a participação do agente público encarregado da licitação. Trata-se de crime próprio.

Sujeito passivo é o Estado, ou de uma forma mais específica, a Administração Pública. Secundariamente, pode ser sujeito passivo o titular do bem jurídico particularmente protegido.

O objeto material é a licitação instaurada ou o contrato dela decorrente.

A conduta vem caracterizada pelo verbo *fraudar* (burlar, ludibriar, enganar). Trata-se de crime de forma vinculada, estando as modalidades de fraude especificamente estabelecidas nos incisos I a V. A prática de mais de uma conduta caracteriza apenas um crime (tipo misto alternativo).

No que se refere ao inciso I, a redação atual pune a fraude na entrega de mercadoria ou prestação de serviços com qualidade ou em quantidade diversa das previstas no edital ou nos instrumentos contratuais, de modo a causar prejuízo à Administração Pública. Evidentemente que, para a caracterização do delito, a qualidade ou quantidade da mercadoria entregue ou do serviço prestado deve ser inferior à pactuada.

Vale ressaltar que a redação atual da norma penal não previu a elevação arbitrária de preços como uma das formas de prática delitiva. O inciso I do anterior crime previsto no art. 96 da Lei n. 8.666/93 trazia expressa a fraude "elevando arbitrariamente os preços".

Cremos que a razão da supressão, na legislação atual, dessa forma de praticar o delito se deve à alegada inconstitucionalidade do dispositivo, bastante apregoada pela doutrina pátria quando de sua vigência. A nosso ver, entretanto, nada impede que a elevação arbitrária de preços, com o intuito de fraudar a licitação, possa atualmente ser enquadrada no inciso V ou mesmo no art. 337-F, acima analisado.

Os incisos II, III e V tiveram o conteúdo criminoso preservado, aplicando-se o princípio da continuidade normativo-típica.

Já o inciso IV recebeu extensão em seu conteúdo, de modo que passou a ser expressamente punida também a alteração da qualidade ou quantidade do serviço fornecido, que seria, em princípio, praticada pelo contratado, diferenciando-se do inciso I.

O elemento subjetivo é o dolo, não sendo punida a modalidade culposa por falta de previsão legal.

A consumação ocorre com o efetivo prejuízo à Administração Pública. Trata-se de crime material, que necessita do resultado naturalístico (prejuízo) para sua consumação.

Admite-se a tentativa.

A ação penal é pública incondicionada.

Não é aplicável a esse crime nenhum dos benefícios da Lei n. 9.099/95, como a transação ou suspensão condicional do processo.

Não é cabível o acordo de não persecução penal, uma vez que a pena mínima é de 4 (quatro) anos de reclusão (vide art. 28-A do CPP).

4.10 Contratação inidônea

O crime de contratação inidônea vem previsto no art. 337-M, acrescentado pela Lei n. 14.133/2021, tendo como objetividade jurídica a proteção dos interesses da Administração Pública, seu regular funcionamento e a probidade administrativa.

O tipo penal anterior análogo estava previsto no art. 97 da Lei n. 8.666/93, que punia as mesmas condutas, embora com redação diversa, com detenção de 6 (seis) meses a 2 (dois) anos e multa. Agora a pena do *caput* passou a ser de reclusão de 1 (um) a 3 (três) anos e multa, e a pena do § 1.º passou a ser de reclusão de 3 (três) anos e 6 (seis) anos e multa. Embora com redação diversa, foi mantido o caráter proibido da conduta, com o deslocamento do conteúdo criminoso para o tipo penal ora analisado, aplicando-se o princípio da continuidade normativo-típica.

Nas modalidades de conduta do *caput* e do § 1.º, sujeito ativo é o agente público com atribuições para admitir ou rejeitar possíveis licitantes declarados inidôneos ou com eles celebrar contrato. Na hipótese do § 2.º, sujeito ativo é o licitante declarado inidôneo, que venha a participar da licitação ou contratar com a Administração Pública.

Sujeito passivo é o Estado, ou, de uma forma mais específica, a Administração Pública. Sujeito passivo secundário pode ser o titular do bem jurídico particularmente protegido.

O objeto material é a licitação ou o contrato.

No *caput*, a conduta vem expressa pelo verbo *admitir* (aceitar, acolher). Na modalidade do § 1.º, a conduta vem expressa pelo verbo *celebrar* (realizar, efetuar). No § 2.º, as condutas são *participar* (tomar parte, integrar) a licitação ou *contratar* (celebrar contrato).

Vale ressaltar que a declaração de inidoneidade para licitar ou contratar é sanção administrativa prevista no art. 156, IV, da Lei n. 14.133/2021, sendo aplicada ao responsável pelas infrações administrativas previstas nos incisos VIII, IX, X, XI e XII do *caput* do art. 155, bem como pelas infrações administrativas previstas nos incisos II, III, IV, V, VI e VII do *caput* do referido artigo que justifiquem a imposição de penalidade mais grave, impedido o responsável de licitar ou contratar no âmbito da Administração Pública direta e indireta de todos os entes federativos, pelo prazo mínimo de 3 (três) anos e máximo de 6 (seis) anos.

O elemento subjetivo é o dolo, não sendo punida a modalidade culposa por falta de previsão legal. Embora haja quem sustente a necessidade do dolo específico do agente público no que tange a seu conhecimento quanto à inidoneidade do licitante ou contratante, a posição que prevalece é a de que se trata de dolo genérico.

No caso do *caput*, a consumação ocorre com a admissão da empresa ou profissional declarado inidôneo; na modalidade do § 1.º, com a celebração do contrato. No caso do § 2.º, a consumação se dá com a inscrição daquele que foi declarado inidôneo para participar da licitação, ou com a celebração do contrato administrativo. Trata-se de crime formal, que não necessita de resultado naturalístico, consistente no efetivo prejuízo para a Administração.

No caso do *caput* é impossível a tentativa, mas no caso do parágrafo único pode ocorrer.

A ação penal é pública incondicionada.

Com relação aos benefícios da Lei n. 9.099/95, na modalidade do *caput*, não se admite a transação, mas apenas a suspensão condicional do processo. Na modalidade do § 1.º, não se admite a transação nem a suspensão condicional do processo.

É cabível o acordo de não persecução penal em qualquer das modalidades, uma vez que as penas mínimas são inferiores a 4 (quatro) anos de reclusão (vide art. 28-A do CPP).

4.11 Impedimento indevido

O crime de impedimento indevido vem previsto no art. 337-N, acrescentado pela Lei n. 14.133/2021, tendo como objetividade jurídica a proteção dos interesses da Administração Pública, seu regular funcionamento e a probidade administrativa.

O tipo penal anterior análogo estava previsto no art. 98 da Lei n. 8.666/93, que punia as mesmas condutas com detenção de 6 (seis) meses a 2 (dois) anos e multa. Agora a pena passou a ser de reclusão, permanecendo nos mesmos patamares mínimo e máximo, além da multa. Foi mantido o caráter proibido da conduta, com o deslocamento do conteúdo criminoso para o tipo penal ora analisado, aplicando-se o princípio da continuidade normativo-típica.

Sujeito ativo é o agente público que obsta, impede ou dificulta injustamente a inscrição de interessado ou promove indevidamente a alteração, suspensão ou cancelamento de registro do inscrito. Trata-se de crime próprio.

Sujeito passivo é o Estado, ou, de uma forma mais específica, a Administração Pública. Secundariamente, pode ser sujeito passivo a pessoa eventualmente prejudicada.

Objeto material é a inscrição ou o registro. O registro cadastral vem previsto nos arts. 87 e 88 da Lei n. 14.133/2021.

A conduta vem representada pelos verbos *obstar* (embaraçar, opor-se, obstaculizar), *impedir* (obstruir, vedar) e *dificultar* (obstar, embaraçar), referindo-se à inscrição de qualquer interessado no registro cadastral. Na segunda parte do artigo, a conduta vem caracterizada pelo verbo *promover* (provocar, motivar), referindo-se à alteração, suspensão ou cancelamento do registro do inscrito.

Os elementos normativos do tipo vêm representados pelas expressões "injustamente" e "indevidamente". Caso a obstaculização, impedimento ou dificultação seja justa (amparada por lei), não haverá crime. Caso a alteração, suspensão ou cancelamento do registro do inscrito seja devida, também não ocorrerá o ilícito.

O elemento subjetivo é o dolo, não sendo punida a modalidade culposa por falta de previsão legal.

A consumação ocorre com a mera ação de obstar, dificultar ou impedir a inscrição, não havendo necessidade do resultado naturalístico. Trata-se de crime formal. Na segunda parte do artigo, ocorre com a promoção que gera a alteração, suspensão ou cancelamento indevido do registro, sem necessidade, também, de que ocorra efetivo prejuízo para a administração ou para terceiro.

A tentativa não é admitida na primeira parte do artigo (condutas de *obstar, impedir* ou *dificultar*). Admite-se apenas na segunda parte do artigo (promoção indevida).

A ação penal é pública incondicionada.

Em razão de ser um crime de menor potencial ofensivo, são cabíveis a transação e a suspensão condicional do processo, previstas na Lei n. 9.099/95.

É cabível, também, o acordo de não persecução penal, se por qualquer razão for inviável a transação, uma vez que a pena mínima é inferior a 4 (quatro) anos de reclusão, com as ressalvas do § 2.º, I, II e III, do art. 28-A do CPP.

4.12 Omissão grave de dado ou de informação por projetista

O crime de omissão grave de dado ou de informação por projetista vem previsto no art. 337-O, acrescentado pela Lei n. 14.133/2021, tendo como objetividade jurídica a proteção dos interesses da Administração Pública, no que tange à integridade do processo licitatório, planejamento e seleção das propostas que sejam mais vantajosas para a Administração.

O tipo penal em análise não tem precedentes na anterior Lei n. 8.666/93.

Em regra, o sujeito ativo é o licitante ou contratado. Nada impede, entretanto, a participação do agente público encarregado da licitação.

Embora o "nomem iuris" se refira a "projetista", o crime pode ser praticado também por terceiros, já que o próprio tipo penal não requer essa qualidade especial do sujeito ativo, inclusive prevendo uma das condutas como "entregar", o que permite a punição de qualquer outra pessoa.

Sujeito passivo é o Estado, ou de uma forma mais específica, a Administração Pública. Secundariamente, pode ser sujeito passivo a pessoa eventualmente prejudicada.

O objeto material é o levantamento cadastral ou condição de contorno. O levantamento cadastral ou a condição de contorno devem estar "em relevante dissonância com a realidade", ou seja, em total desconformidade com o estado das coisas. Nesse ponto, o tipo penal é aberto, indicando, evidentemente, a prática de condutas que trazem algum problema efetivo para o processo licitatório.

Outrossim, o levantamento cadastral ou a condição de contorno, devem ser apresentados em contratação para a elaboração de projeto básico, projeto executivo ou anteprojeto, em diálogo competitivo ou em procedimento de manifestação de interesse. As definições de anteprojeto, projeto básico e projeto executivo vêm previstas no art. 6.º, XXIV, XXV e XXVI da Lei n. 14.133/2021. A definição de diálogo competitivo vem dada pelo inciso XLII do mesmo dispositivo citado. O procedimento de manifestação de interesse é um procedimento auxiliar das licitações e das contratações regidas pela lei, estando previsto no art. 81.

De acordo com o disposto no § 1.º, consideram-se condição de contorno as informações e os levantamentos suficientes e necessários para a definição da solução de projeto e dos respectivos preços pelo licitante, incluídos sondagens, topografia, estudos de demanda, condições ambientais e demais elementos ambientais impactantes, considerados requisitos mínimos ou obrigatórios em normas técnicas que orientam a elaboração de projetos.

A conduta vem representada pelos verbos *omitir* (deixar de mencionar, esconder, deixar de dizer) *modificar* (mudar, alterar, descaracterizar) e *entregar* (dar, ceder, conferir, apresentar). As condutas devem ter por objeto levantamento cadastral ou condição de contorno em relevante dissonância com a realidade, em frustração ao caráter competitivo da licitação ou em detrimento da seleção da proposta mais vantajosa para a Administração Pública.

O elemento subjetivo é o dolo, não sendo punida a modalidade culposa por falta de previsão legal. Pode-se falar em um elemento subjetivo específico, caracterizado pelo intuito de frustrar o caráter competitivo da licitação ou prejudicar a seleção da proposta mais vantajosa para a Administração Pública

Na modalidade de conduta *omitir*, a consumação ocorre no momento em que é formalizada a documentação que compõe projeto básico, o projeto executivo ou o anteprojeto, o diálogo competitivo ou o procedimento de manifestação de interesse. Na modalidade *modificar*, a consumação ocorre no instante em que for alterado pelo agente o levantamento cadastral ou a condição de contorno. Já na modalidade *entregar*, a consumação ocorre com a efetiva apresentação do levantamento cadastral ou da condição de contorno em relevante dissonância com a realidade e com o consequente recebimento formal do documento pela Administração.

Não se admite a tentativa na modalidade de conduta *omitir*. Nas demais modalidades de conduta, é possível a tentativa.

A ação penal é publica incondicionada.

Em razão da pena máxima cominada, não se admite a transação, prevista na Lei n. 9.099/95, mas apenas a suspensão condicional do processo.

É cabível o acordo de não persecução penal, uma vez que a pena mínima é inferior a 4 (quatro) anos de reclusão, com as ressalvas do § 2.º, I, II e III, do art. 28-A do CPP.

4.13 Pena de multa

Anteriormente à Lei n. 14.133/2021, a pena de multa cominada não era calculada em dias-multa, como previsto nos arts. 49 e s. do CP, mas sim fixada em índices percentuais sobre o valor da vantagem efetivamente obtida ou potencialmente auferível pelo agente. O produto da arrecadação, por seu turno, não era recolhido ao fundo penitenciário, mas sim à Fazenda Pública federal, distrital, estadual ou municipal.

Pela redação do art. 337-P, acrescentado pela Lei n. 14.133/2021, a pena de multa cominada aos crimes licitatórios segue a mesma metodologia de cálculo prevista no Código Penal, ou seja, a multa deve ser fixada em dias-multa, nos termos dos arts. 49 e seguintes. Em vez de ser a multa revertida ao ente lesado, pela atual sistemática ela deverá ser recolhida ao Fundo Penitenciário.

5   DOS CRIMES CONTRA A ADMINISTRAÇÃO DA JUSTIÇA

5.1   Reingresso de estrangeiro expulso

O crime de reingresso de estrangeiro expulso vem previsto no art. 338 do Código Penal, tendo como objetividade jurídica a tutela da eficácia do ato administrativo de expulsão. A Lei n. 13.445/2017 (Lei da Migração) define a situação jurídica do estrangeiro no Brasil.

Sujeito ativo somente pode ser o estrangeiro, admitindo-se a participação de terceiro. Trata-se, portanto, de crime próprio.

Sujeito passivo é o Estado.

A conduta típica consiste em *reingressar* (voltar, entrar novamente) estrangeiro expulso do território nacional.

Pressuposto da prática desse crime é a anterior expulsão do estrangeiro do território nacional.

Nesse aspecto: "O alienígena expulso que, antes de revogado o ato expulsório, retorna ao país, incide, pela simples verificação do fato, na cominação do art. 338 do CP. Motivo meritório não elide o dolo" (*EJTFR*, 68/25).

Trata-se de crime doloso, exigindo-se também que o estrangeiro tenha conhecimento de sua expulsão.

O delito se consuma no momento em que o estrangeiro, expulso, retorna ao País.

É *crime instantâneo.*

Admite-se a tentativa.

5.2   Denunciação caluniosa

A Lei n. 14.110/2020, alterou o art. 339 do Código Penal, para dar outra redação ao crime de denunciação caluniosa.

Pela lei, o *caput* do art. 339 do Código Penal passa a vigorar com a seguinte redação:

"Art. 339. Dar causa à instauração de inquérito policial, de procedimento investigatório criminal, de processo judicial, de processo administrativo disciplinar, de inquérito civil ou de ação de improbidade administrativa contra alguém, imputando-lhe crime, infração ético-disciplinar ou ato ímprobo de que o sabe inocente: (...)".

O crime de denunciação caluniosa tem como objetividade jurídica a proteção à Administração da Justiça, no que concerne à inutilidade de o Estado ser acionado diante de falsa comunicação de prática delituosa. Tutela o dispositivo, secundariamente, a honra da pessoa atingida.

Sujeito ativo do crime pode ser qualquer pessoa, inclusive o funcionário público. Evidentemente que um Delegado de Polícia ou um Promotor de Justiça, por exemplo, cientes de que uma pessoa é inocente, poderiam incorrer no delito de denunciação caluniosa se acaso instaurasse inquérito policial, o primeiro, ou procedimento investigatório criminal ou processo judicial, o segundo, agindo, no caso, com dolo direto.

Até mesmo o advogado, em situações determinadas, pode ser coautor do crime, como já decidido pelo Tribunal de Justiça de São Paulo: "Denunciação caluniosa — Coautor — Advogado que, em nome do cliente, subscreveu requerimento de instauração de inquérito policial que veio a ser arquivado, eis que provada a falsidade da imputação — Denúncia fundada em elementos colhidos do inquérito, indicando que o paciente, ao subscrever o requerimento, sabia ser falsa a imputação feita à vítima — Justa causa para a ação penal — Ordem denegada" (TJSP — Rel. Carlos Bueno — HC 116.170-3 — São Paulo — 18-11-1991).

Ou, ainda: "Advogado — Denunciação caluniosa — Causídico que por força de mandato oferece representação em face de Promotor de Justiça por crime de tortura em sua modalidade omissiva, dando causa a investigação de natureza policial posteriormente arquivada — Necessidade de fazer prova de que desconhecia completamente a falsidade da imputação e que agiu de acordo com a orientação de seu cliente, sob pena de ser responsabilizado em coautoria pelo crime" (TJSP — RT, 776/583).

Sujeito passivo é o Estado e, secundariamente, a pessoa atingida em sua honra pela denunciação caluniosa.

A conduta típica consiste em dar causa (originar, motivar) à instauração de inquérito policial, de procedimento investigatório criminal, de processo judicial, de processo administrativo disciplinar, de inquérito civil ou de ação de improbidade administrativa contra alguém, imputando-lhe crime, infração ético-disciplinar ou ato ímprobo de que o sabe inocente.

A redação atual do dispositivo é mais técnica e veio a corrigir algumas imprecisões e lacunas constantes da redação anterior à Lei n. 14.110/2020.

Vale lembrar que a redação originária datava de 1940, tendo sido modificada no ano 2000, por força da Lei n. 10.028, que, além de instauração de investigação policial e processo judicial, que já constavam como elementos objetivos do tipo, incluiu também "instauração de investigação administrativa, inquérito civil ou ação de improbidade administrativa".

A redação dada pela Lei n. 14.110/2020 substituiu a "instauração de investigação policial" por "instauração de inquérito policial" e de "procedimento investigatório criminal", este último a cargo do Ministério Público, conforme disciplina a Resolução n. 181, de 7 de agosto de 2017, do Conselho Nacional do Ministério Público — CNMP.

A redação atual substituiu também "investigação administrativa" por "processo administrativo disciplinar", terminologia mais técnica, mantendo "inquérito civil" e "ação de improbidade administrativa".

A indevida imputação, ademais, deve ser de crime, de infração ético-disciplinar ou de ato ímprobo, esses dois últimos incluídos pela Lei n. 14.110/2020.

Trata-se de crime doloso, sendo necessário que o agente tenha consciência de que o sujeito passivo é inocente. O tipo penal requer o dolo direto. Não concordamos com a possibilidade de dolo eventual, ainda que, evidentemente, a ciência da inocência do imputado esteja na consciência do agente e não na vontade de praticar a conduta. O único exemplo, geralmente apresentado pelos defensores da possibilidade de dolo eventual, dá conta de um agente que, sem diretamente dar causa à desnecessária movimentação da máquina estatal, propaga a terceiros que determinada pessoa praticou um delito, sabendo-a inocente, fato esse que vem, por vias transversas, a chegar ao conhecimento da autoridade policial, que instaurar inquérito policial. Ora, além de fantasioso e bastante improvável, o exemplo não retrata devidamente a ocorrência do dolo eventual, para cuja existência o agente deve prever o resultado e nada fazer para evitá-lo, agindo com total indiferença em relação a ele e assumindo o risco de sua ocorrência.

Acerca do dolo na denunciação caluniosa: "O tipo penal descrito no art. 339 do Código Penal — 'Dar causa à instauração de inquérito policial, de procedimento investigatório criminal, de processo judicial, de processo administrativo disciplinar, de inquérito civil ou de ação de improbidade administrativa contra alguém, imputando-lhe crime, infração ético-disciplinar ou ato ímprobo de que o sabe inocente' — exige que haja por parte do agente a certeza da inocência da pessoa a quem se atribui a prática criminosa. Em outras palavras, deve o agente atuar contra a própria convicção, intencionalmente e com conhecimento de causa, sabendo que o denunciado é inocente" (STJ — RHC 107.533/CE — Rel. Min. Antonio Saldanha Palheiro — Sexta Turma — *DJe* 10-3-2021).

Outrossim, não caracteriza o crime de denunciação caluniosa a conduta do agente que, simplesmente apresentando à polícia dados que possui, solicita investigação a respeito de alguém suspeito.

O crime se consuma com a efetiva instauração do inquérito policial (e não mais apenas com diligências investigativas preliminares) ou do procedimento investigatório criminal, com o início do processo judicial ou do processo administrativo disciplinar, e, ainda, com a instauração do inquérito civil (arts. 25, IV, da Lei n. 8.625/93 e 8.º, § 1.º, da Lei n. 7.347/85) ou com a propositura da ação de improbidade administrativa (art. 17 da Lei n. 8.429/92).

Embora a lei não condicione a instauração da ação penal pela prática do crime de denunciação caluniosa ao arquivamento do inquérito policial aberto a pedido do agente, ou à absolvição da vítima no processo eventualmente intentado, tal providência pode auxiliar a reforçar o caráter de falsidade à imputação e a inocência da vítima.

Assim: "Não é pressuposto da instauração da ação penal o arquivamento de inquérito policial aberto a pedido do indigitado autor do crime de denunciação caluniosa para só então valer aquele como peça de informação à 'persecutio criminis' do Estado, através do Ministério Público" (STF — RT, 568/373).

A tentativa é admitida, uma vez que fracionável o *iter criminis*.

Vale ressaltar que, muito embora parcela da doutrina pátria, com apoio em algumas decisões dos Tribunais, sustente que o crime de denunciação caluniosa absorve o crime de calúnia, a verdade é que se trata de figuras absolutamente distintas, não ocorrendo, a nosso ver, a consunção. Na denunciação caluniosa, protege-se a Administração da Justiça, punindo aquele que aciona os mecanismos estatais de investigação e repressão desnecessariamente. Na calúnia, o bem jurídico tutelado é a honra, no particular aspecto da reputação do sujeito passivo (honra objetiva). Na denunciação caluniosa, o agente provoca a instauração de inquérito policial, de procedimento de investigação criminal etc., contra a vítima, enquanto na calúnia basta a simples imputação falsa de fato definido como crime. E, por fim, a denunciação caluniosa é crime de ação penal pública incondicionada, enquanto a calúnia, em regra, é crime de ação penal privada.

5.2.1 Denunciação caluniosa circunstanciada

O § 1.º do art. 339 do Código Penal prevê a denunciação caluniosa circunstanciada, que ocorre quando o sujeito ativo se utiliza do anonimato ou de nome falso.

Nesse caso, a pena é aumentada de sexta parte.

5.2.2 Denunciação caluniosa privilegiada

A denunciação caluniosa privilegiada vem prevista no § 2.º do art. 339 do Código Penal e ocorre quando a imputação falsa diz respeito a fato contravencional.

Nesse caso, a pena é diminuída de metade.

5.2.3 Denunciação caluniosa com finalidade eleitoral

A Lei n. 13.834/2019 acrescentou o art. 326-A ao Código Eleitoral (Lei n. 4.737/65), tipificando o crime de denunciação caluniosa com finalidade eleitoral.

"Art. 326-A. Dar causa à instauração de investigação policial, de processo judicial, de investigação administrativa, de inquérito civil ou ação de improbidade administrativa, atribuindo a alguém a prática de crime ou ato infracional de que o sabe inocente, com finalidade eleitoral:

Pena — reclusão, de 2 (dois) a 8 (oito) anos, e multa.

§ 1.º A pena é aumentada de sexta parte, se o agente se serve do anonimato ou de nome suposto.

§ 2.º A pena é diminuída de metade, se a imputação é de prática de contravenção.

§ 3.º Incorrerá nas mesmas penas deste artigo quem, comprovadamente ciente da inocência do denunciado e com finalidade eleitoral, divulga ou propala, por qualquer meio ou forma, o ato ou fato que lhe foi falsamente atribuído".

5.3 Comunicação falsa de crime ou contravenção

O crime de comunicação falsa de crime ou contravenção vem previsto no art. 340 do Código Penal e tem como objetividade jurídica a proteção à administração da Justiça.

Sujeito ativo pode ser qualquer pessoa.

Sujeito passivo é o Estado.

A conduta típica vem expressa pelo verbo *provocar*, que significa ocasionar, impulsionar, dar causa.

A provocação deve ter por objeto a *ação de autoridade,* que pode ser a *autoridade policial,* a *autoridade judiciária,* o *Ministério Público* ou qualquer *autoridade administrativa* que tenha condições de provocar a ação daquelas, inclusive a Polícia Militar.

A comunicação deve ser *falsa* e a infração penal *inexistente.* A *comunicação falsa* pode ser feita por meio escrito, verbal, com nome falso ou anônimo.

Trata-se de crime doloso, exigindo-se ainda que o agente tenha a consciência de que o crime ou contravenção não se verificou.

O crime se consuma quando a autoridade pública age ainda que apenas iniciando diligências.

Não é necessário que seja instaurado inquérito policial.

Admite-se a tentativa.

5.4   Autoacusação falsa

A autoacusação falsa é crime que vem previsto no art. 341 do Código Penal e tem como objetividade jurídica a proteção à administração da Justiça, no que concerne à atividade normal da máquina judiciária.

Sujeito ativo pode ser qualquer pessoa. É um *crime comum.*

Sujeito passivo é o Estado.

A conduta típica consiste em *acusar-se,* que significa atribuir-se, imputar-se, de um crime que não cometeu ou de crime inexistente.

No caso de crime praticado por outrem, o tipo penal pressupõe a existência de um crime antecedente, no qual o sujeito ativo não pode ter agido como coautor ou partícipe.

A autoacusação falsa (que pode ser feita por qualquer forma) deve ocorrer *perante a autoridade,* que pode ser a *autoridade policial,* a *autoridade judiciária,* o *Ministério Público* ou qualquer *autoridade administrativa* que tenha condições de provocar a ação daquelas.

Se a autoridade não for competente para tomar providências no caso, inexiste o crime.

Trata-se de crime doloso, exigindo-se que o agente tenha consciência de que o crime inexistiu ou foi praticado por outrem.

O crime se consuma no momento em que a autoridade toma ciência da autoacusação.

É um *crime formal* ou de consumação antecipada, não importando se a autoridade cometeu algum ato de ofício.

Admite-se a tentativa.

5.5   Falso testemunho ou falsa perícia

O crime de falso testemunho ou falsa perícia vem previsto no art. 342 do Código Penal e tem como objetividade jurídica a proteção à administração da Justiça no que tange à veracidade da prova testemunhal e pericial.

A Lei n. 10.268/2001 deu outra redação ao *caput* e aos §§ 1.º e 2.º desse artigo. A Lei n. 12.850/2013 fixou a pena em reclusão, de 2 (dois) a 4 (quatro) anos, e multa.

Trata-se de *crime próprio*, só podendo ter como sujeitos ativos as pessoas indicadas expressamente no tipo: *testemunha, perito, contador, tradutor* ou *intérprete*.

Não são consideradas testemunhas o autor e coautor ou partícipe do crime, assim como a parte no processo e a vítima.

A vítima não pode ser sujeito ativo do crime de falso testemunho, não estando obrigada a falar a verdade.

No processo penal, as testemunhas mencionadas no art. 206 não estão obrigadas a dizer a verdade, não sendo elas compromissadas.

Sujeito passivo é o Estado e, secundariamente, a pessoa que vem a ser prejudicada pela falsidade.

A conduta típica vem expressa em três modalidades:

a) *fazer afirmação falsa*, que ocorre quando o sujeito ativo afirma uma inverdade;

b) *negar a verdade*, que ocorre quando o sujeito ativo nega um fato real;

c) *calar a verdade*, que ocorre quando o sujeito ativo omite aquilo que sabe ou se recusa a responder.

Essas modalidades de conduta devem ser praticadas necessariamente em:

a) processo judicial;

b) processo administrativo;

c) inquérito policial;

d) juízo arbitral.

Divergem os entendimentos jurisprudenciais acerca da possibilidade de se configurar o delito quando a testemunha não é compromissada.

No Superior Tribunal de Justiça: "Assente nesta eg. Corte Superior que 'Para a caracterização do crime de falso testemunho não é necessário o compromisso. Precedentes' (HC n. 92.836/SP, Sexta Turma, Rel. Min. Maria Thereza de Assis Moura, *DJe* de 17-5-2010)" (AgRg no HC 660.380/SP — Rel. Min. Felix Fischer — Quinta Turma — *DJe* 31-5-2021).

Trata-se de crime doloso.

O falso testemunho é *crime de mão própria*, não admitindo, portanto, a coautoria. A participação, entretanto, é perfeitamente possível, por meio da instigação ou induzimento.

Se houver a entrega, oferecimento ou promessa de dinheiro ou qualquer outra vantagem ao sujeito ativo, estará configurado o crime do art. 343 do Código Penal.

O advogado, em tese, pode ser partícipe do crime de falso testemunho, quando induz, estimula, sugira ou recomende que a testemunha minta em juízo.

Nesse sentido: "O advogado que orienta testemunhas a falsearem a verdade é co-autor do crime de falso testemunho, pois, sem a orientação do causídico, as testemunhas não iriam mentir em Juízo; desse modo, não há falar em falta de justa causa para a instauração da ação penal" (STJ — *RT*, 742/558).

A consumação se dá com o término do depoimento.

Tecnicamente, o fato se consuma no momento em que o sujeito ativo mente, porém ele pode modificar o relato até o *encerramento do depoimento*.

No Superior Tribunal de Justiça: "O entendimento consolidado nesta eg. Corte Superior é no sentido de que delito de falso testemunho consiste em crime formal, cuja consumação ocorre no momento da afirmação falsa a respeito de fato juridicamente relevante (AgRg no AREsp n. 603.029/SP, Quinta Turma, Rel. Min. Jorge Mussi, *DJe* de 29-5-2017)" (AgRg no HC 660.380/SP — Rel. Min. Felix Fischer — Quinta Turma — *DJe* 31-5-2021).

Na modalidade falsa perícia, o crime se consuma com a entrega do laudo pericial à autoridade.

A tentativa é admissível.

5.5.1 Causa de aumento de pena

O § 1.º do art. 342 do Código Penal prevê causa de aumento de pena de um sexto a um terço se o crime é praticado:

a) mediante suborno (corrupção da testemunha, perito, contador, tradutor ou intérprete);

b) com o fim de obter prova destinada a produzir efeito em processo penal;

c) com o fim de obter prova destinada a produzir efeito em processo civil em que for parte entidade da Administração Pública direta ou indireta.

5.5.2 Retratação

O § 2.º do art. 342 refere-se à *extinção da punibilidade*, que ocorre quando o agente se retrata ou declara a verdade antes da sentença. Para que se extinga a punibilidade é necessário que a retratação se efetive *no processo em que ocorreu o ilícito*.

5.6 Corrupção ativa de testemunha, perito, contador, tradutor ou intérprete

Esse crime vem previsto no art. 343 do Código Penal (com redação dada pela Lei n. 10.268/2001) e tem como objetividade jurídica a administração da Justiça, no que tange à regularidade da prova testemunhal e pericial.

Sujeito ativo pode ser qualquer pessoa.

A testemunha, perito, contador, tradutor ou intérprete subornados não praticarão esse crime, mas o do art. 342 do Código Penal.

Sujeito passivo é o Estado e, secundariamente, de forma mediata, a pessoa eventualmente lesada.

A conduta típica consiste em *dar* (ceder, entregar), *oferecer* (apresentar, colocar à disposição) ou *prometer* (fazer promessa, obrigar-se).

A dação, oferecimento ou promessa deve envolver *dinheiro* ou *qualquer outra vantagem* (material ou moral).

A conduta pode ser desenvolvida por escrito, verbalmente, por gestos etc. e deve dirigir-se às pessoas enquanto permanecerem nas condições de testemunhas, perito, contador, tradutor ou intérprete.

Trata-se de crime doloso.

A consumação ocorre no momento em que o sujeito dá, oferece ou promete o objeto material independentemente da aceitação e/ou do resultado obtido. É um *crime formal*.

Admite-se a tentativa apenas na forma escrita.

5.6.1 Causa de aumento de pena

O parágrafo único do art. 343 (também com redação dada pela Lei n. 10.268/2001) prevê causa de aumento de pena de um sexto a um terço se o crime é cometido:

a) com o fim de obter prova destinada a produzir efeito em processo penal;

b) com o fim de obter prova destinada a produzir efeito em processo civil em que for parte entidade da Administração Pública direta ou indireta.

5.7 Coação no curso do processo

O crime de coação no curso do processo vem previsto no art. 344 do Código Penal e tem como objetividade jurídica a proteção à administração da Justiça, no que se refere ao normal desenvolvimento da atividade jurisdicional.

Sujeito ativo pode ser qualquer pessoa.

Sujeito passivo é o Estado e, secundariamente, a pessoa sobre quem recai a conduta.

A conduta típica vem expressa pelo verbo *usar* (utilizar, empregar), referindo-se a *violência física* e *grave ameaça.*

A conduta deve ser realizada contra autoridade, parte ou qualquer outra pessoa que participe do processo judicial, policial, administrativo, ou do *juízo arbitral.*

Sendo empregada violência física, o agente responderá por dois crimes, em concurso material.

O crime de ameaça é absorvido pelo crime de coação no curso do processo.

Trata-se de crime doloso, exigindo-se que a finalidade do agente seja a satisfação de *interesse próprio ou alheio.*

O crime se consuma com o efetivo emprego da violência física ou grave ameaça. É um *crime formal*, não exigindo para sua consumação que o agente consiga obter o favorecimento próprio ou de terceiro.

A tentativa é admissível.

5.7.1 Causa de aumento de pena

De acordo com o disposto no parágrafo único, a pena aumenta-se de 1/3 (um terço) até a metade se o processo envolver crime contra a dignidade sexual.

Esse parágrafo único foi acrescentado pela Lei n. 14.245, chamada "Lei Mariana Ferrer", sancionada pelo Presidente da República e publicada no DOU em 23-11-2021, alterando dispositivos do Código Penal, do Código de Processo Penal e da Lei n. 9.099/95 (Lei dos Juizados Especiais Cíveis e Criminais), para coibir a prática de atos atentatórios à dignidade da vítima e de testemunhas e para estabelecer causa de aumento de pena no crime de coação no curso do processo.

O "caso Mariana Ferrer" ganhou repercussão na imprensa e nas redes sociais após a modelo e blogueira relatar, em suas redes sociais, ter sido vítima de agressões sexuais e estupro praticado por um empresário, o qual, após ser processado pelo crime, veio a ser absolvido por falta de provas, sendo a sentença confirmada pelo Tribunal de Justiça de Santa Catarina.

5.8   Exercício arbitrário das próprias razões

É crime previsto no art. 345 do Código Penal e tem como objetividade jurídica a tutela da Administração da Justiça, inibindo quem pretenda fazer justiça com as próprias mãos.

Sujeito ativo pode ser qualquer pessoa.

Sujeito passivo é o Estado e, secundariamente, a pessoa lesada.

A conduta típica se apresenta pela expressão *fazer justiça pelas próprias mãos*, que equivale a exercer arbitrariamente as próprias razões, sem buscar a via judicial adequada à satisfação de sua pretensão.

Nesse caso, o agente, em vez de buscar a *tutela jurisdicional*, emprega a *autotutela*, fazendo, por si só, aquilo que entende por justiça.

"Inquérito policial — Justa causa — Exercício arbitrário das próprias razões — Crime caracterizado em tese — Adquirente de imóvel arrematado em execução hipotecária que, aproveitando a ausência do ocupante, muda o cilindro da fechadura, para imitir-se na posse — Ilegalidade — Posse direta do ocupante decorrente de contrato de comodato celebrado com a Caixa Econômica Federal — Impossibilidade, portanto, de o possuidor indireto valer-se contra aquele dos interditos e muito menos da chamada legítima defesa da posse — Trancamento inadmissível — Recurso de 'habeas corpus' improvido — Inteligência do art. 502, do CC" (TACrimSP — *RT*, 693/370).

O agente deve agir para satisfazer *pretensão legítima* ou *pretensão ilegítima*, desde que, neste último caso, a suponha legítima.

A pretensão pode ser do agente ou de terceiro.

Se a lei permitir a satisfação da pretensão *pelas próprias mãos* do agente, inexistirá o crime.

Essas hipóteses devem vir expressamente previstas em lei, como é o caso do desforço imediato, no esbulho possessório (art. 1.210 e § 1.º do CC), ou do direito de retenção por benfeitorias (art. 1.219 do CC).

Trata-se de crime doloso.

A consumação ocorre no momento em que o agente realiza a conduta que visa satisfazer a pretensão.

Trata-se de *crime formal*, não necessitando que a pretensão se satisfaça, bastando apenas o emprego de meios executórios.

Admite-se a tentativa.

A ação penal, em regra, é privada, podendo ser pública quando houver emprego de violência.

Essa violência, entretanto, segundo entendimento majoritário da jurisprudência, há de ser *contra a pessoa*. Se houver violência contra a coisa, a ação penal permanecerá de iniciativa privada.

5.9 Subtração, supressão, destruição ou dano de coisa própria em poder de terceiro

Crime previsto no art. 346 do Código Penal, a subtração, supressão, destruição ou dano de coisa própria em poder de terceiro tem como objetividade jurídica a tutela da administração da Justiça, no que se refere ao prestígio da determinação judicial e dos acordos de vontade.

É *crime próprio*, somente podendo ser sujeito ativo o proprietário do objeto material, ressalvada a hipótese de concurso de agentes.

Sujeito passivo é o Estado e, secundariamente, a pessoa prejudicada pelo desrespeito à determinação judicial ou convenção.

A conduta típica vem expressa pelos verbos:

a) *tirar*, que significa subtrair;

b) *suprimir*, que significa fazer desaparecer, extinguir;

c) *destruir*, que significa eliminar, inutilizar; e

d) *danificar*, que significa estragar, destruir parcialmente.

O *objeto material* do delito é *coisa própria* (pertencente ao sujeito ativo), *que se acha em poder de terceiro* (sujeito passivo secundário), *por determinação judicial* (ordem ou decisão judicial) *ou convenção* (contrato).

Trata-se de crime doloso.

A consumação ocorre no momento em que o agente tira, suprime, destrói ou danifica o objeto material.

A tentativa é admissível.

5.10 Fraude processual

O crime de fraude processual vem previsto no art. 347 do Código Penal, tendo como objetividade jurídica a tutela da administração da Justiça, evitando-se a fraude.

Sujeito ativo pode ser qualquer pessoa. Sujeito passivo é o Estado.

A conduta típica vem caracterizada pela expressão *inovar artificiosamente*, que significa modificar, adulterar, com o emprego de artifício.

Logo, o agente modifica ou adultera o *estado de lugar*, o *estado de pessoa* ou o *estado de coisa*.

É imprescindível que haja processo judicial civil ou administrativo em andamento para que se configure o delito.

Trata-se de crime doloso, exigindo-se também como elemento subjetivo a finalidade de induzir em erro o juiz ou o perito.

O crime se consuma com a efetiva inovação, não sendo necessário que o juiz ou o perito se enganem.

É *crime formal*, não se exigindo que o agente obtenha ou produza o fim ou o resultado pretendido.

Admite-se a tentativa.

5.10.1 Fraude em processo penal

O parágrafo único do art. 347 do Código Penal prevê a aplicação da pena em dobro quando a inovação se destina a produzir efeito em processo penal, ainda que não iniciado.

Trata-se da *fraude em processo penal.*

5.10.2 Fraude processual na Lei de Abuso de Autoridade

A Lei n. 13.869/2019 tipificou o crime de fraude processual praticado por qualquer agente público, servidor ou não, da administração direta, indireta ou fundacional de qualquer dos Poderes da União, dos Estados, do Distrito Federal, dos Municípios e de Território.

Nesse sentido, dispõe o art. 23 da referida lei:

"Art. 23. Inovar artificiosamente, no curso de diligência, de investigação ou de processo, o estado de lugar, de coisa ou de pessoa, com o fim de eximir-se de responsabilidade ou de responsabilizar criminalmente alguém ou agravar-lhe a responsabilidade:

Pena — detenção, de 1 (um) a 4 (quatro) anos, e multa.

Parágrafo único. Incorre na mesma pena quem pratica a conduta com o intuito de:

I — eximir-se de responsabilidade civil ou administrativa por excesso praticado no curso de diligência;

II — omitir dados ou informações ou divulgar dados ou informações incompletos para desviar o curso da investigação, da diligência ou do processo".

5.11 Favorecimento pessoal

O crime de favorecimento pessoal vem previsto no art. 348 do Código Penal e tem como objetividade jurídica a tutela da administração da Justiça, no que concerne à regularidade de seu desenvolvimento.

Sujeito ativo pode ser qualquer pessoa, salvo o coautor e o partícipe do crime anterior.

O advogado pode ser autor do crime, quando preste efetivo auxílio ao criminoso a subtrair-se à ação de autoridade pública.

Sujeito passivo é o Estado.

A conduta típica vem caracterizada pela expressão *auxiliar a subtrair-se*, que significa ajudar a furtar-se, a escapar, a ocultar-se.

O auxílio deve prestar-se a favorecer o *autor de crime* (não inclui contravenção penal), ao qual é cominada pena de *reclusão*, a subtrair-se à ação da *autoridade pública* (judicial, policial ou administrativa).

O auxílio admite qualquer forma de realização e deve ser prestado após a consumação do delito anterior.

Não se admite favorecimento pessoal por omissão.

Trata-se de crime doloso.

A consumação ocorre no momento em que o beneficiado, em razão do auxílio do sujeito ativo, consegue subtrair-se, mesmo que por pouco tempo, da ação da autoridade pública.

Admite-se a tentativa.

5.11.1 Favorecimento pessoal privilegiado

O favorecimento pessoal privilegiado é aquele que ocorre em relação ao autor de crime a que não é cominada pena de reclusão (detenção e/ou multa), de acordo com o disposto no § I.° do art. 348 do Código Penal.

5.11.2 Escusa absolutória

No § 2.° do art. 348 do Código Penal está prevista a *isenção de pena* se o auxílio é prestado por *ascendente, descendente, cônjuge* ou *irmão* do criminoso.

Trata-se de *escusa absolutória*, ou seja, de causa pessoal de isenção de pena.

5.12 Favorecimento real

O crime de favorecimento real vem previsto no art. 349 do Código Penal e tem como objetividade jurídica a proteção à administração da Justiça, no que se refere à regularidade de seu desenvolvimento.

Sujeito ativo pode ser qualquer pessoa, desde que não tenha participado do delito anterior.

Sujeito passivo é o Estado.

A conduta típica vem expressa pelo verbo *prestar*, que significa conceder, dedicar, render.

O objeto da prestação deve ser *auxílio* (ajuda, socorro) *destinado a tornar seguro o proveito do crime*.

Pode ser utilizada qualquer forma de execução: direta, indireta, material ou moral.

Esse tipo penal pressupõe a prática de um *crime* (não inclui contravenção penal) *anterior* e somente ocorre *fora dos casos de coautoria ou de receptação*.

Trata-se de crime doloso, que requer para sua configuração a finalidade do agente de tornar seguro o proveito do crime.

O crime se consuma com a prestação do auxílio, independentemente de êxito em tornar seguro o proveito do autor do crime.

Admite-se a tentativa.

Não se confunde a figura da receptação dolosa com a de favorecimento real.

Na receptação dolosa, o agente visa um proveito econômico próprio ou de terceiro, enquanto no favorecimento real ele visa assegurar o proveito do autor do crime, ou seja, beneficiar o criminoso.

5.13 Ingresso de aparelho de comunicação em estabelecimento prisional

O crime de ingresso de aparelho de comunicação em estabelecimento prisional, também chamado de favorecimento real impróprio, vem previsto no art. 349-A do Código Penal, tendo sido introduzido pela Lei n. 12.012/2009.

Tem como objetividade jurídica a tutela da administração da justiça, no que concerne à regularidade do funcionamento e manutenção do sistema prisional.

Sujeito ativo pode ser qualquer pessoa. Até mesmo preso pode ser sujeito ativo desse crime, praticando as condutas de ingressar (por exemplo, quando retorna ao sistema prisional após gozo de saída temporária), promover (através de terceiros, por exemplo), intermediar ou auxiliar.

Sujeito passivo é o Estado.

A conduta típica vem caracterizada pelos verbos *ingressar* (entrar, adentrar), *promover* (realizar, levar a efeito), *intermediar* (mediar), *auxiliar* (ajudar, prestar auxílio) e *facilitar* (tornar fácil, desimpedir).

Deve ser ressaltado o elemento normativo do tipo (*sem autorização*), caracterizado pela ausência de autorização, por quem de direito, para o ingresso do objeto material no estabelecimento prisional.

O objeto material do crime é aparelho telefônico de comunicação móvel, de rádio ou similar. Abrange os telefones celulares em geral e os radiocomunicadores.

Elemento subjetivo é o dolo.

A consumação ocorre com a efetiva entrada do aparelho telefônico móvel, de rádio ou similar, no estabelecimento prisional.

Admite-se a tentativa.

Vale lembrar que o crime de omissão no dever de vedar acesso a aparelho telefônico, de rádio ou similar, previsto no art. 319-A do Código Penal, introduzido pela Lei n. 11.446/2007, tem como sujeito ativo somente o Diretor de Penitenciária ou o agente público que tenha o dever de vedar ao preso o acesso a aparelho telefônico, de rádio ou similar, sendo a conduta representada pelo verbo *deixar*, que significa omitir-se na realização de ato que deveria praticar, indicando omissão própria. O dever de agir incumbe ao Diretor da Penitenciária e/ou ao agente público. Dentre os deveres do Diretor da Penitenciária e do agente público responsável pela custódia do preso está o de vedar-lhe o acesso a aparelho telefônico, de rádio ou similar, que permita a comunicação com outros presos ou com o ambiente externo.

Merece ser destacado, ainda, que a Lei n. 11.446/2007 acrescentou ao rol de faltas graves, que podem ser cometidas pelo preso (art. 50 da Lei n. 7.210/84), a posse, a utilização ou o fornecimento de aparelho telefônico, de rádio ou similar, que permita a comunicação com outros presos ou com o ambiente externo.

5.14 Exercício arbitrário ou abuso de poder

O crime de exercício arbitrário ou abuso de poder foi expressamente revogado pelo art. 44 da Lei n. 13.869/2019 (Lei de Abuso de Autoridade).

5.15 Fuga de pessoa presa ou submetida a medida de segurança

O art. 351 do Código Penal prevê o crime de fuga de pessoa presa ou submetida a medida de segurança, que tem como objetividade jurídica a tutela da administração da Justiça.

Sujeito ativo pode ser qualquer pessoa, com exceção do preso ou internado favorecido. É possível, entretanto, que outro detento incida no tipo penal.

Sujeito passivo é o Estado.

A conduta incriminada vem expressa pelos verbos *promover*, que significa realizar, executar, e *facilitar*, que significa tornar fácil, oferecer meios para que a fuga se realize.

A pessoa, cuja fuga vier a ser promovida ou facilitada, deve estar *legalmente presa ou submetida a medida de segurança detentiva*.

Trata-se de crime doloso.

A consumação ocorre no momento da fuga, não importando se a liberdade do detento ou interno dure pouco tempo.

Admite-se a tentativa.

5.15.1 Figuras típicas qualificadas

O § 1.º do art. 351 do Código Penal prevê a incidência de três qualificadoras:

a) *emprego de arma* (própria ou imprópria);

b) *concurso de agentes* (mais de uma pessoa);

c) *mediante arrombamento* (violência contra coisa que constitui obstáculo à fuga).

O § 3.º do art. 351 do Código Penal prevê outra forma qualificada, que ocorre *se o crime é praticado por pessoa sob cuja custódia ou guarda está o preso ou internado*.

Essa modalidade de crime é própria, pois somente pode ser praticada por quem tem o dever funcional de exercer a custódia ou guarda do preso ou internado, tal como ocorre com o carcereiro, com o agente penitenciário etc.

5.15.2 Concurso material

Se houver, na promoção ou facilitação da fuga, o emprego de violência *contra a pessoa* (violência física), nos termos do § 2.°, será aplicada a pena desta cumulativamente com a pena do *caput* do art. 351 do Código Penal.

5.15.3 Promoção ou facilitação culposa

O § 4.° do art. 351 do Código Penal prevê a promoção ou facilitação culposa, modalidade de crime que ocorre quando o funcionário incumbido da custódia ou guarda do preso ou internado age com culpa.

Nesse caso, a culpa deve caracterizar-se pela inobservância do cuidado objetivo necessário, mediante imprudência, negligência ou imperícia do funcionário na guarda ou custódia do preso ou internado.

A fuga pode ter sido promovida ou facilitada pelo próprio preso ou internado.

O crime se consuma somente com a efetiva ocorrência da fuga.

5.16 Evasão mediante violência contra a pessoa

O crime de evasão mediante violência contra a pessoa vem previsto no art. 352 do Código Penal e tem como objetividade jurídica a tutela da administração da Justiça.

Sujeito ativo somente pode ser o preso ou o indivíduo submetido a medida de segurança detentiva. É crime próprio.

Sujeito passivo é o Estado e, secundariamente, a pessoa que sofrer a violência.

A conduta típica vem caracterizada pelo fato de *evadir-se* (fugir, escapar) ou *tentar evadir-se* (tentar fugir).

Cuida-se de *crime de atentado*, ou *de empreendimento*, no qual a consumação é equiparada à tentativa, recebendo, ambas, a mesma pena.

A *evasão* ou tentativa dela deve ser praticada pelo preso ou pelo indivíduo submetido a *medida de segurança detentiva*.

A ação deve necessariamente ocorrer *mediante violência contra a pessoa*, ou seja, violência real, o que exclui o emprego de violência contra a coisa e a grave ameaça tendente à fuga.

A respeito da fuga: "A fuga, ao contrário do que costumeiramente se diz, não é um 'direito', e muito menos o 'exercício regular de um direito'; é simplesmente a fuga, sem violência, um fato penalmente atípico, porque o tipo é a evasão com violência à pessoa. De tal modo que o simples fato de não ser típica a fuga, obviamente, não elide a criminalidade de qualquer crime cometido com vistas à evasão" (STF — *RTJE*, 80/246).

Trata-se de crime doloso.

A consumação ocorre com o efetivo emprego da violência física contra a pessoa. É um *crime formal*, não importando se o agente consegue ou não atingir a liberdade.

Não há tentativa, visto que esta é equiparada ao crime consumado.

5.17 Arrebatamento de preso

O crime de arrebatamento de preso vem previsto no art. 353 do Código Penal e tem como objetividade jurídica a proteção à administração da Justiça.

Sujeito ativo pode ser qualquer pessoa.

Sujeito passivo é o Estado e, secundariamente, o preso arrebatado.

A conduta típica vem expressa pelo verbo *arrebatar*, que significa tirar com violência ou força, arrancar.

O objeto material é o *preso*.

O arrebatamento do preso deve dar-se com o *fim de maltratá-lo*, ou seja, seviciá-lo, impondo-lhe maus-tratos.

Trata-se de crime doloso, exigindo-se do agente a finalidade específica de impor maus-tratos ao preso.

O crime se consuma com o efetivo arrebatamento, não sendo necessário que atinja o objetivo de maus-tratos. É *crime formal*.

Admite-se a tentativa.

5.18 Motim de presos

O motim de presos é crime previsto no art. 354 do Código Penal, tendo como objetividade jurídica a proteção à administração da Justiça, no que tange à ordem e disciplina prisional.

Sujeitos ativos somente podem ser os presos. Trata-se de um *crime próprio coletivo*.

O Código Penal não determina o número de presos necessário para a configuração do tipo.

Sujeito passivo é o Estado e, secundariamente, as pessoas que venham a ser vítimas da violência.

A conduta típica vem expressa pelo verbo *amotinar(-se)*, que significa levantar(-se) em motim, revoltar(-se), rebelar(-se), sublevar(-se).

Motim significa revolta, manifestação contra a autoridade estabelecida, envolvendo número indeterminado de pessoas com uma finalidade comum.

Administrativamente, segundo dispõe o art. 50, I, da Lei n. 7.210/84 (Lei de Execução Penal), "comete falta grave o condenado à pena privativa de liberdade que: I — incitar ou participar de movimento para subverter a ordem ou a disciplina".

Trata-se de crime doloso.

A consumação ocorre com a perturbação da ordem e da disciplina, não importando qual o motivo que origina o motim.

Admite-se a tentativa.

Ocorrendo dano ao bem público, a pena desse delito será aplicada cumulativamente, em razão do concurso material, com a pena do crime de motim de presos. O mesmo se diga com relação à pena correspondente à violência contra a pessoa.

5.19 Patrocínio infiel

O patrocínio infiel é crime previsto no art. 355 do Código Penal, tendo como objetividade jurídica a proteção à administração da Justiça.

Por ser *crime próprio*, sujeito ativo é somente o *advogado* ou *procurador judicial*.

Sujeito passivo é o Estado e, secundariamente, a pessoa prejudicada.

A conduta típica vem expressa pelo verbo *trair*, que significa atraiçoar, enganar por traição, ser infiel, abandonar.

A conduta pode ser comissiva ou omissiva.

O prejuízo a que se refere o dispositivo legal (*prejudicando interesse*) pode ser material ou moral, porém deve ser legítimo, deduzido em juízo.

Assim: "Pratica, em tese, o crime de patrocínio infiel o advogado que, sem expressa autorização do cliente, realiza transação nos autos judiciais por aquele considerada altamente danosa" (STF — *RT*, 521/500).

A apuração desse crime independe de prévia análise disciplinar do fato pela Ordem dos Advogados do Brasil. Nesse sentido, estabelece o art. 71 do Estatuto da Advocacia e a Ordem dos Advogados do Brasil (Lei n. 8.906/94):

"Art. 71. A jurisdição disciplinar não exclui a comum e, quando o fato constituir crime ou contravenção, deve ser comunicado às autoridades competentes".

No Estatuto da Advocacia e a Ordem dos Advogados do Brasil, constituem infrações disciplinares, previstas no art. 34, VIII e XIX, respectivamente, "estabelecer entendimentos com a parte adversa sem autorização do cliente ou ciência do advogado contrário" e "receber valores, da parte contrária ou de terceiro, relacionados com o objeto do mandato, sem expressa autorização do constituinte".

Trata-se de crime doloso.

A consumação ocorre com a produção do efetivo prejuízo.

Admite-se a tentativa.

5.19.1 Patrocínio simultâneo ou tergiversação

O crime de patrocínio simultâneo ou tergiversação vem previsto no parágrafo único do art. 355 do Código Penal, tendo como objetividade jurídica a tutela da administração da Justiça.

Sujeito ativo somente pode ser o *advogado* ou *procurador judicial*. É crime próprio.

O sujeito passivo é o Estado e, secundariamente, a pessoa que sofre o dano.

O tipo penal prevê duas condutas típicas:

a) *Defender simultaneamente*, onde o advogado ou procurador judicial defende, na mesma causa, ao mesmo tempo, os interesses das partes contrárias. Trata-se de *patrocínio simultâneo*.

O Código de Ética e Disciplina da Ordem dos Advogados do Brasil, no Capítulo II ("Das relações com o cliente"), dispõe sobre as sociedades profissionais:

"Art. 17. Os advogados integrantes da mesma sociedade profissional, ou reunidos em caráter permanente para cooperação recíproca, não podem representar em juízo clientes com interesses opostos.

Art. 18. Sobrevindo conflitos de interesses entre seus constituintes e não estando acordes os interessados, com a devida prudência e discernimento, optará o advogado por um dos mandatos, renunciando aos demais, resguardado o sigilo profissional".

b) *Defender sucessivamente*, onde o advogado ou procurador judicial defende, na mesma causa, sucessivamente, os interesses das partes contrárias. Trata-se da *tergiversação*.

O Código de Ética e Disciplina da Ordem dos Advogados do Brasil, no Capítulo II ("Das relações com o cliente"), dispõe sobre o assunto:

"Art. 19. O advogado ao postular em nome de terceiros, contra ex-cliente ou ex-empregador, judicial ou extrajudicialmente, deve resguardar o segredo profissional e as informações reservadas ou privilegiadas que lhe tenham sido confiadas.

Art. 20. O advogado deve abster-se de patrocinar causa contrária à ética, à moral ou à validade de ato jurídico em que tenha colaborado, orientado ou conhecido em consulta; da mesma forma, deve declinar seu impedimento ético quando tenha sido convidado pela outra parte, se esta lhe houver revelado segredos ou obtido seu parecer".

Trata-se de crime doloso.

A consumação ocorre com a realização de ato processual indicativo do patrocínio ou tergiversação. Admite-se a tentativa.

5.20 Sonegação de papel ou objeto de valor probatório

O crime de sonegação de papel ou objeto de valor probatório vem previsto no art. 356 do Código Penal e tem como objetividade jurídica a proteção da administração da Justiça.

O sujeito ativo somente pode ser o *advogado* ou *procurador*. É crime próprio.

Sujeito passivo é o Estado e, secundariamente, quem sofre o prejuízo.

A conduta típica vem expressa pelo verbo *inutilizar*, que significa tornar imprestável, impróprio para o uso devido, e pela expressão *deixar de restituir*, que significa não devolver, reter, sonegar.

A inutilização pode ser total (correspondendo à destruição) ou parcial.

O objeto material do crime pode consistir em *autos*, *documento* ou *objeto de valor probatório*.

O objeto material deve ter sido recebido pelo sujeito ativo na qualidade de advogado ou procurador.

Trata-se de crime doloso.

A consumação ocorre com a efetiva inutilização, total ou parcial, de documentos, autos ou objeto de valor probatório (crime comissivo); também com a negativa de restituição desses objetos materiais (crime omissivo).

Admite-se a tentativa apenas na conduta comissiva.

Com relação ao *advogado* que deixa de restituir autos judiciais, a jurisprudência se inclina no sentido de que o crime somente se configura após a intimação do causídico e o decurso do respectivo prazo assinado para devolução.

O crime em análise, tratando-se de advogado o sujeito ativo, é especial em relação àqueles previstos nos arts. 305 e 337 do Código Penal.

Assim: "Conflito aparente de normas. Especialidade. Processo. Subtração de documento por advogado. Tipo penal próprio. Artigos 337 e 356 do Código Penal. O procedimento mediante o qual advogado subtrai de processo peça nele contida, inutilizando-a, enquadra-se no artigo 356 do Código Penal, considerado o princípio da especialidade" (STF — HC 75.201-RS — *DJU* de 20-3-1998).

5.21 Exploração de prestígio

O crime de exploração de prestígio vem previsto no art. 357 do Código Penal e tem como objetividade jurídica a tutela da administração da Justiça.

Sujeito ativo pode ser qualquer pessoa.

Sujeito passivo é o Estado.

A conduta típica vem expressa pelos verbos *solicitar*, que significa requerer, pedir, rogar, e *receber*, que é o mesmo que obter, aceitar.

O objeto material do crime é *dinheiro* (moeda nacional ou estrangeira) ou *qualquer outra utilidade* (material ou moral).

A expressão *a pretexto de influir* empregada na descrição típica revela, na verdade, uma fraude, na qual o sujeito ativo leva o sujeito passivo a crer que irá efetivamente influir em *juiz, jurado, órgão do Ministério Público, funcionário de justiça, perito, tradutor, intérprete* ou *testemunha*.

Nesse sentido: "O tipo penal do art. 357 do CP não exige prestígio direto, bastando para sua configuração que o pedido ou recebimento de dinheiro ou outra utilidade se dê a pretexto de influir, de qualquer modo, junto a autoridade ou a pessoa que vai atuar em processo cível ou criminal, no caso, o Magistrado competente para apreciar pedido de prisão preventiva" (STF — *RT*, 743/570).

"Exploração de prestígio — Caracterização — Desnecessidade da existência de influência direta — Inteligência do art. 357 do CP" (STF — *RT*, 743/570).

Trata-se de crime doloso.

A consumação ocorre com a simples solicitação ou recebimento, independentemente da aceitação ou recebimento da vantagem ou da efetiva influência exercida.

Admite-se a tentativa somente na forma escrita de solicitação e no recebimento.

5.21.1 Exploração de prestígio circunstanciada

O parágrafo único do art. 357 do Código Penal prevê a exploração de prestígio circunstanciada, que ocorre quando o sujeito ativo *alega* (deixa claro) ou *insinua* (dá a entender) que a vantagem solicitada ou recebida também se destina às pessoas relaciona-das taxativamente.

Nesse caso, a pena é aumentada de um terço.

5.22 Violência ou fraude em arrematação judicial

O crime de violência ou fraude em arrematação judicial vem previsto no art. 358 do Código Penal, tendo como objetividade jurídica a tutela da administração da Justiça.

Sujeito ativo pode ser qualquer pessoa.

Sujeito passivo é o Estado e, secundariamente, os concorrentes lesados.

A conduta típica vem expressa pelos verbos *impedir* (obstruir, impossibilitar), *perturbar* (embaraçar) e *fraudar* (cometer fraude, lograr).

Nesse caso, o objeto material é *arrematação judicial* (venda judicial dos bens penhorados).

Trata-se de crime doloso.

A consumação ocorre com o impedimento, perturbação ou fraude na arrematação judicial.

Admite-se a tentativa.

Com relação às condutas típicas consistentes em *afastar* (apartar, arredar) ou *tentar afastar* (tentar apartar, tentar arredar) concorrente ou licitante, o dispositivo foi tacitamen-te revogado pelo art. 337-K, inserido no Código Penal pela Lei n. 14.133/2021. A respei-to, vide item 4.8 supra.

5.23 Desobediência a decisão judicial sobre perda ou suspensão de direito

O crime de desobediência a decisão judicial sobre perda ou suspensão de direito vem previsto no art. 359 do Código Penal e tem como objetividade jurídica a tutela da admi-nistração da Justiça, no que diz respeito à proteção à autoridade da justiça.

Sujeito ativo somente pode ser aquele que foi privado ou suspenso de exercer função, atividade, direito, autoridade ou múnus, por decisão judicial.

Sujeito passivo é o Estado.

A conduta típica vem expressa pelo verbo *exercer*, que significa exercitar, desempenhar, praticar.

O objeto material é *função, atividade, direito, autoridade* ou *múnus* (encargo decorrente de lei ou de decisão judicial).

É imprescindível que o agente tenha sido *suspenso* ou *privado* de exercer o objeto mate-rial por *decisão judicial*. É uma modalidade de desobediência.

Trata-se de crime doloso.

A consumação ocorre com o efetivo exercício da função, atividade, direito, autoridade ou múnus, que estava proibido.

Admite-se a tentativa.

6 DOS CRIMES CONTRA AS FINANÇAS PÚBLICAS

6.1 Generalidades

O capítulo referente aos "Crimes contra as finanças públicas" foi introduzido no Código Penal pela Lei n. 10.028/2000, prevendo figuras típicas descritas nos arts. 359-A a 359-H. O acréscimo de letras ao art. 359 do Código Penal deu-se em razão de exigência legal prevista no art. 12, III, *b*, da Lei Complementar n. 95, de 26 de fevereiro de 1998, que diz:

"*b*) no acréscimo de dispositivos novos entre preceitos legais em vigor, é vedada, mesmo quando recomendável, qualquer renumeração, devendo ser utilizado o mesmo número do dispositivo imediatamente anterior, seguido de letras maiúsculas, em ordem alfabética, tantas quantas forem suficientes para identificar os acréscimos".

Nesse sentido, o art. 24, parágrafo único, II, do Decreto n. 4.176/2002 dispõe:

"II — é vedada toda renumeração de artigos e de unidades superiores a artigo, referidas no inciso XV do art. 22, devendo ser utilizados, separados por hífen, o número do artigo ou da unidade imediatamente anterior e as letras maiúsculas, em ordem alfabética, tantas quantas forem necessárias para identificar os acréscimos".

Esses delitos contra as finanças públicas são decorrentes das disposições da Lei Complementar n. 101/2000 (Lei de Responsabilidade Fiscal), que estabelece normas de finanças públicas voltadas para a responsabilidade na gestão fiscal, com amparo no Capítulo II do Título VI da Constituição Federal.

A *responsabilidade na gestão fiscal*, segundo prescreve o § 1.º do art. 1.º do citado diploma, pressupõe a ação planejada e transparente, em que se previnem riscos e corrigem desvios capazes de afetar o equilíbrio das contas públicas, mediante o cumprimento de metas de resultados entre receitas e despesas e a obediência a limites e condições no que tange a renúncia de receita, geração de despesas com pessoal, da seguridade social e outras, dívidas consolidada e mobiliária, operações de crédito, inclusive por antecipação de receita, concessão de garantia e inscrição de restos a pagar.

6.2 Contratação de operação de crédito

O crime de contratação de operação de crédito vem previsto no art. 359-A do Código Penal, tendo como objetividade jurídica a probidade administrativa no campo das finanças públicas.

Sujeito ativo do crime somente pode ser o agente público que tiver atribuição legal para ordenar, autorizar ou realizar operação de crédito. Trata-se de crime próprio.

Sujeito passivo é o Estado.

A conduta vem expressa pelos verbos *ordenar* (determinar, mandar que se faça), *autorizar* (consentir, permitir) ou *realizar* (fazer, constituir, efetivar).

Segundo o disposto na Lei Complementar n. 101/2000, toda operação de crédito deve estar amparada por lei, ou seja, previamente autorizada por ato emanado do Senado Federal (arts. 32 e 33).

Portanto, o agente que pratica qualquer das condutas previstas no artigo *sem prévia autorização legislativa* (elemento normativo do tipo) incidirá nas penas cominadas de 1 a 2 anos de reclusão.

O objeto material do crime é *operação de crédito*, que é definida pelo art. 29, III, da Lei Complementar n. 101/2000 como "compromisso financeiro assumido em razão de mútuo, abertura de crédito, emissão e aceite de título, aquisição financiada de bens, recebimento antecipado de valores provenientes da venda a termo de bens e serviços, arrendamento mercantil e outras operações assemelhadas, inclusive com o uso de derivativos financeiros".

O § 1.º do citado artigo equipara a operação de crédito a assunção, a reconhecimento ou a confissão de dívidas pelo ente da Federação, sem prejuízo do cumprimento das exigências dos arts. 15 e 16.

Trata-se de crime doloso.

A consumação ocorre com a prática das condutas típicas.

É crime de mera conduta, não exigindo, para sua consumação, a ocorrência de resultado naturalístico.

Admite-se a tentativa apenas na modalidade de conduta *realizar*, pois o *iter criminis* permite fracionamento.

6.2.1 Operação de crédito irregular

O parágrafo único do art. 359-A do Código Penal prevê figuras típicas assemelhadas às do *caput*.

A primeira modalidade incrimina o agente que ordena, autoriza ou realiza operação de crédito, interno ou externo, com inobservância de limite, condição ou montante estabelecido em lei ou em resolução do Senado Federal.

Na segunda modalidade, o agente ordena, autoriza ou realiza operação de crédito, interno ou externo, quando o montante da dívida consolidada ultrapassa o limite máximo autorizado em lei.

Em ambos os casos, o agente público tem autorização legislativa para contratação de operação de crédito, ocorrendo a irregularidade nos limites, condições ou montante da ordem, autorização ou execução desse ato.

6.3 Inscrição de despesas não empenhadas em restos a pagar

O crime de inscrição de despesas não empenhadas em restos a pagar vem previsto no art. 359-B do Código Penal, tendo como objetividade jurídica a probidade administrativa no campo das finanças públicas.

Tratando-se de crime próprio, somente pode ser sujeito ativo o agente público que tenha competência administrativa para ordenar ou autorizar a inscrição de despesas em restos a pagar.

Sujeito passivo é o Estado.

A conduta típica vem expressa pelos verbos *ordenar* (determinar, mandar que se faça) e *autorizar* (consentir, permitir).

A ordem ou autorização deve ter por objeto a inscrição em restos a pagar de despesa que não tenha sido previamente empenhada ou que exceda limites estabelecidos em lei.

Restos a pagar quer dizer despesa empenhada, mas não paga até o fim do exercício financeiro, ou seja, até 31 de dezembro. São dívida de curto prazo, necessitando de cobertura de caixa, uma vez que as despesas do exercício, não pagas, precisarão estar amparadas no ativo financeiro.

Nesse sentido, a razão da existência de regras para inscrição de despesas em restos a pagar é justamente, segundo as razões do veto presidencial ao art. 41 da Lei Complementar n. 101/2000 (Mensagem n. 627, de 4-5-2000), promover o equilíbrio entre as aspirações da sociedade e os recursos que esta coloca à disposição do governo, evitando déficit imoderado e reiterado.

Assim é que os restos a pagar deveriam ficar limitados às disponibilidades de caixa como forma de não transferir despesa de um exercício para outro sem a correspondente fonte de despesa.

Trata-se de crime doloso.

A consumação ocorre com a ordem ou autorização para inscrição de despesa em restos a pagar, independentemente de resultado (efetiva inscrição da despesa).

É crime de mera conduta, não admitindo, portanto, a forma tentada.

6.4 Assunção de obrigação no último ano do mandato ou legislatura

Crime previsto no art. 359-C do Código Penal, a assunção de obrigação no último ano do mandato ou legislatura tem como objetividade jurídica a regularidade e o equilíbrio das contas públicas.

Sujeito ativo pode ser qualquer agente público que tiver atribuição para ordenar ou autorizar a assunção de obrigação, no tempo e forma estabelecidos em lei. É crime próprio.

Sujeito passivo é o Estado.

A conduta típica vem expressa pelos verbos *ordenar* (determinar, mandar que se faça) e *autorizar* (consentir, permitir).

A ordem ou autorização deve ter por objeto a assunção de obrigação cuja despesa não possa ser paga no mesmo exercício financeiro, ou a assunção de obrigação que resulte em parcela a ser paga no exercício seguinte e que não tenha contrapartida suficiente de disponibilidade de caixa.

Nesse sentido, o art. 42 da Lei Complementar n. 101/2000 veda expressamente ao titular de poder ou órgão referido no art. 20 do mesmo diploma, nos últimos dois quadrimestres de seu mandato, contrair obrigação de despesa que não possa ser cumprida integralmente dentro dele, ou que tenha parcelas a serem pagas no exercício seguinte, sem que haja suficiente disponibilidade de caixa para esse efeito.

Trata-se de crime doloso.

A consumação ocorre com a ordem ou autorização para a indevida assunção de obrigação no período mencionado em lei.

Inadmissível a tentativa por cuidar-se de crime de mera conduta.

6.5 Ordenação de despesa não autorizada

O crime de ordenação de despesa não autorizada vem previsto no art. 359-D do Código Penal, tendo como objetividade jurídica a probidade administrativa no campo das finanças públicas.

Sujeito ativo somente pode ser o agente público que tenha atribuição legal de gerar despesa pública. É crime próprio.

Sujeito passivo é o Estado.

A conduta típica vem expressa pelo verbo *ordenar* (determinar, mandar que se faça).

O objeto material é despesa não autorizada por lei.

A Lei Complementar n. 101/2000 não esclarece quais as despesas que são autorizadas, pois preferiu estabelecer quais as despesas *não autorizadas*.

Nesse aspecto, o art. 15 dispõe que serão consideradas não autorizadas, irregulares e lesivas ao patrimônio público a geração de despesa ou assunção de obrigação que não atendam ao disposto nos arts. 16 e 17 do citado diploma.

Daí se infere que a norma penal em exame constitui norma penal em branco, uma vez que a especificação das despesas autorizadas ou não autorizadas deve constar de outra lei (Lei Orçamentária).

Cuida-se de crime doloso.

A consumação ocorre com a ordenação da despesa não autorizada em lei, independentemente de outro resultado.

É crime de mera conduta, não sendo admitida, portanto, a tentativa.

6.6 Prestação de garantia graciosa

A prestação de garantia graciosa é crime previsto no art. 359-E do Código Penal, tendo como objetividade jurídica a probidade administrativa no campo das finanças públicas, impedindo a prestação ilegal de garantia em operação de crédito.

Sujeito ativo somente pode ser o agente público com atribuição legal para prestar garantia em operação de crédito. É crime próprio.

Sujeito passivo é o Estado.

A conduta típica vem representada pelo verbo *prestar*, que significa dar, conceder, conferir.

O objeto material do crime é *operação de crédito*, que é definida pelo art. 29, III, da Lei Complementar n. 101/2000 como "compromisso financeiro assumido em razão de mútuo, abertura de crédito, emissão e aceite de título, aquisição financiada de bens, recebimento antecipado de valores provenientes da venda a termo de bens e serviços, arrendamento mercantil e outras operações assemelhadas, inclusive com o uso de derivativos financeiros".

O § 1.º do citado artigo equipara a operação de crédito a assunção, a reconhecimento ou a confissão de dívidas pelo ente da Federação, sem prejuízo do cumprimento das exigências dos arts. 15 e 16.

Trata-se de norma penal em branco, uma vez que a prestação de garantia em operação de crédito deverá dar-se *na forma da lei.*

Assim é que o art. 40 da Lei Complementar n. 101/2000, com a redação dada pela Lei Complementar n. 178/2021, permite aos entes a concessão de garantia em operações de crédito internas e externas, prescrevendo o § 1.º que a garantia estará condicionada ao oferecimento de contragarantia, em valor igual ou superior ao da garantia a ser concedida, e à adimplência da entidade que a pleitear relativamente a suas obrigações junto ao garantidor e às entidades por este controladas.

O crime é doloso.

A consumação ocorre com a prestação da garantia sem constituir a contragarantia nos moldes da lei.

Admite-se a tentativa, já que o *iter criminis* pode ser fracionado, uma vez que a prestação de garantia, nesse caso, é ato administrativo de natureza contratual.

6.7 Não cancelamento de restos a pagar

O crime de não cancelamento de restos a pagar vem previsto no art. 359-F do Código Penal, tendo como objetividade jurídica a probidade administrativa no campo das finanças públicas.

Sujeito ativo é o agente público com poderes para ordenar, autorizar ou promover o cancelamento do montante de restos a pagar inscrito irregularmente. Trata-se de crime próprio.

Sujeito passivo é o Estado.

A conduta típica é omissiva e vem representada pelo verbo *deixar,* constituindo a expressão *deixar de,* que significa abster-se, largar, não obstar.

O agente pode *deixar de ordenar, deixar de autorizar* ou *deixar de promover* o cancelamento do montante de restos a pagar inscrito em valor superior ao permitido em lei.

O significado e o valor permitido dos *restos a pagar* já foram explicados nos comentários ao art. 359-B do Código Penal.

Trata-se de crime doloso.

A consumação ocorre com a simples conduta negativa.

Não se admite a tentativa.

6.8 Aumento de despesa total com pessoal no último ano do mandato ou legislatura

Crime previsto no art. 359-G do Código Penal, o aumento de despesa total com pessoal no último ano do mandato ou legislatura tem como objetividade jurídica a probidade administrativa no campo das finanças públicas.

Sujeito ativo somente pode ser o agente público com atribuição legal para ordenar, autorizar ou executar ato que acarrete aumento de despesa total com pessoal. É crime próprio.

Sujeito passivo é o Estado.

A conduta típica vem representada pelos verbos *ordenar* (determinar, mandar que se faça), *autorizar* (consentir, permitir) ou *executar* (fazer, constituir, efetivar).

O objeto material do crime é qualquer ato que acarrete aumento de despesa total com pessoal.

A Lei Complementar n. 101/2000, nos arts. 21 a 23, disciplina o controle da despesa total com pessoal, visando frear esses gastos nos organismos públicos, em consonância com o que dispõe o art. 169 da Constituição Federal.

O art. 18 da citada Lei de Responsabilidade Fiscal estabelece que se entende como despesa total com pessoal o somatório dos gastos do ente da Federação com os ativos, inativos e pensionistas, relativos a mandatos eletivos, cargos, funções ou empregos, civis, militares e de membros do poder, com quaisquer espécies remuneratórias, tais como vencimentos e vantagens, fixas e variáveis, subsídios, proventos da aposentadoria, reformas e pensões, inclusive adicionais, gratificações, horas extras e vantagens pessoais de qualquer natureza, bem como encargos sociais e contribuições recolhidas pelo ente às entidades de previdência.

Trata-se de crime doloso.

A consumação ocorre com a ordem, autorização ou execução do ato que acarreta aumento de despesa total com pessoal.

Admite-se a tentativa apenas na modalidade de conduta *executar.*

6.9   Oferta pública ou colocação de títulos no mercado

A oferta pública ou colocação de títulos no mercado é crime previsto no art. 359-H do Código Penal, tendo como objetividade jurídica a probidade administrativa no campo das finanças públicas, no particular aspecto da oferta pública ou colocação de títulos da dívida pública no mercado financeiro.

Sujeito ativo somente poderá ser o agente público legalmente encarregado de ordenar, autorizar ou promover a oferta pública ou a colocação no mercado financeiro de títulos da dívida pública. É crime próprio.

Sujeito passivo é o Estado.

A conduta típica vem expressa pelos verbos *ordenar* (determinar, mandar que se faça), *autorizar* (consentir, permitir) ou *promover* (originar, provocar, dar causa).

O objeto material consiste em títulos da dívida pública, não criados por lei ou sem registro em sistema centralizado de liquidação e de custódia.

Embora a Lei de Responsabilidade Fiscal não regule expressamente a oferta pública de títulos da dívida pública, é certo que sua oferta e colocação no mercado dependem de normas previamente estabelecidas, devendo ser criados por lei e registrados em sistema centralizado de liquidação e custódia.

Trata-se de crime doloso.

A consumação ocorre, nas modalidades *ordenar* e *autorizar*, só com a ordem ou autorização, sendo crime de mera conduta, independentemente de resultado.

Já na modalidade de conduta *promover*, é crime de resultado, necessitando para a consumação da efetiva oferta pública e colocação dos títulos no mercado.

A tentativa é admitida somente nesta última modalidade de conduta.

XIII

Dos Crimes contra o Estado Democrático de Direito

1 INTRODUÇÃO

Foi sancionada pelo Presidente da República e publicada no DOU no dia 2 de setembro de 2021 a Lei n. 14.197, acrescentando o Título XII na Parte Especial do Decreto-Lei n. 2.848, de 7 de dezembro de 1940 (Código Penal), relativo aos crimes contra o Estado Democrático de Direito; revogando a Lei n. 7.170, de 14 de dezembro de 1983 (Lei de Segurança Nacional), e dispositivo do Decreto-Lei n. 3.688, de 3 de outubro de 1941 (Lei das Contravenções Penais).

A Lei n. 7.170/83 definia os crimes contra a segurança nacional, a ordem política e social, estabelecia seu processo e julgamento e dava outras providências. Previa os crimes que lesavam ou expunham a perigo de lesão: I — a integridade territorial e a soberania nacional; II — o regime representativo e democrático, a Federação e o Estado de Direito; III — a pessoa dos chefes dos Poderes da União.

Eram os crimes políticos, que, a nosso ver, deixaram de existir em face da ordem constitucional de 1988, uma vez que há democracia no Brasil, constituindo-se a nossa República em Estado Democrático de Direito (art. 1.º, *caput*, da CF).

Portanto, os crimes previstos no Título XII do Código Penal não são crimes políticos, mas sim crimes comuns.

A Lei n. 14.197/2021 revogou expressamente a Lei n. 7.170/83, revogando expressamente também a contravenção penal prevista no art. 39 do Decreto-Lei n. 3.688/41 — Lei das Contravenções Penais, que punia com prisão simples, de um a seis meses, ou multa, a conduta de "participar de associação de mais de cinco pessoas, que se reúnam periodicamente, sob compromisso de ocultar à autoridade a existência, objetivo, organização ou administração da associação".

O Título XII, acrescentado pela citada lei, veio a ocupar o último lugar no Código Penal, após o título que trata dos crimes contra a Administração Pública.

Foram incluídos os arts. 359-I a 359-U, sendo criados novos tipos penais (*novatio legis*) e abolidos outros tantos (*abolitio criminis*). Para alguns outros crimes, houve apenas mudanças na descrição típica, podendo, dependendo do caso, ser aplicado o princípio da continuidade normativo-típica.

O Título XII foi dividido em 6 (seis) capítulos. O Capítulo I cuida dos "Crimes contra a Soberania Nacional"; o Capítulo II cuida "Dos Crimes contra as Instituições Democráticas"; o Capítulo III dispõe sobre os "Crimes contra o Funcionamento das Instituições Democráticas no Processo Eleitoral"; o Capítulo IV trata dos "Crimes contra o Funcionamento dos Serviços Essenciais"; o Capítulo V, que cuida dos "Crimes contra a Cidadania", foi integralmente vetado; e, por fim, o Capítulo VI trouxe as "Disposições Comuns", dispondo, no art. 359-T, que "não constitui crime previsto neste Título a manifestação crítica aos poderes constitucionais nem a atividade jornalística ou a reivindicação de direitos e garantias constitucionais por meio de passeatas, de reuniões, de greves, de aglomerações ou de qualquer outra forma de manifestação política com propósitos sociais".

2   DOS CRIMES CONTRA A SOBERANIA NACIONAL

2.1   Atentado à soberania

O crime denominado "atentado à soberania" vem previsto no art. 359-I do Código Penal, tendo sido acrescentado pela Lei n. 14.197/2021.

A objetividade jurídica desse crime é a tutela da soberania nacional, como corolário do Estado Democrático de Direito. A soberania é um dos fundamentos da República Federativa do Brasil, conforme dispõe o art. 1.º, I, da Constituição Federal.

Sujeito ativo pode ser qualquer pessoa. Há entendimento no sentido de que o sujeito ativo somente poderia ser brasileiro ou estrangeiro residente no país, já que o tipo penal se refere a "negociar com governo estrangeiro, ou seus agentes". Não nos parece, entretanto, a melhor interpretação, haja vista que nada impede a prática delitiva por estrangeiro, ainda que não residente no país, que pretenda atentar contra a soberania nacional, não havendo qualquer restrição no texto legal.

Sujeito passivo é o Estado e, secundariamente, a coletividade, o povo.

A conduta típica vem expressa pelo verbo *negociar*, que significa fazer negócio, barganhar, ajustar, fazer tratativas, acordar. A negociação pode ser feita por qualquer meio (crime de forma livre), como correspondências, mensagens, conversas pessoais, contatos telefônicos etc.).

Trata-se de crime doloso. Além do dolo, o tipo penal requer um elemento subjetivo específico (dolo específico) consistente na finalidade de provocar atos típicos de guerra contra o País ou invadi-lo.

O crime se consuma com a negociação entabulada entre o sujeito ativo e o governo ou grupo estrangeiro, ou seus agentes. Trata-se de crime formal. Não há necessidade, para a consumação, de que a negociação chegue a bom termo e nem tampouco que ocorram atos típicos de guerra contra o País ou invasão do território nacional.

Admite-se a tentativa, uma vez fracionável o *iter criminis*.

2.1.1   Causa de aumento de pena

A pena é aumentada de metade até o dobro, se declarada guerra em decorrência da negociação levada a cabo pelo sujeito ativo com governo ou grupo estrangeiro, ou seus agentes. Trata-se de uma majorante que incide em razão do exaurimento do crime.

2.1.2 Participação em operação bélica

O § 2.º do art. 359-I cuida de uma figura típica mais grave, que, a bem da verdade, não pode ser considerada como qualificadora, haja vista se tratar de conduta autônoma, sem necessária correlação com a figura do *caput*.

Aqui também a objetividade jurídica é a tutela da soberania nacional.

Sujeito ativo pode ser qualquer pessoa, valendo as mesmas considerações já feitas nos comentários ao *caput*. Sujeito passivo é o Estado.

A conduta típica vem expressa pelo verbo *participar*, que significa integrar, tomar parte, envolver-se. A participação deve ser em operação bélica, ou seja, em operação armada, em atos típicos de guerra.

Trata-se de crime doloso. Há necessidade, também, de uma finalidade específica do agente (dolo específico), consistente em submeter o território nacional, ou parte dele, ao domínio ou à soberania de outro país.

O crime se consuma com a participação do agente na operação bélica, independentemente da submissão do território nacional, ou parte dele, ao domínio ou à soberania de outro país.

Admite-se a tentativa.

2.2 Atentado à integridade nacional

O crime denominado "atentado à integridade nacional" vem previsto no art. 359-J do Código Penal, tendo sido acrescentado pela Lei n. 14.197/2021.

A objetividade jurídica desse crime é a tutela da integridade do território nacional, a soberania nacional, como corolário do Estado Democrático de Direito. À União compete a manutenção da integridade nacional. Nesse sentido, dispõe o art. 34, I e II, da Constituição Federal: "Art. 34. A União não intervirá nos Estados nem no Distrito Federal, exceto para: I — manter a integridade nacional; II — repelir invasão estrangeira ou de uma unidade da Federação em outra; (...)".

Sujeito ativo pode ser qualquer pessoa. Trata-se de crime comum.

Sujeito passivo é o Estado e, secundariamente, a coletividade, assim como quem eventualmente sofrer a violência ou grave ameaça.

A conduta típica vem expressa pelo verbo *praticar*, que significa levar a efeito, realizar, desenvolver. Deve o agente, para a caracterização do tipo, praticar violência ou grave ameaça com a finalidade precípua de desmembrar parte do território nacional para constituir país independente. São os chamados movimentos separatistas, que buscam quebrar a unidade nacional para a constituição de um país independente. Como já mencionado anteriormente, compete à União manter a integridade nacional (art. 34, I, da CF).

Trata-se de crime doloso. Além do dolo, o tipo penal requer um elemento subjetivo específico (dolo específico) consistente na finalidade de desmembrar parte do território nacional para constituir país independente.

O crime se consuma com a prática de violência ou grave ameaça. Trata-se de crime formal. Não há necessidade, para a consumação, de que ocorra o desmembramento de parte do território nacional, com ou sem a constituição de um país independente.

Admite-se a tentativa, uma vez fracionável o *iter criminis*.

2.3 Espionagem

O crime denominado "espionagem" vem previsto no art. 359-K do Código Penal, tendo sido acrescentado pela Lei n. 14.197/2021.

A objetividade jurídica desse crime é a tutela dos interesses estratégicos do Estado, dos segredos da Administração Pública, preservando-se a ordem constitucional ou a soberania nacional.

O *nomen iuris* do crime não é de todo adequado, haja vista que o termo "espionagem" já vem sendo substituído pelas expressões inteligência e contrainteligência. Nesse sentido, a Lei n. 9.883/99, que institui o Sistema Brasileiro de Inteligência, cria a Agência Brasileira de Inteligência — ABIN, e dá outras providências, conceitua inteligência como a atividade que objetiva a obtenção, análise e disseminação de conhecimentos dentro e fora do território nacional sobre fatos e situações de imediata ou potencial influência sobre o processo decisório e a ação governamental e sobre a salvaguarda e a segurança da sociedade e do Estado. Contrainteligência é a atividade que objetiva neutralizar a inteligência adversa.

Com relação ao sujeito ativo, é necessário considerar as figuras do *caput* e dos §§ 1.º, 2.º e 3.º. Na figura do *caput*, o sujeito ativo é o espião, que pode ser qualquer pessoa. Na figura do § 1.º, pode ser qualquer pessoa que preste auxílio ao espião para subtraí-lo à ação da autoridade pública. Já nas figuras dos §§ 2.º e 3.º, o sujeito ativo é o agente que viola o dever de sigilo ou que facilita a prática do crime.

Sujeito passivo é o Estado e, secundariamente, a coletividade.

A conduta típica do *caput* vem expressa pelo verbo *entregar*, que significa dar, confiar, conceder, passar às mãos de alguém. A entrega do documento ou informação pode se dar por qualquer meio, inclusive eletrônico. Além disso, a entrega deve ter como destinatário governo estrangeiro, seus agentes, ou organização criminosa estrangeira.

Como elemento normativo do tipo, a conduta deve ser realizada "em desacordo com determinação legal ou regulamentar". O § 4.º deixa claro que não constitui crime a comunicação, a entrega ou a publicação de informações ou de documentos com o fim de expor a prática de crime ou a violação de direitos humanos.

O objeto material é "documento ou informação classificados como secretos ou ultrassecretos nos termos da lei, cuja revelação possa colocar em perigo a preservação da ordem constitucional ou a soberania nacional".

Nesse sentido, o art. 9.º da Lei n. 9.883/99 estabelece que quaisquer informações ou documentos sobre as atividades e assuntos de inteligência produzidos, em curso ou sob a custódia da ABIN, somente poderão ser fornecidos às autoridades que tenham competência legal para solicitá-los pelo Chefe do Gabinete de Segurança Institucional da Presidência da República, observado o respectivo grau de sigilo conferido com base na legislação em vigor, excluídos aqueles cujo sigilo seja imprescindível à segurança da sociedade e do Estado. O fornecimento de documentos ou informações não abrangidos por essas hipóteses será regulado em ato próprio do Chefe do Gabinete de Segurança Institucional da Presidência da República. Ademais, a autoridade ou qualquer outra pessoa que tiver conhecimento ou acesso aos documentos ou informações referidos obrigam-se a manter o respectivo sigilo, sob pena de responsabilidade administrativa, civil e penal, e, em se tratando de procedimento judicial, fica configurado o interesse público de que trata o art. 155, I, do Código de Processo Civil, devendo qualquer investigação correr, igualmente, sob sigilo.

Vale lembrar, também, o disposto no art. 23 da Lei n. 12.527/2011 (Lei de Acesso à Informação), que trata da classificação da informação quanto ao grau e prazos de sigilo, considerando imprescindíveis à segurança da sociedade ou do Estado e, portanto, passíveis de classificação, as informações cuja divulgação ou acesso irrestrito possam colocar em risco a defesa e a soberania nacionais ou a integridade do território nacional; prejudicar ou colocar em risco a condução de negociações ou as relações internacionais do País, ou as que tenham sido fornecidas em caráter sigiloso por outros Estados e organismos internacionais; colocar em risco a vida, a segurança ou a saúde da população; oferecer elevado risco à estabilidade financeira, econômica ou monetária do País; prejudicar ou causar risco a planos ou operações estratégicos das Forças Armadas; prejudicar ou causar risco a projetos de pesquisa e desenvolvimento científico ou tecnológico, assim como a sistemas, bens, instalações ou áreas de interesse estratégico nacional; colocar em risco a segurança de instituições ou de altas autoridades nacionais ou estrangeiras e seus familiares; ou comprometer atividades de inteligência, bem como de investigação ou fiscalização em andamento, relacionadas com a prevenção ou repressão de infrações.

O art. 24 da citada Lei de Acesso à Informação, ainda, classifica como ultrassecreta, secreta ou reservada, a informação em poder dos órgãos e entidades públicas, observado o seu teor e em razão de sua imprescindibilidade à segurança da sociedade ou do Estado.

Trata-se de crime doloso, não sendo admitida a modalidade culposa.

A consumação ocorre com a efetiva entrega de documento ou informação classificados como secretos ou ultrassecretos nos termos da lei, cuja revelação possa colocar em perigo a preservação da ordem constitucional ou a soberania nacional. Portanto, há necessidade de que o governo estrangeiro, seus agentes, ou a organização criminosa estrangeira receba o documento ou informação.

Admite-se a tentativa, uma vez fracionável o *iter criminis*.

2.3.1 Figura equiparada

O § 1.º estabelece que incorre na mesma pena do *caput* quem presta auxílio a espião, conhecendo essa circunstância, para subtraí-lo à ação da autoridade pública.

Trata-se de uma modalidade de favorecimento pessoal em que o agente presta auxílio (ajuda de qualquer modo — por ação ou omissão) ao espião, para subtraí-lo à ação de autoridade pública. Há necessidade, entretanto, para a configuração do delito, de que o agente tenha conhecimento de que se trata de um espião, ou seja, de que a pessoa a quem está prestando auxílio tenha praticado a conduta de espionagem referida no *caput* do artigo.

Basta para a consumação que o agente preste efetivo auxílio ao espião, independentemente do sucesso da empreitada, não havendo necessidade de que haja a subtração dele à ação da autoridade pública.

2.3.2 Espionagem qualificada

O § 2.º pune mais severamente o agente se o documento, dado ou informação são transmitidos ou revelados com violação do dever de sigilo.

Nesse caso, o sujeito ativo pode ser qualquer pessoa sobre a qual recaia o dever de sigilo. Vale ressaltar que o dispositivo não menciona "sigilo funcional", falando apenas em "dever de sigilo", o que indica que o sujeito ativo não precisaria ser, necessariamente, funcionário público. Embora o dever de sigilo recaia mais comumente sobre o funcionário público, é possível que a transmissão ou revelação criminosa seja praticada por um funcionário ou empregado de empresa privada que, em razão de qualquer vínculo com o Poder Público, execute atividades de tratamento de informações classificadas como secretas ou ultrassecretas.

Esse entendimento vem reforçado pelo disposto no parágrafo único do art. 26 da Lei n. 12.527/2011 (Lei de Acesso à Informação), no mesmo teor do parágrafo único do art. 44 do Decreto n. 7.724/2012, que a regulamenta, estabelecendo que a pessoa física ou entidade privada que, em razão de qualquer vínculo com o Poder Público, executar atividades de tratamento de informações sigilosas adotará as providências necessárias para que seus empregados, prepostos ou representantes observem as medidas e procedimentos de segurança dessas informações.

A conduta é transmitir ou revelar o documento, dado ou informação com violação do dever de sigilo.

A consumação ocorre com a efetiva transmissão ou revelação do objeto material. Admite-se a tentativa.

2.3.3 Facilitação da espionagem

O § 3.º pune a conduta de facilitar a prática de qualquer dos crimes previstos no artigo mediante atribuição, fornecimento ou empréstimo de senha, ou de qualquer outra forma de acesso de pessoas não autorizadas a sistemas de informações.

O sujeito ativo somente pode ser a pessoa que tenha acesso, mediante autorização, a sistemas de informações em que constem os documentos ou informações classificados como secretos ou ultrassecretos. Pode ser funcionário público ou empregado de empresa privada que, em razão de qualquer vínculo com o Poder Público, execute atividades de tratamento de informações classificadas como secretas ou ultrassecretas.

A conduta típica vem expressa pelo verbo *facilitar*, que significa favorecer, contribuir, propiciar, possibilitar. A facilitação deve ser da prática de qualquer das modalidades de crime (*caput*, § 1.º e § 2.º) previstas no artigo. O modo de execução deve ser mediante atribuição, fornecimento ou empréstimo de senha, ou de qualquer outra forma de acesso de pessoas não autorizadas a sistemas de informações.

2.3.4 Excludente de tipicidade

O § 4.º dispõe que não constituem crime a comunicação, a entrega ou a publicação de informações ou de documentos com o fim de expor a prática de crime ou a violação de direitos humanos.

Inclusive, nesse sentido, o art. 21 da Lei n. 12.527/2011 (Lei de Acesso à Informação) dispõe que não poderá ser negado acesso à informação necessária à tutela judicial ou administrativa de direitos fundamentais, ressaltando, ainda, que as informações ou documentos que versem sobre condutas que impliquem violação dos direitos humanos praticada por agentes públicos ou a mando de autoridades públicas não poderão ser objeto de restrição de acesso.

3 DOS CRIMES CONTRA AS INSTITUIÇÕES DEMOCRÁTICAS

3.1 Abolição violenta do Estado Democrático de Direito

O crime denominado "abolição violenta do Estado Democrático de Direito" vem previsto no art. 359-L do Código Penal, tendo sido acrescentado pela Lei n. 14.197/2021.

A objetividade jurídica do delito é a tutela do chamado Estado Democrático de Direito.

Vale citar a lição de Alexandre de Moraes (*Direito Constitucional*, 36. ed., São Paulo: Atlas, 2020, p. 58-59), segundo a qual "o Estado Democrático de Direito, caracterizador do Estado Constitucional, significa que o Estado se rege por normas democráticas, com eleições livres, periódicas e pelo povo, bem como o respeito das autoridades públicas aos direitos e garantias fundamentais é proclamado, por exemplo, no *caput* do art. 1.º da Constituição da República Federativa do Brasil, que adotou, igualmente, em seu parágrafo único, o denominado princípio democrático ao afirmar que 'todo o poder emana do povo, que o exerce por meio de representantes eleitos ou diretamente, nos termos desta Constituição', para mais adiante, em seu art. 14, proclamar que 'a soberania popular será exercida pelo sufrágio universal e pelo voto direto e secreto, com valor igual para todos, e, nos termos da lei, mediante: I — plebiscito; II — referendo; III — iniciativa popular'. Assim, o princípio democrático exprime fundamentalmente a exigência da integral participação de todos e de cada uma das pessoas na vida política do país, a fim de garantir o respeito à soberania popular. O Estado Constitucional, portanto, é mais do que o Estado de Direito, é também o Estado Democrático, introduzido no constitucionalismo como garantia de legitimação e limitação do poder".

Outrossim, conforme ensina Marcelo Novelino (*Curso de Direito Constitucional*, 11. ed. rev., ampl. e atual., Salvador: JusPodivm, 2016, p. 54), "com a finalidade de suprir as deficiências e consolidar as conquistas dos modelos de Estado Liberal e social surge o Estado democrático de direito, cujas notas distintivas são o 'princípio da soberania popular' e a preocupação com a 'efetividade dos direitos fundamentais'".

Sujeito ativo do crime de abolição violenta do Estado Democrático de Direito pode ser qualquer pessoa, isoladamente ou em concurso. Sujeito passivo é o próprio Estado e, secundariamente, a sociedade.

A conduta típica vem representada pela expressão "tentar abolir". Abolir significa extinguir, anular, banir. O que se pune é a tentativa de abolição, com emprego de violência ou grave ameaça, do Estado Democrático de Direito. A forma de execução do crime é, justamente, "impedindo ou restringindo o exercício dos poderes constitucionais", quais sejam, o Poder Executivo, o Poder Legislativo e o Poder Judiciário.

Efetivamente, dispõe o art. 2.º da Constituição Federal: "Art. 2.º São Poderes da União, independentes e harmônicos entre si, o Legislativo, o Executivo e o Judiciário".

Conforme assevera Marcelo Novelino (op. cit., p. 249), "a Constituição de 1988, além de consagrar expressamente o princípio da separação dos poderes (CF, art. 2.º) e protegê-lo como cláusula pétrea (CF, art. 60, § 4.º, III), estabeleceu toda uma estrutura institucional de forma a garantir a independência entre eles, matizada com atribuições de controle recíproco. Por não haver uma 'fórmula universal apriorística' para este princípio, é necessário extrair da própria Constituição o traço essencial da atual ordem para fins de controle de constitucionalidade. A 'independência' entre os poderes tem por finalidade estabelecer um sistema de 'freios e contrapesos' para evitar o abuso e o arbítrio por qualquer dos Poderes. A 'harmonia', por sua vez, exterioriza-se no respeito às prerrogativas e faculdades atribuídas a cada um deles".

Impedir significa obstar, inibir, tolher. *Restringir* significa limitar, reduzir, confinar.

Por meio dessa figura típica, o agente tenta, com o emprego de violência ou grave ameaça, abolir o Estado Democrático de Direito, impedindo ou restringindo o exercício dos poderes constitucionais (Executivo, Legislativo e Judiciário).

Vale ressaltar que, segundo o disposto no art. 359-T do Código Penal, também inserido pela Lei n. 14.197/2021, "não constitui crime previsto neste Título a manifestação crítica aos poderes constitucionais nem a atividade jornalística ou a reivindicação de direitos e garantias constitucionais por meio de passeatas, de reuniões, de greves, de aglomerações ou de qualquer outra forma de manifestação política com propósitos sociais".

Trata-se de crime doloso, que requer, ainda, a finalidade específica de abolir o Estado Democrático de Direito.

O crime se consuma com a mera tentativa de abolição, mediante o emprego de violência ou grave ameaça. O crime é formal, não havendo necessidade da ocorrência do resultado naturalístico (abolição do Estado Democrático de Direito). Ressalte-se que, ocorrendo a efetiva abolição do Estado Democrático de Direito, não haverá mudança importante na tipificação, configurando-se o exaurimento do crime, com reflexos apenas na dosimetria da pena-base, a critério do julgador. Evidentemente, é bom ressaltar que, se for abolido o Estado Democrático de Direito, mediante o impedimento ou restrição do exercício dos poderes constitucionais, dificilmente o sujeito ativo será punido.

Por ser um crime de atentado ou de empreendimento, não se admite a tentativa, que já é caracterizada como a própria consumação.

3.2 Golpe de Estado

O crime denominado "golpe de Estado" vem previsto no art. 359-M do Código Penal, tendo sido acrescentado pela Lei n. 14.197/2021.

Golpe de Estado, como se sabe, pode ser definido como a subversão da ordem institucional estabelecida em determinado país, mediante ações violentas ou não, em que há uma ruptura institucional repentina, passando o controle do Estado de um governo constitucionalmente eleito para outro governante ou grupo de governantes golpistas.

A expressão "golpe de Estado" foi idealizada pelo escritor político Gabriel Naudé, que também era bibliotecário, no século XVII, em sua consagrada obra *Considérations politiques sur les coups-d'état* (Considerações políticas sobre os golpes de Estado), publicado em 1639. Entretanto, a concepção de golpe de Estado de Naudé em nada se assemelha àquela utilizada contemporaneamente. Para Naudé, golpe de Estado seria caracterizado por ações audazes e extraordinárias que os príncipes se veem obrigados a executar no acometimento de empreitadas difíceis, beirando o desespero, contra o direito comum, e sem guardar qualquer ordem ou forma de justiça, colocando em risco o interesse de particulares pelo bem geral.

A objetividade jurídica desse crime é a tutela do chamado Estado Democrático de Direito. Nas palavras assertivas de Alexandre de Moraes (*Direito Constitucional*, 36.

ed., São Paulo: Atlas, 2020, p. 58-59), "o Estado Democrático de Direito, caracterizador do Estado Constitucional, significa que o Estado se rege por normas democráticas, com eleições livres, periódicas e pelo povo, bem como o respeito das autoridades públicas aos direitos e garantias fundamentais é proclamado, por exemplo, no *caput* do art. 1.º da Constituição da República Federativa do Brasil, que adotou, igualmente, em seu parágrafo único, o denominado princípio democrático ao afirmar que 'todo o poder emana do povo, que o exerce por meio de representantes eleitos ou diretamente, nos termos desta Constituição', para mais adiante, em seu art. 14, proclamar que 'a soberania popular será exercida pelo sufrágio universal e pelo voto direto e secreto, com valor igual para todos, e, nos termos da lei, mediante: I — plebiscito; II — referendo; III — iniciativa popular'. Assim, o princípio democrático exprime fundamentalmente a exigência da integral participação de todos e de cada uma das pessoas na vida política do país, a fim de garantir o respeito à soberania popular. O Estado Constitucional, portanto, é mais do que o Estado de Direito, é também o Estado Democrático, introduzido no constitucionalismo como garantia de legitimação e limitação do poder".

Pela redação do tipo penal ora em análise, pode-se inferir que o golpe de Estado mencionado pela lei nada mais é do que a tentativa de depor, por meio violento ou grave ameaça, o governo legitimamente constituído. Evidentemente que o "governo" referido no dispositivo penal é o governo federal, já que se trata de "golpe de Estado". O Estado, pessoa jurídica de direito público externo, correspondente ao conjunto de instituições no campo político e administrativo que organiza o espaço de um povo ou nação, é dirigido por um governo que, no caso, é o governo federal. O chefe de governo é o Presidente da República.

Assim, o sujeito ativo do crime de golpe de Estado pode ser qualquer pessoa, isoladamente ou em concurso, com exceção do Presidente da República, já que o tipo penal faz referência a "governo legitimamente constituído". Portanto, seria impossível o governante legitimamente (democraticamente — dentro das regras eleitorais do Estado Democrático de Direito) eleito tentar depor a si mesmo, ou o seu próprio governo.

Sujeito passivo é o Estado e, secundariamente, a coletividade.

A conduta típica vem representada pela expressão "tentar depor". *Depor* significa destituir, colocar à parte, despojar do cargo. O que se pune é a tentativa de deposição, por meio de violência ou grave ameaça, de um governo legitimamente constituído, conforme acima referido.

Trata-se de crime doloso, que requer também a finalidade específica de depor o governo legitimamente constituído.

O crime se consuma com a mera tentativa de deposição (golpe), mediante o emprego de violência ou grave ameaça. O crime é formal, não havendo necessidade da ocorrência do resultado naturalístico (deposição do governo). Ressalte-se que, ocorrendo a efetiva deposição do governo legitimamente constituído, não haverá mudança importante na tipificação, configurando-se o exaurimento do crime ora em comento, com reflexos apenas na dosimetria da pena-base, a critério do julgador.

Por ser um crime de atentado ou de empreendimento, não se admite a tentativa, que já é caracterizada como a própria consumação.

4 DOS CRIMES CONTRA O FUNCIONAMENTO DAS INSTITUIÇÕES DEMOCRÁTICAS NO PROCESSO ELEITORAL

4.1 Interrupção do processo eleitoral

O crime denominado "interrupção do processo eleitoral" vem previsto no art. 359-N do Código Penal, tendo sido acrescentado pela Lei n. 14.197/2021.

Trata-se de crime que tem como objetividade jurídica a tutela do regular funcionamento das instituições democráticas no processo eleitoral.

Já no preâmbulo da Constituição Federal vem estabelecida a instituição de um Estado Democrático: "Nós, representantes do povo brasileiro, reunidos em Assembleia Nacional Constituinte para instituir um Estado Democrático, destinado a assegurar o exercício dos direitos sociais e individuais, a liberdade, a segurança, o bem-estar, o desenvolvimento, a igualdade e a justiça como valores supremos de uma sociedade fraterna, pluralista e sem preconceitos, fundada na harmonia social e comprometida, na ordem interna e internacional, com a solução pacífica das controvérsias, promulgamos, sob a proteção de Deus, a seguinte CONSTITUIÇÃO DA REPÚBLICA FEDERATIVA DO BRASIL".

No art. 1.º da Carta Magna também vem estabelecido que a República Federativa do Brasil é formada pela união indissolúvel dos Estados e Municípios e do Distrito Federal, constitui-se em Estado Democrático de Direito e tem como fundamentos a soberania, a cidadania, a dignidade da pessoa humana, os valores sociais do trabalho e da livre iniciativa e o pluralismo político, rematando o parágrafo único que todo poder emana do povo, que o exerce por meio de representantes eleitos ou diretamente, nos termos desta Constituição.

Portanto, a lisura do processo eleitoral, permitindo ao povo a escolha livre, democrática e transparente de seus representantes, é o cerne do Estado Democrático de Direito.

Assim, o art. 359-N do Código Penal pune aquele que impede ou perturba a eleição ou a aferição de seu resultado, mediante violação indevida de mecanismos de segurança do sistema eletrônico de votação estabelecido pela Justiça Eleitoral.

É sabido que o processo eleitoral é constituído de uma série de fases organizativas das eleições, que vão desde o registro dos candidatos até a diplomação dos eleitos, passando, necessariamente, pela votação e pela apuração, etapas especialmente protegidas pelo dispositivo penal ora em análise.

Como é cediço, o Brasil é um dos países do mundo que adota o processo eletrônico de votação, por meio de urnas eletrônicas. A urna eletrônica, segundo definição fornecida pelo próprio Tribunal Superior Eleitoral, é um microcomputador de uso específico para eleições, com as seguintes características: resistente, de pequenas dimensões, leve, com autonomia de energia e com recursos de segurança. Dois terminais compõem a urna eletrônica: o terminal do mesário, onde o eleitor é identificado e autorizado a votar (em alguns modelos de urna, onde é verificada a sua identidade por meio da biometria), e o terminal do eleitor, onde é registrado numericamente o voto.

A segurança do sistema eletrônico de votação (formato PDF) é feita em camadas. Por meio de dispositivos de segurança de tipos e com finalidades diferentes, são criadas diversas barreiras que, em conjunto, não permitem que o sistema seja violado. Em resumo, qualquer ataque ao sistema causa um efeito dominó e a urna eletrônica trava, não sendo possível gerar resultados válidos. Com o objetivo de contribuir para o aperfeiçoamento do *software* e/ou do *hardware* da urna eletrônica, demonstrando a transparência do sistema, o TSE realiza o Teste Público de Segurança do sistema eletrônico de votação, ocasião em que investigadores inscritos apresentam e executam planos de ataque aos componentes externos e internos da urna eletrônica.

A Lei n. 4.737/65 (Código Eleitoral) já tipifica alguns delitos que visam punir quem compromete o processo eleitoral, podendo ser citados como exemplos os arts. 234, 296, 297, 302 e 312, dentre outros. Não havia nenhum dispositivo anterior protegendo o sistema eletrônico de votação.

Sujeito ativo do crime pode ser qualquer pessoa, envolvida ou não no processo eleitoral, incluídos aqui os *hackers* ou qualquer outro indivíduo que viole indevidamente os mecanismos de segurança do sistema eletrônico de votação estabelecido pela Justiça Eleitoral.

Sujeito passivo é o Estado e, secundariamente, a coletividade.

Vale ressaltar que a lei pune a "violação indevida" dos mecanismos de segurança do sistema eletrônico de votação, justamente porque a própria Justiça Eleitoral, por meio do denominado Teste Público de Segurança (TPS), realizado, preferencialmente, no ano anterior às eleições, traz a participação e colaboração de especialistas na busca por problemas ou fragilidades que, uma vez identificadas, serão resolvidas e testadas antes da realização das eleições. Esse Teste Público de Segurança é um evento fixo no calendário eleitoral — previsto na Resolução n. 23.444, do TSE — em que qualquer pessoa pode apresentar um plano de ataque aos sistemas eleitorais envolvidos na geração de mídias, votação, apuração, transmissão e recebimento de arquivos. Portanto, pode haver uma "violação devida" dos mecanismos de segurança, supervisionada pela Justiça Eleitoral, a qual, evidentemente, não caracteriza infração penal.

As condutas típicas vêm expressas pelos verbos *impedir* (obstar, inibir, impossibilitar) e *perturbar* (embaraçar, importunar, causar desordem). O impedimento ou perturbação devem atingir "a eleição ou a aferição de seu resultado" e ser necessariamente causados mediante violação indevida de mecanismos de segurança do sistema eletrônico de votação estabelecido pela Justiça Eleitoral. Caso o impedimento ou a perturbação sejam causados por qualquer outro meio que não seja a violação indevida de mecanismos de segurança do sistema eletrônico de votação, poderá estar tipificada outra conduta criminosa prevista no Código Eleitoral.

Cuida-se de crime doloso, que se consuma com o efetivo impedimento (obstaculização — a eleição ou a aferição de seu resultado não se realiza) ou perturbação (embaraço — a eleição ou a aferição de seu resultado se realiza, embora com maior dificuldade e estorvo) justamente em virtude da violação indevida de mecanismos de segurança do sistema eletrônico de votação estabelecido pela Justiça Eleitoral, que deve obrigatoriamente ocorrer.

A tentativa é admissível.

4.2   Violência política

O crime denominado "violência política" vem previsto no art. 359-P do Código Penal, tendo sido acrescentado pela Lei n. 14.197/2021.

Trata-se de crime que tem como objetividade jurídica a tutela da liberdade política de qualquer pessoa e não apenas da mulher, como o fazia o art. 326-B do Código Eleitoral, acrescentado pela Lei n. 14.192/2021.

De fato, cuidando do tema violência política contra a mulher, a Lei n. 14.192/2021 estabeleceu normas para prevenir, reprimir e combater a violência política contra a mulher, nos espaços e atividades relacionados ao exercício de seus direitos políticos e de suas funções públicas, e para assegurar a participação de mulheres em debates eleitorais. Essa lei acrescentou ao Código Eleitoral um crime denominado "violência política contra a mulher", punindo com reclusão de 1 (um) a 4 (quatro) anos e multa as condutas de "assediar, constranger, humilhar, perseguir ou ameaçar, por qualquer meio, candidata a cargo eletivo ou detentora de mandato eletivo, utilizando-se de menosprezo ou discriminação à condição de mulher ou à sua cor, raça ou etnia, com a finalidade de impedir ou de dificultar a sua campanha eleitoral ou o desempenho de seu mandato eletivo".

Ocorre que, passados poucos dias da publicação da Lei n. 14.192/2021, foi sancionada a Lei n. 14.197/2021, cuidando dos crimes contra o Estado Democrático de Direito, a qual acrescentou ao Código Penal o crime de "violência política", no art. 359-P, ora em comento. O crime de "violência política" trouxe redação ligeiramente semelhante à do crime de "violência política contra a mulher", embora mais abrangente, pelo que é forçoso concluir ter sido este último revogado tacitamente por aquele.

Nesse aspecto, o art. 3.º, IV, da Constituição Federal, estabelece como um dos objetivos fundamentais da República Federativa do Brasil promover o bem de todos, sem preconceitos de origem, raça, sexo, cor, idade e quaisquer outras formas de discriminação. Vale ressaltar que a igualdade de oportunidades para todos os candidatos e a isonomia partidária constituem princípios importantíssimos do Direito Eleitoral, conferindo paridade de oportunidades aos candidatos e partidos na disputa por cargos políticos, ao largo de vantagens ilegítimas oriundas do acesso aos poderes econômico, midiático e político. A eliminação de todo preconceito e discriminação vem refletida na lei eleitoral, garantindo a todos o direito de participação política sem discriminação e desigualdade de tratamento.

Sujeito ativo pode ser qualquer pessoa, cuidando-se de crime comum.

Sujeito passivo, entretanto, somente pode ser a pessoa que esteja no gozo de seus direitos políticos, que é o conjunto de regras constitucionalmente fixadas sobre a participação popular no processo político. Estar no gozo de seus direitos políticos significa estar apto a votar e ser votado, participando de pleitos eleitorais, plebiscitos e referendos.

No que se refere à tipicidade objetiva, cuida-se de tipo misto-alternativo, em que a prática de mais de uma conduta não implica concurso de crimes, mas um único delito. Nesses crimes de ação múltipla, a prática de apenas um dos verbos contidos no tipo penal já é suficiente para a consumação do delito.

A conduta vem expressa pelos verbos *restringir* (limitar, reduzir), *impedir* (obstruir, obstar, tolher) e *dificultar* (complicar, estorvar, colocar empecilho).

Para a prática de uma ou mais das modalidades de conduta, o agente pode se valer do emprego de violência física, sexual ou psicológica. Embora a vítima do crime não seja apenas mulher, mas qualquer pessoa, julgamos adequado lançar mão, como referência, das definições constantes do art. 7.º, I, II e III, da Lei n. 11.340/2006 (Lei Maria da Penha).

Assim, a violência física pode ser entendida como qualquer conduta que ofenda a integridade ou saúde corporal da pessoa. Violência psicológica pode ser entendida como qualquer conduta que cause à pessoa dano emocional e diminuição da autoestima ou que lhe prejudique e perturbe o pleno desenvolvimento ou que vise degradar ou controlar suas ações, comportamentos, crenças e decisões, mediante ameaça, constrangimento, humilhação, manipulação, isolamento, vigilância constante, perseguição contumaz, insulto, chantagem, violação de sua intimidade, ridicularização, exploração e limitação do direito de ir e vir ou qualquer outro meio que lhe cause prejuízo à saúde psicológica e à autodeterminação. Por fim, violência sexual pode ser entendida como qualquer conduta que constranja a pessoa a presenciar, a manter ou a participar de relação sexual não desejada, mediante intimidação, ameaça, coação ou uso da força; ou que a induza a comercializar ou a utilizar, de qualquer modo, a sua sexualidade, ou ainda, no caso de mulher, que a impeça de usar qualquer método contraceptivo ou que a force ao matrimônio, à gravidez, ao aborto ou à prostituição, mediante coação, chantagem, suborno ou manipulação, ou que limite ou anule o exercício de seus direitos sexuais e reprodutivos.

Além disso, a violência política deve ser praticada em razão do sexo, raça, cor, etnia, religião ou procedência nacional da vítima, evidenciando um crime de intolerância.

Trata-se de crime doloso.

O crime se consuma com a prática de uma das condutas típicas, ou seja, com a efetiva restrição, com o efetivo impedimento ou com a efetiva dificultação dos direitos políticos da vítima.

Admite-se a tentativa.

5   DOS CRIMES CONTRA O FUNCIONAMENTO DOS SERVIÇOS ESSENCIAIS

5.1   Sabotagem

Sob o *nomen iuris* de "sabotagem", a Lei n. 14.197/2021 inseriu no Código Penal a conduta de "destruir ou inutilizar meios de comunicação ao público, estabelecimentos, instalações ou serviços destinados à defesa nacional, com o fim de abolir o Estado Democrático de Direito", punindo-a com reclusão de 2 (dois) a 8 (oito) anos. Essa figura típica passou a ocupar o art. 359-R do Código Penal.

Vale ressaltar que a sabotagem já vinha prevista na revogada Lei n. 7.170/83 — Lei de Segurança Nacional, ainda que com descrição típica um tanto diversa.

Embora não haja consenso etimológico, diz-se que o termo "sabotagem" tem origem na palavra francesa *sabotage* que, por sua vez, deriva de *sabot*, que significa tamanco. A palavra *sabotage* teria surgido a partir da Revolução Industrial, época em que as pessoas mais humildes utilizavam tamancos de madeira ao invés de sapatos, e aparentemente se originou do ato de trabalhadores grevistas e descontentes intencionalmente jogarem seus tamancos nas máquinas para causar danos e paralisações. Há também quem sustente que a palavra francesa *sabotage* esteja associada ao ato desleixado de caminhar ruidosamente, arrastando os tamancos.

A objetividade jurídica do crime de sabotagem é a tutela do funcionamento dos meios de comunicação ao público, dos estabelecimentos, das instalações ou dos serviços destinados à defesa nacional, os quais constituem serviços essenciais à manutenção e preservação do Estado Democrático de Direito.

Sujeito ativo do crime pode ser qualquer pessoa, já que a norma penal não exige qualidade especial do agente.

Sujeito passivo é o Estado e, secundariamente, a coletividade.

A conduta típica vem expressa pelos verbos *destruir* (eliminar, aniquilar, derrubar) e *inutilizar* (tornar inútil, incapacitar, danificar) e deve se voltar contra o objeto material, constituído pelos meios de comunicação ao público, estabelecimentos, instalações ou serviços destinados à defesa nacional.

Meios de comunicação ao público podem consistir em rádio, televisão, jornais, correios e telégrafos, telefonia e até a própria internet (rede mundial de computadores), bem como qualquer outra facilidade que se destine a propiciar a comunicação do poder público com a população em geral.

Os estabelecimentos, instalações ou serviços destinados à defesa nacional se relacionam, em geral, com as Forças Armadas. As Forças Armadas, nos termos do art. 142 da Constituição Federal, constituídas pela Marinha, pelo Exército e pela Aeronáutica, são instituições nacionais permanentes e regulares, organizadas com base na hierarquia e na disciplina, sob a autoridade suprema do Presidente da República, e destinam-se à defesa da Pátria, à garantia dos poderes constitucionais e, por iniciativa de qualquer destes, da lei e da ordem.

Trata-se de crime doloso, que requer, ainda, o especial fim de agir (elemento subjetivo específico) consistente no propósito de abolir o Estado Democrático de Direito. Ausente este especial fim de agir, não se configura o crime ora em comento, podendo estar tipificado outro delito, como, por exemplo, o dano qualificado (art. 163, parágrafo único, III, do Código Penal), a sabotagem em estabelecimento industrial, comercial ou agrícola (art. 202, segunda parte, do Código Penal), o terrorismo (art. 2.º, § 1.º, IV, da Lei n. 13.260/2016) e o dano em aparelhos e instalações de aviação e navais, e em estabelecimentos militares (art. 264 do Código Penal Militar).

O crime se consuma com a efetiva destruição ou inutilização dos meios de comunicação ao público, estabelecimentos, instalações ou serviços destinados à defesa nacional. Cuida-se de crime formal, não se exigindo, para a consumação, que haja a efetiva abolição do Estado Democrático de Direito.

Admite-se a tentativa.

6 DISPOSIÇÕES COMUNS

No art. 359-T, inserido no Código Penal pela Lei n. 14.197/2021, consta expressamente não constituir crime contra o Estado Democrático de Direito a manifestação crítica aos poderes constitucionais nem a atividade jornalística ou a reivindicação de direitos e garantias constitucionais por meio de passeatas, de reuniões, de greves, de aglomerações ou de qualquer outra forma de manifestação política com propósitos sociais.

Trata-se de causa excludente de tipicidade, uma vez ausente o dolo na conduta do agente, a qual estaria voltada ao exercício dos direitos à livre manifestação e expressão e não à prática de atos atentatórios ao Estado Democrático de Direito.

É bem verdade que a liberdade de expressão exsurge como direito fundamental, corolário da dignidade humana, vindo expresso nos arts. 5.º e 220 da Constituição Federal, vedada, inclusive, peremptoriamente, a censura prévia.

A liberdade de expressão é um dos pilares fundamentais da democracia, sendo inadmissível que um Estado Democrático de Direito abrigue instituições antidemocráticas, que não suportam conviver com a diversidade de pensamento e com a diversidade política, não aceitando críticas e se arvorando em censoras daquilo que julgam inverdades e que, no mais das vezes, constitui apenas a verdade que deve ser dita, mas que confronta e afronta seus interesses pessoais.

O art. 5.º, IV, da Constituição Federal estabelece literalmente que "é livre a manifestação do pensamento, sendo vedado o anonimato".

Nesse sentido, é oportuno citar a percuciente lição de ALEXANDRE DE MORAES (*Direito Constitucional*, 36. ed., São Paulo: Atlas, 2020, p. 133): "A manifestação do pensamento é livre e garantida em nível constitucional, não aludindo a censura prévia em diversões e espetáculos públicos. Os abusos porventura ocorridos no exercício indevido da manifestação do pensamento são passíveis de exame e apreciação pelo Poder Judiciário com as consequentes responsabilidades civil e penal de seus autores, decorrentes inclusive de publicações injuriosas na imprensa, que deve exercer vigilância e controle da matéria que divulga". E prossegue o ilustre constitucionalista, em outra passagem: "A liberdade de discussão, a ampla participação política e o princípio democrático estão interligados com a liberdade de expressão que tem por objeto não somente a proteção de pensamentos e ideias, mas também opiniões, crenças, realização de juízo de valor e críticas a agentes públicos, no sentido de garantir a real participação dos cidadãos na vida coletiva".

Nesse passo, andou bem a Lei n. 14.197/2021 ao deixar claro, no art. 359-T, que a manifestação crítica aos poderes constitucionais (Judiciário, Legislativo e Executivo) não constitui crime contra o Estado Democrático de Direito, não se podendo, por conseguinte, prender, indiciar ou processar criminalmente qualquer cidadão apenas e tão somente porque perfilha uma linha política ou ideológica diversa ou porque ousa expor livremente suas ideias e crenças, concitando a população ao contato com eventuais aspectos obscuros do exercício do poder.

A crítica, embora contundente, a qualquer dos poderes constitucionais deve ser tolerada em uma democracia, ainda mais quando se prega a necessidade de tolerância com a diversidade de ideologias políticas, de crenças e de opiniões.

A intimidação ostensiva aos que ousam pensar e se expressar de maneira diversa e o uso inescrupuloso do aparato do Estado, mediante investigações ilegais e prisões abusivas, para fazer calar as vozes divergentes, é própria das ditaduras e dos Estados totalitários, em total afronta, aí sim, ao Estado Democrático de Direito.

O pluralismo de valores e de ideias, portanto, deve ser um dos principais pilares sobre os quais se assentam as bases de um país democrático, devendo a sociedade brasileira zelar e vigiar ininterruptamente para que a livre manifestação do pensamento nunca lhe seja tolhida, sob qualquer pretexto, sob pena de sucumbir, aos poucos, à ganância daqueles que se arvoram em detentores de todo o poder.

Vale lembrar, a propósito, o alerta que brilhantemente nos faz o filósofo ISAIAH BERLIN (*The Crooked Timber of Humanity: chapters in history of ideas*, H. Hard [org.], London, J. Murray, 1990, p. 12-13), segundo o qual "a liberdade total para os lobos significa a morte para os cordeiros" e que tanto a liberdade quanto a igualdade estão entre os principais objetivos perseguidos pelos seres humanos ao longo de muitos séculos.

Entretanto, a liberdade de expressão não é um direito absoluto, prevendo a Constituição Federal, no art. 5.º, V, estar "assegurado o direito de resposta, proporcional ao agravo, além da indenização por dano material, moral ou à imagem".

Além disso, a liberdade de expressão não pode constituir passaporte para a ilicitude, para a prática de crimes, devendo ser responsabilizado, nos termos da lei, aquele que fizer mau uso desse direito, violando a paz pública ou o direito à honra dos demais integrantes da sociedade, seja uma pessoa comum, uma autoridade pública ou uma instituição.

Por fim, cumpre ressaltar que a Corte Interamericana de Direitos Humanos, em mais de um precedente, a par de rechaçar a censura prévia a qualquer exercício do direito à liberdade de pensamento e de expressão, admitiu haver restrições a esse direito, conforme estabelecido no art. 13, §§ 4.º e 5.º, da Convenção Americana, e no art. 13.2, a fim de "assegurar o respeito aos direitos e à reputação das demais pessoas".

BIBLIOGRAFIA

ANDREUCCI, Ricardo Antonio. *Comentários ao Projeto de Código Penal*: parte geral. São Paulo: Juarez de Oliveira, 2001.

_____. *Direito Penal do Trabalho*. 6. ed. São Paulo: Saraiva, 2018.

_____. *Legislação Penal Especial*. 15. ed. São Paulo: Saraiva, 2021.

ARAÚJO, Zuleika Gonzalez. *Direito Penal*. Parte especial I. Coleção Pockets Jurídicos. São Paulo: Saraiva, 2009.

Barros, Flávio Augusto Monteiro de. *Direito penal*: parte geral. São Paulo: Saraiva, 2003. v. I.

BRUNO, Aníbal. *Direito penal*. Rio de Janeiro: Forense, 1982.

CAPEZ, Fernando. *Curso de direito penal*: parte geral. São Paulo: Saraiva, 2002. v. I.

CARVALHO, Hilário Veiga de. *Compêndio de criminologia*. São Paulo: Bushatsky, 1973.

CERNICCHIARO, Luiz Vicente. *Estrutura do direito penal*. 2. ed. São Paulo: Bushatsky, 1970.

COSTA JR., Paulo José da. *Curso de direito penal*: parte geral. 2. ed. São Paulo: Saraiva, 1992.

_____. *Código Penal comentado*. 10. ed. São Paulo: Saraiva, 2011.

_____. *Curso de Direito Penal*. 12. ed. São Paulo: Saraiva, 2010.

_____. *Riflessioni sulla aberratio ictus*. Padova: CEDAM, 1967.

DELMANTO, Celso. *Código Penal comentado*. Rio de Janeiro: Renovar, 1998.

DOTTI, René Ariel. *Curso de direito penal*: parte geral. Rio de Janeiro: Forense, 2003.

ESTEFAM, André. *Direito penal 1*: parte geral. São Paulo: Saraiva, 2005.

FRAGOSO, Heleno Cláudio. *Lições de direito penal*: parte geral. 5. ed. Rio de Janeiro: Forense, 1983.

FRANCO, Alberto Silva et al. *Código Penal e sua interpretação jurisprudencial*. 5. ed. São Paulo: Revista dos Tribunais, 1995.

FUHRER, Maximilianus Cláudio Américo; FUHRER, Maximiliano Roberto Ernesto. *Resumo de direito penal*: parte geral. 9. ed. São Paulo: Malheiros, 1997.

GARCIA, Basileu. *Instituições de direito penal*. 5. ed. São Paulo: Max Limonad, 1980.

GOMES, Luiz Flávio. *Crimes previdenciários*: apropriação indébita, sonegação, falsidade documental, estelionato, a questão do prévio exaurimento da via administrativa. São Paulo: Revista dos Tribunais, 2001.

ISHIDA, Valter Kenji. *Estatuto da Criança e do Adolescente*: doutrina e jurisprudência. São Paulo: Atlas, 1998.

JESUS, Damásio E. de. *Direito penal*: parte geral. 19. ed. São Paulo: Saraiva, 1995. v. I.

_____. *Código de Processo Penal anotado.* 15. ed. São Paulo: Saraiva, 1998.

_____. *Crimes de corrupção ativa e tráfico de influência nas transações comerciais internacionais.* São Paulo: Saraiva, 2003.

_____. *Direito penal:* parte especial. 20. ed. São Paulo: Saraiva, 1999. v. 2.

LOPES, Maurício Antonio Ribeiro. O reconhecimento antecipado da prescrição. O interesse de agir no processo penal e o Ministério Público. *Revista Brasileira de Ciências Criminais,* n. 3.

MAROCO, Giuseppe. *Difese criminale.* 2. ed. Milano: Banoni e Scotti, 1991.

MARQUES, João Benedito de Azevedo et al. A reforma do Código Penal: parte geral. *Justitia,* n. 120.

MARQUES, José Frederico. *Tratado de direito penal.* São Paulo: Saraiva, 1966.

MIRABETE, Julio Fabbrini. *Código Penal interpretado.* São Paulo: Atlas, 1999.

_____. *Manual de direito penal:* parte especial. São Paulo: Atlas, 1998. v. 3.

_____. *Manual de direito penal:* parte geral. 16. ed. São Paulo: Atlas, 2000. v. 1.

MUÑOZ Conde, F. *Derecho penal y control social.* Sevilla: Fundación Universitaria de Jerez, 1995.

NORONHA, Magalhães. *Direito penal.* 32. ed. São Paulo: Saraiva, 1997. v. 1.

NUCCI, Guilherme de Souza. *Código Penal comentado.* 3. ed. São Paulo: Revista dos Tribunais, 2003.

OLIVEIRA, Edmundo. *Comentários ao Código Penal:* parte geral. Rio de Janeiro: Forense, 1994.

PEDROSO, Fernando de Almeida. *Direito penal.* 2. ed. São Paulo: LEUD, 1997.

PIMENTEL, Manoel Pedro. *Contravenções penais.* São Paulo: Revista dos Tribunais, 1975.

_____. *Crimes de mera conduta.* 3. ed. São Paulo: Revista dos Tribunais, 1975.

_____. *Estudos e pareceres de direito penal.* São Paulo: Revista dos Tribunais, 1973.

PINHO, Ruy Rebello. *História do direito penal brasileiro.* São Paulo: Bushatsky, 1973.

ROCHA, Fernando A. N. Galvão. *Direito penal: curso completo* – parte geral. 2. ed. Belo Horizonte: Del Rey, 2007.

ROXIN, Claus. *Politica criminal y sistema del derecho penal.* 2. ed., Buenos Aires: Ed. Hammurabi, 2000.

SOLER, Sebastian. *Derecho penal argentino.* Buenos Aires: TEA, 1978. v. 2.

TOLEDO, Francisco de Assis. *Princípios básicos de direito penal.* 4. ed. São Paulo: Saraiva, 1991.

ZAFFARONI, Eugenio Raúl; PIERANGELLI, José Henrique. *Manual de direito penal:* parte geral. São Paulo: Revista dos Tribunais, 1997.